海上作战指挥决策模型

吴　玲　卢发兴　许江湖　许俊飞　编著

電子工業出版社
Publishing House of Electronics Industry
北京·BEIJING

内 容 简 介

《海上作战指挥决策模型》主要介绍了海上作战指挥过程中的若干决策环节所建立的数学模型，包括作战兵力损耗模型、对抗中兵力单元的生存模型、目标搜索模型、目标威胁评估模型、武器目标分配模型、武器射击策略优化模型、海上防空作战排队模型等。

本书可供作战指挥及武器控制领域相关专业本科生，兵器科学与技术、控制科学与工程等学科研究生，以及部队作战指挥、技术保障人员、高等院校和科研院所相关专业技术人员学习参考。

图书在版编目（CIP）数据

海上作战指挥决策模型 / 吴玲等编著. -- 北京 : 电子工业出版社，2025. 1. -- ISBN 978-7-121-49729-2

Ⅰ. E843

中国国家版本馆 CIP 数据核字第 2025JY3891 号

责任编辑：刘小琳　　特约编辑：朱　言
印　　刷：北京虎彩文化传播有限公司
装　　订：北京虎彩文化传播有限公司
出版发行：电子工业出版社
　　　　　北京市海淀区万寿路 173 信箱　　邮编：100036
开　　本：787×1 092　1/16　印张：21.25　字数：571 千字
版　　次：2025 年 1 月第 1 版
印　　次：2025 年 1 月第 1 次印刷
定　　价：110.00 元

凡所购买电子工业出版社图书有缺损问题，请向购买书店调换。若书店售缺，请与本社发行部联系，联系及邮购电话：（010）88254888，88258888。

质量投诉请发邮件至 zlts@phei.com.cn，盗版侵权举报请发邮件至 dbqq@phei.com.cn。

本书咨询联系方式：（010）88254538，liuxl@phei.com.cn。

前　言

海上作战指挥决策模型主要是为海上作战指挥过程中的若干决策环节所建立的数学模型，它在内容上属于军事运筹学的分支，可以用于实现对作战指挥问题的定量分析和决策优化，也可以为辅助指挥决策和作战模拟提供参考。

全书分为 8 章。第 1 章为绪论，介绍了军事运筹学和作战指挥决策的基本概念、基本模型方法等。第 2 章为作战兵力损耗模型，主要针对兵力规模较大、兵力连续变化条件下，如何利用兰切斯特战斗模型及其拓展模型，对战斗进行动态过程分析和结果预测。第 3 章为对抗中兵力单元的生存模型，主要通过概率分析的方法，讨论固定射击间隔、随机射击间隔下的对抗生存模型，以及机动对生存的影响和最优机动策略。第 4 章为目标搜索模型，主要介绍静止搜索、对静止目标的运动搜索、对运动目标的搜索及搜索力的最优配置。第 5 章为目标威胁评估模型，主要针对防空作战介绍如何建立目标威胁评估指标，并建模定量评估目标的威胁程度，包括基于主观赋权的多属性威胁评估模型、基于组合赋权的区间数威胁评估模型，以及基于动态贝叶斯网络的威胁评估模型。第 6 章为武器目标分配模型，通过将武器目标分配作为典型的组合优化问题，建立一般的非线性模型和简化条件下的线性模型，并介绍了若干求解模型的方法。第 7 章为武器射击策略优化模型，讨论了单一武器的最佳射击策略、多种武器或组合武器的最佳射击策略，包括最优的射击时间或射击距离。第 8 章介绍海上防空作战排队模型，在介绍排队论相关知识的基础上，重点针对海上防空系统作战问题建立排队模型，计算排队系统指标，分析不同条件下的抗击效率，为指挥决策和系统优化提供依据。

伴随武器装备的发展、作战概念的更新，以及智能化技术在作战中的深化应用，作战指挥决策也在不断发展，鉴于篇幅和作者能力所限，本书难以一一涉及，仅在部分章节中，以案例的形式对智能作战条件下的指挥决策相关问题进行分析探讨，希望能从某一角度对读者有所启发。

本书是为相关专业的本科生和研究生开展专业学习而编写的教材，也可供高校和科研院所相关专业人员学习参考。本书在编写过程中获得了兵器工程学院同仁的诸多帮助，火力指挥与控制工程专业学员王硕、刘坤、付康时、肖裕琅、卢俊霖、王丕琨等同学的论文工作也被作为案例用于本书，在此一并表示感谢。

由于编者水平有限，书中难免还存在缺点和错误，殷切希望广大读者批评指正。

编者
2024 年 12 月
于海军工程大学

前言

目　录

第 1 章　绪论

“作战”，是战争、战役、战斗的泛称，是指各种类型、各种样式、各种规模、各种层次的武装斗争。“指挥”是军队内部的一种社会分工、一种活动形态，含有特定的内容，并反映军队内部的一种相互关系。“作战指挥”的内涵，可以界定为指挥员及其指挥机关为达成特定的作战目的，运筹谋划决策，并以指令组织调度所属部队的领导活动，其中作战指挥决策是作战指挥的核心，是一种特殊的思维活动，既包括定下决心，又有制定策略的意思。

海上作战指挥是指挥海上作战力量开展作战的思维与行为活动，其中决策活动贯穿整个作战指挥过程，是实施正确指挥、达成特定作战目的的前提和保证。为了实现科学决策，需要对决策问题建立模型，利用一套完整的、可以定量化和程序化的理论方法来进行分析，以获得优化的行动方案。运筹学、决策理论、控制论、信息论等基础理论的发展，以及计算机技术、人工智能技术的不断进步，为海上作战指挥决策提供了有效的研究方法和手段。

1.1　军事运筹学与作战指挥决策

指挥决策是作战指挥的核心，军事运筹学是开展军事问题辅助决策的科学方法，掌握运筹思维方法，运用军事运筹学相关技术来解决指挥决策问题，是提高指挥决策水平的重要途径。

1.1.1　军事运筹学

军事运筹学是依据战略、战役、战术的基本原则，运用现代数学理论和方法来研究军事问题中的数量关系，以求对目标的衡量准则达到极值的优化理论。军事运筹学通过描述问题—提出假设—评估假设—使假设最优化的过程，反映出假设条件下军事问题本质过程的规律。

军事运筹学作为一门学科，是在第二次世界大战后逐渐形成和发展起来的，但军事运筹思想早在中国古代就已经产生了。中国春秋末期军事家孙武的《孙子兵法·形篇》中，就有许多关于军事运筹的论述，他把度、量、数、称等数学概念引入军事领域，通过对双方进行对比计算，预测分析战争胜负。他在《孙子兵法·计篇》中还说，“夫未战而庙算胜者，得算多也；未战而庙算不胜者，得算少也。多算胜，少算不胜，而况于无算乎！”这里的“算”就是计算筹划之意。此外，《孙膑兵法》《尉缭子》《百战奇法》等历代军事名著及有关史籍，都有不少关于运筹思想的记载。

《史记·孙子吴起列传》载：战国时齐国将军田忌与齐威王赛马，二人各拥有上、中、下三个等级的马，但齐威王各等级的马均略优于田忌同等级的马，如依次按同等级的马对赛，田忌必连负三局，田忌根据孙膑的运筹，以自己的下、上、中马分别与齐威王的上、中、下马对赛，结果是二胜一负。这反映了在总的劣势条件下，以己之长击敌之短，以最小的代价换取最大的胜利的古典运筹思想，也是对策论的最早渊源。

在中国历史上成功地应用运筹思想而取胜的战例有很多，如齐鲁长勺之战中曹刿对反攻时机的运筹，齐魏马陵之战中孙膑对出兵时间、决战时机、决战地点的运筹，等等。此外，在我国长期的革命战争中，老一辈无产阶级革命家在制定作战方针和实施作战指挥中，也一贯重视兵力的运用研究，注重对敌我双方情况进行科学的定量分析，从统计资料中找出规律性数据，为决策提供依据。在古今中外战争史上，还可以找到大量运用军事运筹思想作战的例子。正因为有了这样的历史渊源，在科学技术水平及武器装备发展到一定阶段的条件下，军事运筹学就产生了。

第一次世界大战前期，英国工程师兰切斯特发表了关于古代冷兵器战斗和近代枪炮战斗数学模型的论文，第一次应用微分方程分析作战双方兵力数量优势与胜负的关系，定量地论证了集中兵力原则的正确性，他所建立的战斗损耗方程被称为"兰切斯特方程"。1935—1938 年，英国为研究新研制成功的雷达系统的作战使用方法，组织了两个机构，分别研究应用雷达对敌机进行跟踪定位的方法，以及研究对己方战斗机进行引导的方法，这也是最早的运筹组织，他们的工作成果对英国在第二次世界大战期间的防空体制建立有很大的作用。1938 年，这些工作被称为 Operational Research，即运筹学，这也是运筹学学科命名的起源。

在第二次世界大战中，英国空军、海军、陆军都建立了运筹组织，主要研究如何提升防御能力和进攻作战的效果。美国军队也陆续成立了运筹小组，其中海军最早设立，是由美国物理学家莫尔斯博士发起和组织的，主要研究反潜战。加拿大皇家空军也在 1942 年建立了运筹学小组。第二次世界大战中的大量军事相关问题也是应用运筹思想解决的，例如，运用概率分析帮助英美运输船队巧妙避开德军潜艇攻击、调整深水炸弹的爆炸深度来提高对德军潜艇的轰炸效果、论证商船安装高炮的合理性来降低损失率等。

从 20 世纪 50 年代开始，军事运筹学的理论基础逐渐形成，其中，部分理论直接来自战争和战后的军事运筹实践。例如，第二次世界大战期间美国海军军事运筹小组成员莫尔斯和金博尔在 1951 年合著了《运筹学方法》一书，其是军事运筹学的奠基性著作；美国学者库普曼根据战争期间美英海军对德反潜战的搜索经验发表了三篇关于"搜索论"的论文，奠定了运筹学中搜索论研究的基础；一些对非军事领域研究的理论也得到了发展，如美国数学家冯·诺依曼和摩根斯特恩合著了《对策论与经济行为》，其中的对策理论同样可以应用于军事领域。此外，人们根据战争中所得到的认识，重新评价和肯定了许多运筹学先驱者的工作，如丹麦工程师埃尔朗提出的排队论的著名公式等。随着军事运筹学基础理论的成熟及其成功应用，运筹学作为一门独立的学科逐渐形成并蓬勃发展起来。

军事运筹学的研究对象是军事活动中的决策优化问题，目的是寻求合理有效的军事资源运用方案或使方案得到最大改进。军事运筹学与其他军事学科的不同之处就在于它从决策优化的角度研究军事活动，力求不但从定性方面而且着重从定量方面提供可操作的决策优化理论和方法。莫尔斯和金博尔曾举了一个简单的例子说明运筹分析的特点：士兵饭后洗涮餐具，有四个盆可供使用，当两个是洗盆，两个是涮盆时，士兵为等待洗涮而不得不排长队，仔细观察后发现洗餐具的时间平均是涮餐具时间的三倍，如果四个盆中三个作洗盆一个作涮盆，那么排队现象就消除了。这个例子充分说明了军事运筹学研究问题的角度：在不增加装备的条件下，合理使用现有装备，使情况得到改善。对于简单情况，人们可以通过直接观察提出改善建议，但复杂情况则需要一套理论方法，这就是军事运筹学的基本任务。

军事运筹学研究问题的过程，包括以下六个步骤，如图 1.1.1 所示。

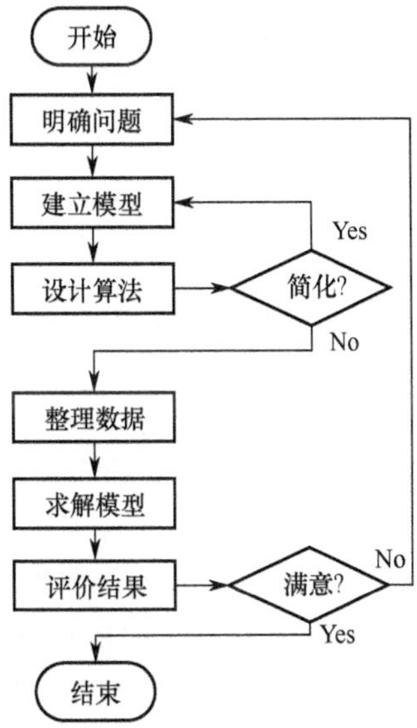

图 1.1.1　军事运筹学研究问题的主要步骤

（1）明确问题。运筹研究的第一个任务是确定期望从研究中得到什么，即明确研究目标，并按需制订研究计划，规定研究完成时间和组织分工等，从问题中提取运筹问题要素，包括资源运用及其约束、决策准则、决策变量等。

（2）建立模型。模型是用定量方法求解运筹问题的前提，需要建立描述各类资源运用条件和约束、决策变量和决策准则之间相互关系的模型。应根据问题性质的不同建立不同的模型，所建模型应尽可能简化而又逼近或符合客观实际，反映现实任务过程的基本特征。

（3）设计算法。在研制模型的同时，要确定如何用数值方法求解模型，同时需要权衡是求问题简化形式的最优解还是求问题正确表述的近似解，如果模型能充分考虑所有重要因素，即使最后解不是最优解，通常也比“欠充分”模型的最优解具有更大的价值。因此，在设计算法时，应首先从充分反映问题本质的非简化模型出发（不管是否可解），然后考虑易于计算和求解的现实性，最后决定采用最优化方法还是试探性方法。算法可以采用经典的最优化方法，也可以采用各类智能优化方法，前者一般可以得到问题的解析形式的最优解，而后者往往采用启发式方法和随机搜索策略寻找问题的最优解。经典的最优化方法一般适用于变量较少、模型相对规整和简单的情况，而一些复杂问题，如航空航天领域的优化问题，可能存在成百上千个变量，此时使用经典的最优化方法难以求解，往往需要使用智能优化方法来求解计算。

（4）整理数据。整理数据主要是指收集进行模型求解所需的数据。收集的数据，无论是来自非直接相关的历史资料数据，还是通过直接观察测试得到的数据，均需要经过数据加工处理。一般而言，数据越充分、越真实、与模型相关性越强，模型后续求解得到的结果越准确、越有效、越贴近实际问题。但在实际决策过程中，很多模型在应用时难以获得必需的数据，即使如此，建模也有助于使决策过程集中在要点上，并提供对任务方案进行逻辑评价的训练。

（5）求解模型。模型的求解是指利用前一步收集的数据作为相关输入和检验测试用例，并利用一定的计算方法得到模型的输出，根据输入输出数据和测试数据之间的关系判断模型的有效性、灵敏性等特性。

（6）评价结果。对模型输出结果和任务方案进行评价，一方面要对比模型计算的输出与实际数据和实际系统的规律之间是否存在偏差或不一致，以判断模型对实际系统近似的有效性；另一方面要评价通过输出方案是否能实现研究目标，是否能令决策者满意。如果上述两方面有任何一方面不符合要求，那么还需要重新审视整个问题研究过程，明确在哪个环节产生了偏差，并相应重新设计模型和算法，整理数据求解模型。

1.1.2　作战指挥决策

“作战”是战争、战役、战斗的泛称，即指各种类型、各种样式、各种规模、各种层次的武装斗争。“指挥”指的是军队内部的一种社会分工、一种活动形态，含有特定的内容，并反映军队内部的一种相互关系，是指挥员及指挥机关对所属部队作战行动的组织领导活动，其核心是“运筹谋划决策与发令调度”，是一种思维与行为活动。“决策”是对行动目标和行动方法的筹划与确定，是复杂的思维操作过程。“作战指挥决策”是为了完成特定的作战任务，指挥员和指挥机关在组织下属部队开展作战行动的过程中，对行动目标和行动方法进行筹划与确定，以制订适合作战任务的行动方案的思维和行为活动。在作战指挥过程中，决策不仅是指挥员最基本的职责，也是整个指挥活动的核心，决策的正确性和及时性将直接影响战争的成败。作战指挥决策的难度很大，一方面，战场上影响作战指挥决策的因素太多、太复杂；另一方面，由于作战的动态性、复杂性、随机性，每一次作战指挥决策过程都是以前从未经历过的活动，很难有现成的经验可供借鉴，这使得决策不但困难，而且具有很大的风险。

作战指挥过程包含许多决策环节，事实上决策行为几乎贯穿整个作战指挥过程，科学有效的决策可以使作战力量产生增值。作战指挥决策分为决策准备和决断行动两个阶段，在每个阶段，决策者都要把决策建立在理性的基础上，尽量摆脱感情、心理、经验等因素的影响，这就需要一套完整的、可定量化、可程序化的决策理论。

决策理论和方法是为了合理地分析涉及风险和不确定的决策问题而提出的一套概念和系统的方法，其目的是在现有的行动、约束、偏好和目标的情况下，研究和指导人们在具有高度不确定性的环境中，如何作出“理性的”选择和决策。作战指挥决策研究则是研究实际的作战指挥决策问题，即对具体问题建立模型进行分析和研究。作战指挥决策的理论和方法，属于军事运筹学的一个分支，通过建立决策问题的模型，可以应用运筹学、决策理论、控制论、优化理论等基础理论方法，以及计算机和人工智能技术对这些特定的军事运筹应用问题进行定量分析和求解，力求实现作战指挥决策的科学化。

指挥决策的原则是决策者在作出决策时应当遵循的基本原则，它与决策者的偏好无关，具体包括以下原则。

（1）系统性原则。决策实质上是对作战指挥系统作出的决策，所以决策必须遵循系统性原则。系统性原则具体是指决策要达到整体化、综合化和最优化，从指挥系统的整体角度，根据系统发展变化的动态特性，全面、综合考虑决策方案，使其达到系统性优化。

（2）目标准则。用不同的决策目标来衡量同一个决策问题，可能会得到相反的结论，从而作出完全不同的决策，如果决策目标选择错误，那么分析得再准确，对于解决问题而言也毫无意义。在作战指挥决策中，确定作战目标是指挥员判断情况、定下决心中的关键性步骤。

（3）约束条件下的优选原则。决策优化问题都存在约束条件，约束条件是实现决策目标的限制条件。若不考虑约束条件，则决策问题没有最优解；若约束条件过严，则决策问题可能无解。准确把握约束条件，明确问题的边界，这是获得可行性方案的前提，在准确的约束条件下才能实现决策方案的优选。

（4）最优与满意的辩证原则。对决策问题进行定量研究，存在最优解与满意解的辩证关系。最优解在方案质量上是最优的，但是可能使方案实现的可能性降低，或者使达成最优解所需要投入的时间、资源等代价提高，这在一定程度上会削弱方案的最终效能；满意解是指决策方案达成决策目标所需要的满意程度，尽管解可能不是最优的，但是决策代价可能更小。在作战指挥决策中，一味追求最优方案是不科学的，应该对各种约束条件进行合理的平衡，找到实现决策目标的满意方案。

（5）定性与定量相结合的原则。作战指挥决策分析力求用定量形式描述系统内部各分因素与外部环境的相互作用关系，以及其对系统整体的影响。有些因素易于用数量关系来描述，如兵力的多少、资源的数量和质量等。有些因素是难以定量表示的，如指挥员的组织指挥才能、素质、威望，以及军队士气和纪律、训练水平、勇敢献身和团结协作的精神等，这些定性因素同样对战斗进程和结果影响很大。在指挥决策过程中，必须同时考虑定性和定量因素。

1.2 模型与模型研究的主要方法

1.2.1 模型

指挥决策的科学化、定量化研究离不开模型。模型是对实际系统的抽象，是实际系统或过程在某些方面特性的一种表现形式，它能反映出该系统和过程的行为特性。模型的建立需要按照实际系统抽象出以下要素：输入、输出、状态变量，以及它们之间的关系。在军事问题中进行建模，是对战争规律的学习和探索。从古代的棋戏到沙盘、地图，从古代的角斗、射箭到现代的实战演习，都是人们研究战争的方法，都属于军事建模的范畴。

反映实际系统的模型很多，有逻辑模型、数学模型、物理模型、混合模型等，军事模拟活动中应用最多的是数学模型。数学模型是用来描述研究对象活动规律并反映其数量特性的一套公式或算法，其复杂程度由实际问题的复杂程度决定。与其他类型的模型相比，数学模型能给出明确的定量分析结果，可在计算机上实现，并利用计算机在有限时间内、在不同的原始数据和初始条件下，给出需要的决策方案，因此，基于数学模型的研究方法成为研究现代作战指挥决策问题的一种较为有效的研究方法。本书以数学模型为主要研究对象，建立海上作战指挥决策数学模型，是以海上作战指挥决策各阶段活动作为研究对象而进行的一定数学抽象。

本书围绕海上作战指挥决策模型的构造、求解及使用而展开。通过对模型的研究，提取出对象或态势的关键因素，从而实现作战指挥过程的推理、洞察、规划和预测。有了合理的模型，一方面可以将其编制成计算机软件，辅助指挥员在战时进行指挥决策；另一方面还可以令指挥员加深对作战过程的了解，提升其作战指挥能力和素质。

1.2.2 模型研究的主要方法

在建立模型的基础上，只有进行合理的分析研究才能得到正确的结论。按照模型对客观现象的反映程度，应用军事运筹学中的基础理论对模型进行分析研究的方法可以分为三类。

1. 经验模型理论

经验模型理论是以概率论和数理统计为工具，由实验或观察数据建立经验或预测模型的理论、方法。这类模型主要反映现象的行为特性，并由此找出决策优化途径，是处理复杂运筹问题最简单、最直接的方法。

【例 1.2.1】给商船加装高炮来提高通过率的统计分析。第二次世界大战中，英国人为了抵抗德国飞机对商船的袭击，曾在商船上安装了高炮。这些高炮击落敌机甚少，只占来袭敌机的 4%，并且安装和维护商船上的高炮还要付出很高的费用。因此，不少人主张取消商船上的高炮。然而，运筹小组利用资料给出了如表 1.2.1 所示的统计数据，数据表明：加装高炮并向敌机开火的 155 艘被袭商船中，仅被炸沉 16 艘，沉没率约为 10%，通过率约为 90%；未加装高炮或未开火的 71 艘商船中，被炸沉 18 艘，沉没率约为 25%，通过率约为

75%，这是因为敌机在高炮火力威胁下投弹精度显著下降。于是，英国把安装高炮的目标定为提高商船通过率，而不是定为击落敌机多少。这一决策保障了作战物资的及时供应，为夺取战争的胜利起到了重要作用。

表 1.2.1　高炮对商船通过率影响的统计分析表

统计项目	商船条件	
	加装高炮并开火	未加装高炮或高炮未开火
被袭商船数/艘	155	71
敌机投弹数/发	632	304
商船被命中弹数/发	50	39
命中概率/（%）	8	13
商船沉没数/艘	16	18
商船沉没率/（%）	10	25
商船通过率/（%）	90	75

2. 解析模型理论

解析模型理论是针对专门类型的问题建立解析模型并求解的理论，反映了形成现象行为的深层机制。解析模型理论又分为确定性模型理论、随机模型理论和冲突模型理论等。

（1）确定性模型理论。确定性模型包括微分方程、数学规划、网络法（统筹法）等。

利用微分方程来描述作战过程的典型代表是兰切斯特方程。简明而优美的兰切斯特方程是第一个用来描述和预测作战发展过程和发展趋势的数学方程，它宏观地描述双方战斗毁伤的过程，开创性地把定量分析的方法应用到当时尚无严格理论可循的作战研究中。

数学规划法是研究在军事行动中，如何适当地组织由人员、武器装备、物资、资金和时间等要素构成的系统，以便有效地实现预定的军事目的，其内容包括线性规划法、整数规划法、目标规划法、非线性规划法、动态规划法等方法，它们广泛应用于海上作战中的威胁判断、火力分配、搜索力配置等问题。

网络法（统筹法），即统一筹划、合理安排行动计划的方法，是一种应用于组织指挥和计划管理的数学方法。它将组成某一任务的各环节，根据其工作程序和内在联系，采用一张由箭头连接起来的网络图表示，使错综复杂、种类繁多的工作得到合理安排，从而能够使决策者形象直观地理解工作程序和内在联系，分清工作的主次缓急，找到关键环节和主要矛盾，以便合理安排和使用人力、物力、时间和资源，达到控制和掌握整个任务进程的目的。网络法（统筹法）在海上作战的组织战斗、协同动作、战斗保障计划等方面都可以应用。

【例 1.2.2】利用线性规划法求解火炮发射策略问题。总共有 1200 发弹药，两火炮发射组 A 组和 B 组每分钟各能发射 30 发和 40 发弹药；平均两组每发各能覆盖敌所在区域的面积分别为 1.2 平方米和 0.8 平方米；作战要求两组同时发射，且时间分别不能超过 20 分钟和 35 分钟。为了尽可能大地覆盖敌所在区域，问 A、B 组各应该发射多少分钟？

解：设 A、B 组各发射 x_1、x_2 分钟。

优化目标为：$\max Z=(30\times1.2)x_1+(40\times0.8)x_2=36x_1+32x_2$

约束条件：$30x_1+40x_2\leqslant1200$

$0\leqslant x_1\leqslant20$

$0\leqslant x_2\leqslant35$

如图 1.2.1 所示，用作图法求解可得：

$$\max Z=36x_1+32x_2=36\times20+32\times15=1200$$

解得 A 组和 B 组各发射 20 分钟、15 分钟时，可最大限度地覆盖敌所在区域，面积为 1200 平方米。

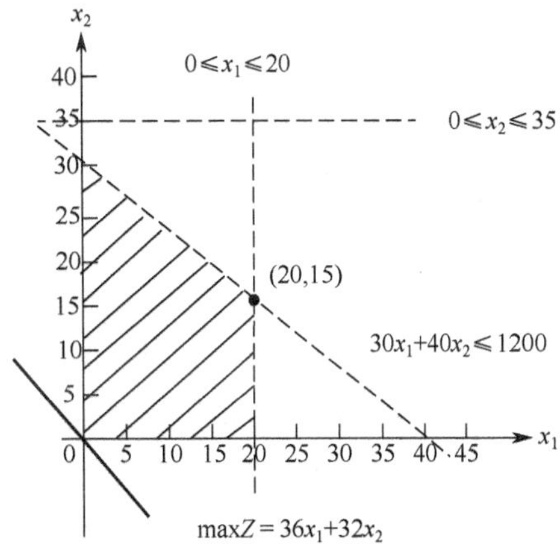

图 1.2.1　作图法求解火炮发射策略问题

（2）随机模型理论。海上作战的时空背景十分复杂，作战过程中随机因素的作用广泛存在，无论是发现、射击，还是命中、毁伤，从本质上讲都是随机的。随机性是作战过程的重要特点，因此，作战过程的描述就是对随机现象的描述。随机模型理论借助概率化的数学模型来解决问题，特别适用于一些复杂的、用解析法难以求解甚至不可能求解的问题，如武器系统的生存模型、防空武器系统的配置、系统可靠性等的描述和分析等。

随机模型理论包括概率论、随机过程、决策论、搜索论、排队论、存储论、可靠性理论等。

决策论是为了解决当前或未来可能发生的问题而研究如何选择最佳有效决策方案的理论和方法。无论是平时还是战时，指挥员的重要职责就是分析判断情况，选择可行的或满意的决策方案，定下决心进而组织实施，以完成上级赋予的各项任务。决策论可以引导指挥人员根据所获得的各种信息，按照一定的衡量标准进行综合研究，从而使指挥员的思维条理化、决策科学化。

搜索论是研究如何合理地使用人力、物力、资金及时间，以取得最佳搜索效果的理论和方法。搜索论用在军事方面，主要研究如何提高对某一区域内的目标侦察搜索的效果。在第二次世界大战中，英国为研究提高飞机对德国潜艇的搜索效率，首先运用并发展了这种理论。在现代战争中搜索问题涉及的因素更多，也更加复杂，因此搜索论仍在不断地发展。

排队论亦称“等待理论”“公用服务系统理论”“随机服务系统理论”，是研究系统的排队现象而使顾客获得最佳流通的一种科学方法。排队论的应用如下：指挥系统的信息处理及武器射击效率的估计分析；对空中侦察及防空武器提出相应的要求，估计不同设施的防空系统效率；武器装备维修及后勤保障的合理安排；人员、物资、装备等按时间序列流动的组织安排，等等。

存储论亦称“库存论”，是研究在何时何地从什么来源保证必需的军用物资储备，并使库存物资及补充采购所需的总费用最少的理论和方法，它主要用于后勤保障和物资管理。采用存储论可以确定维持军事系统的组织活动或经营管理正常运转所需的武器装备、备品备件、材料，以及其他物资的最佳经济储备量。最佳经济储备量取决于最佳经济采购量，而采购量又与消耗量有关。

【例 1.2.3】舰队与岸上目标对抗问题。由 3 艘舰船组成的舰队对某岸上目标进行攻击，舰队在进入发射阵位之前将遭到岸上目标的炮火攻击，每艘舰船被毁伤的概率 $P=0.20$。如果有 1 艘舰船进入了发射阵位，它毁伤面目标的相对面积 $\mu(1)=0.40$；如果有 2 艘舰船进入了发射阵位，这 2 艘舰船毁伤面目标的相对面积 $\mu(2)=0.60$；如果 3 艘舰船都进入发射阵位，毁伤面目标的相对面积 $\mu(3)=0.70$。试求此舰队能毁伤岸上目标的平均相对面积。

解：舰队有 1 艘舰船进入发射阵位并攻击岸上目标的概率为

$$P_1 = C_3^1 \cdot P^2 \cdot (1-P) = 0.096$$

舰队有 2 艘舰船进入发射阵位的概率为

$$P_2 = C_3^2 \cdot P \cdot (1-P)^2 = 0.384$$

舰队 3 艘舰船都进入发射阵位的概率为

$$P_3 = (1-P)^3 = 0.512$$

因此，舰船编队在岸上炮火的攻击下，毁伤岸上目标的平均相对面积为

$$\mu = \mu(1) \cdot P_1 + \mu(2) \cdot P_2 + \mu(3) \cdot P_3 = 0.40 \times 0.096 + 0.60 \times 0.384 + 0.70 \times 0.512 \approx 0.63$$

这表明，岸上目标遭舰船编队攻击，平均约有 63%的面积被毁伤。如果军事目标在岸上目标内是均匀分布的，那么在岸上目标内约有 63%的军事目标被毁。

（3）冲突模型理论。冲突模型理论中典型的理论方法是对策论（博弈论），它是冲突各方寻找最佳行动方案的理论，其基本思想是立足于最坏的情况，争取最好的结果。

对策论与决策论的不同在于：在决策论中，决策者面对的是自然环境，自然环境是客观存在的，即使有不确定性，往往也具有一定的规律性（如统计规律性）；在对策论中，决策者面对的是活的对手，对手会不断变化自己的策略，甚至会抓住对方的错误，对手还会对其行动意图时刻保密，甚至采用欺骗策略，因此在对策问题中，决策者只能摒弃侥幸心理，从最不利的情况出发，稳中求胜。

在军事斗争中，己方通常并不掌握充足的关于对方如何打算和行动的情报，在这种不确定的情况下应用对策论最为合宜。“齐威王和田忌赛马”就是一个典型的对策问题。实际中的应用还包括：在对方采用一系列不同战术的条件下，选择己方有效战术的问题；受对方攻击情况下设置假情报和实施伪装的问题；与对方对抗的各种武器装备的合理配置问题；歼击机和轰炸机、导弹和反导弹的追踪问题；等等。

对策论在军事问题中最早应用于第二次世界大战期间，用于解决如飞机侦察潜艇的活动、美军对日作战中作战方案的选定等问题。1944 年，冯·诺伊曼和摩根斯特恩合著了《对策论与经济行为》一书，系统建立了对策论的数学模型和理论体系，确立了这门新的学科。之后随着科学技术和军事斗争的发展，对策论也随之发展，无限对策、动态对策、微分对策等理论方法的提出使对策论的研究愈加深入，而解决的实际冲突问题也愈加复杂。

【例 1.2.4】利用对策论分析美日在巴布亚新几内亚海战中的行动方案选择。第二次世界大战期间，美国获知日军护卫舰队将从新不列颠岛的拉包尔出发，开往巴布亚新几内亚的莱城。有两条航线，即南航线和北航线。天气预报表明：南航线天气晴，能见度高；北航线天气阴，能见度低。两条航线均需要航行 3 天。美军决定派飞机对日军舰队进行袭击。针对日军可能的两条航线，美军拟定了两个相应策略：集中兵力侦察南航线，或集中兵力侦察北航线，并且选定 3 天内争取到的轰炸天数为这次袭击的效果指标。

经分析认为：若日舰走北航线，美机重点侦察北航线，则由于北航线有雾能见度差，大约需要侦察 1 天方能发现目标，美机可跟踪轰炸 2 天；若日舰走北航线，美机重点侦察南航线，则由于北航线天气不好，侦察力量又少，2 天后才能发现日舰，美机只能轰炸 1 天；若日舰走南航线，美机重点侦察北航线，则由于南航线天气虽好，但侦察力量少，也需要 1 天才能发现日舰，美机可跟踪轰炸 2 天；若日舰走南航线，美机重点侦察南航线，则由于南线天气好，侦察力量又多，很快可发现日舰，美机可跟踪轰炸 3 天。根据以上分析，可得如表 1.2.2

表 1.2.2 行动方案的收益矩阵

美军轰炸天数/天	日军轰炸天数/天	
	南航线	北航线
南航线	3	1
北航线	2	2

所示的收益矩阵。

通过简单的分析，美军认为，日军会选择对他们更有利的北航线，因此美军集中兵力在北航线侦察是最优策略。实战结果表明，美军的决策是正确的：日舰走的正是北航线，被跟踪轰炸 2 天，损失惨重。美军这一成功的战例一直被当成对策论的经典应用范例。

3. 仿真模型理论

仿真模型理论是结合内在机制和外部行为两个方面对所研究的现象或过程进行仿真分析的理论。典型的仿真模型如网络仿真模型、系统动力学模型、蒙特卡罗仿真模型（随机模拟试验模型）等。

网络仿真模型是用计算机程序对网络进行模型化，通过程序的运行模仿网络的运行过程。

系统动力学模型是针对复杂信息反馈系统动态趋势而建立的模型，可用于研究系统的结构、功能和行为之间的动态关系，以便寻求较优的系统结构和功能。

蒙特卡罗仿真模型（随机模拟试验模型）是利用随机数来模拟随机事件所建立的模型。

【例 1.2.5】蒙特卡罗仿真模型举例。已知一艘舰船通过布雷区被毁伤的概率为 0.7，现有 8 艘舰船同时通过布雷区，试用随机数模拟两次，求通过雷区被毁伤的舰船数。

解：利用计算机第 1 次产生 8 个随机数，如表 1.2.3 所示。

表 1.2.3　第 1 次模拟毁伤概率值

0.57705	0.71618	0.73710	0.70131
0.19691	0.53324	0.43166	0.26275

其中，有 5 个数小于 0.7，故第 1 次模拟被毁伤的舰船数为 5。

第 2 次再产生 8 个随机数，如表 1.2.4 所示。

表 1.2.4　第 2 次模拟毁伤概率值

0.05926	0.66289	0.35483	0.09393
0.30304	0.55186	0.64003	0.20514

这 8 个数均小于 0.7，故第 2 次模拟被毁伤的舰船数为 8 艘。

应注意的是，蒙特卡罗仿真模型需要建立在大量模拟试验的基础上，才能得到问题的统计特性，通过少量模拟试验得到的结果并没有现实意义。

除上述各理论外，针对海上作战指挥问题的常用的模型研究理论和方法还有网络法、火力运用理论、指挥控制理论、最优化理论、信息论、控制论等。虽然模型方法能很好地提取出实际问题的关键因素并加以研究解决，但是应用这一手段对海上作战指挥过程进行描述和分析也有其局限性，主要是难以将作战过程中人的主观性，以及其他非定量因素（如人的水平、能力、个性、偏好、士气、心理因素等）进行很好地抽象和刻画，因此只能在假定条件下进行近似的分析。

1.3　决策模型在海上作战指挥中的应用

海上作战是指利用水面舰艇、潜艇及飞机等有人或无人兵力，在海上开展的作战活动。海上作战指挥决策贯穿海上作战兵力运用的全过程，涵盖战前筹划、航渡、避碰、搜索、展开、对抗等环节，用于有效完成兵力配置、计划制订、目标搜索和识别、威胁估计、武器目标分配、武器通道组织、平台机动，以及武器射击方案制定等作战行动。每个决策环节都需要通过建立相应的模型来实现决策的科学化。本节以水面舰艇作战指挥决策中若干典型阶段的活动为例进行说明，而本书后续各章节所引入的指挥决策环节的建模和分析，大多是以下列各阶段活动为研究对象展开的。

1. 目标搜索

战时，为了及时而又经济地发现敌方位置不确定的目标，要组织搜索。在目标搜索前，要完成有关计算，如确定搜索的区域、确定搜索器材的作用范围、确定投入的搜索力量、确定搜索的最优路径、确定搜索效果的度量等。研究搜索的理论工具是搜索论。

具体的目标搜索方法很多，应根据所掌握的敌目标位置及航向、航速的准确性，搜索区域的大小，搜索的任务特点及搜索敌目标的数量等条件而采用不同的搜索方法。

2. 目标识别

目标识别包括目标敌我属性识别、目标种类识别和目标类型识别。

目标敌我属性识别大体有两种方法：一种是使用敌我识别器，根据目标应答信号是否符合预定的密码，识别器向系统传送相应的属性信号；另一种是使用侦察雷达，它在侦知目标的雷达信息后，将所得的信号波形、重复频率等参数与雷达数据库所存的有关数据进行对比，来确定目标敌我属性甚至雷达类型。

目标种类识别的作用是判明目标是水下、海面或空中目标。不同种类目标的信息来源可能不同，如水下目标信息来源于声呐，空中或水面目标信息来源于雷达或光电；另外，不同种类目标的运动特性不同，如空中目标的运动速度和机动能力一般优于水面目标，容易出现误判的是高速小艇和超低空直升机，此时需要联合多种目标特征或运动特性数据进行判断。

目标类型识别是指判明目标的具体类别，如是轰炸机还是侦察机，甚至辨别出具体型号。目标类型识别比目标种类识别要难得多。建立图谱、频谱和光谱知识库来提高对目标的识别效率是一个有效的方法，目前，基于积累的目标特征数据，利用人工智能方法开展目标类型识别已经成为一种有效手段。

3. 威胁估计

威胁估计是指分析和判断敌方目标对己方的威胁程度。研究威胁估计的理论工具包括决策理论、概率和统计。

在一般的海上平台作战指挥系统或任务系统中，威胁估计通常计算敌方目标对本平台的威胁程度。影响威胁程度的因素很多，包括敌方目标的战术意图、实力及交战时的态势等。在系统中，通常只能按交战时的态势（如目标航速、航向、高度、接近舷角等），以某种可行的算法对所有敌方目标的威胁程度进行量化计算，从而按照大小排定其威胁程度的顺序，供指挥员选择交战目标参考。但交战决策并不完全取决于威胁估计。

当条件许可时，如果能在目标威胁估计中考虑目标威力的因素，自然更加符合实际情况，但这往往要以能迅速确定目标类型和攻击方式为前提。

要建立威胁估计的数学模型，须采用一定的数学方法，在研究大量战术情况的基础上，回归出所需要的规律或某些参数，并使模型尽可能符合实际。

4. 武器目标分配

武器目标分配主要研究防御作战过程中武器的最优配置，即根据来袭目标的特点（如数量、速度、威胁值等），结合我方武器资源的特点（如武器数量、作用区域、对目标的杀伤概率等），优化使用各类武器资源对抗来袭目标，使拦截之后目标的总剩余威胁值最小，或使我方被保护资源的总生存概率最大。研究武器目标分配的理论工具包括各类优化理论和方法。

武器目标分配问题是作战指挥决策中迫切需要解决的现实问题，也是军事运筹学研究中的重要理论问题：一方面，问题的内在复杂性高，分配问题大多是具有高复杂度的组合优化问题；另一方面，现代军事系统，以至于现代战争系统都极大地依赖智能和高效武器的灵活运用，现代武器从研制到生产所投入的空前大量的经费也迫切需要武器在作战中得到合理有效的使用并充分发挥其效能，来实现摧毁敌方目标、保护己方目标的目的，这一切都是由优化的武器目标分配策略作为基础来保障的。在一些作战行动，如防空作战中，武器目标分配决策是影响作战效果的一个关键因素。

在武器目标分配问题建模中，要考虑实际可能出现的各类约束条件，如时间、空间、资源等，还要考虑在分配过程中发生的各类随机事件，如新目标到来等待加入分配、目标消失而退出分配等。在动态实时条件下进行武器目标分配问题的建模和计算，是一个相当复杂的问题。

5. 武器通道组织

武器通道组织是“能独立执行目标指示并完成攻击任务的武器系统设备与信息流程”。为充分发挥舰载武器及传感器的作用，在设计武器系统时，常考虑全舰武器与传感器的共享。随着武器装备的发展和作战概念的更新，武器通道组织还能跨越单平台，在编队多平台间组织起合理、有效的打击通道。这种“武器系统为完成规定的作战使命，对全舰（或编队内）武器通道配置的管理”，称为武器通道组织。研究武器通道组织的理论工具包括规划论和优化理论。

武器通道组织是一个典型的作战使用问题，也是计算机辅助作战指挥中的一个重要问题。它一般能转化为数学规划问题描述，但在确定模型的某些参数时，需要大量用到敌我双方武器的性能和战术。因此，建立武器通道组织的模型，往往需要综合使用定量方法与定性方法。同时，武器通道组织所涉及的随机因素较多，决定了该模型的辅助地位。

6. 舰艇机动

在战斗中，舰艇以一定的战术目的占领或变换对目标的相对位置而进行的运动，称为舰艇机动。研究舰艇机动的理论工具包括解析几何、数学规划，以及决策论、对策论等。

根据战术使命的不同，舰艇机动分为接敌、展开、占领阵位、变换阵位、侦察、搜索和规避等机动方式。合理的舰艇机动决策，可以在战斗中充分而有效地发挥本舰的全部武器的威力，阻碍敌人武器的使用或降低敌人武器使用的效果。

7. 对抗

对抗包括攻击、躲避和格斗，其结局包括获胜、失利或平局。研究对抗的理论工具包括对策论、微分动态规划、兰切斯特模型、随机格斗理论，以及随机优化方法等。

对敌人应采取什么样的军事行动，需要指挥员对形势进行估计并作出决定。估计形势的依据包括指挥员的作战使命、敌我的能力、敌我双方可能采取的行动，以及对自己采取的行动可能产生的各种后果的比较。指挥员应从可能采取的各种行动中选定一种最优的行动，即最有希望完成作战使命的一种行动。

8．武器射击方案制定

武器射击方案制定是指针对具体作战任务，根据传感器获取的目标信息及其他相关信息，确定武器的射击方式、发射时机、射击诸元等参数，并对射击效率进行预估，以控制武器的发射或射击。有时还需要实施虚拟校射修正、闭环校射，以及对武器的引导等。

不同的武器有不同的射击方式，也有不同的射击方案，相应射击方案的决策内容也不同。有些武器需要进行战术计算，如舰炮射击中求取火控诸元，有些武器则需要进行决策优化，如反舰导弹航路规划、导弹群武器对目标的协同攻击等。随着越来越多的智能化武器装备投入使用，越来越先进的战法应用于实战，具体武器使用中的决策也越发复杂多样。

上面介绍的作战过程中的若干决策环节，主要存在于战斗实施阶段，实际上在战前的作战筹划阶段也有很多决策问题，如兵力配置方案的优化、作战过程的模拟和推演、作战结局的预估等，需要通过合理建立决策模型并优化求解得到决策方案。作战指挥决策模型在指挥控制系统或任务系统中的具体实现方式是战术软件，它在情报处理的基础上，依据战场态势、平台的作战能力，为指挥员提供辅助的战术决策和对策。因此，如果指挥控制系统是作战系统的核心，起着中枢神经的作用，那么灵活高效的指挥决策模型和算法则是作战指挥控制系统的基础和支撑。

但应注意的是，由计算机完成的辅助指挥决策不能完全取代人的指挥。

1.4 本书的内容组织

海上作战指挥决策涉及海上运用的全过程，以其中各阶段活动作为研究对象进行建模和分析，又将运用军事运筹学中的诸多基础理论分支。无论是作战指挥决策问题本身，还是用于解决问题的理论方法，其中的许多内容都已经成为独立的学科。本书从作战指挥决策建模和分析的角度，选择了其中部分较为核心且理论方法较为完善的内容进行讨论。希望本书能对读者了解和掌握运用运筹学、决策理论等基本理论方法，以及相关优化技术来解决实际的海上作战指挥决策问题有所帮助。

本书后续章节的内容组织如下。

第 2 章介绍作战兵力损耗模型。主要针对兵力规模较大、兵力连续变化条件下，如何利用兰切斯特战斗模型及其拓展模型，对战斗进行动态过程分析和结果预测。

第 3 章介绍对抗中兵力单元的生存模型。主要通过概率分析的方法，讨论固定射击间隔、随机射击间隔下的对抗生存模型，以及机动对生存的影响，同时讨论了武器系统的最优机动策略。学习对抗中兵力单元的生存模型有助于对武器系统的选择和组合，也有助于指挥员加深对作战动态过程的理解，提高指挥素质。

第 4 章介绍目标搜索模型。基于搜索者和目标的不同运动状态，分别介绍静止搜索、对静止目标的运动搜索、对运动目标的搜索，以及其中相关的搜索模型和方法。基于这些理论、模型和方法，可以对两类问题开展研究，一类是搜索效率的评估问题，即主要根据给定的观察器材，对特定的目标和搜索策略（如目标的发现概率、发现数量、发现距离、测量识别误差等）进行定量计算并评定搜索效果，再分析搜索效果与搜索要素之间的关系；另一类是搜索策略的优化问题，即根据已知的目标位置分布信息、探测设备的性能、搜索兵力或时间的限制，寻求达到最大搜索效能的搜索策略，或为达到一定的搜索效能，寻求耗费最少搜索资源的搜索策略。此外，本章针对搜索力配置这一典型的资源配置优化问题，介绍相关的模型和方法，对具体问题给出搜索力配置的优化方案。

第 5 章介绍目标威胁评估模型。目标威胁评估为武器目标分配提供决策基础，其本身也是一个重要且复杂的决策环节。本章以海上平台防空作战为例，介绍了目标威胁评估的基本概念，分析了常用的目标威胁评估指标和评估中的指标赋权方法，在此基础上给出了基于主观赋权的多属性威胁评估模型、基于组合赋权的区间数威胁评估模型和基于动态贝叶斯网络的威胁评估模型三种评估模型方法，上述方法在评估中各有不同的侧重，可用于解决不同要求下的评估问题。

第 6 章介绍武器目标分配模型。武器目标分配是作战指挥中的重要决策环节，优化合理的分配方案，可以有效提高作战任务效能。本章将武器目标分配作为典型的组合优化问题，建立一般的非线性模型和简化条件下的线性模型，并介绍了若干求解模型的方法。

第 7 章介绍武器射击策略优化模型。针对防御作战，不仅要最大化对目标的拦截概率，还要兼顾平台自身安全的需要，本章利用权函数引入平台防御要求约束，建立射击策略的优化模型，针对固定或可变的武器发射率，求解最优的射击时间或射击距离。这些结论和方法对指挥员在作战中有效地使用武器是十分重要的。

第 8 章介绍海上防空作战排队模型。在作战指挥中，“资源”不足可能引起一些“排队”现象，如对空防目标拦截、指控系统目标处理等，需要通过对排队系统进行分析，实现系统优化，提升效率和效能。本章在介绍排队论相关知识的基础上，重点针对海上防空系统作战问题建立排队模型，计算排队系统指标，分析不同条件下的抗击效率，为指挥决策和系统优化提供依据。

伴随武器装备的发展、作战概念的更新，以及智能化技术在作战中的深化应用，作战指挥决策也在不断发展，即使在传统问题中，问题的新要素和新方法也层出不穷。鉴于篇幅和作者能力所限，本书难以一一涉及，仅在部分章节中，以案例的形式对智能作战条件下的指挥决策相关问题进行分析探讨，希望能从某一角度对读者有所启发。

本章习题

1.1　什么是军事运筹学？它的产生与发展经过了哪几个阶段？

1.2　军事运筹学与作战指挥决策的关系是怎样的？

1.3　军事运筹学中模型研究的主要方法有哪些？

1.4　海上作战实施阶段主要涉及哪些决策环节？应采用哪些理论方法来解决相应的决策问题？

1.5　分析下面案例中利用经验模型方法进行决策的合理性，试着总结在利用经验模型方法进行建模和决策时，应当遵循哪些原则？

第二次世界大战期间，美军太平洋战区的第 21 轰炸机联队使用 B-29 战略轰炸机对日本本土实施战略轰炸时，遭到日军防空部队的火力拦击，美军损失重大。美空军上将里美（C. Lemay）要求运筹分析人员研究如何减小飞机与驾驶员的损失。运筹分析人员在塞班岛等空军基地，逐个研究了执行完轰炸任务返回基地的飞机，仔细分析飞机遭受日军高炮射击形成的弹孔后，有人提出了在 B-29 战略轰炸机某些部位增加防护装甲的建议。在里美主持的一次军事会议即将通过上述建议时，一名年轻军官提出单纯根据统计飞机受损部位模型所提出的建议不够全面，应当首先考虑被击中飞机受损的全面情况，这一意见得到了里美的高度重视。

在对轰炸机的受损情况进行全面、深入、细致分析后发现，美军的轰炸机大多是由日军 80～90 毫米口径的高炮在 9000 米左右高度被击伤或击落，而受技术性能限制，这种高炮很难对在 1500 米左右高度飞行的轰炸机发挥作用。根据这一情况，这名年轻军官提出建议：把飞机飞行高度降至 1500 米左右，并且不仅不需要增加防护装甲，还可以减少某些防护装甲，甚至撤销一座空战用的机关炮以提高 B-29 的飞行速度，并增加运载航空炸弹的数量。里美拟采纳这个建议，但遭到了本级与上级参谋机关人员的强烈反对。

里美力排众议，立即组织数百名军事和技术（运筹）人员逐个解决了战术原则、飞行编队、航路选择、飞行员训练等问题，使这种低空轰炸战法取得了成功。直到战争结束，日军始终未能有效抗击 B-29 的低空轰炸。在运筹人员和军事人员的相互配合下，减小飞机与驾驶员损失的问题得到了圆满的解决。

1.6　从《三十六计》中选取一个例子，分析其中蕴含的军事运筹思想。

第 2 章　作战兵力损耗模型

人们对于战争和作战的认识和研究，从中国古代就开始了。从那时到 20 世纪初，人们一直把关于战争和作战的问题当作一种计谋或权术来研究，并称之为战争艺术。那时论述战争的著作，虽然也涉及诸如基于数学、物理方法的运筹学方法的应用，但主要还是把战争当作一种社会现象，用历史的方法和逻辑的方法加以研究和推断。

20 世纪初，几位学者提出了公式化的作战理论，他们研究战斗进程的出发点虽然不尽相同，但得出的作战毁伤理论却惊人地一致，这就是用于对作战过程和发展趋势进行动态描述的兰切斯特方程。

兰切斯特方程是作战兵力损耗理论的最基础、最经典的成果之一。作战兵力损耗理论常被称为“战斗动力学”，因此兰切斯特方程也常被称为“战斗动态方程”。以兰切斯特方程为基础的理论、方法和工具的发展形成了军事运筹学领域典型的特色研究范畴，也得到了不断的丰富和发展。本章主要介绍描述作战进程和兵力损耗的兰切斯特方程及其在不同条件下的拓展模型。

兰切斯特是英国著名的汽车工程师、流体力学家和运筹学家。他尝试对战斗过程中敌对双方的力量关系进行系统的数学分析。他分析了以下内容：在什么条件下一支数量居于劣势的军队能击败一支数量居于优势的军队；能否给兵力或火力集中效应一个数学测度；如果能的话，是否可以建立包含这一测度的数学方程，以描述和预测战斗过程的发展趋势。他用简明而优美的兰切斯特方程回答了这些问题。但兰切斯特方程的意义还不止于此，后来投身运筹学和作战模拟研究的科学家通过兰切斯特方程得到了更多的结论。到了 20 世纪 50 年代末，兰切斯特方程还被应用于经济贸易领域，成为一个非常有用的商品市场策略方面的风险决策工具。

兰切斯特研究分析了历史上的战争，发现不同时期的防御方法有很大差别。在冷兵器时代，战斗的主要形式是士兵与士兵面对面的格斗，他们用剑和盾抵挡对方剑和斧的攻击，防御行动是直接的。在一般情况下，一个士兵会发现自己是在与对方的一个士兵对阵。即使某一方士兵的数量多于对方，但在给定时刻，双方实际进行战斗的士兵数量是大体相当的，多余的兵力难以投入实际战斗。在近代战争中，情况改变了。这时是用火力抵抗火力的攻击，防御行动不是直接的，在本质上是集中合作的，一方通过合作方式首先杀伤敌人来阻止敌人对己方的攻击。因此，在使用远射程武器的近代战争中，集中优势兵力会带来直接效果，而数量居于劣势的一方处于比自己可以回击的火力更强的攻击之下，从而限制了其火力的发挥。

兰切斯特抓住这种差别，提出了著名的集中原则：在其他因素相同的情况下，兵力较强的一方将给对方带来较大的毁伤。

因此，在近代战争中，战略的一个最大问题是“集中”，即集中交战一方的所有手段于一个单独的目的或目标。“集中”并不仅仅是战略原则，在战术行动中也起着重要作用。兰切斯特用数学方法分析了近代战争中集中原则的重要性，并找出在对抗过程中可以支配的一些因素。需要指出的是，在上面的分析中，兰切斯特是以极端的形式对原始战争和近代战争的方式进行比较的。实际上，在原始战争中，集中兵力也有些效果，只不过不是主要因素。

例如，弓、箭等兵器也具有火器的一些特性，它们也能集中一定的数量施加给少数方；胜利者所具有的任何数量优势，在交战开始时能对敌方施加很大的心理压力。

兰切斯特基于古代冷兵器战斗和近代枪炮战斗的不同特点，在一定简化假设的前提下，建立了一系列描述交战过程中双方兵力变化数量关系的微分方程组（一般简称兰切斯特方程），以及由此得到关于兵力运用的一些原则。兰切斯特模型被公认是现代战争理论的经典基础。

然而，兰切斯特方程是在高技术武器系统出现前的时代提出的，是一个半经验半理论的模型，在模型中只考虑了可量化的因素，忽略了不可量化的因素，如心理素质等。总体来说，兰切斯特方程讨论的战况是较为理想的，而现代实战却是千变万化的，所以如果利用兰切斯特方程来描述现代战争的动态特性，必须结合现代战争出现的许多新特点，对传统兰切斯特方程进行补充和拓展。第二次世界大战以后，许多专家学者根据现代战争的实际情况，从不同角度对兰切斯特方程进行了改进和拓展，如多兵种多武器协同作战的战斗模型、斯赖伯模型、Moose 模型、用于信息化战争的战斗模型、无人机协同作战的兰切斯特模型等。

本章将根据不同的交战方式给出兰切斯特方程及其拓展模型的建立及求解方法。需要强调的是，兰切斯特模型一般用于描述有大量战斗单位参加的战斗的特点，正是由于战斗单位的数量多才使问题大大简化，并可以用比较简单的规律来描述。在这里，一个战斗单位可以是一个士兵、一套导弹武器、一架飞机或无人机、一艘军舰，甚至是不再细分的一支作战部队。

需要指出的是，近年来在现代高技术条件下的战争中，精确制导技术的发展使作战双方都投入大量人员和兵力参战的情况相比以往有所改变，这虽然使兰切斯特战斗理论和模型的应用受到了一定限制，但作战兵力损耗理论和相关模型仍是作战指挥决策模型中不可忽视的重要内容，其原因有以下几方面。

（1）兰切斯特模型是第一个对作战过程中对抗双方的力量关系进行系统描述的数学模型，它为用数学方法研究战争规律开拓了一条新的途径，兰切斯特模型既具有一定的代表性，又具有启发性。

（2）兰切斯特模型是对抗作战模拟的重要方法，当考虑不同假设条件和影响因素时，模型可以拓展出丰富多样的形式，对于研究战术战法十分有益。尤其是随着智能化武器装备的发展，无人集群作战模式将成为重要的作战模式，消耗战重焕生机，兰切斯特模型可以作为智能化作战条件下研究战争的有力工具。

（3）兰切斯特模型所采用的微分方程方法是一种重要且实用的数学建模方法，也代表了运筹学解析模型理论中的一类经典方法。在自然科学和社会科学中，大量的问题可以用微分方程来描述，正如列宁所说“自然界的统一性显示在关于各种现象领域的微分方程的‘惊人的类似中’”，尤其是当我们需要描述实际对象的某些特性随时间（或空间）而演变的过程，分析它的变化规律，预测它的未来形态时，要建立对象的动态模型，通常就要用到微分方程模型。兰切斯特模型建模的思路和方法为人们借助微分方程模型解决实际问题提供了有益的借鉴，除对战争结局的预测和分析外，人口增长预测模型、生物学的种群生态系统模型、传染病模型等，都可以用这一方法加以分析讨论。

（4）兰切斯特理论和模型中蕴含着朴素而实用的作战指挥思想，在任何作战条件下，这种思想对于培养指挥员的指挥素质和能力都是有意义的。

2.1　同兵种交战的线性模型

假设战斗在红、蓝两军队间进行，每支军队均由单一种类的兵力参战。为以后讨论方便，首先引入双方兵力符号，如表 2.1.1 所示。

表 2.1.1　红、蓝双方兵力符号定义

兵 力 符 号	定　　义
$B=B(t)$	t 时刻蓝军的战斗人员、要素或武器等兵力单元的数量
$R=R(t)$	t 时刻红军的战斗人员、要素或武器等兵力单元的数量
$B_0=B(0)$	战斗开始时蓝军的初始兵力数量
$R_0=R(0)$	战斗开始时红军的初始兵力数量

2.1.1　直接瞄准射击的兰切斯特第一线性律

假设红、蓝双方的战斗表现为战斗单位之间一对一的格斗，每次格斗进行到击毁一方的战斗单位为止，然后另一方未被击毁的战斗单位立即与敌方另一战斗单位进行格斗，如古代兵器的直接格斗，以及在狭窄桥上两军的遭遇战等作战情形。

单位时间内双方兵力损失数量可表示为

$$\beta = P_r(h) \cdot P_r(k \mid h) \cdot u_r$$

$$\rho = P_b(h) \cdot P_b(k \mid h) \cdot u_b$$

式中，各参数意义如表 2.1.2 所示。

表 2.1.2　损耗率参数定义

参　　数	定　　义
β	蓝军单位时间内损失的数量，即蓝军损耗率
$P_r(h)$	红军武器命中蓝军目标的概率
$P_r(k\mid h)$	红军武器在命中蓝军目标的条件下，将蓝军目标击毁的概率
u_r	红军武器在单位时间内的发射数量
ρ	红军单位时间内损失的数量，即红军损耗率
$P_b(h)$	蓝军武器命中红军目标的概率
$P_b(k\mid h)$	蓝军武器在命中红军目标的条件下，将红军目标击毁的概率
u_b	蓝军武器在单位时间内的发射数量

假设在整个作战过程中，β、ρ 均保持不变，则 β 和 ρ 又可分别称为蓝军和红军的不变损耗率，战斗过程可用下列微分方程组描述：

$$\begin{cases} \dfrac{\mathrm{d}B}{\mathrm{d}t} = -\beta \\ \dfrac{\mathrm{d}R}{\mathrm{d}t} = -\rho \end{cases}, t, \beta, \rho \geqslant 0; B_0 \geqslant B; R_0 \geqslant R \tag{2.1.1}$$

式（2.1.1）称为直接瞄准射击的兰切斯特线性模型或兰切斯特第一线性律。

式（2.1.1）采用了一系列简化假设：战斗开始之前，每一方都拥有一定数量的同种类型战斗单位；在战斗过程的任意时间，每个战斗单位要么具有战斗能力，要么已被击毁，而且双方在单位时间内兵力的损失数不变，即 β、ρ 为不变损耗率。以上假设在以后推导其他形式的兰切斯特方程时同样成立。下面对式（2.1.1）进行求解。

1. 非时间解或状态解

不包含时间 t 的状态解可以对战局作出预测。由式（2.1.1）有

$$\frac{\mathrm{d}B}{\mathrm{d}R}=\frac{\beta}{\rho} \tag{2.1.2}$$

对式（2.1.2）进行积分，注意到，当 $t=0$ 时 $B=B_0$ 且 $R=R_0$ 的初始条件，可得到状态解：

$$\rho(B_0-B)=\beta(R_0-R)$$

或

$$\rho B_0-\beta R_0=\rho B-\beta R \tag{2.1.3}$$

式（2.1.3）称为状态方程。

若 $\rho B-\beta R=0$，即 $\rho B_0-\beta R_0=0$，则双方势均力敌，同归于尽。

若 $\rho B-\beta R>0$，即 $\rho B_0-\beta R_0>0$，则蓝军胜。当红军被消灭时（$R=0$），蓝军的剩余兵力为

$$B_e=\frac{\rho B_0-\beta R_0}{\rho} \tag{2.1.4}$$

若 $\rho B-\beta R<0$，即 $\rho B_0-\beta R_0<0$，则红军胜。当蓝军被消灭时（$B=0$），红军的剩余兵力为

$$R_e=\frac{\beta R_0-\rho R_0}{\beta} \tag{2.1.5}$$

定义双方在任意时刻的战斗力 A_B和A_R 为

$$\begin{cases}A_B=\rho B\\A_R=\beta R\end{cases} \tag{2.1.6}$$

由于各方的战斗力与其兵力数量成线性关系，则称该模型为线性律。由上述分析可知，此时初始战斗力是决定战斗结果的要素。

2. 时间解

时间解可用于了解战斗的动态进程，式（2.1.1）的时间解为

$$\begin{cases}B=B_0-\beta t\\R=R_0-\rho t\end{cases} \tag{2.1.7}$$

战斗的持续时间为一方被消灭时所需的时间，即

$$t=\min\left\{\frac{R_0}{\rho},\frac{B_0}{\beta}\right\} \tag{2.1.8}$$

兰切斯特第一线性律比较适合描述古代作战情况，这时双方集中兵力不能生效，战斗只能以一对一格斗的方式进行，战线不会被突破，也无法形成包围。事实上，在现代战争中，有时出于战略上的需要，一方也有意制造这种态势。

兰切斯特第一线性律表明：初始战斗力占优势的一方将会取胜，但初始兵力数量占优势的一方并不一定取胜，如图 2.1.1 所示，还要结合双方的不变损耗率进行分析。

兰切斯特第一线性律适用于同兵种、损耗系数为常数、能进行直接瞄准的一对一格斗的

作战过程。其基本特征是：在作战过程中，双方不断减员，兵力对比关系不断变化，但双方在单位时间内的对敌杀伤数却始终恒定。也就是说第一线性律所描述的战场态势具有这样的性质：在战斗进行过程中，双方各自的对敌杀伤率不因战斗减员而变化，也不因兵力对比关系的变化而变化。

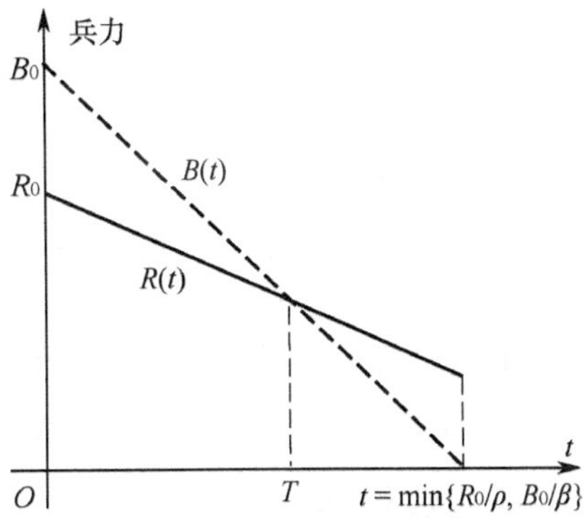

图 2.1.1　第一线性律描述的兵力变化曲线

注意：在上面的分析中，假定 β 和 ρ 分别是蓝军和红军的不变损耗率，从另一个角度来说，β 和 ρ 又可以分别认为是红军和蓝军的单兵作战效能，式（2.1.1）表示单位时间内蓝（红）军的兵力损失数取决于红（蓝）军的单兵效能。这样定义 β 和 ρ 的意义，与后面将引入的其他形式的兰切斯特模型中的参数意义一致。

【例 2.1.1】假设有 12 名红军与 12 名蓝军交战。地形特点使战斗只能以一对一的方式进行，红军对蓝军的杀伤率为平均每 10 分钟 1 个，蓝军射击效率较差，对红军的杀伤率为每 15 分钟 1 个。问：谁能取胜？当一方被消灭时，另一方还剩多少人？战斗要持续多久？何时胜方的兵力是败方的两倍？

解：由题意知 $R_0=12$，$B_0=12$，$\rho=1/15$，$\beta=1/10$。

因此，初始战斗力为 $\beta R_0=1.2>\rho B_0=0.8$，红军胜。

胜方剩余人数为 $R_e=\dfrac{\beta R_0-\rho B_0}{\beta}=4$（人）。

战斗持续时间为 $\min\left\{\dfrac{R_0}{\rho},\dfrac{B_0}{\beta}\right\}=120$（分钟）。

胜方是败方两倍人数的时间为 $R_0-\rho t=2(B_0-\beta t)$，可得 $t=90$ 分钟。

本例只是从数学角度用兰切斯特第一线性律分析一场战斗的进程和战斗的结果。在实际作战中，兰切斯特第一线性律也会给作战指挥带来启发。

【例 2.1.2】温泉关战役。温泉关战役是希腊和波斯战争中的一次著名战役。公元前 480 年，以 300 名斯巴达精锐战士为首的 7000 名希腊战士，在温泉关抵挡了 20 万波斯军队 3 天，成为历史上著名的以少战多的经典战役。

温泉关是由北希腊进入中希腊的唯一险关，西面是陡峭悬崖，东面是直通海岸的沼泽地，中间的道路非常狭窄，因而有着得天独厚的防御地形，交战双方只能在一个非常狭窄的山道中展开战斗。以斯巴达战士为首的希腊军严重缺乏兵力，但作战能力很强；波斯军队车马精良、兵力众多，但队伍被狭窄的山道无形间拉长，骑兵和车派不上用场，兵力数量的巨大优势无法发挥。

战役前两天，希腊军队利用地形优势将战斗限制在有限宽度的交锋面内，压制了波斯军队的人数优势，并让斯巴达最精锐的 300 王族卫队冲锋在前，充分发挥己方单兵作战能力，以极少的兵力损失，挫败了波斯军队的数次进攻，成就了一场“一夫当关，万夫莫开”的特殊战役。

战役的第 3 天，波斯军队通过收买当地人，找到了一条直达希腊军队后部的牧羊古道，实现了对希腊军队的合围，利用兵力数的巨大优势，最终击败了希腊军队。在这场战役中，由于双方兵力数量悬殊，单兵素质的优势并不能弥补兵力上的绝对劣势，希腊军队可以抵挡波斯军队 3 天，只是特殊条件下的一种暂时平衡。

时至今日，现代战争和冷兵器时代的战争方法已经大相径庭，曾经投入大量兵力打消耗战的方式逐渐被精确打击作战所取代，但兰切斯特第一线性律仍然揭示了战斗力与战斗结果的对应关系，这是作战研究的一条基本规律。随着智能战争的到来，无人系统集群作战将在一定程度上使消耗战重现生机，在新的时代下，兰切斯特方程也将重现其价值。

2.1.2 面积射击的兰切斯特第二线性律

假定作战兵力隐蔽，作战双方进行远距离间接瞄准射击，战斗不再以一对一的方式进行，而是每一方将火力集中在已知的敌战斗单位的集结地区，这个地区的大小几乎与敌兵力数量无关。形成这种态势的原因很多，如侦察手段的不完善、武器精度低、远距离射击等。在这种情况下，蓝军的损耗率就与向它进攻的红军兵力数量 R 成正比，也与蓝军在其集结区内的兵力密度成正比，或与其集结区内任意时刻的人数 B 成正比。这类关系同样适用于红军。因此得到兰切斯特第二线性律：

$$\begin{cases}\dfrac{\mathrm{d}B}{\mathrm{d}t}=-\beta RB\\[2mm]\dfrac{\mathrm{d}R}{\mathrm{d}t}=-\rho RB\end{cases}\tag{2.1.9}$$

式（2.1.9）中，可把 β 理解为单位红军在单位时间内对单位蓝军造成的平均损失数，ρ 也作类似理解，这样 β 和 ρ 可分别认为是红军和蓝军的单兵作战效能。

1．状态解

这与兰切斯特第一线性律中的状态解，即式（2.1.2）相同，故在 2.1.1 节中的状态解及作战结局分析同样适用于面积射击的情形。由于红、蓝双方的战斗力定义与兰切斯特第一线性律中相同，仍与各方的兵力数量成线性关系，因此将面积射击的兰切斯特模型称为兰切斯特第二线性律。

$$\frac{\mathrm{d}B}{\mathrm{d}R}=\frac{\beta}{\rho}\tag{2.1.10}$$

2．时间解

对任意时刻 t，由式（2.1.9）可解得

$$\begin{cases}B=-\dfrac{B_0\exp[-\rho B_0(K-1)t](K-1)}{\{\exp[-\rho B_0(K-1)t]-K\}}\\[2mm]R=-\dfrac{R_0(K-1)}{\{\exp[-\rho B_0(K-1)t]-K\}}\end{cases}\tag{2.1.11}$$

式中，$K=\dfrac{\beta R_0}{\rho B_0}$，即红蓝双方的初始战斗力之比。

由式（2.1.11）可得任意时刻 t 双方的剩余兵力之比为

$$\frac{B(t)}{R(t)}=\frac{B_0}{R_0}\cdot\exp[-\rho B_0(K-1)t] \tag{2.1.12}$$

【例 2.1.3】假设 $R_0=20$，$B_0=25$，$\beta=0.2$，$\rho=0.1$，在兰切斯特第二线性律下，分析双方的兵力变化情况。

利用软件绘制双方兵力变化曲线如图 2.1.2 所示。

注意，服从兰切斯特第二线性律的作战过程中，兵力变化不再是线性的。

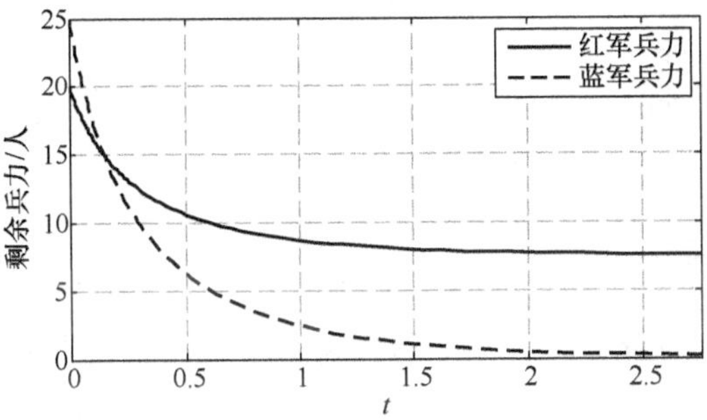

图 2.1.2　兰切斯特第二线性律下兵力变化曲线图

在计算剩余兵力的公式中，假定在战斗结束时一方的兵力变为零。但理论上，兰切斯特第二线性律中这种结果只有当 $t\to\infty$ 时才能出现。因此，兰切斯特第二线性律中的“获胜”是一个相对的概念，即可设置一个“获胜”的标准，在作战过程发展到某一阶段时，某方的兵力数量少于设置的标准时，则认为对方获胜。

【例 2.1.4】英法亚伯拉罕平原之战。17 世纪，欧洲出现了线列步兵（Line Infantry），并逐渐成为欧洲陆军的主力步兵。线列步兵主要的武器装备是燧发枪，其射程短、准确度低，在实际使用中类似于对对方军队所在区域的射击，而非针对单个士兵瞄准射击。为了能发挥燧发枪的杀伤力，作战的时候往往是一群人同时开枪，最好是打在同一条线上，以增大火力输出和提高射击的有效性。因此，线列步兵实战中采取的主流战术是“线列战术”，即将步兵排成宽而浅的线列，一条线列有 2～4 排士兵，双方部队中的前排士兵朝对方阵列射击，通过齐射火力扩大对对方线列的覆盖范围，对战中前排士兵倒下后排士兵补上，直至一方军队溃散，战斗便分出胜负。

线列战术十分残酷，甚至被称为“排队枪毙”战术，现在看起来十分落后又难以理解，然而在当时的条件下，线列战术却是最先进和最有可操作性的方案，其原理可以用兰切斯特模型进行解释。从兰切斯特第二线性律可知，当交战双方互相射击时，由于火力精度低，齐射的士兵越多、越整齐，命中对方士兵的概率越大，对对方造成的损失也越大。如果采用松散的阵型排列步兵，虽然能够寻找掩护且相对灵活，但射击难以瞄准、杀伤率低，也不能有效抗击前进中的步兵纵队。

1759 年英法两军的亚伯拉罕平原之战，采用了线列战术。英军的战术是线列前进到距敌 27m 之内才能射击，否则军法处置。法军的战术是每隔十二三米就齐射一次。

在法军射击几轮后，1/4 的英军中弹倒地，但英军表现出超人的冷静，既不后退也不反击，直到行进到距法军 30m 时，英军又遭到法军一轮齐射，但英军依然没有开枪反击。

由于当时燧发枪装填速度很慢，英军行进至距法军 18m 时，法军弹药还未装填完毕，这时英军指挥官沃尔夫下令开火，近距离时燧发枪威力极大，英军一轮齐射下来，法军就成片倒地不起，英军执行有效的射击程序，很快便击溃了法军。

2.2 同兵种交战的平方律模型和游击战模型

2.1 节给出了两个线性模型——直接瞄准射击模型和面积射击模型，其特点均是一方不能以集中的火力射击敌方战斗单位。现代战争的重要特点是集中火力射击敌方单个目标，此时战斗不再表现为一对一的格斗方式，而是集中优势兵力，各个击破。因此，本节首先建立更符合“现代”战斗情况的兰切斯特平方律模型，并由此来说明“集中优势兵力”在作战中的有效性；其次讨论兰切斯特平方律与兰切斯特第二线性律混合的模型，用于描述一种典型的作战态势——游击战。

2.2.1 兰切斯特平方律

在指挥情报功能良好的条件下，从平均意义上来讲，战斗中每个单元在特定的时间内都会有效地毁伤一定数量的目标，因此在单位时间内消灭的对方战斗单元的数量就与己方战斗单元的数量成正比，这就是平方律的概念。从后面的推导中，将会看到双方的战斗力与各自兵力数量的平方成正比，平方律的得名也来源于此。

作战中指挥员可以集中兵力，用火力更强的大部队去攻打小部队，或攻击敌方战线的薄弱部分，这时损耗率就直接取决于某一时刻敌方参战的兵力数量，因此得到如下微分方程：

$$\begin{cases}\dfrac{\mathrm{d}B}{\mathrm{d}t}=-\beta R\\[2mm]\dfrac{\mathrm{d}R}{\mathrm{d}t}=-\rho B\end{cases}\tag{2.2.1}$$

式中，$\beta\rho\geqslant 0$，$B_0\geqslant B$，$R_0\geqslant R$，这就是同兵种交战的兰切斯特平方律模型。其中，β 为单位时间内单位红军对蓝军造成的平均损失数；ρ 的意义类似，β 和 ρ 分别表示红军和蓝军的单兵作战效能。仍定义 B_0 和 R_0 为蓝军和红军的初始兵力数量。

1．状态解

由式（2.2.1）得

$$\frac{\mathrm{d}B}{\mathrm{d}R}=\frac{\beta R}{\rho B}$$

即

$$\rho B\cdot\mathrm{d}B=\beta R\cdot\mathrm{d}R\tag{2.2.2}$$

将式（2.2.2）两边进行积分，注意到当 $t=0$ 时有 $B=B_0$ 且 $R=R_0$，因此有

$$\rho(B_0^2-B^2)=\beta(R_0^2-R^2)$$

或

$$\rho B_0^2-\beta R_0^2=\rho B^2-\beta R^2\tag{2.2.3}$$

定义战斗力为

$$\begin{cases} A_B = \rho B^2 \\ A_R = \beta R^2 \end{cases} \tag{2.2.4}$$

由于战斗力与己方兵力数量的平方成正比，因此称该模型为兰切斯特平方律模型。

由式（2.2.3）给出的状态解可以对最终的战况进行分析。

若 $A_{B_0} > A_{R_0}$，则蓝军胜，当红军被消灭时蓝军的剩余兵力为

$$B_e = \sqrt{\frac{\rho B_0^2 - \beta R_0^2}{\rho}} \tag{2.2.5}$$

若 $A_{B_0} < A_{R_0}$，则红军胜，当蓝军被消灭时红军的剩余兵力为

$$R_e = \sqrt{\frac{\beta R_0^2 - \rho B_0^2}{\beta}} \tag{2.2.6}$$

若 $A_{B_0} = A_{R_0}$，则双方势均力敌，$\rho B^2 = \beta R^2$。

2. 时间解

对式（2.2.1）进行求解，可以得到任意时刻 t 蓝军及红军剩余兵力的表达式：

$$\begin{cases} B(t) = \dfrac{1}{2}\left(B_0 - R_0\sqrt{\dfrac{\beta}{\rho}}\right)\exp(\sqrt{\rho\beta}t) + \dfrac{1}{2}\left(B_0 + R_0\sqrt{\dfrac{\beta}{\rho}}\right)\exp(-\sqrt{\rho\beta}t) \\ R(t) = \dfrac{1}{2}\left(R_0 - B_0\sqrt{\dfrac{\rho}{\beta}}\right)\exp(\sqrt{\rho\beta}t) + \dfrac{1}{2}\left(R_0 + B_0\sqrt{\dfrac{\rho}{\beta}}\right)\exp(-\sqrt{\rho\beta}t) \end{cases} \tag{2.2.7}$$

由式（2.2.7）可得蓝军取胜、红军被消灭所需的时间 t_R：

$$t_R = \frac{1}{2\sqrt{\rho\beta}}\ln\left(\frac{\sqrt{\rho}B_0 + \sqrt{\beta}R_0}{\sqrt{\rho}B_0 - \sqrt{\beta}R_0}\right) \tag{2.2.8}$$

或红军取胜，蓝军被消灭所需的时间 t_B：

$$t_B = \frac{1}{2\sqrt{\rho\beta}}\ln\left(\frac{\sqrt{\beta}R_0 + \sqrt{\rho}B_0}{\sqrt{\beta}R_0 - \sqrt{\rho}B_0}\right) \tag{2.2.9}$$

假定 $\rho = \beta$，由式（2.2.7）还可得到当蓝军兵力消耗到它初始兵力的 $1/n$（$B(t) = B_0/n$）时，所经历的战斗时间：

$$t = \frac{1}{\rho}\ln\left[\frac{B_0/n - \sqrt{R_0^2 - B_0^2(n^2-1)/n^2}}{B_0 - R_0}\right] \tag{2.2.10}$$

若根式中为负值，则说明在蓝军消耗到它最初兵力的 $1/n$ 之前，红军就已经被消灭了。

同样，在 $\rho = \beta$ 的条件下，可求出红军兵力消耗到它最初兵力的 $1/n$ 时所需的战斗时间：

$$t = \frac{1}{\rho}\ln\left[\frac{R_0/n - \sqrt{B_0^2 - R_0^2(n^2-1)/n^2}}{R_0 - B_0}\right] \tag{2.2.11}$$

【例 2.2.1】假设蓝军和红军的初始兵力都是 1000 人，双方的单兵效能相同，即 $\rho = \beta$，作战服从兰切斯特平方律模型。蓝军通过战术策略将红军分为两个人数相等的部分，用其全部兵力连续与红军进行两次战斗，即每次对付的红军人数为 500 人，计算当两次战斗结束时蓝军的剩余人数。

解：第一次战斗结束时，由式（2.2.5）有

$$B_{e_1}=\sqrt{B_0^2-R_0^2}=\sqrt{1000^2-500^2}\approx 866(\text{人})$$

$$\Delta B_1=1000-866=134(\text{人})$$

$$\Delta R_1=500(\text{人})$$

$$\Delta R_1/\Delta B_1=3.7>2\quad\left(\text{初始兵力之比}\frac{1000}{500}=2\right)$$

第二次战斗结束时，有

$$B_{e_2}=\sqrt{B_{e_1}^2-500^2}\approx 707(\text{人})$$

$$\Delta B_2=866-707=159(\text{人})$$

$$\Delta R_a=500(\text{人})$$

$$\Delta R_2/\Delta B_2=3.1>1.7\quad\left(\text{初始兵力之比}\frac{866}{500}\approx 1.7\right)$$

运用集中兵力的原则，蓝军消灭了红军士兵 1000 人，而自己仅损失 134+159=293（人）。否则，若只进行一次战斗，蓝军 1000 人对付红军 1000 人，双方战斗力相同，将同归于尽。两次作战过程中双方兵力变化曲线如图 2.2.1 所示。

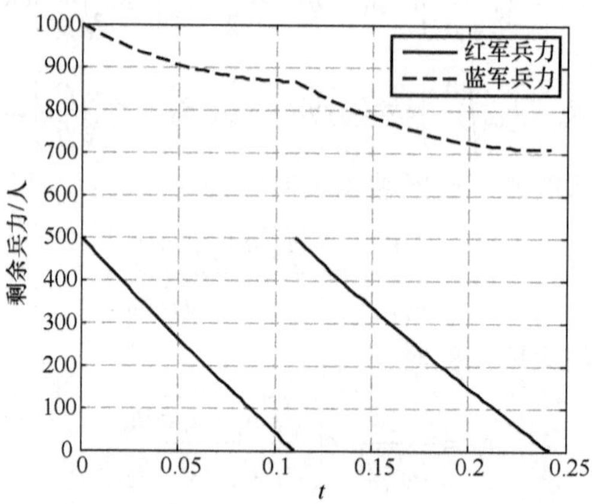

图 2.2.1　兰切斯特平方律描述的两次作战中双方兵力变化曲线

【例 2.2.2】特拉法加（Trafalgar）海战。1805 年 10 月 21 日，在西班牙西南部的特拉法加角附近发生了一场 19 世纪规模最大的海战。交战的一方为英国海军舰队，由司令尼尔逊（Nelson）指挥，计划投入的兵力数量为 40 艘舰船；另一方为由法国和西班牙组成的联合舰队，由司令威伦诺夫（Villeneuve）指挥，计划投入的兵力数量为 46 艘舰船。从兵力数量来看，联合舰队应该取胜。但特拉法加海战的结果却是英军以少胜多打了一场漂亮的歼灭战，这次战争的胜利不但完全击碎了拿破仑征服英国的梦想，而且结束了一百年来英法的海上争霸战，英国从而确立了自己的海上霸主地位，并维持一个世纪以上。英国海军到底是运用什么战术战胜了在数量上占优势的联合舰队？胜利的原因是什么？兰彻斯特后来用平方律分析了这一战例。

英国海军舰队的 40 艘舰如果和联合舰队的 46 艘舰正面交战，由于联合舰队的数量优势（假定双方单舰作战效能相同，即 $\rho=\beta$），在平方律的作用下，英国舰队将被全歼，而联合

舰队剩余舰只数量为 $\sqrt{516}\approx 22$ 艘。

为了避免这一劣势带来的不利情况，英军舰队司令尼尔逊将军在战前的“秘密备忘录”中设计了一个作战计划，如图 2.2.2 所示。

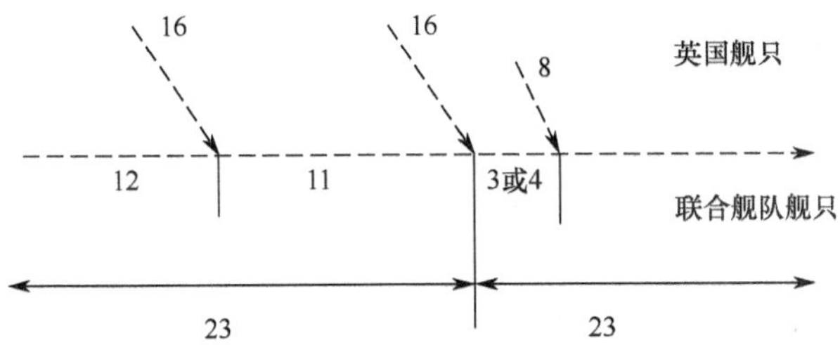

图 2.2.2　尼尔逊“秘密备忘录”作战计划

英国舰队分解成两个主纵队和一个小纵队，每个主纵队由 16 艘舰只组成，小纵队为前进支队（Advanced Spuardon），由 8 艘舰只组成。作战方案是：由尼尔逊亲自指挥的主纵队将联合舰队切为前后两部分，另一支由柯林伍德（Collingwood）中将指挥的主纵队从联合舰队后部突击 12 艘舰只，小纵队则在联合舰队中心位置附近攻击其先头舰队中的 3～4 艘舰只，并尽可能挫败联合舰队援救中、后部舰队的行动。在帆船航海时代，先头舰队掉头支援是要花费很长时间的。

按兰切斯特平方律分析，尼尔逊的作战计划有效地改变了双方实力的对比：即英国舰队用 32 艘舰只包围联合舰队的 23 艘舰只，双方的战斗实力对比变为 $\frac{32^2}{23^2}\approx 1.9$，即使不考虑小纵队对对方的毁伤，英军也应该能够获胜。

在实际作战中，双方参战的舰只数量有些变化，尼尔逊是 27 艘舰只，联合舰队投入 33 艘舰只。根据情况变化，尼尔逊把舰队改为 2 个纵队，前进纵队为 12 艘舰只，由他亲自指挥，后卫纵队为 15 艘舰只，由柯林伍德指挥。实际作战结果是：联合舰队有 18 艘舰只被俘或沉没，英国舰队舰只无一沉没，英国舰队大胜联合舰队。

3. 兰切斯特平方律的讨论

与兰切斯特线性律相比，兰切斯特平方律似乎更加符合现代作战的情况。下面讨论集中与分割的问题。

1）关于“集中兵力”战法的讨论

兰切斯特曾说，“按平均计算，每个人在特定时间内都会有效地命中一定数量的目标，因此，在单位时间内消灭敌人的数量就与我方人数成正比，反之亦然。这就是平方律的概念。”在线性律的假设中，总是一对一进行战斗，因此，双方的消耗都是常数。在现代战争中就不同了，指挥官可以用大部队去对付小部队，或者去打敌人的薄弱部分，这就是“集中兵力”。

根据平方律的假设，讨论“集中兵力，分割歼灭”原则的有效性。假定 $\rho=\beta$，即双方战斗单元在素质和技术上是相同的，战斗的结果只取决于双方的兵力。由式（2.2.3）可得

$$B_0^2 - B^2 = R_0^2 - R^2 \tag{2.2.12}$$

设蓝军集中兵力为红军的 K 倍，即 $B_0 = KR_0$，则由式（2.2.12）可求得红军被消灭时蓝军的剩余兵力为

$$B_e = B_0\sqrt{1-\frac{1}{K^2}}$$

蓝军的损失人数为

$$\Delta B = B_0 - B_e = B_0\left(1-\sqrt{1-\frac{1}{K^2}}\right) = KR_0\left(1-\sqrt{1-\frac{1}{K^2}}\right)$$

红军的损失人数为

$$\Delta R = R_0 - 0 = R_0$$

故

$$\Delta R / \Delta B = \frac{1}{K-\sqrt{K^2-1}} = K+\sqrt{K^2-1}$$

可见$\Delta R / \Delta B \geqslant K$，即当蓝军兵力为红军兵力的 K 倍时，红军的损失数为蓝军损失数的K倍以上。

通过上面的分析可知，在兰切斯特平方律的假定下，“集中兵力，分割歼灭”的原则是有效的。但要实现这一点，必须要有占优势的情报和指挥控制功能来保障。

2）作战时对敌的最佳分割讨论

“集中兵力，分割歼灭”是一个好的战法，但是如何分割才最优呢？下面从数学角度加以分析。

设红军初始兵力为R_0，蓝军初始兵力为B_0，并设双方单兵效能相近，即$\beta=\rho$；红军将蓝军分割为Y和B_0-Y两部分。

第一次战斗：红军剩余兵力为R_1，且

$$R_1 = \sqrt{R_0^2 - Y^2}$$

第二次战斗：红军剩余兵力为R_2，且

$$R_2 = \sqrt{R_1^2-(B_0-Y)^2} = \sqrt{R_0^2-\frac{B_0^2}{2}-2\left(Y-\frac{B_0}{2}\right)^2}$$

因此当$Y-\dfrac{B_0}{2}=0$时，有

$$\max R_2 = \sqrt{R_0^2-\frac{B_0^2}{2}} \tag{2.2.13}$$

可见，当进行分割时，以接近等分$\left(Y=\dfrac{B_0}{2}\right)$为佳，可知胜方最大剩余兵力为$\sqrt{R_0^2-\dfrac{B_0^2}{2}}$。类似分析可得当$\beta\neq\rho$时，也是等分为佳。

集中优势兵力是古今中外军事家都十分重视的一条作战原则。但在信息化战争中，“多吃少”被“快吃慢”“精吃粗”所取代，精兵作战是否需要集中兵力，这个问题值得思考和探讨。

尽管现代战争的形态、样式发生了重大而深刻的变化，但战争仍有规律可循。集中兵力的内涵从冷/热兵器战争甚至机械化战争中的兵力规模和兵员集中，转变为信息化战争中利用网络技术将陆、海、空、天、电、网等多维、多形态优势作战力量聚合和运用，并达成力量对比的有利态势。衡量集中兵力的主要尺度，不再是兵力规模和兵员集中的密度，而是诸如信息力、控制力、火力、保障力乃至战争动员力等要素的综合。在这个意义下，集中优势兵

力仍然是有价值的作战原则。把握集中兵力的新内涵，探索集中兵力的新方式，就要力争以快速、精准的动态集中，将作战力量有机融合，达到出奇制胜的效果。

2.2.2　混合定律的游击战模型

在下面的讨论中，令正规军为蓝军，游击队为红军。从游击队伏击正规军的战斗态势可以看出，游击队可以清楚地看到全部的正规军，即游击队对正规军的射击符合兰切斯特平方律，而正规军只能大致向游击队占据的区域射击，即正规军对游击队的射击符合面积射击的兰切斯特第二线性律，因此可以得到双方的损耗率方程：

$$\begin{cases}\dfrac{\mathrm{d}B}{\mathrm{d}t}=-\beta R\\[2mm]\dfrac{\mathrm{d}R}{\mathrm{d}t}=-\rho BR\end{cases}\tag{2.2.14}$$

这个模型称为混合定律的游击战模型。

对游击战模型，β 和 ρ 可以分别理解为单位时间内红军和蓝军单个兵力对对方兵力造成的平均损耗率，即双方单兵作战效能的度量。

下面分析影响 ρ 的主要因素。ρ 是单位时间内蓝军单个兵力对红军造成的平均损耗率，因此有

$$\rho=\frac{r_B\overline{A}_r}{\overline{A}_R}\tag{2.2.15}$$

式中，r_B 为蓝军武器的发射率；$\overline{A}_r$ 为单发蓝军武器射击的有效杀伤面积；$\overline{A}_R$ 为红军占据的总面积，若红军在面积内均匀分布，则 $\overline{A}_r/\overline{A}_R$ 为蓝军单发射击对红军的杀伤率。

由式（2.2.15）知，ρ 的大小与 r_B、$\overline{A}_r$ 和 $\overline{A}_R$ 有关，对游击队来说，ρ 越小越好，这时可以通过增大 $\overline{A}_R$ 的值，即占据大的伏击阵地，同时减小 $\overline{A}_r$ 的值，即以构筑工事来减小正规军的单发毁伤能力来实现，只有这样，游击队才能在“战斗力”上取得对正规军的优势，以弥补兵力的不足。相反地，正规军希望 ρ 越大越好，这可以通过增大 r_B 的值，即提高武器的发射率，或增大 $\overline{A}_r$ 的值，即使用重型武器以增大单发弹丸的有效杀伤面积来实现。

1．状态解

求取游击战模型的状态解，可以看出游击战的一些特殊性。由式（2.2.14）得

$$\rho B\mathrm{d}B=\beta R\mathrm{d}R\tag{2.2.16}$$

当 $t=0$ 时，有 $B=B_0$，$R=R_0$，对式（2.2.16）进行积分有

$$\rho(B_0^2-B^2)=2\beta(R_0-R)$$

或

$$\rho B_0^2-2\beta R_0=\rho B^2-2\beta R\tag{2.2.17}$$

定义各方的战斗力为

$$\begin{cases}A_B=\rho B^2\\A_R=2\beta R\end{cases}\tag{2.2.18}$$

同样，若 $A_B>A_R$，则蓝军胜；若 $A_R>A_B$，则红军胜；若 $A_R=A_B$，则双方势均力敌。

正规军（蓝军）取胜时的剩余兵力为

$$B_e = \sqrt{(\rho B_0^2 - 2\beta R_0)/\rho} \tag{2.2.19}$$

游击队（红军）取胜时的剩余兵力为

$$R_e = \frac{2\beta R_0 - \rho B_0^2}{2\beta} \tag{2.2.20}$$

在游击战中，红蓝双方单兵作战效能比值 β/ρ 是重要的量，若 $\beta/\rho > B_0^2/(2R_0)$，即 $A_R > A_B$，则游击队胜。对这一比值，游击队在很大程度上是可以控制的，因为游击队不但可以通过提高人员的素质和技术水平来增加 β 的值，而且能利用天时地利的条件来减小 ρ 的值，所以游击战是一种特殊的战斗，它迫使正规军分散兵力，违背集中兵力的原则。许多实战中的例子表明，游击队借助有利地形地势等作战条件，常常易于取得局部优势，从而在伏击中击败正规军。

2．时间解

由式（2.2.14）可知，当游击队取胜时，即当满足 $2\beta R_0 > \rho B_0^2$ 的条件时，混合定律的时间解为

$$\begin{cases} R(t) = C_1\left[1 + \left(\dfrac{B_0 - K_1\tan(a_1 t)}{K_1 + B_0\tan(a_1 t)}\right)^2\right] \\ B(t) = K_1\dfrac{B_0 - K_1\tan(a_1 t)}{K_1 + B_0\tan(a_1 t)} \end{cases} \tag{2.2.21}$$

式中，$K_1 = \sqrt{2\beta C_1/\rho}$，$C_1 = R_0 - [\rho_0/(2\beta)]B_0^2$，$a_1 = \rho K_1/2$，$a_1 t < \pi/2$。

反之，若正规军获胜，即 $\rho B_0^2 > 2\beta R_0$，则

$$\begin{cases} R(t) = C_2\left[\left(\dfrac{B_0 + K_2\mathrm{th}(a_2 t)}{K_2 + B_0\mathrm{th}(a_2 t)}\right)^2 - 1\right] \\ B(t) = K_2\dfrac{B_0 + K_2\mathrm{th}(a_2 t)}{K_2 + B_0\mathrm{th}(a_2 t)} \end{cases} \tag{2.2.22}$$

式中，$K_2 = \sqrt{2\beta C_2/\rho}$，$C_2 = [\rho/(2\beta)]B_0^2 - R_0$，$a_2 = \rho K_2/2$，双曲正切函数 $\mathrm{th}x = \dfrac{\mathrm{e}^x - \mathrm{e}^{-x}}{\mathrm{e}^x + \mathrm{e}^{-x}}$。

由式（2.2.21）和式（2.2.22），便可以了解战斗的动态信息。

【例 2.2.3】 令 $R_0 = 8$，$B_0 = 40$，$\beta = 8$，$\rho = 0.06$，在游击战模型下双方兵力变化如图 2.2.3 所示。

游击战模型所蕴含的战法也常被作战中的弱势方所采用。例如，硫磺岛战役中日军对美军的地道战、越南战争中越军对美军的丛林战、伊拉克战争中的巷战等。在我国抗日战争时期，华北、冀中平原上的抗日军民将地道战与游击战、地雷战相结合，创造出了典型的非对称战斗态势，在敌强我弱的条件下，灵活有效地牵制和消耗了日军的兵力，使原本无坚可守的冀中平原成为中国军民打击日本侵略军的重要作战区域，并为我军在敌后战场保存实力、持久抵抗发挥了重要作用。

可见，战争并非单纯战斗力的比拼，更是作战思维、才智的比拼。在双方战斗力不对等的情况下，一方创造条件使敌我作战呈现“敌明我暗”的特点，在很大程度上可以扭转己方的不利地位，从而在局部战场上改变战斗的结果。

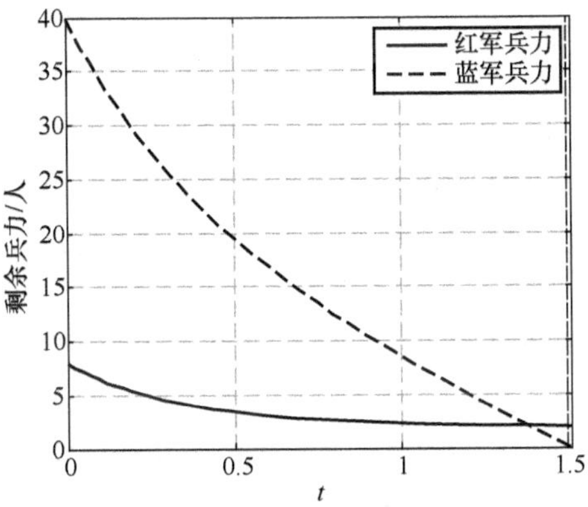

图 2.2.3　游击战模型下双方兵力变化曲线

2.3　随机型兰切斯特模型

前面讨论的确定型战斗模型，是对冲突过程的“平均”描述，根据兰切斯特方程可以计算出敌对双方在战斗过程中的平均损失。然而，战斗过程会受许多随机因素影响，在战斗的每个阶段，特别是在战斗的最后阶段，由于一方损失过大而可能使战斗结束的时刻远远早于按平均结果所预计的时刻，因此有必要讨论作战双方在各种情况下最终获胜的概率。

计算获胜概率时，首先定义一些参数，如表 2.3.1 所示。

表 2.3.1　获胜概率计算的参数定义

参　数	定　义
B	t 时刻蓝军的兵力
R	t 时刻红军的兵力
P_{B1}	在给定的条件下，蓝军在单独一次交战中失败的概率
P_{R1}	在给定的条件下，红军在单独一次交战中失败的概率
$P(B, R)$	当蓝军兵力为 B、红军兵力为 R 时，蓝军最终战胜红军的概率

蓝军最终取胜的事件，可分解为下面两个互斥事件：

（1）在状态 (B, R)，蓝军损失一个单位，变为状态 $(B-1, R)$，蓝军最终取胜。

（2）在状态 (B, R)，红军损失一个单位，变为状态 $(B, R-1)$，蓝军最终取胜。

状态转移关系如图 2.3.1 所示。

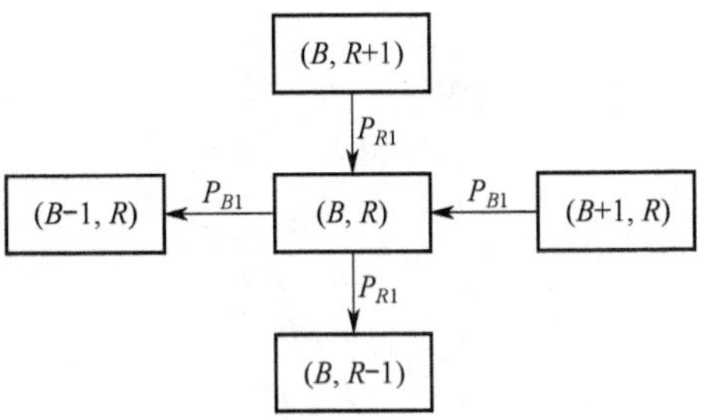

图 2.3.1　随机型兰切斯特模型的状态转移关系

因此，由全概率公式可得蓝军最终获胜的概率为

$$P(B,R) = P_{B1} \cdot P(B-1,R) + P_{R1} \cdot P(B,R-1) \tag{2.3.1}$$

式中，$R, B \geqslant 1$。若 $B \geqslant 1$，则 $P(B,0)=1$，即当红军战斗单位为 0 时，蓝军取胜的概率为 1；若 $R \geqslant 1$，则 $P(0,R)=0$，即当蓝军的战斗单位为 0 时，蓝军取胜的概率为 0。

由式（2.3.1）可以递推计算蓝军最终获胜的概率 $P(B,R)$，而红军最终获胜的概率为 $1-P(B,R)$。

例如，在 $B=2$，$R=1$ 的情况下，蓝军取胜的概率为

$$P(2,1) = P_{B1} \cdot P(1,1) + P_{R1} \cdot P(2,0) = P_{B1} \cdot P(1,1) + P_{R1}$$

而

$$P(1,1) = P_{B1} \cdot P(0,1) + P_{R1} \cdot P(1,0) = P_{B1} \cdot 0 + P_{R1} = P_{R1}$$

因此有

$$P(2,1) = P_{B1} \cdot P_{R1} + P_{R1} = P_{R1}(1+P_{B1})$$

下面讨论在给定的战斗条件下，转移概率 P_{B1}、P_{R1} 的形式，从而计算出最终取胜的概率。

对 P_{B1}、P_{R1} 进行微分，有

$$\begin{cases} P_{B1} = \dfrac{\mathrm{d}B/\mathrm{d}t}{\mathrm{d}B/\mathrm{d}t + \mathrm{d}R/\mathrm{d}t} \\ P_{R1} = \dfrac{\mathrm{d}R/\mathrm{d}t}{\mathrm{d}B/\mathrm{d}t + \mathrm{d}R/\mathrm{d}t} \end{cases} \tag{2.3.2}$$

（1）线性律情况：

$$\begin{cases} \mathrm{d}B/\mathrm{d}t = -\beta \\ \mathrm{d}R/\mathrm{d}t = -\rho \end{cases} \quad 或 \quad \begin{cases} \mathrm{d}B/\mathrm{d}t = -\beta BR \\ \mathrm{d}R/\mathrm{d}t = -\rho BR \end{cases}$$

因此有

$$\begin{cases} P_{B1} = \dfrac{\beta}{\beta+\rho} \\ P_{R1} = \dfrac{\rho}{\beta+\rho} \end{cases} \tag{2.3.3}$$

（2）平方律情况：

$$\begin{cases} \mathrm{d}B/\mathrm{d}t = -\beta R \\ \mathrm{d}R/\mathrm{d}t = -\rho B \end{cases}$$

因此有

$$\begin{cases} P_{B1} = \dfrac{\beta R}{\beta R+\rho B} \\ P_{R1} = \dfrac{\rho B}{\beta R+\rho B} \end{cases} \tag{2.3.4}$$

（3）混合定律情况：

$$\begin{cases} \mathrm{d}B/\mathrm{d}t = -\beta R \\ \mathrm{d}R/\mathrm{d}t = -\rho BR \end{cases}$$

$$\begin{cases} P_{B1} = \dfrac{\beta}{\beta+\rho B} \\ P_{R1} = \dfrac{\rho B}{\beta+\rho B} \end{cases} \tag{2.3.5}$$

最后将式（2.3.3）～式（2.3.5）分别代入式（2.3.1），得到在各种情况下蓝军最终取胜的概率为

（1）线性律情况：$P(B,R)=\dfrac{\beta}{\rho+\beta}P(B-1,R)+\dfrac{\rho}{\rho+\beta}P(B,R-1)$。

（2）平方律情况：$P(B,R)=\dfrac{\beta R}{\beta R+\rho B}P(B-1,R)+\dfrac{\rho B}{\beta R+\rho B}P(B,R-1)$。

（3）混合律情况：$P(B,R)=\dfrac{\beta}{\beta+\rho B}P(B-1,R)+\dfrac{\rho B}{\beta+\rho B}P(B,R-1)$。

【例 2.3.1】在线性律的条件下，假设红、蓝双方作战舰船的能力相同，即 $\rho=\beta=0.5$，在某一时刻 t，蓝军剩余 3 艘舰船，红军剩余 2 艘舰船，试分析蓝军和红军最终取胜的概率各为多少？

解：蓝军最终取胜的概率为

$$
\begin{aligned}
P(3,2)&=\frac{\beta}{\rho+\beta}P(2,2)+\frac{\rho}{\rho+\beta}P(3,1)\\
&=\frac{1}{2}\big[P(2,2)+P(3,1)\big]=\frac{1}{2}\left\{\frac{1}{2}\big[P(1,2)+P(2,1)+P(2,1)+P(3,0)\big]\right\}\\
&=\frac{1}{4}\big[P(1,2)+2P(2,1)+1\big]=\frac{1}{4}\left\{\frac{1}{2}\big[P(0,2)+P(1,1)\big]+2\times\frac{1}{2}\big[P(1,1)+P(2,0)\big]+1\right\}\\
&=\frac{1}{8}\big[0+3P(1,1)+4\big]=\frac{3}{8}\times\frac{1}{2}[P(0,1)+P(1,0)]+\frac{1}{2}=\frac{3}{16}(0+1)+\frac{1}{2}=\frac{11}{16}
\end{aligned}
$$

红军最终取胜的概率为$1-P(3,2)=\dfrac{5}{16}$。

在本例中，如果用确定型兰切斯特模型进行计算，那么结果只可能是蓝军获胜。不同兰切斯特模型下的兵力变化曲线如图 2.3.2 所示。其中，图 2.3.2（c）为一次战斗过程的随机采样。因此，在小规模战斗时，随机型兰切斯特模型可以给出战斗结局的可能概率，而非确定的结果，因而更符合实际。

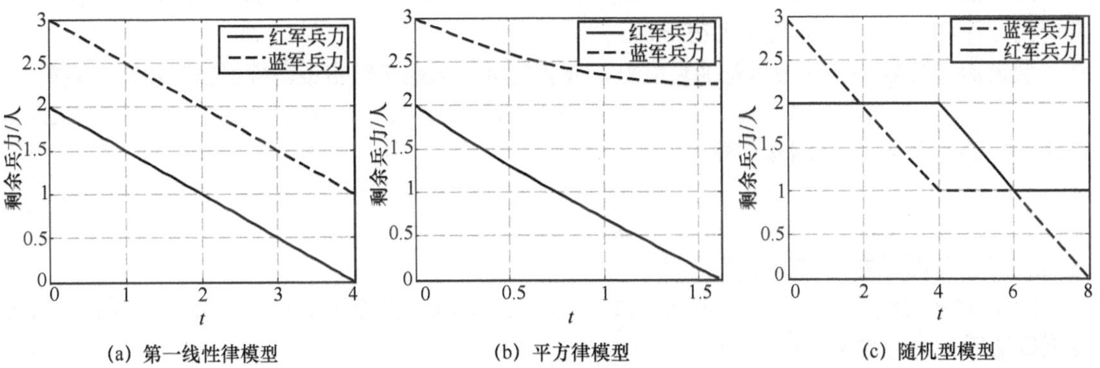

(a) 第一线性律模型　　(b) 平方律模型　　(c) 随机型模型

图 2.3.2　不同兰切斯特模型下的兵力变化曲线

注意：在线性律模型情况下，转移概率是定值，而在平方律模型和随机型模型情况下，转移概率将随剩余兵力的变化而变化。

2.4　线性律与平方律的统一——欧文模型

本节介绍欧文模型，通过此模型可以把面积射击的线性律和平方律动态地联系起来。假定一个蓝军士兵需要一定的时间τ来完成一次射击，且只有他看见目标时才射击，而蓝军士兵发现特定目标的概率服从参数为α的指数分布：

$$P_0 = 1 - \mathrm{e}^{-\alpha t} \tag{2.4.1}$$

式中，t 为观察时间；$\alpha = 1/t_a$，t_a为蓝军士兵发现这个特定目标所需要的平均时间，它受能见度、地形等因素的影响。

对R名红军士兵或R个目标来说，一名蓝军士兵在时间$(0, t)$内看到至少一个目标的概率为

$$R_d = 1 - \mathrm{e}^{-\alpha R t} \tag{2.4.2}$$

假设蓝军士兵的单发射击杀伤概率为P_K，那么在时间τ内，一名蓝军士兵杀伤一名敌军的概率为

$$P = P_K(1 - \mathrm{e}^{-\alpha R \tau})$$

假定蓝军发现并射击红军的事件是相互独立的，那么 B 名蓝军士兵杀伤红军目标的期望数为

$$E(R) = BP_K(1 - \mathrm{e}^{-\alpha R \tau}) \tag{2.4.3}$$

把式（2.4.3）两边同除以τ，得到蓝军单位时间内杀伤红军的数学期望：

$$\frac{\mathrm{d}R}{\mathrm{d}t} = -\frac{E(R)}{\tau} = -\frac{BP_K(1 - \mathrm{e}^{-\alpha R \tau})}{\tau} \tag{2.4.4}$$

同理，可得红军单位时间内杀伤蓝军的数学期望：

$$\frac{\mathrm{d}B}{\mathrm{d}t} = -\frac{E(B)}{\tau'} = -\frac{RP'_K(1 - \mathrm{e}^{-\alpha' B \tau'})}{\tau'} \tag{2.4.5}$$

式中，P'_K、τ'和α'的意义为与蓝军类似的军队的情况。

由式（2.4.4）和式（2.4.5）组成的模型称为欧文–兰切斯特模型。τ（τ'）与α（α'）有关。当$\alpha \neq 0$（$\alpha' \neq 0$）时，τ（τ'）为一名蓝军（红军）士兵完成一次射击所需的时间；当$\alpha = 0$（$\alpha' = 0$）时，τ（τ'）将为蓝（红）军武器最大射击率的倒数。

从下面的讨论中我们将看到欧文模型是介于兰切斯特线性律和平方律之间的一种模型，它把线性律和平方律动态地联系在一起。

假定$\alpha R \tau$比较小，这可以是能见度差，或者要进行远距离射击或隐蔽射击的缘故，这时有

$$\mathrm{e}^{-\alpha R \tau} \approx 1 - \alpha R \tau \tag{2.4.6}$$

将式（2.4.6）代入式（2.4.4）得

$$\frac{\mathrm{d}R}{\mathrm{d}t} \approx -(\alpha P_k)BR \tag{2.4.7}$$

式（2.4.7）即面积射击的第二线性律。

如果$\alpha R \tau$比较大，这可以是能见度好，或者红军是一支庞大的部队，或者蓝军的射击速度很低的缘故，这时有

$$\mathrm{e}^{-aR\tau} \approx 0$$

将上式代入式（2.4.4）得

$$\frac{\mathrm{d}R}{\mathrm{d}t} \approx -\frac{P_K}{\tau}B \tag{2.4.8}$$

式（2.4.8）即兰切斯特平方律的形式。

类似地，可以分析红军对蓝军射击的情形。

最后讨论α与τ的关系。若α很大，则说明t_a很小，即目标很容易被发现，这时对蓝军来说，τ的值只受武器射速的限制，$\alpha R \tau$较大，战斗可以用式（2.4.8）的平方律描述。

从式（2.4.8）可知τ越小，即蓝军武器的射击速度越高，红军的损耗率越大，近战往往是这种情形。

如果α很小，取τ很小的情况，可认为在未发现目标的情况下就盲目射击，由于$\alpha R\tau$较小，则是式（2.4.7）描绘的面积射击情形；取τ很大的情况，虽然战斗接近平方律的形式，但敌方的损耗率P_K/τ会变得很低。因此，τ值的选择，即蓝军士兵完成一次射击的时间的选择，对士兵来说十分关键，决定着红军损耗率的大小。

2.5　考虑增援及指挥控制情报效应下的兰切斯特模型

众所周知，掌握敌人的活动情报，对军队进行正确的指挥与控制，可以抵消敌人的有利条件，形成我方的优势。同时，在战斗中，作战双方通过兵力补充，也可以保持和形成优势。本节将讨论在这些因素影响下的兰切斯特拓展模型。

在战斗过程中，双方都使用情报系统来提供关于己方火力单位毁伤敌方战斗单位的效果和敌方毁伤己方效果的情报，指挥系统利用这些情报来修正火力安排，使得火力总是均匀地分布在敌方幸存的战斗单位上，而避免在已摧毁的目标上浪费弹药。

因此，对我方来讲，情报与指控系统的效能在一定意义上可以用我军火力及时地从已消灭的敌方目标上转移到未被消灭的敌方目标上的能力来衡量。假定用一个比值e表示情报与指控系统的效能，该比值为我军已抛开的敌方已毁战斗单位数量与敌方已毁战斗单位总数之比，即

$$e=\frac{\text{我军已抛开的敌方已毁战斗单位数量}}{\text{敌方已毁战斗单位总数}}$$

若e=0，则说明我军的武器在战斗过程中总是向敌人的最初阵地射击，而大部分弹药都浪费在重复毁伤之中；若e为 0～1，则说明我军的火力单位在击毁敌方的战斗单位后，转移至另一个目标不很及时；若e=1，则表示射击中没有重复“毁伤”，即发射后可立刻获得敌方有关目标是否已被击毁的情报，而且一旦击毁了敌方的战斗单位，我方立刻将火力转至敌方另一个目标。这种战斗就是所谓“高度组织化”的战斗。e称为指挥效率因子，假定它在整个战斗过程中保持不变。

假定战斗的持续时间足够长，使一些战斗单位至少可以发射几枚弹丸，而且双方战斗单位的初始数量足够大，在这些条件下，可得到考虑增援及指挥控制情报效应的兰切斯特模型：

$$\begin{cases}\dfrac{\mathrm{d}B}{\mathrm{d}t}=-\beta BR/[B_0-e_R(B_0-B)]-\gamma B+K\\[2ex]\dfrac{\mathrm{d}R}{\mathrm{d}t}=-\rho BR/[R_0-e_B(R_0-R)]-\delta R+L\end{cases}\tag{2.5.1}$$

式中，B、R、B_0、R_0的定义如前所述，其余各参数的定义如表 2.5.1 所示。

表 2.5.1　考虑增援及指挥控制情报效应的兰切斯特模型参数定义

参　数	定　义
e_B	蓝军的指挥控制情报效率因子
e_R	红军的指挥控制情报效率因子
K	蓝军的兵力补充率，可以为时变函数
L	红军的兵力补充率，可以为时变函数
γ	蓝军非战斗减员率
δ	红军非战斗减员率

下面分别讨论指挥控制情报效率因子和兵力补充对战斗过程的影响。

1．指挥控制情报效率因子对战斗过程的影响

在$K=L=\gamma=\delta=0$的条件下，以红军为例，讨论其指挥控制情报效率因子e_R对战斗过程的影响。

若$e_R=0$，即红军指挥控制情报效率低，始终对蓝军重复毁伤，则由式（2.5.1）有

$$\frac{\mathrm{d}B}{\mathrm{d}t}=-\frac{\beta}{B_0}BR \tag{2.5.2}$$

此时，方程具有面积射击线性律的形式，蓝军的损耗率为β的$1/B_0$，这时每名红军的效能发挥只能为β的B/B_0（$B/B_0<1$）。

反之，若$e_R=1$，由式（2.5.1）有

$$\frac{\mathrm{d}B}{\mathrm{d}t}=-\beta R \tag{2.5.3}$$

此时，方程为兰切斯特平方律的形式。

因此，战斗的类型和结果在很大程度上取决于蓝军和红军的情报指挥控制功能。若双方势均力敌，应有

$$\frac{\beta R_0^2}{2-e_R}=\frac{\rho B_0^2}{2-e_B} \tag{2.5.4}$$

对任何一方来说，若指挥控制情报效率有一增值$\Delta e=e-e_0$，则会导致战斗力量增值。假设用百分比表示的战斗力增值为F，则由式（2.5.4）可知

$$F=\sqrt{\frac{2-e_0}{2-e}}-1 \tag{2.5.5}$$

若$e_0=0$，$e=1$，则$F\approx 41.4\%$，这足以反映指挥控制情报效应对战斗力影响程度之大，因此，先进的指挥控制情报系统常被称为现代兵力的“倍增器”。

2．兵力补充对战斗过程的影响

现在讨论在$e_R=e_B=1$的条件下，兵力补充对战斗过程的影响。为简化分析，进一步假定$\beta=\rho$，$\gamma=\delta$，即红蓝两军的损耗率和非战斗减员率均相同，双方兵力补充率K、L为常数，这样式（2.5.1）的时间解为

$$\begin{cases} B(t)=\dfrac{L\beta-K\gamma}{\beta^2-\gamma^2}+E\cdot \mathrm{e}^{(\beta-\gamma)t}+F\cdot \mathrm{e}^{-(\beta+\gamma)t} \\ R(t)=\dfrac{K\beta-L\gamma}{\beta^2-\gamma^2}-E\cdot \mathrm{e}^{(\beta-\gamma)t}+F\cdot \mathrm{e}^{-(\beta+\gamma)t} \end{cases} \tag{2.5.6}$$

式中

$$E=\frac{1}{2}\left[\left(B_0+\frac{K}{\beta-\gamma}\right)-\left(R_0+\frac{L}{\beta-\gamma}\right)\right]$$

$$F=\frac{1}{2}\left[\left(B_0-\frac{K}{\beta+\gamma}\right)+\left(R_0-\frac{L}{\beta+\gamma}\right)\right]$$

从式（2.5.6）可以看出，E的大小决定着两军谁胜谁败，它是一个取决于初始条件、损耗和兵力补充率的常数。

$$B(t)-R(t)=2E\mathrm{e}^{(\beta-\gamma)t}-\frac{K-L}{\beta-\gamma}=\left[(B_0-R_0)+\frac{K-L}{\beta-\gamma}\right]\mathrm{e}^{(\beta-\gamma)t}-\frac{K-L}{\beta-\gamma}$$

当 $B_0=R_0$，$\beta>\gamma$ 时，若 $K>L$，则 $B(t)-R(t)>0$，蓝军胜；若 $K=L$，则 $B(t)-R(t)=0$，双方势均力敌；若 $K<L$，则 $B(t)-R(t)<0$，红军胜。

【例 2.5.1】美日硫磺岛战役分析。J. H. Engel 用第二次世界大战末期美日硫磺岛战役中的美军战地记录，对考虑增援条件下的兰切斯特战斗模型进行了验证，发现模型结果与实际数据吻合得很好。硫磺岛位于东京以南 660 英里的海面上，是日军的重要空军基地。美军在 1945 年 2 月 19 日开始进攻硫磺岛，激烈的战斗持续了一个月，双方伤亡惨重，日方守军 21500 人全部阵亡或被俘，美方投入兵力 73000 人、伤亡 20265 人。战争进行到第 28 天时美军宣布占领该岛，实际战斗到第 36 天才停止。美军的战地记录有按天统计的战斗减员和增援情况。日军没有后援，战地记录也全部遗失。

用 $A(t)$ 和 $J(t)$ 表示美军和日军第 t 天的人数，美军有增援，日军没有增援。用简化的式（2.5.1）作为模型，可得

$$\begin{cases}\dfrac{\mathrm{d}A}{\mathrm{d}t}=-aJ(t)+u(t)\\ \dfrac{\mathrm{d}J}{\mathrm{d}t}=-bA(t)\end{cases}\quad A(0)=0,J(0)=21500 \tag{2.5.7}$$

式中，a、b 分别为美军和日军的单兵效能；$u(t)$ 为美军的增援率，由美军战地记录知

$$u(t)=\begin{cases}54000, & 0\leqslant t<1\\ 6000, & 2\leqslant t<5\\ 13000, & 5\leqslant t<6\\ 0, & \text{其他}\end{cases} \tag{2.5.8}$$

并可由每天伤亡记录得到实际兵力 $A(t)$，$t=1,2,\cdots,36$（见图 2.5.1 中虚线）。下面将这些实际数据代入式（2.5.7），计算出 $A(t)$ 的理论值，并与实际值比较。

对式（2.5.7）用求和代替积分，可得

$$A(t)=A(0)-a\sum_{\tau=1}^{t}J(\tau)+\sum_{\tau=1}^{t}u(\tau) \tag{2.5.9}$$

$$J(t)=J(0)-b\sum_{\tau=1}^{t}A(\tau) \tag{2.5.10}$$

为估计 b，注意到式（2.5.10）中 $t=36$，由于美军有战地记录，可以获得 $A(t)$ 的实际数据，有 $\sum_{\tau=1}^{36}A(\tau)=2037000$，且由 $J(36)=0$，$J(0)=21500$ 可估计出 $b=\dfrac{21500}{2037000}\approx 0.0106$。再把这个值代入式（2.5.10），即可算出 $J(t)$, $t=1, 2, \cdots, 36$。

然后从式（2.5.9）估计 a。令 $t=36$，得

$$a=\frac{\sum_{\tau=1}^{36}u(\tau)-A(36)}{\sum_{\tau=1}^{36}J(\tau)} \tag{2.5.11}$$

式中，分子是美军的总伤亡人数，为 20265 人，分母可由已经计算出的 $J(t)$ 得到，为 372500

人，于是从式（2.5.11）有 $a=\dfrac{20265}{372500}\approx 0.0544$，把这个值代入式（2.5.9）得

$$A(t)=-0.0544\sum_{\tau=1}^{t}J(\tau)+\sum_{\tau=1}^{t}u(\tau) \tag{2.5.12}$$

由式（2.5.12）就能够计算出美军人数 $A(t)$ 的理论值，如图 2.5.1 中的实线所示，与虚线表示的实际值相比，可以看出两者吻合的情况。

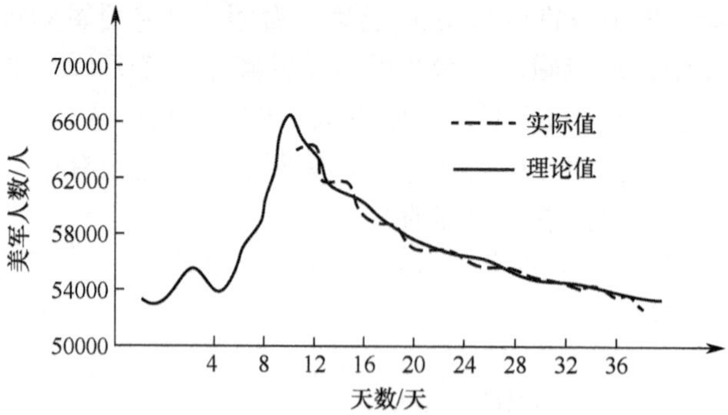

图 2.5.1　美军兵力实际数据与理论结果的比较

2.6　诸兵种协同作战的兰切斯特模型

现代战争一般都是诸兵种的协同作战。所谓的诸兵种，指的是作战一方综合使用不同类型的兵力或武器去完成不同的作战任务。由于每个兵种和相应的武器都有各自的优势和相应的适合攻击的目标，因此，现代战争的结局在很大程度上取决于能否广泛地使用诸兵种合成部队来协同作战，在战斗中夺取并保持对敌人的优势。

为了建立诸兵种协同作战的兰切斯特模型，首先引入参数定义，如表 2.6.1 所示。

表 2.6.1　诸兵种协同作战兰切斯特模型参数定义

参　考	定　义
$i=1,2,\cdots,b$	蓝军的不同类型战斗单元，共 b 类
$j=1,2,\cdots,r$	红军的不同类型战斗单元，共 r 类
$B_i=B_i(t)$	蓝军第 i 型战斗单元在任意战斗时刻 t 的剩余数量
$B_{i0}=B_i(0)$	蓝军第 i 型战斗单元的初始数量
$R_j=R_j(t)$	红军第 j 型战斗单元在任意战斗时刻 t 的剩余数量
$R_{j0}=R_j(0)$	红军第 j 型战斗单元的初始数量
β_{ji}	蓝军损耗率或红军的单兵作战效能，具体指红军用第 j 型武器中的单个战斗单元向蓝军的第 i 型目标射击时，蓝军第 i 型战斗单元的损耗率
ρ_{ij}	红军损耗率或蓝军的单兵作战效能，意义与 β_{ji} 对应
γ_{ji}	红军分配第 j 型武器对抗蓝军第 i 型目标的比例或概率（武器分配因子）
δ_{ij}	蓝军分配第 i 型武器对抗红军第 j 型目标的比例或概率（武器分配因子）

根据上面各参数的定义，可以把第 i 型蓝军战斗单元和第 j 型红军战斗单元的损耗率方程表示为兰切斯特方程的扩维平方律形式：

$$
\begin{cases}
\dfrac{\mathrm{d}B_i}{\mathrm{d}t}=-\sum\limits_{j=1}^{r}\beta_{ji}\gamma_{ji}R_j, \quad i=1,2,\cdots,b \\[2ex]
\dfrac{\mathrm{d}R_j}{\mathrm{d}t}=-\sum\limits_{i=1}^{b}\rho_{ij}\delta_{ij}B_j, \quad j=1,2,\cdots,r
\end{cases}
\tag{2.6.1}
$$

这也是兰切斯特平方律的一般形式。为便于求解分析，将其表示为矩阵方程的形式。令

$$\boldsymbol{Z}=[B_1,B_2,\cdots,B_b,R_1,R_2,\cdots,R_r]=[\boldsymbol{B}\quad \boldsymbol{R}]$$

则

$$\frac{\mathrm{d}\boldsymbol{Z}}{\mathrm{d}t}=\left[\frac{\mathrm{d}B_1}{\mathrm{d}t},\frac{\mathrm{d}B_2}{\mathrm{d}t},\cdots,\frac{\mathrm{d}B_b}{\mathrm{d}t},\frac{\mathrm{d}R_1}{\mathrm{d}t},\frac{\mathrm{d}R_2}{\mathrm{d}t},\cdots,\frac{\mathrm{d}R_r}{\mathrm{d}t}\right]$$

$$\boldsymbol{Z}_0=[B_{10},B_{20},\cdots,B_{b0},R_{10},R_{20},\cdots,R_{r0}]$$

记损耗率系数与武器分配因子乘积的矩阵为 $\boldsymbol{Q}$，即

$$
\boldsymbol{Q}=\begin{bmatrix}\boldsymbol{0} & \boldsymbol{\rho}\\ \boldsymbol{\beta} & \boldsymbol{0}\end{bmatrix}=
\left[\begin{array}{cc}
\boldsymbol{0} & \begin{array}{c}\rho_{11}\delta_{11}\ \rho_{12}\delta_{12}\cdots\rho_{1r}\delta_{1r}\\ \rho_{21}\delta_{21}\ \rho_{22}\delta_{22}\cdots\rho_{2r}\delta_{2r}\\ \vdots\\ \rho_{b1}\delta_{b1}\ \rho_{b2}\delta_{b2}\cdots\rho_{br}\delta_{br}\end{array}\\
\begin{array}{c}\beta_{11}\gamma_{11}\ \beta_{12}\gamma_{12}\cdots\beta_{1b}\gamma_{1b}\\ \beta_{21}\gamma_{21}\ \beta_{22}\gamma_{22}\cdots\beta_{2b}\gamma_{2b}\\ \vdots\\ \beta_{r1}\gamma_{r1}\ \beta_{r2}\gamma_{r2}\cdots\beta_{rb}\gamma_{rb}\end{array} & \boldsymbol{0}
\end{array}\right]
$$

则式（2.6.1）所示微分方程组的矩阵形式为

$$\frac{\mathrm{d}\boldsymbol{Z}}{\mathrm{d}t}=-\boldsymbol{Z}\boldsymbol{Q} \tag{2.6.2}$$

式（2.6.2）的解为

$$\boldsymbol{Z}=\boldsymbol{Z}_0\exp(-\boldsymbol{Q}t)$$

式中，$\exp(-\boldsymbol{Q}t)=I-\boldsymbol{Q}t+\boldsymbol{Q}^2t^2/2!-\boldsymbol{Q}^3t^3/3!+\cdots$。

下面对武器分配因子 γ_{ji} 和 δ_{ij} 作说明。首先，在同兵种交战的情况下，不存在武器的分配问题，因而 $\gamma_{ji}=\gamma_{ij}=\delta_{ij}=\delta_{ji}=1$；但在不同兵种进行的联合作战中，武器对目标的分配就变得十分重要。例如，近程舰炮可以用来应对来袭的反舰导弹，但不能用来击落空中远距离的飞机。某些武器具有多种功能，若在战斗中用其来对付几种类型的目标，则存在如何分配的问题。在假定双方的指挥与情报工作非常出色，以及弹药飞行、转火时间可以忽略不计的条件下，后续将有专门章节讨论武器最优分配策略问题。

在此认为 γ_{ji} 和 δ_{ij} 为已知的常数，并记

$$
\begin{cases}
\beta_{ji}^{*}=\beta_{ji}\gamma_{ji}\\
\rho_{ij}^{*}=\rho_{ij}\delta_{ij}
\end{cases}
\tag{2.6.3}
$$

若考虑不引起混淆，则去掉 β_{ji}^{*}、ρ_{ij}^{*} 上的星号，这样有

$$\boldsymbol{\beta}=\begin{bmatrix}\beta_{11} & \beta_{12} & \cdots & \beta_{1b}\\ \beta_{21} & \beta_{22} & \cdots & \beta_{2b}\\ \vdots & \vdots & \cdots & \vdots\\ \beta_{r1} & \beta_{r2} & \cdots & \beta_{rb}\end{bmatrix} \tag{2.6.4}$$

并称其为红军对蓝军的毁伤矩阵。同样地，蓝军对红军的毁伤矩阵为

$$\boldsymbol{\rho}=\begin{bmatrix}\rho_{11} & \rho_{12} & \cdots & \rho_{1r}\\ \rho_{21} & \rho_{22} & \cdots & \rho_{2r}\\ \vdots & \vdots & \cdots & \vdots\\ \rho_{b1} & \rho_{b2} & \cdots & \rho_{br}\end{bmatrix} \tag{2.6.5}$$

不同兵种交战的广义兰切斯特模型的求解方法，将在 2.7 节用武器系统的等效方法来研究，这是一种特殊又非常有用的方法。

2.7 武器系统的等效研究

2.7.1 等效的兰切斯特模型

研究武器系统的等效问题的目的，是求取作战双方各型武器的价值或权。设蓝军第 i 型单位战斗单元的价值为 W_{Bi}，红军第 j 型单位战斗单元的价值为 W_{Rj}，对 $i=1,2,\cdots,b$，$j=1,2,\cdots,r$，有下面两个价值矢量：

$$\begin{cases}\boldsymbol{W}_B=[W_{B1},W_{B2},\cdots,W_{Bb}]^{\mathrm{T}}\\ \boldsymbol{W}_R=[W_{R1},W_{R2},\cdots,W_{Rr}]^{\mathrm{T}}\end{cases} \tag{2.7.1}$$

用上面的两个价值矢量确定的线性组合：

$$\begin{cases}V(\boldsymbol{B})=\boldsymbol{W}_B^{\mathrm{T}}\boldsymbol{B}\\ V(\boldsymbol{R})=\boldsymbol{W}_R^{\mathrm{T}}\boldsymbol{R}\end{cases} \tag{2.7.2}$$

分别为蓝军、红军的综合价值量度或总价值。式中

$$\begin{cases}\boldsymbol{B}=[B_1,B_2,\cdots,B_b]^{\mathrm{T}}\\ \boldsymbol{R}=[R_1,R_2,\cdots,R_r]^{\mathrm{T}}\end{cases} \tag{2.7.3}$$

通常取式（2.7.2）中两个方程的比值作为双方效能或等效兵力之比，即

$$F=\frac{V(\boldsymbol{B})}{V(\boldsymbol{R})} \tag{2.7.4}$$

武器系统的等效研究就是研究 $\boldsymbol{W}_B$ 与 $\boldsymbol{W}_R$ 的相对关系，以使将式（2.7.4）作为评价指标而有意义。

对一方某一类型一定数量的武器来讲，如果认为其价值与这些武器在单位时间内消灭的敌人总价值成正比，那么其价值为

$$\begin{cases}\rho_R\boldsymbol{W}_B=\boldsymbol{\rho}\boldsymbol{W}_R\\ \beta_B\boldsymbol{W}_R=\boldsymbol{\beta}\boldsymbol{W}_B\end{cases} \tag{2.7.5}$$

式中，β_B、ρ_R 为非负常数，$\boldsymbol{\beta}$、$\boldsymbol{\rho}$ 分别为红军对蓝军、蓝军对红军的毁伤矩阵，见式（2.6.4）和式（2.6.5）。

对式（2.7.5）中的第一式求转置，两边同时乘以 $\boldsymbol{B}$ 得

$$\boldsymbol{W}_B^{\mathrm{T}}\boldsymbol{B}\rho_R = \boldsymbol{W}_R^{\mathrm{T}}\boldsymbol{\rho}^{\mathrm{T}}\boldsymbol{B}$$

因为有 $\boldsymbol{\rho}^{\mathrm{T}}\boldsymbol{B} = -\dfrac{\mathrm{d}\boldsymbol{R}}{\mathrm{d}t}$，$\boldsymbol{W}_B^{\mathrm{T}}\boldsymbol{B} = V(\boldsymbol{B})$，故上式可写成

$$\rho_R V(\boldsymbol{B}) = -\boldsymbol{W}_R^{\mathrm{T}}\frac{\mathrm{d}\boldsymbol{R}}{\mathrm{d}t}$$

进一步等价为

$$\frac{\mathrm{d}(\boldsymbol{W}_R^{\mathrm{T}}\boldsymbol{R})}{\mathrm{d}t} = -\rho_R V(\boldsymbol{B})$$

即

$$\frac{\mathrm{d}V(\boldsymbol{R})}{\mathrm{d}t} = -\rho_R V(\boldsymbol{B}) \tag{2.7.6}$$

同理可得

$$\frac{\mathrm{d}V(\boldsymbol{B})}{\mathrm{d}t} = -\beta_B V(\boldsymbol{R}) \tag{2.7.7}$$

式（2.7.6）及式（2.7.7）组成了标准的兰切斯特平方律形式。若能唯一地得到非负常数 β_B、ρ_R 的值，以及价值矢量 $\boldsymbol{W}_B$、$\boldsymbol{W}_R$，则式（2.7.6）和式（2.7.7）意味着可以把诸兵种联合作战的兰切斯特方程表示为等效的同兵种交战的兰切斯特方程，这是很有意义的。

2.7.2　价值矢量的确定

现在所面临的问题是：确定唯一的非负因子 ρ_R 和 β_B，且使 $\boldsymbol{W}_B$、$\boldsymbol{W}_R$ 中各分量都大于零。

由式（2.7.5）中的第二式得

$$\boldsymbol{W}_R = \frac{1}{\beta_B}\boldsymbol{\beta}\boldsymbol{W}_B$$

代入式（2.7.5）中的第一式得

$$\rho_R \boldsymbol{W}_B = \boldsymbol{\rho}\frac{1}{\beta_B}\boldsymbol{\beta}\boldsymbol{W}_B$$

即

$$\rho_R\beta_B\boldsymbol{W}_B = \boldsymbol{\rho}\boldsymbol{\beta}\boldsymbol{W}_B \tag{2.7.8}$$

反之，由式（2.7.5）中的第二式得

$$\boldsymbol{W}_B = \frac{1}{\boldsymbol{\beta}}\beta_B\boldsymbol{W}_R$$

代入式（2.7.5）中的第一式得

$$\rho_R\beta_B\boldsymbol{W}_R = \boldsymbol{\beta}\boldsymbol{\rho}\boldsymbol{W}_R \tag{2.7.9}$$

因为 $\boldsymbol{\rho}$ 为 $b\times r$ 阶矩阵，$\boldsymbol{\beta}$ 为 $r\times b$ 阶矩阵，故 $\boldsymbol{A} = \boldsymbol{\rho}\boldsymbol{\beta}$ 为 $b\times b$ 阶矩阵，$\boldsymbol{B} = \boldsymbol{\beta}\boldsymbol{\rho}$ 为 $r\times r$ 阶矩阵。令 $K = \rho_R\beta_B$，则式（2.7.8）和式（2.7.9）成为

$$K\boldsymbol{W}_B = \boldsymbol{A}\boldsymbol{W}_B \tag{2.7.10}$$

$$K\boldsymbol{W}_R = \boldsymbol{B}\boldsymbol{W}_R \tag{2.7.11}$$

显然，只有当K为$\boldsymbol{A}$和$\boldsymbol{B}$的共同特征值时，式（2.7.10）和式（2.7.11）才同时成立。

由矩阵理论中的配朗（Perron）定理及相关知识可知，若毁伤矩阵之积$\boldsymbol{A}=\boldsymbol{\rho\beta}$和$\boldsymbol{B}=\boldsymbol{\beta\rho}$为不可约矩阵，则因子乘积$K=\rho_R\beta_B$有且只有一个值使得$\boldsymbol{W}_B$、$\boldsymbol{W}_R$的每个分量为非负值，这就是$\boldsymbol{A}$或$\boldsymbol{B}$的最大特征值，此特征值对$\boldsymbol{A}$和$\boldsymbol{B}$是相同的。

所谓方阵为不可约矩阵是指

$$\boldsymbol{PAP}^{\mathrm{T}}\neq\begin{bmatrix}\boldsymbol{A}_{11} & \boldsymbol{A}_{12}\\ \boldsymbol{0} & \boldsymbol{A}_{22}\end{bmatrix}$$

式中，$\boldsymbol{A}_{11}$、$\boldsymbol{A}_{22}$为方阵，$\boldsymbol{P}$为任意置换矩阵。一般来说，若对方阵的行和列进行重新安排后，得不到上式右端的形式，则矩阵为不可约矩阵。从物理意义上讲，“可约”等效为交战中至少有两种对射武器不直接与其他武器发生相互作用，此时$\boldsymbol{\beta\rho}$和$\boldsymbol{\rho\beta}$就是可约的。一般来说，在关于不同兵种混合作战的分析中，所遇到的矩阵都是不可约的。

【例 2.7.1】红、蓝两军各有两类兵力参战：潜艇和飞机。令$i=j=1$代表潜艇，$i=j=2$代表飞机，若毁伤矩阵为

$$\boldsymbol{\rho}=\begin{bmatrix}0.5 & 0\\ 0.7 & 0.2\end{bmatrix};\quad \boldsymbol{\beta}=\begin{bmatrix}0.6 & 0\\ 0.6 & 0.1\end{bmatrix}$$

则这是“可约”情况的例子，它表明各方的潜艇都没有对付对方飞机的能力（$\rho_{12}=\beta_{12}=0$）。

若毁伤矩阵为

$$\boldsymbol{\rho}=\begin{bmatrix}0.5 & 0.1\\ 0.7 & 0.2\end{bmatrix};\quad \boldsymbol{\beta}=\begin{bmatrix}0.6 & 0.2\\ 0.6 & 0.1\end{bmatrix}$$

则$\boldsymbol{A}=\boldsymbol{\rho\beta}$，$\boldsymbol{B}=\boldsymbol{\beta\rho}$为不可约的，此时说明：

（1）在潜艇交战中，红军比蓝军的作战能力强，即$0.6:0.5$。

（2）潜艇具有对付飞机的能力，红军稍优于蓝军，即$0.2:0.1$。

（3）当用飞机打击潜艇时，蓝军优于红军，即$0.7:0.6$。

（4）当飞机打击飞机时，蓝军优于红军，即$0.2:0.1$。

下面在$\boldsymbol{A}$、$\boldsymbol{B}$不可约的前提下，介绍两种确定ρ_R、β_B、$\boldsymbol{W}_B$及$\boldsymbol{W}_R$的计算方法——直接法和迭代法。在讨论中还进一步假定了$\rho_R=\beta_B$的条件。

1. 直接法

设$\rho_R=\beta_B=K$，由式（2.7.10）得

$$[K^2\boldsymbol{I}-\boldsymbol{\rho B}]\boldsymbol{W}_B=0$$

令$|K^2\boldsymbol{I}-\rho\beta|=0$可求出最大特征值$K_{\max}=K_m^2$，然后将$K_m$代入式（2.7.5）中，有

$$\begin{cases}K_m\boldsymbol{W}_B=\boldsymbol{\rho W}_R\\ K_m\boldsymbol{W}_R=\boldsymbol{\beta W}_B\end{cases}$$

或

$$\begin{bmatrix}\boldsymbol{I}_bK_m & -\boldsymbol{\rho}\\ -\boldsymbol{\beta} & \boldsymbol{I}_rK_m\end{bmatrix}\begin{bmatrix}\boldsymbol{W}_B\\ \boldsymbol{W}_R\end{bmatrix}=0 \tag{2.7.12}$$

由式（2.7.12）可以求取$\boldsymbol{W}_B$和$\boldsymbol{W}_R$，方法如下。

化矩阵$\begin{bmatrix}\boldsymbol{I}_bK_m & -\boldsymbol{\rho}\\ -\boldsymbol{\beta} & \boldsymbol{I}_rK_m\end{bmatrix}$为上三角矩阵，这样有

$$\begin{bmatrix} a_{11} & a_{12} & & \cdots & a_{1n} \\ & a_{22} & & \cdots & a_{2n} \\ \vdots & \vdots & & \vdots & \vdots \\ & & a_{bb} & \cdots & a_{bn} \\ & \mathbf{0} & & \cdots & \\ & & & a_{n-1,\ n-1} & a_{n-1,\ n} \\ & & & & \mathbf{0} \end{bmatrix} \times \begin{bmatrix} \boldsymbol{W}_{B1} \\ \boldsymbol{W}_{B2} \\ \vdots \\ \boldsymbol{W}_{Bb} \\ \boldsymbol{W}_{R1} \\ \vdots \\ \boldsymbol{W}_{Rn-1} \\ \vdots \\ \boldsymbol{W}_{Rr} \end{bmatrix} = 0 \tag{2.7.13}$$

式中，$n=b+r$。

这样，问题转化为对代数方程的递推求解，其解均可用 $\boldsymbol{W}_{Rr}$ 表示，从而求出各种武器间的相对价值权。

【例 2.7.2】$\boldsymbol{\rho}=\begin{bmatrix} 0.10 & 0.04 \\ 0.20 & 0.10 \end{bmatrix}$，$\boldsymbol{\beta}=\begin{bmatrix} 0.15 & 0.10 \\ 0.20 & 0.05 \end{bmatrix}$，其中，$i=j=1$ 代表潜艇，$i=j=2$ 代表飞机，那么

$$\boldsymbol{\rho\beta}=\begin{bmatrix} 0.023 & 0.012 \\ 0.050 & 0.025 \end{bmatrix}$$

由 $|K^2\boldsymbol{I}-\boldsymbol{\rho\beta}|=0$，有

$$(K^2-0.023)(K^2-0.025)-0.012\times 0.050=0$$

因此有 $K^2=0.048515$ 及 $K^2=-0.0005153$（略去）。其最大特征值 K_m=0.22026，代入式（2.7.12）中的系数矩阵，并将系数矩阵变号，有

$$\begin{bmatrix} -0.22026 & 0 & 0.10 & 0.04 \\ 0 & -0.22026 & 0.20 & 0.10 \\ 0.15 & 0.10 & -0.22026 & 0 \\ 0.20 & 0.05 & 0 & -0.22026 \end{bmatrix}$$

使得第一列中除第一行之外的其他元素为 0，结果为

$$\begin{bmatrix} -0.22026 & 0 & 0.10 & 0.04 \\ 0 & -0.22026 & 0.20 & 0.10 \\ 0 & 0.14684 & -0.22341 & 0.04 \\ 0 & 0.05507 & 0.1 & -0.20257 \end{bmatrix}$$

按同样的方法，依此类推，最后得到的上三角阵为

$$\begin{bmatrix} -0.22026 & 0 & 0.10 & 0.04 \\ 0 & -0.22026 & 0.20 & 0.10 \\ 0 & 0 & -0.13515 & 0.16 \\ 0 & 0 & 0 & 0.00001 \end{bmatrix}$$

右下角的元素 0.00001 很小，接近零，表示计算结果相当精确。

解方程

$$\begin{bmatrix} -0.22026 & 0 & 0.10 & 0.04 \\ 0 & -0.22026 & 0.20 & 0.10 \\ 0 & 0 & -0.13515 & 0.16 \\ 0 & 0 & 0 & 0.00001 \end{bmatrix} \begin{bmatrix} \boldsymbol{W}_{B1} \\ \boldsymbol{W}_{B2} \\ \boldsymbol{W}_{R1} \\ \boldsymbol{W}_{R2} \end{bmatrix}=0$$

得
$$W_{R1}=(0.16/0.13515)W_{R2}=1.1839W_{R2}$$
$$W_{B2}=(0.2W_{R1}+0.1W_{R2})/0.22026=1.5290W_{R2}$$
$$W_{B1}=(0.1W_{R1}+0.04W_{R2})/0.22026=0.7191W_{R2}$$

而相对于蓝军潜艇：
$$W_{R2}=1.39W_{B1}$$
$$W_{R1}=1.65W_{B1}$$
$$W_{B2}=2.13W_{B1}$$

这说明一艘红军潜艇的价值比一艘蓝军潜艇的价值高 65%，即 1.65 : 1.00；蓝军的飞机比红军的飞机要有效，即 2.13 : 1.9；一架红军飞机的价值比一艘蓝军潜艇的价值高 39%，即 1.39 : 1.00。

2．迭代法

当武器的种类很多时，直接法往往过于烦琐，下面给出一种便于计算机计算的迭代法，令 K 为迭代次数。

假定 $W_{B1}=1$，$\rho_R=\rho_B=\dfrac{1}{C}$，迭代算法如下。

第一步：取 $K=1$，用于第一次迭代。

第二步：当 $K=1$ 时，令 $W_B^{(K)}$ 的各个分量 1，开始迭代。

第三步：连续计算。

（1）$W^{(K)}=\rho\beta W_B^{(K)}$。

式中，$W^{(K)}$ 为 K 次迭代得到的新矢量。

（2）$\lambda^{(K)}=1/W_1^{(K)}$。

式中，$W_1^{(K)}$ 为 $W^{(K)}$ 的第一个分量。

（3）$W_B^{(K+1)}=\lambda^{(K)}W^{(K)}$。

第四步：重复第三步，每次迭代使 K 值加 1，直到 $\lambda^{(K+1)}-\lambda^{(K)}$ 的值达到规定的精度为止。假定 $\rho\beta$ 为不可约矩阵，则迭代会收敛到 λ 的唯一值及 $W_{B1}=1$ 所对应的权向量 W_B。

第五步：计算。

（1）$C=\sqrt{\lambda}$

（2）$W_R=C\beta W_B$，参考式（2.7.5）中的第 2 式。

式中，λ、W_B 为式（2.7.14）的最终迭代值。

最终的矢量 W_B 及 W_R 给出了蓝军和红军各种武器的全部价值权或相对权。

【例 2.7.3】已知条件同例 2.7.1，将蓝军单艘潜艇的价值认定为 1，即 $W_{B1}=1$，并以此为基础，确定其他武器的相对权。

解：迭代如下。

当 $K=1$ 时，有
$$W^{(1)}=\rho\beta W_B^{(1)}=\begin{bmatrix}0.023 & 0.012\\0.050 & 0.025\end{bmatrix}\begin{bmatrix}1\\1\end{bmatrix}=\begin{bmatrix}0.035\\0.075\end{bmatrix}$$
$$\lambda^{(1)}=1/W_1^{(1)}=1/0.035=28.5714$$

$$\boldsymbol{W}_B^{(2)} = \lambda^{(1)} \cdot \boldsymbol{W}^{(1)} = \begin{bmatrix} 1.00 \\ 2.1429 \end{bmatrix}$$

当 $K = 2$ 时，有

$$\boldsymbol{W}^{(2)} = \boldsymbol{\rho\beta W}_B^{(2)} = \begin{bmatrix} 0.048 \\ 0.1036 \end{bmatrix}$$

$$\lambda^{(2)} = 1 / \boldsymbol{W}_1^{(2)} = 1 / 0.048 = 20.5339$$

$$\boldsymbol{W}_B^{(3)} = \lambda^{(2)} \cdot \boldsymbol{W}^{(2)} = \begin{bmatrix} 1.00 \\ 2.1273 \end{bmatrix}$$

当 $K = 3$ 时，有

$$\boldsymbol{W}^{(3)} = \boldsymbol{\rho\beta W}_B^{(3)} = \begin{bmatrix} 0.0485 \\ 0.1032 \end{bmatrix}$$

$$\lambda^{(3)} = 1 / \boldsymbol{W}_1^{(3)} = 20.6186$$

$$\boldsymbol{W}_B^{(4)} = \lambda^{(3)} \cdot \boldsymbol{W}^{(3)} = \begin{bmatrix} 1.00 \\ 2.1278 \end{bmatrix}$$

当 $K = 4$ 时，有

$$\boldsymbol{W}^{(4)} = \boldsymbol{\rho\beta W}_B^{(4)} = \begin{bmatrix} 0.0485 \\ 0.1032 \end{bmatrix}$$

$$\lambda^{(4)} = 1 / \boldsymbol{W}_1^{(4)} = 20.6186$$

$$\boldsymbol{W}^{(5)} = \lambda^{(4)} \cdot \boldsymbol{W}^{(4)} = \begin{bmatrix} 1.00 \\ 2.1278 \end{bmatrix}$$

此时 $\Delta\lambda = \lambda^{(4)} - \lambda^{(3)} = 0$，所以实际上只需要迭代 3 次便可得到满意的结果，λ 的最终迭代值为

$$\lambda = 20.6186$$

蓝军的价值矢量为

$$\boldsymbol{W}_B = \begin{bmatrix} 1.00 \\ 2.1278 \end{bmatrix}$$

即蓝军一架飞机的价值是其一艘潜艇的两倍多。

由 $C = \sqrt{\lambda} = 4.5408$，得

$$\boldsymbol{W}_R = \sqrt{\lambda}\boldsymbol{\beta W}_B = \begin{bmatrix} 1.6476 \\ 1.3913 \end{bmatrix}$$

最终的结果为

$$\boldsymbol{W}_{B1} = 1.00$$

$$\boldsymbol{W}_{B2} = 2.10$$

$$\boldsymbol{W}_{R1} = 1.65$$

$$\boldsymbol{W}_{R2} = 1.39$$

可以看出，这与直接法得到的结果一致。

本章小结

本章介绍了基于兰切斯特方程的作战兵力损耗模型，在内容上涉及单兵种交战的简单兰切斯特模型，以及诸兵种联合作战和武器系统等效的拓展兰切斯特模型。讨论中考虑了不同战斗态势下模型形式的变化及指挥控制情报效率对战斗过程和结果的影响。从本质上说，兰切斯特模型是一种半经验半理论的方法，给人们以启发，但在实际应用中也存在不足。本章的目的是希望从数学角度加深读者对战斗过程和结果的动态理解，并为解决各种战斗理论问题提供基础知识。

兰切斯特战斗理论是战斗动态学的一种描述方法。这种战斗模型是以微分方程为基础的模型，而且其中的状态变量一般都是各类参战武器的数量。本章给出的模型都是线性定常的形式，是相对简单的形式，如今军事系统中更为复杂的微分方程战斗模型已得到了快速发展，并且通过计算机实现作战模拟，可以使战斗过程更加全面地呈现出来。

本章案例　基于兰切斯特模型的无人机集群作战进程分析

兰切斯特方程最初用于描述冷兵器和机械化战争时代在大量兵力参战条件下的作战进程预测和战局分析。自 20 世纪 70 年代以来，随着精确制导武器的登场，战争的样式发生了变化，不再有大量兵力连续投入作战。但随着人工智能技术的发展，无人机集群作战逐渐成为一种重要的作战样式。所谓集群作战，是指集中部署大量智能化武器，相互协同对目标实施攻击。与传统作战方式相比，集群作战具备四大优势：一是单个平台小型化，战场生存能力大幅提升；二是去中心化，个体的损失不影响整体功能；三是成本低廉，数量庞大，作战效费比成倍提高；四是可实施饱和攻击，瘫痪敌方防御系统。因此，集群作战能够达到“数量即质量”的效果，被认为是智能时代的消耗战。从水下“狼群”到地面“蚁群”再到空中“蜂群”，消耗战将再次出现在未来智能化战场上。

本案例利用兰切斯特方程对有增援的无人机集群协同作战的进程进行预测，设计有增援的无人机集群协同作战兰切斯特方程，并通过仿真分析兵力增援对作战进程的影响。本案例介绍的方法可用于评估无人机协同作战效能。

考虑以下无人机协同作战场景。红方多架察打一体无人机协同对蓝方海面目标进行攻击，蓝方目标可采用遮蔽或设置假目标等手段进行隐蔽，红方只能通过情报预知蓝方目标的大概方位，并由无人机侦察确认目标后才能进行打击。红方无人机的协同作战效能与配置的无人机总数相关，数量越少则协同作战效能越低。每个蓝方目标都装备了防空系统，可在作用范围内对红方无人机目标进行精确打击。

假设红方初始配置 5 架无人机执行任务，蓝方共有 5 个海面目标，每个蓝方目标对红方无人机的毁伤概率为 0.7。

（1）试建立兰切斯特方程对该战斗过程的兵力变化情况进行描述，并在不同的红蓝方兵力参数值的情况下对战斗进程和战斗结局进行分析。

（2）假定蓝方无增援、红方有增援，试分析不同增援率和不同增援时刻对最终战果的影响。

对本案例分析如下。

1. 兰切斯特方程适用性分析

本案例中，蓝方隐蔽，红方对蓝方的侦察和打击在开始阶段呈现面杀伤特点；红方是空中目标，蓝方目标虽然可以精确打击红方目标，但蓝方兵力分散，其也难以集中火力打击红方目标，因此作战过程的开始阶段红蓝双方既有面杀伤特点，也有一对一作战特点。

在作战过程中，如果红方发现蓝方目标，可以通过无线通信通知其余红方兵力，通过多个红方目标集中火力协同对蓝方目标进行打击，此时红方作战效能与其协同作战能力有关；若蓝方作战兵力的杀伤范围大，也可能形成集中火力攻击红方目标的态势。

可见，无人机协同对海面攻击的过程既可能符合兰切斯特线性律特点，又可能符合平方律特点，因此可以采用基于线性律与平方律相统一的欧文–兰切斯特方程对该问题进行建模。

2. 基于欧文–兰切斯特方程的建模

根据作战场景进行如下假设。

（1）设 t 时刻红方无人机架次表示为 $x=x(t)$，蓝方海上作战单元数量表示为 $y=y(t)$。

（2）根据式（2.4.1），假设无人机到达任务区域后，在 τ 时间内发现并锁定蓝方目标的概率服从参数为 μ 的负指数分布，则一架无人机发现并摧毁敌方目标的概率为

$$P_x = p_x[1-\exp(-\mu\tau y)] \tag{2.a.1}$$

式中，p_x 为单个无人机对蓝方目标的杀伤概率。

在集群作战条件下，每架无人机对目标的实际杀伤概率与无人机的协同作战能力相关，协同作战能力越强，对目标的毁伤能力越强；设无人机之间的协同能力参数为 ε，$\varepsilon\in(0,1]$，且参与协同的无人机数量越多，其协同能力越强，此时可对式（2.a.1）中的单个无人机杀伤概率 p_x 进一步描述为

$$p_x = p_{x1}\exp[-\varepsilon/x] \tag{2.a.2}$$

式中，$p_{x1}\in[0,1]$ 为无人机在理想协同条件下对目标的毁伤概率；$x\geqslant 1$，且当 $x=1$ 时，p_x 为无协同条件下单个无人机对目标的毁伤概率。式（2.a.2）中的参数可以结合实际情况进行设定。例如，已知单架无人机对目标的毁伤概率为 p_x，以及协同无人机数量一定条件下的理想毁伤概率 p_{x1}，可推算出协同能力变化参数 ε 的值。

由式（2.a.1）和式（2.a.2），可得在时间 τ 内 $x(t)$ 架红方无人机协同摧毁蓝方目标数量的数学期望为

$$E(y) = x(t)P_x = xp_{x1}\exp[-\varepsilon/x][1-\exp(-\mu\tau y)] \tag{2.a.3}$$

蓝方作战单元的损耗率可表示为

$$\frac{\mathrm{d}y(t)}{\mathrm{d}t} \approx -\frac{E(y)}{\tau} = -\frac{xp_{x1}\exp[-\varepsilon/x][1-\exp(-\mu\tau y)]}{\tau} \tag{2.a.4}$$

（3）假设蓝方兵力单元用于拦截红方无人机的武器为精确制导导弹，其雷达对无人机的发现时间服从参数为 λ 的负指数分布，则一个蓝方兵力单元在时间 τ 内发现并摧毁红方一架无人机的概率为

$$P_y = p_y[1-\exp(-\lambda\tau x)] \tag{2.a.5}$$

式中，p_y 为蓝方兵力单元对无人机的杀伤概率。

因此，在时间 τ 内 $y(t)$ 个蓝方作战单元摧毁红方无人机数量的数学期望为

$$E(x) = y(t)P_y = yp_y[1-\exp(-\lambda\tau x)] \tag{2.a.6}$$

红方作战单元的损耗率可表示为

$$\frac{\mathrm{d}x(t)}{\mathrm{d}t} \approx -\frac{E(x)}{\tau} = -\frac{yp_y[1-\exp(-\lambda\tau x)]}{\tau} \tag{2.a.7}$$

假定红方和蓝方的兵力增援速度为 L 和 K，则由式（2.5.1）可知，考虑增援情况下无人机协同对海面目标作战的兰切斯特方程可建立为

$$\begin{cases} \dfrac{\mathrm{d}x(t)}{\mathrm{d}t} \approx -\dfrac{yp_y[1-\exp(-\lambda\tau x)]}{\tau} + L \\ \dfrac{\mathrm{d}y(t)}{\mathrm{d}t} \approx -\dfrac{xp_{x1}\exp[-\varepsilon/x][1-\exp(-\mu\tau y)]}{\tau} + K \end{cases} \tag{2.a.8}$$

3．双方无增援情况下的兵力变化仿真

由初始条件知，无人机初始数量为 5，蓝方初始目标数量为 5，即 $x_0 = 5$，$y_0 = 5$；蓝方兵力对红方无人机的毁伤概率 $p_y = 0.7$；设红方无人机对蓝方目标的毁伤概率在理想协同条件下为 1，即 $p_{x1} = 1$，协同能力随协同单元数量变化参数 $\varepsilon = 0.5$，由式（2.a.2）知，当红方无人机总数分别为 5 架、4 架、3 架、2 架、1 架时，无人机数量及对蓝方目标的毁伤概率如表 2.a.1 所示。

表 2.a.1　无人机数量与毁伤概率

无人机数量/架	5	4	3	2	1
毁伤概率	0.9048	0.8825	0.8465	0.7788	0.6065

其中，单架无人机无协同条件下对蓝方目标的毁伤概率为 0.6065。类似地，可设定无人机对目标的不同毁伤概率，其中协同能力变化参数 ε 越大，毁伤概率 p_x 随无人机数量减少而降低得越快。

此外，设无人机到达作战区域后锁定蓝方目标的时间服从参数为 $\mu = 2$ 的负指数分布，蓝方兵力发现红方无人机的时间服从参数为 $\lambda = 2$ 的负指数分布。

上述参数值设定的态势为红蓝双方作战能力基本相同的情况，即兵力数量相同，锁定目标时间相同，主要考察红方无人机集群的若干参数取值对最终战局的影响。利用 MATLAB 进行仿真计算和分析。

1）红方协同作战能力变化参数 ε 和单发命中概率 p_{x1} 对战局的影响分析

当 $\varepsilon = 0.3$，p_{x1} 分别设为 1、0.9、0.8、0.7、0.6 等不同值时，在 $t = 20$、$\tau = 0.5$ 时间内求解得双方兵力变化如图 2.a.1（a）所示；其余参数取值不变，当 $\varepsilon = 0.7$ 时，双方兵力变化如图 2.a.1（b）所示。

由图 2.a.1（a）可见，战斗开始时红方协同作战无人机数量较多，无人机对蓝方目标毁伤能力较强（p_{x1} 为 1 或 0.9），且协同单元数量对单个无人机毁伤能力影响不大（$\varepsilon = 0.3$ 较小）时，红方将取得战斗的胜利；由图 2.a.1（b）可见，若协同能力变化参数较大（$\varepsilon = 0.7$），随着战斗进行，参战无人机数量逐渐减少，则只有在无人机对目标的毁伤概率 $p_{x1} = 1$ 时才能取得战斗的胜利。

2）锁定目标时间对战局的影响分析

考虑红方无人机锁定蓝方目标所需时间对最终战果的影响。双方初始兵力数量不变均为

5，设红方兵力的 $\varepsilon = 0.5$， p_{x1} 为 1， μ 分别设为 0.1、0.6、1.1、1.6、2.1、2.6 等不同值；蓝方锁定红方无人机目标的时间分布参数 $\lambda = 2$ 不变，双方兵力的动态变化如图 2.a.2 所示。

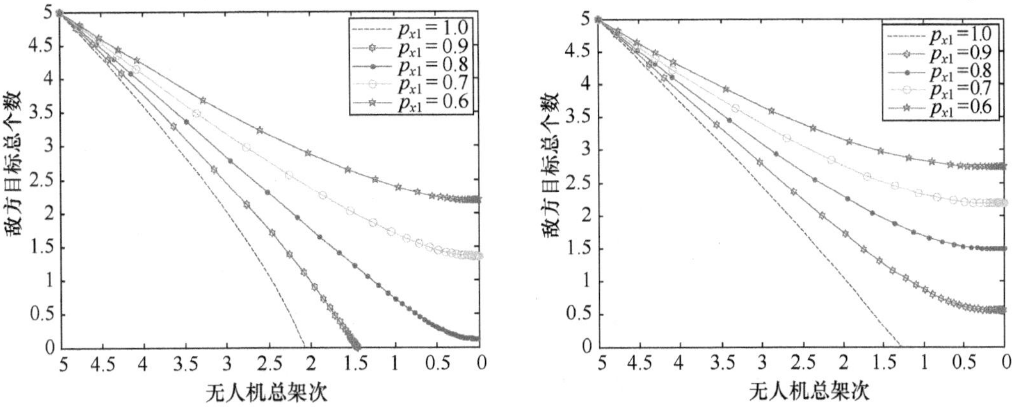

(a)　　　　(b)

图 2.a.1　红方无人机对蓝方目标毁伤概率对战斗结局的影响

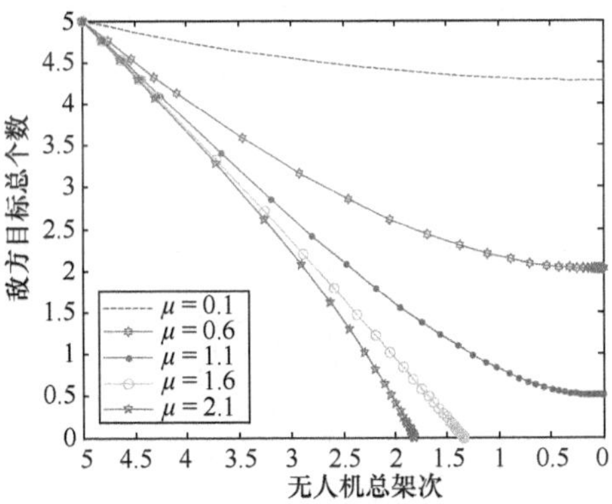

图 2.a.2　无人机锁定目标时间对战局的影响

由图 2.a.2 可知，当 μ 较小时（取值为 0.1、0.6、1.1），红方无人机锁定蓝方目标的时间较长，射击率低，类似“敌暗我明”的态势，此时蓝方能快速取得战斗胜利并保存较多兵力；当 μ 较大时（取值为 1.6 和 2.1），红方无人机锁定蓝方目标时间较短，红方无人机在单位时间内发现并摧毁蓝方目标的概率提高，此时在给定的仿真初值条件下，红方将获得最终的战斗胜利。

3）初始兵力数量对战局的影响分析

进一步考虑初始兵力数量对战局的影响。设红方兵力的 $\varepsilon = 0.5$， p_{x1} 为 0.8， $\mu = 2$， x_0 分别取 2、4、6、8、10，蓝方兵力的 $\lambda = 2$， $y_0 = 5$，仿真结果如图 2.a.3（a）所示。可见，初始兵力对战局影响十分显著，投入的初始兵力越多，最终获胜的概率越大。

考虑无人机受载荷所限，对海上目标作战时，一方面瞄准锁定目标时间较长，另一方面单架无人机对目标毁伤能力较弱，因此设红方无人机的 $\varepsilon = 0.5$， p_{x1}=0.2， $\mu = 0.2$，初始兵力数量分别为 5 架、13 架、21 架、29 架、37 架，蓝方兵力参数不变，仿真结果如图 2.a.3（b）所示。可见，当无人机作战能力较弱时，红方必须投入较大量的无人机才能取得战斗的胜利。

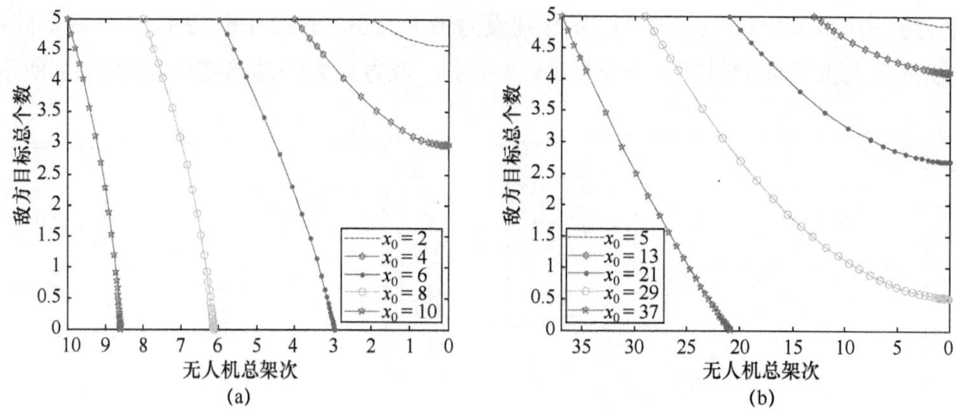

图 2.a.3　无人机数量对战局的影响

4．无人机有增援情况下的兵力变化仿真

假定蓝方兵力无增援$K=0$，考虑无人机在不同增援率情况下的双方兵力变化情况。仿真初始条件设为：红方兵力的$\varepsilon=0.5$，$p_{x1}=1$，$\mu=1$，$x_0=3$；蓝方兵力的$\lambda=2$，$y_0=5$，$p_y=0.7$。在此条件下，红方初始兵力数量和兵力效能均弱于蓝方。考虑红方增援率分别为$L=0$、$L=0.4$和$L=0.8$的情况下双方的兵力随时间变化关系。仿真结果如图 2.a.4 所示。

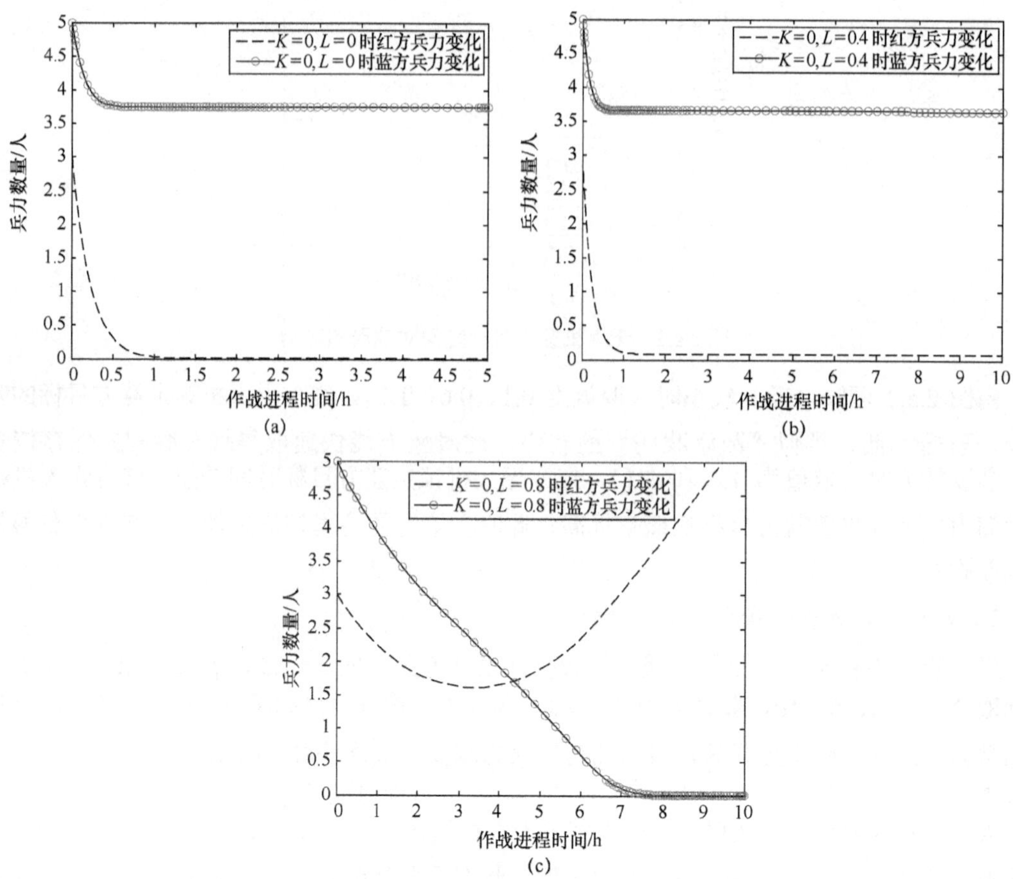

图 2.a.4　不同无人机增援率条件下双方兵力随时间变化示意图

由仿真可见，较大的增援率对于兵力较弱的红方而言，可改变最终战果。

图 2.a.4 是在 t=0 时刻即开始增援，再考虑不同增援时刻对于战局的影响。假定增援时刻 t 分别为 0、0.3、0.5，无人机增援率 $L=0.8$，其他条件与图 2.a.4 保持不变，此时得到的仿真结果如图 2.a.5 所示。

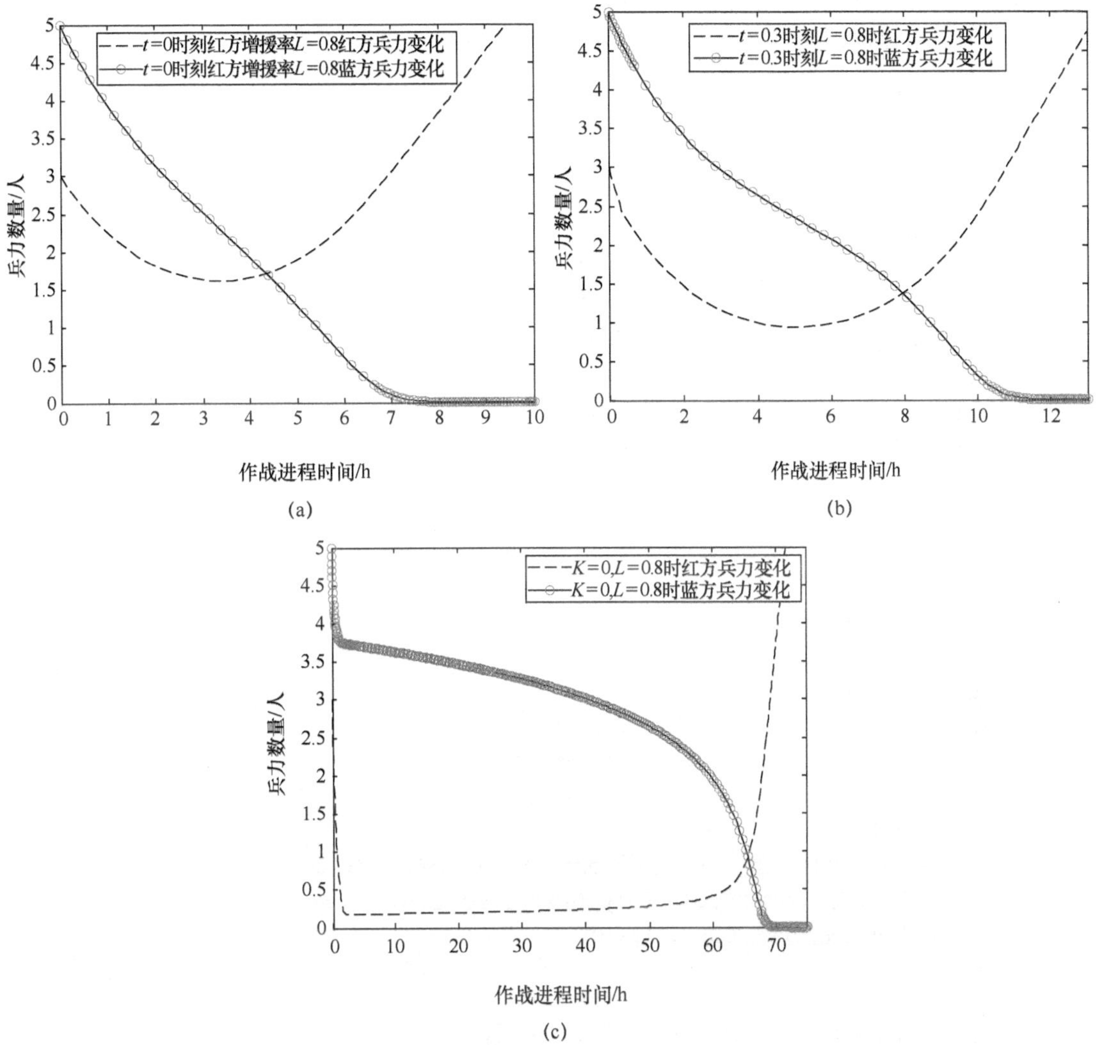

图 2.a.5　不同时刻无人机增援条件下双方兵力随时间变化示意图

由图 2.a.5 可见，增援越早对红方越有利，增援较晚可能已无法改变战果。图 2.a.5（c）中尽管仿真结果显示最终红方在增援条件下可能改变战果，但当实际无人机数量小于 1 架时，战果已经确定。

上面分析了无人机协同攻击海上目标的兰切斯特战斗模型的建立和求解，并利用仿真分析了在不同兵力数量和兵力效能条件下的战斗进程和最终结果。本案例主要考虑的是单种类无人机协同攻击的情况，但分析方法同样可推广到多种类无人机协同作战的问题中，其中，需要综合运用 2.5 节、2.6 节和 2.7 节的知识，这一问题作为本章习题 11 留给读者思考。

本章实验　基于兰切斯特模型的无人机集群作战进程分析实验

利用 MATLAB 软件编程实现本章案例中无增援和有增援情况下的无人机集群作战进程仿真和分析。通过改变不同的参数，分析不同因素对作战结局的影响。

给出 MATLAB 参考程序如下，其中包含一个主程序和两个子程序。

```
%-------------主函数 main——————————————%
    clc
    clear

    %初始参数设定
    tao0=0.2;                    % τ = 0.2
    Py0=0.7;                     % P_y = 0.7
    lambda0=2;                   % λ = 2
    mju0=1;                      % μ = 1
    epsilon0=0.5;                % ε = 0.5
    px10=1;                      % p_x1 = 1
    K=0;
    L=0;
    dim1=5;
    Y1=cell(1,dim1);
    T1=cell(1,dim1);

    %% 无增援情况
    t1=15;                       %作战时间
    X0=5;                        %红方初始兵力
    Y0=5;                        %蓝方初始兵力
    for i=1:dim1
        px10=px10-0.1*(i-1);    %设置不同的无人机对目标毁伤概率
        [T1{i},Y1{i}]=ode45('rigid11',[0 t1],[X0 Y0],'NonNegative',...
        tao0,Py0,lambda0,mju0,epsilon0,px10);
    end
    figure
    plot(Y1{1}(:,1),Y1{1}(:,2),'--',Y1{2}(:,1),Y1{2}(:,2),'-h',...
    Y1{3}(:,1),Y1{3}(:,2),'.-',Y1{4}(:,1),Y1{4}(:,2),'-o',...
    Y1{5}(:,1),Y1{5}(:,2),'-p');
    hh=legend('px1=1','px1=0.9','px1=0.8','px1=0.7','px1=0.6');
    hh.NumColumns = 2;
    ylabel('蓝方目标数量');
    xlabel('红方无人机数量');
    set(gca,'XDir','reverse');
    axis([0 X0 0 Y0]);
    hold on;
%——————————无增援情况下兰切斯特方程组函数—————————%
    function dy=rigid11(t,y,flag,tao,Py,lambda,mju,epsilon,px1)
    dy=zeros(2,1);
```

```
    dy(1)=-(y(2).*Py.*(1-exp(-lambda.*tao.*y(1)))))./tao;
    dy(2)=-(y(1).*px1.*exp(-epsilon./(y(1)+0.01)).*...
    (1-exp(-mju.*tao.*y(2))))./tao;
%————————有增援情况下兰切斯特方程组函数————————%
    function dy=rigid21(t,y,flag,tao,Py,lambda,mju,epsilon,px1,K,L)
    dy=zeros(2,1);
    if t>=0.5                    %可设置不同的增援时刻
       L=0.8;                    %可设置不同的增援率
    end
    dy(1)=-(y(2).*Py.*(1-exp(-lambda.*tao.*y(1)))))./tao+L;
    dy(2)=-(y(1).*px1.*exp(-epsilon./(y(1)+0.01)).*...
    (1-exp(-mju.*tao.*y(2))))./tao+K;
```

本章习题

2.1 兰切斯特线性律和平方律分别是在何种假设条件下得到的？它们用于描述现代战争时存在哪些不足？

2.2 假设红方用 10 门岸基火炮武器攻击蓝方 30 艘快艇，蓝方艇载火炮武器对岸基火炮进行还击，战斗进程符合兰切斯特第一线性律。试问：

（1）若双方武器的射击效率相等（平均每 5 分钟毁伤对方一个战斗单位），哪方获胜？战斗进行多长时间？胜方的剩余战斗单位数为多少？

（2）如果对红方岸基火炮进行某些改进，使其毁伤概率提高到原来的 1.5 倍，这相当于红方增加了多少门原来的火炮？

（3）在蓝方武器效能不变的条件下，欲使红方获胜，其火炮射击效率应多大？

2.3 我军某部奉上级命令要夺取某一战略要地。从上级提供的情况得知该要地有守敌 400 名。部队首长决定派 800 名参加战斗。考虑到敌我双方的武器情况及敌军所处的有利地形，估计敌军对我军人员的毁伤概率是我军对敌方人员的毁伤概率的 1.75 倍。问：我军能否夺取该要地？战斗结束后，胜方还剩多少兵力？

2.4 在一对一的古代战争的条件下，蓝军的兵力总数为 1000，红军的兵力总数为 800，蓝军被红军消耗的不变速度为 30，红军被蓝军消耗的不变速度为 20。求：

（1）在红军还剩 400 的时候，蓝军还有多少兵力？

（2）哪一方会获胜，获胜的一方还剩多少兵力？

（3）若战斗服从平方律，试重新计算上述两问。

2.5 红方有兵力 1200 人驻守的某地区遭到了蓝方 1900 人的进攻，且红、蓝双方的武器效能相同。红方指挥员认为：如果以 1200 人同蓝方打阵地战，红方必败无疑。因此，红方指挥员决定诱敌深入，利用自己熟悉地形等有利条件，设法调动敌人，在运动中集中优势兵力将蓝军逐批消灭。结果，红方的战术获得了成功，红方集中所有力量分别对蓝方 500 人、600 人、800 人进行了 3 次战斗。问：

（1）红方能否取胜？

（2）经过战斗，胜方能保存多少人？

2.6 在平方律条件下，试证明若将敌方分割为互不支援的 n 个部分，最佳方案是等分分割。

2.7　在考虑指挥控制情报效应时，若指挥控制情报效率因子e增值，将会使战斗力增值。试证明如果$e_0=0$、$e=1$，则战斗力将增值41.4%。

2.8　《孙子兵法・谋攻篇》中提道："用兵之法，十则围之，五则攻之，倍则分之，敌则能战之，少则能逃之，不若则能避之。故小敌之坚，大敌之擒也。"试运用兰切斯特战斗理论，解释这一用兵之法的合理性。

2.9　中日甲午战争是19世纪末日本对中国发起的一场侵略战争。在甲午战争中有一场著名战役叫作黄海海战，发生在黄海北部海域，它是甲午战争中两军的第一次主力决战。开战之初，清军即北洋水师总兵力2126人，日军即日本联合舰队总兵力3916人，历时5小时多，清军死伤千余人，日军死伤600余人，此役北洋水师失利，黄海制海权落入日本联合舰队之手，对甲午战争的后期战局具有决定性影响。回答以下问题：

（1）在不考虑非战斗减员和增员条件下，试用兰切斯特平方律模型对战斗结局进行分析；

（2）假定日本舰队的火力相当于北洋舰队火力的3倍，试用混合律模型分析清军在何种条件下可能获得战斗的胜利。

2.10　在现代作战条件下，水面舰艇作战一般都要综合使用多种武器对抗来袭威胁。假定红蓝双方水面舰艇作战兵力及相关参数如下。

蓝方兵力：驱逐舰2艘，共携带反舰导弹24枚，反舰导弹消耗舰空导弹的速度为0.5枚/分钟，消耗炮弹的速度为600发/分钟；

红方兵力：护卫舰3艘，其中，舰炮6座，舰空导弹36枚，舰空导弹消耗反舰导弹的速率为0.3枚/分钟，舰炮消耗反舰导弹的速率为0.1枚/分钟。舰空导弹和舰炮对反舰导弹的拦截数量比为3∶1。

试分析红蓝双方哪一方的战斗力更具优势？战斗结果如何？

2.11　本章案例中考虑了单种类多架无人机协同攻击海上目标的兰切斯特方程的建立和求解，试将该方法推广到多种类无人机协同对海上目标作战问题中。假定其他条件不变，红方共有A类和B类两类无人机协同开展对海上目标作战。

（1）红方有两类无人机参战而蓝方仅一类作战兵力；

（2）两类无人机发现并锁定蓝方目标的概率不同，对蓝方目标的毁伤概率也不同；

（4）蓝方兵力对两类无人机的发现和锁定概率不同，对两类无人机的毁伤概率也不同；

（5）蓝方用于拦截不同种类无人机的兵力分配因子取决于两类无人机的数量比；

（6）假定红蓝双方均有增援。

试在上述条件下建立两类无人机协同攻击海上目标的兰切斯特模型，并分析在不同的红蓝双方增援率、不同的红蓝双方增援时刻、不同的初始兵力条件下的战斗进程和最终战果。

第3章　对抗中兵力单元的生存模型

冯·克劳塞维茨在著名的《战争论》中曾给战争下了如下定义："战争无非是扩大了的格斗。如果我们想要把构成战争的无数个格斗作为一个统一体来考虑，那么最好想象一下两个人格斗的情况"。虽然现代战争的形式更为复杂，但在某一时间区间，某一空间区域，会处处出现兵力单元之间一对一（多）或者多对一（多）的对抗。在作战定量分析方法上，兰切斯特方程适用于双方作战单位数量较多的情况，此时作战双方兵力数量的变化可以认为是连续的；在现代高技术战争条件下，作战单元的集成度越来越高，功能越来越丰富，作战能力也越来越强，如一艘航母、一架战斗机等，使得参与一次战斗的兵力总数十分有限。在兵力数量少的战斗中，将双方作战兵力数认为是连续变化且可导的，会带来较大的误差，而利用随机过程来描述双方作战实力的变化则更为准确。本章将介绍参战兵力数少的小规模交战中兵力单元的生存模型，这一方法可以精细地分析武器的射速、精度、威力、弹药飞行时间等战斗力相关因素对交战结果的影响，还可以讨论抢先攻击、机动、对异类目标射击顺序的选择策略等战术问题，以及对对抗双方的生存情况和最终结果作出定量与定性的描述和判断。

本章的内容属于"随机格斗理论"中的一部分，其中"格斗"一词译自英文 Duel，其字面含义是描述人和人之间的决斗、搏斗。随机格斗理论包含一对一格斗（1∶1 对抗）和多对多格斗（M∶N 对抗）问题。本章将此类小规模作战称为对抗，主要介绍一对一对抗和一对多对抗的生存模型。参与对抗的兵力单元可以是舰艇、飞机、导弹、火炮等具有一定对敌毁伤能力的系统，范围十分广泛。

与兰切斯特理论通常取参战兵力单元的数量作为状态描述的做法不同，在小规模兵力条件下，可以将双方的冲突视为一个随机竞争过程，对该过程进行描述的主要指标包括对抗双方获胜的概率或幸存概率，以及双方的期望生存时间和方差。本章在基本的一对一对抗模型基础上，还将进一步讨论一对多顺序对抗的情况，此时击毁对方兵力单元数量的期望和方差也将作为描述的指标，此外还拓展介绍了同时齐射的二对一对抗模型。本章主要通过概率分析的方法建立模型，讨论固定射击间隔、随机射击间隔下的兵力单元生存概率模型，讨论兵力单元的机动对生存的影响，在此基础上还将讨论兵力单元的最优机动策略。

研究对抗中兵力单元的生存问题，有助于对兵力的选择和组合方式进行分析优化，在作战指挥过程中可以加深指挥员对作战动态过程的理解，提高其指挥素质。

3.1　固定射击间隔的对抗生存模型

在一对一的基本型对抗中，对抗开始之后，双方互相射击，假定命中一发即对对方毁伤，谁先命中对方即为获胜者，此时对抗结束。对抗双方的射击间隔可以都是某个固定常数（双方可以不同），也可以都是一个连续型随机变量（双方可以不同），也可以一方为固定常数，另一方为连续型随机变量。本节讨论射击间隔为固定常数的情况。

通常我们用"效能"来衡量各种兵力单元在作战中效用的优劣程度。影响效能的因素很多，但主要包括以下三方面的因素：

（1）战场环境；

（2）敌方目标性质所构成的因素；

（3）兵力单元自身性能因素。

在诸多影响兵力效能的因素中，人们总是试图建立一个能综合考虑主要因素的效能指标，而不考虑其他次要因素。幸存概率就是具有这种特点的一个指标，因为它与上面三方面所包含的许多因素有关，如敌对双方的射击率、所采用的战斗部类型、射击精度及毁伤半径、双方的机动性和易毁性等，这也是研究兵力单元生存问题的原因之一。

3.1.1 无机动条件下的简单生存模型

1. 参数定义

设对抗双方分别为 A 和 B，均装备单一武器系统。对无机动条件下的简单生存模型给出参数定义如表 3.1.1 所示。

表 3.1.1 无机动条件下生存模型的参数定义

参 数	定 义
P_A、P_B	分别为 A、B 双方武器的单发毁伤概率
d	A、B 双方间隔距离
R_a、R_b	分别为 A、B 双方武器的有效毁伤半径
$N(0,\sigma_a^2)$、$N(0,\sigma_b^2)$	双方武器系统弹着误差分别服从以目标阵位为中心，均值为 0，方差为 σ_a^2 和 σ_b^2 的正态分布，σ_a、σ_b 的大小与双方间距 d 有关
a、b	分别为 A、B 的射击间隔，均为固定常数
T	首次射击时 A、B 双方的射击间隔

假定$t=0$时，A 先向 B 开火，T时间后 B 回火，双方持续射击直到一方被击毁；射击过程中 A、B 双方每次只能发射一枚战斗部，且战斗部飞行时间忽略不计。该过程可视为一对一的对抗过程。

引入以下记号：$A(t_0)$为t_0时刻 A 存活的事件；$A(t_0+T\mid t_0)$为t_0时刻 A 存活，在t_0+T时刻仍然存活的条件事件；$P[\cdot]$为括号中事件发生的概率。

2. 幸存概率计算

1）规则射击序列的情况

假设$a=b$，$T<a$，则 A、B 双方规则射击序列间示意如图 3.1.1 所示，此时 A、B 双方的对抗过程是规则地交替射击。

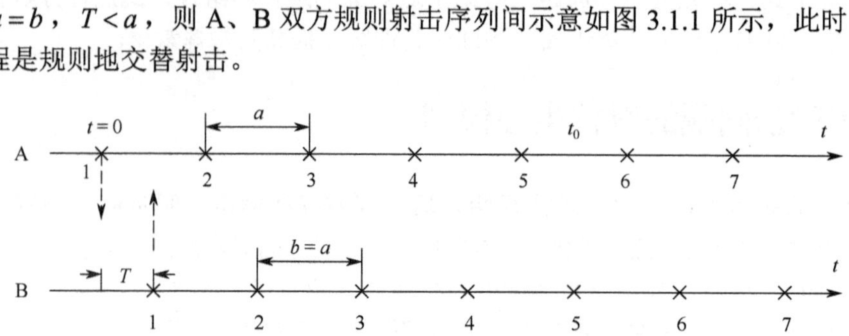

图 3.1.1 A、B 双方规则射击序列示意

注：×为双方的射击时刻（存活的情况）；a、b 分别为 A、B 双方射击时间间隔。

规则射击序列下 A 最终存活的概率可以从生存时间的角度来分析。假定用 $A(\infty)$ 表示最终 A 幸存的事件，则：

$$\begin{aligned}P[A(\infty)] &= P[\text{A 的生存时间大于 B 的生存时间}] \\ &= \sum_{K=1}^{\infty} P[\text{A 在第 } K \text{ 次射击时击毁了 B，且双方在前 } K-1 \text{ 次射击中均未击毁对方}] \\ &= \sum_{K=1}^{\infty} (q_A q_B)^{K-1} P_A = \frac{P_A}{1-q_A q_B}\end{aligned} \tag{3.1.1}$$

式中，$q_A = 1-P_A$，$q_B = 1-P_B$。

还可以从概率事件的角度对这一过程进行分析。假定 $(K-1)a+T<t_0<Ka$，即双方都有机会完成其第 K 次射击，$K=1,2,\cdots$，则 A 在 t_0 时刻幸存的事件可表示为下列两个互斥事件之和。

（1）B 只开火 $K-1$ 次但未击毁 A，即 A 和 B 的前 $K-1$ 次射击都失误，而 A 在第 K 次将 B 击毁，$K=1,2,\cdots$，其概率为 $\sum_{i=1}^{K-1}(q_A q_B)^i P_A$。

（2）B 开火 K 次但未击毁 A，即 A 和 B 的前 K 次射击都失误，其概率为 $(q_A q_B)^K$。

因此有

$$P[A(t_0)] = \sum_{i=0}^{K-1}(q_A q_B)^i P_A + (q_A q_B)^K, K=1,2,\cdots \tag{3.1.2}$$

当 $t_0 \to \infty$ 时，

$$\lim_{t_0\to\infty} P[A(t_0)] = P[A(\infty)] = \frac{P_A}{1-q_A q_B} \tag{3.1.3}$$

与式（3.1.1）结果一致。

类似地，可分析 B 的幸存情况，有

$$\begin{aligned}P[B(\infty)] &= P[\text{B 的生存时间大于 A 的生存时间}] \\ &= \sum_{K=1}^{\infty} P[\text{A 在前 } K \text{ 次未击毁 B，而 B 在第 } K \text{ 次击毁了 A}] \\ &= \sum_{K=1}^{\infty} q_A^K q_B^{K-1} P_B \\ &= \sum_{K=1}^{\infty} (q_A q_B)^{K-1} q_A P_B \\ &= \frac{q_A P_B}{1-q_A q_B}\end{aligned} \tag{3.1.4}$$

从事件概率的角度分析 B 的幸存情况，当 $(K-1)a+T<t_0<Ka, K=1,2,\cdots$ 时，

$$P[B(t_0)] = \sum_{i=1}^{K} q_A^i q_B^{i-1} P_B + (q_A q_B)^K, K=1,2,\cdots \tag{3.1.5}$$

当 $t_0 \to \infty$ 时，

$$P[B(\infty)] = \lim_{t_0\to\infty} P[B(t_0)] = \frac{q_A P_B}{1-q_A q_B} \tag{3.1.6}$$

应注意的是，最终幸存概率主要取决于对抗中最初的几次射击，当 K 逐渐增大时，对应幸存事件的概率越来越小。

【例 3.1.1】假设 A、B 双方射击时间间隔均为 a，对抗中 A 先开火，B 的射击延迟时间 T 小于射击时间间隔 a，此时 A、B 双方对射形成了规则射击序列。若 $P_A = 0.2$，$P_B = 0.3$，求 $K = 3$、$K = 5$、$K = 10$、$K \to \infty$ 时的 $P[A(t_0)]$，其中 $(K-1)a + T < t_0 < Ka$。

解：由式（3.1.2）知，$K = 3$ 时，$P[A(t_0)] = 0.5503$；$K = 5$ 时，$P[A(t_0)] = 0.4846$；$K = 10$ 时，$P[A(t_0)] = 0.4562$；$K \to \infty$ 时，$P[A(t_0)] = 0.4545$。各次射击后，A 的幸存概率变化如图 3.1.2 所示。

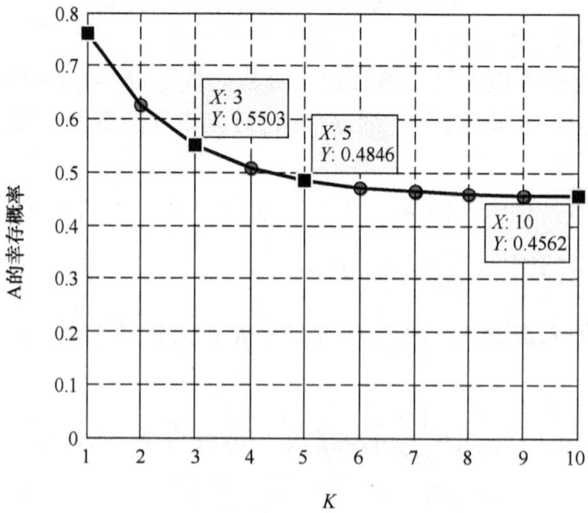

图 3.1.2　不同 K 值下 A 的幸存概率变化

2）非规则射击序列的情况

如果不知道 a、b、T 之间的关系，就无法确定双方的开火序列，此时只能针对特定的射击序列计算 A 的幸存概率，这里通过一个例题进行说明。

【例 3.1.2】考虑图 3.1.3 所示的对抗情况，若任意一方未被击毁，则双方能够执行的射击序列为 AAABBAB，试分析对抗过程中 A 的可能幸存事件，并计算 A 在 t_0 时刻的幸存概率。

解：A 在 t_0 时刻幸存由下列相互独立的事件所组成。

（1）B 从未射击；

（2）B 仅射击了 1 次，但未击毁 A；

（3）B 仅射击了 2 次，均未击毁 A；

（4）B 射击了 3 次，均未击毁 A。

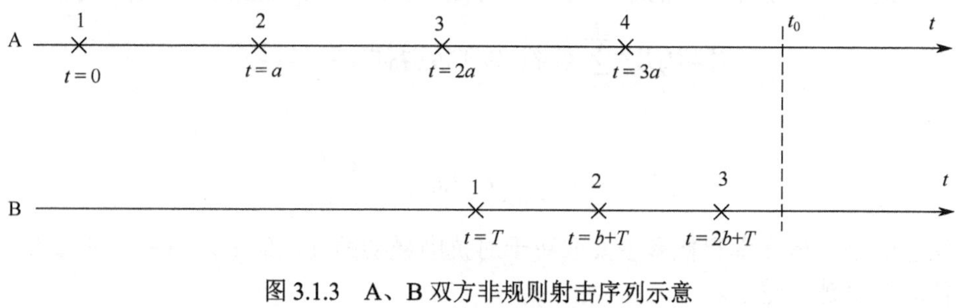

图 3.1.3　A、B 双方非规则射击序列示意

事件（1）成立，当且仅当 A 在第 1 次、第 2 次或第 3 次射击时击毁了 B，故 $P[(1)] = P_A + q_A P_A + q_A^2 P_A$。

事件（2）是不成立的，因为由图 3.1.3 知，如果 B 射击了 1 次，则它就有机会射击第 2 次，故 $P[(2)] = 0$。

事件（3）成立，当且仅当 A 的前 3 次射击均未击毁 B，而 B 的连续两次射击也未击毁 A，然后 B 被 A 的下一次射击击毁，则 $P[(3)] = q_A^3 q_B^2 P_A$。

事件（4）成立，当且仅当A、B 在 t_0 前的所有射击均未击毁对方，故 $P[(4)] = q_A^4 q_B^3$。

因此有

$$P[A(t_0), \text{AAABBAB}] = P_A + q_A P_A + q_A^2 P_A + 0 + q_A^3 q_B^2 P_A + q_A^4 q_B^3$$

3.1.2　机动条件下的生存模型

本节考虑的机动是指 A 在完成其第 K 次射击后，转移其射击阵地的运动。

1．t_0 时刻 A、B 均存活的情况

假定 A 在 t_0 时刻机动，其中 $(K-1)a < t_0 < (K-1)a + T$，即 t_0 时刻是 A 已完成其第 K 次射击，而 B 尚未对 A 进行第 K 次射击的时刻。假定 t_0 时刻 A、B 双方都存活，下面计算 A 在 $t_0 + T$ 时刻仍然存活的概率，记为 $P[A(t_0+T) \mid A(t_0)B(t_0)]$，其中 T 为 B 对 A 射击的延迟时间。

设 A 在机动转移中，从转移开始至 B 的下一次射击期间所能达到的新阵位是 (S,α)，这里 (S,α) 是相对 t_0 时刻 A 原阵位的极坐标，其中 S 为 A 机动的距离，α 为相对机动前A、B 阵位连线这一参考轴所机动的方位角，如图 3.1.4 所示。

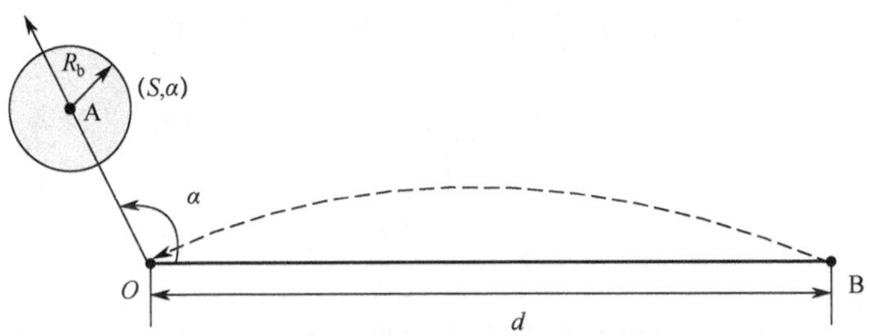

图 3.1.4　A 的机动转移

通常 A 会在第 K 次射击后尽快实施转移，以使得它离开原阵位的距离最大，这个最大距离为 $R = V_A T$，其中 V_A 为 A 的最大机动速度。如果机动不是很迅速，那么 R 应由 S 代替，$0 \leqslant S \leqslant R$。

取 A 机动前的阵位为坐标原点，假定在 $t_0 + T$ 时刻 A 可能的机动距离 S 是一个随机变量，且在其可能取值范围 $[0, R]$ 内服从概率密度函数 $f(S)$，同时假定机动方位角 α 也是一个随机变量，且相对其所选取的参考轴在 $[0, 2\pi)$ 区间服从概率密度函数 $g(\alpha)$。

由于 $t_0 + T$ 时刻 B 已对 A 完成第 K 次射击，同时假定 A 尚未对 B 实施第 $K+1$ 次射击，因此 $P[A(t_0+T) \mid A(t_0)B(t_0)]$ 也即 A 机动后在 B 的第一次射击下的幸存概率。在 A 机动期间，B 无法知道 A 的精确位置，因此只能向 A 的原阵位射击（这可解释为因为战场情报延迟），设此时 B 对 A 的单发毁伤概率变为 P_B'，显然，P_B' 即 B 方发射的弹丸落入以 (S,α) 为中心、以 R_b 为半径的圆内的概率，如图 3.1.5 所示。

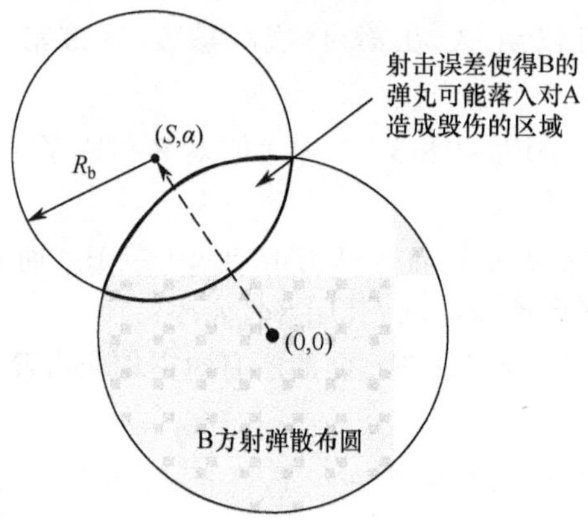

图 3.1.5　B 向 A 原阵位射击时对 A 形成毁伤

可以证明有式（3.1.7）成立（证明过程见附录 3.1）。

$$P_{\mathrm{B}}'=\mathrm{e}^{-\frac{S^2}{2\sigma_{\mathrm{b}}^2}}\int_0^{R_{\mathrm{b}}/\sigma_{\mathrm{b}}} r\mathrm{e}^{-\frac{r^2}{2}}\cdot I_0(Sr/\sigma_{\mathrm{b}})\mathrm{d}r \tag{3.1.7}$$

式中，$I_0(x)$ 为修正的第一类零阶贝塞尔函数，R_{b}、σ_{b}^2 的含义如前所述。

为求得 $P[A(t_0+T)\,|\,A(t_0)B(t_0)]$，可假定 S 和 α 是相互独立的，此时 A 的幸存概率可通过将式（3.1.7）按 $f(S)$ 和 $g(\alpha)$ 加权，并分别在 $[0,R]$ 和 $[0,2\pi)$ 内积分得到。当假定机动方位角 α 相对其所选取的参考轴在 $[0,2\pi)$ 区间服从均匀分布，即 $g(\alpha)=\dfrac{1}{2\pi}$ 时，有

$$\begin{aligned}P[A(t_0+T)\,|\,A(t_0)B(t_0)]&=\int_0^{2\pi}\int_0^R g(\alpha)f(S)[1-P_{\mathrm{B}}']\mathrm{d}S\cdot\mathrm{d}\alpha\\&=\int_0^R f(S)\left[1-\mathrm{e}^{-\frac{S^2}{2\sigma_{\mathrm{b}}^2}}\int_0^{R_{\mathrm{b}}/\sigma_{\mathrm{b}}} r\mathrm{e}^{-\frac{r^2}{2}}I_0\left(\frac{Sr}{\sigma_{\mathrm{b}}}\right)\mathrm{d}r\right]\mathrm{d}S\end{aligned} \tag{3.1.8}$$

由式（3.1.8）可知，当 α 在 $[0,2\pi)$ 区间服从均匀分布时，A 在 t_0+T 时刻的幸存概率与其机动方位角无关。

一般情况下，α 在 $[0,2\pi)$ 区间均匀分布的假设并不是必需的，如果再放宽 S 和 α 相互独立的约束，并记 t_0+T 时刻 A 的新阵位服从概率密度函数为 $f(S,\alpha)$ 的分布，则有

$$P[A(t_0+T)\,|\,A(t_0)B(t_0)]=\int_0^{2\pi}\int_0^R f(S,\alpha)\left[1-\mathrm{e}^{-\frac{S^2}{2\sigma_{\mathrm{b}}^2}}\int_0^{R_{\mathrm{b}}/\sigma_{\mathrm{b}}} r\mathrm{e}^{-\frac{r^2}{2}}I_0\left(\frac{Sr}{\sigma_{\mathrm{b}}}\right)\mathrm{d}r\right]\mathrm{d}S\cdot\mathrm{d}\alpha \tag{3.1.9}$$

若最大机动距离 R 不容易确定，则式（3.1.9）中对 S 积分的上限可改为 ∞。

式（3.1.8）和式（3.1.9）可用来比较武器系统机动性的优劣。由于机动性的提高所增加的幸存概率是以较大的系统花费为代价的，因此这也为武器系统机动性指标的选择提供了决策依据。

【例 3.1.3】 已知 B 方武器性能有 $R_{\mathrm{b}}=1/2$ 千米，$\sigma_{\mathrm{b}}=1/4$ 千米，A 方机动角 α 在 $[0,2\pi)$ 区间服从均匀分布，随机变量 S 具有概率密度函数 $f(S)=2S/R^2$，$0\leqslant S\leqslant R$。计算下列情况下的 $P[A(t_0+T)\,|\,A(t_0)B(t_0)]$。

（1）$R=2$ 千米（$R>R_{\mathrm{b}}$）；

（2）$R=1/2$ 千米（$R=R_b$）；

（3）A 不机动（$R=0$）。

解： 对于情况（1），由式（3.1.8）知

$$P[A(t_0+T)|A(t_0)B(t_0)]=0.941$$

对于情况（2），同样由式（3.1.8）知

$$P[A(t_0+T)|A(t_0)B(t_0)]=0.389$$

对于情况（3），假设 B 方武器系统弹着误差服从 $N(0,\sigma_b^2)$ 分布，则由式（3.1.7）可知 B 对 A 的射击毁伤概率为

$$P_B'=e^{-\frac{S^2}{2\sigma_b^2}}\int_0^{R_b/\sigma_b} re^{-\frac{r^2}{2}}\cdot I_0(Sr/\sigma_b)dr=\int_0^2 re^{-\frac{r^2}{2}}dr=0.865$$

则

$$P[A(t_0+T)\mid A(t_0)B(t_0)]=1-P_B'=0.135$$

由此例可以看出，A 是否机动及机动距离的大小直接影响 A 在 t_0+T 时刻的幸存概率。

通常，我们不好确定最大机动距离 R，即使知道，通过式（3.1.8）及式（3.1.9）进行计算也很烦琐。为避开这一困难，通常考虑两个随机变量 α 和 S 相互独立的情况，此时 $f(\alpha,S)=g(\alpha)f(S)$，并且假定 α 服从 $[0,2\pi)$ 区间的均匀分布，S 服从参数为 γ 的瑞利分布：

$$f(S)=\begin{cases}\dfrac{1}{\gamma^2}Se^{-S^2/2\gamma^2}, & S\geqslant 0\\ 0, & \text{其他}\end{cases} \tag{3.1.10}$$

在上述假设下，经推导可得，A 机动后在 B 第一次射击下的幸存概率计算式（3.1.9）可简化为下列形式：

$$P[A(t_0+T)\mid A(t_0)B(t_0)]=\exp\left[\frac{-R_b^2}{2(\gamma^2+\sigma_b^2)}\right] \tag{3.1.11}$$

虽然此模型没有明显包含最大机动距离 R，但 R 对 γ 的选择起指导作用。

【例 3.1.4】 同例 3.1.3，$R_b=1/2$ 千米，$\sigma_b=1/4$ 千米，若 A 方机动距离 S 服从参数为 γ 的瑞利分布，且 $\gamma^2=2$，试计算 $P[A(t_0+T)|A(t_0)B(t_0)]$。

解： 在此参数条件下，A 在 t_0+T 时刻幸存的概率由式（3.1.11）计算得

$$P[A(t_0+T)\mid A(t_0)B(t_0)]=\exp\left[\frac{-R_b^2}{2(\gamma^2+\sigma_b^2)}\right]=\exp\left[\frac{-(1/2)^2}{2(2+(1/4)^2)}\right]=0.941$$

2．t_0 时刻 A 存活，B 存活或者已被击毁的情况

上面讨论了在 A、B 双方都存活的条件下，t_0 时刻 A 机动，之后在 t_0+T 时刻 A 的幸存概率，这一概率实际就是 A 机动后在 B 第一次射击下的幸存概率。下面我们将讨论在 t_0 时刻只知道 A 存活，而 B 有可能存活也有可能已被击毁的情况下，A 在 t_0+T 时刻的幸存概率。

假设 A、B 双方的射击速度相等，即 $a=b$，$t=0$ 时刻 A 方先开火，T 为 B 对 A 射击的延迟时间，$T<a$。A 方决定在 K 次射击后的 t_0 时刻实施机动，其中 $(K-1)a<t_0<(K-1)a+T$，$K=1,2,\cdots$。A 机动情况下 A、B 双方射击序列如图 3.1.6 所示。

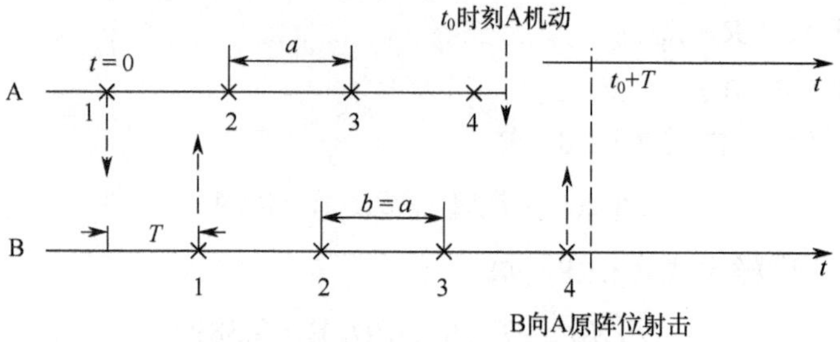

图 3.1.6　A 机动情况下 A、B 双方射击序列

由图 3.1.6 可知，应用条件概率公式，有下式成立：

$$P[A(t_0+T)]=P[A(t_0+T)\,|\,A(t_0)B(t_0)]\cdot P[A(t_0)B(t_0)]+$$
$$P[A(t_0+T)\,|\,A(t_0)\bar{B}(t_0)]\cdot P[A(t_0)\bar{B}(t_0)]$$

式中，$\bar{B}(t_0)$ 表示在 t_0 时刻 B 已被击毁的事件。

上式中 $P[A(t_0+T)\,|\,A(t_0)B(t_0)]$ 可由式（3.1.9）求得，同时注意到，若 B 已在 t_0 时刻被击毁，则 A 在 t_0+T 时刻幸存是一个必然事件，即

$$P[A(t_0+T)\,|\,A(t_0)\bar{B}(t_0)]=1$$

并且有

$$P[A(t_0)B(t_0)]=(q_{\mathrm{A}}q_{\mathrm{B}})^{K-1}q_{\mathrm{A}}$$

$$P[A(t_0)\bar{B}(t_0)]=P_{\mathrm{A}}\sum_{i=0}^{K-1}(q_{\mathrm{A}}q_{\mathrm{B}})^i$$

因此，机动条件下 A 在 t_0+T 时刻存活的概率为

$$P[A(t_0+T)]=q_{\mathrm{A}}^K q_{\mathrm{B}}^{K-1}\int_0^{2\pi}\int_0^R f(\alpha,S)\left[1-\mathrm{e}^{-S^2/2\sigma_{\mathrm{b}}^2}\int_0^{R_{\mathrm{b}}/\sigma_{\mathrm{b}}} r\mathrm{e}^{-r^2/2}I_0\left(\frac{Sr}{\sigma_{\mathrm{b}}}\right)\mathrm{d}r\right]\mathrm{d}S\mathrm{d}\alpha+ P_{\mathrm{A}}\sum_{i=0}^{K-1}(q_{\mathrm{A}}q_{\mathrm{B}})^i \tag{3.1.12}$$

为了比较，写出无机动情况下 A 在 t_0+T 时刻存活的概率：

$$P[A(t_0+T)]=(q_{\mathrm{A}}q_{\mathrm{B}})^K+P_{\mathrm{A}}\sum_{i=0}^{K-1}(q_{\mathrm{A}}q_{\mathrm{B}})^i \tag{3.1.13}$$

由式（3.1.12）可知，如果 K 足够大，则有

$$q_{\mathrm{A}}^K q_{\mathrm{B}}^{K-1}\approx 0, P_{\mathrm{A}}\sum_{i=0}^{K-1}(q_{\mathrm{A}}q_{\mathrm{B}})^i\approx P_{\mathrm{A}}/(1-q_{\mathrm{A}}q_{\mathrm{B}})$$

则式（3.1.12）变为

$$\lim_{K\to\infty}P[A(t_0+T)]=\lim_{K\to\infty}P[A(t_0)]=P_{\mathrm{A}}/(1-q_{\mathrm{A}}q_{\mathrm{B}})$$

即无机动条件下的最终幸存概率，可见此时机动已无必要。

如果 S 被假定为服从参数为 γ 的瑞利分布，利用例 3.1.3 中的结果式（3.1.11），有

$$P[A(t_0+T)]=q_{\mathrm{A}}^K q_{\mathrm{B}}^{K-1}\exp\left[\frac{-R_{\mathrm{b}}^2}{2(\gamma^2+\sigma_{\mathrm{b}}^2)}\right]+P_{\mathrm{A}}\sum_{i=0}^{K-1}(q_{\mathrm{A}}q_{\mathrm{B}})^i \tag{3.1.14}$$

【例 3.1.5】设 $R_{\mathrm{b}}=1/2$ 英里，$\sigma_{\mathrm{b}}=1/4$ 英里①，$\gamma^2=2$，$P_{\mathrm{A}}=0.4$，$P_{\mathrm{B}}=0.865$，如果 A 的

① 1 英里≈1.609 千米。

策略是射击 K 次后机动，试分别计算 K=1,2,3 时的 $P[A(t_0+T)]$，并与不机动时的幸存概率进行比较。

解：由式（3.1.14）可知 $K=1$ 时，

$$P[A(t_0+T)] = q_{\mathrm{A}} \exp\left[\frac{-R_{\mathrm{b}}^2}{2(\gamma^2+\sigma_{\mathrm{b}}^2)}\right] + P_{\mathrm{A}} = 0.6\times 0.941 + 0.4 = 0.965$$

类似可得 $K=2$ 时，$P[A(t_0+T)]=0.478$；$K=3$ 时，$P[A(t_0+T)]=0.439$。

在不机动的条件下，对 $K=1,2,3$，由式（3.1.13）得 $P[A(t_0+T)]$ 的取值分别为 0.481、0.439 和 0.436。

由此可见，在机动条件下，$P[A(t_0+T)]$ 的值初始随 K 的增加而迅速减小，但随着 K 的进一步增大，$P[A(t_0+T)]$ 减小速度趋缓。本例中，机动条件下 A 的最终幸存概率高于不机动的情况，尤其是越早机动，幸存概率提高得越多。具体的机动对于最终幸存概率的影响分析，将在 3.3 节对抗中的最优机动策略中引入。

前面的讨论是在假定 A 首先开火的条件下进行的，在此把原问题进一步一般化，讨论修正的幸存概率模型。

假定 A 先开火的概率为 S_{A}，则 B 先开火的概率为 $1-S_{\mathrm{A}}$。在对方先开火的情况下，A、B 的反应时间分别为 T_{A}、T_{B}。A 方的射击策略是在第 K 次射击后进行机动（$K\geqslant 1$）。仍假定 $a=b$，即双方的射击速度相等。另外还假设：

（1）$\max(T_{\mathrm{A}},T_{\mathrm{B}})<a$；

（2）如果 A 先开火，那么 A 的机动距离 S 服从参数为 γ_1 的瑞利分布，如果 B 先开火，那么 A 的机动距离 S 服从参数为 γ_2 的瑞利分布。

设 $t=0$ 为 A 或 B 的射击起点，A 在第 K 次射击后实施机动，分别如图 3.1.7 和图 3.1.8 所示。假定 B 在 A 机动后的第一次射击仍然以 A 原阵位为瞄准点，则 A 机动后在 B 下一次射击后的幸存概率 $P[A(t)]$ 有

$$\begin{aligned} P[A(t)] = {} & S_{\mathrm{A}}\left\{q_{\mathrm{A}}^K q_{\mathrm{B}}^{K-1} \exp\left[\frac{-R_{\mathrm{b}}^2}{2(\gamma_1^2+\sigma_{\mathrm{b}}^2)}\right] + P_{\mathrm{A}}\sum_{i=0}^{K-1}(q_{\mathrm{A}}q_{\mathrm{B}})^i\right\} + \\ & (1-S_{\mathrm{A}})\left\{(q_{\mathrm{A}}q_{\mathrm{B}})^K \exp\left[\frac{-R_{\mathrm{b}}^2}{2(\gamma_2^2+\sigma_{\mathrm{b}}^2)}\right] + P_{\mathrm{A}}q_{\mathrm{B}}\sum_{i=0}^{K-1}(q_{\mathrm{A}}q_{\mathrm{B}})^i\right\} \end{aligned} \tag{3.1.15}$$

这就是修正的幸存概率模型。

注意式（3.1.15）中，当 A 先开火时，A 机动后 B 向 A 原阵位射击是 B 方的第 K 次射击，而 B 先开火时，A 机动后 B 的第一次射击是 B 的第 K+1 次射击。这一点从图 3.1.7 和图 3.1.8 中也可看出。

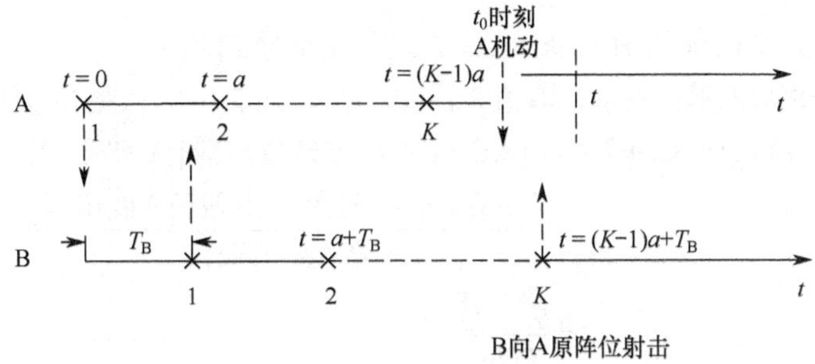

图 3.1.7　A 先射击且 A 机动情况下，A、B 双方射击序列示意

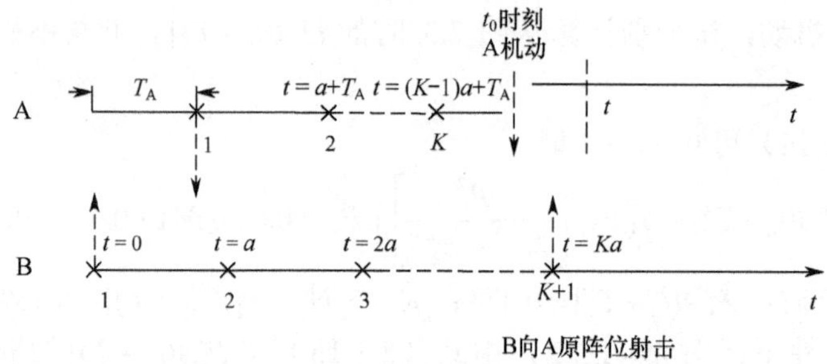

图 3.1.8　B 先射击且 A 机动情况下，A、B 双方射击序列示意

【例 3.1.6】设 $S_A=0.6$，$R_b=1/2$ 英里，$\sigma_b=1/4$ 英里，$P_A=0.8$，$P_B=0.865$，$\gamma_1^2=2$，$\gamma_2^2=1$，试计算 $K=1$ 时 A 的幸存概率。

解：由式（3.1.15）可得，在 $K=1$ 时，

$$P[A(t)]=S_A\left\{q_A\exp\left[\frac{-R_b^2}{2(\gamma_1^2+\sigma_b^2)}\right]+P_A\right\}+(1-S_A)\left\{q_Aq_B\exp\left[\frac{-R_b^2}{2(\gamma_2^2+\sigma_b^2)}\right]+P_Aq_B\right\}=0.646$$

对比例 3.1.5 可知，对抗中先行射击会较大程度地提升幸存概率。

3.1.3　固定射击间隔的连续对抗模型

所谓连续对抗是指 A 以贯序的方式，依次与敌对武器系统 $B_1,B_2,\cdots,B_K,\cdots$ 交战，直到 A 被消灭为止。在这种态势中，A 进行无穷次战斗后的幸存概率为 0，除非对每次战斗来说，$P[A(\infty)]=1$。

设连续对抗模型的参数定义如表 3.1.2 所示。

表 3.1.2　连续对抗模型的参数定义

参　数	定　义
W_A、W_B	A 或 B 在连续对抗中的总生存时间
Z_A	A 在被击毁的那次对抗中的生存时间
Z_{B_i}	武器系统 B_i 在被击毁的那次对抗中的生存时间
C	A 与 B 的多个武器系统连续对抗的次数
N_A、N_B	在连续对抗中，A 或 B 在其生存时间内所击毁的对方兵力单元的数量

连续对抗模型主要关心双方生存时间的均值和方差。下面首先对单次对抗中生存时间的期望和方差 $E[Z_A]$、$\mathrm{Var}[Z_A]$、$E[Z_B]$、$\mathrm{Var}[Z_B]$ 进行推导。

1. 单次对抗中生存时间的期望和方差

假定 A 先开火，T 时间后 B 回火，$a=b$。首先推导 $E[Z_A]$。

显然，Z_A 为一离散的随机变量，取值 $Ka+T$，$K=0,1,2,\cdots$。A 生存时间的概率质量函数为

$$\begin{aligned}P[Z_A=Ka+T]&=P[\text{A在}Ka+T\text{ 时刻被击毁}\mid\text{A 被击毁}]\\&=\frac{P[\text{A在}Ka+T\text{时刻被击毁}\cap\text{A被击毁}]}{P[\text{A被击毁}]}\\&=\frac{q_A^{K+1}q_B^KP_B}{P[B(\infty)]}\end{aligned}$$

由式（3.1.4）知 $P[B(\infty)]=\dfrac{q_\mathrm{A}P_\mathrm{B}}{1-q_\mathrm{A}q_\mathrm{B}}$，则

$$P[Z_\mathrm{A}=Ka+T]=(1-q_\mathrm{A}q_\mathrm{B})(q_\mathrm{A}q_\mathrm{B})^K \tag{3.1.16}$$

则

$$\begin{aligned}E[Z_\mathrm{A}]&=(1-q_\mathrm{A}q_\mathrm{B})\sum_{K=0}^{\infty}(Ka+T)(q_\mathrm{A}q_\mathrm{B})^K\\&=T+\frac{aq_\mathrm{A}q_\mathrm{B}}{1-q_\mathrm{A}q_\mathrm{B}}\end{aligned} \tag{3.1.17}$$

通过计算，可求得

$$E[Z_\mathrm{A}^2]=\frac{a^2q_\mathrm{A}q_\mathrm{B}(1+q_\mathrm{A}q_\mathrm{B})}{(1-q_\mathrm{A}q_\mathrm{B})^2}+T^2+\frac{2aTq_\mathrm{A}q_\mathrm{B}}{1-q_\mathrm{A}q_\mathrm{B}} \tag{3.1.18}$$

$$\mathrm{Var}[Z_\mathrm{A}]=E[Z_\mathrm{A}^2]-E[Z_\mathrm{A}]^2=\frac{a^2q_\mathrm{A}q_\mathrm{B}}{(1-q_\mathrm{A}q_\mathrm{B})^2} \tag{3.1.19}$$

同样可求得

$$P[Z_\mathrm{B}=Ka]=(1-q_\mathrm{A}q_\mathrm{B})(q_\mathrm{A}q_\mathrm{B})^K,K=0,1,2,\cdots \tag{3.1.20}$$

$$E[Z_\mathrm{B}]=(1-q_\mathrm{A}q_\mathrm{B})\sum_{K=0}^{\infty}Ka\cdot(q_\mathrm{A}q_\mathrm{B})^K=\frac{aq_\mathrm{A}q_\mathrm{B}}{1-q_\mathrm{A}q_\mathrm{B}} \tag{3.1.21}$$

$$E[Z_\mathrm{B}^2]=\frac{a^2q_\mathrm{A}q_\mathrm{B}(1+q_\mathrm{A}q_\mathrm{B})}{(1-q_\mathrm{A}q_\mathrm{B})^2} \tag{3.1.22}$$

$$\mathrm{Var}[Z_\mathrm{B}]=\frac{a^2q_\mathrm{A}q_\mathrm{B}}{(1-q_\mathrm{A}q_\mathrm{B})^2} \tag{3.1.23}$$

2．连续对抗中生存时间的期望和方差

求出 $E[Z_\mathrm{A}]$ 后，可进一步推导 $E[W_\mathrm{A}]$。在此之前，首先必须确定 A 与 B 的对抗次数 C，C 是一个随机变量，在 B_i，$i=1,2,\cdots$，战斗力相同的条件下，具有下面的分布：

$$P[C=K]=\begin{cases}0, & K=0\\ P[B(\infty)]P[A(\infty)]^{K-1}, & K=1,2,\cdots\end{cases} \tag{3.1.24}$$

A 在连续对抗中的生存时间可表示为

$$W_\mathrm{A}=Z_{\mathrm{B}_1}+Z_{\mathrm{B}_2}+\cdots+Z_{\mathrm{B}_{C-1}}+Z_\mathrm{A},C=1,2,\cdots$$

式中，Z_{B_1}、Z_{B_2}、…、Z_A 为相互独立的随机变量，当 $C=1$ 时，$Z_{\mathrm{B}_0}=0$，$W_\mathrm{A}=Z_\mathrm{A}$。

则 A 在连续对抗中的生存时间期望可表示为

$$E[W_\mathrm{A}]=E[Z_\mathrm{A}]+E[C=K-1]\cdot E[Z_\mathrm{B}],K=1,2,\cdots$$

上式表示 A 与 B_i，$i=1,2,\cdots$，连续对抗了 K 次，其中前 $K-1$ 次对抗中，A 将 B_i 击毁，而在最后的第 K 次对抗中，B_K 将 A 击毁。其中，

$$\begin{aligned}E[C=K-1]&=\sum_{K=1}^{\infty}(K-1)P[C=K]\\&=\sum_{K=1}^{\infty}(K-1)P[B(\infty)]P[A(\infty)]^{K-1}\end{aligned}$$

利用倍差法对上式进行计算，并由式（3.1.3）和式（3.1.4）知 $P[A(\infty)]+P[B(\infty)]=1$，

因此有

$$E[C=K-1]=\frac{P[A(\infty)]}{P[B(\infty)]}$$

故

$$E[W_{\mathrm{A}}]=E[Z_{\mathrm{A}}]+E[Z_{\mathrm{B}}]\frac{P[A(\infty)]}{P[B(\infty)]} \tag{3.1.25}$$

对 $\mathrm{Var}[W_{\mathrm{A}}]$ 的推导比较复杂，这里不作具体推导，直接给出结果：

$$\mathrm{Var}[W_{\mathrm{A}}]=\mathrm{Var}[Z_{\mathrm{A}}]+E[Z_{\mathrm{B}}^2]\frac{P[A(\infty)]}{P[B(\infty)]}+\frac{E(Z_B^2)P^2[A(\infty)]}{P^2[B(\infty)]} \tag{3.1.26}$$

式（3.1.24）、式（3.1.25）及式（3.1.26）表示的是一般情况，并不取决于哪一方先开火。若要进行具体计算，则需知道模型的具体形式，并求出相应的 $E[Z_{\mathrm{A}}]$、$E[Z_{\mathrm{B}}]$、$P[A(\infty)]$ 及 $P[B(\infty)]$。对 3.1.1 节中采用的无机动条件下的简单模型，式（3.1.25）、式（3.1.26）可根据式（3.1.3）、式（3.1.4）、式（3.1.17）、式（3.1.19）、式（3.1.21）和式（3.1.23）求出。

3．连续对抗中击毁对方兵力单元数量的期望

现在对固定间隔射击模型，计算 A 方在其生存时间 W_{A} 内击毁 B 方兵力单元期望 $E[N_{\mathrm{A}}]$ 及 B 方击毁 A 方兵力单元的期望 $E[N_{\mathrm{B}}]$。

假设 A 先开火，击毁了 B 方 K 个兵力单元，利用式（3.1.24）的结论有

$$\begin{aligned}P[N_{\mathrm{A}}=K]&=P[A(\infty)]^K P[B(\infty)]\\&=\left(\frac{P_{\mathrm{A}}}{1-q_{\mathrm{A}}q_{\mathrm{B}}}\right)^K\cdot\left(\frac{q_{\mathrm{A}}P_{\mathrm{B}}}{1-q_{\mathrm{A}}q_{\mathrm{B}}}\right),K=1,2,\cdots\end{aligned} \tag{3.1.27}$$

因此有

$$E[N_{\mathrm{A}}]=\sum_{K=0}^{\infty}K\cdot P[N_{\mathrm{A}}=K]=\frac{P_{\mathrm{A}}}{q_{\mathrm{A}}P_{\mathrm{B}}} \tag{3.1.28}$$

$$\mathrm{Var}[N_{\mathrm{A}}]=\frac{P_{\mathrm{A}}(1-q_{\mathrm{A}}q_{\mathrm{B}})}{(q_{\mathrm{A}}P_{\mathrm{B}})^2} \tag{3.1.29}$$

相应地，B 方在连续对抗中击毁 A 方兵力单元数量 N_{B} 的期望和方差对应的表达式，根据式（3.1.3）和式（3.1.4）为

$$P[N_{\mathrm{B}}=K]=\left(\frac{q_{\mathrm{A}}P_{\mathrm{B}}}{1-q_{\mathrm{A}}q_{\mathrm{B}}}\right)^K\cdot\frac{P_{\mathrm{A}}}{1-q_{\mathrm{A}}q_{\mathrm{B}}},K=0,1,2,\cdots \tag{3.1.30}$$

$$E[N_{\mathrm{B}}]=\sum_{K=0}^{\infty}K\cdot P[N_{\mathrm{B}}=K]=\frac{q_{\mathrm{A}}P_{\mathrm{B}}}{P_{\mathrm{A}}} \tag{3.1.31}$$

$$\mathrm{Var}[N_{\mathrm{B}}]=\frac{q_{\mathrm{A}}P_{\mathrm{B}}(1-q_{\mathrm{A}}q_{\mathrm{B}})}{P_{\mathrm{A}}^2} \tag{3.1.32}$$

4．一般情况下对抗生存时间的期望和方差

假设 A 先开火，往往会使其击毁 B 方战斗单元数量增大及己方生存时间的延长。对实际交战比较客观的描述是：A、B 双方先开火的概率相等，都为 1/2。这是下面的讨论中，$S_{\mathrm{A}}=1/2$ 的特例。在此假设 S_{A} 为 A 先开火的概率，则 B 先开火的概率为 $1-S_{\mathrm{A}}$，从而得到一般情况下连续对抗中双方生存时间的期望和方差。

在上面的假设下，A 在一次对抗中生存时间的概率质量函数在 A 先开火和 B 先开火的情况下，可分别由式（3.1.16）和式（3.1.20）推广得到：

$$P[Z_{\mathrm{A}}=Ka+T]=S_{\mathrm{A}}(1-q_{\mathrm{A}}q_{\mathrm{B}})(q_{\mathrm{A}}q_{\mathrm{B}})^{K}$$

$$P[Z_{\mathrm{A}}=Ka]=(1-S_{\mathrm{A}})\cdot\frac{q_{\mathrm{B}}^{k}P_{\mathrm{B}}q_{\mathrm{A}}^{k}}{P[B(\infty)]}=(1-S_{\mathrm{A}})(1-q_{\mathrm{A}}q_{\mathrm{B}})^{K}$$

式中，$K=0,1,2,\cdots$。注意：B 先开火时 $P[B(\infty)]=\dfrac{P_{\mathrm{B}}}{1-q_{\mathrm{A}}q_{\mathrm{B}}}$。

因此，A 在一次对抗中生存时间的期望为

$$\begin{aligned}E[Z_{\mathrm{A}}]&=S_{\mathrm{A}}\left(T+\frac{aq_{\mathrm{A}}q_{\mathrm{B}}}{1-q_{\mathrm{A}}q_{\mathrm{B}}}\right)+(1-S_{\mathrm{A}})\frac{aq_{\mathrm{A}}q_{\mathrm{B}}}{1-q_{\mathrm{A}}q_{\mathrm{B}}}\\&=S_{\mathrm{A}}T+\frac{aq_{\mathrm{A}}q_{\mathrm{B}}}{1-q_{\mathrm{A}}q_{\mathrm{B}}}\end{aligned}\tag{3.1.33}$$

由式（3.1.18）和式（3.1.22）可导出：

$$E[Z_{\mathrm{A}}^{2}]=\frac{a^{2}q_{\mathrm{A}}q_{\mathrm{B}}(1+q_{\mathrm{A}}q_{\mathrm{B}})}{(1-q_{\mathrm{A}}q_{\mathrm{B}})^{2}}+S_{\mathrm{A}}T^{2}+\frac{2S_{\mathrm{A}}aTq_{\mathrm{A}}q_{\mathrm{B}}}{1-q_{\mathrm{A}}q_{\mathrm{B}}}\tag{3.1.34}$$

因此，$\mathrm{Var}[Z_{\mathrm{A}}]$ 与 T 有关，它为

$$\mathrm{Var}[Z_{\mathrm{A}}]=E[Z_{\mathrm{A}}^{2}]-E[Z_{\mathrm{A}}]^{2}=\frac{a^{2}q_{\mathrm{A}}q_{\mathrm{B}}}{(1-q_{\mathrm{A}}q_{\mathrm{B}})^{2}}+T^{2}S_{\mathrm{A}}(1-S_{\mathrm{A}})\tag{3.1.35}$$

A 在连续对抗中的总生存时间的期望 $E[W_{\mathrm{A}}]$ 和方差 $\mathrm{Var}[W_{\mathrm{A}}]$ 可由式（3.1.25）和式（3.1.26）计算得到，但首先我们需要知道 $P[A(\infty)]$ 和 $P[B(\infty)]$。

当 A 先开火时，

$$P[A_{n}(\infty)]=P_{\mathrm{A}}+q_{\mathrm{A}}q_{\mathrm{B}}P_{\mathrm{A}}+(q_{\mathrm{A}}q_{\mathrm{B}})^{2}P_{\mathrm{A}}+\cdots=\frac{P_{\mathrm{A}}}{1-q_{\mathrm{A}}q_{\mathrm{B}}}$$

当 B 先开火时，

$$P[A_{f}(\infty)]=q_{\mathrm{A}}P_{\mathrm{A}}+q_{\mathrm{B}}q_{\mathrm{A}}q_{\mathrm{B}}P_{\mathrm{A}}+q_{\mathrm{B}}^{3}q_{\mathrm{A}}^{2}P_{\mathrm{A}}+\cdots=\frac{P_{\mathrm{A}}q_{\mathrm{B}}}{1-q_{\mathrm{A}}q_{\mathrm{B}}}$$

从而有

$$P[A(\infty)]=\frac{S_{\mathrm{A}}P_{\mathrm{A}}}{1-q_{\mathrm{A}}q_{\mathrm{B}}}+(1-S_{\mathrm{A}})\frac{P_{\mathrm{A}}q_{\mathrm{B}}}{1-q_{\mathrm{A}}q_{\mathrm{B}}}=\frac{P_{\mathrm{A}}(q_{\mathrm{B}}+S_{\mathrm{A}}P_{\mathrm{B}})}{1-q_{\mathrm{A}}q_{\mathrm{B}}}\tag{3.1.36}$$

对应地，B 方有下列公式成立：

$$\begin{cases}P[Z_{\mathrm{B}}=Ka+T]=\dfrac{(1-S_{\mathrm{A}})q_{\mathrm{B}}^{K+1}q_{\mathrm{A}}^{K}P_{\mathrm{A}}}{P[A_{n}(\infty)]}=(1-S_{\mathrm{A}})(1-q_{\mathrm{A}}q_{\mathrm{B}})(q_{\mathrm{A}}q_{\mathrm{B}})^{K}\\[2ex]P[Z_{\mathrm{B}}=Ka]=\dfrac{S_{\mathrm{A}}(q_{\mathrm{A}}q_{\mathrm{B}})^{K}P_{\mathrm{A}}}{P[A_{f}(\infty)]}=S_{\mathrm{A}}(1-q_{\mathrm{A}}q_{\mathrm{B}})(q_{\mathrm{A}}q_{\mathrm{B}})^{K}\end{cases}\tag{3.1.37}$$

式中，$K=0,1,2,\cdots$。

$$E[Z_{\mathrm{B}}]=(1-S_{\mathrm{A}})T+\frac{aq_{\mathrm{A}}q_{\mathrm{B}}}{1-q_{\mathrm{A}}q_{\mathrm{B}}}\tag{3.1.38}$$

$$E[Z_{\mathrm{B}}^{2}]=\frac{a^{2}q_{\mathrm{A}}q_{\mathrm{B}}(1+q_{\mathrm{A}}q_{\mathrm{B}})}{(1-q_{\mathrm{A}}q_{\mathrm{B}})^{2}}+(1-S_{\mathrm{A}})\left(T^{2}+\frac{2aTq_{\mathrm{A}}q_{\mathrm{B}}}{1-q_{\mathrm{A}}q_{\mathrm{B}}}\right)\tag{3.1.39}$$

$$P[B(\infty)] = \frac{P_B(1 - S_A P_A)}{1 - q_A q_B} \tag{3.1.40}$$

有了上面的结果，我们就可由式（3.1.25）和式（3.1.26）计算得到$E[W_A]$和$\mathrm{Var}[W_A]$，类似地可得到$E[W_B]$和$\mathrm{Var}[W_B]$。

最后计算 A 方击毁敌方兵力单元数量的期望。

假定 A 以概率S_A先开火，时间延迟T对 A、B 相同，也就是说无论哪方先开火，剩下的一方总是经过T时间后再回火。则有

$$\begin{aligned} P[N_A = K] &= \{P[A(\infty)]\}^K P[B(\infty)] \\ &= \left[\frac{P_A(q_B + S_A P_B)}{1 - q_A q_B}\right]^K \cdot \frac{P_B(1 - S_A P_A)}{1 - q_A q_B} \end{aligned} \tag{3.1.41}$$

$$E[N_A] = \frac{P_A P_B (1 - S_A P_A)(q_B + S_A P_B)}{[1 - q_A q_B - P_A(q_B + S_A P_B)]^2} \tag{3.1.42}$$

$$E[N_A^2] = \frac{P_A(q_B + S_A P_B)(1 - q_A q_B + P_A q_B + S_A P_A P_B)}{[P_B(1 - S_A P_A)]^2} \tag{3.1.43}$$

由此可以计算出N_A的方差。

【例 3.1.7】舰艇防空作战中应对来袭的战斗机群形成舰艇连续对抗飞机的作战态势。假定飞机均为同种类型，可发射机载反舰导弹攻击舰艇，相邻机载导弹的发射间隔时间大于舰艇拦截导弹时间；假定不考虑舰艇和飞机搭载的武器弹药数量限制。设舰艇和飞机双方的射击间隔时间均为 10 秒，舰艇首先主动攻击飞机，其防空武器对飞机的毁伤概率为 0.7，若拦截不成功，3 秒后飞机发射的反舰导弹可能命中并毁伤舰艇，单枚反舰导弹对舰艇的毁伤概率为 0.4。试计算舰艇连续击毁来袭敌机的平均架次和对抗中舰艇的总生存时间的期望值。

解：首先计算舰艇在单次对抗中的平均生存时间。

由题意知，舰艇和飞机射击时间间隔$a = b = 10$，飞机射击延迟时间$T = 3$，由式（3.1.17）和式（3.1.21）可知，单次对抗中舰艇和飞机的平均生存时间分别为

$$E[Z_A] = T + \frac{a q_A q_B}{1 - q_A q_B} = 3 + \frac{10 \times 0.3 \times 0.6}{1 - 0.3 \times 0.6} = 5.195\text{秒}$$

$$E[Z_B] = \frac{a q_A q_B}{1 - q_A q_B} = \frac{10 \times 0.3 \times 0.6}{1 - 0.3 \times 0.6} = 2.195\text{秒}$$

同时，由式（3.1.3）和式（3.1.4）可知

$$P[A(\infty)] = \frac{P_A}{1 - q_A q_B} = \frac{0.7}{1 - 0.3 \times 0.6} = 0.854$$

$$P[B(\infty)] = 1 - P[A(\infty)] = 0.146$$

由式（3.1.38）得舰艇平均能够击毁的飞机数量为

$$E[N_A] = \frac{P_A}{q_A P_B} = \frac{0.7}{0.3 \times 0.4} = 5.833$$

由式（3.1.25）可得舰艇总生存时间的数学期望为

$$E[W_A] = E[Z_A] + E[Z_B]\frac{P[A(\infty)]}{P[B(\infty)]} = 5.195 + 2.195 \times 5.833 = 17.998\text{秒}$$

3.1.4　同时齐射的二对一对抗

假设双方武器同时齐射，其余条件与前面所述的基本型固定射击间隔的一对一对抗相同。记 $P_A(2,1)$ 为二对一对抗中 A 方的获胜概率，括号中前一位数表示 A 方武器数量，后一位数表示 B 方武器数量，$P_B(2,1)$、$P_A(1,1)$ 等含义类似。以 $P_{1A}(2,1)$ 表示在二对一对抗中，A 方自身生存一件武器情况下的获胜概率；$P_{2A}(2,1)$ 表示在二对一对抗中，A 方在自身生存两件武器情况下的获胜概率，其余类似定义。

可知：

$$\begin{aligned}P_{2A}(2,1) &= \sum_{j=1}^{\infty} P[\text{A方发射 } j \text{ 发毁伤B,B未毁伤A}] \\ &= \sum_{j=1}^{\infty}\{P[\text{双方在前 } j-1 \text{ 次射击中未击毁对方}]\times \\ &\quad P[\text{A}_1\text{和A}_2\text{在第 } j \text{ 次射击中至少一发命中毁伤B}]\times \\ &\quad P[\text{B方在第 } j \text{ 次射击中未击毁A}_1\text{或A}_2]\} \\ &= \sum_{j=1}^{\infty}(q_A^2 q_B)^{j-1}(1-q_A^2)q_B\end{aligned} \tag{3.1.44}$$

即

$$P_{2A}(2,1)=\frac{q_B(1-q_A^2)}{1-q_A^2 q_B} \tag{3.1.45}$$

类似地有

$$P_{1A}(2,1)=\sum_{j=1}^{\infty}[P_j(\bar{A}_1\bar{A}_2)P_j(B)P_A(1,1)+P_j(A_1\cdot A_2)P_j(B)] \tag{3.1.46}$$

式中，$\bar{A}_1$ 和 $\bar{A}_2$ 分别表示 A_1 和 A_2 未毁伤对方；A_1A_2 表示 A_1 和 A_2 同时毁伤目标；$\bar{A}_1\bar{A}_2$ 表示 A_1 和 A_2 都未毁伤目标；$A_1 \cdot A_2$ 表示 A_1 和 A_2 至少有一个毁伤目标；$P_j(\cdot)$ 表示发射了 j 次条件下该事件的发生概率。式（3.1.46）右边求和项中的第一项表示双方发射 j 发弹后，A_1 和 A_2 都未毁伤 B，B 毁伤了 A_1、A_2 中的一个，以后转入一对一对抗，在后面的一对一对抗中，A 方获胜概率也就是 $P_A(1,1)$；第二项表示 A_1 和 A_2 至少有一件武器第 j 发弹命中且毁伤 B，而 B 也在第 j 发弹命中且毁伤 A_1、A_2 中之一。所以式（3.1.46）转化为

$$P_{1A}(2,1)=\sum_{j=1}^{\infty}(q_A^2 q_B)^{j-1}[q_A^2 P_B P_A(1,1)+(1-q_A^2)P_B] \tag{3.1.47}$$

由于双方同时齐射，所以

$$P_A(1,1)=\frac{P_A q_B}{1-q_A q_B}$$

代入并整理后，式（3.1.47）有

$$P_{1A}(2,1)=\frac{P_A P_B(1+q_A P_B)}{(1-q_A q_B)(1-q_A^2 q_B)} \tag{3.1.48}$$

由以上各式可知

$$P_A(2,1)=P_{1A}(2,1)+P_{2A}(2,1)=\frac{P_A(1+q_A P_B-q_A^2 q_B^2)}{(1-q_A q_B)(1-q_A^2 q_B)} \tag{3.1.49}$$

同样，由于

$$P_{\mathrm{B}}(1,1)=\frac{P_{\mathrm{B}}q_{\mathrm{A}}}{1-q_{\mathrm{A}}q_{\mathrm{B}}}$$

$$P_{\mathrm{AB}}(1,1)=\frac{P_{\mathrm{A}}P_{\mathrm{B}}}{1-q_{\mathrm{A}}q_{\mathrm{B}}}$$

可得

$$P_{\mathrm{B}}(2,1)=\sum_{j=1}^{\infty}P_j(\overline{\mathrm{A}}_1\overline{\mathrm{A}}_2)P_j(B)P_{\mathrm{B}}(1,1)=\frac{q_{\mathrm{A}}^3P_{\mathrm{B}}^2}{(1-q_{\mathrm{A}}q_{\mathrm{B}})(1-q_{\mathrm{A}}^2q_{\mathrm{B}})} \tag{3.1.50}$$

以及二对一格斗中双方最终都幸存一件武器的概率

$$P_{1\mathrm{AB}}(2,1)=\sum_{j=1}^{\infty}P_j(\overline{\mathrm{A}}_1\overline{\mathrm{A}}_2)P_j(B)P_{\mathrm{AB}}(1,1)=\frac{P_{\mathrm{A}}q_{\mathrm{A}}^2P_{\mathrm{B}}^3}{(1-q_{\mathrm{A}}q_{\mathrm{B}})(1-q_{\mathrm{A}}^2q_{\mathrm{B}})} \tag{3.1.51}$$

类似地，可以根据以上各式得到 $P_{\mathrm{A}}(1,2)$、$P_{2\mathrm{B}}(1,2)$、$P_{1\mathrm{B}}(1,2)$、$P_{\mathrm{B}}(1,2)$ 和 $P_{\mathrm{AB}}(1,2)$ 。

对于双方同时齐射的二对二对抗，推导过程与上述过程完全类似，这里不再讨论。

3.2 随机射击间隔的对抗生存模型

3.1 节导出了对抗中双方作战单元的几种幸存概率模型，并给出了一些例子。当时我们假定，只要存活着，双方的武器系统就是以等时间间隔进行射击的，在许多情况下，还假定 A 方首先开火。在本节的讨论中，将去掉上述限制。

本节中，假定对抗双方的武器系统采用随机射击间隔进行射击，在 $(0,t)$ 时间内的射击规律被假定为服从参数为 λ 的泊松分布，其中 λ 为单位时间内的平均射击次数。武器系统的单位毁伤概率允许为时变的，它的提高反映了对目标定位精度的改善，而减小则意味着目标可能发生机动，当然也可能存在其他解释。本节还将考虑在随机射击间隔下，A 方机动后的幸存模型，其中机动距离是一个服从参数为 γ_t 的瑞利分布的随机变量，γ_t 为时间 t 的函数。

表 3.2.1 给出了随机射击间隔模型中 A 方武器系统的相关参数定义，B 方有着与 A 方相似的定义。

表 3.2.1　随机射击间隔模型中 A 方武器系统的相关参数定义

参　数	定　义
$A(t)$	A 在时间 t 存活的事件；$\overline{A(t)}$ 则表示 A 在时刻 t 不存活的事件
$P[\cdot]$	括号中事件发生的概率
R_{A}、$P_{\mathrm{A}}(t)$、σ_{A}^2、V_{A}	分别表示 A 方武器的毁伤半径、在时刻 t 的单发毁伤概率、弹着误差的方差（假定为圆正态分布）、A 的最大机动速度
λ_{A}	A 的射击规律服从参数为 λ_{A} 的泊松分布，其中 λ_{A} 为平均射击率
γ_t	A 机动距离所服从的瑞利分布中的时间依赖性参数
Z_{A}	A 方在一次对抗中从初始时刻至被击毁的生存时间
W_{A}	A 方在连续对抗中，依次与 $\mathrm{B}_1,\mathrm{B}_2,\cdots$ 交战，直到它被击毁的总生存时间
C	A 在连续对抗中与 B 方作战单元交战的次数
δ_j	敌方武器系统为类型 j 的概率

假定 A 方按参数为 λ_{A} 的泊松分布射击时（泊松过程说明见附录 3.2），在 $(0,t)$ 时间内 A

方射击了 K 次的概率为

$$P(K,\lambda_A,t)=e^{-\lambda_A t}\frac{(\lambda_A t)^K}{K!} \tag{3.2.1}$$

因此，在 $(t,t+\Delta t)$ 的 Δt 时间内，A 方射击了 1 次的概率为

$$P(1,\lambda_A,\Delta t)=e^{-\lambda_A \Delta t}(\lambda_A \Delta t)$$

由 $e^x=\sum_{n=0}^{\infty}\frac{x^n}{n!}$ 可知，当 $\Delta t \to 0$ 时，A 方射击了 1 次的概率可记为

$$P(1,\lambda_A,\Delta t)=\lambda_A \Delta t+o(\Delta t) \tag{3.2.2}$$

式中，$o(\Delta t)$ 为 Δt 的高阶无穷小。

类似地，在 Δt 时间间隔内，A 方射击了 0 次的概率为

$$P(0,\lambda_A,\Delta t)=1-\lambda_A \Delta t+o(\Delta t) \tag{3.2.3}$$

A 方射击了 2 次以上的概率为

$$P(K,\lambda_A,\Delta t)=o(\Delta t), K=2,3,4,\cdots \tag{3.2.4}$$

同样，假设 B 方按参数为 λ_B 的泊松分布射击，则在 $(0,t)$ 内 B 方射击了 K 次的概率为

$$P(K,\lambda_B,t)=e^{-\lambda_B t}\frac{(\lambda_B t)^K}{K!} \tag{3.2.5}$$

由式（3.2.2）至式（3.2.4）可知，在很短的时间间隔 Δt 内，B 方射击了 0 次、1 次、2 次以上的概率分别为 $1-\lambda_B \Delta t+o(\Delta t)$、$\lambda_B \Delta t+o(\Delta t)$ 和 $o(\Delta t)$。

类似可得，在 Δt 内，A 方和 B 方一共射击 2 次以上的概率也是 $o(\Delta t)$。

下面假定双方从 $t=0$ 开始交火，首先推导无机动情况下的泊松模型，其次推导机动情况下的泊松模型，再次讨论连续对抗模型，最后讨论机动情况下的一般泊松模型。

3.2.1　无机动情况下的泊松模型

1．对抗双方的幸存概率模型

显然，如果 A 在 $t+\Delta t$ 时刻存活，当且仅当下列 3 个事件之一发生。

（1）事件一：A 在 t 时刻存活，且 B 在 t 时刻不存活；这一事件发生的概率记为 $P[A(t)\overline{B(t)}]$。由全概率公式和乘法定理知

$$\begin{aligned}P[\mathrm{A}]&=P[\mathrm{A}\mid\mathrm{B}]P[\mathrm{B}]+P[\mathrm{A}\mid\overline{\mathrm{B}}]P[\overline{\mathrm{B}}]\\&=P[\mathrm{AB}]+P[\mathrm{A}\overline{\mathrm{B}}]\end{aligned}$$

因此有

$$P[A(t)\overline{B(t)}]=P[A(t)]-P[A(t)B(t)]$$

（2）事件二：A 在 t 时刻存活，B 在 t 时刻也存活，但 B 在接下来的 $(t,t+\Delta t)$ 时间内不射击；这一事件发生的概率为 $P[A(t)B(t)]\cdot(1-\lambda_B \Delta t)$。

注意：事件二中实际暗含了 3 个子事件，但 3 个子事件可综合为事件二。①A 在 Δt 内未射击；②A 在 Δt 内射击 1 次，但未击毁 B；③A 在 Δt 内射击 1 次，且击毁了 B。

（3）事件三：A 在 t 时刻存活，B 在 t 时刻也存活，且 B 在 $(t,t+\Delta t)$ 内射击了一次，但未击毁 A；这一事件发生的概率为 $P[A(t)B(t)]\cdot\lambda_B \Delta t\cdot q_B(t)$，其中 $q_B(t)=1-P_B(t)$。

由式（3.2.4）可知，在假设时间间隔Δt非常小的条件下，B 方在Δt时间内射击两次以上的概率为Δt的高阶无穷小$o(\Delta t)$，因此，不考虑 B 射击了两次以上的事件，同时也不考虑 A 方或者 A 方、B 方共射击两次以上的事件。

综上可知

$$\begin{aligned}P[A(t+\Delta t)] &= P[A(t)\overline{B(t)}] + P[A(t)B(t)]\cdot(1-\lambda_B\Delta t) + P[A(t)B(t)]\cdot\lambda_B\Delta t\cdot q_B(t)\\ &= P[A(t)] - P[A(t)B(t)]\cdot[1-(1-\lambda_B\Delta t)-\lambda_B\Delta t\cdot q_B(t)]\\ &= P[A(t)] - P[A(t)B(t)]\cdot\lambda_B P_B(t)\Delta t\end{aligned} \tag{3.2.6}$$

移项，并令$\Delta t\to 0$得

$$\frac{\mathrm{d}P[A(t)]}{\mathrm{d}t} = -P[A(t)B(t)]\lambda_B P_B(t) \tag{3.2.7}$$

对 B 方，类似地有

$$\frac{\mathrm{d}P[B(t)]}{\mathrm{d}t} = -P[A(t)B(t)]\lambda_A P_A(t) \tag{3.2.8}$$

考虑

$$P[\mathrm{A}\cup\mathrm{B}] = P[\mathrm{A}] + P[\mathrm{B}] - P[\mathrm{AB}]$$

并且$P[\mathrm{A}\cup\mathrm{B}]=1$，因此有

$$P[A(t)B(t)] = P[A(t)] + P[B(t)] - 1 \tag{3.2.9}$$

代入式（3.2.7）和式（3.2.8），可得

$$\begin{cases}\dfrac{\mathrm{d}P[A(t)]}{\mathrm{d}t} = -\{P[A(t)]+P[B(t)]-1\}\times\lambda_B P_B(t)\\ \dfrac{\mathrm{d}P[B(t)]}{\mathrm{d}t} = -\{P[A(t)]+P[B(t)]-1\}\times\lambda_A P_A(t)\end{cases} \tag{3.2.10}$$

记$P[A(t)]=x(t)$，$P[B(t)]=y(t)$，$\lambda_A P_A(t)=a(t)$，$\lambda_B P_B(t)=b(t)$，式（3.2.10）可表示为

$$\begin{cases}\dfrac{\mathrm{d}x}{\mathrm{d}t} = (1-x-y)b(t)\\ \dfrac{\mathrm{d}y}{\mathrm{d}t} = (1-x-y)a(t)\\ a(t)\geqslant 0, b(t)\geqslant 0, 0\leqslant x\leqslant 1, 0\leqslant y\leqslant 1, x(0)=y(0)=1\end{cases} \tag{3.2.11}$$

式（3.2.11）的解为

$$\begin{cases}x(t) = x(0) - \int_0^t b(s)\exp\left\{-\int_0^s [a(u)+b(u)]\mathrm{d}u\right\}\mathrm{d}s\\ y(t) = y(0) - \int_0^t a(s)\exp\left\{-\int_0^s [a(u)+b(u)]\mathrm{d}u\right\}\mathrm{d}s\\ x(0) = y(0) = 1\end{cases} \tag{3.2.12}$$

由此可得到 A 和 B 在时刻t的幸存概率模型。

2．对抗双方的幸存时间模型

由表 3.2.1 知，Z_A为 A 方在一次对抗中从初始时刻至被击毁的生存时间，Z_B的定义类似，

Z_A、Z_B 为随机变量。

Z_A 的分布函数为

$$\begin{aligned}F_{Z_A}(t)&=P[\text{在}(0,t)\text{内A被击毁}|\text{已知对抗中A被击毁}]\\&=\frac{P[\text{在}(0,t)\text{内A被击毁}]}{P[\text{对抗中A被击毁}]}\\&=\frac{\int_0^t \frac{\mathrm{d}P[\overline{A(t)}]}{\mathrm{d}t}\mathrm{d}u}{1-P[A(\infty)]}\\&=\frac{\int_0^t \frac{\mathrm{d}(1-P[A(t)])}{\mathrm{d}t}\mathrm{d}u}{1-P[A(\infty)]}=\frac{-\int_0^t \frac{\mathrm{d}P[A(t)]}{\mathrm{d}t}\mathrm{d}u}{1-P[A(\infty)]}\end{aligned}$$

由式（3.2.11）和式（3.2.12）知

$$F_{Z_A}(t)=\frac{1}{y(\infty)}\int_0^t[x(u)+y(u)-1]b(u)\mathrm{d}u \tag{3.2.13}$$

显然，$F_{Z_A}(0)=0$，$F_{Z_A}(\infty)=1$，且 $F_{Z_A}(t)$ 为 t 的单调非减函数，其概率密度函数为

$$f_{Z_A}(t)=\begin{cases}\dfrac{[x(t)+y(t)-1]b(t)}{y(\infty)}, & t\geqslant 0\\ 0, & \text{其他}\end{cases} \tag{3.2.14}$$

对 Z_B 有

$$f_{Z_B}(t)=\begin{cases}\dfrac{[x(t)+y(t)-1]a(t)}{x(\infty)}, & t\geqslant 0\\ 0, & \text{其他}\end{cases} \tag{3.2.15}$$

由式（3.2.12）计算可得 $x+y-1=\exp\left\{-\int_0^t[a(u)+b(u)]\mathrm{d}u\right\}$，代入式（3.2.14）和式（3.2.15）可得（$t\geqslant 0$时）

$$f_{Z_A}(t)=\frac{b(t)\exp\left\{-\int_0^t[a(u)+b(u)]\mathrm{d}u\right\}}{1-\int_0^\infty a(s)\exp\left[-\int_0^s[a(u)+b(u)]\mathrm{d}u\right]\mathrm{d}s} \tag{3.2.16}$$

$$f_{Z_B}(t)=\frac{a(t)\exp\left\{-\int_0^t[a(u)+b(u)]\mathrm{d}u\right\}}{1-\int_0^\infty b(s)\exp\left[-\int_0^s[a(u)+b(u)]\mathrm{d}u\right]\mathrm{d}s} \tag{3.2.17}$$

一旦知道 $a(t)$、$b(t)$ 的形式，便可计算出 $E(Z_A)$、$\mathrm{Var}(Z_A)$

$$E[Z_A]=\frac{\int_0^\infty sb(s)\exp\left\{-\int_0^s[a(u)+b(u)]\mathrm{d}u\right\}\mathrm{d}s}{1-\int_0^\infty a(s)\exp\left\{-\int_0^s[a(u)+b(u)]\mathrm{d}u\right\}\mathrm{d}s} \tag{3.2.18}$$

$$E[Z_B]=\frac{\int_0^\infty sa(s)\exp\left\{-\int_0^s[a(u)+b(u)]\mathrm{d}u\right\}\mathrm{d}s}{1-\int_0^\infty b(s)\exp\left\{-\int_0^s[a(u)+b(u)]\mathrm{d}u\right\}\mathrm{d}s} \tag{3.2.19}$$

因为 $E(Z_B)$ 是 A 在消灭了 B 的情况下，B 的生存时间的期望，所以 $E(Z_B)$ 也可以解释为

“A 要消灭 B 所需的平均时间”，其条件为 A 消灭了 B。Z_A、Z_B 方差的计算，可按通常的方法，在此不作介绍。

下面针对 P_A、P_B、λ_A、λ_B 为常数的情况，举例进行计算说明。

【例 3.2.1】 设 $P_A=0.2$，$P_B=0.2$，$\lambda_A=1.5$ 发/分钟，t 的单位为分钟。A 在时刻 t 的幸存概率的计算结果如表 3.2.2 所示。

表 3.2.2 A 在时刻 t 的幸存概率

λ_A/λ_B	t							
	1	2	4	6	8	12	20	∞
1	0.774	0.651	0.545	0.514	0.504	0.500	0.500	0.500
2	0.880	0.802	0.722	0.690	0.676	0.668	0.667	0.667
3	0.918	0.862	0.800	0.773	0.760	0.752	0.751	0.750

例 3.2.1 假定 $a(t)$ 和 $b(t)$ 都是常数，这样式（3.2.12）可简化为

$$\begin{cases} x(t)=\dfrac{1}{a+b}[a+b\mathrm{e}^{-(a+b)t}] \\ y(t)=\dfrac{1}{a+b}[b+a\mathrm{e}^{-(a+b)t}] \end{cases} \tag{3.2.20}$$

式中，$x(\infty)=\dfrac{a}{a+b}$，$y(\infty)=\dfrac{b}{a+b}$。因此，又可将式（3.2.14）和式（3.2.15）化为

$$f_{Z_A}(t)=f_{Z_B}(t)=\begin{cases}(a+b)\mathrm{e}^{-(a+b)t}, & t\geqslant 0\\ 0, & 其他\end{cases} \tag{3.2.21}$$

由上式可得

$$E[Z_A]=E[Z_B]=\frac{1}{a+b}$$

$$E[Z_A^2]=E[Z_B^2]=\frac{2}{(a+b)^2}$$

$$\mathrm{Var}[Z_A]=\mathrm{Var}[Z_B]=\frac{1}{(a+b)^2}$$

式中，$a=\lambda_A P_A$，$b=\lambda_B P_B$。

【例 3.2.2】 与例 3.2.1 类似，现在改变对抗双方的单发毁伤概率为 $P_A=0.6$，$P_B=0.8$，$\lambda_A=1.5$ 发/分钟，t 的单位为分钟。A 在时刻 t 的幸存概率的计算结果如表 3.2.3 所示。

表 3.2.3 A 在时刻 t 的幸存概率

λ_A/λ_B	t							
	1	2	4	6	8	12	20	∞
1	0.499	0.437	0.429	0.429	0.429	0.429	0.429	0.429
2	0.689	0.620	0.601	0.600	0.600	0.600	0.600	0.600
3	0.776	0.695	0.694	0.692	0.692	0.692	0.692	0.692

在此例中，$P_A,P_B>0.5$，平均射击 4 分钟时，各方的幸存概率便接近极限值，这也是本

例与例 3.2.1 的区别。事实上，由式（3.2.20）可知，收敛速度取决于 $a+b=\lambda_A P_A+\lambda_B P_B$ 的大小。当有效火力函数 $a(t)$ 和 $b(t)$ 较强，战斗将马上可见分晓。

在上面两例中，都假定各方的单发毁伤概率是一个常数，这只符合双方情报系统功能非常优良的情况，即双方都能迅速准确地对目标进行定位。事实上，武器系统很难做到这一点，即对目标的定位精度是在交战过程中不断提高的，即使在双方距离固定的情况下，单发命中概率也是时间 t 的函数，它一直增加到武器系统的功能上限。众所周知，对抗中重要的取胜因素就是获取敌方态势情报的能力，这又取决于迅速准确地对目标进行定位的能力，只有这样才能有效地发挥火力。对这种动态的情况，我们可令式（3.2.12）中的单发毁伤概率为时间 t 的函数，以研究搜索定位能力对生存问题的影响。

【例 3.2.3】 图 3.2.1 给出了这样一种态势：对抗双方 A 和 B 分别具有时变的单位毁伤概率 $P_A(t)$ 和 $P_B(t)$，在初始交火时刻 A 和 B 的对敌单位毁伤概率分别是 P_{A_0}、P_{B_0}，且 $P_{A_0}>P_{B_0}$。B 方具有性能较好的情报系统，因此能迅速有效地减小武器命中误差，从而增大对敌单位毁伤概率，并使 $P_B(t)$ 在 t_1 时刻达到极大值，显然，这一极大值的取值主要取决于武器系统自身的水平。A 在初始时刻获得的信息较多，从而在开始时具有比 B 方更高的毁伤概率，在对抗过程中 $t_2>t_1$ 时刻达到极大值。在上面所描述的态势下，如果假定双方的平均射速相等，对 A 方来说，只有在 $P_A(t)>P_B(t)$ 前才具有火力上的有效优势，因此如果在 $P_A(t)=P_B(t)$ 时刻，A 还没有击毁 B，那么最好马上实施机动，以使 B 的单发毁伤概率降低到 P_{B_0}，进而又得到对抗中的优势。

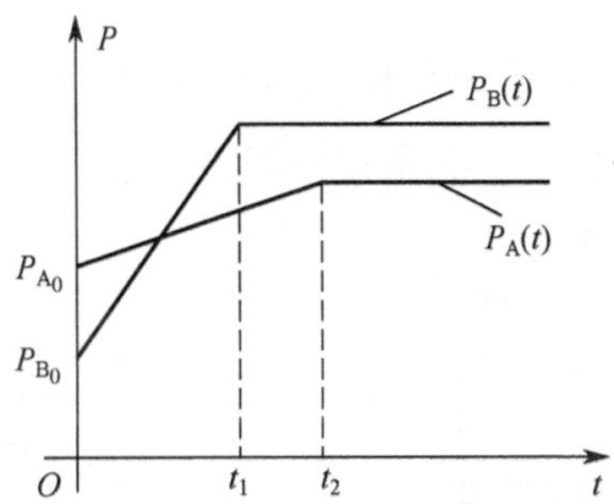

图 3.2.1　对抗双方具有时变毁伤概率的态势

图 3.2.1 所描述的态势，只是用时变的毁伤概率来说明情报系统功能对对抗结果的影响。需要说明的是，这只适合某种特殊的对抗过程，且其中双方的阵位保持不变。如果 A 击毁了 B 后，又转向另一个目标，那么 A 的毁伤概率 $P_A(t)$ 将回到初值 P_{A_0}，或者回到某个新的初值，而这个初值依赖目标易损性或 A 的情报系统功能。类似的分析也适用于 B。

上面考虑的是 $P_A(t)$ 和 $P_B(t)$ 线性变化的情况，有时我们可以把这种线性变化视为对下面模型进行线性化后的近似，在这种模型中有

$$
\begin{aligned}
P_A(t)&=P_{A_1}+(P_{A_0}-P_{A_1})e^{-\alpha t}\\
P_B(t)&=P_{B_1}+(P_{B_0}-P_{B_1})e^{-\beta t}
\end{aligned}
\tag{3.2.22}
$$

式中，P_{A_0}、P_{A_1}、P_{B_0}、P_{B_1}，以及 α、β 为非负的常数，且 $0<P_{ij}\leqslant 1$（$i=A,B$；$j=0,1$），$P_{A_0}\leqslant P_{A_1}$，$P_{B_0}\leqslant P_{B_1}$。在很多情况下，用式（3.2.22）比用线性模型更有利于计算处理，并且其中还包含了 P_A、P_B 为常数的情况。

3.2.2 机动情况下的泊松模型

1．t_0 时刻 A、B 均存活的情况

假设 t_0 时刻 A、B 均存活，A 在 t_0 时刻实施机动，从 t_0 到 t_0+t 所机动的距离 S 服从参数为 γ_t 的瑞利分布，其中 γ_t^2 被选择为满足方程

$$\int_0^{V_A t} f(S)\mathrm{d}s = K$$

式中，K 表示机动距离在 $(0, V_A t)$ 范围内的概率，有 $0<K<1$，$0\leqslant t\leqslant T$，$f(S)$ 为瑞利分布表达式，见式（3.1.10）。即 γ_t^2 满足

$$\int_0^{V_A t} \frac{1}{\gamma_i^2} S \exp[-S^2/(2\gamma_t^2)]\mathrm{d}s = K \tag{3.2.23}$$

从而得到

$$\gamma_t^2 = -\frac{V_A^2 t^2}{2\ln(1-K)} \geqslant 0 \tag{3.2.24}$$

即最大机动距离对于 γ_t^2 的选择起指导作用。

在 A 的机动过程中，B 在区间 (t_0, t_0+T) 进行了 j 次射击的概率由式（3.2.5）可知为 $\dfrac{\mathrm{e}^{-\lambda_B T}(\lambda_B T)^j}{j!}$。

又假设 A 的机动时间 $\theta = t$ 在 $(0,T)$ 内服从均匀分布，即 $f_\theta(x) = \dfrac{1}{T}$。在 $(0,T)$ 内假设 B 只射击了 1 次的情况下，A 从 t_0 到 t_0+T 的幸存概率 $P[A(t_0+T)\,|\,A(t_0)B(t_0)]$ 就是 A 机动后在 B 的 1 次射击下的幸存概率，记为 Q：

$$Q = \int_0^T \frac{1}{T}\int_0^\infty \frac{1}{\gamma_t^2} S \mathrm{e}^{-\frac{S^2}{2\gamma_t^2}}\left[1-\int_0^{R_b/\sigma_b} r\mathrm{e}^{-\left(\frac{r^2}{2}+\frac{S^2}{2\sigma_b^2}\right)} I_0\left(\frac{Sr}{\sigma_b}\right)\mathrm{d}r\right]\mathrm{d}S\mathrm{d}t \tag{3.2.25}$$

由式（3.2.11）知，式（3.2.25）可写成

$$Q = \frac{1}{T}\int_0^T \exp\left[-\frac{R_b^2}{2(\sigma_b^2+\gamma_t^2)}\right]\mathrm{d}t \tag{3.2.26}$$

假定 B 在 (t_0, t_0+T) 内射击了 j 次，每次射击是相互独立的，在 (t_0, t_0+T) 内 A 被射击了 j 次，但又幸免于被击毁的概率为

$$Q^j = \left(\frac{1}{T}\int_0^T \exp\left[-\frac{R_b^2}{2(\sigma_b^2+\gamma_t^2)}\right]\mathrm{d}t\right)^j$$

因此在已知 t_0 时刻 A、B 都存活，且 A 从 t_0 时刻开始机动的情况下，A 在 t_0+T 的幸存概率可表示为 A 在 B 不同射击次数下的幸存全概率加权和，即

$$P[A(t_0+T)\,|\,A(t_0)B(t_0)] = \sum_{j=0}^{\infty} \mathrm{e}^{-\lambda_B T}\frac{(\lambda_B T)^j}{j!} Q^j = \mathrm{e}^{-\lambda_B T(1-Q)} \tag{3.2.27}$$

式（3.2.26）中的 σ_b^2 实际上是时间 t 的函数，如果我们认为 B 的单发毁伤概率为时变函数，为表示这种时间依赖性，可记 σ_b^2 为 $\sigma_b^2(t_0+t)$，其中 $0\leqslant t\leqslant T$。

【例 3.2.4】 设 $\lambda_B = 3$ 发/分钟，$T = \frac{1}{3}$ 分钟，$R_b = \frac{1}{2}$ 千米，$\sigma_b = \frac{1}{4}$ 千米，$K = 0.95$，$V_A = 6$ 千米/分钟，计算在某个 t_0 时刻 A 和 B 都存活的情况下 A 实施机动，经过 T 时间后 A 仍然存活的概率。

解： 由式（3.2.24）可求得

$$\gamma_t^2 = 6t^2$$

由式（3.2.26）可求得 A 机动中在 B 实施 1 次射击下的幸存概率为

$$Q = 3\int_0^{1/3} \mathrm{e}^{-\frac{2}{1+96t^2}} \mathrm{d}t = 0.531$$

于是由式（3.2.27）可得

$$P[A(t_0 + T) \mid A(t_0) \cdot B(t_0)] = \mathrm{e}^{-0.469} = 0.626$$

注意到本例中求出的 A 机动后存活的总概率比 A 机动后在 B 的第 1 次射击下的存活概率要大，这一点与 3.1.2 节中射击时间间隔固定情况下的结论是不同的，这是由于在随机射击时间间隔下，在 T 时间内，B 有较大概率未实施射击（本例中概率为 $\mathrm{e}^{-\lambda_B T} = 0.368$）。为了进一步理解本例的结果，我们结合式（3.2.27）分情况计算 A 在 B 不同射击次数下的幸存概率：当 A 在 T 时间内机动时，

① B 未实施射击，A 幸存的概率为 $\mathrm{e}^{-\lambda_B T} = 0.368$；

② B 实施 1 次射击，A 幸存的概率为 $\mathrm{e}^{-\lambda_B T} \cdot Q = 0.195$；

③ B 实施 2 次射击，A 均幸存的概率为 $\frac{\mathrm{e}^{-\lambda_B T} \cdot Q^2}{2} = 0.052$。

上述 3 种情况发生的总概率为 0.615，而 B 实施 3 次以上射击情况下 A 均幸存的概率相比较而言就非常小了。

2. t_0 时刻 A 存活，B 存活或已被击毁的情况

下面推导 $P[A(t_0 + T)]$，这与 3.1.2 节中的问题是对应的。设 A、B 双方从 $t = 0$ 开始交战，A 在 t_0 实施机动，事件 $A(t_0 + T)$ 发生的概率为

$$\begin{aligned} P[A(t_0+T)] = {} & P[A(t_0+T) \mid A(t_0) \cdot B(t_0)] \cdot P[A(t_0)B(t_0)] + \\ & P[A(t_0+T) \mid A(t_0) \cdot \overline{B(t_0)}] \cdot P[A(t_0)\overline{B(t_0)}] \end{aligned} \tag{3.2.28}$$

由式（3.2.12）可知

$$\begin{aligned} P[A(t_0)B(t_0)] &= P[A(t_0)] + P[B(t_0)] - P[A(t_0) \cup B(t_0)] \\ &= P[A(t_0)] + P[B(t_0)] - 1 \\ &= \exp\left\{-\int_0^{t_0} [a(u) + b(u)] \mathrm{d}u\right\} \end{aligned} \tag{3.2.29}$$

且根据概率论乘法定理有

$$\begin{aligned} P[A(t_0)\overline{B(t_0)}] &= P[A(t_0) \mid \overline{B(t_0)}] \cdot P[\overline{B(t_0)}] \\ &= P[\overline{B(t_0)}] = 1 - P[B(t_0)] \\ &= \int_0^{t_0} a(s) \exp\left\{-\int_0^{s} [a(u) + b(u)] \mathrm{d}u\right\} \mathrm{d}s \end{aligned} \tag{3.2.30}$$

综上可得

$$P[A(t_0+T)] = \mathrm{e}^{-\lambda_{\mathrm{B}}T(1-Q)}\{P[A(t_0)]+P[B(t_0)]-1\}+\{1-P[B(t_0)]\}$$
$$= \exp\left\{-\int_0^{t_0}[a(u)+b(u)]\mathrm{d}u - \lambda_{\mathrm{B}}T(1-Q)\right\}+\int_0^{t_0}a(s)\exp\left\{-\int_0^{S}[a(u)+b(u)]\mathrm{d}u\mathrm{d}s\right\} \tag{3.2.31}$$

式中，Q 由式（3.2.26）确定。

这个模型采用了下面的假设：A、B 在时间 t 内射击的次数服从泊松分布；A 在时间 T 内机动的距离服从参数为 γ_t 的瑞利分布，γ_t 依赖 V_{A}、t 及常数 K；对抗双方的单发毁伤概率是以 1 为上限的非负时变函数。式（3.2.31）是在假定 λ_{B} 为常数时导出的，事实上，当 λ_{B} 为 t 的函数时，只要用 $\mu=\int_{t_0}^{t_0+T}\lambda_{\mathrm{B}}(t)\mathrm{d}t$ 代替 $\lambda_{\mathrm{B}}T$，式（3.2.31）仍然成立。

3.2.3 随机射击间隔的连续对抗模型

从理论上讲，连续对抗模型须假设 A 方有足够的后勤保障能力，或者说 A 具无限量的随时可用的武器弹药。尽管没作特殊声明，但从实际情况看，由于在双方能力匹配的情况下，A 在多次交战后的幸存概率会相当小，因此在本部分的讨论中，假定 A、B 均有不受限制的弹药资源。

在下面要讨论的连续对抗模型中，假设 B 有 n 种可以用来对 A 作战的武器系统，并设 N 为 A 在第 K 次与 B 交战中，B 所使用的武器系统的类型，那么 N 为离散的随机变量，具有概率质量函数 $P[N=j]=\delta_j$，$j=1,2,\cdots,n$。定义 W_{A} 为 A 在连续对抗下的生存时间，Z_{A}^* 为 A 在最后一次战斗（它被击毁的那次）中的生存时间。A 所要对付的 B 方武器系统可能是 n 种中的任何一种。下面首先寻找 W_{A} 的分布函数，进而求 $E[W_{\mathrm{A}}]$、$\mathrm{Var}[W_{\mathrm{A}}]$。

设 C 为 A、B 双方在连续对抗中的交战次数，它为一个随机变量，则有

$$W_{\mathrm{A}}=Z_{\mathrm{B}_1}^*+Z_{\mathrm{B}_2}^*+\cdots+Z_{\mathrm{B}_{C-1}}^*+Z_{\mathrm{A}}^* \tag{3.2.32}$$

式中，$Z_{\mathrm{B}_K}^*$ 代表 A 第 K 次交战中 B 方武器系统的生存时间，$0\leqslant K\leqslant C-1$。在假设 B 方具有 n 种不同类型系统的条件下，$Z_{\mathrm{B}_K}^*$ 及 Z_{A}^* 将取决于所使用的武器类型。

对 $K=1,2,\cdots$，如果 B_K 的武器类型为 j，$j=1,2,\cdots,n$，那么记其有效火力函数为 $b_j(t)$。如果 A 与 B_K 交战，那么由式（3.2.12）可推得：

$$P[\text{A赢得第}K\text{次战斗}]=\sum_{j=1}^{n}P[\text{A击毁了B}_K\mid \text{B}_K\text{属于类型}j]\cdot P[\text{B}_K\text{属于类型}j]$$
$$=\sum_{j=1}^{n}\left\{1-\int_0^{\infty}b_j(s)\exp\left\{-\int_0^{s}[a(u)+b_j(u)]\mathrm{d}u\right\}\mathrm{d}s\right\}\delta_j \tag{3.2.33}$$

式中，δ_j 是 B_K 属于类型 j 的概率，且假定它与 K 相互独立。由式（3.2.33）知，A 赢得连续对抗中某一次特殊战斗胜利的概率，是所有 B 方武器类型概率的加权和，与具体是哪种武器类型无关，这时可记式（3.2.33）左端 A 赢得第 K 次战斗的概率为 $P[A^*]$。如果 $b_j(t)=b(t)$，那么 Z_{A}^* 便转化为 3.1 节中所定义的 Z_{A} 的形式。

连续对抗中，交战次数 C 这一随机变量的分布为

$$P[C=0]=0$$
$$P[C=K]=P[A^*]^{K-1}(1-P[A^*]),K=1,2,\cdots$$

如果 A 在时刻 t_{K-1} 击毁了 B_{K-1}，那么在 A 与 B_K 的交战中，A 方的有效火力函数 $a(t)$ 需要从 $t=0$ 开始计算，而不是时刻 t_{K-1}，这意味着一旦 A 要转入对另一个敌方武器系统作战，每次都要取一个新的时间起点。

可以证明（证明过程略），A 在连续对抗下的生存时间 W_A 的期望 $E[W_A]$ 为

$$E[W_A]=E[Z_A^*]+\frac{P[A^*]E[Z_B^*]}{1-P[A^*]} \tag{3.2.34}$$

式中，$Z_{B_K}^*$ 对 $K=1,2,\cdots$ 的分布相同且相互独立，因此令 $E[Z_B^*]=E[Z_{B_K}^*]$；$P[A^*]$ 可由式（3.2.33）确定，$E[Z_A^*]$和 $E[Z_B^*]$ 可分别由式（3.2.16）和式（3.2.17）推得

$$E[Z_A^*]=\sum_{j=1}^{n}\delta_j\left\{\frac{\int_0^{\infty}sb_j(s)\exp\left\{-\int_0^s[a(u)+b_j(u)]\mathrm{d}u\right\}\mathrm{d}s}{1-\int_0^{\infty}a(s)\exp\left\{-\int_0^s[a(u)+b_j(u)]\mathrm{d}u\right\}\mathrm{d}s}\right\} \tag{3.2.35}$$

$$E[Z_B^*]=\sum_{j=1}^{n}\delta_j\left\{\frac{\int_0^{\infty}sb_j(s)\exp\left\{-\int_0^s[a(u)+b_j(u)]\mathrm{d}u\right\}\mathrm{d}s}{1-\int_0^{\infty}b(s)\exp\left\{-\int_0^s[a(u)+b_j(u)]\mathrm{d}u\right\}\mathrm{d}s}\right\} \tag{3.2.36}$$

同样可以证明

$$\mathrm{Var}[W_A]=\mathrm{Var}[Z_A^*]+\frac{E[Z_B^*]^2P[A^*]^2}{[1-P[A^*]]^2}+\frac{P[A^*]E[(Z_B^*)^2]}{1-P[A^*]} \tag{3.2.37}$$

在 $b_j(t)=\lambda_B P_B$，$1\leqslant j\leqslant n$ 的特殊情况下，可证明 W_A 服从参数为 $\lambda_B P_B$ 的指数分布，即其概率密度函数为

$$f_{W_A}(t)=\lambda_B P_B\exp(-\lambda_B P_B t),t\geqslant 0$$

此结果的物理意义是：此时的作战态势等效于 A 无力回击，而 B 按泊松分布射击的情况，这个有效射击过程的参数为 $\lambda_B P_B$，因此 A 的生存时间服从参数为 $\lambda_B P_B$ 的指数分布。

3.2.4　机动情况下的一般泊松模型

本节进一步把 3.2.2 节中对机动泊松模型的讨论完备化，研究在 t_0 机动的条件下，A 的最终幸存概率模型，即计算 $P[\mathrm{A}(\infty)]$。

用 $A(t_0,T,\infty)$ 表示这样的事件：A 在 t_0 时刻是存活的，并在此时刻实施机动，所用的时间为 T，而最终又战胜了 B。显然，$A(t_0,T,\infty)$ 事件出现，当且仅当下面两互斥事件之一发生。

（1）A 和 B 在 t_0+T 时刻都存活，后来 B 被击毁。它又等效于：A、B 在时刻 t_0 都存活着；A 从时刻 t_0 到 t_0+T 幸存着，而 B 在此后被击毁。

（2）A 在 t_0+T 存活着，但 B 已被击毁。

由式（3.2.29）和式（3.2.30）可知，事件（1）发生的概率为

$$\begin{aligned}P[(1)]&=P[A(t_0)B(t_0)]\cdot P[A(t_0+T)\mid A(t_0)B(t_0)]\cdot\int_{t_0+T}^{\infty}a(s)P[A(s)B(s)]\mathrm{d}s\\&=P[A(t_0)B(t_0)]\cdot\exp[-\mu(1-Q)]\cdot\int_{t_0+T}^{\infty}a(s)P[A(s)B(s)]\mathrm{d}s\\&=\exp\left\{-\int_0^{t_0}[a(u)+b(u)]du-\mu(1-Q)\right\}\cdot\int_{t_0+T}^{\infty}a(s)\exp\left\{-\int_{t_0+T}^{s}[a(u)+b(u)]\mathrm{d}u\right\}\mathrm{d}s\end{aligned} \tag{3.2.38}$$

式中，$\mu=\int_{t_0}^{t_0+T}\lambda_B(t)\mathrm{d}t$。

由式（3.2.30）可知，事件（2）发生的概率为

$$\begin{aligned}P[(2)]&=P[A(t_0)\cap\overline{B}(t_0)]=1-P[B(t_0)]\\&=\int_0^{t_0}a(s)\exp\left\{-\int_0^s[a(u)+b(u)]\mathrm{d}u\right\}\mathrm{d}s\end{aligned} \tag{3.2.39}$$

由上两式得

$$\begin{aligned}P[A(t_0,T,\infty)] &= P[(1)]+P[(2)]\\ &=\exp\left\{-\int_0^{t_0}[a(u)+b(u)]\mathrm{d}u-\mu(1-Q)\right\}\cdot\int_{t_0+T}^{\infty}a(s)\exp\left\{-\int_{t_0+T}^{s}[a(u)+b(u)]\mathrm{d}u\right\}\mathrm{d}s+\\ &\quad\int_0^{t_0}a(s)\exp\left\{-\int_0^{s}[a(u)+b(u)]\mathrm{d}u\right\}\mathrm{d}s\end{aligned}\tag{3.2.40}$$

如果把 t_0+T 时刻取作新的时间起点，即 $a(t)$、$b(t)$ 在 t_0+T 的取值与 $t=0$ 时相同，那么式（3.2.40）可写为

$$\begin{aligned}P[A(t_0,T,\infty)] &=\exp\left\{-\int_0^{t_0}[a(u)+b(u)]\mathrm{d}u-\mu(1-Q)\right\}\cdot\int_0^{\infty}a(s)\exp\left\{-\int_0^{s}[a(u)+b(u)]\mathrm{d}u\right\}\mathrm{d}s+\\ &\quad\int_0^{t_0}a(s)\exp\left\{-\int_0^{s}[a(u)+b(u)]\mathrm{d}u\right\}\mathrm{d}s\end{aligned}\tag{3.2.41}$$

可以证明前面所讨论的泊松模型，很多都是上式的简化形式，下面举例说明。

【例 3.2.5】 设 $t_0=0$，$T=0$，那么 $\mu=\int_{t_0}^{t_0+T}\lambda_{\mathrm{B}}(t)\mathrm{d}t=0$

因此有

$$P[A(0,0,\infty)]=\int_0^{\infty}a(s)\cdot\exp\left\{-\int_0^{s}[a(u)+b(u)]\mathrm{d}u\right\}\mathrm{d}s$$

这等效于不发生机动的情况。

【例 3.2.6】 设 $t_0=0$，$T\to\infty$，这种假设等效于 A 从不开火的态势，这是因为 A 在机动期间不能射击的缘故。因此有

$$P[A(0,\infty,\infty)]=0$$

【例 3.2.7】 设 $T=0$，t_0 任意，则有

$$\begin{aligned}P[A(t_0,0,\infty)] &=\exp\left\{-\int_0^{t_0}[a(u)+b(u)]\mathrm{d}u\right\}\cdot\int_{t_0}^{\infty}a(s)\exp\left\{-\int_{t_0}^{s}[a(u)+b(u)]\mathrm{d}u\right\}\mathrm{d}s+\\ &\quad\int_0^{t_0}a(s)\exp\left\{-\int_0^{s}[a(u)+b(u)]\mathrm{d}u\right\}\mathrm{d}s\end{aligned}$$

可以想象，在 $T=0$ 时，机动时刻 t_0 并不重要，即上式右端应与 t_0 独立。下面是对这一观点的分析。

因为 $\exp\left\{-\int_0^{s}[a(u)+b(u)]\mathrm{d}u\right\}$ 是双方在 t 时刻幸存的概率，$0\leqslant t\leqslant t_0$，故上式的第二项是 A 在 $(0,t_0)$ 区间将 B 击毁的概率，而第一项是在已知 t_0 时刻双方都幸存，其后 A 赢得战斗的概率，显然，两项合到一起，就是 A 赢得整个战斗的概率，因此由 t_0 对 $(0,\infty)$ 所做的任意划分不会影响 A 的幸存概率。令 $t_0=0$，此时得到的 $P[A(0,0,\infty)]=P[A(\infty,0,\infty)]$。

A 在 $t\geqslant t_0+T$ 时刻幸存的事件为 $A[t_0,T,t]$，其中假设 A 从 t_0 开始机动，所需时间为 T，若 A、B 双方的有效火力函数 $a(t)$、$b(t)$ 不受 A 方机动的影响，则有

$$\begin{aligned}P[A(t_0,T,t)] &=\int_0^{t_0}a(s)\exp\left\{-\int_0^{s}[a(u)+b(u)]\mathrm{d}u\right\}\mathrm{d}s+\exp\left\{-\int_{t_0}^{s}[a(u)+b(u)]\mathrm{d}u\right\}\cdot\\ &\quad\exp[-\mu(1-Q)]\cdot\left\{\int_{t_0+T}^{t}a(s)\exp\left\{-\int_{t_0+T}^{s}[a(u)+b(u)]\mathrm{d}u\right\}\mathrm{d}s+\right.\\ &\quad\left.\exp\left\{-\int_{t_0+T}^{s}[a(u)+b(u)]\mathrm{d}u\right\}\right\}\end{aligned}\tag{3.2.42}$$

式中，$\mu=\int_{t_0}^{t_0+T}\lambda_B(s)\mathrm{d}s$，$Q=\frac{1}{T}\int_0^T\exp\left\{-\frac{R_b^2}{2(\sigma_b^2(t_0+t)+\gamma_t^2)}\right\}\mathrm{d}t$。

对式（3.2.42）中的事件概率进行分析：

（1）右边的第一项为 A 在 $(0,t_0)$ 内赢得战斗的概率；

（2）右边的第二项是 3 个事件概率的乘积，其中第一子项给出了 A 和 B 在 t_0 都存活的概率，第二子项是 A 在机动中幸存的概率，第三子项是两个事件的概率和：①A 在 (t_0+T,t) 中赢得了战斗；②在 (t_0+T,t) 内 A、B 双方都幸存；①②二项的概率和即 A 在 (t_0+T,t) 后的幸存概率。

综上，式（3.2.42）给出了 $P[A(t_0,T,t)]$。

如果 A 的机动对双方的有效火力函数都有影响，那么等价于把 $a(t)$、$b(t)$ 向左移动了 t_0+T 个时间单位，即以 t_0+T 为新的时间原点，这样有

$$\begin{aligned}P[A(t_0,T,t)]=&\int_0^{t_0}a(s)\exp\left\{-\int_0^s[a(u)+b(u)]\mathrm{d}u\right\}\mathrm{d}s+\exp\left\{-\int_0^{t_0}[a(u)+b(u)]\mathrm{d}u\right\}\cdot\\&\exp[-\mu(1-Q)]\cdot\left\{\int_0^{t-(t_0+T)}a(s)\exp\left\{-\int_0^s[a(u)+b(u)]\mathrm{d}u\right\}\mathrm{d}s+\right.\\&\left.\exp\left\{-\int_0^{t-(t_0+T)}[a(u)+b(u)]\mathrm{d}u\right\}\right\}\end{aligned}\tag{3.2.43}$$

3.3 对抗中的最优机动策略

3.3.1 固定射击间隔的最优机动策略

在 3.1.2 节中讨论了机动情况下的固定射击间隔的对抗生存模型，本节讨论如果进行机动，应选择什么时机的问题。在要讨论的模型中假设 A、B 的射击间隔相等，A 方具有机动一次的能力，而 B 无法机动，并假定 A 先开火，取其第一次射击的时刻为时间原点。

用 A_k 表示 A 在射击了 K 次后实施机动的策略，$A_k(\infty)$ 表示 A 在使用策略 A_k 下最终赢得 B 并且幸存的事件。显然，$A_\infty(\infty)$ 与以前的记号 $A(\infty)$ 相同，它发生的概率为

$$\begin{aligned}P[A_\infty(\infty)]&=\lim_{K\to\infty}[P_A+q_Aq_BP_A+\cdots+(q_Aq_B)^{K-1}P_A+(q_Aq_B)^K]\\&=P_A/(1-q_Aq_B)\end{aligned}\tag{3.3.1}$$

设 P_B^* 为 A 机动后 B 的第一次射击对 A 的单发毁伤概率，下面假设 A 机动后失去了一次射击的机会，也就是说 A 停止射击一次，而 B 在此期间以 P_B^* 的杀伤概率对 A 射击了两次。这一点与 3.1.2 节不同，3.1.2 节中假定 A 的机动并没有使其丧失射击机会，A、B 是交替射击的序列。

对 $K=1$，有

$$\begin{aligned}P[A_1(\infty)]&=P_A+q_Aq_{B^*}^2P_A+[q_A^2q_{B^*}^2q_B]P_A+\cdots\\&=P_A+\frac{P_Aq_Aq_{B^*}^2}{1-q_Aq_B}=\frac{P_A}{1-q_Aq_B}[1-q_A(q_B-q_{B^*}^2)]\end{aligned}\tag{3.3.2}$$

对 $K=2$，有

$$
\begin{aligned}
P[A_2(\infty)] &= P_A + q_A q_B P_A + q_A^2 q_B q_{B^*}^2 P_A + q_A^3 q_B^2 q_{B^*}^2 P_A + \cdots \\
&= P_A + q_A q_B P_A + \frac{q_A^2 q_B q_{B^*}^2 P_A}{1 - q_A q_B} \\
&= \frac{P_A}{1 - q_A q_B}(1 - q_A^2 q_B^2 + q_A^2 q_B q_{B^*}^2) \\
&= \frac{P_A}{1 - q_A q_B}[1 - q_A^2 q_B (q_B - q_{B^*}^2)]
\end{aligned} \tag{3.3.3}
$$

为比较各种策略的优劣，要建立策略间的排序关系。引入下面的定义：若 A 在射击了 i 次后实施机动的策略比 j 次之后机动的策略更优，则表示为 $A_i > A_j$，其成立的条件当且仅当 $P[A_i(\infty)] > P[A_j(\infty)]$；若 $P[A_i(\infty)] = P[A_j(\infty)]$，则两个策略可认为是等价的，表示为 $A_i = A_j$。

由式（3.3.1）和式（3.3.2）可知：当 $q_{B^*}^2 > q_B$ 时，$A_1 > A_\infty$；当 $q_{B^*}^2 < q_B$ 时，$A_1 < A_\infty$；当 $q_{B^*}^2 = q_B$ 时，$A_1 = A_\infty$。类似地，比较 A_2 和 A_∞，可得：当 $q_{B^*}^2 > q_B$ 时，$A_2 > A_\infty$；当 $q_{B^*}^2 < q_B$ 时，$A_2 < A_\infty$；当 $q_{B^*}^2 > q_B$ 时，$A_2 = A_\infty$。

在一般情况下，对 $K = 1,2,\cdots$，可以导出：

$$
P[A_K(\infty)] = P_A \sum_{i=1}^{K-1} (q_A q_B)^i + \frac{(q_A^K q_B^{K-1} q_{B^*}^2) P_A}{1 - q_A q_B}
$$

可以想象，如果机动比不机动好，那么最优策略应是在第一次射击后马上实施机动，下面的方程将说明此结论。考虑 $K \geqslant 1$ 时，

$$
\begin{aligned}
P[A_K(\infty)] - P[A_{K+1}(\infty)] &= P_A \sum_{i=0}^{K-1} (q_A q_B)^i + \frac{q_A^K q_B^{K-1} q_{B^*}^2 P_A}{1 - q_A q_B} - P_A \sum_{i=0}^{K} (q_A q_B)^i - \frac{q_A^{K+1} q_B^K q_{B^*}^2 P_A}{1 - q_A q_B} \\
&= P_A q_A^K q_B^{K-1} (q_{B^*}^2 - q_B)
\end{aligned} \tag{3.3.4}
$$

因此，如果 $q_{B^*}^2 > q_B$，那么由数学归纳法知

$$
A_1 > A_2 > A_3 > \cdots > A_K > A_{K+1} > \cdots > A_\infty
$$

最优策略 A^* 为

$$
A^* = \max\{A_i\} = A_1
$$

若 $q_{B^*}^2 = q_B$，则各种策略是等价的。事实上，由上面的分析知，对于 A 在何时机动只有两个最优策略：A_1 和 A_∞。

在上面讨论的模型中是假设机动以 A 失去一次射击机会为代价的模型，若这种代价变成使 A 失去 j 次射击机会，则当 $q_{B^*}^{j+1} > q_B$ 时最优策略为 A_1；当 $q_{B^*}^{j+1} < q_B$ 时最优策略为 A_∞。

在允许 A、B 都可以实施机动的情况下，A 的最优策略将取决于 B 的策略，此问题的求解需要用对策论的方法，在此暂不作讨论。

3.3.2 随机射击间隔的最优机动策略

在 3.2.4 节中讨论了机动情况下 A 的幸存概率问题，所谓的最优机动策略就是指使得 A 最终幸存概率极大的 t_0，t_0 为 A 实施机动的时刻。

如果记策略$S_A(t_0^*,T)$为一个最优机动策略，那么当且仅当对固定的T有

$$P[A(t_0^*,T,\infty)]=\sup_{0\leqslant t_0\leqslant\infty} P[A(t_0,T,\infty)] \tag{3.3.5}$$

式（3.3.5）表示最优机动时刻t_0^*在t_0所有可能的取值中，能使得 A 最终的幸存概率最大。

如果$t_0^*=\infty$，$S_A(\infty,T)$等价于不机动的情况，在 3.3.1 节所分析的某些条件下，确实是一个最优策略。

我们选用 3.2.4 节中的式（3.2.42）来对最优机动策略进行分析。注意到在$t\to\infty$的条件下，有

$$\begin{aligned}P[A(t_0,T,\infty)]=&\int_0^{t_0}a(s)\exp\left\{-\int_0^s[a(u)+b(u)]\mathrm{d}u\right\}\mathrm{d}s+\exp\left\{-\int_0^{t_0}[a(u)+b(u)]\mathrm{d}u\right\}\cdot\\&\exp[-\mu(1-Q)]\cdot\int_0^{\infty}a(s)\exp\left\{-\int_0^s[a(u)+b(u)]\mathrm{d}u\right\}\mathrm{d}s\end{aligned} \tag{3.3.6}$$

式中，$\mu=\int_{t_0}^{t_0+T}\lambda_{\mathrm{B}}(s)\mathrm{d}s$，$Q=\dfrac{1}{T}\int_0^T\exp\left\{-\dfrac{R_{\mathrm{b}}^2}{2(\sigma_{\mathrm{b}}^2(t_0+t)+\gamma_t^2)}\right\}\mathrm{d}t$。

把$P[A(t_0,T,\infty)]$对t_0微分，如果t_0为其极大值点、极小值点或拐点，则应满足下面的条件（$t_0\neq\infty$）：

$$a(t_0)=K_1\exp[-\mu(1-Q)]\left\{[a(t_0)+b(t_0)]-\left[\mu\frac{\mathrm{d}Q}{\mathrm{d}t_0}-(1-Q)\frac{\mathrm{d}\mu}{\mathrm{d}t_0}\right]\right\} \tag{3.3.7}$$

其中

$$K_1=\int_0^{\infty}a(s)\exp\left\{-\int_0^s[a(u)+b(u)]\mathrm{d}u\right\}\mathrm{d}s \tag{3.3.8}$$

$$\frac{\mathrm{d}\mu}{\mathrm{d}t_0}=\lambda_{\mathrm{B}}(t_0+T)-\lambda_B(t_0) \tag{3.3.9}$$

$$\frac{\mathrm{d}Q}{\mathrm{d}t_0}=\frac{1}{T}\int_0^T\exp\{-R_{\mathrm{b}}^2/2[\sigma_{\mathrm{b}}^2(t_0+t)+\gamma_t^2]\}\mathrm{d}t\cdot\frac{R_{\mathrm{b}}^2}{2}\frac{\mathrm{d}[\sigma_{\mathrm{b}}^2(t_0+t)]/\mathrm{d}t_0}{[\sigma_{\mathrm{b}}^2(t_0+t)+\gamma_t^2]^2} \tag{3.3.10}$$

$\sigma_{\mathrm{b}}(t)$为时间t的函数，它决定着 B 的单发毁伤概率$P_{\mathrm{B}}(t)$，与发射率$\lambda_{\mathrm{B}}(t)$无关。R_{b}在交战中是一个与战斗部尺寸大小有关的常数。

对λ_{B}及P_{B}为时变函数的情形，要确定满足式（3.3.7）～式（3.3.10）的t_0往往是很困难的，而且在没有进一步验证的情况下，也难以保证所确定的t_0一定是最优点，即策略$S_A(t_0,T)$为最优策略。下面假定$\lambda_{\mathrm{B}}(t)$及$P_{\mathrm{B}}(t)$为常数，此时$\sigma_{\mathrm{b}}(t)$也为常数，从而Q为常数，因此$\mathrm{d}Q/\mathrm{d}t_0=\mathrm{d}\mu/\mathrm{d}t_0=0$。对$t_0^*\neq\infty$，若临界点$t_0$存在，则满足：

$$a(t_0^*)=K_1\exp[-\mu(1-Q)][a(t_0^*)+b] \tag{3.3.11}$$

也即

$$\frac{a(t_0^*)}{a(t_0^*)+b}=K_1\exp[-\lambda_{\mathrm{B}}T(1-Q)] \tag{3.3.12}$$

求解$a(t_0^*)$得

$$a(t_0^*)=\frac{bK_1K_2}{1-K_1K_2} \tag{3.3.13}$$

其中

$$K_2 = \exp[-\lambda_B T(1-Q)] \tag{3.3.14}$$

显然如果

$$\inf_{0\leqslant t<\infty} a(t) < \frac{bK_1K_2}{1-K_1K_2} < \sup_{0\leqslant t<\infty} a(t)$$

那么在 $(0,\infty)$ 区间至少存在一个满足式（3.3.13）的 t_0^*，使 $a(t_0^*) = \dfrac{bK_1K_2}{1-K_1K_2}$，进而如果 $a(t)$ 为 t 的单调函数，那么只存在一个这样的 t_0^*。

在进一步假设 $a(t)$ 在 $(0,\infty)$ 上可微的条件下，下面的陈述给出了满足式（3.3.13）并形成最优策略 $S_A(t_0^*,T)$ 的 t_0^* 应满足的约束条件。

假定 A、B 按泊松分布射击，A 方的策略是在 t_0 机动一次，λ_B、P_B 为常数，且 A 方的有效火力函数 $a(t)$ 为 $(0,\infty)$ 上的单调可微函数，那么若

$$\inf_{0\leqslant t<\infty} a(t) < \frac{bK_1K_2}{1-K_1K_2} < \sup_{0\leqslant t<\infty} a(t) \tag{3.3.15}$$

则仅存在的一个点 t_0^* 满足：

$$a(t_0^*) = \frac{bK_1K_2}{1-K_1K_2}$$

且如果 $S_A(t_0^*,T)$ 是最优策略，那么当且仅当

$$a'(t_0^*)(1-K_1K_2) < 0 \tag{3.3.16}$$

式中，$a'(t_0^*) = \left.\dfrac{\mathrm{d}a(t)}{\mathrm{d}t}\right|_{t=t_0^*}$。

证明是直接的，对 $a(t)$ 单调性的限制保证了 t_0^* 的唯一性。由于

$$\frac{\mathrm{d}^2P[A(t_0,T,\infty)]}{\mathrm{d}t^2} = \exp\left\{-\int_0^{t_0}[a(u)+b]\mathrm{d}u\right\}\cdot\{-a(t_0)[a(t_0)+b]+ a'(t_0)-K_1K_2a'(t_0)+[a(t_0)+b]^2K_1K_2\}$$

当 $\dfrac{\mathrm{d}^2P[A(t_0,T,\infty)]}{\mathrm{d}t^2}<0$ 时，可得到条件式（3.3.16）。因为 $K_1,K_2<1$，所以 $1-K_1K_2>0$，可知 $a(t)$ 只有为单调递减函数时，$S_A(t_0^*,T)$ 才是最优策略。

下面讨论 $a(t)$、$b(t)$ 都是常数的情形，这隐含着 $P_A(t)$、$P_B(t)$、$\lambda_A(t)$ 及 $\lambda_B(t)$ 也是常数，此时会导致 $P[A(t_0,T,\infty)]$ 不存在极小值或极大值点。事实上，如果 t_0 存在，即有 $P'[A(t_0,T,\infty)]=0$，那么对 $a(t)$、$b(t)$ 为常数，$K_1=\dfrac{a}{a+b}$，这时为使条件式（3.3.13）成立须有 $K_2=1$，此时 $a(t_0^*)=a$。由于 $K_2=\exp[\mu(Q-1)]\neq1$，除非 $\mu=0$ 或 $Q=1$。这些要求将导致矛盾，$P'[A(t_0,T,\infty)]$ 在 $(0,\infty)$ 上不可能取零值。

在 $t_0=0$ 时计算 $P'[A(t_0,T,\infty)]$，有

$$P'[A(t_0,T,\infty)]\big|_{t_0=0} = a[1-\mathrm{e}^{-\lambda_B T(1-Q)}] > 0$$

因 $P[A(t_0,T,\infty)]$ 为单调递增函数，$t_0=\infty$ 将为其绝对最大值点，也就是说最优策略是从不机动，因此，若 $S_A(t,T)$ 为 A 在 t 时刻实施机动策略，则对任意时间点 $t_1<t_2<\cdots<t_n$，有

$$S_A(t_1,T) < S_A(t_2,T) < \cdots < S_A(t_n,T)$$

$t_0=0$ 时

$$P[A(0,T,\infty)]=\frac{a}{a+b}\mathrm{e}^{-\lambda_B T(1-Q)}$$

对 $t_0=\infty$，有

$$P[A(\infty,T,\infty)]=\frac{a}{a+b}=K_1$$

显然 $P[A(0,T,\infty)]\leqslant P[A(\infty,T,\infty)]$。因 $\lambda_B>0$，等式只能在 $Q=1$ 或 $T=0$ 时成立。

本章小结

本章介绍了对抗中武器系统生存问题的一些基本概念，讨论了几种基本的战斗模型，这些模型要么是单一的直到一方被击毁的战斗，要么是直到一方被击毁的连续对抗，至于其他的更一般的战斗模型，如累积杀伤模型、射击间隔为任意分布的幸存模型等则没有进一步讨论。本章所建立的武器系统幸存模型与其他模型方法的不同之处在于把战斗过程视为一个随机竞争过程，比兰切斯特模型能更客观地反映小规模冲突的战斗过程。

本章习题

3.1　对抗中的生存模型与兰切斯特模型在应用上的主要区别是什么？

3.2　计算例 3.1.1 中不同 K 值条件下的 $P[B(t_0)]$，编程绘制 $P[B(t_0)]$ 随 K 值的变化曲线，分析 $P[B(t_0)]$ 与 $P[A(t_0)]$ 间的数值关系。

3.3　假定对抗的 A、B 双方在开始时对对方的毁伤概率均为 0.5。在 A 完成其第 2 次射击时，立即进行机动，而 A 机动过程中 B 对 A 的毁伤概率变为 0.2，试计算最终 A 的幸存概率值。

3.4　假设 A 连续对抗 B 方多个相同的兵力单元。A、B 双方的射击间隔时间均为 10 秒，A 首先开火，B 方每个兵力单元均为延迟 3 秒后还击，B 方武器一次射击对 A 的毁伤概率为 0.4，问若 A 能平均连续对抗至少 10 个 B 方兵力，则 A 对 B 的毁伤概率至少应为多少？连续对抗中 A 方总的幸存时间的期望为多少？

3.5　在同时齐射的二对一对抗中，若 A 方对 B 方的毁伤概率为 0.3，B 方对 A 方的毁伤概率为 0.5，试推导最终双方都幸存的概率表达式，并计算相应的概率。

3.6　2 名特警乘警车狙击逃犯，每名特警都持有射击速度为 0.49 发/秒的武器，该武器对逃犯的单发毁伤概率是 0.2；逃犯手中有手持炮，可以射击警车，该炮的射速为 0.25 发/秒，对警车的毁伤概率是 0.6。假定特警先发现逃犯，且如果特警对逃犯射击后，逃犯便知道警车位置，可立即实施反击。请问：为了获得最大的生存概率，2 名特警应该如何安排他们的射击序列？双方交战开始 8 秒钟后特警和逃犯的生存概率分别是多少？

3.7　假定已知罪犯 A 和两名警察 B_1、B_2 发生一次对抗过程。对抗中共射击 7 次，其中罪犯 A 射击 3 次，两名警察共射击 4 次（每人各射击 2 次）。在时间顺序上，开枪序列依次为：

A—B_1；

B_2—A；

A—B_2；

B_1—A；

B_2—A；

A—B_1；

B_1—A。

设罪犯对警察的射击杀伤概率为 P_A，两名警察对罪犯的射击杀伤概率分别为 P_{B_1} 和 P_{B_2}。试问在对抗过程结束后，罪犯 A 的幸存概率。

本章附录

附录 3.1 圆正态分布在特定圆中的积分

设 x'、y' 为互相独立的，均值为 μ_x、μ_y，方差都为 σ^2 的正态随机变量，Γ 为给定的中心为 (x,y)，半径为 R 的圆，有

$$
\begin{aligned}
P(\Gamma) &= P\{(x',y') \in \Gamma\} \\
&= \frac{1}{2\pi\sigma^2}\iint_{\Gamma} \exp\left\{-\frac{1}{2\sigma^2}[(x'-\mu_x)^2 + (y'-\mu_y)^2]\right\}\mathrm{d}x'\mathrm{d}y'
\end{aligned}
$$

令 $s = x' - x$，$\mu = x - \mu_x$，$t = y' - y$，$\upsilon = y - \mu_y$，则

$$
P(\Gamma) = \frac{1}{2\pi\sigma^2}\iint_{\Gamma_1} \exp\left\{-\frac{1}{2}\left[\left(\frac{s+u}{\sigma}\right)^2 + \left(\frac{t+\upsilon}{\sigma}\right)^2\right]\right\}\mathrm{d}s\mathrm{d}t
$$

式中，$\Gamma_1 = \{(s,t): s^2 + t^2 \leqslant R^2\}$。

再令 $s = \sigma \cdot r\cos\theta$，$t = \sigma \cdot r\sin\theta$，$\mu = \sigma \cdot m$，$\upsilon = \sigma \cdot n$ 且 $P^2 = m^2 + n^2$。在这些变量的代换下有

$$
\begin{aligned}
P(\Gamma) &= \frac{1}{2\pi}\int_0^{R/\sigma}\int_0^{2\pi} \exp\left\{-\frac{1}{2}[r^2 + 2r(m\cos\theta + n\sin\theta) + P^2]\right\} \cdot r\mathrm{d}r\mathrm{d}\theta \\
&= \mathrm{e}^{-\frac{P^2}{2}}\int_0^{R/\sigma}\left\{\frac{\mathrm{e}^{-\frac{r^2}{2}}}{2\pi}\int_0^{2\pi} \exp[-r(m\cos\theta + n\sin\theta)]\mathrm{d}\theta\right\} r\mathrm{d}r
\end{aligned}
$$

而

$$
m\cos\theta + n\sin\theta = \sqrt{m^2+n^2}\left[\frac{m}{\sqrt{m^2+n^2}}\cos\theta + \frac{n}{\sqrt{m^2+n^2}}\sin\theta\right] = P\sin(\lambda + \theta)
$$

其中，

$$
\sin\lambda = \frac{m}{\sqrt{m^2+n^2}}, \cos\lambda = \frac{n}{\sqrt{m^2+n^2}}
$$

$$
\begin{aligned}
P(\Gamma) &= \mathrm{e}^{\frac{-P^2}{2}}\int_0^{R/\sigma} \mathrm{e}^{-\frac{r^2}{2}} \frac{1}{2\pi}\int_0^{2\pi} \mathrm{e}^{-Pr\sin\beta}\mathrm{d}\beta \cdot r\mathrm{d}r \\
&= \mathrm{e}^{-\frac{P^2}{2}}\int_0^{R/\sigma} r\mathrm{e}^{-\frac{r^2}{2}} I_0(P \cdot r)\mathrm{d}r
\end{aligned}
$$

其中，$\beta = \lambda + \theta$，$I_0(x)$ 为零阶的修正贝塞尔函数，即

$$
I_0(x) = \frac{1}{2\pi}\int_0^{2\pi} \mathrm{e}^{-x\sin\beta}\mathrm{d}\beta = I_0(-x)
$$

在本章的应用中，$\mu_x = \mu_y = 0$，故

$$P^2 = \frac{x^2 + y^2}{\sigma^2} = \frac{Z^2}{\sigma^2}$$

令 $R = R_b$ 及 $\sigma = \sigma_b$ 便是所希望的结果。

附录 3.2　泊松过程

泊松过程（Poisson 流）是随机过程的一种，是累计随机事件发生次数最基本的独立增量过程。在引入泊松过程的定义之前，先给出计数过程的定义。

计数过程：

随机过程 $\{N(t), t \geqslant 0\}$ 称为一个计数过程，用 $N(t)$ 表示到时刻 t 为止已发生的事件的总数。一个计数过程 $N(t)$ 必须满足：

（1）$N(t) \geqslant 0$；

（2）$N(t)$ 是整数；

（3）若 $s < t$，则 $N(s) \leqslant N(t)$；

（4）当 $s < t$ 时，$N(s) - N(t)$ 等于区间 $(s, t]$ 中发生的事件的个数。

若在不相交的时间区间中发生的事件个数是独立的，则称计数过程有独立增量。例如，时刻 t 已发生的事件个数 $N(t)$ 必须独立于时刻 t 与 $t+s$ 之间所发生的事件数 $N(t+s) - N(t)$。

若在任意时间区间内发生的事件个数的分布只依赖于时间区间的长度，则称计数过程有平稳增量。换言之，若对一切 $t_1 < t_2$ 及 $s > 0$，在区间 $(t_1 + s, t_2 + s]$ 中时间的个数 $N(t_2 + s) - N(t_1 + s)$ 与区间 $(t_1, t_2]$ 中事件的个数 $N(t_2) - N(t_1)$ 有相同的分布，则过程有平稳增量。

泊松过程是计数过程最重要的类型之一，给出其定义如下。

泊松过程：计数过程 $\{N(t), t \geqslant 0\}$ 称为泊松过程，具有参数 λ（$\lambda > 0$），如果

（1）$N(0) = 0$；

（2）过程有独立增量；

（3）在任意长度为 t 的区间中事件的个数服从均值为 λt 的泊松分布，即对一切 s，$t \geqslant 0$，有

$$P\{N(t+s) - N(s) = n\} = \mathrm{e}^{-\lambda t}\frac{(\lambda t)^n}{n!}, \quad n = 0, 1, \cdots$$

注意，从条件（3）可知泊松过程有平稳增量且 $E[N(t)] = \lambda t$，这正是称 λ 为此过程的速度或强度的原因（单位时间内发生的事件的平均个数）。

第4章　目标搜索模型

如何有效地利用武器，主要取决于对目标的搜索、选择及同目标的交战方式，而这些方式的选择均与所掌握的敌方信息和情报有关。获取情报的手段称为侦察，它是保障指挥员正确制定作战决策的前提，是战斗保障的重要环节之一。提高情报侦察能力对军队来说是一个重要的目标。

按获取情报的决策目的，侦察分为战略侦察、战役侦察和战术侦察。战略侦察的主要任务是围绕战略目的，获取有关外围（敌方）军事机构能力和意图的情报。战略侦察主要依靠长期的情报收集，往往通过人员渗透的方式来进行，但随着现代技术的发展，有可能也需要实时进行，以便能及时发现突然性的攻击。战役侦察的任务是针对较短时间跨度内有限地区或有限类的对方目标（如敌方海上编队），察明敌情，以及有关的地形、气象、水文和社会情况等。战术侦察的任务和对象的范围更加有限，但对侦察内容的要求更加具体和实时，无论是战役侦察，还是战术侦察，其任务依上级的指示、受领的战斗任务和对情报的掌握程度，一般有以下几种：

（1）查明一定地区内是否有敌方兵力和武器装备；

（2）查明敌方目标的位置和运动方向；

（3）查明敌方目标的类型、兵力、型号和部署；

（4）查明敌方目标实力变化和被毁伤程度；

（5）查明敌方意图及其实现意图的方法等。

在上述的各项任务中，前两项任务查明的情报是最基本的，往往可借助各种侦察手段，特别是各种现代技术手段来直接获取，完成这一侦察任务的行动称为“搜索行动”，这是本章要着重讨论的问题。后三项任务要求的情报除通过少数方式（如捕俘、间谍）可直接获取外，一般不能直接获取，而必须通过综合分析多种情报作出判断，这种综合分析多种情报、辨别真伪、得出情况、判断结论的过程称为情报决策。

“搜索”一词从狭义上来讲，是指搜索者通过一定的空间运动形式，利用某种（或某几种）探测手段来寻找指定目标的过程，它是发现目标的最基本的侦察手段。为了提高和改进搜索的效能，一方面需要提升搜索工具性能，另一方面需要改进搜索方法，这就使搜索论逐渐形成和发展起来。

搜索论是评估探测目标效能和寻求最佳搜索目标策略的科学方法，是运筹学的重要分支。系统地研究搜索理论始于第二次世界大战期间。这一时期出现的许多复杂军事搜索问题，如探测水下潜艇、搜索空中飞机等，促使一批科学家认真研究人的搜索行为规律，其中较为突出是的库普曼（B. O. Koopman）及其同事在美国海军反潜战运筹小组中所做的工作。该小组在莫尔斯（P. M. Morse）教授的授意下，针对大西洋中德国潜艇的搜索问题，研究了先验目标位置分布、探测函数、搜索力约束和搜索优化准则等，建立了搜索宽度和搜索率等基本概念，并建立了随机搜索模型。1951 年，莫尔斯和金博尔（G. Kimball）在合著的《运筹学方法》（*Methods of Operations Research*）一书中首次公开了搜索论的某些研究成果。1956 年到 1957 年，库普曼在美国《运筹学》杂志上发表了关于搜索论的三篇论文：“搜索论Ⅰ：运动学基础”“搜索论Ⅱ：目标检测”“搜索论Ⅲ：搜索力的最优分配”，为搜索论的研究奠定了基础。

20 世纪 60 年代之后，搜索论研究主要侧重于对最优搜索规律的数学性质的认识。这时，由斯通（L. D. Stone）和理查德森（H. R. Richardson）等为代表的搜索论专家开始参与美国的一系列重大搜索行动，其中包括 1966 年在西班牙帕洛玛斯（Palomares）附近的地中海海域搜索丢失的氢弹；1968 年在亚速尔群岛附近寻找核潜艇“天蝎座”号；1974 年在苏伊士运河中搜索水下残留的水雷等。通过这些成功的搜索行动，斯通等人获得了一大批主要针对静止目标的最优搜索理论成果，如关于不定搜索宽度的搜索、有假目标存在的搜索、最优搜索与停止等，同时也开始研究更深层的运动目标搜索问题。

库普曼把搜索论描述为“研究各种科学方法来了解和改进搜索工具及其使用逻辑的效能”，并且把搜索论看成是应用数学的一个新分支；后来，斯通把研究制订最优搜索计划称为“最优搜索论”。但在大多数场合下，都称其为搜索论而不再进行细分。

搜索论的发展使人们有可能对一切涉及搜索活动的问题进行思考。目前，搜索论在国内外已应用于包括资源勘探、海上捕鱼、军队作战、边防巡逻、搜捕逃犯、文档检索、故障查找等许多重要领域，是一门很有实用价值的学科。对于作战指挥决策分析研究来说，搜索论又是一个基本的工具，在搜索侦察器材的评价、论证及使用研究、作战模拟系统的研究中都有着重要的作用。

搜索论的研究对象是搜索过程。搜索问题有 3 个要素，即搜索目标、探测手段和搜索策略。搜索的成功依赖三者的良好结合。

1．搜索目标

搜索的目的是找到目标或确定目标所在的位置。尽管目标位置对于搜索者来说是未知的，但搜索者对目标的某些特性可能有一定程度的了解，或掌握某些先验知识，如知道目标的几何形状、大小、数量、显现特征、位置分布、运动规律、物理特征等。若目标是静止的，则可以用均匀分布、正态分布或其他合适的分布来描述它的位置；若目标是运动的，则可根据其运动方向、速度等分布特征来估计它的位置；当目标运动与搜索者的行动无关时，可以用马尔可夫过程等方法来描述；当目标运动依赖搜索者的行动策略（对抗搜索）时，可以用对策论的方法来描述。若目标基本不动或做有规律的运动（规律与搜索行动无关），则称目标是稳定的；否则目标是不稳定的，也称对抗。本章不讨论对抗搜索。

【例 4.0.1】搜索沉没的核潜艇“长尾鲨”号。1963 年 4 月 10 日，美国海军核潜艇“长尾鲨”号在潜艇救援船“云雀”号的伴随下进行修后试航。上午 9 点 17 分，“云雀”号在水下电话中听到“长尾鲨”号传来类似爆炸声的异常声响信号，随后联络中断。“云雀”号利用罗兰电子导航系统测定了当时自身舰位 A（北纬 41°45′，西经 65°00′），试分析“长尾鲨”号失事地点的位置。

解：设 A 点确实是“云雀”号在通话时的真实位置，考虑水下通话的最大距离约为 2.5 海里，则“长尾鲨”号应在以 A 为中心、半径为 2.5 海里的圆域内，这一区域记为Ⅰ，如图 4.0.1 所示。考虑罗兰导航系统的定位误差引起“云雀”号自身舰位的不准确，可以将搜索海域扩大为以 A 为中心的 10 海里×10 海里的海域，这一海域除Ⅰ外的区域记为区域Ⅱ。根据经验，可获得“长尾鲨”号失事地点的先验分布：

$$P=\begin{cases}0.6, \text{“长尾鲨”号位于区域 I} \\ 0.3, \text{“长尾鲨”号位于区域 II}\end{cases}$$

当然，这一概率分布是不完整的，因为其概率综合小于 1，这是由于目标还可能以某一概率（0.1）存在于该区域之外。按照这一先验概率分布，可以先实施对区域Ⅰ的搜索，然后是区域Ⅱ。最后，果然在区域Ⅰ中“*”处 2560 米深的海底找到了“长尾鲨”号的残骸。

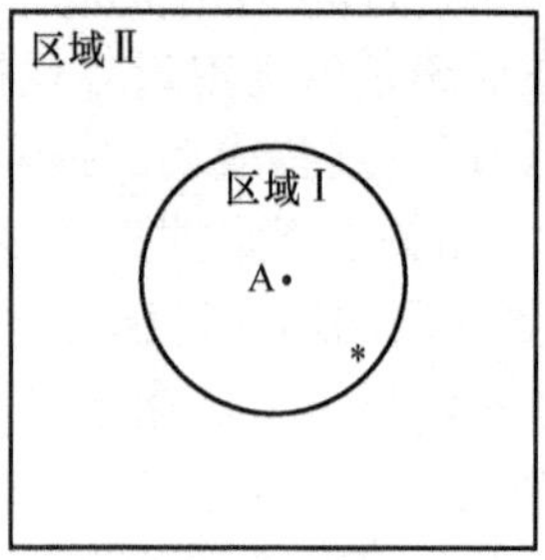

图 4.0.1 “长尾鲨”号失事地点的分布

2. 探测手段

完成搜索行动必须运用一定的技术手段和探测设备。依据活动空间，探测手段可分为地面、空中、海上、水下等多种；依据信息获取的技术手段，可包括卫星侦察、遥测遥感、雷达侦察、照相、电视、红外、激光、可见光、声呐、声测、化学侦察、辐射侦察、电子侦察等。搜索论要研究探测目标的能力与探测器材的数量、性能、观察方式等之间的关系。搜索论中所研究的探测手段又可分为两类：一类是大范围探测器，即在搜索过程中位置不变，如固定的雷达站、跟踪站；另一类是小范围探测器，随搜索行动而运动，如装在船上的声呐。这两类不同探测器对搜索算法有不同的影响。典型探测手段及其特性如表 4.0.1 所示。

表 4.0.1 典型探测手段及其特性

探 测 手 段		特 性
主动探测（有辐射）	运动目标指示器	识别运动目标
	合成孔径雷达	远距离、低高度、全天候、图像
	空中预警机	远距离
	敌我识别器	辨别敌我目标
被动图像（接收辐射）	电视	实时数据截获和显示
	摄影	面积覆盖大
	红外	夜视
被动非图像	辐射探测器	远距离、全天候、精确辐射器定位及图像
	水声探测器	10 海里内潜艇、船只噪声
	振动传感器	短距离

3. 搜索策略

搜索策略是指搜索者可以运用的搜索手段和使用探测器材的方案方法等，如搜索者的运动轨迹、探测时间的分配、探测器材的分配和位置部署、探测器材的使用方法等。总之，搜索策略是搜索手段的选择和搜索资源在数量、时间、空间上的分配和计划。

搜索论的基本研究内容有两类：一类是搜索效率的评估问题，即主要根据给定的观察器材，对特定的目标和搜索策略（如目标的发现概率、发现数量、发现距离、测量识别误差等）进行定量计算并评定搜索效果，再分析搜索效果与搜索要素之间的关系；另一类是搜索策略的优化问题，即根据已知的目标位置分布信息、探测设备的性能、搜索兵力或时间的限制，寻求达到最大搜索效能的搜索策略，或为达到一定的搜索效能，寻求耗费最少搜索资源的搜索策略。本章将围绕这两部分内容，介绍目标搜索的主要模型和方法。

4.1　静止搜索

静止搜索是搜索者在保持位置基本不变的情况下，通过应用一定的探测手段来搜索一个区域，以发现预定目标的过程，它是所有搜索活动的基础。

所谓发现是通过表征目标的信息辨明该目标确实存在。它需要两个先决条件：

（1）目标信号通过一定的能量传递，被探测装置接收到；

（2）探测装置接收到足够强度的目标信息，以至于能排除“虚警”（把非预定目标信号误认为预定目标信号）和“漏警”（把预定目标信号误认为非预定目标信号）错误。

在实际搜索中，由于目标特性、目标运动特征的随机性，能量传播媒质的不确定性，观察器材本身性能的随机性，器材使用条件的复杂多样性，操作人员的主观作用等，给搜索结果带来了不确定性，因此，“发现”成为一个随机事件。为了衡量和评估搜索的效率，可以利用一些基于发现过程统计特性的性能指标来进行表征，如对目标的发现概率、发现目标所需的平均观察次数、时间等。

在静止搜索条件下，搜索过程就是对目标的探测过程。探测器材对空间目标的探测在时间上可分为两种：离散的和连续的。下面分别对这两种方式进行分析。需要说明的是，离散探测和连续探测是基本的搜索模型，包含在所有搜索活动中，并不是静止搜索所独有的，本节只是在静止搜索的背景下介绍其模型。

4.1.1　离散探测

离散探测由一系列瞥视（观察者在对目标的最小观察时间间隔内的观察称为“瞥视”）组成，每次瞥视持续时间短，相邻两次瞥视间有间歇。例如，雷达的慢速扫描，每次扫描相当于对目标的一次瞥视；又如，大角度范围的目力扫视，包括一系列不同方向的瞥视。

在离散探测过程中，若每次观察对于发现目标是相互独立的，则称其为独立离散探测；否则称为相关离散探测。

1．独立离散探测

离散探测的参数定义如表 4.1.1 所示。

表 4.1.1　离散探测的参数定义

参　数	定　义
g_i	单独第 i 次观察发现目标的概率，又称为发现概率或瞬时发现概率
P_n	n 次观察对目标的发现概率，又称为累积发现概率
p_n	第 n 次观察首次发现目标的概率

在独立离散探测中，n 次观察对目标的发现概率 P_n（又称为累积发现概率）为

$$P_n = 1-(1-g_1)(1-g_2)\cdots(1-g_n) = 1-\prod_{i=1}^{n}(1-g_i) \tag{4.1.1}$$

第 n 次观察首次发现目标的概率 p_n 为

$$p_n = \prod_{i=1}^{n-1}(1-g_i)g_n,\ n>1 \tag{4.1.2}$$

当 $g_i>0$ 时，有 $\lim\limits_{n\to\infty}P_n=1$，这说明无论发现概率有多小，随着观察次数的增加，目标总是可以被发现的。

设 N 是首次发现目标所需要的观察次数，$N(N=1,2,\cdots)$ 是一个离散随机变量，其分布律为

$$P\{N=n\} = \prod_{i=1}^{n-1}(1-g_i)g_n \tag{4.1.3}$$

发现目标所需观察次数的期望和方差分别为

$$E[N] = \prod_{i=1}^{\infty} np_n \tag{4.1.4}$$

$$\sigma^2[N] = \sum_{n=1}^{\infty} n^2 p_n - E^2[N] \tag{4.1.5}$$

特别地，当每次观察对目标的发现概率都相等，即 $g_i=g$ 时，有

$$P_n = 1-(1-g)^n \tag{4.1.6}$$

$$p_n = \begin{cases} g(1-g)^{n-1},\ n>1 \\ g\qquad\quad,\ n=1 \end{cases} \tag{4.1.7}$$

此时随机变量 N 的分布律为

$$P\{N=n\} = g(1-g)^{n-1} \tag{4.1.8}$$

这一分布称为几何分布，其期望和方差可由倍差法求得，即

$$E[N] = \prod_{i=1}^{\infty} ng(1-g)^{n-1} = \frac{1}{g} \tag{4.1.9}$$

$$\sigma^2[N] = \sum_{n=1}^{\infty} n^2 g(1-g)^{n-1} - \frac{1}{g^2} = \frac{1-g}{g^2} \tag{4.1.10}$$

由式（4.1.10）可知，首次发现目标所需要的平均观察次数与每次观察的发现概率互为倒数。

【例 4.1.1】某舰艇装载有水面目标探测雷达，天线平均每旋转 3 圈，雷达就可发现舰艇一定距离内的目标。求：

（1）雷达天线旋转 1 圈发现目标的概率；

（2）雷达发现目标所需天线转数的均方差 $\sigma[N]$；

（3）雷达天线旋转 2 圈时发现目标的概率。

解：由题意可认为，这一观察过程为独立离散探测，且每次观察发现目标概率相同。

（1）由式（4.1.9）知 $E[N]=\frac{1}{g}=3$，故 $g=\frac{1}{3}$；

（2）由式（4.1.10）知$\sigma[N]=\sqrt{\dfrac{1-g}{g^2}}=\sqrt{6}\approx 2.45$；

（3）由式（4.1.6）知$P_2=1-(1-g)^2\approx 0.56$。

在实际情况下，除广义的分散搜索，如多个搜索者并行搜索不同区域的情况外，完全独立的离散搜索并不常见。尤其是在例 4.1.1 中的瞥视观察间隔很小的情况下，因为目标在各次扫视之间的变化非常小，所以每次观察相互独立的假设是不合理的。为了对此进行说明，考虑如下的例子。

【例 4.1.2】舰艇利用主动声呐对一片可能存在目标的区域进行了一系列探测。当目标由远及近再由近及远地接近并远离舰艇的过程中，主动声呐对目标的探测形成如表 4.1.2 所示的概率分布。试求前 5 次和 15 次观察后对目标的发现概率。

表 4.1.2　主动声呐对目标一系列探测的概率分布

n	1	2	3	4	5	6	7	8
g_i	0.15	0.18	0.23	0.28	0.33	0.38	0.39	0.40
n	9	10	11	12	13	14	15	
g_i	0.39	0.38	0.33	0.28	0.23	0.18	0.15	

解：在这一探测过程中，在第 8 次探测时可达到最大发现概率 0.40。但考虑前 5 次探测，对目标的发现概率由式（4.1.1）知

$$P_5=1-(1-0.15)(1-0.18)(1-0.23)(1-0.28)(1-0.33)=0.75$$

15 次探测之后对目标的发现概率可通过类似计算得到：

$$P_{15}=0.994$$

可见，前 5 次探测概率被认为是相互独立时，对目标的发现概率由 0.15 到 0.33 的范围变成了至少发现一次的概率为 0.75，而实际的声呐或其他传感器对目标累积探测概率的增加很难有这么大。尤其是当完成 15 次探测之后，对目标发现概率达到了 0.994，意味着几乎一定能发现目标，这显然是不现实的。因此需要考虑在每次探测之间存在相关性时的模型。

2. 相关离散探测

对于一次相关的离散探测过程，可以根据问题的特点和已知信息，选择不同的方法来计算对目标的发现概率。

1）时间相关模型法

在一次离散探测过程中，每次探测对目标的发现都会受一些随机因素的影响，这些因素可以视为每次探测的随机偏差 D_i。探测过程中的随机偏差 $\{D_1,D_2,\cdots,D_n\}$ 是随时间变化的随机过程，并且一般可以看成是平稳的，这不但比较符合实际情况，而且对平稳随机过程的处理要简单得多。

每次探测的随机偏差之间可能存在相关性。偏差的相关性是指在不同的两次离散探测偏差取值之间的相关程度，即后一次探测偏差的取值与前一次的取值是否有关系，以及关系密切程度如何。按照偏差随时间变化的相关程度的强弱，可以分为三类：偏差不相关、偏差弱相关和偏差强相关。

（1）偏差不相关。不同探测中随机偏差的取值是彼此无关的，即无论两次探测时间间隔

有多短，这一偏差的前后取值可以认为互相无关。用随机过程的相关函数来说明，如图 4.1.1（a）所示，其相关函数 $R_b(\tau)$ 的表达式为

$$R_b(\tau)=\begin{cases}1, & \tau=0\\0, & \tau\neq 0\end{cases}\tag{4.1.11}$$

式中，τ 为时间间隔。

（2）偏差弱相关。不同探测中随机偏差的取值是彼此相关的，但相关性随时间间隔的增大而减小。用随机过程的相关函数来说明，如图 4.1.1（b）所示，其相关函数 $R_r(\tau)$ 的表达式为

$$R_r(\tau)=\exp(-\lambda\tau)\tag{4.1.12}$$

式中，λ 为相关衰减系数。

弱相关函数为负指数函数，此时 $R_r(\tau)$ 将随时间间隔 τ 的增大而减小，并且 λ 越大，相关性衰减得也越快。

（3）偏差强相关。每次探测的随机偏差是完全相同的。其相关函数 $R_q(\tau)$ 如图 4.1.1（c）所示，其表达式为

$$R_q(\tau)=1\tag{4.1.13}$$

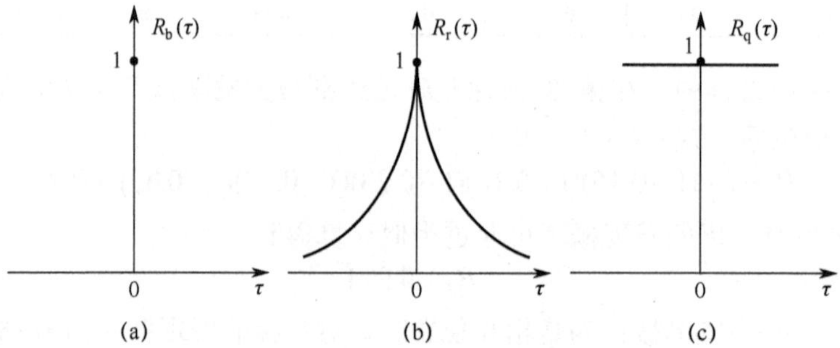

图 4.1.1　随机偏差的相关函数

无论偏差的相关性如何，相关函数都可以用式（4.1.12）来表达，只是当偏差不相关时，衰减系数 λ 可以认为是一个足够大的值，而当偏差强相关时，λ 取为 0。因此，用下式作为偏差之间的相关函数：

$$R(\tau)=\exp(-\lambda\tau)\tag{4.1.14}$$

在离散探测过程中，两次探测之间的相关性可认为由随机偏差所引起，定义两次探测之间的不相关系数 α 为

$$\alpha=1-\exp(-\lambda\tau)\tag{4.1.15}$$

式中，$\tau\geqslant 0$ 为两次探测之间的时间间隔。

若在相关离散探测过程中，每次探测发现目标的概率 $\{g_1,g_2,\cdots,g_n\}$ 构成一个单峰序列，则可以给出这一过程发现目标的概率模型。所谓序列 $\{g_1,g_2,\cdots,g_n\}$ 是单峰的，是指对于 $0\leqslant i\leqslant j\leqslant n$，存在 $g_h\in\{g_1,g_2,\cdots,g_n\}$，使 $g_1\leqslant\cdots\leqslant g_i\leqslant\cdots\leqslant g_h$，且 $g_h\geqslant\cdots\geqslant g_j\geqslant\cdots\geqslant g_n$ 成立。注意下标 h 并不一定是唯一的，只要 g_h 是序列 $\{g_1,g_2,\cdots,g_n\}$ 中的最大值就可以。图 4.1.2 就是一个包含 6 次探测的单峰序列例子。

单峰序列在实际的离散探测过程中经常可以见到，尤其当瞬时发现概率不随目标与探测器材之间距离的增大而增大时（这一条件在一般情况下均成立），就会出现单峰序列的情

况，如目标以固定航向逐渐接近后又远离静止探测器材，或机动平台上的探测器材以固定航向通过静止目标，都有可能形成对目标探测概率的单峰序列。下面给出单峰相关离散探测的发现概率模型。

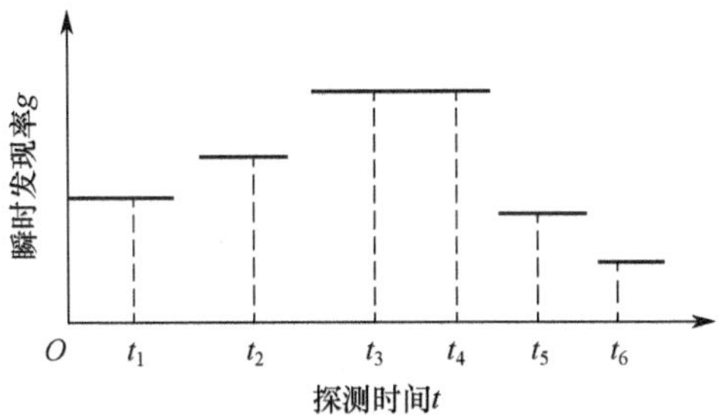

图 4.1.2　单峰序列示例

定理 4.1.1　一个相关离散探测过程中，每次对目标的瞬时发现概率形成单峰序列 $\{g_1, g_2, \cdots, g_n\}$，其中存在 $h \in [1,n]$，使 g_h 是 $\{g_1, g_2, \cdots, g_n\}$ 的最大值，且探测过程的随机偏差序列 $\{D_1, D_2, \cdots, D_n\}$ 是具有如式（4.1.14）所描述的相关函数的平稳随机过程，则对目标的发现概率为

$$P_n = 1 - \frac{1-g_h}{1-\alpha g_h}\prod_{i=1}^{n}(1-\alpha g_i) \tag{4.1.16}$$

式中，α 为两次探测之间的不相关系数，其值由式（4.1.15）决定。

证明：对于 $0 \leqslant i \leqslant h \leqslant j \leqslant n$，设 $Q_{ij} = 1 - P_{ij}$，表示在探测序列 $i, \cdots, j$ 中没有发现目标的概率。

显然，如果只有一次离散探测，则定理 4.1.1 是成立的，即 $P_n = P_h = g_h$。

假定 $0 < i \leqslant h \leqslant j \leqslant n$，可知

$$Q_{ij} = \left[\prod_{k=i}^{h-1}(1-\alpha g_k)\right](1-g_h)\left[\prod_{k=h+1}^{j}(1-\alpha g_k)\right] \tag{4.1.17}$$

下面对 i 和 j 进行归纳。如果 $j \leqslant n$，则首先用 $j+1$ 代替 j，式（4.1.17）变为

$$Q_{i(j+1)} = Q_{ij} \cdot Q_{j+1} \tag{4.1.18}$$

式中，Q_{j+1} 表示在前面 $i, \cdots, j$ 次探测中没有发现目标的条件下，在第 $j+1$ 次探测也没有发现目标的概率。Q_{j+1} 的发生有两种可能：①第 $j+1$ 次探测与第 j 次探测是完全相关的，且在探测瞬时发现概率是单峰的假设条件下，有 $g_j \geqslant g_{j+1}$，因此第 $j+1$ 次探测也未发现目标，这一事件的概率为 $1-\alpha$；②第 $j+1$ 次探测与第 j 次探测是不相关的，此时未发现目标的概率为 $\alpha(1-g_{j+1})$，因此有

$$Q_{j+1} = (1-\alpha) + \alpha(1-g_{j+1}) = 1 - \alpha g_{j+1} \tag{4.1.19}$$

将式（4.1.19）带入式（4.1.18），即可得到式（4.1.17）的形式。类似地，对于 $0 < i$，也有 $Q_{(i-1)j} = (1-\alpha g_{i-1})Q_{ij}$。定理得证。

【例 4.1.3】 将例 4.1.2 做一些改变。假定目标是潜艇，它相对于探测装置声呐传感器的运动速度是 30 节，其航路捷径为 20 海里，如图 4.1.3 所示。如果从潜艇距离其航路捷径点（CPA）21 海里时开始，每 0.1 小时进行一次声呐探测，每次探测的瞬时发现概率如表 4.1.3 所

示，且探测过程偏差的相关衰减系数为$\lambda=1/$小时。求在前 5 次和 15 次探测后，声呐对潜艇的发现概率。

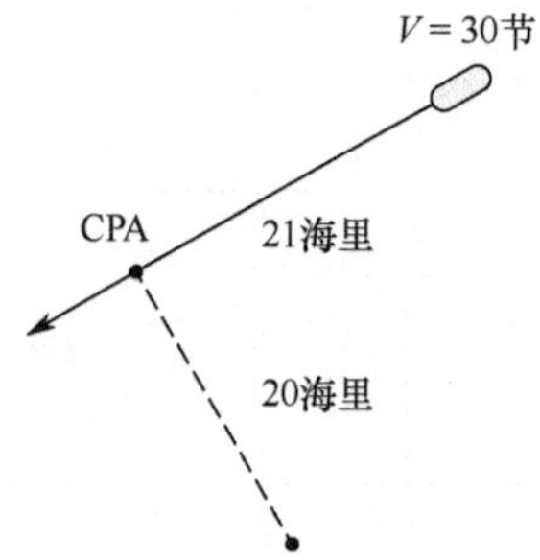

图 4.1.3　声呐探测潜艇态势图

表 4.1.3　声呐对潜艇探测的数据

探测 i	时间/小时	潜艇到 CPA 的距离/海里	潜艇到声呐的距离/海里	g_i
1	0	21	29.0	0.15
2	0.1	18	26.9	0.18
3	0.2	15	25.0	0.23
4	0.3	12	23.3	0.28
5	0.4	9	21.9	0.33
6	0.5	6	20.4	0.38
7	0.6	3	20.2	0.39
8	0.7	0	20.0	0.40
9	0.8	3	20.2	0.39
10	0.9	6	20.4	0.38
11	1.0	9	21.9	0.33
12	1.1	12	23.3	0.28
13	1.2	15	25.0	0.23
14	1.3	18	26.9	0.18
15	1.4	21	29.0	0.15

解：由于$\lambda=1/$小时，$\tau=0.1$小时，因此每次探测的不相关系数由式（4.1.15）可得

$$\alpha=1-\exp(-\lambda\tau)=1-\exp(-1)=0.095$$

注意到$g_i, i=1,2,\cdots,15$形成单峰序列，因此由式（4.1.16）可得前 5 次探测对目标的发现概率为

$$\begin{aligned}P_5&=1-\frac{1-g_5}{1-\alpha g_5}\prod_{i=1}^{5}(1-\alpha g_i)\\&=1-(1-0.33)(1-0.095\times0.15)(1-0.095\times0.18)(1-0.095\times0.23)(1-0.095\times0.28)\\&=1-0.62=0.38\end{aligned}$$

类似地，可以算得$P_{15}=0.59$。

本例中，在计算前 5 次探测的发现概率时，瞬时发现概率最大的第 5 次探测在计算中最为重要，其他几次探测考虑了相关性，在用不相关系数进行加权后，对于结果的贡献明显减小。这样计算出的对目标发现概率就较为符合实际情况。

如果相关衰减系数增大，将使得每次探测之间的相关性减小，从而会使除瞬时发现概率最大那次探测外的其余探测的作用增强。例如，如果设 $\lambda = 2/$小时，则 $\alpha = 1 - \exp(-2) = 0.18$，重新进行上述计算后可得 $P_5 = 0.43$，$P_{15} = 0.71$。可见相关性的减弱，使得多次探测后发现目标的概率增加了。

2）调节因子法

若要除去定理 4.1.1 中瞬时发现概率 $\{g_1, g_2, \cdots g_n\}$ 形成单峰序列的条件，则可以用一个简化的调节因子法来计算相关离散探测下对目标的发现概率。考虑独立情况下的发现概率计算公式（4.1.1），在其中引入一个调节因子 β，$0 < \beta < 1$，则相关离散探测下的发现概率可表示为

$$P_n = 1 - \prod_{i=1}^{n}(1 - \beta g_i) \tag{4.1.20}$$

式中，调节因子 β 使得相关离散探测对目标的发现概率比独立探测下的有所降低。尽管式（4.1.20）与式（4.1.16）在形式上非常相近，但本质上是有较大差别的。对于调节因子 β 的估计，可以通过传感器、目标和环境结合时的探测数据统计得到。

3）松弛时间法

另一种简单的处理相关离散探测的方法，是运用独立探测的发现概率公式（4.1.1），其中只考虑时间间隔足够大的若干次探测，这些探测可以近似认为是独立的，而探测的时间间隔 τ 可以称为“松弛时间”。松弛时间法在反潜作战中经常使用。

下面基于例 4.1.2，对独立离散探测和几种相关离散探测发现目标的概率进行比较分析，如表 4.1.4 所示。

表 4.1.4　离散探测发现目标概率计算方法的比较

计 算 方 法	P_5	P_{15}
独立计算	0.74	0.994
时间相关模型法 $\lambda = 1$ 小时	0.38	0.59
时间相关模型法 $\lambda = 2$ 小时	0.43	0.71
调节因子法 $\beta = 0.39$	0.38	0.83
调节因子法 $\beta = 0.45$	0.43	0.87
松弛时间法 $\tau = 0.6$ 小时	0.33	0.60
松弛时间法 $\tau = 0.4$ 小时	0.43	0.69

表 4.1.4 中，在应用松弛时间法，且 $\tau = 0.6$ 小时时，将式（4.1.16）首先应用到最佳的一次探测 8（见表 4.1.2）中，然后基于松弛时间找到另外的两次不相关探测，即探测 2 和探测 14，得到 $P_{15} = 1 - (1 - 0.4)(1 - 0.18)(1 - 0.18) = 0.60$；$P_5$ 的计算不满足 $\tau = 0.6$ 的两次探测，则可以直接取发现概率最高的一次探测值 $P_5 = 0.33$。类似地，可得 $\tau = 0.4$ 小时时的发现概率，其中 P_5 的计算可取第 1 次和第 5 次探测进行计算，即 $P_5 = 1 - (1 - 0.15)(1 - 0.33) = 0.43$。松弛时间的选择要基于探测次数和近似精度。若松弛时间长，则需要较多的探测次数才能满足计算要求，若松弛时间短，则不能达到较好的近似精度。

离散探测之间的相关性除随机偏差所导致的外，还体现在一次离散探测过程中，每次探测之后，对于后续探测的对目标瞬时发现概率的改变，如下例所示。

【例 4.1.4】 某舰艇奉命去某海区搜索一个目标，假设该目标在海区内均匀分布。受观察器材等条件限制，只能将该海区分为 4 个区域依次搜索，且每次只能搜索 1 个区域。若目标在该区域内，则搜索时一定能被发现。针对 $n=1,2,3,4$ 四个区域的依次搜索可视为离散搜索过程，试求 P_n，p_n 和 $E(n)$。

解：由题意知，在这一探测过程中，在第一区域发现目标的概率为 $g_1=1/4$。若在第一区域发现目标，则探测过程结束；在第一区域未发现目标条件下而在第二区域发现目标的概率为 $g_2=1/3$；类似地，在第一和第二区域未发现目标而在第三区域发现目标的概率为 $g_3=1/2$；在前三个区域未发现目标而在第四个区域发现目标的概率为 $g_4=1$。

因此在各区域发现目标的概率仍可以由式（4.1.1）得到，即

$$P_1=1-\frac{3}{4}=\frac{1}{4},\ P_2=1-\frac{1}{2}=\frac{1}{2},\ P_3=1-\frac{1}{4}=\frac{3}{4},\ P_4=1-0=1$$

各区域的首次发现概率由式（4.1.2）有

$$p_1=\frac{1}{4},\ p_2=\frac{3}{4}\times\frac{1}{3}=\frac{1}{4},\ p_3=\frac{3}{4}\times\frac{2}{3}\times\frac{1}{2}=\frac{1}{4},\ p_4=\frac{3}{4}\times\frac{2}{3}\times\frac{1}{2}\times 1=\frac{1}{4}$$

因此，这一离散探测过程发现目标概率的分布如表 4.1.5 所示。

表 4.1.5　离散探测过程发现目标概率分布

区域 n	1	2	3	4
p_n	1/4	1/4	1/4	1/4
P_n	1/4	1/2	3/4	1

发现目标所需的平均探测次数由式（4.1.4）知 $E[N]=1\times\frac{1}{4}+2\times\frac{1}{4}+3\times\frac{1}{4}+4\times\frac{1}{4}=2.5$。

从例 4.1.4 可以看出，对目标的瞬时发现概率 g_i 也可以定义为：在第 i 次探测之前未发现目标的条件下，第 i 次探测发现目标的条件概率，即 $g_i=P\{A_i\mid\overline{A_1}\,\overline{A_2}\cdots\overline{A_{i-1}}\}$，其中 $\overline{A_k}$ 表示第 k 次探测未发现目标的事件。在这一定义下，用于独立离散探测效能指标计算的式（4.1.1）～式（4.1.5）也可用于一些相关离散探测中。

4.1.2　连续探测

连续探测是指对目标所在区域进行连续不断地观察，或每次观察持续时间较长，而每两次相邻观察之间间隙很短，以至于可以认为观察是连续进行的。例如，雷达的快速扫描，在显示屏上就会存在持续的影像，这时就可以认为观察是连续的。

在连续探测中，若在不相交的时间间隔内发现目标的事件是相互独立的，则称为独立连续探测，否则为相关连续探测。本节主要考虑独立连续探测，对于存在相关性的连续探测，可以在一定条件下将连续探测过程离散化后，用上一节介绍的相关离散探测方法来计算对目标的发现概率。

记连续探测中首次发现目标的时间为 T，T 是一个在 $(0,+\infty)$ 取值的连续型随机变量。定义连续探测 t 时间后发现目标的概率为

$$P(t)=P(T\leqslant t) \tag{4.1.21}$$

假定 t 时刻后的 Δt 时间区间 $(t,t+\Delta t]$ 内发现目标的概率满足：

$$P\{t<T\leqslant t+\Delta t\}=\eta(t)\Delta t+o(\Delta t) \tag{4.1.22}$$

式中，$o(\Delta t)$ 表示 Δt 的高阶无穷小；$\eta(t)$ 定义为 t 时刻发现目标的瞬时概率密度，或称为发现概率，即

$$\eta(t)=\lim_{\Delta t\to 0}\frac{P\{t<T\leqslant t+\Delta t\}}{\Delta t} \tag{4.1.23}$$

$\eta(t)$ 是探测系统的重要特性，描述该系统在单位时间内能发现的目标数量。根据 $\eta(t)$ 可以确定连续探测 t 时间后发现目标的概率 $P(t)$，下面对这一概率的计算公式进行推导。

记到探测时刻 t 之前未发现目标的概率为 $Q(t)$，即

$$Q(t)=P(T>t)=1-P(t) \tag{4.1.24}$$

在 $t+\Delta t$ 时刻以前未发现目标的概率是两个相互独立事件的概率的积：①从开始探测直到 t 时刻未发现目标；②在 $(t,t+\Delta t]$ 时间内也未发现目标，因此有

$$Q(t+\Delta t)=Q(t)[1-P\{t<T\leqslant t+\Delta t\}]=Q(t)[1-\eta(t)+o(\Delta t)] \tag{4.1.25}$$

整理得

$$\frac{Q(t+\Delta t)-Q(t)}{Q(t)}=-\eta(t)\Delta t+o(\Delta t)$$

令 $\Delta t\to 0$，两边取极限，得微分方程

$$\frac{\mathrm{d}Q(t)}{Q(t)}=-\eta(t)\mathrm{d}t$$

在 $(0,t]$ 上对上式进行积分，得

$$\ln Q(t)-\ln Q(0)=-\int_0^t\eta(t)\mathrm{d}t$$

注意到 $t=0$ 时“未发现目标”是一个必然事件，即 $Q(0)=1$，故有

$$Q(t)=\exp\left[-\int_0^t\eta(t)\mathrm{d}t\right] \tag{4.1.26}$$

因此，在连续搜索条件下，t 时刻之前发现目标的概率为

$$P(t)=1-Q(t)=1-\exp\left[-\int_0^t\eta(t)\mathrm{d}t\right] \tag{4.1.27}$$

由于 $P(t)$ 也是首次发现目标的时刻 T 的分布函数，因此 T 的概率密度为

$$f(t)=\frac{\mathrm{d}P(t)}{\mathrm{d}t}=\eta(t)\exp\left[-\int_0^t\eta(t)\mathrm{d}t\right],\ t\geqslant 0 \tag{4.1.28}$$

可见，T 是服从负指数分布的随机变量。特别地，若 $\eta(t)$ 是常数，有 $\eta(t)=\eta$，则有

$$P(t)=1-\exp(-\eta t),\ t\geqslant 0 \tag{4.1.29}$$

$$f(t)=\eta\exp(-\eta t),\ t\geqslant 0 \tag{4.1.30}$$

易求得发现目标所需时间的均值和方差分别为

$$E[T]=\int_0^{+\infty}t\eta\exp(-\eta t)\mathrm{d}t=\frac{1}{\eta} \tag{4.1.31}$$

$$\sigma^2[T]=\frac{1}{\eta^2} \tag{4.1.32}$$

即当发现概率为常数时，平均发现目标的时间与发现概率互为倒数。

【例 4.1.5】 设声呐对一定距离的水下潜艇的平均发现时间为 6 秒。求：

（1）声呐对潜艇的发现概率 η；

（2）首次发现时间 T 的均方差 $\sigma[T]$；

（3）10 秒内发现潜艇的概率 P_{10}。

解：（1）由式（4.1.31）知，$E[T]=6=\frac{1}{\eta}$，因此 $\eta=\frac{1}{6}$；

（2）由式（4.1.32）知，$\sigma[T]=\frac{1}{\eta}=6秒$；

（3）由式（4.1.29）知，$P_{10}=1-\exp(-\eta t)=1-\exp\left(-\frac{10}{6}\right)=0.811$。

4.1.3　发现势

前面得到了离散探测和连续探测的发现目标概率计算公式（4.1.6）和式（4.1.29），分别是 $P_n=1-(1-g)^n$ 和 $P(t)=1-\exp(-\eta t)$。是否能将这两个发现目标概率公式进行统一呢？

考虑离散探测过程中，由于单次瞥视目标发现概率 g 是比 1 小得多的正数，而且许多情况下对目标的搜索往往要经过大量的瞥视才能完成，因此式（4.1.6）可以表示为

$$P_n=1-(1-g)^n=1-\mathrm{e}^{\ln(1-g)^n}=1-\mathrm{e}^{n\ln(1-g)}=1-\mathrm{e}^{-ng}$$

式中，最后一个等号成立是考虑了在 g 很小的情况下有 $\ln(1-g)=-g$ 成立。若 γ 是一次离散探测过程的瞥视频率，即 $n=\gamma t$，则目标在探测时间 t 以前被发现的概率为

$$P_n=1-\exp(-\gamma g t) \tag{4.1.33}$$

式（4.1.33）和式（4.1.29）可以用一个统一的表达式表示为

$$P(t)=1-\exp(-\varphi) \tag{4.1.34}$$

其中，在连续探测情况下有

$$\varphi=\int_0^t \eta(t)\mathrm{d}t \tag{4.1.35}$$

或当 η 为常数时有

$$\varphi=\eta t \tag{4.1.36}$$

在离散探测下有

$$\varphi=-n\ln(1-g)\approx\gamma g t \tag{4.1.37}$$

式（4.1.34）中的 φ，$\varphi\geqslant 0$，表示发现概率随着时间和搜索力量的增长而积累的发现能力，称为发现势。

发现势 φ 具有如下性质。

性质 1：总发现势等于各独立发现势之和。

假定两次独立搜索的发现势分别为 φ_1 和 φ_2，则总的发现概率为

$$P=1-(1-P_1)(1-P_2)=1-\exp(-\varphi_1)\exp(-\varphi_2)=1-\exp[-(\varphi_1+\varphi_2)] \tag{4.1.38}$$

因此 $\varphi=\varphi_1+\varphi_2$。无论是时间还是空间上的独立搜索，发现势都满足这一性质。

性质 2：发现势具有可加性，但发现概率不具有可加性，这是一切搜索活动具有的增益递减规律。

4.1.4　发现概率的确定

在上面给出的发现概率计算公式中，都含有基本参数 g 或 η（或 $\eta(t)$），它们的取值取决于目标的性质、探测装置的性能、探测的手段和客观条件等，通常由拟合试验曲线的半经验半理论公式求得。下面以目力或光学器材搜索时发现概率的确定为例进行说明。

作如下假设：

① 观察者位于距离水平面高度为 h 的上空，与目标水平距离为 r；

② 观察者通过目标的尾迹搜索目标（机载观察者更容易搜索到目标的尾迹而不是目标本身），目标的尾迹可以认为是围绕目标的矩形，如海上运动船在水面上的尾迹为白色尾流；

③ 目标尺寸较 h 和 r 小得多；

④ 发现概率与目标在观察点所张的立体角成正比。

图 4.1.4 所示为观察者在高度为 h 处观察地面或海面目标。

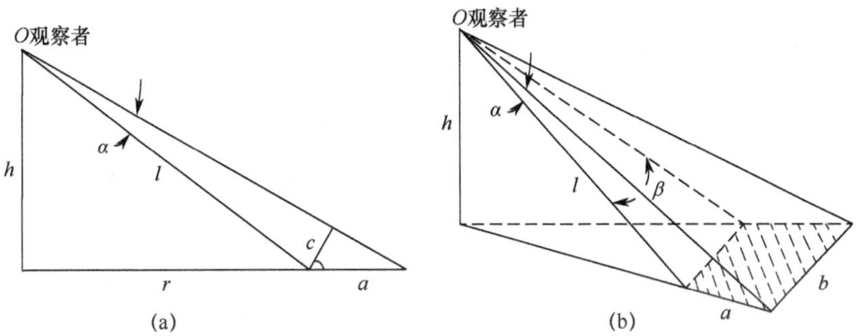

图 4.1.4　在高度为 h 处观察地面或海面目标

由假设条件③可知，立体角是图 4.1.4（a）中目标矩形两条边长对观察者所张的角度的乘积：

$$\psi = \alpha \cdot \beta \tag{4.1.39}$$

式中，$\alpha \approx c/l$，$\beta \approx b/l$。当 α 很小时，由相似三角形，有

$$\frac{h}{l} = \frac{c}{a}$$

因此

$$\psi = \frac{abh}{l^3} = \frac{A_T h}{(h^2 + r^2)^{3/2}} \tag{4.1.40}$$

式中，$A_T = ab$ 是目标矩形的面积。

式（4.1.40）中的目标与观察者水平距离也可以是时变量，用 $r(t)$ 表示。这时由假设条件④可知发现势为

$$\eta(t) = \frac{kA_T h}{[h^2 + r(t)^2]^{3/2}} = \frac{Kh}{[h^2 + r(t)^2]^{3/2}} \tag{4.1.41}$$

式中，k 为发现概率关于立体角的比例系数，其值取决于目标与环境的对比度、观察者或探测设备的性能、气候条件等，$K = kA_T$。

当 $r \gg h$ 时，即低高度探测时，式（4.1.41）可近似为

$$\eta(t) = \frac{Kh}{r(t)^3} \tag{4.1.42}$$

即发现概率与探测装置相对目标距离的立方成反比。这个规律称为倒立方发现律，简称倒立方律，可用于建立探测装置对目标进行近似水平观测时的发现概率模型。

当 $h \gg r$ 时，如空间对地探测时，式（4.1.41）可近似为

$$\eta = \frac{K}{h^2} \tag{4.1.43}$$

即发现概率与探测装置相对目标的高度的平方成反比。这个规律称为倒平方发现律，可用于建立由空间探测装置观测地面目标的发现概率模型。

【例 4.1.6】 假定在$t=0$时，雷达显示敌方导弹在 500 千米处，并以 1500 千米/小时的速度向我方飞来。为了使我方反导武器能有效拦截目标，要求我方的火控雷达在敌方导弹距离接近 200 千米时完成对目标的有效探测。如果火控雷达的发现概率遵循倒立方发现律，且$Kh=1.5\times10^8$，问在这种情况下，我方能有效探测敌导弹信息并进行反击的概率是多少？

解：敌我距离可由下式给出（其中时间t的单位为小时）：

$$r(t)=500-1500t$$

由题意知，火控雷达的发现概率服从式（4.1.42）：

$$\eta(t)=\frac{1.5\times10^8}{r(t)^3}=\frac{1.5\times10^8}{(500-1500t)^3}$$

在 200 千米处完成对目标的探测，等价于到$t=0.2$小时时的对目标探测概率，由式（4.1.27）得

$$P_{0.2}=1-\exp\left[-\int_0^{0.2}\frac{1.5\times10^8}{(500-1500t)^3}\mathrm{d}t\right]=1-\mathrm{e}^{-1.05}=0.6501$$

4.2 对静止目标的运动搜索

运动搜索是指搜索者以运动的形式搜索目标的过程，很多情况下它相比静止搜索能获得更好的搜索效果。根据前文，研究搜索过程就是为了提高和改进搜索的效能，一方面需要提升搜索工具性能，另一方面需要改进搜索方法，因此，需要研究探测装置能力的度量，以及搜索策略效能的评估。4.1 节所介绍的静止搜索可以视为运动搜索的一种特殊形式，在这一形式下，探测装置能力的度量可以用离散或连续搜索下的发现概率来表征，而搜索策略则只需考虑满足发现概率所需的瞥视次数或连续搜索的时间。但对于运动搜索，还需要引入其他度量指标。本节讨论对静止目标的运动搜索，并在 4.3 节以此为基础介绍对运动目标的搜索。

4.2.1 探测装置能力的度量

在观察者运动的情况下，探测装置发现目标的能力，一般可以用横距概率、搜索宽度和搜索速度 3 个量来度量。

1. 横距概率

考虑海面上空的飞机搜索一艘船只。飞机采取直线航向，高度为h，航速为v，船只的航速比飞机小得多，以至于可以被视为是静止的。横距x是目标（船只）到搜索者（飞机）航迹的垂直距离，如图 4.2.1 所示，其符号取决于目标相对搜索者航迹的位置，如规定航迹左侧为负。在搜索过程中，横距x是一个随机变量，可以假设它在以搜索者航迹为中心线的目标可能通过区间在$[-L, L]$上服从均匀分布，其概率密度函数为

$$f(x)=\begin{cases}\dfrac{1}{2L}, & -L\leqslant x\leqslant L\\ 0, & 其他\end{cases}\tag{4.2.1}$$

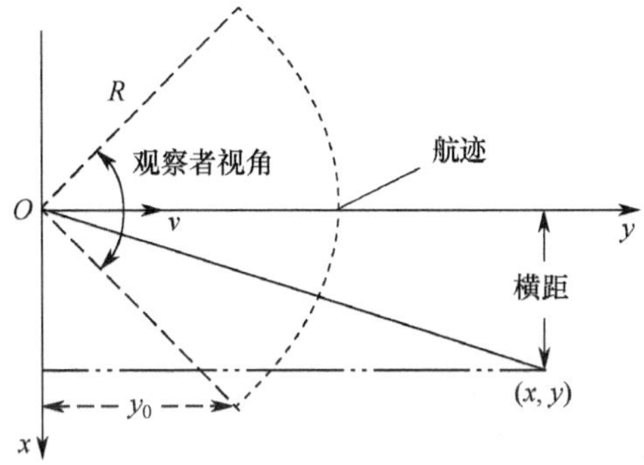

图 4.2.1　运动搜索中的平面图

探测装置的横距概率是当目标在横距 x 的条件下，探测装置发现目标的概率，记为 $P_n(x)$。注意到式（4.1.34）给出了目标在探测时间 t 时被发现的概率为 $P(t)=1-\exp(-\varphi)$，其中连续探测下 $\varphi=\eta t$ 或 $\varphi=\int_0^t \eta(t)\mathrm{d}t$，离散探测下 $\varphi\approx\gamma gt$。横距概率也可利用这一公式表示为

$$P_n(x)=1-\exp(-\varphi) \tag{4.2.2}$$

横距概率是以横距 x 为自变量的，这是由于发现势 φ 是目标处在探测装置有效搜索范围内的时间 t 的函数，而这一时间 t 又是横距 x 的函数。下面以飞机上的观察者通过目力或光学器材搜索海面船只为例，结合图 4.2.1 说明横距概率公式的推导过程。

由式（4.1.34）和式（4.1.35）知

$$P(t)=1-\exp\left[-\int\eta(t)\mathrm{d}t\right]$$

η 服从式（4.1.41），即

$$\eta(t)=\frac{Kh}{[h^2+r(t)^2]^{3/2}}=\frac{Kh}{[h^2+x^2+y(t)^2]^{3/2}}$$

式中，$r(t)$ 是飞机到目标的水平斜距，随时间变化，且有 $r(t)^2=x^2+y(t)^2$。

考虑有 $\mathrm{d}t=\mathrm{d}y/v$，则对横距为 x 的船只的发现势为

$$\varphi(x)=\int\frac{Kh\mathrm{d}t}{[h^2+x^2+y(t)^2]^{3/2}}=\frac{Kh}{v}\int_{y_0}^{\infty}\frac{\mathrm{d}y}{[h^2+x^2+y^2]^{3/2}}=\frac{Kh}{v(h^2+x^2)}\left(1-\frac{y_0}{\sqrt{h^2+x^2+y_0^2}}\right) \tag{4.2.3}$$

式中，积分下限 y_0 是观察者扫描区域的后方限，如图 4.2.1 所示，积分上限取 ∞，这是因为假定观察者对无穷远处的目标也具有一定的发现概率，但在实际应用中，一般会根据探测器材的发现距离来确定积分上限。若观察者能扫描前半部分海面，即 $y_0=0$，则式（4.2.3）可简化为

$$\varphi(x)=\frac{Kh}{v(h^2+x^2)} \tag{4.2.4}$$

因此，在高度为 h、航速为 v 的飞机上发现横距为 x 的船只的概率为

$$\begin{aligned}P_n(x)&=1-\exp\left[-\frac{Kh}{v(h^2+x^2)}\right]\\&\approx 1-\exp\left(-\frac{Kh}{vx^2}\right),\ h\ll x\end{aligned} \tag{4.2.5}$$

由式（4.2.5）可见，横距概率是关于目标横距 x 的函数。当已知横距概率，同时已知目标横距分布的概率密度函数 $f(x)$，则可以求出对目标的发现概率：

$$P=\int_{-\infty}^{+\infty}P_n(x)f(x)\mathrm{d}x \tag{4.2.6}$$

当目标横距服从均匀分布，分布密度函数形式如式（4.2.1）给出，则式（4.2.6）可简化为

$$P=\frac{1}{2L}\int_{-L}^{L}P_n(x)\mathrm{d}x \tag{4.2.7}$$

理论上，横距概率具有以下基本性质：

（1）当 $x=0$ 时，目标被发现的概率最大，即横距概率最大；

（2）当 $|x|$ 由 0 逐渐变大时，目标被发现的概率逐渐减小；

（3）当 $|x|=R$ 时，目标位于发现区域的边缘，其被发现的概率近似为 0；

（4）当 $|x|>R$ 时，目标不在搜索区域内，其被发现的概率为 0。

横距概率 $P_n(x)$ 与横距 $x\in(-\infty,+\infty)$ 之间的函数关系曲线称为横距曲线。若探测装置两侧的搜索和发现条件是相同的，则横距曲线关于纵轴对称，此时一般只需要画出曲线右半边，即 $x\geqslant 0$ 的部分。横距曲线刻画了探测装置沿目标横距为 x 的直线以匀速 v 航行时对目标的发现效果，曲线形状取决于目标性质和探测装置的特性。图 4.2.2 给出了不同探测设备的横距曲线，其中横轴为横距 x 与探测器材搜索宽度 $2R$ 的比值。

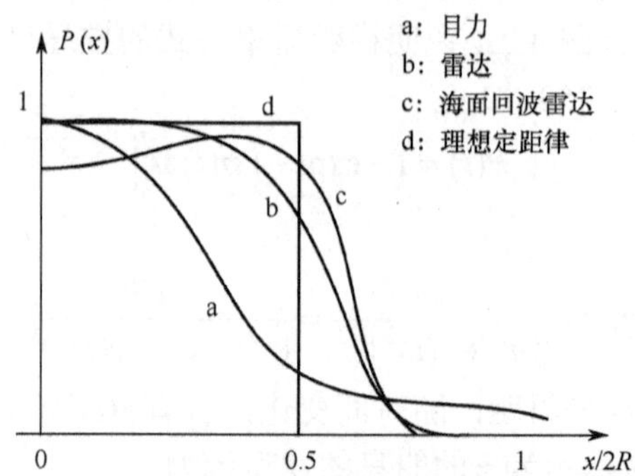

图 4.2.2　不同探测设备的横距曲线

图 4.2.2 中的曲线 d 称为定距律曲线。它表示当目标进入搜索者的最大探测距离 R 以内，即 $x\leqslant|R|$ 时，发现概率为 1；当 $x>|R|$ 时，发现概率为 0。定距律曲线描述的是理想搜索，实际应用中接近定距律曲线的情况是很少的。

【例 4.2.1】一艘潜艇在一片封锁区中进行阵地设伏，封锁区宽度为 60 海里，潜艇位于区域中心。潜艇上装备有主动声呐，其横距曲线如图 4.2.3 所示。一目标试图穿越该封锁区，且穿越点在该区域内服从均匀分布。求潜艇对目标的发现概率。

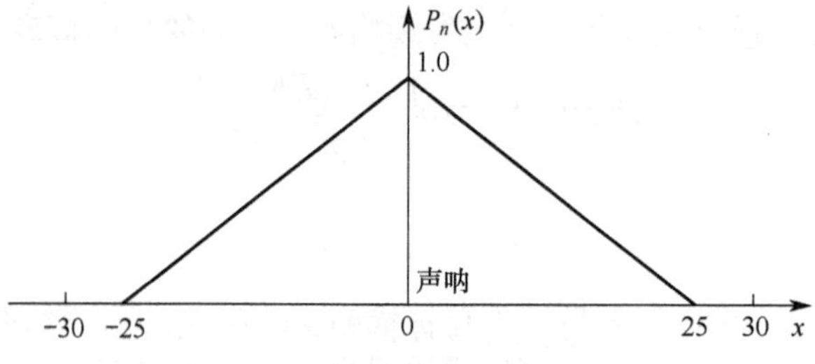

图 4.2.3　潜艇声呐的横距曲线

解：由图 4.2.3 可得声呐的横距概率为

$$P_n(x)=\begin{cases}1+\dfrac{x}{25},-25\leqslant x\leqslant 0\\1-\dfrac{x}{25},0\leqslant x\leqslant 25\\\quad 0,\ \text{其他}\end{cases}$$

目标穿越封锁区，x 服从均匀分布，其概率密度函数为

$$f(x)=\begin{cases}1/60,-30\leqslant x\leqslant 30\\\quad 0,\text{其他}\end{cases}$$

由式（4.2.7）可知，对目标的发现概率为

$$P=\frac{1}{60}\int_{-25}^{25}P_n(x)\mathrm{d}x=\frac{1}{60}\left[\int_{-25}^{0}\left(1+\frac{x}{25}\right)\mathrm{d}x+\int_{0}^{25}\left(1-\frac{x}{25}\right)\mathrm{d}x\right]=0.42$$

横距曲线表示在特定环境下某一探测设备对特定目标的累积发现概率，因此一种探测设备通常对应一组横距曲线，这个曲线族包括目标类型和环境因素。虽然横距概率可以较为全面地评价某种条件下的发现概率，但一个舰艇编队可能包含大量探测设备，还包括视觉探测，当这些探测设备在不同的环境情况下对不同目标进行探测时，将会出现大量横距曲线，这不便于在实际中计算发现概率。

一个能部分解决这一问题的方法是，将目标、战术和环境都分成基本的类型。例如，将目标分成小目标、中目标和大目标，将战术分为浅层战术和深层战术，将海况按级分为低海况、中海况和高海况，并用一条横距曲线代表一种组合下的平均情况。当然，即使这样，要想估计出一组横距曲线也需要做大量工作。为了便于实际应用，选取某种量值来描述每种探测设备的探测性能是很有意义的，而使用最广泛的参数就是下面要介绍的搜索宽度。

2．搜索宽度

搜索宽度 ω，即搜索者在航向上搜索的有效路径宽度，被定义为发现概率对横距 x 的积分：

$$\omega=\int_{-\infty}^{+\infty}P_n(x)\mathrm{d}x \tag{4.2.8}$$

式中，$P_n(x)$ 为横距概率。

式（4.2.8）实际上是把探测器材的横距曲线等价为一条定距律曲线，如图 4.2.4 所示，图中 $\pm\dfrac{\omega}{2}$ 内的阴影部分与 $\pm\dfrac{\omega}{2}$ 外的阴影部分面积相等。可以近似认为，目标若进入并保持在以搜索者航迹为中心线、宽度为 ω 的搜索带中，则最终一定会被发现，而在此搜索带之外则不会被发现。这样，很多时候仅用一个数量指标 ω 就可以衡量雷达、声呐等搜索器材的复杂的搜索能力，因而非常具有实际意义。这一指标 ω 被形象地称为搜索宽度。

当然，用搜索宽度来评价搜索能力有时是不够精确的，如某型雷达在海面上发现目标的距离是 50 千米，但是实际中这个距离可能受目标的运动、雷达所在平台的运动、海战场气象和电磁环境等因素影响，因此并不是目标横距在 $\dfrac{\omega}{2}$ 之内就一定能发现目标，而在这个范围之外就一定不能发现目标。图 4.2.4 中 $\pm\dfrac{\omega}{2}$ 之内的阴影部分所占整个矩形面积的比例可以用于表征认为能搜索到而实际未搜索到目标的概率，$\pm\dfrac{\omega}{2}$ 之外阴影面积的比例则表征认为不能

搜索到而实际可能搜索到目标的概率。显然，这两部分阴影面积越小，用搜索宽度近似衡量搜索能力的可靠性越高。

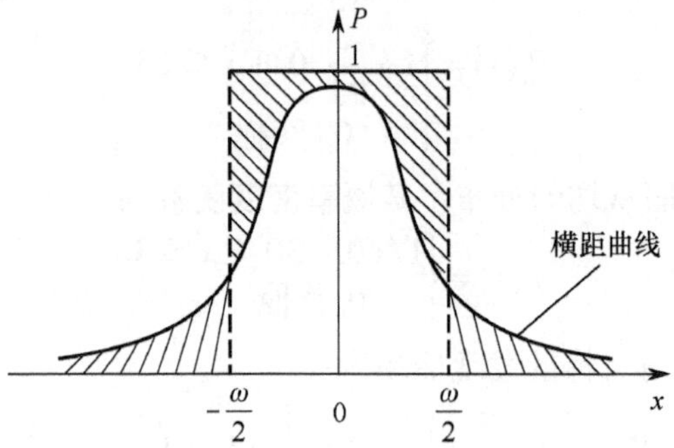

图 4.2.4　搜索宽度与横距曲线

对理想的定距律曲线有

$$P_n(x)=\begin{cases}1, & |x|\leqslant R\\ 0, & |x|>R\end{cases}$$

因此，横距曲线为定距律曲线时的搜索宽度为

$$\omega=\int_{-\infty}^{+\infty}P_n(x)\mathrm{d}x=\int_{-R}^{R}1\mathrm{d}x=2R \tag{4.2.9}$$

搜索宽度常可以用于估计对目标的平均发现概率。设观察者最大探测距离为 R，目标可能通过区间在 $[-L,L]$ 区间服从均匀分布。由式（4.2.6）可知对目标的发现概率为

$$P=\begin{cases}\dfrac{1}{2L}\displaystyle\int_{-L}^{L}P_n(x)\mathrm{d}x, L<R\\ \dfrac{\omega}{2L}, \qquad\qquad L\geqslant R\end{cases} \tag{4.2.10}$$

由式（4.2.10）可知，当目标的可能分布区域大于观察者的最大探测距离时，不需要通过横距概率而只需要由搜索宽度即可计算对目标的发现概率。

【例 4.2.2】已知某型雷达的横距曲线如图 4.2.5 所示，某一目标在距离雷达一定范围内通过，其横距服从均匀分布。试求：

（1）雷达的搜索宽度；

（2）目标在距离雷达 60 海里之内通过时的发现概率；

（3）目标在距离雷达 45 海里之内通过时的发现概率；

（4）目标在距离雷达 30～60 海里之间通过时的发现概率。

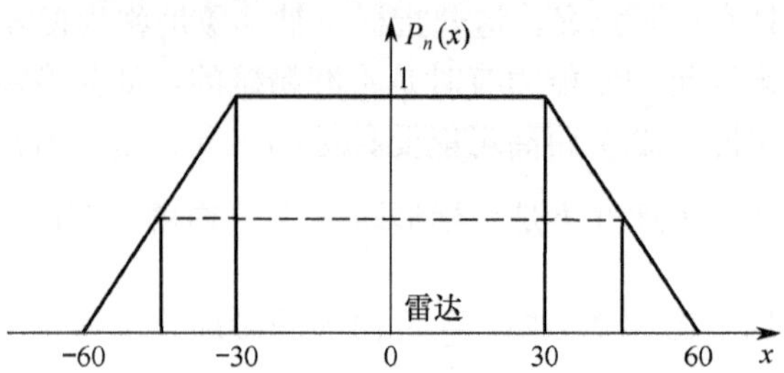

图 4.2.5　雷达横距曲线

解：由雷达横距曲线可得

$$P_n(x)=\begin{cases}2+\dfrac{x}{30}, & -60\leqslant x\leqslant -30\\ 1, & -30\leqslant x\leqslant 30\\ 2-\dfrac{x}{30}, & 30\leqslant x\leqslant 60\end{cases}$$

（1）由式（4.2.8）知

$$\omega=\int_{-\infty}^{+\infty}P_n(x)\mathrm{d}x=\int_{-60}^{-30}\left(2+\frac{x}{30}\right)\mathrm{d}x+\int_{-30}^{30}1\mathrm{d}x+\int_{30}^{60}\left(2-\frac{x}{30}\right)\mathrm{d}x=90$$

（2）当目标在距离雷达 60 海里之内通过时，$2L\geqslant 2R$，由式（4.2.10）可知

$$P=\frac{\omega}{2L}=\frac{90}{120}=0.75$$

（3）当目标在距离雷达 45 海里之内通过时，$2L<2R$，由式（4.2.10）可知

$$P=\frac{1}{90}\left[\int_{-45}^{-30}\left(2+\frac{x}{30}\right)\mathrm{d}x+\int_{-30}^{30}1\mathrm{d}x+\int_{30}^{45}\left(2-\frac{x}{30}\right)\mathrm{d}x\right]=0.9167$$

（4）当目标在距离雷达 30～60 海里之间通过时，有

$$P=\frac{1}{60}\left[\int_{-60}^{-30}\left(2+\frac{x}{30}\right)\mathrm{d}x+\int_{30}^{60}\left(2-\frac{x}{30}\right)\mathrm{d}x\right]=0.5$$

在实际应用中，为了不浪费搜索力，应事先知道搜索宽度 ω，确定 ω 的可靠方法是利用过去的统计数据或实测值，近似计算时可取为最大搜索距离的 2 倍。但搜索宽度不应视为一成不变的，如搜索器材所在平台运动速度的提高，会使得对一定横距下目标的累积观察时间减少，即横距概率降低，横距曲线也随之变“矮”，相应搜索宽度就会减小。在实际应用中必须考虑类似因素。

3．搜索速度

搜索宽度是基于给定的横距概率得到的，但横距概率受搜索者运动速度的影响，因此在搜索宽度的基础上，进一步考虑搜索平台的运动速度，还可以得到另一个搜索能力评价指标——搜索速度。

搜索速度定义为单位时间内搜索的面积，在应用中一般分为理论搜索速度和实际搜索速度。

定义理论搜索速度 u 为

$$u=\omega v \tag{4.2.11}$$

式中，ω 为搜索宽度；v 为搜索者的运动速度。

定义实际搜索速度 u_f 为

$$u_f=\frac{CS}{NT} \tag{4.2.12}$$

式中，C 为在搜索时间内发现目标的总次数；S 为搜索地域面积；N 为搜索时间内存在于搜索区域内的目标平均数量；T 为全部搜索者搜索的总持续时间。

定义搜索效率 ζ 为

$$\zeta=\frac{u_f}{u} \tag{4.2.13}$$

【例 4.2.3】 20 个搜索分队对 S=60000 平方千米的地域进行为期 1 个月的搜索。已知该地域同时存在目标数量 N=15，发现目标次数 C=250，搜索器材的平均最大搜索距离 R=5 千米，搜索者运动速度为 v=213 千米/天。试计算理论搜索速度、实际搜索速度和搜索效率。

解：（1）理论搜索速度为

$$u = \omega v = 2Rv = 2130\text{平方千米 / 天}$$

（2）实际搜索速度为

$$u_f = \frac{CS}{NT} = \frac{250 \times 60000}{15 \times 600} = 1667\text{平方千米 / 天}$$

（3）搜索效率为

$$\zeta = \frac{u_f}{u} = \frac{1667}{2130} \approx 78\%$$

搜索平台运动速度可能降低横距概率，理论搜索速度 u 就成为衡量搜索平台运动速度提高所带来影响的一种有效方法。例如，经研究，巡逻直升机引导光学探测器搜索海面小目标时，最佳的运动速度为 200 海里/小时以下。

4.2.2 搜索策略效能的评估

与静止搜索相比，运动搜索可以通过搜索者的运动能力来扩大搜索区域，以期增加其搜索的效能。本节考虑对静止目标进行的运动搜索，对运动目标的运动搜索将在下一节进行介绍。这里的静止目标通常是指目标的运动速度相对于搜索者的速度可以忽略不计。对静止目标进行运动搜索在实际应用中很常见，如反舰导弹搜索攻击水面舰艇、扫雷艇搜索布设的水雷、搜索失事的沉船等。

运动搜索的搜索策略可分为两类，一类是随机搜索，一类是规则搜索，其中规则搜索又可分为均匀搜索和平行搜索。下面讨论这几种搜索方式及其搜索效率。

1. 随机搜索

假定目标位于面积为 S 的某一区域中，由于缺少目标的信息，可以认为目标位置在该区域内各处等概率分布。搜索是随机展开的，即搜索者在该区域执行了一个总长度为 L 的搜索航线，如图 4.2.6 所示，航线由 N 个搜索线段元组成，每个线段元长为 ΔL，宽为 ω，且指向随机，如图 4.2.7 所示，可认为每个线段元之间相互独立。

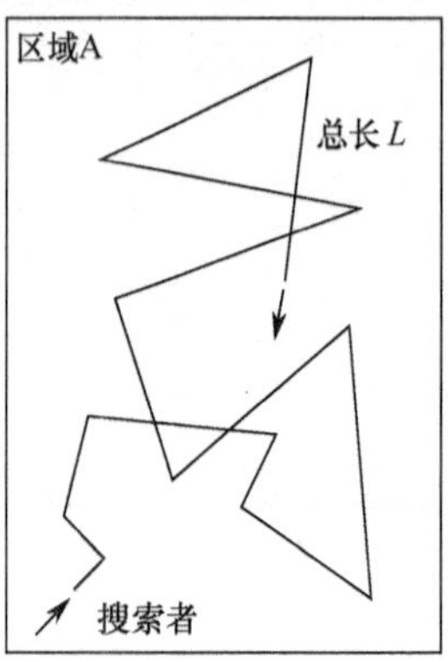

图 4.2.6　区域 A 内的随机搜索

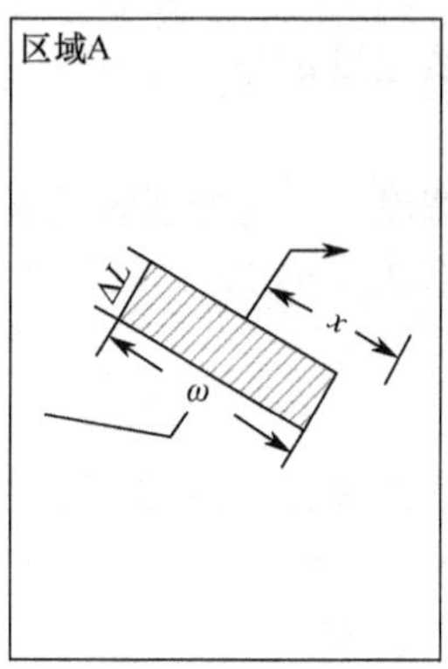

图 4.2.7　随机搜索线段元

若搜索者的横距概率为 $P_n(x)$，且假定目标横距的可能取值范围大于搜索者的最大探测范围，则对于横距为 x 的目标，搜索者在一个线段元对应的搜索航路上发现目标的概率为

$$p=\frac{\Delta L}{S}\int_{-\infty}^{+\infty}P_n(x)\mathrm{d}x=\frac{\omega\Delta L}{S} \tag{4.2.14}$$

整个航路共有 $N=L/\Delta L$ 个线段元，每个线段元相互独立，由式（4.1.6）可知，沿整个航路搜索时发现目标的概率为

$$P(L)=1-\left(1-\frac{\omega\Delta L}{S}\right)^{L/\Delta L} \tag{4.2.15}$$

当 $\Delta L\to 0$ 时，

$$P(L)=1-\exp\left(-\frac{\omega L}{S}\right) \tag{4.2.16}$$

由 $P(L)=P(\varphi)=1-\exp(-\varphi)$ 可知，发现势 $\varphi=\dfrac{\omega L}{S}$，它是搜索面积 ωL 与总面积 S 的比值，因此又称为搜索的覆盖率，表示搜索者在搜索行动上的努力程度。

当已知搜索者的平均运动速度 v_s 时，有 $L=v_s t$，代入式（4.2.16）可得到发现概率关于时间 t 的函数为

$$P(t)=1-\exp\left(-\frac{\omega v_s}{S}t\right)=1-\exp\left(-\frac{u}{S}t\right) \tag{4.2.17}$$

式中，$u=\omega v_s$ 是理论搜索速度。

回顾式（4.1.29）可知，随机搜索下的发现概率为

$$\eta=\frac{\omega v_s}{S}=\frac{u}{S} \tag{4.2.18}$$

此时的发现概率 η 是一个常数，随机搜索又称为常发现概率搜索。

又由式（4.1.31）可知，随机搜索时对目标的期望发现时间为

$$E[T]=\frac{1}{\eta} \tag{4.2.19}$$

随机搜索代表一类特殊的搜索行动，即在目标信息量少且没有系统的搜索计划可用的情况下，给出了发现目标的概率。通常认为，若知道更多关于目标的信息，且采用更有计划性的搜索方案，则会获得更高的搜索概率。因此，随机搜索模型给出的对静止目标的发现概率可以作为搜索效能评估的下限。

当然，若不能确定目标在区域内一定是静止的，则此时随机搜索的效果并不一定比其他的搜索策略更好。

2. 均匀搜索

若静止目标的位置在某一区域内服从均匀分布，则可以想象对目标进行搜索的最好方式是均匀地搜索该区域的每一处，既无遗漏也无重复，这种方式称为均匀搜索，也有文献称为穷尽搜索或割草机搜索。

实现均匀搜索的一种常用方式是单个搜索者按 Z 字形航线搜索，如图 4.2.8 所示。

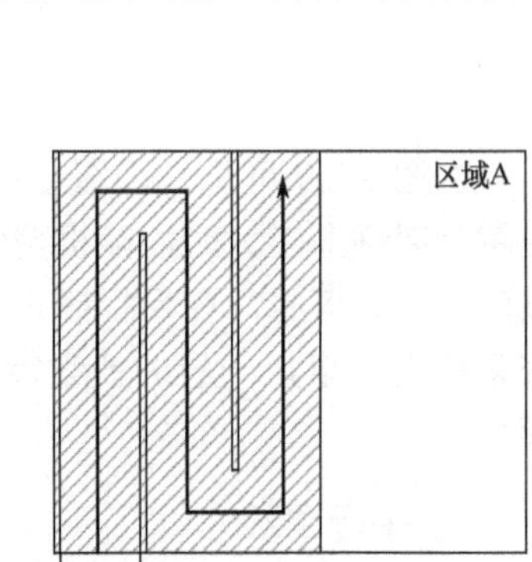

图 4.2.8　均匀搜索

均匀搜索时，若横距曲线服从定距律，随着搜索的展

开，剩余的搜索面积不断减小，此时对目标的发现概率与时变的关系为

$$\eta(t)=\frac{\omega v_{s}}{S-\omega v_{s}t} \tag{4.2.20}$$

由式（4.2.18）设常数$\eta=\frac{\omega v_{s}}{S}$，即$S=\frac{\omega v_{s}}{\eta}$，代入式（4.2.20）得

$$\eta(t)=\frac{\eta}{1-\eta t} \tag{4.2.21}$$

此时

$$P(t)=1-\exp\left[-\int_{0}^{t}\eta(t)\mathrm{d}t\right]=\eta t=\frac{\omega v_{s}t}{S} \tag{4.2.22}$$

因此均匀搜索对目标的发现概率为

$$P(t)=\min\left\{\frac{\omega v_{s}t}{S},1\right\} \tag{4.2.23}$$

发现目标所需的期望时间为

$$E[T]=\int_{0}^{1/\eta}t\frac{\mathrm{d}P(t)}{\mathrm{d}t}\mathrm{d}t=\int_{0}^{1/\eta}t\eta\mathrm{d}t=\frac{1}{2\eta} \tag{4.2.24}$$

对比式（4.2.19）和式（4.2.24）可知，在其他条件相同的情况下，均匀搜索发现目标所需的平均时间比随机搜索减少一半。

可以进一步描述随机搜索和均匀搜索中发现概率随搜索覆盖率$\frac{\omega L}{S}$变化的情况，如图 4.2.9 所示。

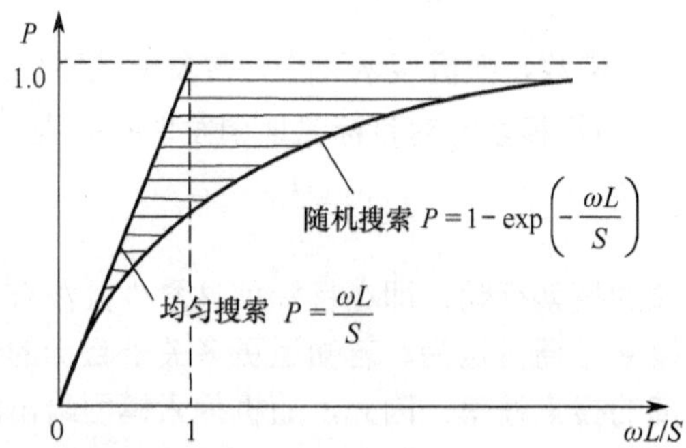

图 4.2.9 搜索覆盖率对发现概率的影响

由图 4.2.9 可见，当覆盖率很小时，均匀搜索与随机搜索对目标的发现概率大致相同。当覆盖率逐渐增大时，随机搜索的发现概率呈现增长减缓的趋势，其中的主要原因是搜索区域的重合。可见，在目标静止的条件下，均匀搜索给出区域搜索中发现概率的上限，而随机搜索给出下限，一般的搜索策略发现目标的概率介于上述两种策略之间，即图 4.2.9 中阴影部分。

3. 平行搜索

仍然假定目标位于某一区域，且位于该区域内各处的概率相等。一种搜索方式是将该区域等分为n个平行搜索带，每个搜索带中心线间距为l，并由n个相同的搜索者在各带中沿搜索带中心线展开平行搜索，如图 4.2.10 所示。

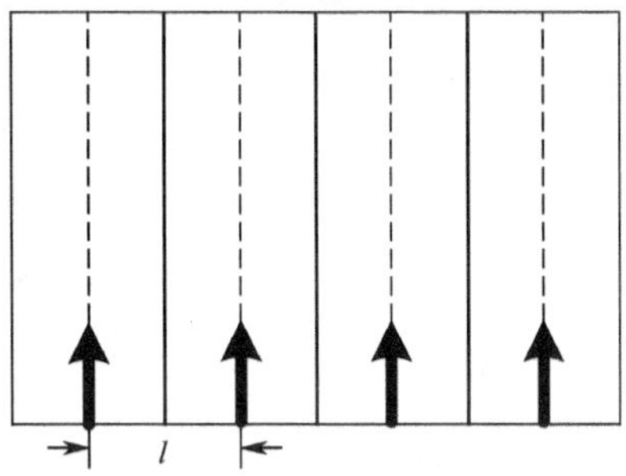

图 4.2.10　平行搜索

假定搜索者发现目标是相互独立的，所有搜索者的横距曲线已知且相同，都如图 4.2.11 所示，其中 R 是搜索者的最大探测距离。

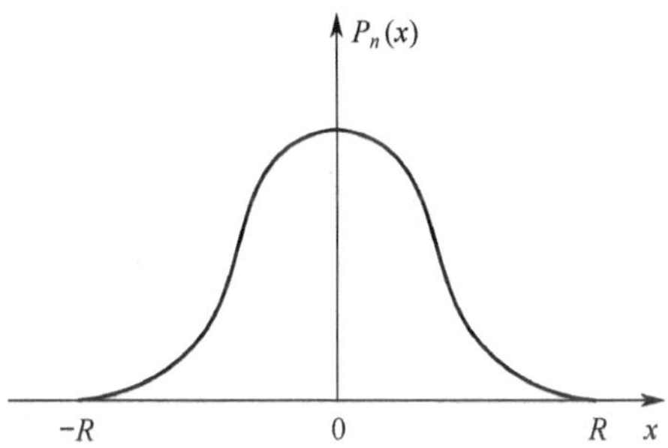

图 4.2.11　搜索者的横距曲线

根据搜索带中心线间距 l 与最大探测距离 R 之间的关系，可以分 3 种情况对平行搜索的发现概率进行讨论。

（1）若 $l \geqslant 2R$，则相邻搜索者的横距曲线不发生重叠，如图 4.2.12 所示，目标最多被 1 个搜索者发现。

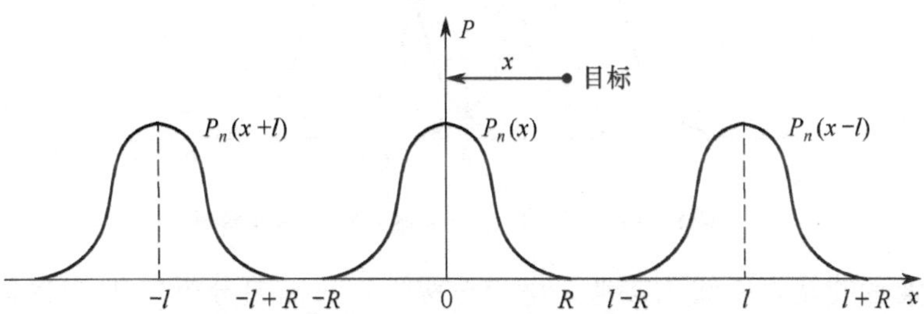

图 4.2.12　平行搜索中横距曲线不重叠

此时由式（4.2.10）可知，在第 i 个搜索带中发现目标的概率为 $p_i = \dfrac{\omega}{l}$，$i = 1,2,\cdots,n$，其中 ω 是搜索者的搜索宽度。由于目标在任意一个搜索带内的概率相等，均为 $1/n$，在整个区域中通过平行搜索发现目标的平均概率为

$$P = \frac{1}{n}\sum_{i=1}^{n}\frac{\omega}{l} = \frac{\omega}{l} \tag{4.2.25}$$

（2）若$R \leqslant l < 2R$，则相邻搜索者的横距曲线互相重叠，如图 4.2.13 所示，目标可能被 2 个搜索者同时发现。

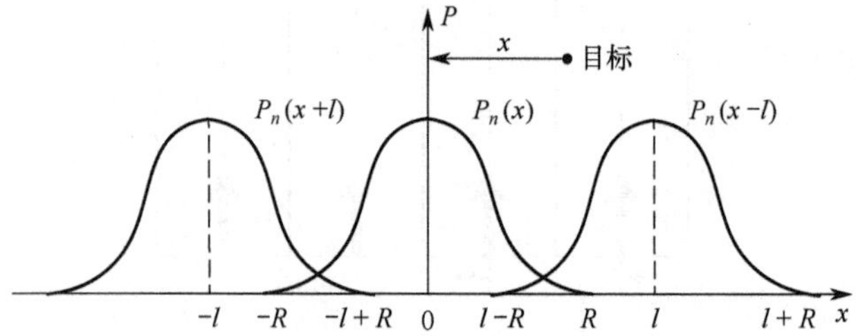

图 4.2.13　平行搜索中两条横距曲线相互重叠

当两个相互独立的搜索者可能同时发现目标时，它们的横距概率可以合成为

$$P_n'(x) = 1-(1-P_n(x))\cdot(1-P_n(x-l)),\ 0 \leqslant x \leqslant l \tag{4.2.26}$$

此时对目标的发现概率为

$$P = \int_0^l P_n'(x) f(x)\mathrm{d}x \tag{4.2.27}$$

式中，$f(x)$为目标横距在$[0, l]$间的分布密度函数。

若目标在$[0, l]$区间服从均匀分布，且搜索者的最大搜索距离为R，则式（4.2.27）又可转化为

$$P = \frac{1}{l}\left\{\int_0^{l-R} P_n(x)\mathrm{d}x + \int_{l-R}^{R}[1-(1-P_n(x))\cdot(1-P_n(x-l))]\mathrm{d}x + \int_R^l P_n(x-l)\mathrm{d}x\right\} \tag{4.2.28}$$

（3）若$l < R$，则至少有 3 个相邻搜索者的横距曲线发生重叠，如图 4.2.14 所示。此时目标可能被 3 个搜索者同时发现。

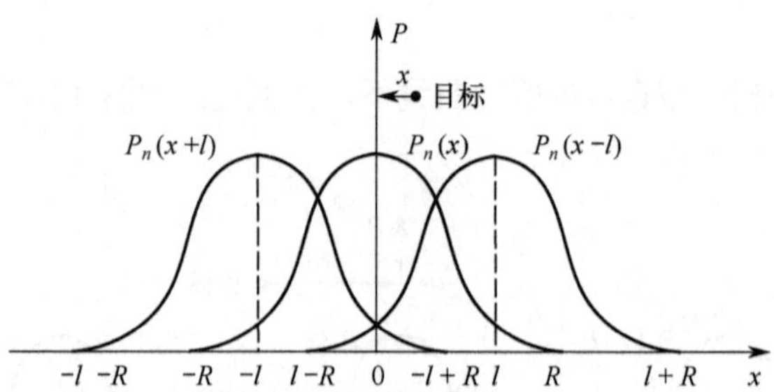

图 4.2.14　平行搜索中 3 条横距曲线相重叠

以中间搜索者的搜索航线为参考，考虑对称性，只需要分析$[0, l/2]$区间内 3 个搜索者横距概率的合成，有

$$P_n'(x) = 1-(1-P_n(x))\cdot(1-P_n(x+l))\cdot(1-P_n(x-l)),\ 0 \leqslant x \leqslant l/2 \tag{4.2.29}$$

此时对目标的发现概率为

$$P = \int_0^{l/2} P_n'(x) f(x)\mathrm{d}x \tag{4.2.30}$$

式中，$f(x)$为目标横距在$[0, l/2]$内的分布密度函数。

【例 4.2.4】设若干个搜索者对一片区域展开平行搜索，各条搜索航线间距$l = 60$海里，搜索者横距曲线相同，如图 4.2.15 所示。试求平行搜索规则下发现目标的概率。

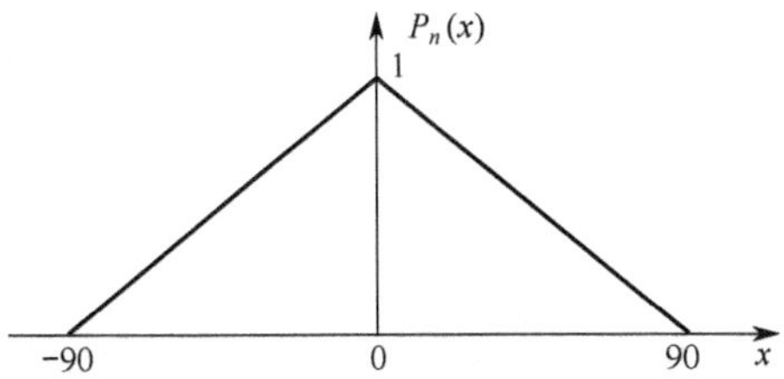

图 4.2.15　搜索者横距曲线

解：由图 4.2.15 可知，搜索者的横距为

$$P_n(x)=\begin{cases}1+\dfrac{x}{90}, -90\leqslant x\leqslant 0\\ 1-\dfrac{x}{90}, 0\leqslant x\leqslant 90\\ 0, 其他\end{cases}$$

由于$l=60<R=90$，有 3 个搜索者的横距曲线相互重叠，如图 4.2.16 所示，即有 3 个搜索者可能同时发现目标。

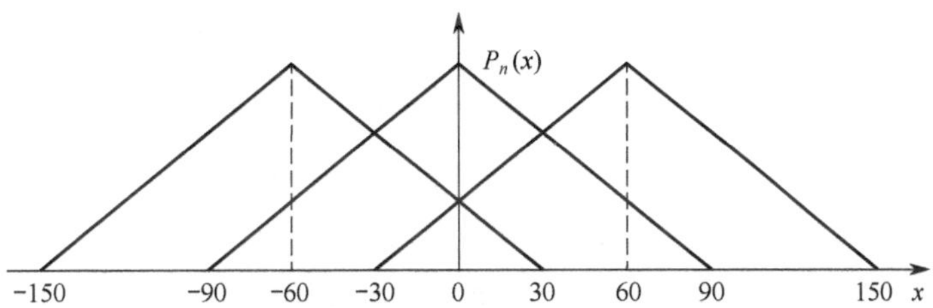

图 4.2.16　平行搜索中 3 条横距曲线重叠

由题意，根据式（4.2.29）和式（4.2.30）可知，发现目标的概率为

$$P=\int_0^{l/2}P_n'(x)f(x)\mathrm{d}x=\frac{1}{30}\int_0^{30}[1-(1-P_n(x))\cdot(1-P_n(x+60))\cdot(1-P_n(x-60))]\mathrm{d}x=0.9352$$

如果计算单个搜索者在一个宽$l=60$的区域中进行搜索的发现概率，由对称性可得

$$P=\frac{1}{30}\int_0^{30}P_n(x)\mathrm{d}x=0.8333$$

可见，由于搜索范围存在重叠，增大了对目标的发现概率。

在本节介绍的 3 种搜索策略中，均匀搜索一般不适用于目标运动的情况，而随机搜索和平行搜索是适用的。

4．倒立方发现律

在 4.1.4 节中介绍过倒立方发现律的概念，即在低高度探测的条件下，目标对观察者所张的立体角随着两者之间距离的三次方成反比下降，因此称为倒立方发现律。

倒立方发现律也可以用在只知道搜索宽度的条件下，多个搜索者（或单个搜索者 Z 字形航线）对一片区域进行平行搜索时，对两传感器之间的目标发现概率的估计。由于此时倒立方发现律的发现概率公式推导过程非常复杂，这里只给出最终结果。假定搜索者的搜索宽度为ω，相邻两条搜索航线的间距为l，则倒立方发现律的发现概率计算公式为

$$P=2\int_0^{z}\varphi(t)\mathrm{d}t=2\phi(z)-1\tag{4.2.31}$$

式中，φ为标准正态分布概率密度函数；ϕ为正态分布函数，其值可以通过查正态分布函数表得到；$z=\sqrt{\frac{\pi}{2}}\frac{\omega}{l}$，其中，$\frac{\omega}{l}$与前面定义的$\frac{\omega L}{S}$含义相同，即覆盖率。

由式（4.2.31）可知，当覆盖率为 1 时，得到的发现概率为 0.79，而均匀搜索发现概率为 1，随机搜索发现概率为 0.63，因此倒立方发现律是在以均匀搜索发现概率为上限和随机搜索发现概率为下限的区间之间一个很好的折中，在图 4.2.9 中增加倒立方发现律曲线，得到图 4.2.17。

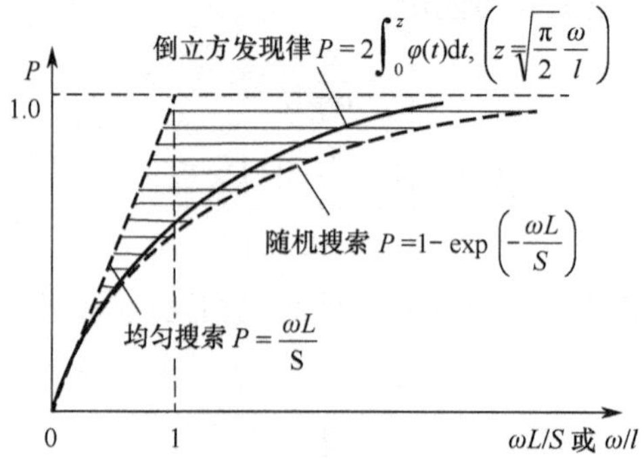

图 4.2.17　不同搜索规则下搜索覆盖率对发现概率的影响

【例 4.2.5】对例 4.2.3 利用倒立方发现律规则计算发现概率，并进行比较。

解：已知$l=60$，且由图 4.2.15 得$\omega=90$，因此

$$z=\sqrt{\frac{\pi}{2}}\frac{\omega}{l}=1.8795$$

倒立方发现律下发现概率为

$$P=2\phi(z)-1=0.94$$

这与前面计算得到的 0.9352 非常接近。可见，在搜索宽度一定的条件下，横距曲线的形状并不显著影响发现概率，可以用搜索宽度对发现概率进行近似。

在很多实际应用中，如在国际航空与海上搜救中，可以在倒立方发现律规则下根据搜索者的搜索宽度和要求的发现概率来确定搜索航线的间距。

4.3　对运动目标的搜索

对运动目标的搜索主要包括以下 5 种情况。

（1）搜索者在不了解目标的位置和运动方向信息的条件下，对保证在预定区域内的目标进行的搜索，称为检查搜索或区域搜索。在这种情况下，一方面目标可以是静止或近似静止的，此时可以认为是对运动目标搜索的一种特殊情况，可以采用前面介绍过的随机搜索、均匀搜索或平行搜索等方式，如搜索沉船、扫雷等；另一方面目标也可以是运动的，但不会脱离预定区域，此时可以采用随机搜索或多个搜索者的平行搜索，如对固定区域中入侵者的搜索。

（2）搜索者在不了解目标的位置和运动方向信息，但大致了解目标运动速度的条件下，对因做被动规避运动而可能逃离预定区域的目标进行的搜索。这种搜索的搜索区域会不断扩

大，因此可称为扩大区域的检查搜索，如对海上失事船只和人员的救援。

（3）搜索者了解目标在搜索前某一时刻的位置，但不了解其运动方向信息而对目标进行的搜索。这种搜索路线一般呈螺线型，称为螺线搜索，又由于是在获得目标一次信息的情况下发动的搜索，因此也可以称为应召搜索，如对潜艇跟踪丢失后出动飞机搜索。

（4）搜索者在了解目标运动方向和速度，但不知其具体位置的条件下，对目标预定线路中某一区域的搜索，一般称为巡逻搜索或封锁搜索，如搜索通过海峡的潜艇。

（5）目标具有主动规避搜索的能力，即目标的运动与搜索的行动是相关的，这类搜索称为对抗搜索，也是搜索行动中最为复杂的一类，如抓捕逃犯。对抗搜索策略的制订要同时用到搜索论和对策论的知识，针对具体的问题展开。

本节主要围绕运动目标，介绍针对第 2 种到第 4 种情况的搜索方法，表 4.3.1 给出了这 3 种搜索方法的适用条件。

表 4.3.1　3 种运动目标搜索方法的适用条件

搜索方式	已知信息	未知信息
扩大区域的检查搜索	目标初始所在区域信息和目标大致运动速度	目标初始位置和运动方向信息
应召搜索	开始搜索前某一时刻目标的位置信息和目标大致运动速度	目标运动方向信息
巡逻搜索	目标运动方向、大致速度信息和目标预定线路上的区域信息	目标位置信息

4.3.1　扩大区域的检查搜索

假设目标初始时位于面积为 S 的区域中的任意一点，以速度 v_t 做被动规避运动，其运动方向是随机的。搜索者在不了解目标位置和运动方向的情况下，以速度 v_s 做随机搜索运动。搜索者的搜索宽度为 ω。

由式（4.2.16）和式（4.2.17）可知，当目标限定在面积为 S 的区域中时，搜索者搜索了一段长为 L 的航程后，发现目标的概率为

$$P(t)=1-\exp\left[-\frac{\omega L}{S}\right]=1-\exp\left[-\frac{\omega v_s t}{S}\right]$$

式中，ω 是搜索宽度；v_s 是搜索者运动速度。

若目标以速度 v_t 做被动规避运动，则有可能离开原先的区域。为了继续搜索目标，就要不断扩大搜索区域，此时，搜索区域面积 S 是时间 t 的函数，即 $S(t)$。在 t 时间内发现目标的概率为

$$P(t)=1-\exp\left[-\int_0^t \frac{\omega v_s}{S(t)}\mathrm{d}t\right] \tag{4.3.1}$$

假定初始搜索区域是面积为 S 的圆形区域，其半径为 r，则

$$S=\pi r^2 \tag{4.3.2}$$

当目标恰巧运动到 S 的周界上时，它有一半的可能性向外运动，如图 4.3.1 所示。建立以周界上的目标位置为原点的直角坐标系，横轴与圆域相切，纵轴沿径向指向圆域外，目标运动速度矢量与横轴正向夹角为 θ，$0\leqslant\theta<2\pi$。目标在该点之后可能 360 度随机运动，θ 的分布密度函数为 $f(\theta)=\dfrac{1}{2\pi}$。设此时目标沿径向向圆域外运动的速度分量为 v_{tp}，则有

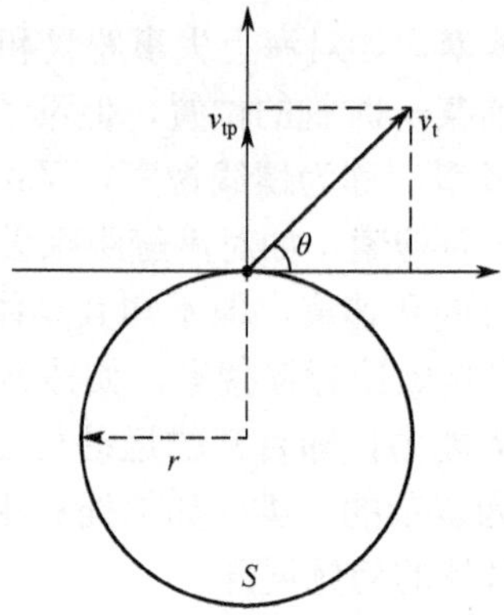

图 4.3.1　目标运动时搜索面积的扩张

$$E[v_{tp}]=\int_0^{\pi} v_t \sin\theta \cdot f(\theta)\mathrm{d}\theta=\frac{v_t}{2\pi}\int_0^{\pi}\sin\theta \mathrm{d}\theta=\frac{v_t}{\pi} \tag{4.3.3}$$

因此，不断扩展的搜索区域面积为

$$S(t)=\pi(r+v_{tp}t)^2 \tag{4.3.4}$$

将式（4.3.4）代入式（4.3.1），可得

$$P(t)=1-\exp\left[-\frac{\omega v_s t}{\pi r(r+v_{tp}t)}\right]=1-\exp\left[-\frac{\omega v_s t}{\pi r^2+r v_t t}\right] \tag{4.3.5}$$

在前面对静止目标的随机搜索中定义了发现势 $\varphi(t)=\dfrac{\omega v_s t}{S}$，它是已搜索面积 $\omega v_s t$ 与初始区域总面积 S 的比值。现在讨论在扩大区域的随机搜索中，已搜索面积与初始区域总面积 S 的比值 $\varphi(t)=\dfrac{\omega v_s t}{S}$ 对发现概率的影响。

由式（4.3.5）得

$$P(t)=1-\exp\left[-\frac{\varphi(t)}{1+c\cdot\varphi(t)}\right] \tag{4.3.6}$$

式中，$c=\dfrac{v_t}{v_s}\cdot\dfrac{r}{\omega}$ 可定义为扩张系数。

因此，扩大区域的检查搜索的发现势为

$$\varphi'(t)=\frac{\varphi(t)}{1+c\cdot\varphi(t)}=\frac{\omega v_s t}{\pi r^2+r v_t t} \tag{4.3.7}$$

在搜索过程中，当 t 趋于无穷大时，有

$$\lim_{t\to\infty}\varphi'(t)=\lim_{t\to\infty}\frac{\omega v_s t}{\pi r^2+r v_t t}=\frac{\omega v_s}{r v_t}=\frac{1}{c} \tag{4.3.8}$$

$$\lim_{t\to\infty}P(t)=1-\exp(-1/c) \tag{4.3.9}$$

即当搜索者在不断扩大的区域中持续搜索时，最终对目标的发现势和发现概率都将趋于与扩张系数 c 有关的常数，扩张系数 c 越大，最终发现目标的概率越小。

对比式（4.2.17）和式（4.3.6），即固定区域检查搜索发现概率 $P(t)=1-\exp[-\varphi(t)]$ 和扩大区域检查搜索发现概率 $P(t)=1-\exp\left[-\dfrac{\varphi(t)}{1+c\cdot\varphi(t)}\right]$，可知

（1）若搜索区域半径 r 和搜索宽度 ω 一定，则当 $v_t \ll v_s$ 时，$c \approx 0$，此时搜索面积扩张速度很慢，式（4.3.6）即为对固定区域随机搜索的发现概率。

（2）随着 v_t / v_s 的增大，c 也增大，目标所在区域的扩张速度将可能超过搜索面积的覆盖速度，单个搜索者最终发现目标的概率逐渐下降，直至趋于 $1-\exp(-1/c)$，图 4.3.2 中给出了几种不同扩张系数下的发现目标概率。

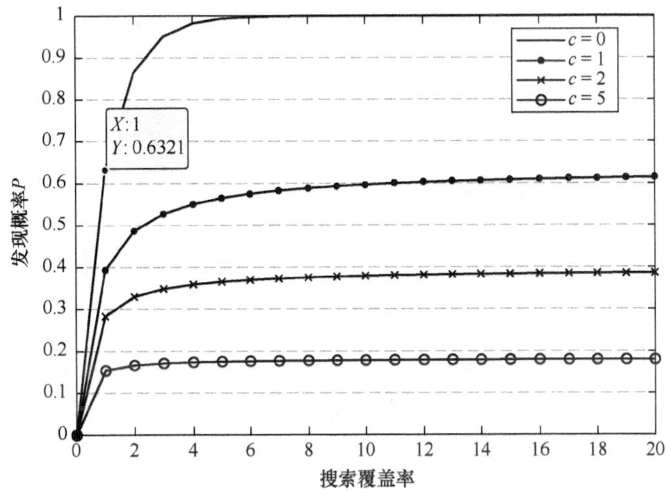

图 4.3.2　不同扩张系数下的发现概率

（3）发现目标这一事件常发生在搜索的早期，尤其在 c 较大时，如果早期没有发现目标，后续搜索将很难再提升发现目标的概率。

（4）当扩张系数较大时，可以通过增加独立搜索者数量的方式增加发现概率，如 m 个搜索者时 $\varphi(t)=\dfrac{\omega m v_s t}{S}$，此时 t 趋于无穷大时的发现势变为 m/c，等效于减小了扩张系数，增大了最终发现概率。

【例 4.3.1】 假定在一片区域内发现了敌潜艇的潜望镜，直升机被召唤来对该区域进行搜索，同时敌潜艇以航速 10 节径直逃离该区域。设直升机飞行速度为 250 节，搜索宽度为 1 海里。问：

（1）若直升机于 0.5 小时后到达搜索区域并开始持续搜索，求最终对潜艇的可能发现概率；

（2）求在直升机到达搜索区域的最初 2 小时内，对潜艇的发现概率。

解：（1）由题意知，潜艇径直逃离最初发现位置，因此，在 0.5 小时后直升机到达搜索区域时，该区域半径为

$$r = v_t \cdot t = 10 \times 0.5 = 5\text{海里}$$

潜艇径向逃离原区域时，$v_{tp}=10\text{节}$，无论潜艇逃离的最终区域如何，若搜索持续进行，由式（4.3.5）和式（4.3.9）可知，最终对潜艇的发现概率为

$$\lim_{t\to\infty} P(t) = 1-\exp\left(\frac{\omega v_s}{r v_t}\right) = 1-\exp\left(\frac{1\times 250}{\pi\times 5\times 10}\right) = 0.7964$$

（2）在直升机到达搜索区域的最初 2 小时内，对目标的发现概率由式（4.3.5）可知，为

$$P(t) = 1-\exp\left[-\frac{\omega v_s t}{\pi r(r+v_{tp}t)}\right] = 1-\exp\left[-\frac{1\times 250\times 2}{\pi\times 5\times(5+10\times 2)}\right] = 0.7201$$

可见，在直升机开始探测的最初 2 小时内若潜艇没有被及时发现，则后续发现潜艇的概率非常小。

图 4.3.3 给出了直升机在不同到达时延条件下，发现目标概率随搜索时间的变化情况。可见，延迟时间越短，对目标的发现概率越大，延迟时间较大意味着开始搜索时目标位于一个较大的区域，因而显著降低了对目标的发现概率。

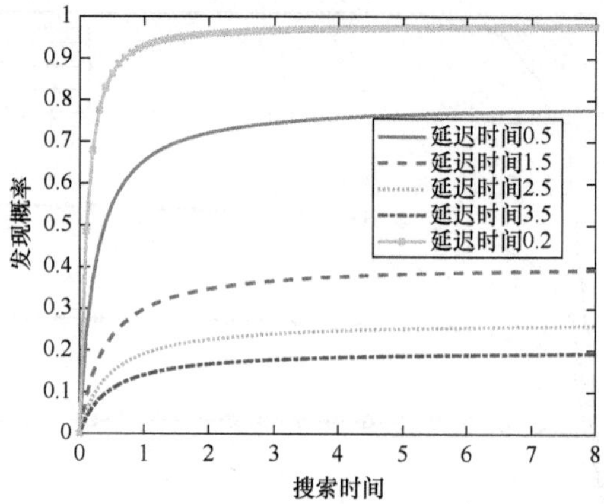

图 4.3.3　不同搜索时延下发现概率随搜索时间变化曲线

4.3.2　应召搜索

在仅知目标的初次发现位置和平均运动速度，且目标运动速度小于搜索者速度的条件下组织的搜索，称为应召搜索。应召搜索时，若目标保持直线运动，则理想条件下搜索者的搜索轨迹为螺线，因此也称螺线搜索。

1．搜索原理

如图 4.3.4 所示，假设目标在 O 点被发现，随即搜索者失去对它的跟踪，目标逃离被发现点。假定目标进行直线运动，其运动速度 v_t 介于 v_{t1} 和 v_{t2} 之间，即 $v_t \in [v_{t1}, v_{t2}]$，平均速度为 $\overline{v}_t$，运动方向在任意方向上等可能。同时，位于 K 点、与目标距离为 D 的搜索者以速度 v_s 前往初始发现区域进行搜索，其有效搜索宽度为 ω。

搜索者的合理搜索方式是首先沿 KO 方向，机动到可能相遇点 C_1。

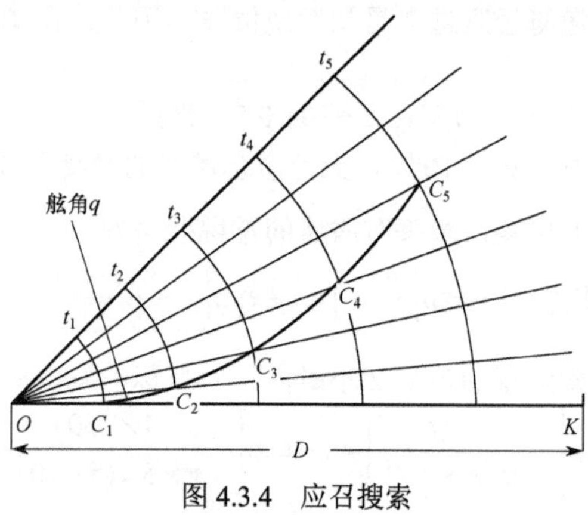

图 4.3.4　应召搜索

C_1 是若目标沿 OK 方向运动，经 t_1 时间后与搜索者的相遇点。显然，可能相遇时间为

$$t_1 = \frac{D}{\overline{v}_t + v_s} \tag{4.3.10}$$

可能相遇距离

$$OC_1 = \overline{v}_t t_1 = \frac{\overline{v}_t D}{\overline{v}_t + v_s} \tag{4.3.11}$$

记此时 OC_1 距离为 r_1。由于目标运动方向在 $[0, 2\pi]$ 范围内是等可能的，因此 t_1 时刻目标可能位置在以初次发现位置 O 为圆心、以 $r_1 = \overline{v}_t t_1$ 为半径的圆上。以后各时刻 $t_2, t_3, \cdots$，目标可能位置也都将在相应半径 $r_i = \overline{v}_t t_i$，$i = 2, 3, \cdots$ 的圆上。

若搜索者在 t_1 时刻未与目标相遇，在 t_2 时刻，它的位置 C_2 必须位于 t_2 时刻的圆上，且应满足距离 $C_1C_2 = v_s(t_2 - t_1)$。类似地，可确定 C_3、C_4 等各点位置。观察图 4.3.5，当 $\angle C_1OC_1'$ 很小时，可认为 $\angle OC_1C_1' \approx \angle OC_1'C_1 \approx 90°$，而 $|C_1'C_2| = \overline{v}_t(t_2 - t_1)$，$|C_1C_2| = v_s(t_2 - t_1)$，因此在 C_1 点搜索者去往下一个搜索点应取的舷角 $\angle OC_1C_2$ 为

$$\angle OC_1C_2 = 90° + \arcsin\frac{\overline{v}_t}{v_s}$$

类似地，在 C_2 点处搜索者应取的舷角 $\angle OC_2C_3$ 为

$$\angle OC_2C_3 = 90° + \arcsin\frac{\overline{v}_t}{v_s}$$

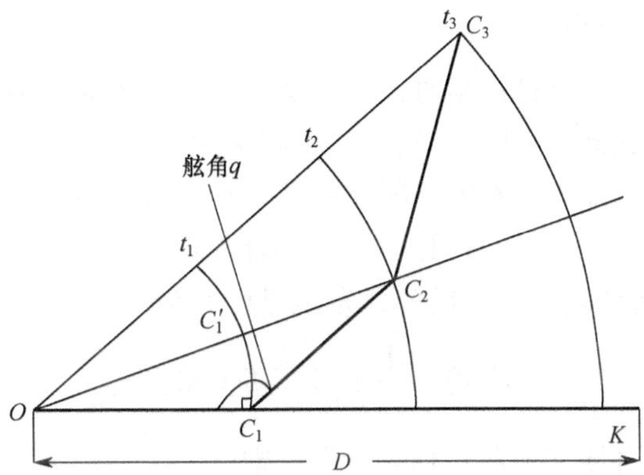

图 4.3.5　搜索者舷角

依此类推，若搜索者到达可能相遇点 C_1 后未发现目标，后续的搜索轨迹就要保持不变的舷角 q，从 C_1 运动到 $C_2, C_3, \cdots$ 各点，其中舷角 q 的大小始终为

$$q = 90° + \arcsin\frac{\overline{v}_t}{v_s} = 90° + Q \tag{4.3.12}$$

式中，$Q = \arcsin\dfrac{\overline{v}_t}{v_s}$ 称为临界角。

可以证明，搜索者保持定舷角运动的轨迹，是以初次发现位置 O 为原点的对数螺线，其轨迹方程为

$$r = r_1 \exp(k\psi) \tag{4.3.13}$$

式中，r 是螺线半径；ψ 是螺线转角；参数 r_1 是 $\psi=0$ 时的螺线半径，决定了螺线的起点；参数 k 确定了螺线的矢径增加速度，它定义为临界角 Q 的正切值

$$k=\tan Q=\tan\left(\arcsin\frac{\overline{v}_\mathrm{t}}{v_\mathrm{s}}\right) \tag{4.3.14}$$

2．发现目标的概率

根据应召搜索原理，任意时刻 t，$t\geqslant t_1$ 的搜索者矢径为

$$r=\overline{v}_\mathrm{t}t \tag{4.3.15}$$

搜索宽度为 ω，t 时刻如果目标在矢径上的分布范围为 $[r-\omega/2,r+\omega/2]$，则能发现目标，此时目标速度估计值 $\overline{v}_\mathrm{t}$ 对应分布在区间 $[v'_{\mathrm{t}1},v'_{\mathrm{t}2}]$ 内，称为目标速度可分布区间，有

$$\begin{cases}v'_{\mathrm{t}1}=\overline{v}_\mathrm{t}-\dfrac{\omega/2}{t}=\overline{v}_\mathrm{t}-\dfrac{\omega\overline{v}_\mathrm{t}}{2r}\\ v'_{\mathrm{t}2}=\overline{v}_\mathrm{t}+\dfrac{\omega/2}{t}=\overline{v}_\mathrm{t}+\dfrac{\omega\overline{v}_\mathrm{t}}{2r}\end{cases} \tag{4.3.16}$$

设目标速度概率密度函数为 $f(v_\mathrm{t})$，$v_\mathrm{t}\in[v_{\mathrm{t}1},v_{\mathrm{t}2}]$。设目标航向概率密度函数为 $f(\psi)$，由于目标航向 ψ 在 $[0,2\pi]$ 是均匀分布的，因此有

$$f(\psi)=\frac{1}{2\pi}$$

下面分两种情况讨论应召搜索下对目标的发现概率。

1）$\psi=0$ 时，有 $[v'_{\mathrm{t}1},v'_{\mathrm{t}2}]\subseteq[v_{\mathrm{t}1},v_{\mathrm{t}2}]$

这一条件表示开始进行应召搜索时，目标速度的可分布区间 $[v'_{\mathrm{t}1},v'_{\mathrm{t}2}]$ 就包含在目标速度的可能区间 $[v_{\mathrm{t}1},v_{\mathrm{t}2}]$ 内。由式（4.3.16）可知，目标速度可分布区间 $[v'_{\mathrm{t}1},v'_{\mathrm{t}2}]$ 随着搜索时间 t 的增大而不断压缩，因此在后续搜索中，将始终满足 $[v'_{\mathrm{t}1},v'_{\mathrm{t}2}]\subseteq[v_{\mathrm{t}1},v_{\mathrm{t}2}]$ 这一条件。因此，在沿螺线搜索 ψ 角后对发现目标概率的计算中，目标速度的积分区间始终为 $[v'_{\mathrm{t}1},v'_{\mathrm{t}2}]$，即目标落在搜索者搜索宽度内对应的运动速度区间，发现目标概率为

$$P(\psi)=\frac{1}{2\pi}\int_0^{\psi}\int_{v'_{\mathrm{t}1}}^{v'_{\mathrm{t}2}}f(v_\mathrm{t})\mathrm{d}\psi\mathrm{d}v_\mathrm{t}$$

若目标速度在 $[v_{\mathrm{t}1},v_{\mathrm{t}2}]$ 区间内服从均匀分布，则有

$$f(v_\mathrm{t})=\begin{cases}\dfrac{1}{v_{\mathrm{t}2}-v_{\mathrm{t}1}}, & v_{\mathrm{t}1}\leqslant v_\mathrm{t}\leqslant v_{\mathrm{t}2}\\ 0, & \text{其他}\end{cases}$$

此时搜索 ψ 角后，对目标的发现概率为

$$\begin{aligned}P&=\frac{1}{2\pi(v_{\mathrm{t}2}-v_{\mathrm{t}1})}\int_0^{\psi}\int_{v'_{\mathrm{t}1}}^{v'_{\mathrm{t}2}}\mathrm{d}\psi\mathrm{d}v_\mathrm{t}=\frac{1}{2\pi(v_{\mathrm{t}2}-v_{\mathrm{t}1})}\int_0^{\psi}(v'_{\mathrm{t}2}-v'_{\mathrm{t}1})\mathrm{d}\psi\\&=\frac{1}{2\pi(v_{\mathrm{t}2}-v_{\mathrm{t}1})}\int_0^{\psi}\frac{\omega\overline{v}_\mathrm{t}}{r_1}\exp[-k\psi]\mathrm{d}\psi=\frac{\omega(\overline{v}_\mathrm{t}+v_\mathrm{s})[1-\exp(-k\psi)]}{2\pi(v_{\mathrm{t}2}-v_{\mathrm{t}1})kD}\end{aligned} \tag{4.3.17}$$

由式（4.3.14）和式（4.3.17）可知，此时应召搜索对目标的发现概率与搜索宽度 ω、目标平均速度 $\overline{v}_\mathrm{t}$、搜索者运动速度 v_s、初始发现距离 D，以及目标运动速度分布区间的长度

$v_{t2}-v_{t1}$相关，其中搜索宽度ω和搜索者运动速度v_s越大，发现概率越高，目标平均速度$\overline{v}_t$和初始发现距离D越大，发现概率越小，目标运动速度散布区间$v_{t2}-v_{t1}$越大，说明对目标速度估计越不准确，发现概率越小。这一结论将在例 4.3.2 中进行验证。

2）$\psi=0$时，有$[v_{t1},v_{t2}]\subseteq[v'_{t1},v'_{t2}]$

这一条件表示开始进行应召搜索时，目标速度分布区间包含在可分布区间内，表明开始时对目标速度的估计较为精确。但区间$[v'_{t1},v'_{t2}]$是随搜索时间的增加而不断压缩的，而$[v_{t1},v_{t2}]$是不变的，因此需要进一步分情况讨论发现概率。

如果整个搜索过程都满足$[v_{t1},v_{t2}]\subseteq[v'_{t1},v'_{t2}]$的条件，这种情况常发生在搜索目标速度分布较小，而搜索者的搜索宽度和搜索速度较大的条件下，此时发现概率随着搜索螺线角的增加而线性增大，则有

$$P(\psi)=\frac{1}{2\pi}\int_0^{\psi}\int_{v_{t1}}^{v_{t2}}f(v_t)\mathrm{d}\psi\mathrm{d}v_t=\frac{\psi}{2\pi} \tag{4.3.18}$$

当搜索者搜索完一圈（2π角度）后，对目标的发现概率为 1。

如果在搜索过程开始时满足$[v_{t1},v_{t2}]\subseteq[v'_{t1},v'_{t2}]$这一条件，而搜索过程中从某个螺线角$\psi_t$ ($\psi_t<2\pi$) 开始，不再满足$[v_{t1},v_{t2}]\subseteq[v'_{t1},v'_{t2}]$，而是满足条件$[v'_{t1},v'_{t2}]\subseteq[v_{t1},v_{t2}]$，此时发现概率应分阶段计算，分别由式（4.3.18）和式（4.3.17）计算螺线角ψ_t前后的累积发现概率，而搜索过程的总发现概率为

$$P(\psi)=\frac{\psi_t}{2\pi}+\frac{1}{2\pi}\int_{\psi_t}^{\psi}\int_{v'_{t1}}^{v'_{t2}}f(v_t)\mathrm{d}\psi\mathrm{d}v_t$$

【例 4.3.2】 设目标速度在$v_{t1}=2$节和$v_{t2}=10$节之间服从均匀分布，搜索者速度为$v_s=15$节，搜索宽度$\omega=2.8$海里，搜索者与目标的初始距离为$D=10$海里。试求搜索者按螺线搜索半圈和一圈后发现目标的概率。

解：目标速度的期望为

$$\overline{v}_t=\frac{10+2}{2}=6\text{节}$$

应召搜索轨迹方程中的常数为

$$r_1=OC_1=\frac{D\overline{v}_t}{\overline{v}_t+v_s}=\frac{10\times 6}{6+15}=2.8571$$

$$k=\tan Q=\tan\left(\arcsin\frac{\overline{v}_t}{v_s}\right)=0.4364$$

因此，应召搜索轨迹如图 4.3.6 所示。

由于$\psi=0$时

$$v'_t=\overline{v}_t-\frac{\omega\overline{v}_t}{2r_1}=3.06>v_{t1}=2$$

$$v''_t=\overline{v}_t+\frac{\omega\overline{v}_t}{2r_1}=8.94<v_{t2}=10$$

因此有$[v'_{t1},v'_{t2}]\subseteq[v_{t1},v_{t2}]$，由式（4.3.17）可知

$$P_{\pi}=\frac{\omega\overline{v}_{t}[1-\exp(-k\pi)]}{2\pi(v_{t2}-v_{t1})r_1 k}=0.2$$

类似地，可以计算搜索一圈（360 度）后，发现目标概率为 0.2508。

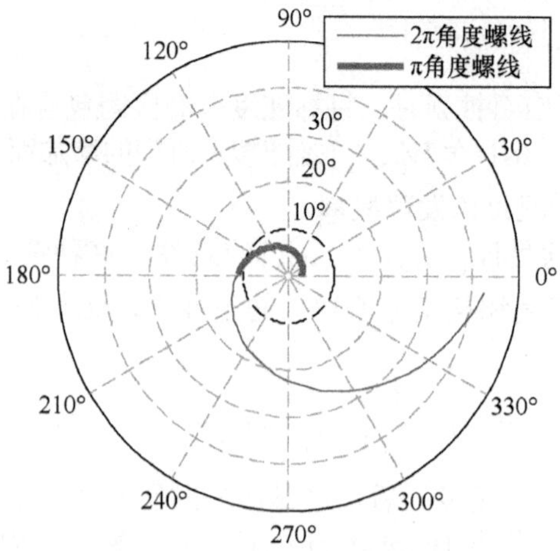

图 4.3.6　应召搜索轨迹

基于本例进一步分析不同因素对最终发现目标概率的影响。图 4.3.7 分析了在不同目标速度可能分布区间条件下的目标发现概率。$\overline{v}_t=6$时，若$[v_{t1},v_{t2}]=[0,12]$，则说明速度不确定性大，搜索 2π 角度后发现概率$P_{2\pi}=0.1672$；$[v_{t1},v_{t2}]=[3,9]$时，$P_{2\pi}=0.3344$；当$[v_{t1},v_{t2}]=[6,6]$时，意味着准确掌握目标运动速度，此时$P_{2\pi}=1$；当$[v_{t1},v_{t2}]=[5,7]$时，搜索过程前期满足$[v_{t1},v_{t2}]\subseteq[v'_{t1},v'_{t2}]$，可采用式（4.3.18）计算发现概率，概率随时间线性增加，随着目标速度可分布区间$[v'_{t1},v'_{t2}]$的逐渐压缩，开始满足$[v'_{t1},v'_{t2}]\subseteq[v_{t1},v_{t2}]$条件，应采用式（4.3.17）计算发现概率。综上可知，对目标速度估计越精准，速度可能区间$[v_{t1},v_{t2}]$越短，发现概率越大。

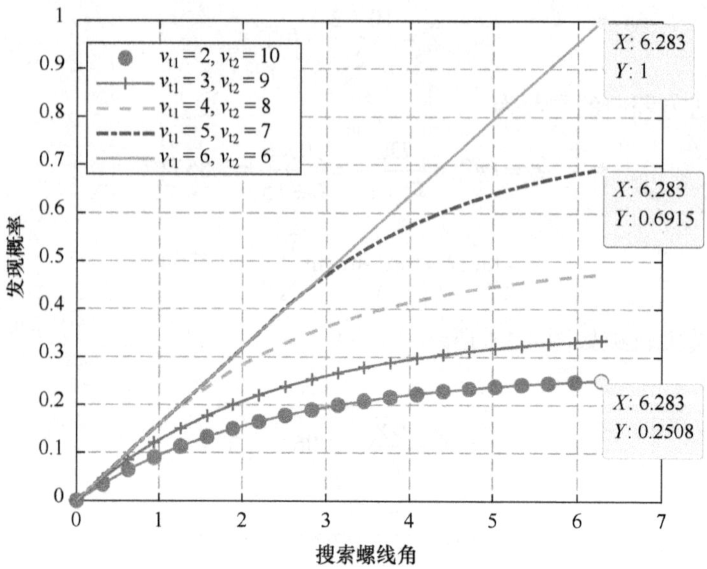

图 4.3.7　目标速度散布区间长度对发现概率的影响分析

图 4.3.8 在例 4.3.2 其他参数条件不变的情况下，分别针对搜索宽度 ω、搜索者运动速度 v_s、初始距离 D 及目标平均速度 $\bar{v}_t$ 的不同取值，分析了它们对发现概率的影响。结果表明，搜索宽度和搜索者运动速度越大，发现概率越高；目标平均速度和初始距离越大，发现概率越小。

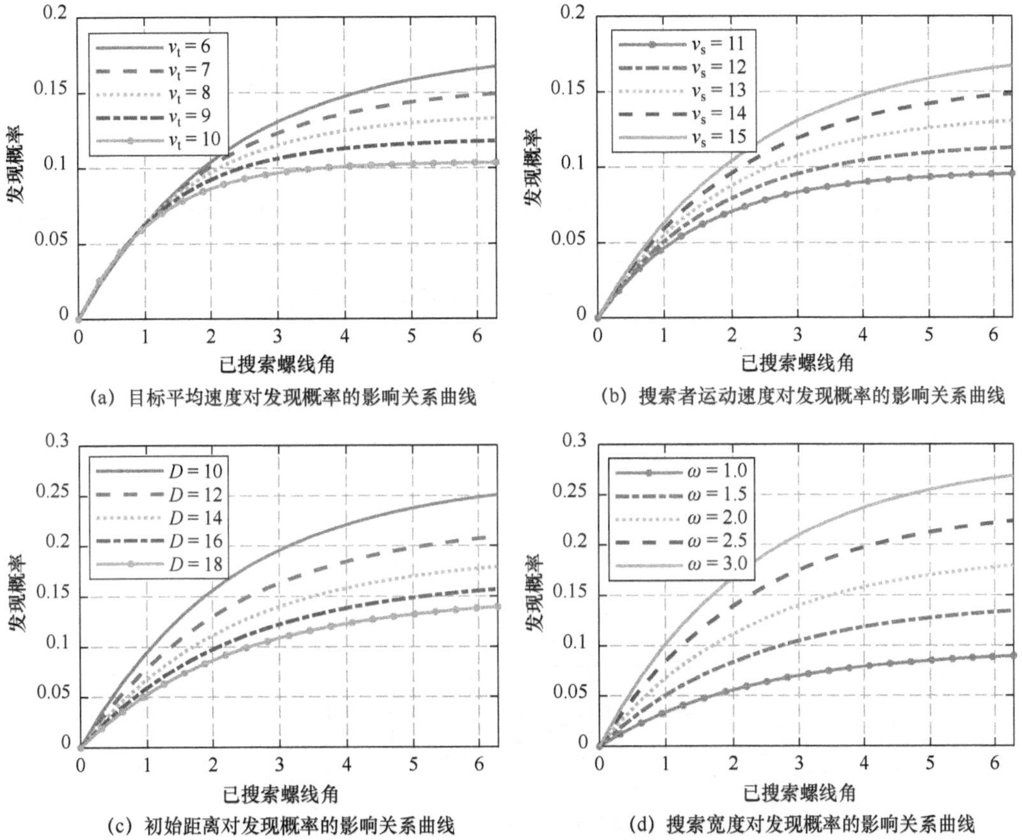

(a) 目标平均速度对发现概率的影响关系曲线　(b) 搜索者运动速度对发现概率的影响关系曲线

(c) 初始距离对发现概率的影响关系曲线　(d) 搜索宽度对发现概率的影响关系曲线

图 4.3.8　不同因素对发现概率的影响

4.3.3　巡逻搜索

运动目标有时需要通过一些具体特殊地形的区域，典型的是狭长的有界区域，如海上的海峡、港湾，或者陆上的山口、道路。这时搜索者可以根据环境特征采用一些特殊的搜索方式来发现目标。巡逻搜索就是这样一种在大体了解目标运动方向和速度条件下对预定有界区域进行的搜索活动，此时搜索者可以建立一个搜索屏障来发现目标，因此巡逻搜索又称封锁巡逻。在第二次世界大战中，在直布罗陀海峡附近进行的巡逻搜索就是阻止潜艇进入地中海的战术。

巡逻搜索问题可以进行如下描述。假定一个目标以固定的运动速度 v_t 试图穿越海峡，搜索者以运动速度 v_s 对目标进行搜索。海峡的两边平行，宽度为 d，目标的运动方向与海峡两边平行。此时的巡逻搜索就是为了找到最有效地搜索到目标的搜索者航线。

对这一问题的建模可以分两种情况：一是搜索者的运动速度大于目标的，即 $v_s > v_t$，实际中，如飞机对舰艇或潜艇进行巡逻搜索；另一种是搜索者的运动速度与目标的接近甚至更小，即 $v_s \leqslant v_t$，实际中，如舰艇对舰艇的巡逻搜索。这两种情况对应两种常见的巡逻搜索方式——交叉航线搜索和往返航线搜索。

1. 交叉航线搜索

交叉航线巡逻是一个常用而且很有意思的搜索方式。首先以多架飞机搜索一个海峡为例进行说明。

假设 3 架飞机以平行搜索的方式对一片海峡进行搜索以阻止目标穿越海峡，如图 4.3.9 所示。假设飞机航线之间的间距均为 l，即海峡被分为多个宽为 l 的带状区域。飞机 1 从参考点 O_1 出发，沿垂直于海峡边界的 O_1O_1'（称为障碍线）飞行，首先对带区 1 进行搜索，之后向上飞行，返回对带区 4 进行搜索，之后搜索带区 7。依此类推，飞机 2 和飞机 3 进行其余带区的搜索。显然，若目标静止，则这种搜索方式近似均匀搜索，具有较高的发现概率，若目标是沿与海峡两边平行的方向运动，则搜索效率会很低，如图 4.3.10 所示。

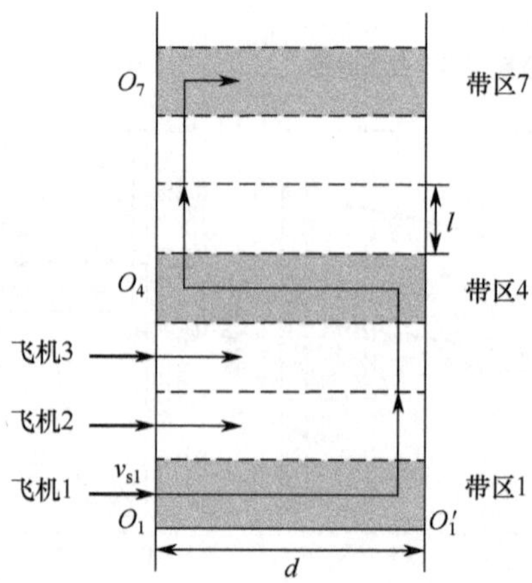

图 4.3.9　飞机平行搜索海峡

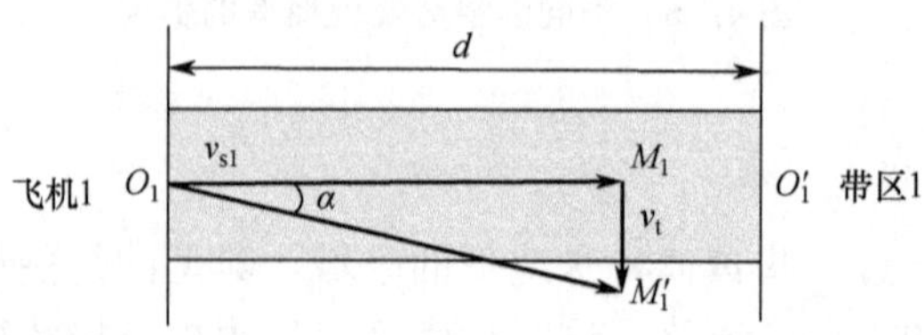

图 4.3.10　目标运动对飞机搜索航线的影响

假定飞机 1 从 O_1 点出发，以速度 v_{s1} 沿 O_1O_1' 对带区 1 进行搜索，目标位于 O_1O_1' 间的某点 M_1。如果目标静止，显然飞机 1 到达 M_1 点时将发现目标。但目标具有运动速度 v_t 时，飞机 1 到达 M_1 点时目标已运动到 M_1' 点，飞机难以发现目标。为了获得更大的发现概率，飞机 1 也应到达 M_1' 点与目标相遇。这时，飞机 1 航线不再沿 O_1O_1' 展开，而是与 O_1O_1' 成一夹角 α。下面对飞机搜索运动目标时的航线进行讨论。

如图 4.3.11 所示，令飞机 1 沿 O_1ABCD 航线搜索。在搜索带区 1 时，到达海峡对岸的位置在 A 点，O_1A 与 O_1O_1' 成夹角 α。A 点的位置取决于 v_{s1}、v_t 和 d 的值。飞机到达 A 点后将

返回搜索带区 4，此时飞机向上飞行距离$|AB|$到达 B 点，同样以一定角度飞行到达 C 点，之后向上飞行到达 D 点，完成第一轮搜索。到达 D 点后又开始进行下一轮的搜索。

与此同时，飞机 2 和飞机 3 与飞机 1 平行飞行，在第一次飞行中分别覆盖带区 2、带区 3，返回时覆盖带区 5、带区 6。现在需要确定 A，B，C，D 点的位置。

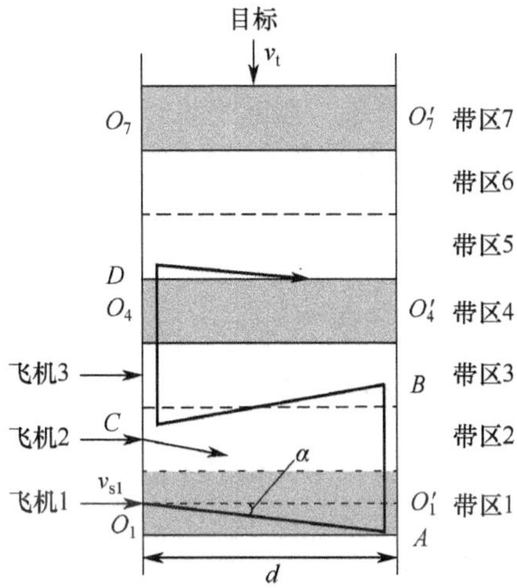

图 4.3.11　飞机对运动目标的交叉航线搜索

由图 4.3.11 可知，

$$\sin\alpha = \frac{|O_1'A|}{|O_1A|} = \frac{v_t t_1}{v_{s1} t_1} = \frac{v_t}{v_{s1}} \tag{4.3.19}$$

式中，t_1 是飞机由 O_1 点到达 A 点的时间，因此有

$$\alpha = \arcsin\left(\frac{v_t}{v_{s1}}\right) \tag{4.3.20}$$

由于

$$d = \sqrt{(v_{s1}t_1)^2 - (v_t t_1)^2} = t_1\sqrt{v_{s1}^2 - v_t^2} \tag{4.3.21}$$

从而求得

$$t_1 = \frac{d}{\sqrt{v_{s1}^2 - v_t^2}} \tag{4.3.22}$$

这是第一架飞机到达 A 点时原来在 O_1' 点的目标刚好也到达 A 点的情况。如果在带区 1 中没有搜索到目标，则飞机 1 将向上飞行到 B 点处。若目标原来的位置在 O_1' 点之上 nl 距离处（n 是参与搜索的飞机的数量），则飞机 1 从 A 点到达 B 点的时间为

$$t_2 = \frac{nl}{v_{s1} + v_t} \tag{4.3.23}$$

因此，飞机 1 从 O_1 点到达 B 点的时间为 $t_1 + t_2$，即

$$t_B = \frac{d}{\sqrt{v_{s1}^2 - v_t^2}} + \frac{nl}{v_{s1} + v_t} \tag{4.3.24}$$

飞机向上飞行的距离$|AB|$为

$$|AB|=v_{s1}t_2=\frac{v_{s1}nl}{v_{s1}+v_t} \tag{4.3.25}$$

飞机到达 B 点已经完成了半轮搜索，而另一半的情况可相似计算，因此，飞机完成一轮搜索的时间 t_0 为 $2t_B$，若所有架次飞机的运动速度相同，都由 v_s 表示，则

$$t_0=\frac{2d}{\sqrt{v_s^2-v_t^2}}+\frac{2nl}{v_s+v_t} \tag{4.3.26}$$

进一步考虑 D 点与 O_1 点的位置关系。也就是说，D 点是在 O_1 点的上方，还是下方，还是可能与 O_1 点重合呢？这 3 种情况都有可能，分别称为推进交叉巡逻、后退交叉巡逻和对称交叉巡逻，如图 4.3.12 所示。

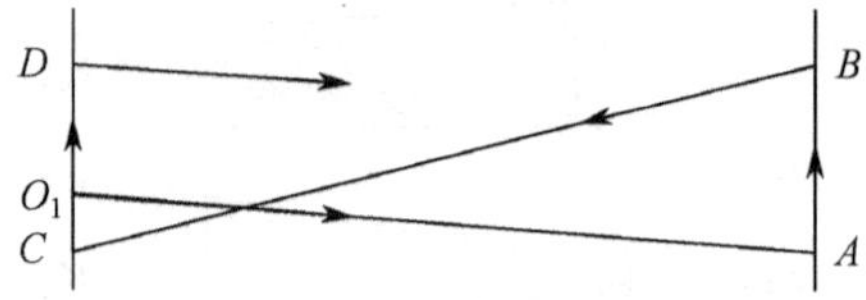

(a) 推进交叉巡逻

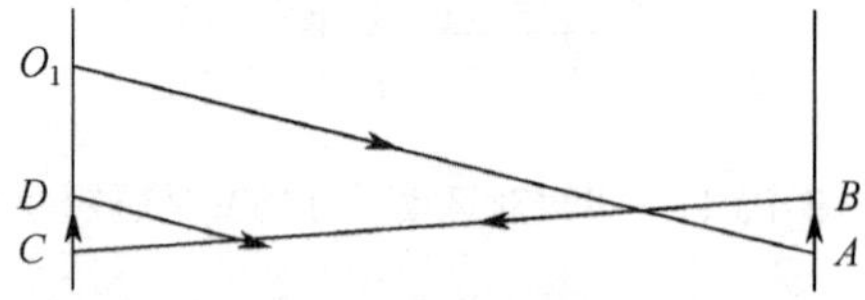

(b) 后退交叉巡逻

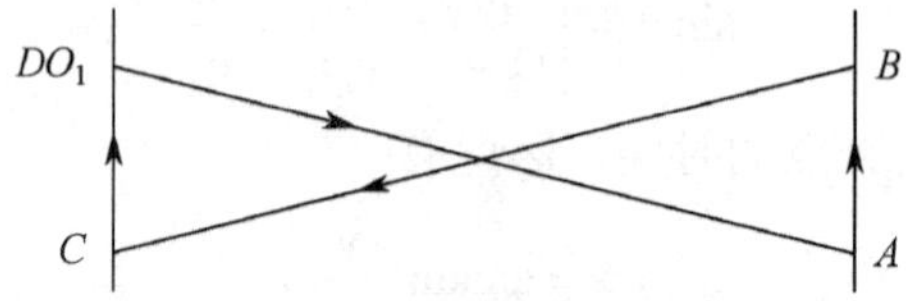

(c) 对称交叉巡逻

图 4.3.12　推进交叉巡逻、后退交叉巡逻和对称交叉巡逻

分别满足什么条件时会出现上面 3 种不同的交叉巡逻方式呢？注意到，当有 n 架飞机执行巡逻搜索时，一轮往返搜索所扫描的宽度为 $2n$ 个带区，因此图 4.3.11 中最初位于 O_7 点的目标在一轮搜索过后应该到达 D 点，所用的时间为 t_0；最初位于 O_7 点的目标正常运动到 O_1 点所花的时间是 $t^*=\dfrac{2nl}{v_t}$。因此有

（1）若 $t^*>t_0$，则 D 点在 O_1 的上方，为推进交叉巡逻方式；

（2）若 $t^*<t_0$，则 D 点在 O_1 的下方，为后退交叉巡逻方式；

（3）若 $t^*=t_0$，则 D 点与 O_1 点重合，为对称交叉巡逻方式。

从上述关系中可以确定对称搜索所需要的飞机架次，以及飞机之间的搜索间隔。此时有 $t^*=t_0$，即

$$\frac{2nl}{v_t}=\frac{2d}{\sqrt{v_s^2-v_t^2}}+\frac{2nl}{v_s+v_t}$$

因此得到飞机架次为

$$n = K\frac{dv_t}{lv_s} \tag{4.3.27}$$

式中，$K = \sqrt{\frac{v_s + v_t}{v_s - v_t}}$。

同时，可得到各架飞机搜索间隔为

$$l = K\frac{dv_t}{nv_s} \tag{4.3.28}$$

现在分析交叉巡逻搜索的发现概率。假定目标在宽度为d的海峡间处处等可能地通过。显然，这时可以用到 4.2.2 节中介绍的倒立方发现律公式，即式（4.2.31）中的$P = 2\phi(z) - 1$，其中ϕ为标准正态分布函数，$z = \sqrt{\frac{\pi}{2}}\frac{\omega}{l}$，$l$可由式（4.3.24）得到，此时只需要估计出目标运动速度v_t即可。

【例 4.3.3】假定在一个宽度为 300 海里的海峡中要设计对称交叉的巡逻关卡，要求对潜艇目标的搜索发现概率不小于 87%。已知投入搜索的飞机速度为 150 节，潜艇的速度约为 14 节，飞机搜索宽度为 20 海里，采用倒立方发现律计算发现概率。试求需要投入搜索的飞机数量，以及搜索时飞机之间的间隔。

解：由题意知$d = 300$，$v_s = 150$，$v_t = 14$，$\omega = 20$。

将$z = \sqrt{\frac{\pi}{2}}\frac{\omega}{l}$代入式（4.2.31），同时令发现概率$P = 0.87$，可求得飞机的间隔$l = 16.6$，代入式（4.3.27），得到

$$n \geqslant K\frac{dv_t}{lv_s} = 1.85$$

对n取整，得投入搜索的飞机数量为 2。

但是当投入 2 架飞机时，会产生推进交叉巡逻关卡，这是因为计算出来的$t^* = \frac{2nl}{v_t} = 4.74$，大于$t_0 = \frac{2d}{\sqrt{v_s^2 - v_t^2}} + \frac{2nl}{v_s + v_t} = 4.42$。为了产生对称交叉巡逻，2 架飞机的间隔应近一些，其间距l可由式（4.3.28）算出：

$$l = K\frac{dv_t}{nv_s} = 15.4$$

随着飞行间距的变小，巡逻密度增加，此时再利用倒立方发现律计算发现概率可得 90%，这比所要求的值要好。

在实际中常常并不精确地知道目标的运动速度v_t。如果对v_t估计过高，将式（4.3.28）代入式（4.2.31）可知，计算得到的发现概率会偏低，反之若对v_t估计偏低，则计算的发现概率会比实际偏高。此外，如果目标实际不是平行于海峡两边向下运动的，这时目标的有效速度只能取其中向下的速度分量，这与对目标运动速度估计偏大所产生的结论相同。

2．往返航线搜索

在上面的讨论中，都假定搜索者的运动速度v_s比目标速度v_t要大（得多），这是因为$v_s \leqslant v_t$时不能构成交叉巡逻。事实上，即使v_t很接近v_s时，交叉巡逻也因为α角太大而难以

形成。此时一种合理的搜索方式是搜索者在垂直于海峡两边的航线上进行往返搜索，它不需要考虑搜索者和目标的速度比，因此在任何情况下都是可用的，这种搜索方式称为往返航线搜索。

假定目标在距离搜索者$\omega/2$内时才能被发现。为了对往返航线搜索和交叉航线搜索（当$v_s \leqslant v_t$时）进行比较，可以画出两种搜索方式下仅有一个搜索者时的实际搜索航线和相对目标运动的相对航线，如图 4.3.13 所示。

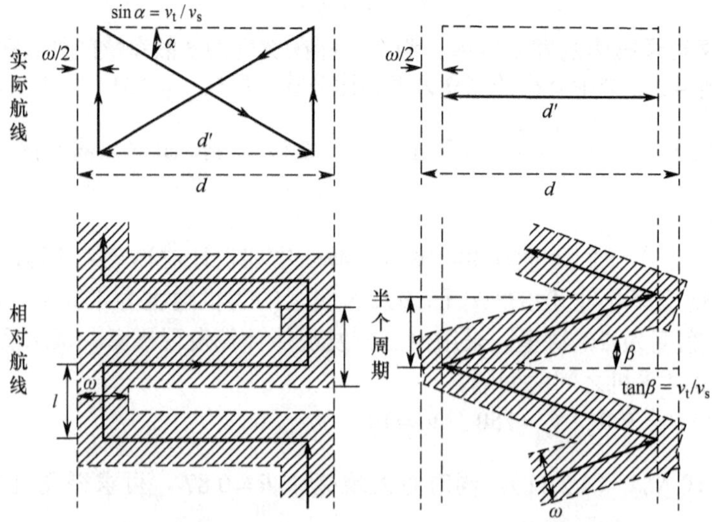

(a) 交叉航线巡逻　　(b) 往返航线巡逻

图 4.3.13　交叉航线巡逻和往返航线巡逻

在相对坐标系中，交叉航线搜索等价于目标静止，搜索者运动，此时最有效的搜索航线是平行搜索，反过来变换到地理坐标系中则是交叉航线；往返航线在相对坐标系中是 Z 字形折线。

当海峡宽度为d时，令$d' = d - \omega$。为了便于描述发现概率，引入两个新的变量$\rho = v_s / v_t$，$\lambda = d' / \omega$。假定目标在巡逻航线前方满足均匀分布时，可以通过计算相对坐标系中搜索面积和目标可能分布面积的比值，来得到一个搜索周期内搜索者对目标的发现概率。

交叉巡逻搜索对目标的发现概率为

$$P_X = \min\left\{1, \frac{1}{\lambda+1}\left(1+\frac{\rho\sqrt{\rho^2-1}}{\rho+1}\right)\right\} \tag{4.3.29}$$

往返航线搜索对目标的发现概率为

$$P_Z = \begin{cases} 1-\dfrac{1}{\lambda(\lambda+1)}\left(\lambda-\dfrac{\sqrt{\rho^2+1}-1}{2}\right)^2, & \rho \leqslant 2\sqrt{\lambda(\lambda+1)} \\ 1, & \text{其他} \end{cases} \tag{4.3.30}$$

图 4.3.14 给出了在不同的λ值下，对式（4.3.29）和式（4.3.30）得到的两种搜索方式下的发现概率随ρ值变化的情况。图 4.3.14 中也给出了两种搜索方式下发现目标的等概率点连线，相应各点是在同一λ值下两种搜索方式优越性发生变化的ρ值临界点。

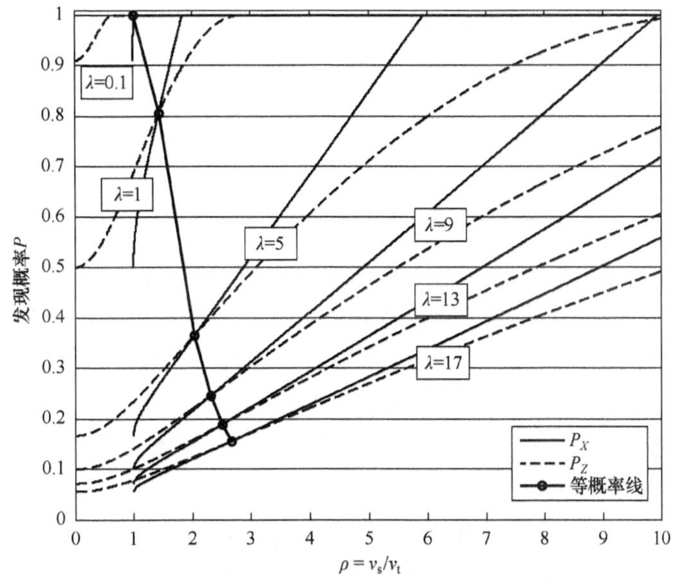

图 4.3.14　交叉航线搜索和往返航线搜索发现概率对比图

为了便于在实际中选择最优的搜索方式，进一步给出图 4.3.15，图 4.3.15 中曲线为将图 4.3.14 中的等概率线绘制在 $\rho-\lambda$ 坐标系中，称为等效线，曲线两侧的区域分别对应往返航线搜索较优或交叉航线搜索较优。例如，一艘航速为 12 节的舰艇要对航速为 6 节的潜艇进行拦截，假定海峡宽度为 8 海里，声呐的搜索宽度为 2 海里。可算得 $\lambda=3$， $\rho=2$，对照图 4.3.15 可知，此时采用交叉航线搜索具有较高的发现概率。

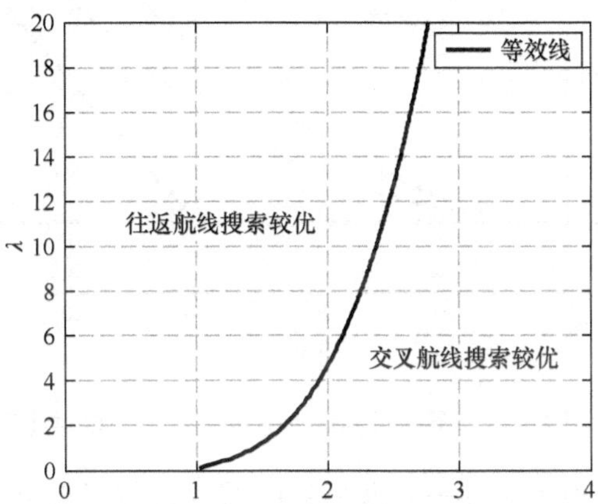

图 4.3.15　交叉航线搜索和往返航线搜索的较优区域

3. 巡逻搜索的运动增强

为了封锁一片区域，除上面介绍的交叉航线搜索和往返航线搜索外，最直接的一种方式是在关卡上设置固定的搜索者。假定搜索者的最大搜索距离是 R，此时可以根据关卡的宽度和 $2R$ 之间的大小来设置一个或多个搜索者。但这种方式往往经常采用，一方面是因为在封锁区内设置固定搜索者并不容易，或者需要投入的搜索者数量过多，而更重要的原因是运动搜索可能获得更高的搜索效率。下面介绍巡逻搜索的运动增强。

假定目标以运动速度 v_t 在区域内做随机运动，搜索者的运动速度为 v_s。目标和搜索者速度之间的夹角 θ 在 $[0, 2\pi]$ 范围内服从均匀分布，则两者之间的相对速度 v 为

$$v = \sqrt{v_t^2 + v_s^2 - 2v_t v_s \cos\theta} \tag{4.3.31}$$

平均相对速度 $\overline{v}$ 为

$$\overline{v} = \int_0^{2\pi} \sqrt{v_t^2 + v_s^2 - 2v_t v_s \cos\theta} \frac{1}{2\pi} \mathrm{d}\theta \tag{4.3.32}$$

平均相对速度 $\overline{v}$ 有时被认为是“放大”的搜索速度，因为运动速度为 $\overline{v}$ 的搜索者发现一个静止目标的概率，与速度为 v_s 的搜索者发现速度为 v_t 的目标的概率是相同的。式（4.3.32）中 v_s 和 v_t 互换并不影响结果，这意味着无论搜索者的速度为 10 节、目标速度为 2 节，还是搜索者的速度为 2 节、目标速度为 10 节，并没有区别。

式（4.3.32）的积分是一个第二类完全椭圆积分，它没有封闭形式，但可得速度 $\overline{v}$ 的上界和下界：

$$\max(v_t, v_s) \leqslant \overline{v} \leqslant \sqrt{v_t^2 + v_s^2} \tag{4.3.33}$$

可见，平均相对速度 $\overline{v}$ 不小于两者中的最大运动速度。当 v_s 和 v_t 相差显著时，$\overline{v}$ 的上界和下界最为接近；v_t 越大，平均相对速度越大。例如，当两者速度相等时，$\overline{v}$ 是搜索者运动速度 v_s 的 1.41 倍。图 4.3.16 给出了 $v_s = 30$ 时，v_t 取值为 0～50 时的平均相对速度及其上下界。

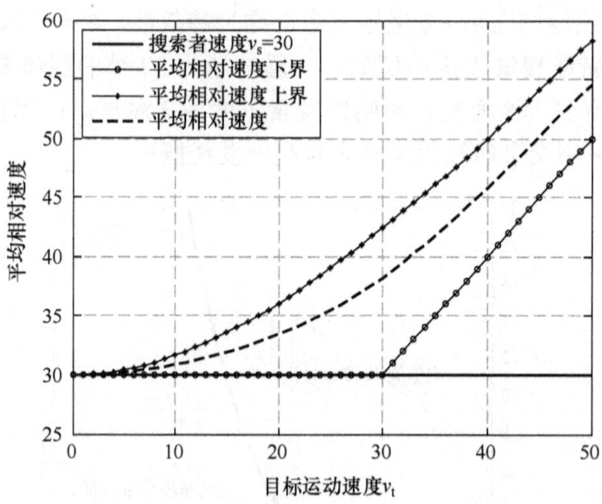

图 4.3.16　不同目标运动速度下的平均相对速度

【例 4.3.4】 假设在面积为 800 平方海里的区域内，搜索者以 40 节的速度搜索目标，其搜索宽度为 0.5 海里。问当目标运动速度分别为 0 节、15 节、35 节、50 节时，发现目标的平均时间是多少？

解： 当目标运动速度分别为 0 节、15 节、35 节、50 节时，由式（4.3.32）可得，平均相对速度 $\overline{v}$ 分别为 30 节、31.91 节、41.8 节、54.61 节。

$v_t = 0$ 节，即 $\overline{v} = 30$ 节时，由式（4.2.18）和式（4.2.19）可知平均发现时间为

$$E[T] = \frac{1}{\eta} = \frac{S}{\omega\overline{v}} = \frac{800}{0.5 \times 30} = 53.33$$

类似可得 $v_t = 15$节、35节、50节 时，平均发现时间分别为 50.14 小时、38.28 小时和 29.30

小时。

图 4.3.17 给出了 $v_s = 30$ 节，v_t 分别为 0 节、15 节、35 节、50 节时，搜索者以式（4.3.32）确定的平均相对速度在面积为 800 平方海里的区域内对相对静止的目标进行随机搜索时，发现目标的概率。从图 4.3.17 中可见，在一片固定区域中，目标实际运动速度越大，在相同时间内被发现的概率也越大，相应地，被发现的平均时间越短。

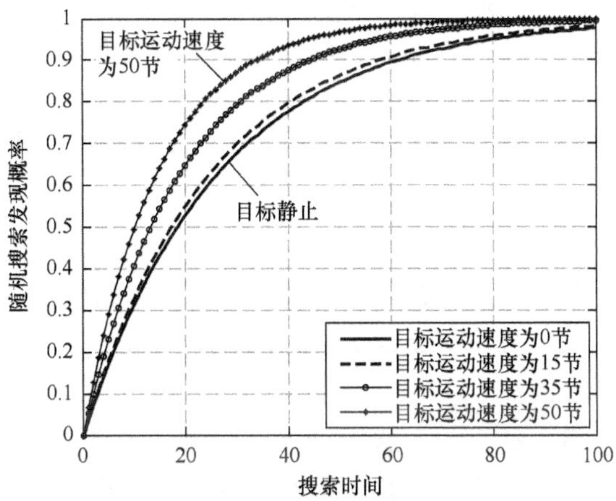

图 4.3.17　不同目标运动速度下随机搜索发现概率

平均相对速度 $\bar{v}$ 被认为是“动态放大”的搜索速度，也就是说，速度为 $\bar{v}$ 的搜索者发现一个静止目标的概率等于速度为 v_s 的搜索者发现速度为 v_t 的目标的概率，而 $\bar{v}$ 是不小于 v_s 的。由于式（4.3.32）关于 v_s 和 v_t 对称，因此无论是搜索者速度和目标速度孰大孰小，对于最终放大的平均速度来说都是一样的。

由此可以思考一个问题，如果目标不希望被发现，而且不能做关于搜索者的主动规避运动，那么目标进行运动是一个好的策略吗？此外，对于搜索者而言，理论上运动速度越大发现概率越高，但这是在搜索者运动不影响其搜索宽度 ω 的前提下得到的，若运动降低了搜索者的探测能力和隐蔽性，如潜艇速度的提高降低了其声学特性、增加了暴露自身位置的机会，则其采用的运动方式就要考虑更多的因素来进行平衡和协调。

4.4　搜索力的最优配置

搜索力是指包括给定的观察器材、机动可能性、可用搜索时间等在内的观察者特性。组织搜索必然涉及目标的可能位置、搜索力在区域中的配置等问题。搜索力的最优配置是为搜索者提供应如何分配搜索力的建议，它是搜索论的一个重要内容，也是优化领域中研究十分活跃的一个分支，在实际中有广泛的应用。

前面介绍了搜索论的基本概念和搜索模型，本节将讨论怎样用数学的方法来解决搜索过程中搜索力的最优配置问题。

4.4.1　搜索力配置模型的构造原则

一般说来，在动用搜索力进行搜索时，应当根据总效果最大或总耗费最小的原则筹划搜索力在各区域内的配置。

搜索力的配置是一个典型的最优化问题。根据是否有约束条件，最优化问题可以分为无约束问题和约束问题，搜索力配置一般为有约束优化问题。最优化问题也称为规划问题，若目标函数和约束条件均为线性函数，则称为线性规划问题，否则称为非线性规划问题。若最优化问题中决策变量的分量只能取整数，则称为整数规划；整数规划中若决策变量的分量只能取 0 或 1，则称为 0-1 整数规划问题。根据不同的优化目标函数和约束条件，搜索力配置既可能是线性规划问题，也可能是非线性规划问题。

搜索力配置模型一般包括 3 个方面：目标函数、约束条件和决策变量，可以用数学的方法来准确地进行描述。

假设 x_i， $i=1,2,\cdots,m$ 是可控变量， y_j， $j=1,2,\cdots,n$ 为不可控变量。

需要在满足下列约束条件下：

$$q_k(x_1,x_2,\cdots,x_m;\ y_1,y_2,\cdots,y_n)=0,\ k=1,2,\cdots,P$$

求解 $x_1,x_2,\cdots,x_m$ ，即决策变量，使得下面的搜索效果判据达到最优：

$$W=f(x_1,x_2,\cdots,x_m;\ y_1,y_2,\cdots,y_n)$$

这就是一般的搜索力配置模型。

假设搜索者的行动是相互独立的，这样可以简化模型，易于问题的求解，并为复杂问题的分析提供基础。下面给出建立具体搜索力配置模型所需要的记号定义和假设。

假定被搜索区域总面积为 S_P，划分为 n 个子区域， $j=1,2,\cdots,n$ ，满足 $\sum_{j=1}^{n}S_j=S_P$ ；搜索者的总数为 N，类型有 m 种，第 i 型搜索者有 N_i， $i=1,2,\cdots,m$ 个搜索单位；搜索中决策者的类型最多为两个，即搜索者和目标。搜索力配置问题的参数如表 4.4.1 所示。

表 4.4.1　搜索力配置问题参数

参　数	定　义
S_P	被搜索区域的总面积
n	总面积被划分的子区域个数
S_j	第 j， $j=1,2,\cdots,n$ 个子区域面积，满足 $\sum_{j=1}^{n}S_j=S_P$
m	搜索者的类型数
N_i	第 i 型搜索者的数量 $i=1,2,\cdots,m$ ，满足 $\sum_{i=1}^{m}N_i=N$

为建立搜索力配置模型，进一步定义模型参数如表 4.4.2 所示。

表 4.4.2　搜索力配置模型参数

参　数	定　义
x_{ij}	第 i 型观察者分配到子区域 j 的数量，满足 $\sum_{j=1}^{n}x_{ij}=N_i$
r_{ij}	第 i 型观察者分配到子区域 j 的概率，满足 $\sum_{j=1}^{n}r_{ij}=1$
P_{ij}	单个第 i 型搜索者在子区域 j 搜索时，发现目标的概率
w_j	目标实际处于子区域 j 的概率，满足 $\sum_{j=1}^{n}w_j=1$
u_i	每类搜索者的搜索效率
t_j	搜索者在子区域 j 内搜索的持续时间

根据上面的参数和假设，如果取发现目标的总概率为优化目标函数，记为P，那么

$$P = P[(P_{ij}),(x_{ij}),(w_j),(r_{ij})]; i = 1, 2, \cdots, m; j = 1, 2, \cdots, n \tag{4.4.1}$$

式中，P_{ij}与观察者的性能、区域的特点及搜索时间有关，本节只考虑随机搜索方式下的情况：

$$P_{ij} = 1 - \exp(-u_i t_j / S_j) \tag{4.4.2}$$

式中，u_i为单个i型搜索者的搜索效率，即单位时间搜索者所能搜索的面积。

搜索力最优配置，就是在一定的约束条件下，对搜索力进行分配，如搜索单元分配、时间分配等，从而使发现目标的总概率式（4.4.1）最大。搜索力配置的数学模型可以按下列特征分类：观察者的类型、搜索区域的个数、搜索中决策者的个数、约束条件及优化目标、常量或变量的搜索时间等。

本节主要讨论以下两种情况的搜索力配置问题：

（1）n个搜索区域的划分固定，w_j已知，讨论$\sum_{i=1}^{m} x_i = N \leqslant n$时搜索者的最佳分配问题。此时搜索者的数量不大于搜索子区域的数量，该问题在一定条件下可以转化为求解线性规划的问题，称为线性规划（Linear Programming，LP）模型。

（2）在$N > n$，w_j已知的情况下，讨论此时搜索单元的配置、搜索时间的协调，由于模型往往是非线性的，称为非线性配置模型。

双方在对抗条件下的搜索力配置，此时假设划分的区域固定，搜索者的决策变量为其搜索单元的配置，力图使得发现目标的总概率最大；目标的决策变量是对区域的选择，力图使自己被发现的概率最小。这样，问题便可以表示为矩阵对策的形式，故称为对策模型。这种情况下的搜索力配置问题可以参考相关文献，本节不作介绍。

4.4.2　搜索力配置的线性规划模型

1．线性规划模型

假设有n个待搜索的区域，m类不同的搜索者，每类搜索者数量为 1，且$m \leqslant n$，设第i，$i = 1,2,\cdots,m$个搜索者在第j，$j = 1,2,\cdots,n$个区域发现目标的概率为P_{ij}，而目标处在区域j内的概率为w_j，需求出搜索者在各区域中的最优分配，使得发现目标的概率最大。

令x_{ij}表示第i个观察者配置在区域j的数量，即决策变量。以发现目标的总概率最大为优化目标，则有

$$\max M = \sum_{i=1}^{m}\sum_{j=1}^{n} x_{ij} w_j P_{ij} \tag{4.4.3}$$

记$a_{ij} = w_j p_{ij}$，它表示第i个观察者在第j个区域发现目标的实际概率，则目标函数转化为

$$\max M = \sum_{i=1}^{m}\sum_{j=1}^{n} x_{ij} a_{ij} \tag{4.4.4}$$

搜索力配置问题的解就是求出使M达到最大的搜索力配置矩阵$\boldsymbol{X} = \{x_{ij}\}$，同时，满足下列约束条件：

$$x_{ij} = \begin{cases} 0, & \text{当第}\,i\,\text{个观察者未被分配到}\,j\,\text{区域时} \\ 1, & \text{当第}\,i\,\text{个观察者被分配到}\,j\,\text{区域时} \end{cases} \tag{4.4.5}$$

$$\sum_{j=1}^{n} x_{ij} = 1,\ i = 1,2,\cdots,m \tag{4.4.6}$$

$$\sum_{j=1}^{m} x_{ij} = \begin{cases} 1 \\ 0 \end{cases},\ j = 1,2,\cdots,n \tag{4.4.7}$$

条件式（4.4.5）意味着确定性分配，式（4.4.6）表示一个搜索者被分配且只被分配一次，式（4.4.7）则表示在一个区域里允许最多一个观察者进行搜索，因为$m \leqslant n$。由式（4.4.4）表达的目标函数是决策变量的线性函数，且约束条件都是决策变量的线性等式，因此式（4.4.4）～式（4.4.7）构成搜索力配置问题的线性规划模型。进一步，由于决策变量x_{ij}只能取整数，且只能取 0 或 1，此时的搜索力配置问题是一个 0-1 整数规划（Interger Programming，IP），更确切地说，是 0-1 整数规划中的一个特例——指派问题。

下面讨论此问题的解的性质和方法。只考虑$m = n$的情况，因为当$m < n$时，可以引入$n - m$个虚拟的搜索者，为$i > m$时，令$a_{ij} = 0$即可，这样问题便转化为$m = n$的情况。容易看出，求解这一问题是从矩阵$\boldsymbol{A} = \{a_{ij}\}$的每行每列中选择一个元素（共$n$个）且使它们的总和达到最大，这样就求出最优配置的策略，形式上这意味着从方阵

$$\boldsymbol{A} = \begin{bmatrix} a_{11} & a_{12}\cdots & a_{1n} \\ a_{21} & a_{22}\cdots & a_{2n} \\ \vdots & \vdots & \vdots \\ a_{n1} & a_{n2}\cdots & a_{nn} \end{bmatrix}$$

中选择这样的元素序列$\{a_{1j_1}, a_{2j_2}, \cdots, a_{kj_k}, \cdots, a_{nj_n}\}$，使得在$k \neq l$时有$j_k \neq j_l$，并且$\sum_{k=1}^{n} a_{kj_k}$达到最大值。

解此问题最直接的方法是穷举法，即把所有可能配置方案的上述概率和都计算出来，然后选出和值最大的方案，即最优方案。如果矩阵$\boldsymbol{A}$的维数不大，这也许并不困难，尤其是当矩阵$\boldsymbol{A} = \{a_{ij}\}$中各行的最大元素都处在不同的列时，求解最优方案变得异常简便，其解就是$a_{kj_k} = \max\limits_{1 \leqslant j \leqslant n} a_{kj}$所组成的数列$\{a_{kj_k}\}$。在一般情况下，可能的方案数为$n!$。当$n$较大时，这种方法将带来很大的计算量，对每个可能方案需作$n-1$次加法和一次比较会导致穷举法不可行。除穷举法外，用于求解 0-1 整数规划的很多方法也可以用于求解线性的搜索力配置问题，如隐枚举法、分支定界法等，匈牙利法也是一种高效的求解指派问题的方法。

2. 匈牙利法

匈牙利法是求解极小型（优化方向为极小）指派问题的一种方法，但通过对原目标函数进行简单变换就可以用于求解极大型指派问题。该方法最初由库恩（W. W. Kuhn）提出，后经改进而形成。库恩引用了匈牙利数学家康尼格（D. Konig）一个关于矩阵中 0 元素的定理——系数矩阵中独立 0 元素的最多个数等于能覆盖所有 0 元素的最少直线数。

匈牙利法的理论基础是：等价矩阵的分配方案是相同的，即如果从系数矩阵(a_{ij})的一行（列）各元素中分别减去该行（列）的最小元素，得到新矩阵(b_{ij})，那么以(b_{ij})为系数矩阵求解的分配最优解和用原系数矩阵(a_{ij})求解的最优解相同。匈牙利法通过不断修改系数矩阵的行和列，使得每行和每列中至少有一个等于 0 的分量，最终得到与独立 0 元素相应的完全分

配。当它应用于原系数矩阵时，就是一个最优分配，使总效能最小。这种方法总是在有限的步数内收敛于一个最优解。

以一个系数矩阵 $(a_{ij})=\begin{bmatrix}6 & 7 & 11 & 2\\4 & 5 & 9 & 8\\3 & 1 & 10 & 4\\5 & 9 & 8 & 2\end{bmatrix}$ 为例，对匈牙利法的解法步骤进行说明，其中每行表示一个人员（工具），每列表示一项工作。

第一步：使指派问题的系数矩阵经变换，在各行各列中都出现 0 元素。

（1）从系数矩阵的每行元素减去该行的最小元素；

（2）再从所得系数矩阵的每列元素中减去该列的最小元素。

若每行（列）已有 0 元素就不必再减了。示例矩阵的计算为

$$(a_{ij})=\begin{bmatrix}6 & 7 & 11 & 2\\4 & 5 & 9 & 8\\3 & 1 & 10 & 4\\5 & 9 & 8 & 2\end{bmatrix}\begin{matrix}-2\\-4\\-1\\-2\end{matrix}\rightarrow\begin{bmatrix}4 & 5 & 9 & 0\\0 & 1 & 5 & 4\\2 & 0 & 9 & 3\\3 & 7 & 6 & 0\end{bmatrix}\rightarrow\begin{bmatrix}4 & 5 & 4 & 0\\0 & 1 & 0 & 4\\2 & 0 & 4 & 3\\3 & 7 & 1 & 0\end{bmatrix}=(b_{ij})$$
$$\qquad\qquad -5$$

第二步：进行试指派，以寻求最优解。按以下步骤进行。

经第一步变换后，系数矩阵中每行每列都已有了 0 元素；但需找出 n 个独立的 0 元素。若能找出，则以这些独立 0 元素对应解矩阵 (x_{ij}) 中的元素为 1，其余为 0，这就得到了最优解。当 n 较小时，可以用观察法、试探法去找出 n 个独立 0 元素；当 n 较大时，就必须按一定的步骤去找，常用以下步骤。

（1）从只有一个 0 元素的行（列）开始，给这个 0 元素加圈，记为◎，这表示对这行所代表的人，只有一个任务可指派。然后划去◎所在列（行）的其他 0 元素，记为 ø，这表示这列所代表的任务已经指派完，不必再考虑别人了。

（2）给只有一个 0 元素列（行）的 0 元素加圈，记为◎；然后划去◎所在行（列）的 0 元素，记为 ø。

（3）反复进行（1）（2）两步，直到所有 0 元素都被圈出或划掉为止。

（4）如果仍有未圈出的 0 元素，且同行（列）的 0 元素至少有两个（表示对这人可以从两项任务中指派其一），那么可用不同的方案去试探。从剩有 0 元素最少的行（列）开始，比较这行各 0 元素所在列中 0 元素的数目，选择 0 元素较少的那列的这个 0 元素加圈（表示选择性多的要“礼让”选择性少的），然后划掉同行同列的其他 0 元素。反复进行，直到所有 0 元素都已圈出和划掉为止。

（5）如果◎元素的数量 m 等于矩阵阶数 n，那么这个指派问题的最优解已得到。若 $m<n$，则转入下一步。

第二步中，等价矩阵经过圈出和划掉 0 元素，变换为如下形式：

$$\begin{bmatrix}4 & 5 & 4 & 0\\0 & 1 & 0 & 4\\2 & 0 & 4 & 3\\3 & 7 & 1 & 0\end{bmatrix}\rightarrow\begin{bmatrix}4 & 5 & 4 & \textcircled{0}\\\textcircled{0} & 1 & \not{0} & 4\\2 & \textcircled{0} & 4 & 3\\3 & 7 & 1 & \not{0}\end{bmatrix}$$

由于◎元素的数目 $m=3$，矩阵阶数 $n=4$，因此转入下一步。

第三步：作最少的直线覆盖所有 0 元素，以确定该系数矩阵中能找到最多的独立 0 元素。为此按以下步骤进行。

（1）对没有◎的行打√；

（2）对已打√的行中含 0 元素的列打√；

（3）再对打√的列中含◎元素的行打√；

（4）重复（2）（3）直到得不出新的打√的行、列为止；

（5）对没有打√的行画一条横线，打√的列画一条纵线，这就得到覆盖所有 0 元素的最少直线数。

令这直线数为 l。若 $l<n$，说明必须再变换当前的系数矩阵，才能找到 n 个独立的 0 元素，为此转第四步；若 $l=n$，而 $m<n$，应回到第二步的步骤（4），另行试探。

对于示例的系数矩阵，按以下操作进行：

先在第 4 行旁打√，接着可判断在第 4 列上打√，接着在第 1 行旁打√。经检查不能再打√。对没有打√的行，即第 2 行、第 3 行，画一条直线以覆盖 0 元素；对已打√的列，即第 4 列，画一条直线以覆盖 0 元素，得

$$\begin{array}{c} \begin{matrix} & & & \surd \end{matrix} \\ \begin{bmatrix} 4 & 5 & 4 & \textcircled{0} \\ \textcircled{0} & 1 & \not{0} & 4 \\ 2 & \textcircled{0} & 4 & 3 \\ 3 & 7 & 1 & \not{0} \end{bmatrix} \begin{matrix} \surd \\ \\ \\ \surd \end{matrix} \end{array}$$

可见 $l=3<n$，所以应继续对等价矩阵进行变换，转入第四步。

第四步：对等价矩阵进一步进行变换的目的是增加 0 元素。为此，在没有被直线覆盖的部分找出最小元素。然后在打√各行元素中都减去这个最小元素，而在打√列的各元素都加上这个最小元素，以保证原来的 0 元素不变。这样得到新的系数矩阵（它的最优解和原问题相同）。若得到 n 个独立的 0 元素，则已得最优解，否则回到第三步重复进行。

在示例中，没有被直线覆盖部分（第 1 行、第 4 行）的最小元素是 1，然后在第 1 行、第 4 行的各元素分别减去 1，给第 4 列各元素加上 1，得到的新矩阵如下：

$$\begin{bmatrix} 3 & 4 & 3 & 0 \\ 0 & 1 & 0 & 4 \\ 2 & 0 & 4 & 3 \\ 2 & 6 & 0 & 0 \end{bmatrix}$$

按照第二步，找出所有的独立 0 元素，得到如下矩阵：

$$\begin{bmatrix} 3 & 4 & 3 & \textcircled{0} \\ \textcircled{0} & 1 & \not{0} & 4 \\ 2 & \textcircled{0} & 4 & 3 \\ 2 & 6 & \textcircled{0} & \not{0} \end{bmatrix}$$

它具有 n 个独立的 0 元素，这就得到了最优解，相应的解矩阵为

$$\begin{bmatrix} 0 & 0 & 0 & 1 \\ 1 & 0 & 0 & 0 \\ 0 & 1 & 0 & 0 \\ 0 & 0 & 1 & 0 \end{bmatrix}$$

由解矩阵得最优分配方案为：人员 1—工作 4；人员 2—工作 1；人员 3—工作 2；人员 4—工作 3。

当指派问题的系数矩阵经过变换后，得到的等价矩阵同行和同列中都有两个或两个以上 0 元素时，可以任选一行（列）中的某一个 0 元素，再划去同行（列）中的其他 0 元素，这时问题可能有多重解，但目标函数的优化值是不变的。

指派问题用匈牙利法进行计算时，模型所需要满足的形式如下：

（1）目标函数是极小值；

（2）系数矩阵是 n 阶方阵；

（3）系数矩阵中的每个元素 $a_{ij} \geqslant 0$，且是常数。

用匈牙利法求解极大值问题时，可令 $b_{ij} = M - a_{ij}$，其中 M 是足够大的常数（一般可取 a_{ij} 中的最大元素），这时原问题就变换为求解极小值问题：

$$\min z' = \sum_i \sum_j b_{ij} x_{ij}$$

得到的问题最优解也是原极大值问题的最优解。

【例 4.4.1】搜索力最优配置问题满足由式（4.4.4）～式（4.4.7）构成的线性规划模型，已知有 4 个搜索者搜索不同的 4 个区域，其中不同搜索者$(i=1,2,3,4)$对不同区域$(j=1,2,3,4)$搜索时发现目标的概率为 $P=(P_{ij})=\begin{bmatrix} 0.8 & 0.5 & 0.6 & 0.2 \\ 0.7 & 0.6 & 0.6 & 0.8 \\ 0.2 & 0.4 & 0.1 & 0.3 \\ 0.9 & 0.9 & 0.8 & 0.8 \end{bmatrix}$，而目标处于不同区域的实际概率为 $W=(w_j)=[0.4 \quad 0.1 \quad 0.2 \quad 0.3]$，试用匈牙利法求对搜索者分配的最佳方案，使得最终发现目标的概率最大。

解：由题意知系数矩阵为

$$\boldsymbol{A}=(a_{ij})=\begin{bmatrix} 0.32 & 0.05 & 0.12 & 0.06 \\ 0.28 & 0.06 & 0.12 & 0.24 \\ 0.08 & 0.04 & 0.02 & 0.09 \\ 0.36 & 0.09 & 0.16 & 0.24 \end{bmatrix}$$

问题是求最大值，利用匈牙利法求解时，应将原题改为求最小值，为此对系数矩阵进行变换。为便于计算，首先将矩阵中每个元素乘以 100，找出最大元素 36，用该值减去矩阵中的每个元素，得到等价的系数矩阵 $\boldsymbol{A}'$，此时原问题的求最大值变为求最小值，可利用匈牙利法进行求解。

$$\boldsymbol{A}'=(a'_{ij})=\begin{bmatrix} 4 & 31 & 24 & 30 \\ 8 & 30 & 24 & 12 \\ 28 & 32 & 34 & 27 \\ 0 & 27 & 20 & 12 \end{bmatrix}$$

第一步：求变换的系数矩阵。

$$(a'_{ij})=\begin{bmatrix} 4 & 31 & 24 & 30 \\ 8 & 30 & 24 & 12 \\ 28 & 32 & 34 & 27 \\ 0 & 27 & 20 & 12 \end{bmatrix}\begin{matrix} -4 \\ -8 \\ -27 \\ \\ \end{matrix} \rightarrow \underset{\begin{matrix} & -5 & -7 & \end{matrix}}{\begin{bmatrix} 0 & 27 & 20 & 26 \\ 0 & 22 & 16 & 4 \\ 1 & 5 & 7 & 0 \\ 0 & 27 & 20 & 12 \end{bmatrix}} \rightarrow \begin{bmatrix} 0 & 22 & 13 & 26 \\ 0 & 17 & 9 & 4 \\ 1 & 0 & 0 & 0 \\ 0 & 22 & 13 & 12 \end{bmatrix}=(b_{ij})$$

第二步：进行试指派。

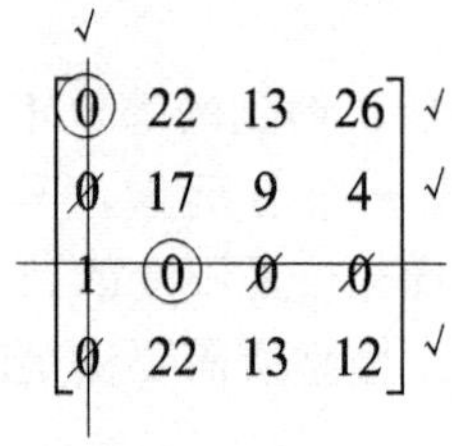

第三步：作最少的直线覆盖所有的 0 元素。

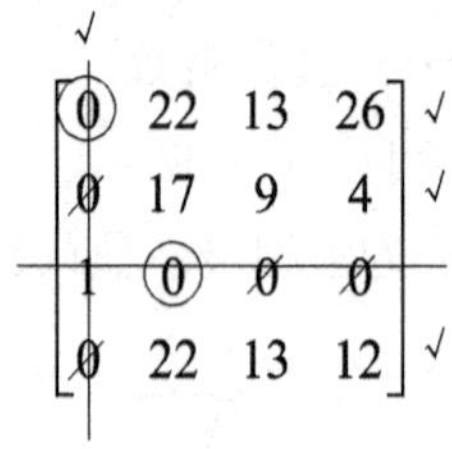

独立 0 元素个数 $l=2$，少于问题阶数 $n=4$，转入第四步：增加独立 0 元素个数。

$$\begin{bmatrix} 0 & 22 & 13 & 26 \\ 0 & 17 & 9 & 4 \\ 1 & 0 & 0 & 0 \\ 0 & 22 & 13 & 12 \end{bmatrix} \rightarrow \begin{bmatrix} 0 & 18 & 9 & 22 \\ 0 & 13 & 5 & 0 \\ 5 & 0 & 0 & 0 \\ 0 & 18 & 9 & 8 \end{bmatrix}$$

试指派后转入第三步作直线覆盖所有 0 元素，如果不满足 $l=n$，再转入第四步增加 0 元素并试指派，直到满足 $l=n$。

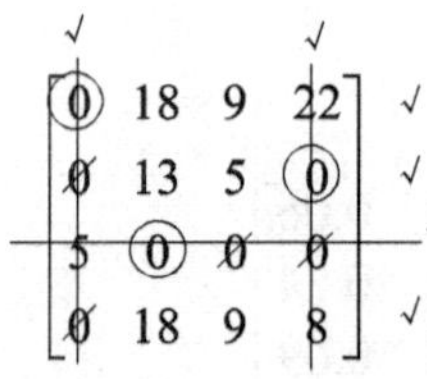

$$\rightarrow \begin{bmatrix} 0 & 18 & 9 & 22 \\ 0 & 13 & 5 & 0 \\ 5 & 0 & 0 & 0 \\ 0 & 18 & 9 & 8 \end{bmatrix} \rightarrow$$

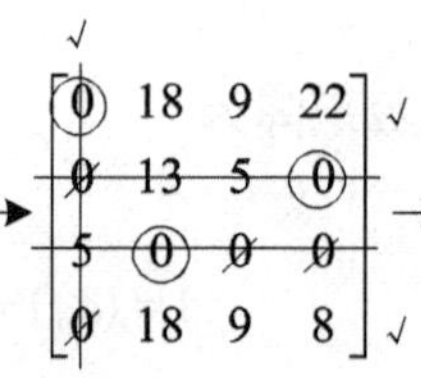

$$\rightarrow$$

$$\begin{bmatrix} 0 & 10 & 1 & 14 \\ 8 & 13 & 5 & 0 \\ 13 & 0 & 0 & 0 \\ 0 & 10 & 1 & 0 \end{bmatrix} \rightarrow$$

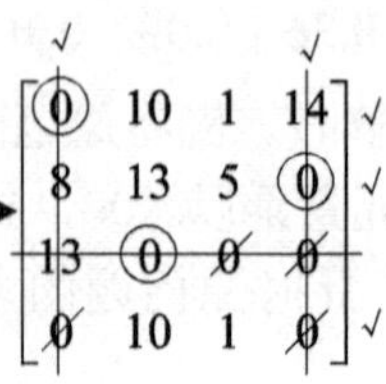

$$\rightarrow \begin{bmatrix} 0 & 9 & 0 & 14 \\ 8 & 12 & 4 & 0 \\ 14 & 0 & 0 & 1 \\ 0 & 9 & 0 & 0 \end{bmatrix}$$

在变换后的系数矩阵$\begin{bmatrix} 0 & 9 & 0 & 14 \\ 8 & 12 & 4 & 0 \\ 14 & 0 & 0 & 1 \\ 0 & 9 & 0 & 0 \end{bmatrix}$中，可以分别得到两种试指派结果，都是 4 个独立 0 元素，与问题的阶数相同，即

$$\begin{bmatrix} 0 & 9 & 0 & 14 \\ 8 & 12 & 4 & 0 \\ 14 & 0 & 0 & 1 \\ 0 & 9 & 0 & 0 \end{bmatrix} \text{或} \begin{bmatrix} 0 & 9 & 0 & 14 \\ 8 & 12 & 4 & 0 \\ 14 & 0 & 0 & 1 \\ 0 & 9 & 0 & 0 \end{bmatrix}$$

此时搜索力分配问题的最优解有两种，分别是$\begin{bmatrix}1&0&0&0\\0&0&0&1\\0&1&0&0\\0&0&1&0\end{bmatrix}$或$\begin{bmatrix}0&0&1&0\\0&0&0&1\\0&1&0&0\\1&0&0&0\end{bmatrix}$，它们都对应最优搜索发现概率 0.76。

4.4.3　搜索力配置的非线性规划模型

假设搜索力配置问题模型的参数如表 4.4.1 和表 4.4.2 所示，搜索区域的总面积为S_P，划分为n个子区域，记为S_j，$j=1,2,\cdots,n$，且满足$\sum_{j=1}^{n}S_j=S_P$，共有m类观察者，$i=1,2,\cdots,m$，每类观察者的数量为N_i，它分配在第j子区域内的数量为x_{ij}，满足$\sum_{j=1}^{n}x_{ij}=N_i$；设每类观察者的搜索效率为u_i，在区域j内的搜索持续时间为t_j。

若记w_j为目标实际处于第j区域的概率，则发现目标的总概率为

$$M=\sum_{j=1}^{n}w_j\left[1-\prod_{i=1}^{m}(1-P_{ij})\right]^{x_{ij}} \tag{4.4.8}$$

式中，P_{ij}为单个i型搜索者在j区域内发现目标的条件概率；$(1-P_{ij})^{x_{ij}}$为x_{ij}个i型搜索者在第j区域内没有发现目标的条件概率；$\prod_{i=1}^{m}(1-P_{ij})^{x_{ij}}$为所有分配在第$j$区域内进行搜索的搜索者没有发现目标的条件概率。

由式（4.2.17）知

$$P_{ij}=1-\exp[-u_i t_j/S_j]$$

代入式（4.4.8）得

$$M=\sum_{j=1}^{n}w_j\left[1-\exp\left(-\sum_{i=1}^{m}u_i t_j x_{ij}/S_j\right)\right] \tag{4.4.9}$$

式（4.4.9）选为搜索力配置的效果判据，即目标函数。

下面分 3 种情况对模型进行简化并求解。

1. 同类搜索者在各个区域内的最优配置

设$u_1=u_2=\cdots=u_m$，$N_1=N_2=\cdots=N_m=1$，即共有m个同类搜索者配置在n个区域内搜索目标。

令$x_{ij}=x_j$，即记x_j为分配在区域j内的搜索者数量，搜索过程为泊松性质的，则式（4.4.9）可以简化为

$$M=\sum_{j=1}^{n}w_j[1-\exp(-ut_j x_j/S_j)] \tag{4.4.10}$$

式中，t_j为在区域j的搜索时间。

这样表示为$x_j\geqslant 0$，$j=1, 2, \cdots, n$的搜索力应满足$\sum_{j=1}^{n}x_j=m$，而搜索者的最优配置方案，就是在上面的约束下，使M达到最大值的向量$(x_1^*, x_2^*, \cdots, x_n^*)$。

令

$$a_j = ut_j / S_j$$

则搜索力最优配置问题模型为

$$\max M = \sum_{j=1}^{n} w_j[1-\exp(-a_j x_j)] \tag{4.4.11}$$

$$\text{s.t.} \quad \sum_{j=1}^{n} x_j = m;$$

$$x_i \geqslant 0 \text{ 且为整数}$$

这是一个非线性规划问题。

带有约束条件的非线性规划问题常用的求解方法有外罚函数法、障碍函数法、增广拉格朗日乘子法等，除此之外，动态规划法也是求解非线性规划问题的有效方法。下面讨论此问题的动态规划解法。

动态规划是解决多阶段决策过程最优化问题的一种方法，该方法由美国数学家贝尔曼（R. Bellman）等人在 20 世纪 50 年代初提出。他们针对多阶段决策问题的特点，提出了解决这类问题的最优化原理，并成功解决了最优路径、资源分配、生产计划与库存、投资、装载、排序等方面的许多实际问题，建立了运筹学的一个新分支——动态规划。动态规划有独特的解题思路，因此在处理某些优化问题时，比线性规划或非线性规划方法更有效。

使用动态规划方法解决多阶段决策问题，首先要将实际问题写成动态规划模型，此时要用到动态规划的相关概念。为直观地对概念进行描述，以例 4.4.2 中的搜索问题为例进行说明，为了避免烦琐的计算而不失动态规划求解的一般性，例 4.4.2 将搜索问题求发现概率改为求发现目标的最大价值。

【例 4.4.2】拟将 4 个相同的搜索者派去 3 个区域搜索目标。每个区域所发现目标的价值与分配给该区域的搜索者的数量有关，如表 4.4.3 所示，问如何分配这 4 个搜索者能使 3 个区域中发现的目标总价值最大?

表 4.4.3　不同搜索者在 3 个区域中的发现目标价值

搜索者数	发现目标价值		
	区域 1	区域 2	区域 3
0	0	0	0
1	0.6	0.4	0.5
2	1.08	0.64	0.75
3	1.464	0.784	0.875
4	1.77	0.87	0.938

为了更直观地表示这一搜索问题，可将其表示为网络图的形式，如图 4.4.1 所示。图 4.4.1 中，节点 S 表示起始节点，节点 A_i，i=0, 1, 2, 3, 4 表示对区域 1 分配不同搜索者时对应的不同状态，类似地，定义 B_i 和 C_i。图 4.4.1 中每个节点间连线上的等式表示对后端节点所代表的区域分配的搜索者数量，等式后括号中的数字表示搜索到的相应的目标价值。此时原问题变为求从节点 S 到任意一个节点 C 的最长路径问题。

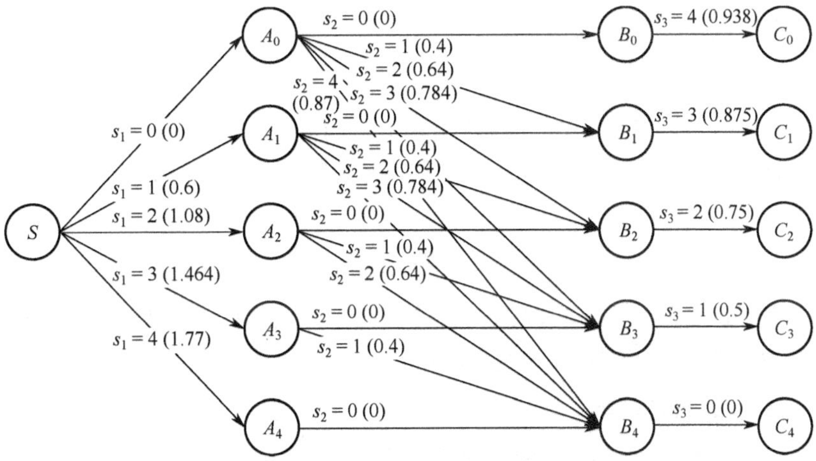

图 4.4.1　搜索问题的网络图

1）阶段

将所给问题的过程按时间或空间特征分解成若干互相联系的阶段，以便按顺序求解每个阶段的解，每个阶段就是一个子问题，常用字母 k 表示阶段变量。阶段的划分一般要以便于把问题的过程转化为多阶段决策过程为原则。

例 4.4.2 中可将问题按搜索力配置分为 3 个阶段，k=1, 2, 3。

2）状态

各阶段开始时的客观条件称为状态。描述各阶段状态的变量称为状态变量，常用 s_k 表示第 k 阶段的状态变量。状态变量 s_k 的取值集合称为状态集合，用 s_k 表示。

例 4.4.2 中，第一阶段有 1 个状态 S，第二阶段有 5 个状态 A_0～A_4，第三阶段有 5 个状态 B_0～B_4。

3）决策

当各阶段的状态确定以后，就可以作出不同的决定（或选择），从而确定下一阶段的状态，这种决定称为决策。表示决策的变量称为决策变量，常用 $u_k(s_k)$ 表示第 k 阶段状态为 s_k 时的决策变量。在实际问题中，决策变量的取值往往限制在一定范围内，称此范围为允许决策集合，常用 $D_k(s_k)$ 表示第 k 阶段从状态 s_k 出发的允许决策集合，显然有 $u_k \in D_k(s_k)$。

在例 4.4.2 的第二阶段中，若从状态 A_2 出发，可以作出 3 种不同的决策，其允许决策集合 $D_2(A_2)=\{B_2,B_3,B_4\}$。若选取的点为 B_3，则 B_3 是状态 A_2 在决策 $u_2(A_2)$ 作用下的一个新的状态，记作 $u_2(A_2)=B_3$。

4）策略

一个由每个阶段的决策按顺序组成的集合称为策略，用 p 表示，即

$$p_{1,n}(s_1)=\{u_1(s_1),u_2(s_2),\cdots,u_n(s_n)\}$$

一个 n 阶段决策过程，从 1 到 n 称为问题的原过程。对于任意给定的 k，$1 \leqslant k \leqslant n$，从第 k 阶段状态 s_k 到第 n 阶段状态 s_n 的过程称为原过程的一个后部子过程。后部子过程的策略记为

$$p_{k,n}(s_k)=\{u_k(s_k),u_{k+1}(s_{k+1}),\cdots,u_n(s_n)\}$$

在实际问题中，可供选择的策略有一定范围，此范围称为允许策略集合。允许策略集合

中达到最优效果的策略称为最优策略。

5）状态转移

动态规划中本阶段往往是上一阶段状态和上一阶段决策进行综合的结果。如果给定第 k 段的状态 s_k，且该阶段决策为 $u_k(s_k)$，那么第 k+1 段的状态 s_{k+1} 也就完全确定了。它们的关系可表示为

$$s_{k+1}=T_k(s_k,u_k)$$

上式表示了由 k 阶段到 k+1 阶段的状态转移规律，该式称为状态转移方程。

例 4.4.2 中状态转移方程为 $s_{k+1}=u_k(s_k)$。

6）指标函数和最优值函数

用于衡量所选定策略优劣的数量指标称为指标函数。$V_{1,n}(s_1,p_{1,n})$ 表示初始状态为 s_1 采用策略 $p_{1,n}$ 时原过程的指标函数。$V_{k,n}(s_k,p_{k,n})$ 表示在第 k 阶段，状态为 s_k 采用策略 $p_{k,n}$ 时后部子过程的指标函数值。

对于要构成动态规划模型的指标函数，应具有可分离性，并满足递推关系，常见指标函数的形式是过程和其任意一个子过程的指标是它所包含的各阶段的指标的和，即

$$V_{k,n}(s_k,p_{k,n})=\sum_{j=k}^{n}v_j(s_j,u_j)=v_k(s_k,u_k)+V_{k+1,n}(s_{k+1},p_{k+1,n})$$

最优指标函数记为 $f_k(s_k)$，它表示从第 k 阶段状态 s_k 采用最优策略 $p_{k,n}$ 到过程终止时的最佳效益。$f_k(s_k)$ 与 $V_{k,n}(s_k,p_{k,n})$ 间的关系为

$$f_k(s_k)=\underset{\{u_k,\cdots,u_n\}}{\text{optimize}}V_k(s_k,p_k)$$

式中，optimize 表示最优化，根据题意取最大值或最小值。

当 k=1 时，$f_1(s_1)$ 就是从初始状态 s_1 到全过程结束的整体最优函数。

在例 4.4.2 中，显然第 k 阶段的指标 $v_k=w(s_k+1,k)$ 中 $w=\begin{bmatrix}0 & 0 & 0\\0.6 & 0.4 & 0.5\\1.08 & 0.64 & 0.75\\1.464 & 0.784 & 0.875\\1.77 & 0.87 & 0.938\end{bmatrix}$ 为题中给出的搜索价值矩阵，第 i 行 j 列表示将 i 个搜索者分配给区域 j 时发现目标的价值。

动态规划的最优性原理：作为整个过程的最优策略具有这样的性质，即无论过去的状态和决策如何，对前面的决策所形成的状态而言，余下的诸决策必须构成最优策略。简言之，一个最优策略的子策略总是最优的。

根据动态规划的最优性原理求解例 4.4.2，方法是从最后一个阶段开始计算，由后向前逐步推至 S 点，完成整个优化过程。

当 $k=3$ 时，由出发点 B_0 开始只有 1 条路径，故 $f_3(B_0)=v_3(B_0,C_0)=w(5,3)=0.938$，$u_3(B_0)=C_0$；类似地，$f_3(B_1)=w(4,3)=0.875$，$u_3(B_1)=C_1$；$f_3(B_2)=w(3,3)=0.75$，$u_3(B_2)=C_2$；$f_3(B_3)=w(2,3)=0.5$，$u_3(B_3)=C_3$；$f_3(B_4)=w(1,3)=0$，$u_3(B_4)=C_4$。

当 $k=2$ 时，出发点有 A_0～A_4 共 5 个。若从 A_0 出发，有 5 个选择，分别至 B_0～B_4，则

$$f_2(A_0)=\max\begin{Bmatrix} v_2(A_0,B_0)+f_3(B_0) \\ v_2(A_0,B_1)+f_3(B_1) \\ v_2(A_0,B_2)+f_3(B_2) \\ v_2(A_0,B_3)+f_3(B_3) \\ v_2(A_0,B_4)+f_3(B_4) \end{Bmatrix}=\max\begin{Bmatrix} w(1,2)+0.938 \\ w(2,2)+0.875 \\ w(3,2)+0.75 \\ w(4,2)+0.5 \\ w(5,2)+0 \end{Bmatrix}=\max\begin{Bmatrix} 0+0.938 \\ 0.4+0.875 \\ 0.64+0.75 \\ 0.784+0.5 \\ 0.87+0 \end{Bmatrix}=1.39$$

其相应决策$u_2(A_0)=B_2$。

$$f_2(A_1)=\max\begin{Bmatrix} v_2(A_1,B_1)+f_3(B_1) \\ v_2(A_1,B_2)+f_3(B_2) \\ v_2(A_1,B_3)+f_3(B_3) \\ v_2(A_1,B_4)+f_3(B_4) \end{Bmatrix}=\max\begin{Bmatrix} w(1,2)+0.875 \\ w(2,2)+0.75 \\ w(3,2)+0.5 \\ w(4,2)+0 \end{Bmatrix}=\max\begin{Bmatrix} 0+0.875 \\ 0.4+0.75 \\ 0.64+0.5 \\ 0.784+0 \end{Bmatrix}=1.15$$

且$u_2(A_1)=B_2$。

类似地，可得 $f_2(A_2)=0.9$，$u_2(A_2)=B_3$；$f_2(A_3)=0.5$，$u_2(A_3)=B_3$；$f_2(A_4)=0$，$u_2(A_4)=B_4$。

当$k=1$时，出发点只有一个 S，从该点出发有 5 个选择，分别为 A_0～A_4，则

$$f_1(S)=\max\begin{Bmatrix} v_1(S,A_0)+f_2(A_0) \\ v_1(S,A_1)+f_2(A_1) \\ v_1(S,A_2)+f_2(A_2) \\ v_1(S,A_3)+f_2(A_3) \\ v_1(S,A_4)+f_2(A_4) \end{Bmatrix}=\max\begin{Bmatrix} w(1,1)+1.39 \\ w(2,1)+1.15 \\ w(3,1)+0.9 \\ w(4,1)+0.5 \\ w(5,1)+0 \end{Bmatrix}=\max\begin{Bmatrix} 0+1.39 \\ 0.6+1.15 \\ 1.08+0.9 \\ 1.464+0.5 \\ 1.77+0 \end{Bmatrix}=1.98$$

且相应的决策为$u_1(S)=A_2$。

从而得到这一非线性搜索力配置问题的最优解，即从 S 点到某个 C 点的最长距离为 1.98。

为了找出最优分配方案，再按计算的顺序反推，可求出最优决策函数序列$\{u_k\}$，即由$u_1(S)=A_2$，$u_2(A_2)=B_3$，$u_3(B_3)=C_3$ 组成最优策略，由图 4.4.1 可知，其分配方案对应$s_1=2$，$s_2=1$，$s_3=1$，即为区域 1 分配 2 个搜索者，为区域 2 分配 1 个搜索者，为区域 3 分配 1 个搜索者。

上述计算过程也可以借助图形直观地表示出来，如图 4.4.2 所示。

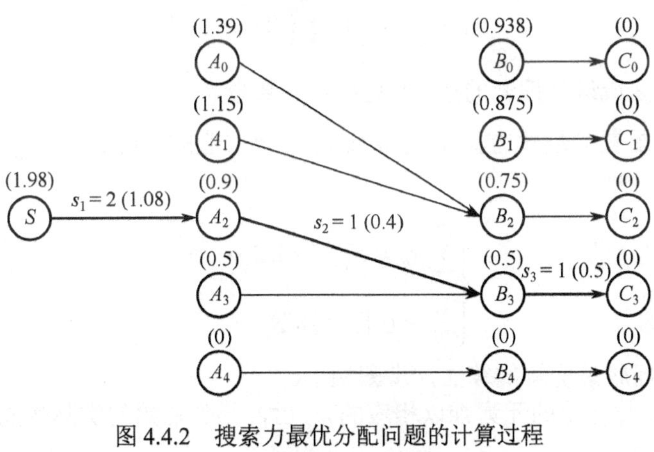

图 4.4.2　搜索力最优分配问题的计算过程

在图 4.4.2 中，每节点处上方的数字表示该点到终点 C 的某个节点的最长距离。用直线连接的点表示该点到终点的最长距离，未用直线连接的点就说明它不是该点到终点的最长路线，故这些分支会被舍去。图 4.4.2 中粗线表示由始点到终点的最优路线。

2．同类观察者搜索目标的协同问题——搜索时间的分配

现在改变对搜索力最优配置问题的描述。假设一个搜索者在 n 个不同的区域展开序贯搜索，对每个区域的搜索时间为 t_j，$j=1,2,\cdots,n$，且总的搜索时间有限为 T，则搜索力配置问题成为求解最优向量 $(t_1^*,t_2^*,\cdots,t_n^*)^{\mathrm{T}}$，满足以下模型：

$$\max M=\sum_{j=1}^{n}w_j\{1-\exp[-(ut_j/S_j)]\} \tag{4.4.12}$$

$$\text{s.t.}\quad \sum_{j=1}^{n}t_j=T,\ t_j\geqslant 0 \tag{4.4.13}$$

令 $T_j=t_j/T$，$a_j=uTx_j/S_j$，则优化目标函数变换为

$$\max M=\sum_{j=1}^{n}w_j[1-\exp(-a_jT_j)]$$

问题可以进一步等价为求解向量$(T_1^*,T_2^*,\cdots,T_n^*)$，满足模型

$$\min M=\sum_{j=1}^{n}W_j\exp(-a_jT_j) \tag{4.4.14}$$

$$\sum_{j=1}^{n}T_j=1,\ T_i\geqslant 0 \tag{4.4.15}$$

因为$W_j\exp(-a_jT_j)$为凸函数，所以上面的非线性规划问题的求解可以利用凸规划模型中的吉布斯辅助定理来完成，具体方法可参考相关文献，本节不再展开介绍。

3．不同类观察者搜索目标时观察者数量的分配

在此讨论更一般的分配模型，即假设把 m 类搜索者分配到 n 个区域进行搜索，第 i 类，$i=1,2,\cdots,m$ 有 N_i 个搜索者，W_j 表示目标处在区域 j，$j=1,2,\cdots,n$ 内的概率，P_{ij} 表示单个第 i 类搜索者在 j 区域内搜索发现目标的概率。假定搜索者的行动是相互独立的，则发现目标的总概率为

$$M=\sum_{j=1}^{n}W_j\left[1-\prod_{i=1}^{m}(1-P_{ij})^{x_{ij}}\right] \tag{4.4.16}$$

式中，x_{ij} 为在第 j 区域进行搜索的第 i 类观察者的数量。

显然，观察者配置的最优方案是使得 M 达到最大值的矩阵 $X^*=\{x_{ij}^*\}$，并满足如下约束条件：

$$\begin{cases}\sum_{j=1}^{n}x_{ij}^*=N_i,\ i=1,2,\cdots,m\\ x_{ij}^*\geqslant 0\text{ 且为整数}\end{cases} \tag{4.4.17}$$

在此给出上述问题最优解的算法，步骤如下。

（1）对矩阵 $P=\{P_{ij}\}$ 中的元素乘以相应的 W_j 后，得到初始的实际效能矩阵，即

$$R^{(0)}=\{R_{ij}^{(0)}\}=\{W_jR_{ij}\}$$

（2）在 $R^{(0)}$ 矩阵中，找到最大元素 $r_{i_1j_1}^{(0)}$。

（3）由第 i_1 类搜索者派出一个搜索者到 j_1 区域内搜索，从 N_{i_1} 中减去 1，并重新计算矩阵

$R^{(0)}$ 的第 j_1 列，由此得到矩阵 $R^{(1)}$（在后续的矩阵 $R^{(k)}$ 中，k 为步的编号）

$$r_{ij_1}^{(1)} = r_{ij_1}^{(0)}(1-P_{i_1j_1}),\ i=1,2,\cdots,m$$

式中，$r_{i_1j_1}^{(1)}$ 表示在第 i_1 类分配到区域 j_1 内的单个搜索者没有发现目标的条件下，后续的分配到 j_1 区域内的 i 类，$i=1,2,\cdots,m$ 单个搜索者发现目标的概率。因此，对分配过程的每一步来说，$R^{(k)}$ 具有明显的物理意义，即第 k 步的最优分配是在假定第 k 步以前所分配的搜索者没有发现目标的前提下进行的。

（4）检查分配是否完成，若否，则转步骤（2）；若是，则已求得最优方案，计算的总步数等于 $\sum_{i=1}^{m} N_i$ 。

【例 4.4.3】 $m=2$，$n=3$，$N_1=6$，$N_2=10$，$W_1=0.3$，$W_2=0.2$，$W_3=0.5$，

$$\boldsymbol{P}=\{P_{ij}\}=\begin{bmatrix} 0.40 & 0.10 & 0.50 \\ 0.20 & 0.40 & 0.20 \end{bmatrix}$$

求解如下：

（1）计算初始矩阵 $\boldsymbol{R}^{(0)}$，有

$$\boldsymbol{R}^{(0)}=\begin{bmatrix} 0.12 & 0.02 & 0.25 \\ 0.06 & 0.08 & 0.10 \end{bmatrix}$$

（2）$\boldsymbol{R}^{(0)}$ 中的最大元素为 $r_{13}^{(0)}=0.25$ 。

（3）在第 3 区域内首先由第 1 类搜索者派出一个单位搜索，$x_{13}^{(1)}=1$；这时第 1 类搜索者剩下的数量为 $N_1=N_2-x_{13}^{(1)}=6-1=5$；第 2 类观察者的数量不变，$N_2=10$。

（4）重新计算 $R^{(0)}$ 矩阵中的第 3 列，有

$$r_{13}^{(1)}=0.25(1-0.5)=0.125$$

$$r_{23}^{(1)}=0.10(1-0.5)=0.05$$

故
$$\boldsymbol{R}^{(1)}=\begin{bmatrix} 0.12 & 0.02 & 0.125 \\ 0.06 & 0.08 & 0.05 \end{bmatrix}$$

（5）从 $\boldsymbol{R}^{(1)}$ 中找到最大元素 $r_{13}^{(1)}=0.125$，因此有

$$x_{13}^{(2)}=x_{13}^{(1)}+1=2$$

$$x_{13}^{(2)}=0.125\times 0.5=0.0625$$

$$r_{23}^{(2)}=0.05\times 0.5=0.025$$

$$N_1=5-1=4,\ N_2=10$$

故
$$\boldsymbol{R}^{(2)}=\begin{bmatrix} 0.12 & 0.02 & 0.0625 \\ 0.06 & 0.08 & 0.025 \end{bmatrix}$$

（6）$\boldsymbol{R}^{(2)}$ 中的最大元素为 $r_{11}^{(2)}=0.12$，因此有

$$x_{11}^{(2)}=1,\ x_{13}^{(2)}=2\text{，其余的 } x_{ij}^{(2)}=0$$

$$r_{11}^{(3)}=0.12\times 0.6=0.072,\ r_{21}^{(3)}=0.06\times 0.6=0.036$$

$$N_1 = 4 - 1 = 3,\ N_2 = 10$$

……

（7）经过 16 步的循环后，得到的最优分配方案矩阵为

$$\boldsymbol{X}^* = \begin{bmatrix} 3 & 0 & 3 \\ 3 & 5 & 2 \end{bmatrix}$$

与该方案对应的发现目标的最大概率为

$$M^* = 0.911$$

本节针对不同的优化目标或约束条件，讨论了搜索力配置问题中的几类非线性模型，类似的模型还可以提出很多，在此不展开讨论。

本章小结

本章主要介绍了搜索理论的一些基本概念和模型方法。搜索论本身是应用数学的一个分支，而且理论方法本身也在不断发展完善。除本章介绍的这些常用概念和模型外，有关最优搜索理论更全面的知识，可以参阅有关搜索论的专门书籍。

本章案例

案例 4.1　基于兵棋推演的反潜作战决策优化

编队反潜作战是海上舰艇编队作战的重要内容之一。由于潜艇作战的隐蔽性和复杂的海洋环境，编队反潜作战面临严峻的挑战。搜潜策略和搜潜过程中的指挥决策，将影响搜潜的成功率和搜索效率。基于所学的搜索论知识，针对水下突防和舰艇编队协同反潜问题，以编队反潜为背景设计战例“水下刺客”，利用 CMANO 软件，进行以潜艇水下突防和编队协同反潜作战为核心的战例推演，分析搜潜决策的优化性，改进搜潜策略，再次进行推演对比分析。

1. 战例设置

1）作战决心与兵力配置

红方作战决心：反潜编队建立反潜巡逻区，搜索并歼灭敌潜艇。

蓝方作战决心：由南到北低速隐蔽机动，绕过红方巡逻舰艇，可相机歼灭敌有生力量。

红方兵力：反潜护卫舰 2 艘各携带反潜直升机 1 架。

蓝方兵力：潜艇 1 艘。

2）作战流程

红方作战行动方案：由南到北依次建立 3 道水面舰艇封锁线和 2 道反潜直升机封锁线。

蓝方作战行动方案：由南向北低速隐蔽机动，发现目标采取转向迂回战术规避，发现单个水面目标主动发射鱼雷攻击。红蓝双方战场态势如图 4.a1.1 所示，具体作战流程如表 4.a1.1 所示。

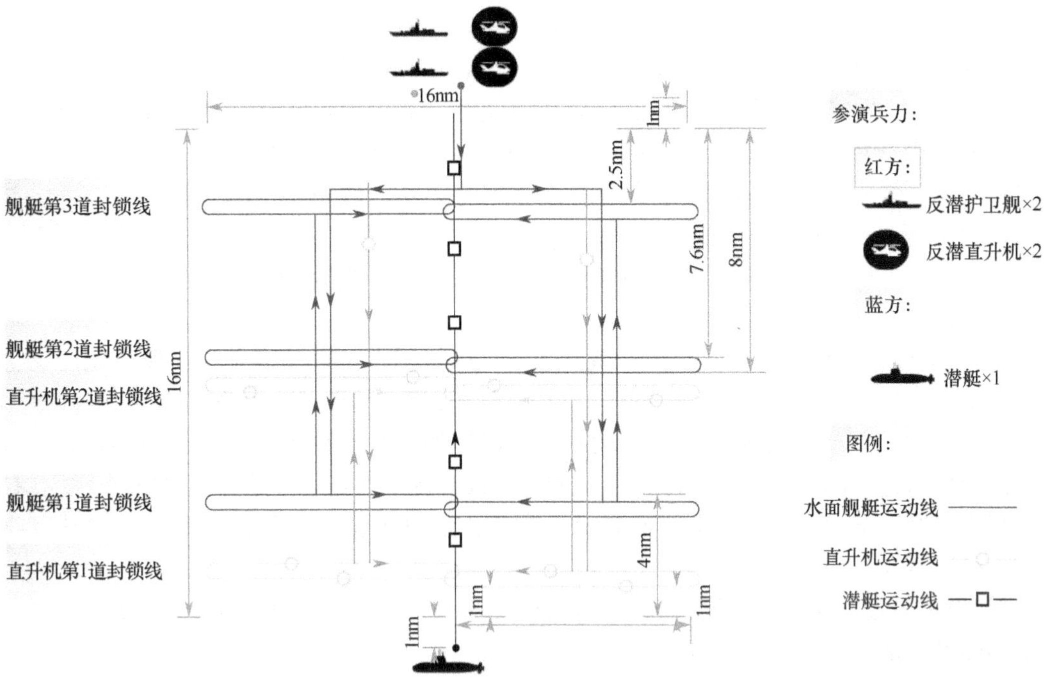

图 4.a1.1　红蓝双方战场态势

表 4.a1.1　编队协同反潜兵棋推演作战流程

时　刻	阵　营	事　件
14 : 10	红方	反潜编队于北边缘 1 海里疏散队形
14 : 30	红方	反潜直升机起飞
14 : 40	红方	反潜直升机于南边缘以北 1 海里建立第 1 道封锁线
15 : 30	红方	舰艇编队于南边缘以北 4 海里建立第 1 道封锁线
15 : 50	红方	反潜直升机着舰
16 : 00	红方	反潜直升机再次起飞，赴南边缘以北 7 海里建立第 2 道封锁线
17 : 00	红方	反潜护卫舰编队距离北边缘以南 7.6 海里建立第 2 道封锁线
18 : 30	红方	反潜护卫舰编队于北边缘以南 2.5 海里建立第 3 道封锁线

2. 推演设置

（1）开机运行 CMANO 系统，练习简单的 CMANO 操作功能，初步掌握 CMANO 兵棋推演方法。

（2）根据“水下刺客”作战流程，创建兵棋推演战例。具体步骤如下：

① 新建战例文件。在 CMANO 系统开始菜单选择 Scenario—Create new blank scenario 或者在系统窗口的功能区选择 File—Create new blank scenario 新建战例文件。

② 设置战役时间。单击 Editor —Scenario Time+Duration，打开战役时间编辑窗口，设置战役开始时间和持续时间。

③ 编辑战役背景。单击 Editor —Title+Description，打开战役背景编辑器，编辑战役名称“水下刺客”和战役背景描述。

④ 添加交战方。单击 Editor —Add/Edit Sides 打开交战方编辑窗口，添加交战方红方，按回车确认，再添加蓝方，按回车确认。可通过 switch to 切换红方/蓝方。

⑤ 选择推演区域。通过上下左右键移动地图，通过鼠标滚轮放大缩小，鼠标右键居中，选择任意一片海域，通过 Mission—Define Area—鼠标左键按住移动鼠标，定义一个矩形交战区域，Ctrl+D 使用测距工具测量参考点的距离，选中参考点可以调整参考点的位置，可定义区域为 16nm×16nm 的矩形。

⑥ 添加参考点。Ctrl+Ins 添加参考点，通过 Ctrl+D 测量参考点的位置，标记出每个转向点的位置。

⑦ 添加作战单位。单击 Editor —Unit Actions—Add Unit，或者使用快捷键 Ins，单击地图上的部署位置，打开作战单位数据库，根据需要查找作战单位，单击作战单位名查看作战单位详细参数，单击 OK 确认添加作战单位。以添加一型水面舰艇为例：快捷键 Ins，单击作战区域北边缘中心打开数据库，Type 选择 Surface ship，Country 选择舰艇所属国家，Class 输入相应类别，选中目标，单击 OK 确认。用该方法添加红方水面舰艇两艘、直升机两架、蓝方潜艇一艘。

⑧ 设置航速和高度（深度）。航速均选择 Cruise，直升机高度选择默认，潜艇深度选择 Just under the layer。

⑨ 设置航线。潜艇和水面舰艇选中目标，按 F3，根据作战流程图设置航线，封锁线来回巡逻即可，航线可以重叠，单击即可转向，双击确认航线，双击目标取消航线。直升机需要吊放声呐，需要通过任务来确定航线。

⑩ 建立直升机搜索任务。选中直升机，Ctrl+F11，打开任务编辑器，Name 命名为搜索，Class 选择 Patrol，Type 选择 ASW，根据作战计划设置时间，通过参考点定义参考区域，黄色代表有效参考点，白色代表无效参考点，单击参考点可以转换参考点的状态，Ctrl+Ins 可以添加参考点。在编辑器中的 Unassigned 中选中两架直升机派遣到 Assigned，任务创建成功后，该搜索区域会被红色或者其他颜色标记，便于查看。注意：直升机第二次起飞后，需要重新创建搜索任务。

⑪ 传感器管理。选中目标，单击右侧 Sensors，取消 EMCOM，选择 Sonars，为所有目标执行此操作。

⑫ 接战规则。红方通过右侧 Unit Doctrine—WCS Sub—Surface，设置为 Free；蓝方通过右侧 Unit Doctrine—WCS Surface，设置为 Hold。

⑬ 保存战例文件。单击 File—Save As，将文件重命名为“水下刺客”，CMANO 只能识别系统默认的战例文件夹，必须将新建的战例文件保持到系统目录，例如：

D:\3DMGAME-Command_Modern_Air_Naval_Operations_Command_LIVE1_0Korean_Pole_Positions.EN.Green\Command Modern Air Naval Operations Command LIVE Korean Pole Positions\Scenarios。

（3）加载“水下刺客”推演战例，根据作战流程表进行兵棋推演。具体步骤如下：

① 加载战例文件。在开始菜单中选择 Scenario Editor—Load Existing Scenario，选择“水下刺客”，选择红方/蓝方，推演过程中，可以通过 Editor—Switch to 切换红方或者蓝方。

② 开始推演。单击开始按钮，可通过 Time Compression 加快推演进程，按空格键选择暂停/开始。

③ 报警信号。探测到目标后会出现报警提示框，被敌方武器击中也会有提示框出现，

此时可以视情调整时间倍速。

④ 直升机降落。根据作战计划按照时间点降落飞机，降落时选中飞机，Unit Order — RTB 返回母舰。

⑤ 直升机起飞。控制舰载机单击右侧操作栏 Aircraft，起飞需要设置准备时间，如 10 分钟，通过 Set time to ready 设置为 00 : 00 : 10，等待 10 分钟后直升机起飞。重新起飞后，需要在新的封锁线重新建立搜索任务。

⑥ 攻击。选中目标，按 F1 自动攻击，选择攻击目标，单击回车确认；或者按 Shift+F1 手动攻击，选择攻击目标，选择武器，选择武器数量，单击回车确认。

（4）进行决策优化，修改红蓝双方作战策略，再次进行兵棋推演。

（5）观察和记录：对兵棋推演的结果和推演过程中的关键事件（如探测发现目标、攻击等）进行记录和对比，并分析实验结果。

3．推演及结果统计

在推演过程中，红方建立严密的封锁线，蓝方采取低速隐蔽与迂回机动的战术，顺利突破第 1 道封锁线。反潜编队及时调整兵力部署，建立第 2 道封锁线。蓝方潜艇在发现单个舰艇目标时草率攻击未命中目标，却暴露自身位置，红方直升机抓住机会迅速锁定蓝方潜艇位置发射鱼雷攻击但未命中，立刻通过数据链引导舰艇鱼雷攻击，最终击毁蓝方潜艇，从而赢得胜利。详细推演过程如表 4.a1.2 所示。

表 4.a1.2 “水下刺客”推演过程

时　刻	阵　营	事　件	裁　决
14 : 10	红方	舰艇于北边缘 1 海里疏散队形	
14 : 25	蓝方	南边缘 1.5 海里，深 80 米，航向 0000，航速 6.4 节	
14 : 32	红方	直升机起飞	
14 : 39	红方	舰艇编队赴南边缘以北 4 海里建立第 1 道封锁线	
14 : 45	红方	直升机于南边缘以北 1 海里建立第 1 道封锁线	
14 : 50	蓝方	东边缘，7.8 海里，由南向北突破	
15 : 07	蓝方	发现目标，方位 235，直升机吊声转向 000	未发现目标
15 : 14	蓝方	发现目标，航向 310，目标为舰艇	发现目标
15 : 17	蓝方	转向，040，拉大垂距	
15 : 26	红方	舰艇编队建立第 1 道封锁线	
15 : 27	蓝方	信号消失	
15 : 30	蓝方	减速，航速 4.6 节	
15 : 50	蓝方	发现目标，目标为直升机吊声	发现目标
15 : 57	红方	直升机着舰	
16 : 06	红方	直升机再次起飞，赴南边缘以北 7 海里建立第 2 道封锁线	
16 : 07	蓝方	信号消失	
16 : 14	蓝方	发现目标，方位 150，目标为舰艇 目标较远，蓝方高速突破	未发现目标

续表

时　刻	阵　营	事　件	裁　决
16:17	蓝方	信号消失	
16:36	红方	舰艇编队向北机动	
17:00	红方	舰艇编队于北边缘以南 7.6 海里建立第 2 道封锁线	
17:01	蓝方	发现目标，方位 310.5，目标为舰艇，航速 12 节	
17:10	蓝方	鱼雷攻击	鱼雷未命中目标
17:30	红方	直升机发现目标，目标为潜艇	
17:32	红方	直升机攻击	鱼雷未命中目标
17:46	红方	直升机引导舰艇鱼雷攻击，方位 154.8，距离 25.9 链	鱼雷击毁目标
20:00		兵力撤收	

在同样的作战计划下进行了 10 次推演，蓝方潜艇被发现 8 次，击毁 7 次，击伤 1 次。假定潜艇被击伤未击毁时仍可以继续执行布雷任务，因此蓝方胜利 3 次，红方胜利 7 次。

4. 红方结果分析及编队反潜决策优化

综合多次推演结果分析，红方反潜编队采取的战术有效，指挥决策合理，能够有效搜索发现潜艇，但也存在漏洞和不足，具体分析如下。

1）红方战术优点

（1）战术运用合理。通过建立封锁线，形成了有效兵力布势。通过推演，在潜艇采用当前战术下，10 次推演中有 8 次成功发现潜艇，对潜艇封锁有效。

（2）对潜攻击及时有效。搜索发现潜艇后，攻击及时，8 次发现后的 8 次攻击均有效，其中击毁潜艇 7 次。

2）存在问题及优化方案

（1）建立封锁线要与对潜艇运动要素研判相结合。第 1 道封锁线是以常规速度推算潜艇运动建立的，若蓝方潜艇采取高速机动，则可在舰艇组织形成第 1 道封锁线前突破，将导致后续封锁失效。针对该情况的推演结果也证明了这一结论。

决策优化：第 1 道封锁线后移，防备潜艇快速突破。考虑建立封锁线需要的时间，以及潜艇可能冒险采取高速突破，同时考虑洋流的影响，留有余量，第 1 道封锁线由南边缘以北 4nm 调整到南边缘以北 6nm，后续封锁线位置不变，适当调整建立时间。

（2）舰艇搜索路径还需优化，潜艇趁机突破概率较大。10 次模拟中蓝方潜艇 6 次利用红方两艘舰艇搜索交叉区域的空白突破第 1 道封锁线，2 次利用红方两艘舰艇在搜索交叉区域的空白突破第 2 道封锁线。

决策优化：将两艘舰艇搜索交叉区由原来 0.5 海里扩大到 2 海里，并优化搜索路径，要求两艘舰艇最大距离不得超过 10nm，杜绝出现封锁线漏洞。

（3）方案调整不及时，缺乏战术灵活性。在原定方案中，两艘舰艇按照各自计划航线巡逻，按照固定时间点动作，长时间未发现目标，没有及时调整方案。10 次模拟中，蓝方潜艇 6 次已经突破第 1 道封锁线，反潜编队连续 3 小时以上未发现目标，按照计划未能及时调整，缺乏战术灵活性。

决策优化：针对实际态势及时调整作战方案。如果长时间未能发现潜艇，根据潜艇运动速度，在潜艇抵达下一道封锁线前抢先建立封锁区。

（4）舰机协同不够高效，没有充分发挥反潜直升机的机动性和灵活性。在原定方案中，直升机和舰艇没有针对疑似目标组织协同查证。10 次推演中，蓝方舰艇 3 次发现目标，其中两次舰艇直接鱼雷攻击成功击毁潜艇，1 次跟踪失败，如果此时组织附近的直升机到疑似潜艇邻近区域巡逻可有效提高发现概率。

决策优化：充分发挥直升机机动优势，加强舰机协同反潜。水面舰艇一旦发现疑似潜艇目标，立即组织直升机协同查证，充分发挥直升机机动性和灵活性，快速确认目标。

5．蓝方结果分析及水下突防决策优化

综合多次推演结果分析，蓝方潜艇在战术上有一定的合理性和有效性，在敌我兵力悬殊的情况下仍存在突破封锁的可能。但是蓝方战术保守，决策存在漏洞，导致多次任务失败。具体分析如下。

1）蓝方战术优点

（1）隐蔽得当，机动灵活。在低速突破过程中，率先发现舰艇位置，采取机动灵活的规避措施，隐蔽得当。

（2）选择恰当的航行深度，有效降低直升机吊放声呐的发现概率。潜艇选择的 80 米下潜深度，正好处在温跃层之下，直升机吊放声呐对位于温跃层以下的目标发现概率大幅降低。

2）存在问题及优化方案

（1）主动攻击暴露位置。主要作战目标是隐蔽突破封锁，相机消灭敌有生力量仅是次要目标。蓝方在 10 次模拟中 6 次主动攻击敌目标后暴露自身位置，引来敌巡逻舰艇和直升机攻击，导致任务失败。

决策优化：取消主动攻击，隐蔽突破。

（2）突破战术保守，与红方舰艇接触时间太长。在推演过程中，潜艇采取的突破战术太保守，在狭小的封锁区域内，潜艇低速隐蔽放弃了机动灵活性，10 次推演中 4 次推演开始后超过 3 小时未能突破第 1 道封锁线，与舰艇缠斗时间太长，导致任务失败。

决策优化：出其不意，加速突破，争取在舰艇建立封锁线前，抢先突破第 1 道封锁线，减少在敌方舰艇密集区域的停留时间。尽管潜艇处于温跃层下，直升机吊放声呐探测性能降低，但高速突防会增大潜艇噪声，增加暴露概率，因此需要基于掌握的红方情报信息进行权衡决策。

6．优化方案推演

红方优化方案如图 4.a1.2 所示。

红方反潜编队和蓝方潜艇选择不同的决策优化方案组合，得到以下 8 种推演案例。

案例 1：双方均不优化方案，按照原定作战方案行动。

案例 2：红方不优化方案，蓝方取消主动攻击，但保持低速隐蔽突防的机动方案。

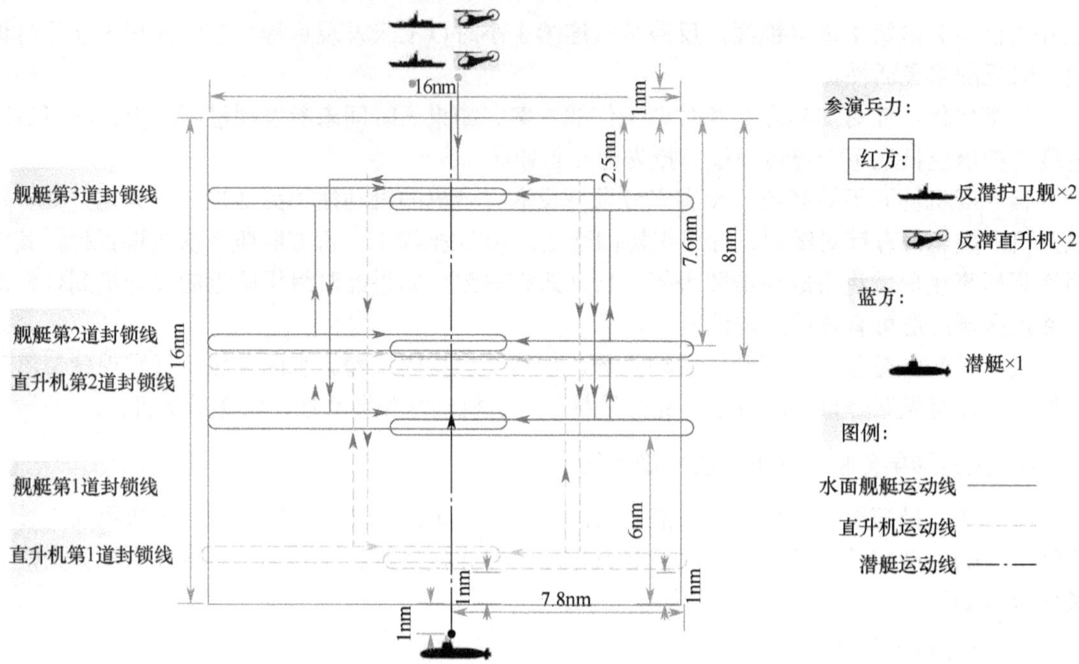

图 4.a1.2　红方优化方案

案例 3：红方不优化方案，蓝方高速突破、接敌后转入隐蔽机动方案，仍主动攻击。

案例 4：红方不优化方案，蓝方高速突破、接敌后转入隐蔽，并取消主动攻击。

案例 5：红方对反潜方案进行系统优化，蓝方按照原作战方案行动。

案例 6：红方对反潜方案进行系统优化，蓝方取消主动攻击，但保持低速隐蔽突防的机动方案。

案例 7：红方对反潜方案进行系统优化，蓝方高速突破、接敌后转入隐蔽机动方案，仍主动攻击。

案例 8：红方对反潜方案进行系统优化，蓝方高速突破、接敌后转入隐蔽，并取消主动攻击。

针对每种推演方案进行 10 次推演，因篇幅限制，详细推演过程不再赘述，推演结果统计，如表 4.a1.3 所示。红方推演过程如表 4.a1.4 所示，蓝方推演过程如表 4.a1.5 所示。

海上反潜编队要确保完成作战任务，必须击毁潜艇使其失去布雷能力，仅仅是发现和击伤潜艇，没有击毁潜艇，裁决为红方任务失败，蓝方胜利。此处所列的发现潜艇次数，表示在 10 次推演中反潜编队发现潜艇的推演次数。

表 4.a1.3　编队协同反潜方案优化/不优化推演结果列表

红　方	蓝　方	推演次数/次	红方胜/次	蓝方胜/次	发现潜艇次数/次
未优化	低速隐蔽，主动攻击	10	7	3	8
	低速隐蔽，取消主动攻击	10	5	5	5
	优化机动，主动攻击	10	7	3	9
	优化机动，取消自动攻击	10	2	8	3

续表

红　方	蓝　方	推演次数/次	红方胜/次	蓝方胜/次	发现潜艇次数/次
系统优化	低速隐蔽，主动攻击	10	9	1	10
	低速隐蔽，取消主动攻击	10	8	2	8
	优化机动，主动攻击	10	10	0	10
	优化机动，取消自动攻击	10	7	3	7

注：1. 优化机动是指潜艇高速突破，发现目标转为低速隐蔽；

2. 击伤后潜艇仍能到达布雷点布雷，红方封锁任务失败。

表 4.a1.4　编队协同反潜红方推演结果

红　方	蓝　方	推演次数/次	红 方 战 果
未优化	低速隐蔽 主动攻击	10	发现潜艇 8 次，直升机发现 3 次，舰艇发现 6 次； 攻击 9 次，击毁 7 次，击伤 1 次
	低速隐蔽 不主动攻击	10	发现潜艇 5 次，直升机发现 2 次，舰艇发现 4 次； 攻击 5 次，击毁 5 次
	优化机动 主动攻击	10	发现潜艇 9 次，直升机发现 2 次，舰艇发现 8 次； 击毁 7 次，击伤 2 次
	优化机动 不自动攻击	10	发现潜艇 3 次，直升机发现 3 次，舰艇发现 0 次； 攻击 4 次，击毁 2 次，击伤 1 次
系统优化	低速隐蔽 主动攻击	10	发现潜艇 10 次，直升机发现 7 次，舰艇发现 9 次； 攻击 17 次，击毁 9 次，击伤 1 次
	低速隐蔽 不主动攻击	10	发现潜艇 8 次，直升机发现 4 次，舰艇发现 6 次； 攻击 15 次，击毁 8 次
	优化机动 主动攻击	10	发现潜艇 10 次，直升机发现 8 次，舰艇发现 6 次； 攻击 23 次，击毁 10 次
	优化机动 不自动攻击	10	发现潜艇 7 次，直升机发现 5 次，舰艇发现 6 次； 攻击 12 次，击毁 6 次

注：1. 优化机动是指潜艇高速突破，发现目标转为低速隐蔽；

2. 击伤后潜艇仍能到达布雷点布雷，红方封锁任务失败；

3. 每次推演中，多次探测到目标不重复计算次数；

4. 攻击次数为总次数，每次推演中攻击次数累加。

此处所列发现潜艇次数表示 10 次推演中反潜编队发现潜艇的推演次数。直升机发现次数表示 10 次推演中直升机发现潜艇的推演次数，舰艇发现次数表示 10 次推演中舰艇发现潜艇的推演次数，次数不累计。

表 4.a1.5　编队协同反潜蓝方推演结果

红　方	蓝　方	推演次数/次	蓝方战果
未优化	低速隐蔽 主动攻击	10	发现舰艇 10 次，直升机吊声 10 次； 攻击 8 次，击毁 2 次，击伤 1 次
	低速隐蔽 取消主动攻击	10	发现舰艇 10 次，直升机吊声 10 次
	优化机动 主动攻击	10	发现舰艇 10 次，直升机吊声 10 次； 攻击 8 次，击毁 2 次，击伤 1 次
	优化机动 取消自动攻击	10	发现舰艇 10 次，直升机吊声 10 次
系统优化	低速隐蔽 主动攻击	10	发现舰艇 10 次，直升机吊声 10 次； 攻击 8 次，击毁 2 次，击伤 1 次
	低速隐蔽 取消主动攻击	10	发现舰艇 10 次，直升机吊声 10 次； 1 次任务时间到未能突破封锁
	优化机动 主动攻击	10	发现舰艇 10 次，直升机吊声 10 次； 攻击 8 次，击毁 2 次，击伤 1 次
	优化机动 取消自动攻击	10	发现舰艇 10 次，直升机吊声 10 次

此处所列潜艇攻击次数表示 10 次推演中潜艇发动攻击的推演次数，不是指发射鱼雷数目。

7．优化方案推演结果分析

1）红方海上反潜编队决策优化方案分析

（1）舰机协同大幅提高编队搜潜概率。舰艇通过拖曳线列阵声呐确定一个疑似潜艇活动区域，再通过直升机应召反潜，发挥直升机高速机动特点，相较于直升机单独反潜，直升机探测到潜艇概率由每次推演场均 0.25 提升到场均 0.6，如图 4.a1.3 所示。舰艇机动性强但是探测范围大，通过舰艇向直升机提供潜艇的概略方位，有效提升了直升机的搜潜概率。

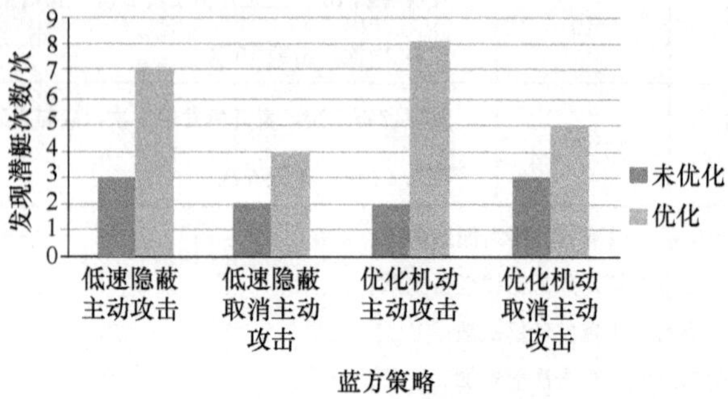

图 4.a1.3　直升机搜潜次数对比

（2）优化舰艇巡逻路线提高舰艇搜潜效率。根据巡逻区域实际情况，充分考虑潜艇可能的活动规律，加大交叉区域面积，控制舰艇声呐探测盲区，优化舰艇反潜巡逻航线，舰艇探测到潜艇概率由每次推演场均 0.45 提升到场均 0.75，如图 4.a1.4 所示。在编队反潜作战中舰艇搜索路径要根据海区范围和潜艇活动规律进行优化。

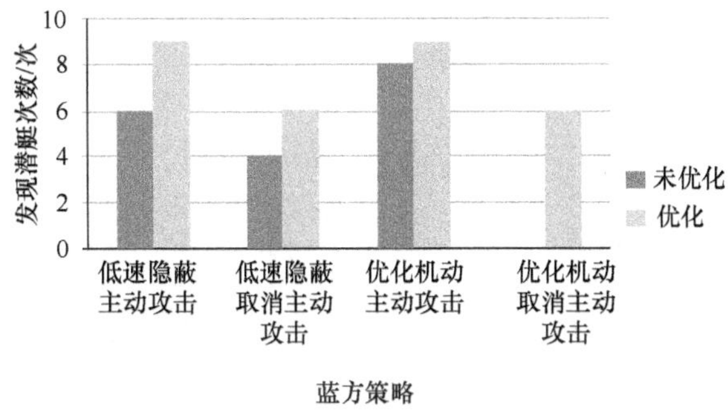

图 4.a1.4　舰艇搜索效率对比

（3）编队合同打击改善攻潜效能。舰艇和反潜直升机任一兵力发现潜艇目标，立即组织反潜直升机搜索确认目标，待目标确认后，各作战单位均发动鱼雷攻击。优化后，相较于单平台发现和攻击，攻潜次数由平均每次推演 0.625 次增加到 1.675 次，如图 4.a1.5 所示；完成任务击毁潜艇次数由平均每次推演 0.525 提升到 0.825，如图 4.a1.6 所示。在海上编队反潜作战过程中，通过数据链舰机合同攻潜替代单平台攻击，大幅度提升攻潜次数，从而增加了击毁潜艇的概率。

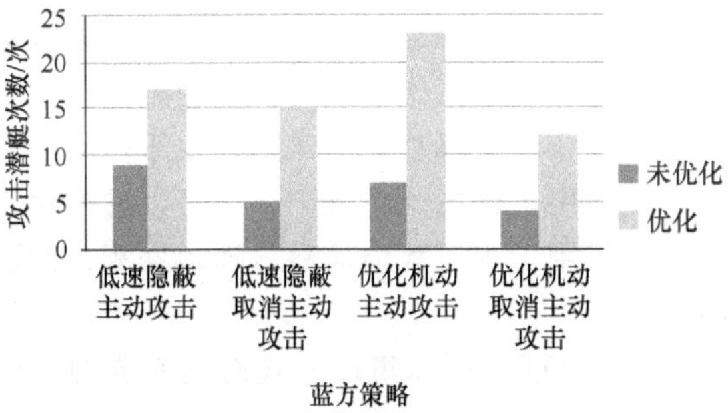

图 4.a1.5　攻击潜艇次数对比

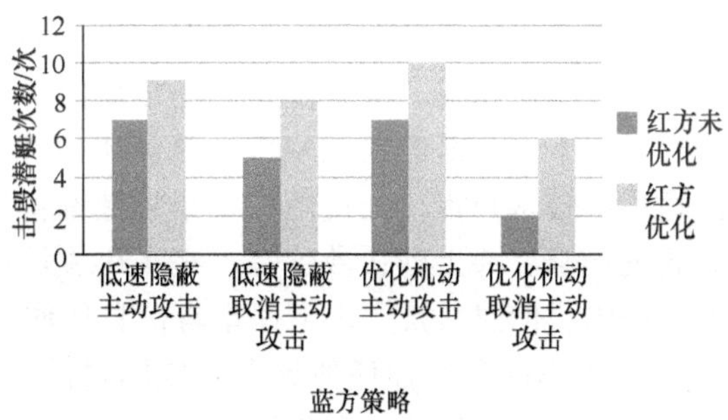

图 4.a1.6　击毁潜艇次数对比

2）蓝方潜艇水下突防决策优化方案分析

（1）完成任务前取消主动攻击大幅降低被发现概率。通过推演发现，潜艇突破红方反潜巡逻区是取消主动攻击，相较于主动攻击，平均被发现概率由 0.925 下降到 0.575，在如图 4.a1.7 所示。这表明在潜艇作战过程中，完成主要作战目标前，不主动攻击暴露己方位置有利于潜艇自身隐蔽。

（2）合理机动战术提高了生存能力。根据推演结果，在潜艇不主动攻击红方水面舰艇的情况下，高速突防，接敌再转入低速隐蔽的战术将潜艇被发现概率由 0.65 降低至 0.4，如图 4.a1.8 所示。

但是在潜艇主动攻击红方舰艇的情况下，高速突防直到接敌再降速的机动办法对潜艇隐蔽没有帮助，甚至在红方优化搜索方案后，反而增加了潜艇被发现概率。

因此，在潜艇水下突防时要根据实际任务选择合理的机动战术。主动攻击时不应采用高速突破，应当低速隐蔽寻找攻击时机；没有攻击任务时，可以采取高速突防，接敌再转入低速隐蔽的战术，减少与敌舰缠斗时间，增加突防概率。

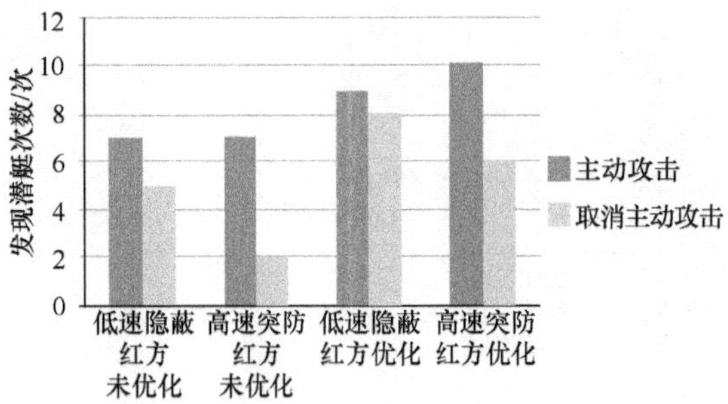

图 4.a1.7　主动攻击对潜艇隐蔽性的影响

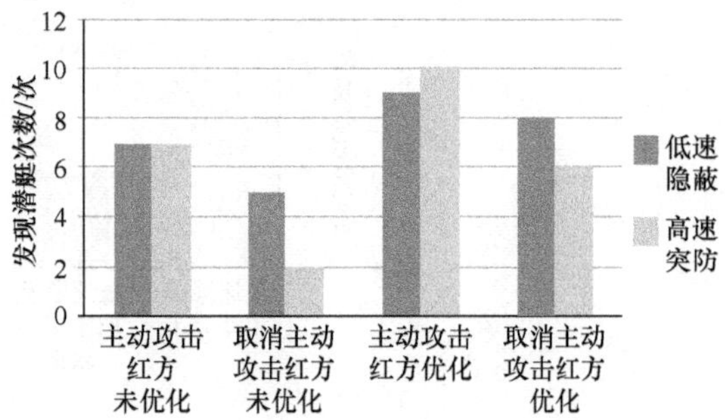

图 4.a1.8　机动对潜艇隐蔽性的影响

本案例设计了海上编队协同反潜作战战例“水下刺客”，描述了使用 CMANO 系统对设计的战例进行作战推演的结果，分析了推演过程中红方反潜策略和蓝方突防策略的优缺点，并进行了指挥决策优化和再推演。兵棋推演通过对行动过程的模拟，让使用者可以参与决策、体验战争，不仅能加深对知识的理解，更能培养决策思维能力，激发创新想法，在推演中尝试各种不可能，实现无代价的“试错”，是一种有效的教学实践活动。

案例 4.2　多水下无人潜航器协同区域覆盖搜索

随着科学技术的发展，人类对海洋及其中各项资源的依赖程度也越发提高。然而，水下环境存在不可预见、复杂多变、通信受限等不利因素，因此水下作业往往十分困难并极富挑战性。水下无人潜艇器（AUV）逐渐出现在公众的视野中，它具有载荷丰富、水下灵活、经济适用等技术特点，在民用和军事领域都得到了广泛应用。在民用领域中，它可以进行深海设备的维修、海上救援救护等；在军用领域中，它可以用于水下敌情侦察、阵地勘测、设置水下路障、信息对抗、水下探雷等信息化作战功能。

单台 AUV 执行任务具有一定的局限性，而多台 AUV 可以集群方式协同完成相应任务，具有更高的智能性和更强的功能性。本案例面向水下目标搜索的多 AUV 协同区域覆盖问题，探讨如何利用 AUV 集群，经过有效协同、各自分工，实现一片水下区域面积的完全覆盖，并尽量获得较好的覆盖搜索性能。研究内容在军事上可用于解决多 AUV 的水下军事侦察、目标探测、情报收集等一系列任务，具有良好的军事应用前景。

假设 3 台 AUV 协同执行一片固定水下区域中静态目标的搜索任务，需要 3 台 AUV 通过对该区域进行协同覆盖来发现目标，3 台 AUV 搜索宽度相同但搜索速度之比为 1∶2∶3；水下区域存在若干障碍物，在搜索中，AUV 不能进入或越过障碍物区域；目标在该水下区域的非障碍区域中均匀分布。要求 3 台 AUV 用尽可能短的时间完成搜索任务，其中任意一台 AUV 可从区域的任意一处开始搜索任务，且搜索完成后无须回到出发点。

请结合图 4.a2.1 所给 10×10 栅格地图，完成 3 台 AUV 的搜索任务，图中白色区域为目标可能处于的位置，黑色区域为障碍区域，每台 AUV 的搜索宽度恰好覆盖一个白色栅格，每个白色栅格与其周围 8 个栅格具有连通性，即从一个白色栅格出发，AUV 可到达该栅格周围的 8 个白色栅格中进行搜索。

本案例是单台搜索器材均匀搜索问题的拓展，其中考虑了区域分配和搜索者的路径规划问题，分析如下。

为了快速和有效地实现协同区域覆盖，将水下多 AUV 协同区域覆盖搜索问题分解为两个部分：基于各 AUV 搜索性能的任务区域分配和单区域覆盖搜索。

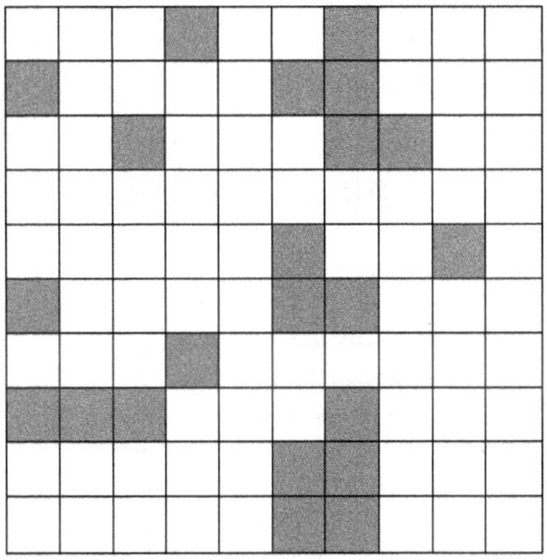

图 4.a2.1　AUV 协同覆盖搜索 10×10 栅格地图

在任务区域分配时，要根据 AUV 的不同搜索性能，对任务区域合理地进行面积划分，以保证各 AUV 的搜索任务均衡。本案例中所采用的方法是：首先采用 K-means 算法对水下区域进行均匀聚类预处理，得到面积相等的任务子区域；然后再结合各 AUV 的搜索性能，利用区域生长算法对子区域进行融合，得到与 AUV 搜索能力匹配的区域划分和分配结果。

完成任务分配之后，针对单区域全覆盖问题，采用基于 A*算法的起始点方向优先的路径规划算法，实现每个 AUV 任务区域的全覆盖。其中，路径规划算法采用了与本章介绍的规则搜索方法不同的设计思路，是在不规则的栅格区域中顺序展开的搜索。但根据区域形状的不同，可能存在重复搜索的情况，可为学习者提供另一种搜索问题的求解思路。

1．任务区域分配

基于给定的水下区域栅格地图模型，首先需要结合 AUV 的数量和搜索性能对任务区域进行划分，使每台 AUV 分得与其搜索能力相对应的区域面积。本案例中共 3 台 AUV，其搜索速度之比为 1 : 2 : 3，因此本案例首先采用 K-means 算法将整体任务区域中的非障碍区域近似均匀分配为 6 份，再采用区域生长算法对均匀分配的子区域进行融合，得到 3 个面积比为 1 : 2 : 3 的任务区域，分别分配给 3 台 AUV，其中任务区域的所有栅格在 8 连通条件下满足可达性要求。下面对 K-means 算法和区域生长算法进行介绍。

1）K-means 算法

K-means 算法是目前使用较为广泛的一种均匀分配的聚类方法，其主要原理如下。

给定一个 K 值作为均匀分配的聚类个数，同时确定这 K 个区域的聚类中点。计算范围内各点与聚类中点的距离，将它们分配到与其距离最近的聚类中点处，作为同一类并进行标记。所有点完成聚类分配后，选取分配好的各类点的中点，然后将所有点与这些新创建的中点进行距离比较并分配。重复迭代这种聚类、分配的方式，直至所有中点取值不再变化或变化很小为止，或者迭代到设定次数时，K-means 算法均匀分配聚类完成。K-means 算法流程如图 4.a2.2 所示，步骤如下。

（1）确定需要分配的栅格区域个数 K。

（2）确定或随机生成 K 个栅格区域的中心栅格。

（3）计算任务区域中每个可行栅格到 K 个中心栅格之间的距离。

（4）根据距离将每个栅格分配到与之最近的中心栅格区域里面，并做好标记。

（5）再次计算分配好的 K 个区域中每个栅格到中心栅格之间距离的平均值。

（6）以距离为依据将栅格分配到与之最近的中心栅格所在区域内。

（7）重复（5）、（6），直到所有的栅格都不再变动或达到预先设定好的迭代次数为止。

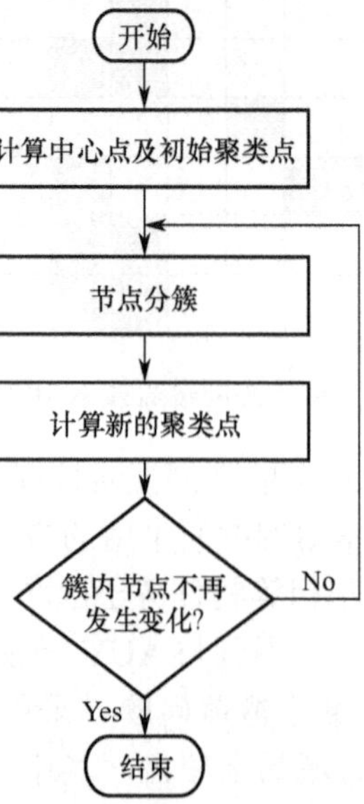

图 4.a2.2　K-means 算法流程图

经过 K-means 算法聚类后，将给定区域中的可行搜索区域分为 6 个子区域，标注为不同颜色，如图 4.a2.3 所示，其中每个子区域中的栅格满足 8 连通条件下的可达性要求。接下来利用区域生长算法，进一步将得到的 6 个子区域根据 AUV 搜索性能，划分为面积比为 1∶2∶3 的 3 个任务区域。

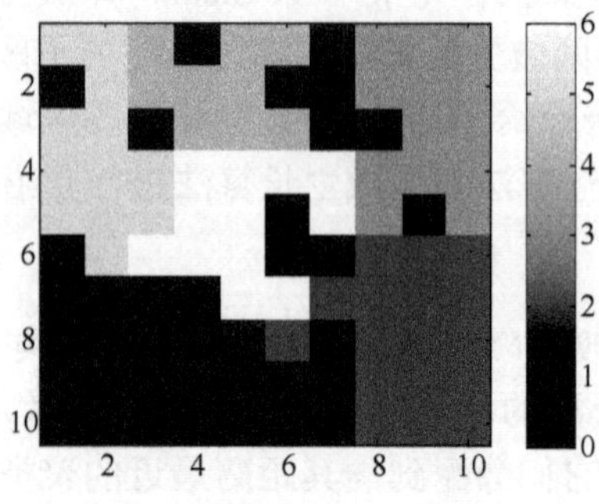

图 4.a2.3　10×10 栅格地图 K-means 算法聚类结果

2）区域生长算法

区域生长算法的原理是在已经获得的若干子区域基础上，进一步根据 AUV 搜索能力，将部分子区域进行融合，形成相应数量的新区域分配给各台 AUV 分别进行覆盖搜索。栅格 8 连通条件下区域生长算法的步骤如下。

（1）确定一个自由栅格作为起始栅格。

（2）以起始栅格为中心，向东、西、南、北、东北、东南、西北、西南 8 个邻域上的栅格进行搜索，判断是否满足生长准则，如果满足就将其标记为同一类栅格，并将起始栅格压入堆栈。

（3）将新标记的栅格作为新的起始栅格进行 8 个邻域方向上的搜索，若有符合条件的栅格，则处理方法与步骤（2）相同，若没有符合生长条件的栅格，则退回堆栈，将上一个栅格再次作为起始栅格并按步骤（2）操作。

（4）直到堆栈为空时，寻找与当前子区域相邻的另一子区域继续进行区域生长，直到满足 AUV 待搜索区域的大小要求，返回步骤（1），开始下一个分配区域的生长。

（5）重复进行步骤（1）～（4），直到栅格地图中的所有栅格都按 AUV 搜索性能被分为相应数量的待搜索区域时结束。

经过区域生长算法处理后的栅格地图已按照 AUV 的搜索性能，分为 3 个面积比为 1 : 2 : 3 的待搜索区域，且每个待搜索区域均满足 8 连通条件下的可达性要求，如图 4.a2.4 所示。

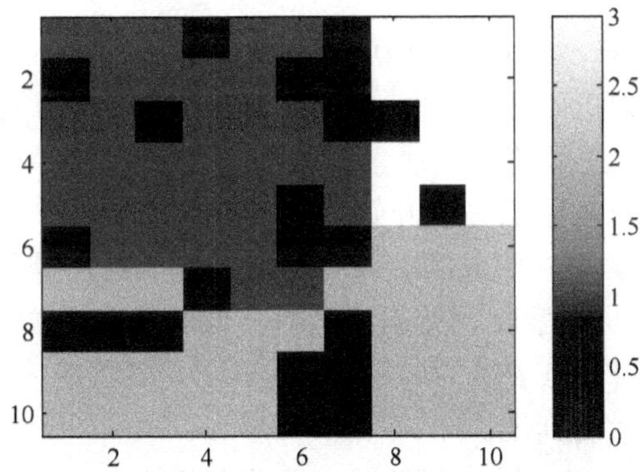

图 4.a2.4　10×10 栅格地图的任务区域分配结果

2. 单区域全覆盖遍历

完成水下任务区域分配后，须对每台 AUV 分得的任务区域进行全覆盖路径规划，以实现对区域内目标的搜索。栅格地图条件下的单区域全覆盖路径规划是指在当前任务区域内找到一条能将所有可行栅格都遍历的连续路径，并尽量避免重复。本案例采用的是起始点方向优先的往复式全覆盖路径规划算法，遇到障碍区域时能利用 A*算法进行逃离，使路径规划算法具有较强的可行性和健壮性。

起始点方向优先策略，是指跟起始点有关的方向优先级最高，而与起始点方向相隔较远的方向优先级随远近程度优先级逐渐降低，同时水平方向的优先级比垂直方向的更高。例如，如果当方向西和方向北都趋于起始方向时，方向东和方向南即为远离起始点的方向，那么此时的优先级顺序为：西、北、东、南。其 8 连通方向示意，如图 4.a2.5 所示，可类似地定义优先级。

A*算法是一种经典的启发式算法，该算法通过对启发函数最小的点依次扩展优化，该算法通常基于栅格的数字地图。在图形平面上，求出有多个节点的路径的最低通过成本。在进行节点扩展时，计算各搜索节点的实际代价，设定合适的启发函数，估计各个搜索节点（1, 2, 3, …, n）的代价，通过比较各节点的估计代价，选择代价最小的节点进行扩展，直到找到目标点。设 $f(n)$ 是节点 n 的综合优先级，当我们选择下一个要遍历的节点时，总会选择优

先级别最高的节点，则有

$$f(n) = g(n) + h(n)$$

式中，$g(n)$ 是节点 n 到起点的代价；$h(n)$ 是节点 n 到距离终点的估计代价，即 A*算法的启发函数，启发函数会影响算法的收敛速度。

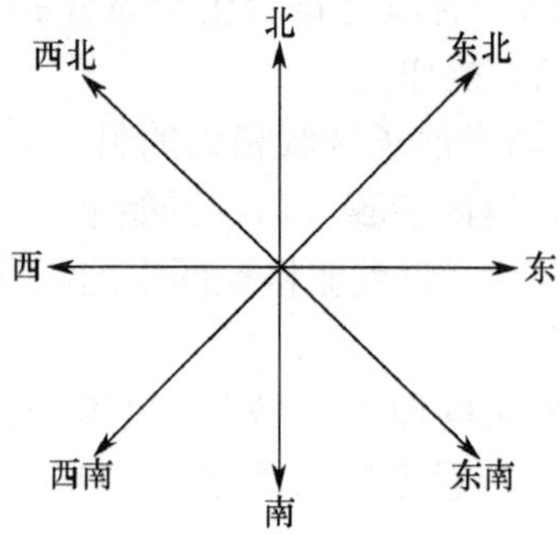

图 4.a2.5　8 连通方向示意

A*算法使用两个集合表示待遍历的节点与已经遍历的节点，通常称为开放列表，记为 open_list；与之对应的是封闭列表，记为 close_list。当算法运行时，首先将这两个列表初始化，将起点加入 open_list，并设置优先级，若 open_list 不为空，则从该集合中选取优先级最高的节点，若节点 n 是终点，则从终点开始追踪 parent 节点，一直到达起点，返回找到的结果路径。A*算法是逐点搜索的，形成的航路是分线段组成的，需要对生成的航路进行平滑处理。运用 A*算法进行大空间搜索时，搜索速度慢，耗时迅速增加。A*算法步骤如下。

（1）将开始点记录为当前点 P。

（2）将当前点 P 放入封闭列表。

（3）搜寻点 P 所有邻近点，假如某邻近点没有在开放列表或封闭列表里面，则计算出该邻近点的 F 值，并设父节点为 P，然后将其放入开放列表。

（4）判断开放列表是否已空，如果没有，说明在达到结束点前已经找完了所有可能的路径点，寻路失败，算法结束；否则继续。

（5）从开放列表拿出一个 F 值最小的点，作为寻路路径的下一步。

（6）判断该点是否为结束点，若是，则寻路成功，算法结束；否则继续。

（7）将该点设为当前点 P，跳回步骤（3）。

对前例中已分配的 3 个区域分别进行路径规划，结果如图 4.a2.6 所示，其中星号★为起始栅格，圆点●为终止栅格，白色栅格为走过一次的栅格，黑色栅格为非本次覆盖搜索的栅格，灰色栅格为走过 2 次的栅格，灰色栅格越多，表示规划路径中的重复率越高。

10×10 栅格 3 个任务区域的仿真结果为——任务区域 1 共走过 14 个栅格，其中重复走过 1 个栅格，重复率为 7.69%，路径规划时间为 4.14 秒；任务区域 2 共走过 37 个栅格，其中重复走过 5 个栅格，重复率为 15.63%，路径规划时间为 8.68 秒；任务区域 3 共走过 40 个栅格，其中重复走过 7 个栅格，重复率为 21.21%，路径规划时间为 9.17 秒。

从仿真实验的结果来看，基于 A*算法的起始点方向优先路径规划方式能够较快地对所给任务区域进行全覆盖，遇到障碍物时会自动规避，并且会对漏扫区域进行检查，如果没有覆盖完全，会取捷径对未覆盖区域进行完善。综上，单区域覆盖路径规划的方法简单、方便、可行，但算法性能仍有很大提升空间。

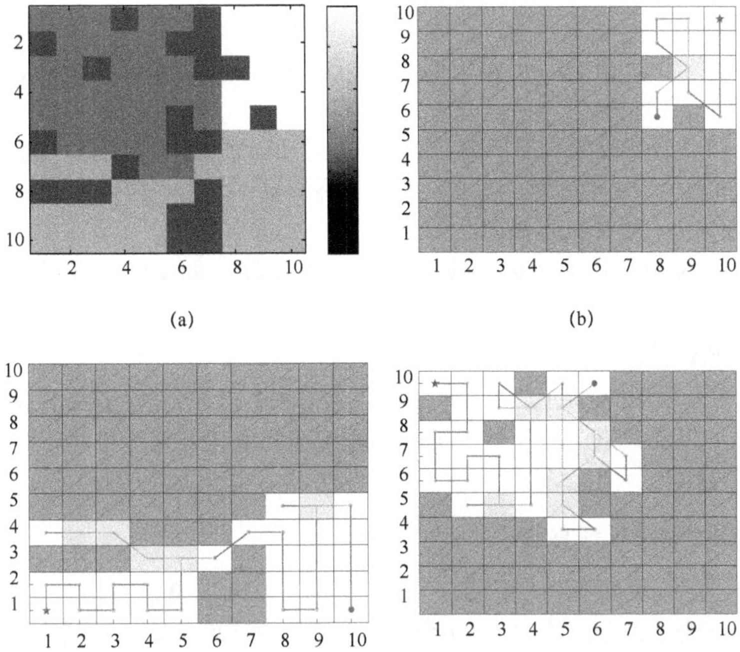

图 4.a2.6　10×10 栅格单区域覆盖路径规划结果

本章实验

实验 4.1　搜索力配置的动态规划实验

利用 MATLAB 实现例 4.4.2。拟将 4 个相同的搜索者派去 3 个区域搜索目标。每个区域发现的目标数与分配给该区域的搜索者的数量有关，如表 4.b1.1 所示，问如何分配这 4 个搜索者能使 3 个区域中发现的目标总数最大？

表 4.b1.1　每个区域发现的目标数与对应搜索者数量的关系

搜索者数	发现目标数		
	区域 1	区域 2	区域 3
0	0	0	0
1	0.6	0.4	0.5
2	1.08	0.64	0.75
3	1.464	0.784	0.875
4	1.77	0.87	0.938

1. MATLAB 中动态规划函数 dynprog 的使用说明

在 MATLAB 中，mathmodl 工具箱的 dynprog 命令是用于求解动态规划问题的。下面简单介绍该函数的使用，更多内容请参考 MATLAB 的 Help 文件。dynprog 是自由始端和终端的动态规划求指标函数最小值的逆序算法递归计算程序，函数如下。

function [p_opt,fval]=dynprog(x,DecisFun,ObjFun,TransFun)

函数输入参数包括：

- x：各阶段状态变量的可能取值，第 k 列代表第 k 阶段状态变量可能取值。
- DecisFun(k,x)：决策函数，由阶段 k 的状态变量 x 求出相应的允许决策变量。
- ObjFun(k,x,u)：阶段指标函数。
- TransFun(k,x,u)：状态转移函数，其中 x 是阶段 k 的某状态变量，u 是相应的决策变量。

函数输出参数包括：

- p_opt：动态规划的规划过程，p_opt=[阶段序号, 状态变量, 决策变量, 指标函数]。
- fval：总目标函数值，是一个列向量，第 i 个元素代表第一个状态变量取第 i 个可能值时的总目标。

2. 问题求解的动态规划方法

（1）阶段 k。将问题按搜索力配置分为 3 个阶段，k=1, 2, 3。

（2）状态 s_k。表示为分配给第 k～n 个（n 为待搜索区域总数）区域的搜索者总数，显然 s_1=4。

（3）决策 u_k。分配给第 k 个区域的搜索者个数，显然有

- 分给第 1 个区域的个数可以为 0～s_1 之间。
- 分给第 2 个区域也可以 0～s_2 之间。
- 分给第 3 个区域的为 s_3。

其中，所有区域总的搜索者个数不大于所有搜索者的总个数。

```
function u=decisfun(k,s,u)
if k==3
u=s;
else
u=0:s;
end
```

（4）状态转移 T_k。前后两个状态之间的关系为：$s_2=s_1-u_1$，$s_3=s_2-u_2$。其中，u_1 为已经确定分配给区域 1 的搜索者数量，则可用于分配给区域 2 和区域 3 的搜索者数量 $s_2=s_1-u_1$；类似地，定义 s_3。

```
function s_next=transfun (k,s,u)
s_next=s-u;
```

（5）阶段指标 V_k。第 k 阶段的指标函数表示分配给第 k 个区域 u_k 个搜索者所获得的利益，即发现的目标数，显然 $V_k = w(u_k,k)$。

```
function V=subobjfun(k,s,u)
    w=[0      0      0
       0.6    0.4    0.5
       1.08   0.64   0.75
       1.46   0.784 0.875
```

```
    1.77  0.87  0.938];
w=-w;      % dynprog 只能求最小值，现在求最大值，故取负号；
% 第 k 阶段，决策变量为 u 时，对应的目标值
V=([0 1 2 3 4]==u)*w(:,k);        % 或者直接使用 V=w(u, k)
```

（6）各阶段状态变量可能取值。由题可得

s_1={4}

s_2={0,1,2,3,4}

s_3={0,1,2,3,4}

故：

```
s=nan*ones(5,3); % 没有取值的地方使用 NaN 代替
s(1,1)=4;
s(:,2)=[0 1 2 3 4]';
s(:,3)=[0 1 2 3 4]';
```

（7）参考程序如下：

```
function dynamic_programming
% MATLAB 动态规划函数求解问题实例
% k 表示问题被分为 k 个阶段（k 个子区域）；Num 表示搜索者总数
k=3;
Num=4;

% 计算各状态变量的可能取值，第 k 列表示第 k 个状态变量的可能取值，先用 NaN 表示
s=NaN*ones(Num+1, k);
s (1, 1)=Num;
s (:, 2)=[1:Num+1]';
s (:, 3)=[1:Num+1]';
% 直接调用 dynprg 函数
[p_opt,fval]=dynprog(s,@DecisFun,@ObjFun,@TransFun)

% 将最小化问题所得结果转化为最大化问题
fprintf('\n 动态规划法得到最优分配方案为: ');
p_opt(:,4)=-1*p_opt(:,4)
fprintf('最优方案能搜索到的目标数量为: %g\t\n');
fval=-fval

function u=DecisFun(k,s,u)
% 决策函数
if k==3
    u=s;
else
    u=0:s;
end

function s_next=TransFun(k,s,u)
```

```
% 状态转移函数
s_next=s-u;

function V=ObjFun(k,s,u)
% 阶段目标函数
w=[0      0      0
   0.6    0.4    0.5
   1.08   0.64   0.75
   1.46   0.784  0.875
   1.77   0.87   0.938];
w=-w;            % 由于函数只能求最小值，现在求最大值，故取负号
                 % 第k阶段，决策变量为u时，对应的目标值
V=([0 1 2 3 4]==u)*w(:,k); % 或者直接使用 V=w(u,k)

function [p_opt,fval]=dynprog(x,DecisFun,ObjFun,TransFun)
% 动态规划法程序
k=length(x(1,:));    % k 为阶段数
f_opt=nan*ones(size(x));
d_opt=f_opt;
t_vubm=inf*ones(size(x));x_isnan=~isnan(x);t_vub=inf;
% 计算终端相关值
tmp1=find(x_isnan(:,k));tmp2=length(tmp1);
for i=1:tmp2
   u=feval(DecisFun,k,x(i,k));
   tmp3=length(u);
   for j=1:tmp3
         tmp=feval(ObjFun,k,x(tmp1(i),k),u(j));
         if tmp<=t_vub,
            f_opt(i,k)=tmp;d_opt(i,k)=u(j);t_vub=tmp;
end;end;end

% 逆推计算各阶段的递归调用程序
for ii=k-1:-1:1
   tmp10=find(x_isnan(:,ii));
   tmp20=length(tmp10);
   for i=1:tmp20
      u=feval(DecisFun,ii,x(i,ii));
      tmp30=length(u);
      for j=1:tmp30
         tmp00=feval(ObjFun,ii,x(tmp10(i),ii),u(j));
         tmp40=feval(TransFun,ii,x(tmp10(i),ii),u(j));
         tmp50=x(:,ii+1)-tmp40;
         tmp60=find(tmp50==0);
         if ~isempty(tmp60),
```

```
                tmp00=tmp00+f_opt(tmp60(1),ii+1);
                if tmp00<=t_vubm(i,ii)
                   f_opt(i,ii)=tmp00;
                   d_opt(i,ii)=u(j);
                   t_vubm(i,ii)=tmp00;
end;end;end;end;end;

fval=f_opt(tmp1,1);
% 记录最优决策

p_opt=[];tmpx=[];tmpd=[];tmpf=[];
tmp0=find(x_isnan(:,1));tmp01=length(tmp0);

for i=1:tmp01,
   tmpd(i)=d_opt(tmp0(i),1);
   tmpx(i)=x(tmp0(i),1);
   tmpf(i)=feval(ObjFun,1,tmpx(i),tmpd(i));
   p_opt(k*(i-1)+1,[1,2,3,4])=[1,tmpx(i),tmpd(i),tmpf(i)];
   for ii=2:k
       tmpx(i)=feval(TransFun,ii-1,tmpx(i),tmpd(i));
       tmp1=x(:,ii)-tmpx(i);tmp2=find(tmp1==0);
       if ~isempty(tmp2)
           tmpd(i)=d_opt(tmp2(1),ii);
       end;
       tmpf(i)=feval(ObjFun,ii,tmpx(i),tmpd(i));
       p_opt(k*(i-1)+ii,[1,2,3,4])=[ii,tmpx(i),tmpd(i),tmpf(i)];
end;end;
```

（8）运行结果。动态规划法得到的最优分配方案为

```
p_opt =
      1.0000     4.0000     2.0000     1.0800
      2.0000     2.0000     1.0000     0.4000
      3.0000     1.0000     1.0000     0.5000
```

最佳方案所能搜索到的目标数量为

```
fval =
      1.9800
         NaN
         NaN
         NaN
         NaN
```

（9）结果分析。

① 对于 p_opt。

第一阶段，状态变量 s_1 为 4，决策变量 u_1 为 2，阶段指标为 1.08，即第一阶段有 4 名搜索者可用于分配给 1、2、3 这 3 个区域，其中分配给第一个区域 2 名搜索者，在该区域可发

现的目标数为 1.08。

第二阶段，状态变量 s_2 为 2，决策变量 u_2 为 1，阶段指标为 0.4，即第二阶段有 2 名搜索者可用于分配给区域 2 和区域 3，其中分配给第二个区域 1 名搜索者，在该区域发现的目标数为 0.4；

第三阶段，状态变量 s_3 为 1，决策变量 u_3 为 1，阶段指标为 0.5，即第三阶段有 1 名搜索者可用于分配给区域 3，即分配给第三个区域 1 名搜索者，在该区域发现的目标数为 0.5。

② 对于 fval。

总指标值为 1.08+0.4+0.5=1.98，即按上面的最优策略，最大发现目标次数为 1.98。

后面的 NaN 是由于第一个状态变量的可能取值仅输入了 4，而其他可能取值都使用 NaN，故没有结果。

当然，第一个状态变量 s_1 也可能取多个值，dynprog 可以求解第一个状态变量多取值的情况，如当 s_1={0 1 2 3 4}时的运行结果如下。

动态规划法得到的最优分配方案为

```
p_opt =
    1.0000         0         0         0
    2.0000         0         0         0
    3.0000         0         0         0
    1.0000    1.0000    1.0000    0.6000
    2.0000         0         0         0
    3.0000         0         0         0
    1.0000    2.0000    1.0000    0.6000
    2.0000    1.0000         0         0
    3.0000    1.0000    1.0000    0.5000
    1.0000    3.0000    2.0000    1.0800
    2.0000    1.0000         0         0
    3.0000    1.0000    1.0000    0.5000
    1.0000    4.0000    2.0000    1.0800
    2.0000    2.0000    1.0000    0.4000
    3.0000    1.0000    1.0000    0.5000
```

最佳方案所能搜索到的目标数量为

```
fval =
         0
    0.6000
    1.1000
    1.5800
    1.9800
```

实验 4.2　水下目标搜索中的多 AUV 协同区域覆盖实验

设 4 台 AUV 协同执行一片水下区域中静态目标的覆盖搜索任务，AUV 搜索宽度相同，搜索速度之比为 1∶3∶5∶7，请基于图 4.b2.1 中给定的栅格地图及 AUV 的搜索性能，对任务区域进行划分，并完成各 AUV 在给定区域中的覆盖搜索任务。

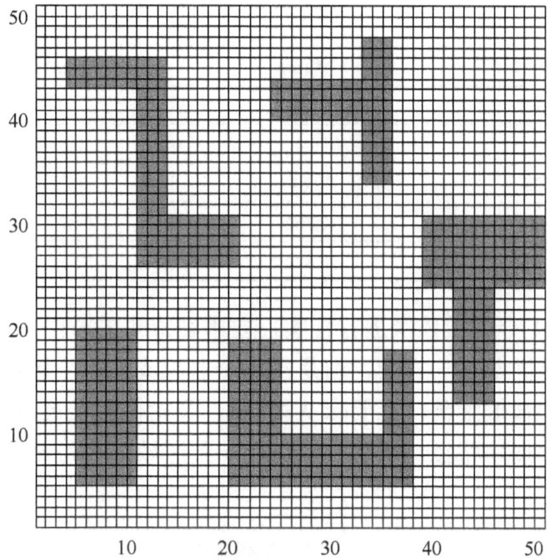

图 4.b2.1 50×50 栅格地图（黑色为障碍栅格）

本章习题

4.1 什么是搜索？什么是搜索论？简述搜索论的研究对象、三要素及其基本研究内容。

4.2 水面舰艇在某一面积 A=4000 平方千米的海域内搜索目标，搜索宽度为 16 千米，相对速度 50 千米/小时，试计算在随机和规则两种情况下：

（1）保证达到预定发现目标概率 P=0.7 所需搜索时间为多少？

（2）增大一倍面积后，仍以预定发现概率 P=0.7 发现目标，需要多少时间？

（3）当搜索时间减少 2/3，为了保证仍然达到预定发现目标概率 P=0.7，水面舰艇需要搜索的面积是多大？

4.3 假设发现一艘潜艇的潜望镜，并派出一架飞机去发现地点进行随机搜索，潜艇以最大速度 10 节，1 节=1 海里/小时=(1852/3600)米/秒=0.514 米/秒，逃离发现地点，而搜索飞机在发现目标后 30 分钟才能到达该海域。搜索飞机以速度 250 节围绕发现地点进行随机搜索，其搜索宽度为 2 海里。试分析飞机到达该海域时目标可能所处的区域，并求在预定搜索的 2 小时内发现潜艇的概率，以及时间无限长时发现潜艇的概率。

4.4 设目标速度在 $v_{t1}=5$ 节和 $v_{t2}=7$ 节之间服从均匀分布，搜索者速度为 $v_s=15$ 节，搜索宽度 $\omega=2.8$ 海里，搜索者与目标的初始距离为 $D=10$ 海里。试求搜索者按螺线搜索半圈和一圈后发现目标的概率。

4.5 4 艘扫雷艇在某区域寻找沉没的船只，该区域由 4 个子区域组成。在第 j，j=1, 2, 3, 4 个子区域发现水雷的期望数 $M_j(m)$取决于分配在这些区域中的扫雷艇数量 m，如表 4.c.1 所示。试用动态规划法确定合适的分配方案，使 4 艘扫雷艇发现的水雷数最多。

表 4.c.1　习题 4.5 表

j	i			
	$M_1(m)$	$M_2(m)$	$M_3(m)$	$M_4(m)$
0	0	0	0	0
1	0.6	0.4	0.5	0.35
2	1.08	0.64	0.75	0.510
3	1.464	0.784	0.875	0.657
4	1.770	0.870	0.938	0.760

4.6　一个搜索者对 4 个区域依次进行搜索，要求在最短的时间内完成搜索任务。假设在每个区域内所耗费的搜索时间都是一样的，但是从一个区域到另一个区域在路程上耗时如表 4.c.2 所示。规定每个区域必须被搜索到，且要求从区域 1 开始搜索，最后回到区域 1。请利用动态规划法计算搜索者的最佳搜索路径。注意：从区域 j 到区域 i 的路径耗时对应表 4.c.2 中第 j 行第 i 列的值。

表 4.c.2　习题 4.6 表

j	i			
	1	2	3	4
1	0	8	5	6
2	6	0	8	5
3	7	9	0	5
4	9	7	8	0

4.7　搜索问题。“5.12”汶川地震造成震区地面交通和通信系统严重瘫痪。救灾指挥部紧急派出多支小分队，到各指定区域执行搜索任务，以确定需要救助的人员的准确位置。在其他场合也常有类似搜索任务。在这种紧急情况下，需要解决的重要问题之一是制订搜索队伍的行进路线，对预定区域进行快速的全面搜索。通常，每个搜索人员都带有 GPS 定位仪、步话机，以及食物和生活用品等装备。队伍中还有一定数量的卫星电话。GPS 可以让搜索人员知道自己的方位，步话机可以相互通信，卫星电话用来向指挥部报告搜索情况。

下面是一个简化的搜索问题。有一个平地矩形目标区域，大小为 11200 米×7200 米，需要进行全境搜索。有以下假设：

① 出发点在区域中心；

② 搜索完成后需要进行集结，集结点（结束点）在左侧短边中点；

③ 每人搜索时的可探测半径为 20 米，搜索时平均行进速度为 0.6 米/秒；

④ 不需要搜索而只是行进时，平均速度为 1.2 米/秒；

⑤ 每人带有 GPS 定位仪、步话机，步话机通信半径为 1000 米；

⑥ 搜索队伍若干人为一组，有一个组长，组长还拥有卫星电话；

⑦ 每人搜索到目标，需要用步话机及时向组长报告，组长用卫星电话向指挥部报告搜索的最新结果。

现在有如下问题需要解决：

（1）假定有一支 20 人一组的搜索队伍，拥有 1 台卫星电话。请设计一种你认为耗时最短的搜索方式。按照你的方式，搜索完整个区域的时间是多少？能否在 48 小时内完成搜索任务？如果不能完成，那么需要增加到多少人才可以完成？

（2）为了加快速度，搜索队伍有 50 人，拥有 3 台卫星电话，分成 3 组进行搜索。每组可独立将搜索情况报告给指挥部门。请设计一种你认为耗时最短的搜索方式。按照你的搜索方式，搜索完成整个区域的时间是多少？材料来源：2008 高教社杯全国大学生数学建模竞赛，C 题。

第 5 章　目标威胁评估模型

5.1　目标威胁评估的基本概念

5.1.1　目标威胁评估

目标威胁评估（Threat Assessment，TA），是指在当前作战态势中，根据目标的作战企图、作战能力和我方作战能力，推断目标对我方的威胁程度，并给出目标威胁程度的定量描述。目标威胁评估是作战指挥决策的重要环节，是在多目标条件下完成作战任务的基础，是合理进行火力分配的前提。

目标威胁评估一般被认为是数据融合的一个环节。美国国防部实验室理事联席会（Joint Directors of Laboratories，JDL）从军事应用角度出发，将威胁评估定义为如图 5.1.1 所示的过程：把来自多传感器和信息源的数据进行关联和组合，以获得精确的目标位置估计和完整的目标身份估计，以及对战场情况、威胁及其重要程度进行适度的评估。在这一数据融合定义中，威胁评估属于高层级数据融合过程，是在初级融合（联合检测）、一级融合（目标估计）和二级融合（态势估计）的基础上完成的三级融合，主要完成目标威胁要素提取、能力估计、意图估计、机会估计，以及威胁等级划分和威胁排序等，并为更高层级的融合（效果估计）奠定基础。

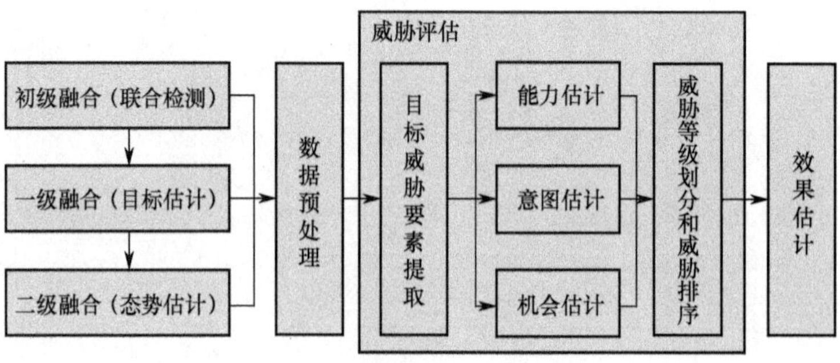

图 5.1.1　威胁评估过程

威胁评估属于决策级数据融合，这一过程通常需要在特定领域中对目标的意图和行为进行推理，并利用决策人员的丰富知识和经验对多源数据进行启发式理解和高水平融合。这一过程中问题的复杂多样性、高度不确定性和决策者知识经验的局限，使威胁评估技术的发展较低层级数据融合技术滞后。虽然目前威胁评估没有形成系统的理论框架，但威胁评估的量化求解研究一直是相关领域研究热点，研究人员利用不同的理论方法，开发出了适用于不同问题背景的多种威胁评估方法。

根据海上作战任务的不同，目标威胁评估也有不同的内容和要求。例如，对海上或陆上目标的进攻型作战中，目标威胁评估要以完成攻击任务为前提，综合考虑目标的作战能力和对我方的拦截可能性来进行威胁估计；在对空中目标的防御型作战中，要以我方兵力幸存价值最大化为前提，综合考虑目标的作战能力和可能对我方造成的毁伤来进行威胁评估。可见，目标威胁评估是与作战任务相关联的，是在最大化作战任务效能的基础上进行的。

本章主要以舰艇防空作战为例介绍对空中来袭目标威胁评估的主要方法。

5.1.2　目标威胁等级

为了便于指挥员进行指挥决策，需要对空中来袭目标的威胁等级进行划分。空中来袭目标对舰艇的威胁程度可根据其可能造成的危害大小，分为高威胁、中威胁和低威胁 3 个等级。

高威胁等级目标，一般是向舰艇平台发射的各型反舰导弹、装备有反舰导弹的飞机，以及以集群方式来袭的具有较强协同攻击能力的无人机蜂群等，此类目标具有明显的攻击意图，并且向舰艇平台的移动速度较快，或者易使舰艇对空探测和抗击通道饱和，必须立即采取对抗措施。

中威胁等级目标，一般是使用普通航空炸弹或其他机载武器的有人或无人飞机类目标，目标向舰艇平台的移动速度相对较慢，有一定的攻击意图，且舰艇处于目标的攻击范围内，舰艇平台能够对其采取对抗措施。

低威胁等级目标，一般是侦察机、预警机、反潜机等辅助作战飞机，其对舰艇平台的攻击意图或攻击能力不足，或者目标处于防区外，舰艇平台无法采取对抗措施。

对已有信息不能明确区分威胁等级的目标，可以视为中高威胁目标。在同一威胁等级目标中，应进一步由目标对舰艇平台可能造成的危害后果来区分目标威胁程度的大小。

5.1.3　目标威胁度与威胁评估指标

目标威胁度是表征目标对舰艇平台威胁程度的定量尺度，一般应先根据目标威胁程度的影响因素建立目标威胁评估指标体系，再采用一定的方法对评估指标进行综合分析计算得到。目标威胁度受不同因素影响，也有不同的评估指标，评估时可以采用单项指标来度量，也可基于多项指标进行综合评估。一般地，威胁评估时考虑的评估指标越多，评估会越全面，但评估的模型方法可能越复杂。

舰艇平台防空作战中常用的目标威胁分级评估指标体系如图 5.1.2 所示，其中包括攻击能力、攻击意图和攻击机会等一级指标，以及其下的二级指标，还有基于多项二级指标给出的综合指标。

攻击能力包括目标类型、干扰能力、作战样式等二级指标。目标类型有导弹、攻击机、侦察机、携带不同载荷的无人机等，不同类型目标的性能和攻击能力各不相同；作战样式有单目标作战、群目标作战、饱和攻击等。攻击能力体现了空中目标的作战性能和可能造成的危害程度。

攻击意图包括敌我应答、目标方位和目标航向等二级指标。敌我应答可判明目标敌我属性；目标方位体现出来袭目标是否来自舰艇预先判定的威胁方向，以及所在方向的威胁等级，高威胁等级方向来袭目标比一般方向来袭目标的威胁程度更高；目标航向则体现出目标相对舰艇的运动态势。

攻击机会包括目标速度、目标加速度、目标距离、目标高度、目标雷达反射截面等二级指标，它们决定了目标被捕获、跟踪的难易程度，以及目标到达舰艇的时间，间接反映了舰艇应对目标的紧迫性，体现出目标造成威胁的机会大小。

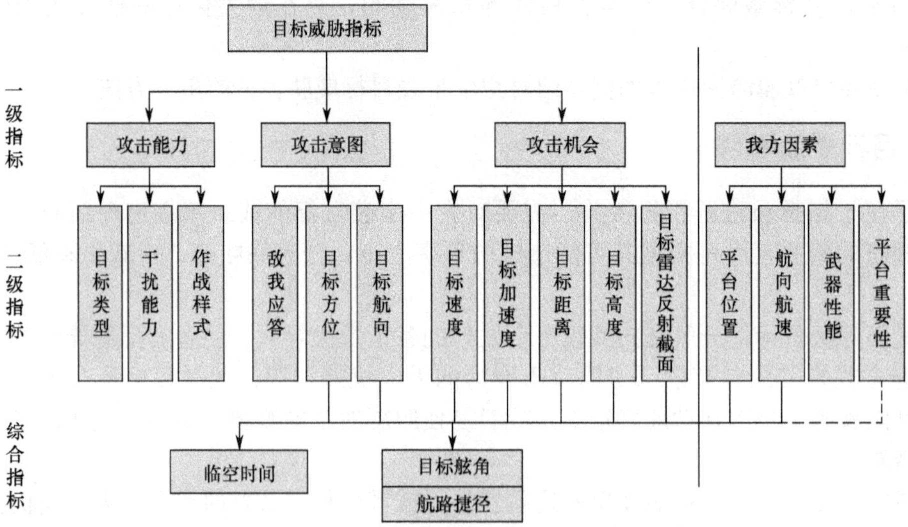

图 5.1.2　目标威胁分级评估指标体系

如果进一步考虑舰艇平台位置、航向航速等信息，那么一些威胁评估的二级指标可以通过计算转化为单个综合指标。例如，利用目标方位、目标距离、航向航速等信息，结合舰艇平台位置等信息，可以计算目标的敌舷角、航路捷径；进一步地，结合目标速度、目标加速度和舰艇防空区等指标参数，可以计算目标临空时间，即目标到达武器射击区近界或到达航路捷径点的时间。综合指标可以综合体现多个单项指标的影响，还可以使威胁评估指标体系降维，从而降低威胁评估模型的复杂性，是常用的评估指标。

与单平台防空作战类似，舰艇编队多平台防空作战中的目标威胁度也可利用图 5.1.2 所示的分级评估指标体系来评估，但指标计算方法与单平台有所不同。单平台条件下，目标的威胁仅相对舰艇平台自身而言，因此目标舷角、航路捷径和临空时间等指标意义明确且便于计算。在多平台防空作战中，目标舷角、航路捷径和临空时间没有统一的基准，目标威胁度应反映对于整个编队的威胁程度，如抗击紧迫性、对编队的威胁态势（中心穿越、边界穿越、外围穿越）等。此外，如果编队各平台具有不同的重要性，当目标攻击意图指向权重更高的平台时，目标应具有更高的威胁度。因此，舰艇编队多平台防空威胁评估需要考虑更多与平台相关的因素。

目标威胁评估指标既有定性指标，又有定量指标，定量指标的取值分为数值型和区间型，指标类型分为效益型和成本型，各指标取值范围不同，物理量纲也不同。若仅用单个指标完成目标威胁评估，此时指标一般无须转换处理，按照指标值大小即可开展评估，如 5.1.4 节中介绍的单属性威胁评估方法。综合利用多种指标进行威胁评估时，需要对不同类型和量纲的指标进行规范化处理，这属于多属性决策问题。本章后续各节将介绍针对不同指标类型进行处理和威胁评估的方法。

5.1.4　单属性目标威胁评估方法

单属性目标威胁评估就是仅凭单个威胁程度影响因素决定目标的威胁等级排序。例如，发现敌目标时，雷达天线每旋转一圈，就在显示器上显示目标相对舰艇的距离和方位，并给出目标批号。将所有参数送往计算机，由计算机进行滤波、跟踪，可计算出目标的航向和航速，并由此计算出目标的航路捷径大小，以及目标到达航路捷径点的时间（临空时间）。

如图 5.1.3 所示，假定某时刻舰艇位于 O 点，空中来袭目标位于 T 点，目标航向为 C_{m}，速度为 v_{m}，目标所处该舰的方位为 B_{m}，目标舷角为 θ, $\theta\in\pm[0,180]$，目标航路捷径为 R_{CPA}，D 为目标到该舰的距离。

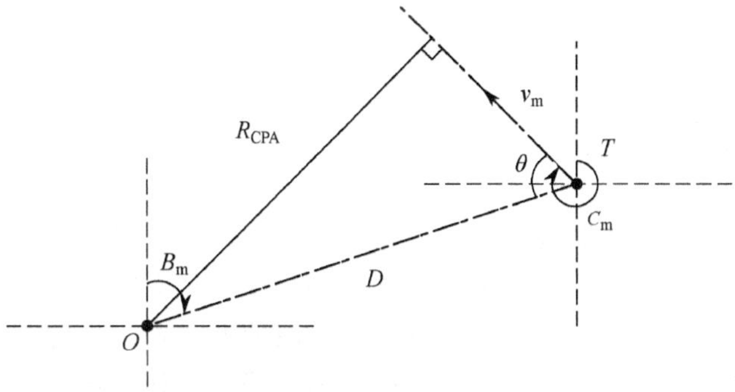

图 5.1.3　目标航路捷径与舷角示意

目标舷角 θ 与目标航路捷径 R_{CPA} 分别为

$$\theta=\begin{cases}B_{\mathrm{m}}-C_{\mathrm{m}}-180^\circ,\ C_{\mathrm{m}}-B_{\mathrm{m}}<0\\ B_{\mathrm{m}}-C_{\mathrm{m}}+180^\circ,\ C_{\mathrm{m}}-B_{\mathrm{m}}\geqslant 0\end{cases}\tag{5.1.1}$$

$$R_{\mathrm{CPA}}=D\sin|\theta|\tag{5.1.2}$$

目标到达航路捷径点的时间 T_{CPA} 为

$$T_{\mathrm{CPA}}=\frac{\sqrt{D^2-R_{\mathrm{CPA}}^2}}{v_{\mathrm{m}}}\tag{5.1.3}$$

1．目标临空时间判断法

以目标到达航路捷径点的时间 T_{CPA} 作为临空时间。T_{CPA} 越小，目标威胁程度越大，反之越小。

【例 5.1.1】三批目标 0021、0022、0023 相对舰艇的态势如图 5.1.4 所示，假定目标飞行高度和速度均相同，按照临空时间判断法，到达航路捷径点的距离从小到大对应的目标批号依次是 0023、0021 和 0022，因此目标威胁程度从高到低依次为 0023、0021、0022。

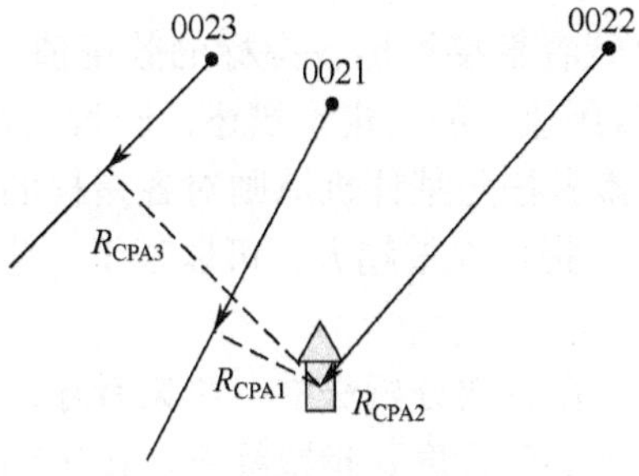

图 5.1.4　三批目标的态势

2. 目标航路捷径大小判断法

目标航路捷径越小，目标对舰艇的攻击意图越明显，相对舰艇而言目标的威胁程度越高，反之则降低。

【例 5.1.2】在图 5.1.4 中，按照航路捷径大小判断法，威胁程度从高到低的目标批号依次为 0022、0021、0023。

简单的威胁评估模型只考虑作战中的单个主要影响因素，而忽略其他因素，虽然模型简单易用，但目标威胁度的评价不够全面，一般仅用于态势相对简单或需要快速反应的情况，如近程防御武器自动火力分配时的威胁评估。

5.2 威胁指标赋权方法

综合多个指标进行目标威胁评估，本质上是一类多属性决策问题，其中需要对不同指标进行权重的设置，即指标赋权。指标权重体现了指标间的相对重要程度，威胁评估指标权重的设置是否合理直接影响威胁评估的准确性。按照取值变化性，威胁指标的权重可以分为常权和变权两类。顾名思义，常权即每个指标的权值在整个评估过程中是固定不变的，常用的常权赋权法包括主观赋权法、客观赋权法和主客观组合赋权法。变权则是指标权重在常权的基础上，根据指标值、指挥员意志或其他环境因素等，进行一定程度的动态变化，一般通过变权函数进行赋权。

本节主要介绍两类常见的常权指标赋权法，赋权方法的实现和应用将结合具体威胁评估模型进行介绍。

5.2.1 主观赋权法

主观赋权法是决策者基于待决策的实际问题及自身的知识和经验，通过主观判断给出各指标的权重信息。

1. 常用的主观权重形式

应用主观赋权法进行指标赋权时，不同专家对指标权重的理解和表达形式不同，主观权重也可能具有不同的形式，常用的有以下几种。

（1）语言型权重，即决策者给出语言型向量描述各指标权重，如利用 L={极高, 很高, 高, 较高, 一般, 较低, 低, 很低, 极低}集合中的元素来描述指标重要性，这是主观赋权的常用表现形式。一般需要通过模糊转换，将语言值转换为定量值，如将语言型指标权重集合 L 转化为 $L=\{0.9, 0.8, 0.7, 0.6, 0.5, 0.4, 0.3, 0.2, 0.1\}$。

（2）效用值型权重，即决策者直接给出各指标的效用值，如给出 5 项指标权重效用值 $\{0.75, 0.31, 0.62, 0.80, 0.56\}$。效用值已经是定量描述，一般只需通过归一化进行规范即可。

（3）序关系型权重，即决策者按照某评价原则对各指标的重要性给出排序，当按序关系“$\succ$”排定顺序后，排序越靠前，指标权重越大。可以基于一定的准则对给定的序关系确定指标权重向量。

（4）互反判断矩阵型权重。在层次分析法中，决策者通过互反判断矩阵表示一组指标中两两指标的相对重要程度，采用 1-9 标度、指数标度、10/10-18/2 标度、9/9-9/1 标度等方法得到判断矩阵，一般可以用特征向量法、对数最小二乘法和最小偏差法计算其权重。

（5）区间型权重。为了更加合理地表示模糊环境中对方案的偏好，决策者可以利用区间数表示每个指标的权重信息。但从区间判断矩阵中获得合理的权重较为复杂，需要对判断矩阵进行一致性检验。对于不一致区间的互反判断矩阵的权重求解还需要利用近似一致性的概念进行权重计算。

基于定量和规范的权重信息，可以采用一定的方法为指标赋权，常用的主观赋权法包括专家打分法、层次分析法（AHP 法）、环比评分法（DARE 法）等。主观赋权法简单易行，下面首先以专家打分法为例，介绍如何对选取指标的相对重要程度进行比较，再以层次分析法中的层次单排序法为例，介绍如何计算各指标的权重。

2. 专家打分法

专家打分法又称为德尔菲法，是评估领域的常用方法。专家打分法是以专家会议调查法为基础发展起来的，专家打分法通过几轮匿名函询的方式，征求专家的意见。评估领导小组对每轮的专家意见进行汇总整理，将整理得到的材料作为参考资料再分发给每个专家，为他们分析判断并提出新的论证提供依据。通过几轮的评估迭代，各专家的意见趋于统一，评估结论也就越来越可靠。

在专家打分前，要根据评估任务拟订调查表，对各指标相对重要程度进行评估调查。相对重要程度一般用 1-9 标度表示，形成的判断矩阵称为互反判断矩阵。

互反判断矩阵 $\boldsymbol{A}=\{A_{ij}\}_{n\times n}$ 的一般形式可以写为

	A_1	A_2	$\cdots$	A_n
A_1	A_{11}	A_{12}	$\cdots$	A_{1n}
A_2	A_{21}	A_{22}	$\cdots$	A_{2n}
$\vdots$	$\vdots$	$\vdots$	$\cdots$	$\vdots$
A_n	A_{n1}	A_{n2}	$\cdots$	A_{nn}

互反判断矩阵具有如下性质：$A_{ij}>0$；$A_{ij}=1/A_{ji}$；$A_{ii}=1$，此时矩阵为正反矩阵。若对于任意 i,j,k 均有 $A_{ij}*A_{jk}=A_{ik}$，则 $\boldsymbol{A}$ 为一致矩阵。下面介绍为判断矩阵赋值的 1-9 标度法。标度是对态度、重要性等主观因素量化的形式，1-9 标度法是层次分析法中最常用的方法，相对重要程度的量化如表 5.2.1 所示。

表 5.2.1　相对重要程度的量化——1-9 标度法

序　号	重要性等级	A_{ij} 赋值
1	i,j 两元素同等重要	1
2	i 元素比 j 元素稍重要	3
3	i 元素比 j 元素明显重要	5
4	i 元素比 j 元素强烈重要	7
5	i 元素比 j 元素极端重要	9
6	i 元素比 j 元素稍不重要	1/3
7	i 元素比 j 元素明显不重要	1/5

续表

序　号	重要性等级	A_{ij}赋值
8	i 元素比 j 元素强烈不重要	1/7
9	i 元素比 j 元素极端不重要	1/9

注：2、4、6、8 和 1/2、1/4、1/6、1/8 是上述相邻判断的中间值。

例如，专家对 6 项指标给出了相对重要程度，形成如下判断矩阵：

$$\boldsymbol{A}=\begin{bmatrix} 1 & 4/2 & 3/2 & 1/2 & 5/2 & 3/2 \\ 2/4 & 1 & 3/4 & 1/4 & 5/4 & 3/4 \\ 2/3 & 4/3 & 1 & 1/3 & 5/3 & 3/3 \\ 2 & 4 & 3 & 1 & 5 & 3 \\ 2/5 & 4/5 & 3/5 & 1/5 & 1 & 3/5 \\ 2/3 & 4/3 & 3/3 & 1/3 & 5/3 & 1 \end{bmatrix}$$

在进行评估时还要考虑各专家的权威度与自信度，对专家的评估结果再进行赋权。如果在某领域研究多年的专家在该领域一般要比其他非该领域的专家更权威，那么该专家的评估所占权重要比其他专家大一些。

3. 层次分析法

层次分析法（AHP 法）是 20 世纪 70 年代提出的一种系统分析方法。层次分析法将定量分析与定性分析相结合，可以对多目标多准则进行分析。

层次分析法的思路是：首先，把要分析的问题分层系列化，根据问题的特性和目的，把问题分解成不同的因素，根据各因素之间的相互影响和隶属关系将分层聚合，形成一个有层次的模型，如图 5.2.1 所示；其次，对模型中每个层次因素的相对重要性给予定量表示，再用数学方法确定每个层次全部因素相对重要性顺序的权值；最后，通过综合计算各层因素相对重要性的权值，得到最低层（方案层）相对最高层（目标层）的相对重要性组合权值，以此作为评价和选择的依据。

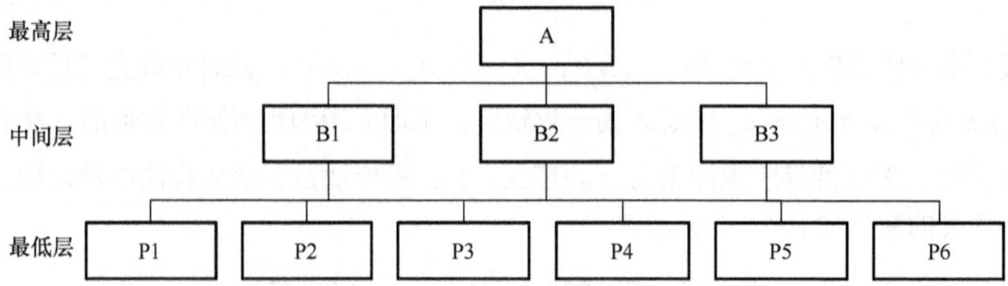

图 5.2.1　层次结构模型

本节介绍用层次分析法计算各指标权重属于单一准则的权重确定，其权重的层次结构模型如图 5.2.2 所示。

用判断矩阵进行权重计算是层次分析法的特点，对于 n 个指标，在构建判断矩阵时需要进行 $n(n-1)/2$ 次比较。这样，每两个指标都进行两两比较，可以让专家的决策信息更加集中，还可以减少个别判断失误带来的影响。

利用专家打分法给出了判断矩阵 $\boldsymbol{A}$ 后，可以利用不同的方法计算权重向量。常用的有和法、根法、特征向量法等。

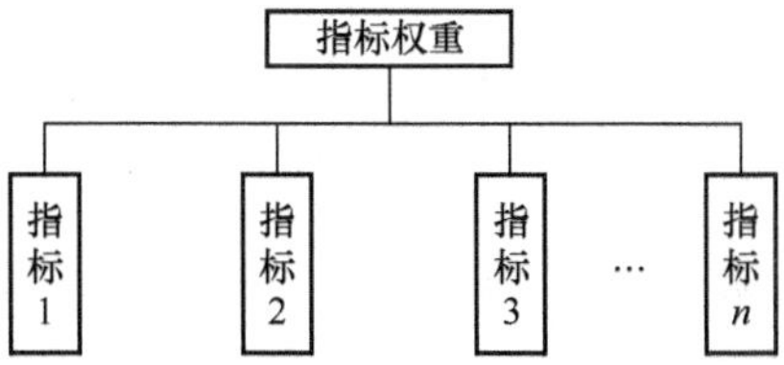

图 5.2.2　单一准则确定权重层次结构

1）和法

和法是将判断矩阵中每个元素的权重值计算为该元素所在行的所有值之和，再进行归一化得到最终权重值，具体步骤如下：

（1）将判断矩阵 $\boldsymbol{A}$ 的元素进行列归一；

（2）把归一化之后的矩阵每行按列相加；

（3）把相加得到的和除以 n，进行算数平均计算作为权重。

$$w_i = \frac{1}{n}\sum_{j=1}^{n}\frac{a_{ij}}{\sum_{k=1}^{n}a_{kj}}, i = 1,2,3,\cdots,n \tag{5.2.1}$$

2）根法

根法是将判断矩阵每列的元素按行进行几何平均，将几何平均之后得到的归一化列向量作为权重向量，具体步骤如下：

（1）判断矩阵每列元素按行相乘；

（2）将乘得的数开 n 次方；

（3）将开 n 次方后的数进行归一化，作为权重。

$$\omega_k = \frac{\left(\prod_{j=1}^{n}a_{kj}\right)^{\frac{1}{n}}}{\sum_{i=1}^{n}\left(\prod_{j=1}^{n}a_{kj}\right)^{\frac{1}{n}}},\ k = 1,2,\cdots,n \tag{5.2.2}$$

3）特征向量法

特征向量法的基本思路是将判断矩阵进行特征值分解，然后根据特征值的大小来确定权重，具体步骤如下。

（1）将矩阵的每列元素进行归一化处理，其元素的一般项为

$$b_{ij} = \frac{a_{ij}}{\sum_{i=1}^{n}a_{ij}} \tag{5.2.3}$$

（2）将归一化的判断矩阵每行中的元素相加

$$\omega_{1i} = \sum_{j=1}^{n}b_{ij} \tag{5.2.4}$$

（3）对向量 $\boldsymbol{\omega}_1$ 进行归一化处理得到向量 $\boldsymbol{\omega} = \{\omega_i\}$，$i = 1,2,\cdots,n$

$$\omega_i = \frac{\omega_{1i}}{\sum_{i=1}^{n}\omega_{1i}} \tag{5.2.5}$$

（4）用所得到的向量 $\boldsymbol{\omega}$ 右乘初始判断矩阵 $\boldsymbol{A}$，可得 $\boldsymbol{A\omega}$，即

$$\boldsymbol{A\omega} = \begin{bmatrix} a_{11} & \cdots & a_{1n} \\ \vdots & \cdots & \vdots \\ a_{n1} & \cdots & a_{nn} \end{bmatrix}\begin{bmatrix} \omega_1 \\ \vdots \\ \omega_n \end{bmatrix} = \begin{bmatrix} a_{11}\omega_1 + a_{12}\omega_2 + \cdots + a_{1n}\omega_n \\ \vdots \\ a_{n1}\omega_1 + a_{n2}\omega_2 + \cdots + a_{nn}\omega_n \end{bmatrix}$$

（5）向量 $\boldsymbol{\omega}$ 是判断矩阵的特征向量，λ 为判断矩阵 $\boldsymbol{A}$ 的唯一非 0 的最大特征值。

$$\boldsymbol{A\omega} = \begin{bmatrix} a_{11}\omega_1 + a_{12}\omega_2 + \cdots + a_{1n}\omega_n \\ \vdots \\ a_{n1}\omega_1 + a_{n2}\omega_2 + \cdots + a_{nn}\omega_n \end{bmatrix} = \begin{bmatrix} \lambda_1\omega_1 \\ \vdots \\ \lambda_n\omega_n \end{bmatrix} = \lambda\boldsymbol{\omega}$$

$$\lambda_{\max} = \frac{1}{n}\sum_{i=1}^{n}\frac{(\boldsymbol{A\omega})_i}{\omega_i} \tag{5.2.6}$$

由上式计算 $\frac{(\boldsymbol{A\omega})_i}{\omega_i}$，然后对 $\frac{\boldsymbol{A\omega}}{\boldsymbol{\omega}}$ 求平均值，就得到最大特征值 $\lambda_{\max}$，$\boldsymbol{\omega}$ 为特征向量，$\boldsymbol{\omega}=[\omega_1,\omega_2,\cdots,\omega_n]^{\mathrm{T}}$，即为各指标权重。

由判断矩阵

$$\boldsymbol{A} = \begin{bmatrix} 1 & 4/2 & 3/2 & 1/2 & 5/2 & 3/2 \\ 2/4 & 1 & 3/4 & 1/4 & 5/4 & 3/4 \\ 2/3 & 4/3 & 1 & 1/3 & 5/3 & 3/3 \\ 2 & 4 & 3 & 1 & 5 & 3 \\ 2/5 & 4/5 & 3/5 & 1/5 & 1 & 3/5 \\ 2/3 & 4/3 & 3/3 & 1/3 & 5/3 & 1 \end{bmatrix}$$

可求得该判断矩阵所对应的特征向量为 $\boldsymbol{\omega}=[0.191, 0.096, 0.127, 0.382, 0.077, 0.127]^{\mathrm{T}}$，此时特征向量各分量分别对应 6 项指标的权重。

上面介绍的几种方法各有其特点。和法是将所有指标的得分相加来确定相对权重，计算简单但可能忽略指标之间的影响；根法是通过求解矩阵的根向量来确定相对权重，计算复杂且结果可能不稳定；特征根法是通过求解矩阵的特征值和特征向量来确定相对权重，具有计算简单、结果可靠的优点，且适用于任意大小的矩阵。因此，特征根法是比较层次分析法中最为常用和有效的方法之一。

计算权重之后还要对判断矩阵的一致性进行检验，判断矩阵具有满意的一致性，通过判断矩阵计算出的权重才合理。

定义：

$$\mathrm{CI} = \frac{\lambda_{\max} - n}{n-1} \tag{5.2.7}$$

当判断矩阵阶数 $n \leqslant 2$ 时，判断矩阵具有完全一致性，CI=0。$\lambda_{\max} - n$ 越大，CI 越大，矩阵的一致性越差。为了检验不同阶的判断矩阵是否具有满意的一致性，需要将 CI 与平均随机一致性指标 RI 进行比较，如表 5.2.2 所示。

$$\mathrm{CR}=\frac{\mathrm{CI}}{\mathrm{RI}} \tag{5.2.8}$$

若 CR <0.1，则判断矩阵 $\boldsymbol{A}$ 具有满意的一致性。

表 5.2.2　平均随机一致性指标 RI

n	1	2	3	4	5	6	7	8	9	10
RI	0	0	0.58	0.9	1.12	1.24	1.32	1.41	1.45	1.49

5.2.2　客观赋权法

主观赋权法的原始数据是根据专家经验主观判断得到的，结果具有较强的主观随意性。客观赋权法主要根据指标之间的联系程度及指标所提供的信息量大小、对其他指标的影响程度进行度量。客观赋权法主要依靠数学知识，不依赖人的主观判断。常用的客观赋权法包括熵权法、主成分分析法、独立性系数法等，下面主要对熵权法和主成分分析法进行介绍。

1．数据标准化

利用客观赋权法赋权值时，一般应先对数据进行处理，主要包括指标的正向化操作和标准化处理。

针对指标进行正向化操作，即将所有指标都化为越大越好的极大型指标。若数据中存在越小越好的极小型指标，则可利用 $x_i=\max\{x_1,x_2,\cdots,x_n\}-x_i$ 将指标转化为极大型，或当所有元素均为正数时，直接取倒数将指标转化为极大型。

假定有 n 个评价对象，m 个评价指标，数据已完成正向化处理，有时针对数据量大且杂乱的情况，还须进一步对数据进行标准化处理，以平衡指标之间量纲不同或特征不同等带来的数据差异性。设正向化处理后的矩阵为

$$\boldsymbol{X}=\begin{bmatrix} x_{11} & x_{12} & \cdots & x_{1m} \\ x_{21} & x_{22} & \cdots & x_{2m} \\ \vdots & \vdots & \cdots & \vdots \\ x_{n1} & x_{n2} & \cdots & x_{nm} \end{bmatrix}$$

标准化处理后的矩阵记为

$$\boldsymbol{Z}=\begin{bmatrix} z_{11} & z_{12} & \cdots & z_{1m} \\ z_{21} & z_{22} & \cdots & z_{2m} \\ \vdots & \vdots & \cdots & \vdots \\ z_{n1} & z_{n2} & \cdots & z_{nm} \end{bmatrix}$$

若矩阵 $\boldsymbol{X}$ 中不存在负数，则矩阵 $\boldsymbol{Z}$ 中的元素 z_{ij} 可以采用式（5.2.9）完成标准化处理：

$$z_{ij}=\frac{x_{ij}}{\sqrt{\sum_{i=1}^{n}x_{ij}^2}}，\ i=1,2,\cdots,n；\ j=1,2,\cdots,m \tag{5.2.9}$$

若矩阵 $\boldsymbol{X}$ 中存在负数，则可采用式（5.2.10）进行标准化处理，式（5.2.10）同样适用于数据中不存在负数的情况：

$$z_{ij}=\frac{x_{ij}-\min\{x_{1j},x_{2j},\cdots,x_{ij}\}}{\max\{x_{1j},x_{2j},\cdots,x_{ij}\}-\min\{x_{1j},x_{2j},\cdots,x_{ij}\}} \tag{5.2.10}$$

2. 熵权法

1984 年，香农将熵引入信息领域，给出了信息熵的定义。信息熵是表示信息不确定性的一种量，表示随机试验出现的有限个不相容事件对应的概率。熵权法（Entropy Weight Method，EWM）的原理是：根据各指标的变异程度，利用信息熵计算各指标的熵权，再通过熵权对各指标的权重进行修正，从而得到较为客观的指标权重。某个指标的离散程度越大，计算的信息熵越小，则表明该指标提供的信息量越多，在综合评价中起到的作用也越大，因此权重也越大。相反，某个指标离散程度越小，提供的信息越少，相应地，权重也越小。在极端情况下，一个指标的所有取值完全相同，则它对评价不起作用，可以不考虑这一指标。在指标赋权中，熵权法实际是增加不确定性大的指标权重。

利用熵权法赋权值时，针对已完成正向化和标准化处理的矩阵 $\boldsymbol{Z}$，计算概率矩阵 $\boldsymbol{P}=\{p_{ij}\}_{n\times m}$，即对标准化后的矩阵 $\boldsymbol{Z}$ 进一步求每个元素所占比重，且比重之和为 1。

$$p_{ij}=\frac{z_{ij}}{\sum_{i=1}^{n}z_{ij}} \tag{5.2.11}$$

计算每个指标的信息熵 e_j：

$$e_j=-\frac{1}{\ln(n)}\sum_{i=1}^{n}p_{ij}\ln(p_{ij}),j=1,2,\cdots,m \tag{5.2.12}$$

定义 $d=1-e_j$ 为信息的效用值：

$$d_j=1-e_j,j=1,2,\cdots,m \tag{5.2.13}$$

对效用值进行归一化即可得到权重 $\omega_j,j=1,2,\cdots,m$

$$\omega_j=\frac{d_j}{\sum_{j=1}^{m}d_j},j=1,2,\cdots,m \tag{5.2.14}$$

则熵权法得到的客观权重向量 $\boldsymbol{\omega}=(\omega_1,\omega_2,\cdots,\omega_m)$。以客观权重向量的元素为主对角线元素，其余元素为 0，得到基于熵权法的客观权重矩阵为 $\boldsymbol{W}_{\mathrm{o},m}=\mathrm{diag}(\boldsymbol{\omega})$。

【例 5.2.1】 设 $\boldsymbol{X}$ 为一组已完成正向化的数据，其中共 10 个待评价方案，4 项评价指标，试利用熵权法计算该组数据对应的指标权重。

$$\boldsymbol{X}=\begin{bmatrix}4.69 & 6.59 & 51 & 11.94\\ 2.03 & 7.86 & 19.00 & 6.46\\ 9.11 & 6.31 & 46.00 & 8.91\\ 8.61 & 7.05 & 46.00 & 26.43\\ 7.13 & 6.50 & 50.00 & 23.57\\ 2.39 & 6.77 & 38.00 & 24.62\\ 7.69 & 6.79 & 38.00 & 6.01\\ 9.30 & 6.81 & 27.00 & 31.57\\ 5.45 & 7.62 & 5.00 & 18.46\\ 6.19 & 7.27 & 17.00 & 7.51\end{bmatrix}$$

解：将矩阵 $\boldsymbol{X}$ 按式（5.2.10）进行标准化后，得到矩阵 $\boldsymbol{Z}$；进一步由式（5.2.11）求得概率矩阵 $\boldsymbol{P}$，分别如下所示。

$$
\boldsymbol{Z}=\begin{bmatrix} 0.3659 & 0.1806 & 1.0000 & 0.2320 \\ 0 & 1.0000 & 0.3043 & 0.0176 \\ 0.9739 & 0 & 0.8913 & 0.1135 \\ 0.9051 & 0.4774 & 0.8913 & 0.7989 \\ 0.7015 & 0.1226 & 0.9783 & 0.6870 \\ 0.0495 & 0.2968 & 0.7174 & 0.7281 \\ 0.7785 & 0.3097 & 0.7174 & 0 \\ 1.0000 & 0.3226 & 0.4783 & 1.0000 \\ 0.4704 & 0.8452 & 0 & 0.4871 \\ 0.5722 & 0.6194 & 0.2609 & 0.0587 \end{bmatrix},\quad \boldsymbol{P}=\begin{bmatrix} 0.0629 & 0.0433 & 0.1603 & 0.0563 \\ 0 & 0.2396 & 0.0488 & 0.0043 \\ 0.1674 & 0 & 0.1429 & 0.0257 \\ 0.1556 & 0.1144 & 0.1429 & 0.1938 \\ 0.1206 & 0.0294 & 0.1568 & 0.1666 \\ 0.0085 & 0.0711 & 0.1150 & 0.1766 \\ 0.1338 & 0.0742 & 0.1150 & 0 \\ 0.1719 & 0.0773 & 0.0767 & 0.2426 \\ 0.0809 & 0.2025 & 0 & 0.1181 \\ 0.0984 & 0.1484 & 0.0418 & 0.0142 \end{bmatrix}
$$

利用式（5.2.12）求得各指标的信息熵，得到信息熵向量 $\boldsymbol{E}$ 为

$$\boldsymbol{E}=[0.8954 \quad 0.8751 \quad 0.9182 \quad 0.8092]$$

最后，利用式（5.2.13）和式（5.2.14）求得归一化的各指标对应的权重向量 $\boldsymbol{\omega}$ 为

$$\boldsymbol{\omega}=[0.2084 \quad 0.2487 \quad 0.1629 \quad 0.3800]$$

3. 主成分分析法

主成分分析法（Principal Component Method，PCM）是一种在多元分析中常用的降维和赋权方法，通过正交变换将一组可能存在相关性的变量转换为一组线性不相关的变量，转换后的这组变量称为主成分。在实际分析问题时，如果评估指标较多，则指标间可能存在一定程度的相关性，这会导致信息的重叠。主成分分析就是通过一定的变换将原始数据变换为一组在新维度下的数据，并且用数据的主要特征分量代替原数据，以达到降维的目的，而新维度下指标的权重以主成分的方差贡献率来计算。

主成分分析法计算时也需要首先将原始数据标准化、归一化，假定这些步骤已经完成，则按如下步骤进行主成分分析计算。

假定数据标准化后的矩阵为 $\boldsymbol{U}=(\boldsymbol{u})_{n\times m}$，计算矩阵 $\boldsymbol{U}$ 的协方差 $\boldsymbol{R}=(r_{mi,mj})_{m\times m}$ $(mi, mj=1,2,\cdots,m)$，其中

$$r_{mi,mj}=E[(\boldsymbol{u}_{mi}-E[\boldsymbol{u}_{mi}])^{\mathrm{T}}(\boldsymbol{u}_{mj}-E[\boldsymbol{u}_{mj}])] \tag{5.2.15}$$

求解 $\boldsymbol{R}$ 的特征值 λ_k 及其对应的特征向量 $\boldsymbol{q}_k$，$k=1,2,\cdots,m$。根据特征值求解正交权重 ω_k，即

$$\omega_k=\frac{\lambda_k}{\sum_k \lambda_k} \tag{5.2.16}$$

同样得到客观权重向量 $\boldsymbol{\omega}=(\omega_1,\ \omega_2,\ \cdots,\ \omega_m)$ 及正交权重矩阵 $\boldsymbol{W}_{\mathrm{o},k}$：

$$W_{\mathrm{o},k}=\begin{pmatrix} \omega_1 & 0 & \cdots & 0 \\ 0 & \omega_2 & \cdots & \vdots \\ \vdots & \vdots & \cdots & \vdots \\ 0 & 0 & \cdots & \omega_m \end{pmatrix} \tag{5.2.17}$$

正交权重矩阵针对正交化的数据集，将正交权重矩阵通过特征矩阵变换后，即可用于原数据集，得到权重矩阵为 $\boldsymbol{W}_{\mathrm{o},m}$：

$$\boldsymbol{W}_{\mathrm{o},m}=\boldsymbol{Q}^{\mathrm{T}}\boldsymbol{W}_{\mathrm{o},k}\boldsymbol{Q} \tag{5.2.18}$$

式中，$\boldsymbol{Q}=(\boldsymbol{q}_k)_{m\times m}$ 为特征矩阵。

【例 5.2.2】试利用主成分分析法计算矩阵 $\boldsymbol{A}_1$ 的权重。

$$\boldsymbol{A}_1=\begin{bmatrix}0.1905 & 0.1754 & 0.0791 & 0.1384 & 0.1765\\0.1905 & 0.2105 & 0.1381 & 0.1522 & 0.1765\\0.1667 & 0.1053 & 0.0182 & 0.1384 & 0.2941\\0.2143 & 0.1579 & 0.2965 & 0.3806 & 0.1765\\0.2381 & 0.3509 & 0.4744 & 0.1903 & 0.1765\end{bmatrix}$$

解：矩阵 $\boldsymbol{A}_1$ 已完成了正向化和标准化处理，用主成分分析法计算权重，首先由式（5.2.15）计算矩阵 $\boldsymbol{A}_1$ 的协方差矩阵为

$$\boldsymbol{R}_1=\begin{bmatrix}0.0007 & 0.0021 & 0.0049 & 0.0013 & -0.0010\\0.0021 & 0.0086 & 0.0142 & -0.0006 & -0.0028\\0.0049 & 0.0142 & 0.0340 & 0.0091 & -0.0054\\0.0013 & -0.0006 & 0.0091 & 0.0106 & -0.0018\\-0.0010 & -0.0028 & -0.0054 & -0.0018 & 0.1765\end{bmatrix}$$

计算其特征向量矩阵如下：

$$\boldsymbol{Q}_1=\begin{bmatrix}0.7615 & 0.6322 & -0.0644 & -0.0066 & -0.1276\\0.4415 & -0.6289 & -0.1773 & -0.4945 & -0.3655\\-0.3198 & 0.2357 & 0.2720 & -0.0354 & -0.8758\\0.2441 & -0.3436 & -0.0906 & 0.8684 & -0.2449\\0.2517 & -0.1767 & 0.9393 & 0.0002 & 0.1522\end{bmatrix}$$

特征值向量为

$$\boldsymbol{\lambda}_{k1}=[0 \quad 0 \quad 0.0020 \quad 0.0106 \quad 0.0442]$$

由式（5.2.18）得原数据集权重矩阵为

$$\boldsymbol{W}_{\mathrm{o},m1}=\begin{bmatrix}0.0643 & 0.0354 & 0.0102 & -0.0271 & -0.0960\\0.0354 & 0.0460 & 0.0163 & 0.0543 & -0.0442\\0.0102 & 0.0163 & 0.0117 & -0.0087 & -0.0558\\-0.0271 & 0.0543 & -0.0087 & 0.3868 & 0.3202\\-0.0960 & -0.0442 & -0.0558 & 0.3202 & 0.4913\end{bmatrix}$$

用主成分分析法计算矩阵 $\boldsymbol{A}_1$ 的权重结果为

$$\omega_p=[0.0643 \quad 0.0460 \quad 0.0117 \quad 0.3868 \quad 0.4913]$$

客观赋权法不依赖决策者的知识和经验，而是根据指标的实际值通过计算得到指标权重，往往反映的是多指标之间的区分程度。客观赋权法得到的权重值依赖样本数据，数据变化权重也随之变化。针对实际威胁评估问题，一方面在不同应用背景下指标权重的区别可能很大，大量样本数据的获取和权重训练较难实现；另一方面威胁评估是指挥员的决策基础，应融入指挥员对作战、态势评估的主观因素，客观赋权法确定的权重可能与其实际重要程度相差较大，难以真正体现指挥员或决策者对不同指标的重视程度。

5.2.3 主客观组合赋权法

除单独进行主观赋权或客观赋权外，在解决一些问题时还可采用主客观组合赋权法。主客观组合赋权法将主观赋权和客观赋权结果进行组合得到最终权重，一般是对主客观权重进

行线性综合，根据主观赋权相对客观赋权的重要性，再进行主客观权重分配。也可以根据具体问题，依据一定准则将各指标的主客观权重进行组合，如主观权重设为向量 $\boldsymbol{W}_{\mathrm{s}}=(\omega_{\mathrm{s},j})^{\mathrm{T}}$，客观权重矩阵为 $\boldsymbol{W}_{\mathrm{o},m}$，组合赋权权重为

$$\boldsymbol{W}=\frac{\boldsymbol{W}_{\mathrm{s}}\boldsymbol{W}_{\mathrm{o},m}}{\left\|\boldsymbol{W}_{\mathrm{s}}\boldsymbol{W}_{\mathrm{o},m}\right\|_1} \tag{5.2.19}$$

式中，$\left\|\boldsymbol{W}_{\mathrm{s}}\boldsymbol{W}_{\mathrm{o},m}\right\|_1$ 为向量 $\boldsymbol{W}_{\mathrm{s}}\boldsymbol{W}_{\mathrm{o},m}$ 中元素的绝对值之和，即进行归一化处理。

除此之外，还有一些其他组合赋权方法，如以组合权重与主客观权重偏差平方和最小化、组合权重下决策信息离差最大化，或者权重向量离差最小化等为目标，设计组合权重优化模型。上述方法可以通过查阅相关文献了解学习，本节不再展开介绍。

本节主要介绍常权的赋权方法，即给出每个指标的相对重要性信息，但无论各指标的组态（取值情况）如何，权值都保持不变。但在有些情况下，常权可能造成不合理的指标集结结果。例如，随着指标值的不断变化，当某指标处于其取值区间的边缘时，该指标会变得非常重要，如果仍采用常权进行集结会出现状态失衡的问题。变权赋权法是在常权的基础上，利用变权理论构造状态变权化的均衡函数，由均衡函数求取状态变权向量，最后基于常权向量和状态变权向量得到规范化的变权向量。

变权理论在一些特定应用背景下可以解决指标变化造成的评估不合理问题，但是变权理论的应用难点在于变权向量的构造需要结合特定问题背景和人的经验知识展开，有一定的主观性，也较难形成通用的方法。

在威胁评估问题中，在获得指标权重和指标值的基础上，要通过一定方法对决策信息进行处理，并对方案进行排序。从 5.3 节开始，将介绍基于多种指标综合开展目标威胁评估的多属性决策方法。

5.3　基于主观赋权的多属性威胁评估模型

目标威胁评估常需要考虑临空时间、航路捷径、目标高度、目标类型等多个评估指标，其中既有定量指标又有定性指标，不同的定量指标还具有不同的量纲，会影响指标数据分析的结果。要实现威胁程度的综合评价，需要先对各指标数据进行归一化处理，以实现数据之间的可比性。本节先对常用的数据归一化方法进行介绍，然后在数据归一化的基础上，分析如何利用专家打分法这一主观赋权方法，建立目标的多属性威胁评估模型。

5.3.1　常用的数据归一化方法

数据归一化是数据规范化处理过程，是对数据进行分析处理的基础工作。数据归一化的目的是把数据变化到某个固定区间（范围）中，通常这个区间是[0, 1]，但也可以变化到[−1, 1]，或者相应的子区间上，并把有量纲表达式转化为无量纲表达式，使不同维度之间的数据在数值上具有可比性，同时可提升模型的收敛速度和精度。

以映射到[0, 1]区间为例，数据归一化的方法有多种，一般包括线性方法和非线性方法，5.2 节中给出的式（5.2.2）和式（5.2.3）分别是一类常用的非线性方法和线性归一化方法。不

同的归一化方法形成的数据对模型的评价结果会产生不同的影响，需要结合具体问题来选择。

1. 最小-最大归一化

这是一种最常见的归一化方法，又称为离差标准化法，这种方法需要对原始数据进行线性变换，使结果映射到[0, 1]之间。转换函数如下：

$$u(x)=\frac{x-x_{\min}}{x_{\max}-x_{\min}} \tag{5.3.1}$$

式中，$x_{\max}$ 为样本数据的最大值，$x_{\min}$ 为样本数据的最小值。这一方法是最简单的归一化方法，但应注意，当有新数据加入时，可能导致 $x_{\max}$ 和 $x_{\min}$ 的变化，需要重新进行归一化。

2. 零均值标准化

这种方法基于原始数据的均值和方差进行数据的标准化，经过处理的数据符合标准正态分布，即均值为 0，标准差为 1，转换函数如下：

$$u(x)=\frac{x-\mu}{\sigma} \tag{5.3.2}$$

式中，μ 为所有样本数据的均值，σ 为所有样本数据的标准差。

3. 折线型归一化

折线型归一化方法包括降半梯形分布法和升半梯形分布法。

降半梯形分布法的转换函数如下：

$$u(x)=\begin{cases}1, & x\leqslant a \\ \dfrac{b-x}{b-a}, & a<x<b \\ 0, & x\geqslant b\end{cases} \tag{5.3.3}$$

式中，a 和 b 为样本数据取值范围内的相关参数，当参数 a 和 b 分别取 2 和 4 时，图形如图 5.3.1 所示。

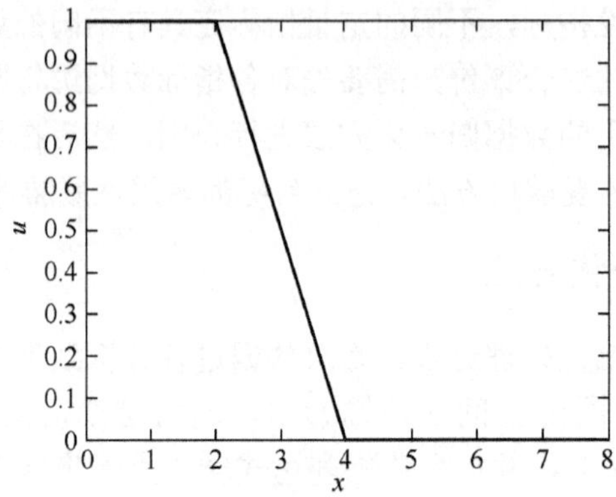

图 5.3.1　降半梯形分布归一化图形

升半梯形分布法的转换函数如下，当参数 a 和 b 分别取 2 和 4 时，图形如图 5.3.2 所示。

$$u(x)=\begin{cases}0, & x\leqslant a\\ \dfrac{x-a}{b-a}, & a<x<b\\ 1, & x\geqslant b\end{cases} \tag{5.3.4}$$

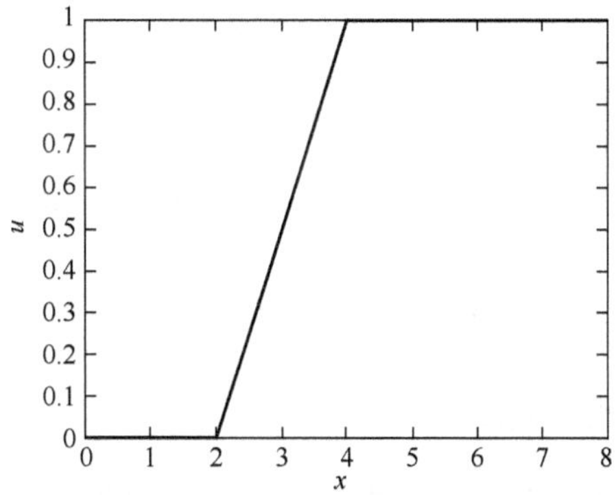

图 5.3.2　升半梯形分布归一化图形

类似地，还可定义中间型梯形分布法等，此处不再赘述。

4．半正态分布归一化法

借鉴模糊数学中隶属函数的概念，利用半正态分布可以根据实际问题特点，将数据通过参数调节映射到[0,1]范围内。半正态分布可以分为降半正态分布和升半正态分布，它们都属于非线性数据归一化方法。降半正态分布的转换函数如下：

$$u(x)=\begin{cases}1, & x\leqslant a\\ \exp[-k(x-a)^2], & x>a\end{cases} \tag{5.3.5}$$

式中，a 和 k 是可结合具体问题对数据归一化结果进行调节的参数。当取 $a=0$， $k=2\times10^{-5}$ 时，图形如图 5.3.3 所示。

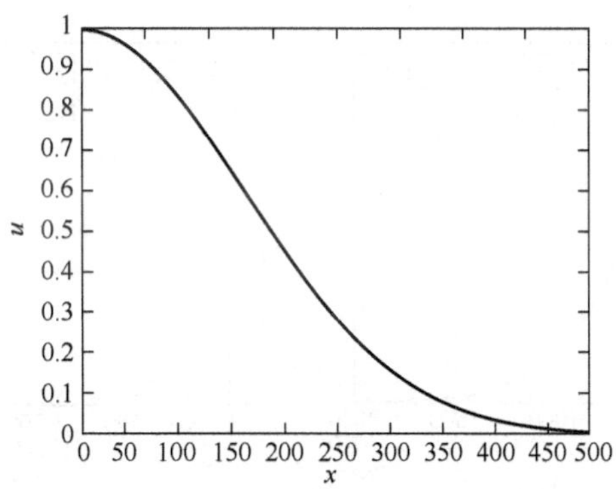

图 5.3.3　降半正态分布归一化图形

类似地，可定义升半正态分布的归一化转换函数如下，a 和 k 同上取值时，图形如图 5.3.4 所示。

$$u(x)=\begin{cases}0, & x\leqslant a\\ 1-\exp[-k(x-a)^2], & x>a\end{cases} \tag{5.3.6}$$

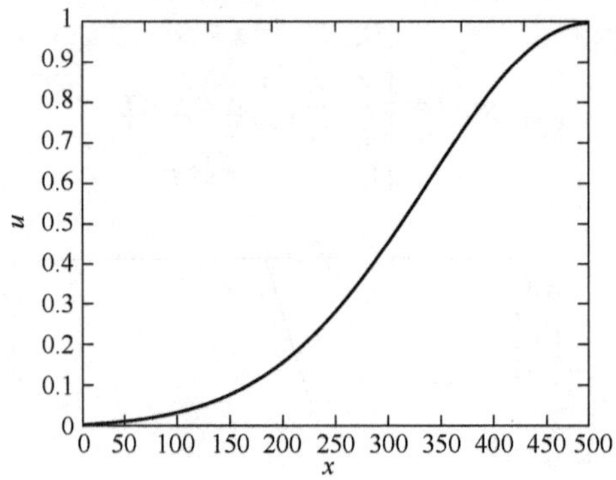

图 5.3.4　升半正态分布归一化图形

5.3.2　目标威胁指标的隶属函数

本节基于半正态分布的数据归一化方法进行威胁评估的多属性决策。半正态分布函数是模糊数学中常用的隶属函数，因此下文中在不引起歧义的前提下，将归一化函数称为隶属函数。

1．目标到达时间威胁隶属函数

当目标临近飞行时，到达航路捷径点的时间 $t = T_{\mathrm{CPA}}$ 的隶属函数可按式（5.3.7）计算。

$$u(t) = \begin{cases} 1, & 0 \leqslant t \leqslant \alpha \\ \mathrm{e}^{-k(t-\alpha)^2}, & \alpha < t \leqslant 1800\text{秒} \\ 0, & t > 1800\text{秒} \end{cases} \tag{5.3.7}$$

式中，可取 $\alpha = 0$，表示目标到达航路捷径点时威胁程度最高为 1；当目标到达时间还剩余 1800 秒以上时，其威胁度为 0，即暂时不考虑其威胁程度；取 $k = 2\times10^{-6}$ /平方秒，使 $t \in [0,1800]$ 时隶属函数 $u(t)$ 合理的取值为 $[0,1]$。上述参数下的目标到达时间威胁隶属函数如图 5.3.5（a）所示，不同参数下的隶属函数如图 5.3.5（b）所示。

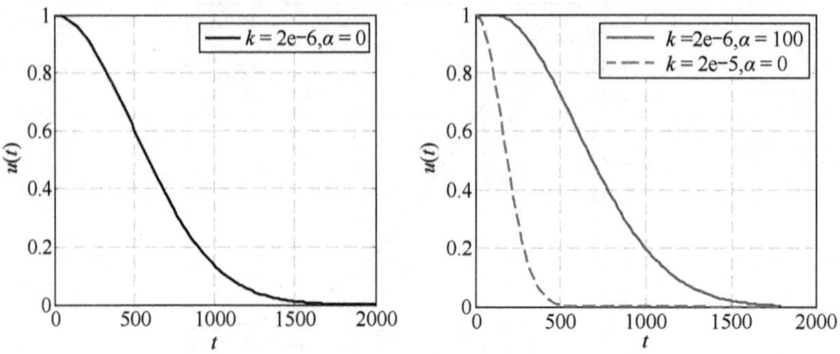

图 5.3.5　目标到达时间威胁隶属函数

通过计算隶属函数值，目标的到达时间变为 $[0,1]$ 之间无量纲的量。当存在 n 个目标时，可取 $\boldsymbol{u}(t)$ 为行向量，如 $n = 3$ 时，取 $\boldsymbol{u}(t) = [0.8, 0.7, 0.4]$。

针对具体威胁评估问题，可以通过调整 α 和 k 的值来改变目标到达航路捷径点时间和威胁隶属函数值之间的映射关系。

2. 目标航路捷径威胁隶属函数

目标航路捷径 $r = R_{\mathrm{CPA}}$ 的隶属函数可按式（5.3.8）计算。

$$u(r)=\begin{cases}1, & 0\leqslant r\leqslant\alpha\\ \mathrm{e}^{-k(r-\alpha)^2}, & \alpha<r\leqslant 30\text{千米}\\ 0, & r>30\text{千米}\end{cases} \tag{5.3.8}$$

式中，可取 $\alpha=0$，表示目标航路捷径为 0 时，威胁程度最高为 1；当目标航路捷径在 30 千米之外时，其威胁度为 0，即暂不考虑其威胁程度；取 $k=5\times10^{-3}$/平方千米，使 $r\in[0,30]$ 时隶属函数 $u(r)$ 合理的取值为 $[0,1]$。上述参数下的目标到达时间威胁隶属函数如图 5.3.6 所示。

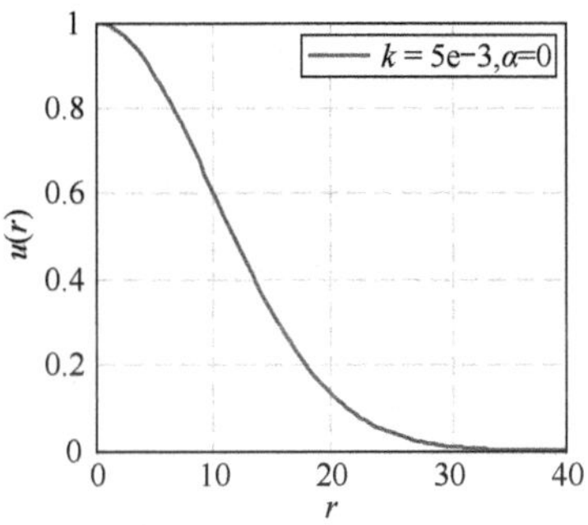

图 5.3.6　目标航路捷径威胁隶属函数

类似地，当存在 n 个目标时，可取 $\boldsymbol{u}(r)$ 为 n 维行向量，如 $n=3$ 时，取 $\boldsymbol{u}(r)=[0.4, 0.7, 0.2]$。隶属函数中也可以调整 α 和 r 值来适应具体问题。

3. 目标飞行高度威胁隶属函数

目标飞行高度 h 威胁隶属函数可如式（5.3.9）所示计算。

$$u(h)=\begin{cases}1, & 0\leqslant h\leqslant\alpha\\ \mathrm{e}^{-k(h-\alpha)^2}, & h>\alpha, k>0\end{cases} \tag{5.3.9}$$

式中，可取 $\alpha=100$，表示当目标高度高于 100 米时，认为其威胁程度为 1；取 $k=1\times10^{-6}$/平方米，使 $h>100$ 时隶属函数 $u(h)$ 合理地取值为 $[0,1]$。上述参数下的目标到达时间威胁隶属函数如图 5.3.7 所示。

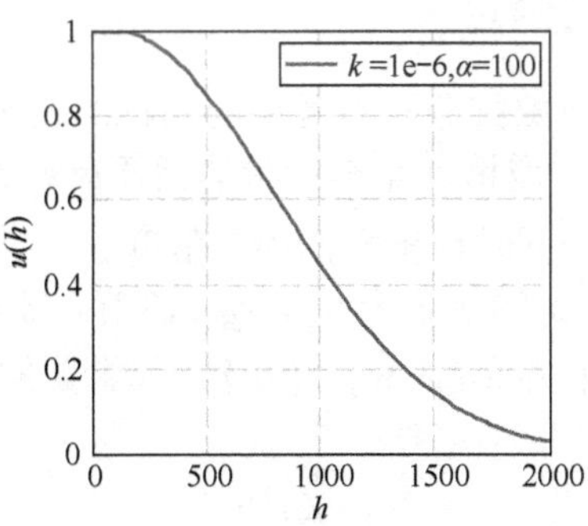

图 5.3.7　目标飞行高度威胁隶属函数

存在 n 个目标时，同样取 $\boldsymbol{u}(h)$ 为 n 维行向量，如 $n=3$ 时，取 $\boldsymbol{u}(h)=[0.7, 0.5, 1]$。

4. 目标类型威胁隶属函数

不同类型目标的用途、武器装备不同，对舰艇的威胁程度也不同。目标类型是目标威胁的定性指标，假定目标类型威胁隶属度如式（5.3.10）。

$$u(x)=\begin{cases}0.9, & \text{轰炸机（攻击机）机群}\\ 0.8, & \text{反舰导弹}\\ 0.7, & \text{战斗机机群}\\ 0.6, & \text{轰炸机（攻击机）}\\ 0.5, & \text{战斗机}\\ 0.3, & \text{电子战飞机}\\ 0.2, & \text{预警机}\\ 0.1, & \text{其他飞机}\end{cases} \tag{5.3.10}$$

存在n个目标时，$\boldsymbol{u}(x)$为n维行向量，如$n=3$时，取$\boldsymbol{u}(x)=[0.8, 0.3, 0.6]$。

经过计算每个威胁指标的隶属函数值，将各指标转换为取值在$[0,1]$之间的无量纲量，为威胁度的综合评估奠定了基础。

5.3.3 决策矩阵的建立

在单个威胁指标下计算n个目标的威胁隶属函数值，得到的是n维行向量；考虑m个威胁指标时，可以建立决策矩阵

$$\boldsymbol{U}_{m\times n}=\begin{pmatrix}\boldsymbol{u}_1\\ \boldsymbol{u}_2\\ \vdots\\ \boldsymbol{u}_m\end{pmatrix}$$

例如，考虑上述4个威胁指标下3批目标的隶属函数值时，可以建立4×3的决策矩阵：

$$\boldsymbol{U}_{4\times 3}=\begin{pmatrix}\boldsymbol{u}(t)\\ \boldsymbol{u}(r)\\ \boldsymbol{u}(h)\\ \boldsymbol{u}(x)\end{pmatrix}=\begin{pmatrix}0.8 & 0.7 & 0.4\\ 0.4 & 0.7 & 0.2\\ 0.7 & 0.5 & 1\\ 0.8 & 0.3 & 0.6\end{pmatrix}$$

建立决策矩阵后，只要再确定各指标权重，即可进行多属性决策分析。

5.3.4 目标威胁指标权重的确定

本节利用主观赋权法中的专家打分法对各威胁指标的权重进行计算。对影响目标威胁程度的所有因素a_i，$i=1,2,\cdots,m$，邀请p个有经验的指挥员或该领域的专家，请每个指挥员或专家对该因素的权重进行打分，同时给出自己的自信度。

假设第k个专家给出因素a_i的权重为x_{ki}，$x_{ki}\in(0,1)$，$k=1,2,\cdots,p$；$i=1,2,\cdots,m$；第k个专家的自信度（权重的权重）为w_{ki}，$w_{ki}\in(0,1)$，因素a_i的综合权重为

$$w_i'=\frac{\sum_{k=1}^{p}x_{ki}w_{ki}}{\sum_{k=1}^{p}w_{ki}} \tag{5.3.11}$$

计算所有因素的权重得到 $\boldsymbol{w}'=(w_1',w_2',\cdots,w_m')$，进行归一化处理，得

$$w_i=\frac{w_i'}{\sum_{i=1}^{m}w_i'} \tag{5.3.12}$$

此时 $\sum_{i=1}^{m}w_i=1$。

得到各因素的最终权重向量 $\boldsymbol{W}_{1\times m}=(w_1,w_2,\cdots,w_m)$。

5.3.5　目标威胁排序

根据权重矩阵和决策矩阵可以得到目标威胁排序的综合评价矩阵：

$$\boldsymbol{E}_{1\times n}=\boldsymbol{W}_{1\times m}\times\boldsymbol{R}_{m\times n} \tag{5.3.13}$$

矢量 $\boldsymbol{E}$ 的分量即目标相对于该舰艇的综合属性值，即威胁程度；对各分量进行比较，并按从大到小的顺序排列，即得到目标威胁的最终排序。

上述目标威胁度评价流程如图 5.3.8 所示。

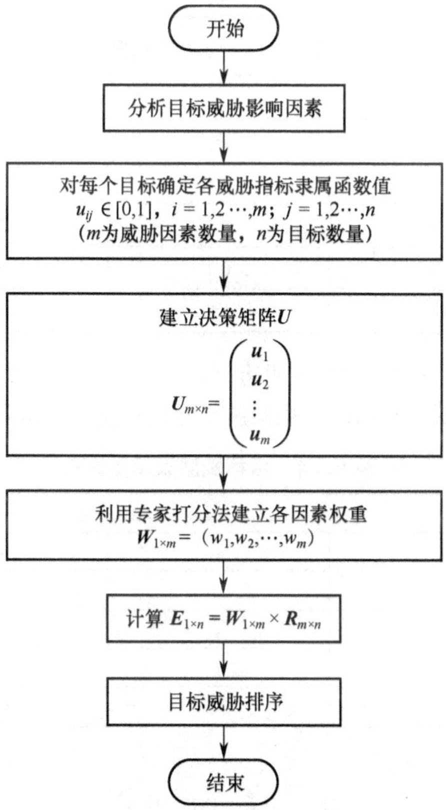

图 5.3.8　目标威胁度评价流程

【例 5.3.1】 空中有 4 批目标，即 $A=\{A_1, A_2, A_3, A_4\}$={轰炸机机群, 反舰导弹, 战斗机机群, 预警机}，某水面舰艇测得它们的威胁指标值如表 5.3.1 所示。邀请 4 个专家 $P_1\sim P_4$ 给出各指标权重及自信度，分别如表 5.3.2 和表 5.3.3 所示。试利用多属性威胁评估模型确定目标的威胁排序。

表 5.3.1 目标威胁指标值

威 胁 指 标	目 标			
	A_1	A_2	A_3	A_4
目标类型	轰炸机机群	反舰导弹	战斗机机群	预警机
飞行时间/秒	180	510	300	800
航路捷径/千米	2	0	0	15
飞行高度/千米	1.8	0.02	2.1	5.6

表 5.3.2 各指标权重的专家打分值

威 胁 指 标	专 家			
	P_1	P_2	P_3	P_4
目标类型	0.6	0.8	0.5	0.4
飞行时间	0.8	0.6	0.5	0.7
航路捷径	0.6	0.8	0.7	0.5
飞行高度	0.5	0.2	0.3	0.4

表 5.3.3 专家自信度

威 胁 指 标	专 家			
	P_1	P_2	P_3	P_4
飞行时间	0.9	0.4	0.6	0.5
航路捷径	0.6	0.5	0.3	0.8
飞行高度	0.4	0.2	0.8	0.9
目标类型	0.6	0.5	0.5	0.8

解：根据图 5.3.8 进行目标威胁评估和排序。

（1）根据式（5.3.7）～式（5.3.10），由威胁因素值得到目标威胁隶属函数值如表 5.3.4 所示。

表 5.3.4 目标威胁隶属函数值

威 胁 指 标	目 标			
	A_1	A_2	A_3	A_4
飞行时间 $\boldsymbol{u(t)}$	0.9	0.6	0.8	0.3
航路捷径 $\boldsymbol{u(r)}$	0.7	1	1	0.3
飞行高度 $\boldsymbol{u(h)}$	1	1	1	0.7
目标类型 $\boldsymbol{u(x)}$	0.9	0.8	0.5	0.2

（2）建立决策矩阵。

由表 5.3.4 可知其决策矩阵 $\boldsymbol{U}=\begin{pmatrix} 0.9 & 0.6 & 0.8 & 0.3 \\ 0.7 & 1 & 1 & 0.3 \\ 1 & 1 & 1 & 0.7 \\ 0.9 & 0.8 & 0.5 & 0.2 \end{pmatrix}$。

（3）确定威胁指标权重。

由式（5.3.11）和式（5.3.12）计算得到各指标权重 $\boldsymbol{W}'=(0.67,0.62,0.37,0.55)$，归一化后得最终指标权重为 $\boldsymbol{W}=(0.3032,0.2805,0.1674,0.2489)$。

（4）目标威胁排序的综合评价。

各目标相对于该舰艇的综合威胁度：

$$\boldsymbol{E}=\boldsymbol{W}\times\boldsymbol{R}=[0.3032,0.2805,0.1674,0.2489]\times\begin{bmatrix}0.9&0.6&0.8&0.3\\0.7&1&1&0.3\\1&1&1&0.7\\0.9&0.8&0.5&0.2\end{bmatrix}=[0.8606,0.8289,0.8149,0.3421]$$

因此，经过多属性威胁评估，最终的目标威胁排序为 $A_1>A_2>A_3>A_4$。

5.4　基于组合赋权的区间数威胁评估模型

通过多传感器所获取的威胁指标信息有不完备、不精确及不可靠等缺点，用区间数形式表示威胁指标信息会使指标的确定更加合理有效，并且有助于避免权重的主观性与盲目性，因而基于区间数的指标值可以更好地用于解决含有不确定决策信息的威胁排序问题。

5.4.1　区间数基础

1. 区间数运算

区间数是 Moore 在 20 世纪 60 年代提出来的，在区间数基础上建立的区间运算可以处理参与计算的不精确数据，而且不需要考虑不确定量的分布特征。区间数是实数域上的一个有界闭区间 $[\underline{a},\overline{a}]$，记为 $[a]$；当 $\underline{a}=\overline{a}$ 时，记为 $[a]=a$，区间数退化为实数 a；实数域上区间数的全体记为 $I(R)$。

对任意 $[a],[b]\in I(R)$，定义区间数的加法、减法、乘法和除法为

$$[a]+[b]=[\underline{a}+\underline{b},\overline{a}+\overline{b}]\tag{5.4.1}$$

$$[a]-[b]=[\underline{a}-\overline{b},\overline{a}-\underline{b}]\tag{5.4.2}$$

$$[a][b]=[\min(\underline{a}\underline{b},\underline{a}\overline{b},\overline{a}\underline{b},\overline{a}\overline{b}),\max(\underline{a}\underline{b},\underline{a}\overline{b},\overline{a}\underline{b},\overline{a}\overline{b})]\tag{5.4.3}$$

$$\frac{[a]}{[b]}=[\underline{a},\overline{a}][\frac{1}{\overline{b}},\frac{1}{\underline{b}}],\quad \overline{b}\neq 0且\underline{b}\neq 0\tag{5.4.4}$$

区间数的数乘运算定义为

$$\lambda\cdot[a]=\begin{cases}[\lambda\underline{a},\lambda\overline{a}],\ \lambda<0\\[\lambda\overline{a},\lambda\underline{a}],\ \lambda<0\end{cases}\tag{5.4.5}$$

特别地，当区间数 $[a]$、$[b]$ 为非负区间数，即 $\underline{a}\geqslant 0$、$\underline{b}\geqslant 0$ 时，区间数乘法有

$$[a][b]=[\underline{a}\underline{b},\overline{a}\overline{b}]$$

当区间数 $[a]$、$[b]$ 为正区间数，即 $\underline{a}>0$、$\underline{b}>0$ 时，区间数除法有

$$\frac{[a]}{[b]}=\left[\frac{\underline{a}}{\overline{b}},\frac{\overline{a}}{\underline{b}}\right]$$

区间数中点表示为

$$m([a])=\frac{\underline{a}+\overline{a}}{2}\tag{5.4.6}$$

区间数长度表示为

$$l([a])=\overline{a}-\underline{a} \tag{5.4.7}$$

2．区间数排序

目前，已有的区间数排序方法有两大类：一类是给出区间数的绝对大小关系（大于、等于或小于），称为确定性排序法；另一类是给出一个区间数大于（或优于）另一个区间数的程度（一般取值在[0, 1]内），称为基于度的排序法。确定性排序法只能给出一个区间数是否大于、小于或等于另一个区间数，无法反映区间数代表的不确定性；基于度的排序法不但可以对区间数进行排序，而且给出一个区间数大于或等于另一个区间数的程度，还可以反映区间数蕴含的不确定性。

区间数的大小关系可以用数轴上的位置关系表现，两个区间数在数轴上的位置关系表现如下。

区间数不相交，如图 5.4.1 所示。

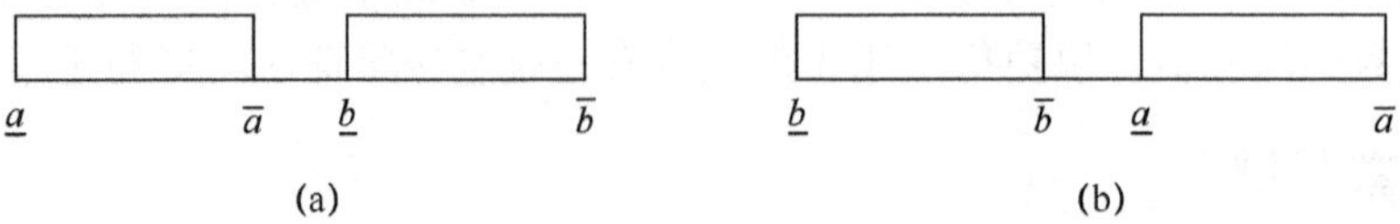

图 5.4.1　区间数不相交

区间数相交但只有一个交点，如图 5.4.2 所示。

图 5.4.2　区间数相交只有一个交点

区间数相交有多个交点且不包含，如图 5.4.3 所示。

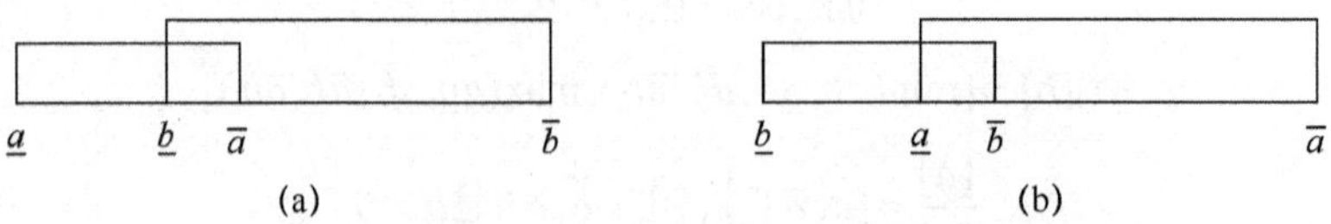

图 5.4.3　区间数相交有多个交点且不包含

区间数相交包含，如图 5.4.4 所示。

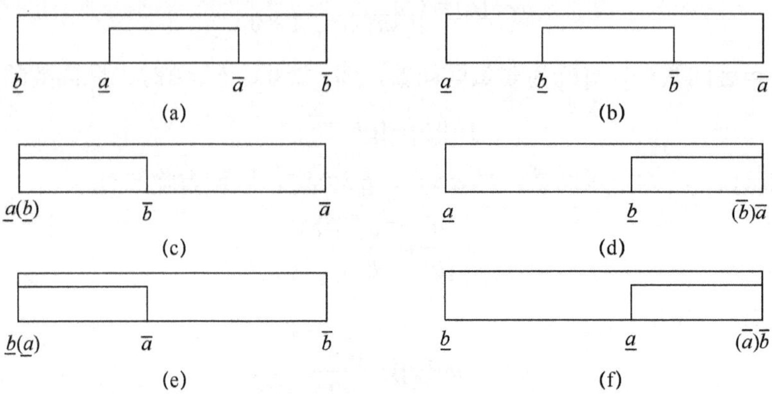

图 5.4.4　区间数相交包含

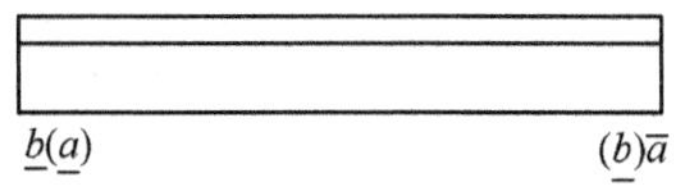

(g)

图 5.4.4　区间数相交包含（续）

区间数排序方法有很多，常用的排序方法有中值法（M 法）、左限-中值法（LM 法）、可能度法（NSG 法）、模糊左关系法（LEFT 法）、可接受度法（ACCE 法）、可信度法（RELB 法）、中值-宽度法（MW 法）、左-右限法（MOORE 法）等，其中中值法、左限-中值法、中值-宽度法和左-右限法属于确定性排序法，可能度法、模糊左关系法、可接受度法和可信度法属于基于度的排序法。

1）中值法（M 法）

M 法即比较两个区间数的中点值的大小，若

$$m([a]) \leqslant m([b]) \tag{5.4.8}$$

则

$$[a] \leqslant [b] \tag{5.4.9}$$

2）左限-中值法（LM 法）

LM 法比较两个区间的下限和中点值，若

$$\underline{a} \leqslant \underline{b} \tag{5.4.10}$$

且

$$m([a]) \leqslant m([b]) \tag{5.4.11}$$

则有

$$[a] \leqslant [b] \tag{5.4.12}$$

若还有

$$[a] \neq [b] \tag{5.4.13}$$

则有

$$[a] < [b] \tag{5.4.14}$$

3）可能度法（NSG 法）

NSG 法给出两个区间数彼此小于等于对方的概率（可能性），通过 $P([a] \leqslant [b])$ 表示，有

$$P([a] \leqslant [b]) = \max\left\{0, 1 - \max\left\{\frac{\overline{a} - \underline{b}}{l([a]) + l([b])}, 0\right\}\right\} \tag{5.4.15}$$

显然，有

$$P([a] \leqslant [b]) = 1 - P([b] \leqslant [a]) \tag{5.4.16}$$

4）模糊左关系法（LEFT 法）

LEFT 法仍然通过概率描述两个区间数彼此小于等于对方的概率。设区间数 $[a]$ 的概率密度函数为 $f(a)$，区间数 $[b]$ 的概率密度函数为 $g(b)$，有

$$P(x < y \mid x \in [a], y \in [b]) = \int_{\underline{a}}^{\overline{a}} f(x) \int_{x}^{\overline{b}} g(y) \mathrm{d}y \mathrm{d}x \tag{5.4.17}$$

$$P(x > y \mid x \in [a], y \in [b]) = \int_{\underline{a}}^{\overline{a}} f(x) \int_{\underline{b}}^{x} g(y) \mathrm{d}y \mathrm{d}x \tag{5.4.18}$$

从而得到模糊左关系函数 $H_{\text{left}}([a],[b])$：

$$H_{\text{left}}([a],[b]) = \max\{0, P(x < y \mid x \in [a], y \in [b]) - P(x > y \mid x \in [a], y \in [b])\} \tag{5.4.19}$$

5）可接受度法（ACCE 法）

ACCE 法是将两个区间数中心点距离的 2 倍与两个区间数宽度之和的比值作为一个区间数大于另一个区间数的可接受度，然后根据可接受度的值进行排序。

$$A([a]<[b]) = \frac{2(m([b]) - m([a]))}{l([a]) + l([b])} \begin{cases} = 0, \ m([b]) = m([a]) \\ > 0 且 < 1, \ m([a]) < m([b]) 且 \overline{a} > \underline{b} \\ \geqslant 1, \ m([a]) < m([b]) 且 \overline{a} \leqslant \underline{b} \end{cases} \tag{5.4.20}$$

6）可信度法（RELB 法）

RELB 法是设一个区间数为要进行排序的区间数中最大的区间数，用可信度公式计算这个区间数为最大区间数的可信度，将要进行排序的每个区间数都计算其为最大区间数的可信度，然后通过可信度值的大小进行排序。可信度公式为

$$\alpha = \min\left(1 - \frac{\overline{a}_1 - \underline{a}}{\overline{a} - \underline{a}_1}, \ 1 - \frac{\overline{a}_2 - \underline{a}}{\overline{a} - \underline{a}_2}, \ \cdots, \ 1 - \frac{\overline{a}_k - \underline{a}}{\overline{a} - \underline{a}_k}\right) \tag{5.4.21}$$

7）中值-宽度法（MW 法）

MW 法是将两个区间数的中值和宽度进行比较，根据比较结果判断两个区间数的大小关系。比较方法为

$$\begin{cases} [a] \leqslant [b], \ m([a]) \leqslant m([b]) 且 l([a]) \leqslant l([b]) \\ [a] < [b], \ \underline{a} < \underline{b} 且 \overline{a} < \overline{b} \end{cases} \tag{5.4.22}$$

8）左-右限法（MOORE 法）

MOORE 法是将区间数的左右限进行比较，然后依据比较结果得出区间数的大小关系。比较方法为

$$\begin{cases} [a] < [b], \ \overline{a} < \underline{b} \\ [a] \leqslant [b], \ \underline{a} \leqslant \underline{b} 且 \overline{a} \leqslant \overline{b} \end{cases} \tag{5.4.23}$$

3. 区间数排序方法分析

上文对 8 种区间数排序方法进行了介绍，但每种排序方法的性能不同，如排序计算时间、排序稳定性、结果合理性等，而且不同排序方法的适用情况也不同。区间数排序方法分为确定性排序方法和基于度的排序方法，下面对区间数排序方法进行分析。

（1）确定性排序方法。确定性排序方法认为两个区间数的大小关系分为大于、小于和等于 3 种，这 3 种关系的表现形式已在上文给出，如图 5.4.1～图 5.4.4 所示。确定性排序方法包括 M 法、LM 法、MW 法和 MOORE 法。

这些方法对于有些位置关系的区间数存在不适用的情况，根据这些确定性排序方法的排序原理，得出各种方法的适用情况如表 5.4.1 所示。

表 5.4.1　确定性排序方法适用情况

确定性排序方法	适用位置关系
M 法	不相交 相交只有一个交点 有多个交点且不包含 包含
LM 法	不相交 相交只有一个交点 有多个交点且不包含 包含（有时不适用）
MW 法	不相交（有时不适用） 相交只有一个交点（有时不适用） 有多个交点且不包含（有时不适用） 包含（有时不适用）
MOORE 法	不相交

确定性排序方法只是利用了区间数的左右限或区间数的中点，这种方法可以反映出区间数的均值和分布，在进行排序计算时计算量较小，但是在用这种方法进行排序时相当于把区间数作为确定值进行计算，没有很好地体现出区间数的不确定性。

（2）基于度的排序方法。基于度的排序方法通过计算得出一个区间数大于另一个区间数的程度，然后根据这个程度进行区间数排序。基于度的排序方法有 NSG 法、LEFT 法、ACCE 法和 RELB 法。

这些方法以不确定的形式对区间数进行排序，符合区间数自身具有不确定性的特征。

NSG 法对任意位置关系的两个区间数都可以进行计算，得出一个区间数大于另一个区间数的可能性，NSG 法的适用范围广泛，但是当 $P([a]>[b])=0.5$ 时，也有 $P([b]>[a])=0.5$，这就造成了排序上的困难。

LEFT 法利用概率密度函数通过概率论分析两个区间数之间的大小关系，当明确概率密度函数时，该方法分析效果较好，但难点在于概率密度函数往往很难确定。

ACCE 法利用区间数的中点和宽度进行计算得到区间数的大小关系，可以体现出区间数均值和分布对区间数大小的影响，但根据式（5.4.20）可知，$[a]>[b]$ 与 $[b]>[a]$ 的可接受度之和为 0，与一般方法中的和为 1 不同，没有互补性。当 $m([a]>m[b])$ 时，$[a]>[b]$ 的可接受度小于 0，此时计算得到的可接受度无意义。

RELB 法假设某个区间数为最大区间数，然后计算其为最大区间数的可信度，该方法仅用了区间数的左右限，计算较为简便，由式（5.4.21），可将 α 的取值化简为

$$\alpha=\frac{m([a])-m([a_i])}{(\overline{a}-\underline{a}_i)} \tag{5.4.24}$$

由式（5.4.24）可以看出，计算 α 时没有利用假设的最大区间数的左限和另一个区间数的右限，有时会出现排序结果明显不符合人的认知的情况。

本部分从计算原理出发对这些排序方法进行了分析，这些方法各有优缺点，在使用时还应根据实际情况和各种排序方法的性能进行选择。

4. 排序方法仿真分析

1）随机生成区间数仿真

仿真生成随机区间数的方法如下。

确定区间数的左限：在 0 到 1 之间随机生成一个数，然后将这个数乘 9 之后再加 1，这样就得到了一个在 1 到 10 之间分布的数。

确定区间数的右限：在 0 到 1 之间随机生成一个数，然后将这个数乘 4 之后再加 1，这样就得到了一个在 1 到 5 之间分布的数，将这个数与区间数的左限相加，得到区间数的右限。

首先随机生成 10 个区间数，分别用上述排序方法进行排序。生成的区间数如表 5.4.2 所示。

表 5.4.2　随机生成区间数

序　　号	左　　限	右　　限
1	9.599799	12.30391
2	7.813826	9.169183
3	4.738137	6.128281
4	1.216029	5.360709
5	8.919862	13.43646
6	8.874504	9.901977
7	4.10789	5.982848
8	9.701883	10.80226
9	2.051888	5.690423
10	9.025113	13.28269

随机生成的区间数以坐标图的形式表现如图 5.4.5 所示。

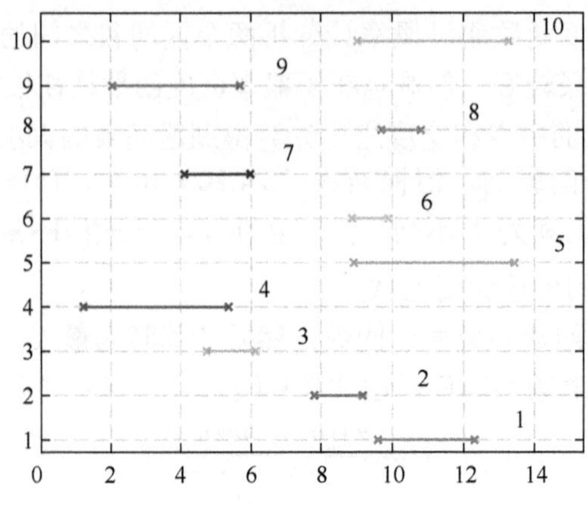

图 5.4.5　随机生成区间数坐标图

用 MATLAB 编程，分别用不同的排序方法对以上区间数进行排序，排序结果如表 5.4.3 所示。

表 5.4.3　随机生成区间数排序结果

排 序 方 法	排序结果（由大到小排序）
ACCE 法	8>10>6>5>1>2>9>7>4>3
LEFT 法	1>10>5>8>6>2>3>7>9>4
LM 法	5>8>1>10>6>2>3>7>9>4
M 法	5>10>1>8>6>2>3>7>9>4
MOORE 法	5>8>1>10>6>2>3>7>9>4
MW 法	5>10>1>8>6>2>3>7>9>4
NSG 法	1>10>5>8>6>2>3>7>9>4
RELB 法	10>8>7>3>2>9>1>4>6>5

随机生成的区间数的排序结果以坐标图形式表现如图5.4.6所示。

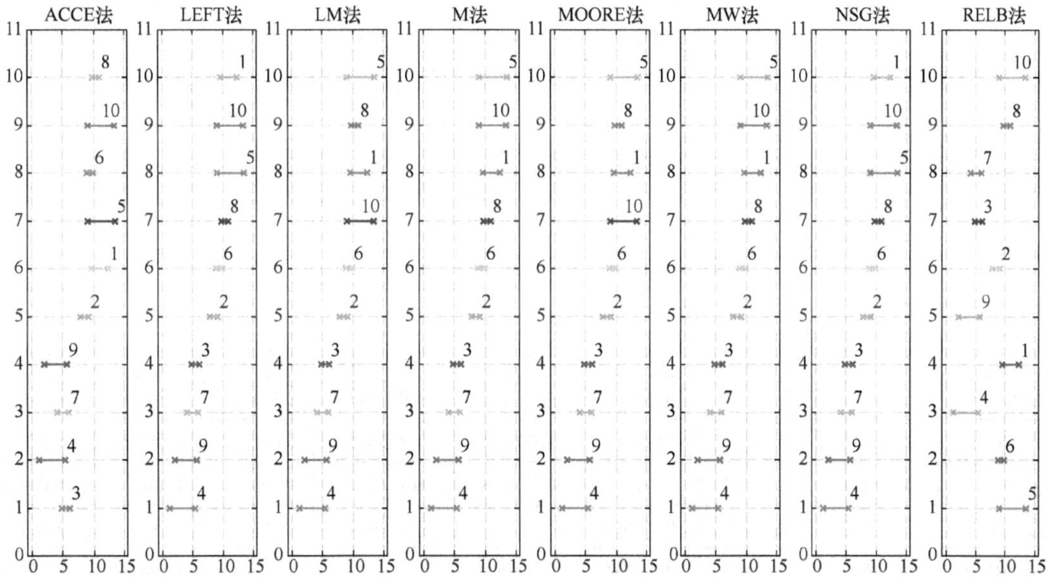

图 5.4.6　随机生成区间数排序结果坐标图

将一次排序计算中用各种排序方法得到的排序结果作为一个向量，8 种方法排序结果组合成矩阵，计算排序结果的协方差矩阵如表 5.4.4 所示。

表 5.4.4　排序结果协方差

排 序 方 法	排 序 方 法							
	ACCE 法	**LEFT 法**	**LM 法**	**M 法**	**MOORE 法**	**MW 法**	**NSG 法**	**RELB 法**
ACCE 法	1	0.115152	0.090909	0.212121	0.090909	0.212121	0.115152	0.127273
LEFT 法	0.115152	1	0.757576	0.806061	0.757576	0.806061	1	−0.22424
LM 法	0.090909	0.757576	1	0.951515	1	0.951515	0.757576	−0.2
M 法	0.212121	0.806061	0.951515	1	0.951515	1	0.806061	−0.07879
MOORE 法	0.090909	0.757576	1	0.951515	1	0.951515	0.757576	−0.2
MW 法	0.212121	0.806061	0.951515	1	0.951515	1	0.806061	−0.07879
NSG 法	0.115152	1	0.757576	0.806061	0.757576	0.806061	1	−0.22424
RELB 法	0.127273	−0.22424	−0.2	−0.07879	−0.2	−0.07879	−0.22424	1

将协方差矩阵按列相加，得到每种排序方法的计算结果如表 5.4.5 所示。

表 5.4.5　协方差矩阵按列相加结果

排序方法	ACCE 法	LEFT 法	LM 法	M 法	MOORE 法	MW 法	NSG 法	RELB 法
加和	1.963637	5.018186	5.309091	5.648483	5.309091	5.648483	5.018186	0.121213
加和排序	M 法=MW 法=LM 法=MOORE 法=LEFT 法=NSG 法=ACCE 法=RELB 法							

由表 5.4.3 及图 5.4.6 可以看出，除 ACCE 法和 RELB 法外，其他几种排序方法得到的排序结果较为相似，但几种基于度的排序方法的排名都比较靠后。一次仿真的结果具有较大的偶然性，下面进行多次仿真来探究各排序方法的相关性。

2）多次仿真

首先将上面随机生成区间数排序的仿真过程重复多次，然后将每次仿真得到的协方差矩阵相加，最后除以仿真次数，得到协方差矩阵的均值。将协方差均值矩阵仍按列相加然后归一化，并将归一化的数据作为各排序方法的有效度（用不同方法排序结果的相似度表征，认为结果相似度越高，方法越有效）。

（1）区间数数量为 10，仿真次数为 100。

各方法计算结果协方差如表 5.4.6 所示。

表 5.4.6　10 个区间数 100 次仿真结果

排序方法	排序方法							
	ACCE 法	**LEFT 法**	**LM 法**	**M 法**	**MOORE 法**	**MW 法**	**NSG 法**	**RELB 法**
ACCE 法	1	0.150061	0.144121	0.150545	0.099879	0.124364	0.148485	0.049333
LEFT 法	0.150061	1	0.690667	0.886909	0.495636	0.676242	0.882545	−0.01648
LM 法	0.144121	0.690667	1	0.692848	0.775515	0.494061	0.664121	0.026545
M 法	0.150545	0.886909	0.692848	1	0.518909	0.766909	0.88	−0.0103
MOORE 法	0.099879	0.495636	0.775515	0.518909	1	0.685455	0.518788	0.068242
MW 法	0.124364	0.676242	0.494061	0.766909	0.685455	1	0.724121	0.026303
NSG 法	0.148485	0.882545	0.664121	0.88	0.518788	0.724121	1	−0.01697
RELB 法	0.049333	−0.01648	0.026545	−0.0103	0.068242	0.026303	−0.01697	1

各方法有效度如表 5.4.7 所示。

表 5.4.7　10 个区间数 100 次仿真权重

排序方法	ACCE 法	LEFT 法	LM 法	M 法	MOORE 法	MW 法	NSG 法	RELB 法
有效度	0.061019	0.15577	0.146693	0.1597	0.136055	0.147006	0.156931	0.036827
有效度排序	M 法>NSG 法>LEFT 法>MW 法>LM 法>MOORE 法>ACCE 法>RELB 法							

（2）区间数数量为 10，仿真次数为 200。

各方法计算结果协方差如表 5.4.8 所示。

各方法有效度如表 5.4.9 所示。

（3）区间数数量为 20，仿真次数为 100。

各方法计算结果协方差如表 5.4.10 所示。

表 5.4.8　10 个区间数 200 次仿真结果

排序方法	排序方法							
	ACCE 法	LEFT 法	LM 法	M 法	MOORE 法	MW 法	NSG 法	RELB 法
ACCE 法	1	0.135758	0.089455	0.147879	0.074121	0.115333	0.122606	0.049515
LEFT 法	0.135758	1	0.711333	0.875333	0.514606	0.639879	0.86703	0.026364
LM 法	0.089455	0.711333	1	0.694909	0.736485	0.497212	0.655333	0.014727
M 法	0.147879	0.875333	0.694909	1	0.497273	0.734303	0.895697	0.032121
MOORE 法	0.074121	0.514606	0.736485	0.497273	1	0.696182	0.506242	−0.01976
MW 法	0.115333	0.639879	0.497212	0.734303	0.696182	1	0.694182	0.025939
NSG 法	0.122606	0.86703	0.655333	0.895697	0.506242	0.694182	1	0.028
RELB 法	0.049515	0.026364	0.014727	0.032121	−0.01976	0.025939	0.028	1

表 5.4.9　10 个区间数 200 次仿真权重

排序方法	ACCE 法	LEFT 法	LM 法	M 法	MOORE 法	MW 法	NSG 法	RELB 法
有效度	0.057599	0.158397	0.146083	0.161957	0.13299	0.146202	0.158357	0.038415
有效度排序	M 法>LEFT 法>NSG 法>MW 法>LM 法>MOORE 法>ACCE 法>RELB 法							

表 5.4.10　20 个区间数 100 次仿真结果

排序方法	排序方法							
	ACCE 法	LEFT 法	LM 法	M 法	MOORE 法	MW 法	NSG 法	RELB 法
ACCE 法	1	0.030346	0.020361	0.051008	0.046406	0.062827	0.052211	−0.19355
LEFT 法	0.030346	1	0.438466	0.713534	0.270421	0.441594	0.694361	−0.05916
LM 法	0.020361	0.438466	1	0.501835	0.616451	0.297759	0.427188	−0.0292
M 法	0.051008	0.713534	0.501835	1	0.290511	0.620256	0.761414	−0.046
MOORE 法	0.046406	0.270421	0.616451	0.290511	1	0.491789	0.292692	−0.0175
MW 法	0.062827	0.441594	0.297759	0.620256	0.491789	1	0.528617	−0.02552
NSG 法	0.052211	0.694361	0.427188	0.761414	0.292692	0.528617	1	−0.03063
RELB 法	−0.19355	−0.05916	−0.0292	−0.046	−0.0175	−0.02552	−0.03063	1

各方法有效度如表 5.4.11 所示。

表 5.4.11　20 个区间数 100 次仿真权重

排序方法	ACCE 法	LEFT 法	LM 法	M 法	MOORE 法	MW 法	NSG 法	RELB 法
有效度	0.047545	0.156891	0.14548	0.173026	0.132941	0.151901	0.165616	0.026601
有效度排序	M 法>NSG 法>LEFT 法>MW 法>LM 法>MOORE 法>ACCE 法>RELB 法							

（4）区间数数量为 20，仿真次数为 200。

各方法计算结果协方差如表 5.4.12 所示。

表 5.4.12　20 个区间数 200 次仿真结果

排序方法	排序方法							
	ACCE 法	LEFT 法	LM 法	M 法	MOORE 法	MW 法	NSG 法	RELB 法
ACCE 法	1	0.060226	0.021278	0.063654	0.014932	0.052955	0.072519	−0.15474
LEFT 法	0.060226	1	0.491519	0.731135	0.281887	0.410827	0.731474	−0.01845

续表

排序方法	排序方法							
	ACCE 法	LEFT 法	LM 法	M 法	MOORE 法	MW 法	NSG 法	RELB 法
LM 法	0.021278	0.491519	1	0.523128	0.577805	0.278331	0.479436	−0.01301
M 法	0.063654	0.731135	0.523128	1	0.301105	0.572669	0.836083	−0.01933
MOORE 法	0.014932	0.281887	0.577805	0.301105	1	0.53518	0.297895	−0.02057
MW 法	0.052955	0.410827	0.278331	0.572669	0.53518	1	0.500835	−0.02249
NSG 法	0.072519	0.731474	0.479436	0.836083	0.297895	0.500835	1	−0.01329
RELB 法	−0.15474	−0.01845	−0.01301	−0.01933	−0.02057	−0.02249	−0.01329	1

各方法有效度如表 5.4.13 所示。

表 5.4.13 20 个区间数 200 次仿真权重

排序方法	ACCE 法	LEFT 法	LM 法	M 法	MOORE 法	MW 法	NSG 法	RELB 法
有效度	0.048856	0.159363	0.1451	0.173181	0.129104	0.143769	0.16871	0.03189
有效度排序	M 法>NSG 法>LEFT 法>LM 法>MW 法 MOORE 法>ACCE 法>RELB 法							

综合排序结果的相关性认为，确定性排序方法中较好的方法为 M 法和 LM 法，基于度的排序方法中较好的方法为 NSG 法和 LEFT 法。

5.4.2 指标权重计算

假定威胁评估指标都是通过区间数来描述的。由于指标的区间数范围差别可能很大，与 5.2.2 节类似，首先同样进行数据处理。针对区间数形式的指标，需要将各指标区间数的区间左限与区间右限分别归一化，得到归一化区间数，再计算每个区间数的中点，以求解客观权重。

1. 数据归一化

对于数据 x_i，引入区间 $[x_l,x_u]$，用于描述 x_i 的一般分布范围。若 x_i 的值越大，对应指标越高，则为正向指标；若 x_i 的值越小，对应指标越高，则为负向指标。采用线性函数对其进行归一化，得到归一化数据 u_i。对于正向指标数据，有

$$u_i=\begin{cases}0, & \dfrac{x_i-x_l}{x_u-x_l}<0\\ \dfrac{x_i-x_l}{x_u-x_l}, & 0\leqslant\dfrac{x_i-x_l}{x_u-x_l}\leqslant 1\\ 1, & \dfrac{x_i-x_l}{x_u-x_l}>1\end{cases} \tag{5.4.25}$$

对于负向指标数据，有

$$u_i=\begin{cases}0, & \dfrac{x_u-x_i}{x_u-x_l}<0\\ \dfrac{x_u-x_i}{x_u-x_l}, & 0\leqslant\dfrac{x_u-x_i}{x_u-x_l}\leqslant 1\\ 1, & \dfrac{x_u-x_i}{x_u-x_l}>1\end{cases} \tag{5.4.26}$$

2. 主客观赋权

与 5.2.2 节中介绍的类似，可以利用熵权法或主成分分析法对指标进行客观赋权。

在熵权法中，针对区间数指标赋权，假定有 m 个威胁评估指标，对于其中某个指标 j，$j=1,2,\cdots,m$，其标准化后的区间数共有 n 个，其中第 i，$i=1,2,\cdots,n$ 个区间数的中点为 $u_{i,j}$，由区间数中点构成 $\boldsymbol{U}$ 阵，进而再利用式（5.2.11）～式（5.2.14）进而得到客观权重向量 $\boldsymbol{\omega}=(\omega_1, \omega_2,\cdots, \omega_m)$。以客观权重向量的元素为主对角线元素，其余元素为 0，得到基于熵权法的客观权重矩阵为 $\boldsymbol{W}_{\mathrm{o},m}=\mathrm{diag}(\boldsymbol{\omega})$。

在主成分分析法中，同样利用每个指标归一化区间数的中点序列，构建归一化区间数中点矩阵 $\boldsymbol{U}=(u_{i,j})_{n\times m}$。在此基础上利用式（5.2.15）～式（5.2.18）计算基于主成分分析法的客观权重矩阵 $\boldsymbol{W}_{\mathrm{o},m}$。

为了同时体现威胁评估中数据的深层特征和指挥员对指标重要性的判断，可以在给出主观权重和客观权重的基础上，利用 5.2.3 节介绍的方法进行主客观组合赋权，以确定指标的权重。

5.4.3　目标威胁评估

基于区间数的主客观组合赋权威胁评估过程如图 5.4.7 所示，主要步骤如下。

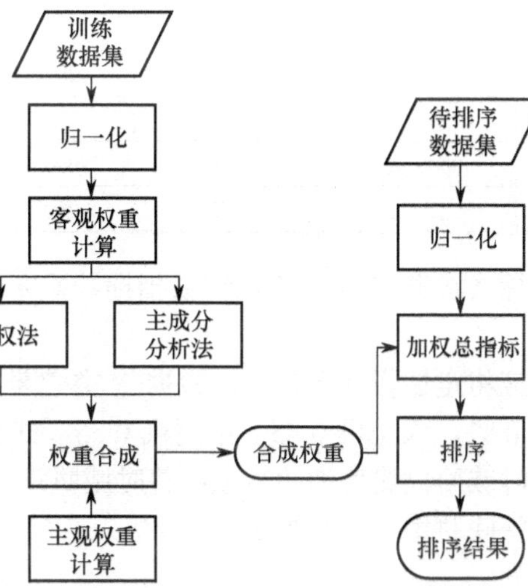

图 5.4.7　基于区间数排序的威胁评估流程

（1）利用区间数对指标进行描述，处理数据不确定性。

（2）对区间数进行归一化处理，使不同指标之间具备可比性。

（3）基于归一化的训练数据集，利用熵权法或主成分分析法等客观赋权法，计算指标客观权重。

（4）结合给定的指标主观权重，进行指标主客观组合赋权。

（5）利用区间数排序方法，对加权合成后的总指标进行排序，根据区间数运算法则式（5.4.1）～式（5.4.5），区间数对于加法与数乘具有线性性质，因此对于一组归一化指标区间数 $u_{j,i}=[\underline{u}_{j,i},\overline{u}_{j,i}]$，加权总指标区间数为

$$u_i = \left[\sum_j w_j \underline{u}_{j,i}, \sum_j w_j \overline{u}_{j,i} \right] \tag{5.4.27}$$

对每组数据的总指标区间数u_i，应用 5.4.1 节中的区间数排序法进行排序，得到的排序结果即威胁评估结果。

在实际应用中，用于客观赋权的训练数据集既可以是事先得到的目标数据，也可以是实时获取的目标数据，也可以在针对待排序数据集进行数据分析后确定权重，此时训练数据集即待排序数据集。

【例 5.4.1】 需对 6 个空中目标进行威胁评估，采集到的 6 项威胁指标参数如表 5.4.14 所示，其中部分指标值为定性值，部分指标值为定量值，且定量值中既有实数又有区间数，指挥员给出的 6 项威胁评估指标权重为$\boldsymbol{W}_{\mathrm{s}} = [0.2258, 0.1613, 0.0645, 0.0645, 0.2258, 0.2581]$。试参照图 5.4.7 中的流程，分别用熵权法和主成分分析法结合主观权重进行评估指标的主客观组合赋权，再分别利用基于 M 法、LM 法、NSG 法和 LEFT 法的区间数排序方法，给出上述目标的威胁排序。

表 5.4.14　目标威胁指标值

威胁指标	目标					
	A_1	A_2	A_3	A_4	A_5	A_6
目标类型	小型机	小型机	反舰导弹	大型机	武装直升机	诱饵
临空时间	[1300, 1600]	[200, 250]	[177, 180]	[750, 850]	[300, 420]	[787, 790]
飞行速度	[420, 520]	[500, 700]	1600	[280, 320]	[600, 700]	300
航路捷径	[11, 12]	[9, 10]	8	15	[18, 20]	15
飞行高度	[2700, 3000]	[8000, 9000]	600	[7000, 7500]	[250, 300]	7300
敌我应答	无应答	无应答	无应答	无应答	无应答	无应答

解： 此问题为 6 个目标（决策方案）、6 项评估指标，即$n = 6$、$m = 6$。

（1）数据处理。

在进行评估时，首先应将定性指标定量化。根据 5 类空袭目标的作战能力，将目标类型指标定量化为：反舰导弹 0.92，大型机 0.85，小型机 0.55，武装直升机 0.43，诱饵 0.04。设目标敌我应答中，有应答时威胁隶属度为 0，无应答时威胁隶属度为 1。由于 6 批目标均为无应答，因此目标敌我应答威胁隶属度均为 1。

经过整理得决策矩阵为

$$\boldsymbol{A} = \begin{bmatrix} 0.55 & [1300, 1600] & [420, 520] & [11, 12] & [2700, 3700] & 1 \\ 0.55 & [200, 250] & [500, 700] & [9, 10] & [8000, 9000] & 1 \\ 0.92 & [177, 180] & 1600 & 8 & 600 & 1 \\ 0.85 & [750, 850] & [280, 320] & 15 & [7000, 7500] & 1 \\ 0.43 & [300, 420] & [600, 700] & [18, 20] & [250, 300] & 1 \\ 0.04 & [787, 790] & 300 & 15 & 7300 & 1 \end{bmatrix} \tag{5.4.28}$$

（2）决策矩阵数据归一化。

分别对正向指标和负向指标数据及区间进行标准化处理。由于定量化的目标类型、飞行速度、敌我应答指标的值越大目标威胁度越高，因此这 3 项为正向指标；临空时间、航路捷径、飞行高度指标的值越小，目标威胁度越高，因此这 3 项是负向指标。应用式（5.4.25）和式（5.4.26），可得归一化的决策矩阵为

$$
\boldsymbol{A}=\begin{bmatrix}
0.55 & [0,0.2108] & [0.1061,0.1818] & [0.6667,0.75] & [0.6857,0.7200] & 1\\
0.55 & [0.9487,0.9838] & [0.1667,0.3182] & [0.8333,0.9167] & [0,0.1143] & 1\\
0.92 & [0.9979,1] & 1 & 1 & 0.96 & 1\\
0.85 & [0.5271,0.5973] & [0,0.0303] & 0.4167 & [0.1714,0.2286] & 1\\
0.43 & [0.8292,0.9136] & [0.2424,0.3182] & [0,0.1667] & [0.9943,1] & 1\\
0.04 & [0.5692,0.5713] & 0.0152 & 0.4167 & 0.1943 & 1
\end{bmatrix}
$$

其中，可以将数值型指标转化为区间数 $a=[a,a]$ 进行处理。

将归一化的决策矩阵取中值得

$$
\boldsymbol{A}_1=\begin{bmatrix}
0.5500 & 0.1054 & 0.1439 & 0.7083 & 0.6629 & 1.0000\\
0.5500 & 0.9663 & 0.2424 & 0.8750 & 0.0571 & 1.0000\\
0.9200 & 0.9989 & 1.0000 & 1.0000 & 0.9600 & 1.0000\\
0.8500 & 0.5622 & 0.0152 & 0.4167 & 0.2000 & 1.0000\\
0.4300 & 0.8714 & 0.2803 & 0.0833 & 0.9971 & 1.0000\\
0.0400 & 0.5703 & 0.0152 & 0.4167 & 0.1943 & 1.0000
\end{bmatrix}
$$

（3）主客观组合赋权。

首先利用熵权法进行客观权值计算。基于归一化的决策矩阵 $\boldsymbol{A}$ 中的数据，利用熵权法计算公式（5.2.11）可得

$$
\boldsymbol{P}=\begin{bmatrix}
0.1647 & 0.0259 & 0.0848 & 0.2024 & 0.2158 & 0.1667\\
0.1647 & 0.2372 & 0.1429 & 0.2500 & 0.0186 & 0.1667\\
0.2754 & 0.2452 & 0.5893 & 0.2857 & 0.3126 & 0.1667\\
0.2545 & 0.1380 & 0.0089 & 0.1190 & 0.0651 & 0.1667\\
0.1287 & 0.2139 & 0.1652 & 0.0238 & 0.3247 & 0.1667\\
0.0120 & 0.1400 & 0.0089 & 0.1190 & 0.0633 & 0.1667
\end{bmatrix}
$$

由式（5.2.12）得

$$
\boldsymbol{E}=[0.9010\quad 0.9258\quad 0.6598\quad 0.9061\quad 0.8295\quad 1.0000]
$$

由式（5.2.14）得

$$
\boldsymbol{\omega}=[0.1272\quad 0.0953\quad 0.4382\quad 0.1206\quad 0.2188\quad 0.0000]
$$

且有 $\boldsymbol{W}_{\mathrm{o},m}=\mathrm{diag}(\boldsymbol{\omega})$。

用主成分分析法计算客观权重，由式（5.2.15）计算矩阵 $\boldsymbol{A}_1$ 的协方差矩阵得

$$
\boldsymbol{R}=\begin{bmatrix}
0.1002 & 0.0231 & 0.0644 & 0.0498 & 0.0352 & 0\\
0.0231 & 0.1153 & 0.0715 & 0.0174 & 0.0181 & 0\\
0.0644 & 0.0715 & 0.1357 & 0.0720 & 0.0972 & 0\\
0.0498 & 0.0174 & 0.0720 & 0.1160 & -0.0130 & 0\\
0.0352 & 0.0181 & 0.0972 & -0.0130 & 0.1728 & 0\\
0 & 0 & 0 & 0 & 0 & 0
\end{bmatrix}
$$

计算 $\boldsymbol{R}$ 的特征值 λ_k 并形成对角阵 $\boldsymbol{d}$，同时计算对应特征向量 $\boldsymbol{q}_k$ 并按列形成矩阵 $\boldsymbol{Q}$，得

$$
\boldsymbol{d}=\begin{bmatrix}
0.3228 & 0 & 0 & 0 & 0 & 0\\
0 & 0.1605 & 0 & 0 & 0 & 0\\
0 & 0 & 0.1003 & 0 & 0 & 0\\
0 & 0 & 0 & 0.0537 & 0 & 0\\
0 & 0 & 0 & 0 & 0.0026 & 0\\
0 & 0 & 0 & 0 & 0 & 0
\end{bmatrix}
$$

根据对角阵 $\boldsymbol{d}$，并由式（5.2.16）～式（5.2.17）得

$$\boldsymbol{\omega}=[0.5045\ \ 0.2508\ \ 0.1567\ \ 0.0839\ \ 0.0041\ \ 0]$$

$$\boldsymbol{W}_{\mathrm{o},k}=\begin{bmatrix}0.5045 & 0 & 0 & 0 & 0 & 0\\ 0 & 0.2508 & 0 & 0 & 0 & 0\\ 0 & 0 & 0.1567 & 0 & 0 & 0\\ 0 & 0 & 0 & 0.0839 & 0 & 0\\ 0 & 0 & 0 & 0 & 0.0041 & 0\\ 0 & 0 & 0 & 0 & 0 & 0\end{bmatrix}$$

进一步地，由式（5.2.18）得用于原数据集的权重矩阵为

$$\boldsymbol{W}_{\mathrm{o},m}=\begin{bmatrix}0.1671 & -0.0765 & -0.0079 & 0.1303 & 0.0284 & 0\\ -0.0765 & 0.0688 & -0.0177 & -0.0765 & 0.0318 & 0\\ -0.0079 & -0.0177 & 0.2491 & 0.0980 & 0.0459 & 0\\ 0.1303 & -0.0765 & 0.0980 & 0.3885 & -0.0336 & 0\\ 0.0284 & 0.0318 & 0.0459 & -0.0336 & 0.1265 & 0\\ 0 & 0 & 0 & 0 & 0 & 0\end{bmatrix}$$

利用主成分分析法计算得决策矩阵客观权重为 $\boldsymbol{W}_{\mathrm{o},m}$ 的主对角线

$$\boldsymbol{W}_{\mathrm{z}}=[0.1672\ \ 0.0688\ \ 0.2491\ \ 0.3884\ \ 0.1265\ \ 0]$$

基于主观权重 $\boldsymbol{W}_{\mathrm{s}}=[0.2258\ \ 0.1613\ \ 0.0645\ \ 0.0645\ \ 0.2258\ \ 0.2581]$ 计算合成权重，根据式（5.2.19）可得利用熵权法进行组合赋权，归一化的权重向量为

$$\boldsymbol{W}=[0.2216\ \ 0.1186\ \ 0.2181\ \ 0.0600\ \ 0.3817\ \ 0]$$

利用主成分分析法进行组合赋权，归一化的权重向量为

$$\boldsymbol{W}=[0.3185\ \ 0.0936\ \ 0.1355\ \ 0.2113\ \ 0.2410\ \ 0]$$

（4）基于区间数排序的威胁排序。

基于不同客观赋权法和区间数排序法进行目标威胁排序，得到的结果如表 5.4.15 所示。

表 5.4.15　基于不同客观赋权法和区间数排序法得到的目标威胁评估结果

客观赋权法	区间数排序法	威胁排序结果（从高到低）
熵权法	M 法	A3>A5>A1>A2>A4>A6
	LM 法	A3>A5>A1>A2>A4>A6
	NSG 可能度法	A3>A5>A1>A2>A4>A6
	LEFT 法	A3>A5>A1>A4>A2>A6
主成分分析法	M 法	A3>A1>A5>A2>A4>A6
	LM 法	A3>A1>A5>A2>A4>A6
	NSG 可能度法	A3>A1>A5>A2>A4>A6
	LEFT 法	A3>A1>A5>A2>A4>A6

5.5　基于动态贝叶斯网络的威胁评估模型

贝叶斯网络（Beyesian Network）于 1985 年由 Judea Pearl 首先提出，它是一种模拟人类推理过程中因果关系的不确定性处理模型，适用于利用不完全、不精确或不确定的知识和信息进行推理和决策。贝叶斯网络应用于威胁评估问题时，可以用概率来表达评估过程中的不

确定知识，并结合作战的历史数据或专家经验来应对不完备的信息，从而作出威胁评估。

5.5.1　贝叶斯网络的基本概念

贝叶斯网络是一种基于概率论的不确定性推理工具，主要解决有条件依赖关系的相关问题。贝叶斯网络是为解决概率论中联合概率计算这一基本问题而产生的，因此概率论是贝叶斯网络坚实的理论基础。同时，贝叶斯网络又与图论紧密结合，使得贝叶斯网络结构直观易懂、易于理解。

贝叶斯网络是不确定知识表达和推理领域最有效的理论模型之一，用于发现随机变量之间潜在的关系，其用途包括预测、诊断、概率建模，从数据中学习并形成决策网，近年来已经被广泛应用于医疗、军事、经济、社会等领域，并成为专家系统、模式识别、数据挖掘、人工智能等领域的研究热点。在介绍贝叶斯网络前，先引入贝叶斯定理。

假设 H 和 E 是两个随机变量，$H=h$ 为某一假设，$E=e$ 为一组证据，在考虑证据 $E=e$ 之前，对事件 $H=h$ 的概率估计 $P(H=h)$称为先验概率。在考虑证据之后，对 $H=h$ 的概率估计 $P(H=h \mid E=e)$称为后验概率。贝叶斯定理描述了先验概率和后验概率之间的关系：

$$P(H=h \mid E=e)=\frac{P(H=h)P(E=e \mid H=h)}{P(E=e)} \tag{5.5.1}$$

式（5.5.1）称为贝叶斯公式。

贝叶斯网络是一个有向无环图（Directed Acyclic Graph，DAG），由代表变量的节点及连接这些节点的有向边构成。节点表示随机变量，节点变量可以是任何问题的抽象，如测试值、观测现象、意见征询等；边则表示变量间的概率依赖关系，图中的每个节点都有一个给定其父节点情况下该节点的条件概率分布函数，没有父节点的则用先验概率进行信息表达。这样，一个贝叶斯网络就用图形化的形式表示了如何将与一系列节点相关的条件概率函数组合成为一个整体的联合概率分布函数。

贝叶斯网络可以用二元组 $B=\langle G,P\rangle$ 表示，其中 G 是有向无环图，如图 5.5.1 所示，图中的 A、B、C、D、E、F 等节点为随机变量，节点间的有向弧为变量间的概率依赖关系。图 5.5.1 中的弧由一个变量（如 A）指向另一个变量（如 C），表明变量 A 的取值可以影响变量 C 的取值。概率网络是有向无环图，A、C 间不会出现有向回路。在概率网络中，节点 A 称为其结果节点 C 的父节点（parents），C 称为 A 的子节点（children），AC 之间有向弧的权值（连接强度）即条件概率 $P(C \mid A)$。如果节点 X 有一条有向通路指向 Y，那么称节点 X 为节点 Y 的祖先（ancestor），同时称节点 Y 为 X 的后代（descendent）。每个父节点变量都独立于它的非后代节点。例如，若 A 经过 C 能到达 E，则称节点 A 为节点 E 的祖先，节点 E 为节点 A 的后代，A 独立于它的非后代节点 B、D。

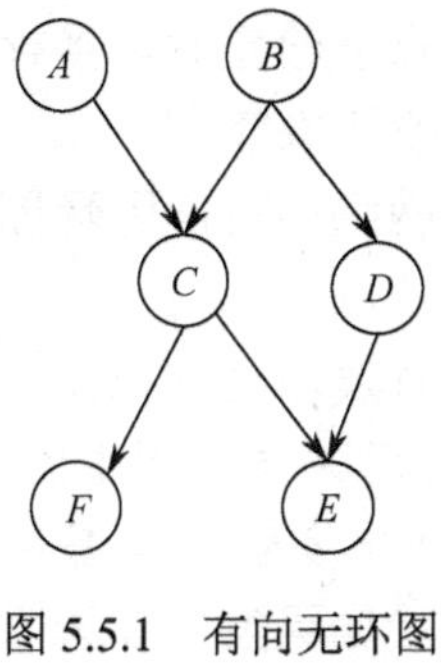

图 5.5.1　有向无环图

二元组 $B=\langle G,P\rangle$ 的第二部分 P 是网络参数，是网络中条件概率的集合，网络中的每个节点都有一个条件概率表（Conditional Probability Table，CPT），用来表示其与父节点的关系，条件概率的大小表征了事件之间关系的强弱。下面举例说明贝叶斯网络利用有向无环图和条件概率实现对不确定性因果推理关系的建模。

【例 5.5.1】 3 个不同的有向无环图如图 5.5.2 所示，试写出各图中事件发生的联合概率表达式。

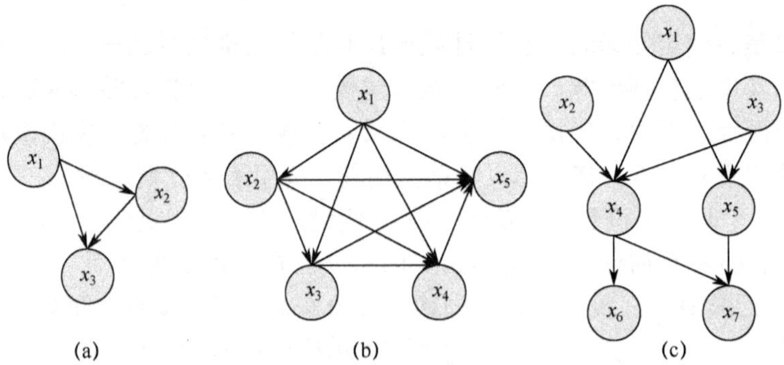

图 5.5.2　3 个有向无环图示例

解： 图 5.5.2（a）是一个简单的贝叶斯网络。由图 5.5.2（a）可知，x_1 发生的概率与其他节点无关，其先验概率为 $P(x_1)$；x_2 的发生与 x_1 有关，即 x_1 发生的条件下 x_2 发生的概率为 $P(x_2|x_1)$；x_3 的发生和 x_1、x_2 有关，即 x_1 和 x_2 同时发生的条件下，x_3 发生的概率为 $P(x_3|x_1,x_2)$；因此有

$$P(x_1,x_2,x_3)=P(x_3|x_1,x_2)P(x_2|x_1)P(x_1)$$

图 5.5.2（b）是一个全连接贝叶斯网络，也是将图 5.5.2（a）的节点数拓展到 5 的情况，类似地有

$$P(x_1,x_2,x_3,x_4,x_5)=P(x_5|x_1,x_2,x_3,x_4)P(x_4|x_1,x_2,x_3)P(x_3|x_1,x_2)P(x_2|x_1)P(x_1)$$

对于有 x_n 个节点的全连接贝叶斯网络有

$$P(x_1,x_2,\cdots,x_n)=\prod_{i=2}^{n}P(x_i|x_1,x_2,\cdots,x_{i-1})P(x_1)$$

图 5.5.2（c）是某贝叶斯网络，其中 x_1、x_2 和 x_3 事件的发生是相互独立的，x_6 和 x_7 在给定条件下是独立的，则有

$$P(x_1,x_2,x_3,x_4,x_5,x_6,x_7)=P(x_1)P(x_2)P(x_3)P(x_4|x_1,x_2,x_3)P(x_5|x_1,x_3)P(x_6|x_4)P(x_7|x_4,x_5)$$

注意，例 5.5.1 中变量（事件）的联合概率，要考虑变量之间的独立性，以及变量之间的概率依赖关系；每个节点在其父节点值给定时，条件独立于其非后代节点，计算该节点的条件概率，只考虑其父节点取值下的条件概率。

下面再通过例 5.5.2 说明贝叶斯网络中有向无环图和条件概率表是如何建立的，并如何在实际问题中应用它推断事件发生概率。

【例 5.5.2】 一天早晨，某人出门时发现他家花园中的草地是湿的，这有两种可能：一是昨天晚上下雨了；二是昨天晚上他忘记关掉花园中的喷水器，喷水器洒水使草地湿。接下来，此人观察了邻居家的花园，以进一步确定是哪种原因导致自家花园中的草地是湿的。（1）建立这一问题的贝叶斯网络；（2）如果发现邻居家花园草地也是湿的，试分析是何原因导致自家花园中的草地是湿的。

解：（1）建立问题的贝叶斯网络，需要建立有向无环图和图中各节点的条件概率表。

由题意可知，问题变量共 4 个，分别表示为：R（昨晚下雨），S（昨晚喷水器洒水），W（自家草地湿了）和 L（邻居家草地湿了），其中变量 R 和 S 相互独立且没有概率依赖任何变量；变量 W 概率依赖变量 R 和变量 S，变量 L 的概率依赖变量 R。因此，可建立该问题的贝叶斯网络有向无环图如图 5.5.3 所示。

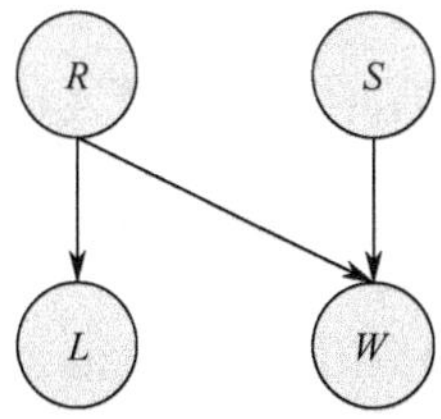

图 5.5.3　草地湿贝叶斯网络的有向无环图

接下来给出各节点（变量）的条件概率表。假定用 T 和 F 分别表示事件发生和事件未发生，$P(x)$ 表示事件概率，设 R 和 S 事件的先验概率由表 5.5.1 和表 5.5.2 给出。

表 5.5.1　昨晚下雨的概率 $P(R)$

R	F	T
$P(R)$	0.5	0.5

表 5.5.2　昨晚喷水器洒水的概率 $P(S)$

S	F	T
$P(S)$	0.5	0.5

进一步给出邻居家草地湿（L）的条件概率表，注意变量 L 仅与变量 R 概率相关，如表 5.5.3 所示。

表 5.5.3　邻居家草地湿的条件概率 $P(L)$

R	$P(L=F)$	$P(L=T)$
F	0.8	0.2
T	0	1

自家草地湿（W）与下雨（R）和喷水器洒水（S）两个变量相关，因此其条件概率表如表 5.5.4 所示。

表 5.5.4　自家草地湿的条件概率 $P(W)$

R	S	$P(W=0)$	$P(W=1)$
0	0	1	0
0	1	0.1	0.9
1	0	0	1
1	1	0	1

至此，就建立了该问题的有向无环图和条件概率表，从而得到表征该问题的贝叶斯网络。

（2）如果观察发现邻居家草地也是湿的，要推断是昨晚下雨所致，还是昨晚忘关自家喷水器其洒水所致，可以分别建立事件的概率模型。

首先建立自家草地湿（W=1）和邻居家草地也湿（L=1）的条件下喷水器洒水（S=1）的条件概率，即

$$P(S=1|W=1,L=1)=\frac{P(S=1,W=1,L=1)}{P(W=1,L=1)}=\frac{\sum_{R}P(S=1,W=1,L=1,R)}{\sum_{R,S}P(W=1,L=1,R,S)}$$

$$=\frac{\sum_{R}P(L=1|R)P(W=1|R,S=1)P(R)P(S=1)}{\sum_{R,S}P(L=1|R)P(W=1|R,S)P(R)P(S)}=0.541$$

类似地，建立自家草地湿（W=1）和邻居家草地也湿（L=1）的条件下下雨（R=1）的条件概率，即

$$P(R=1|W=1,L=1)=\frac{P(R=1,W=1,L=1)}{P(W=1,L=1)}=\frac{\sum_{S}P(W=1,L=1,R=1,S)}{\sum_{R,S}P(W=1,L=1,R,S)}$$

$$=\frac{\sum_{S}P(L=1|R=1)P(W=1|R=1,S)P(R=1)P(S)}{\sum_{R,S}P(L=1|R)P(W=1|R,S)P(R)P(S)}=0.917$$

由两种情况下的事件发生概率可以推断，是下雨导致草地湿的。

由上可见，贝叶斯网络能够实现对不确定性的处理，但前提是要根据实际问题特征合理构造出贝叶斯网络。贝叶斯网络的建模包括网络结构的确定和条件概率表的生成，由于网络结构和概率有 3 种不同生成方式，贝叶斯网络也有 3 种不同的建模方式。

（1）数据分析。通过大量样本学习寻找出最优的网络结构，并通过参数学习确定网络的参数。

（2）专家确定。由专家根据经验确定网络结构，并给出概率参数。

（3）混合方法。由专家根据经验给出网络结构，然后用样本数据优化网络结构和概率参数。

对比 3 种建模方式，各有其优缺点：

第一种方式建立的模型理论上是最优的，同时参数也是最精确的。该方式建立的贝叶斯网络既能保证客观性又能保证可靠性，但这种方式需要大量甚至海量的样本数据，在实际问题中往往难以满足，同时建立模型和参数训练的时间消耗比较大（网络构建是 NP 难问题），难以满足实时性要求。

第二种方式是最简单迅速的，但是此方式主观性强，不同专家建立的网络结构不一定相同，参数差异性可能更大，因此该方法建立的贝叶斯网络模型差异性较大，推广起来有一定难度。

第三种方式建立的模型，既参考了专家的经验，又实现了数据的精确性。同时，由于网络结构是在专家经验指导下建立的，比较接近最优结构，因此可以降低学习难度，使学习所需的样本数和时间都远远低于第一种方式。

混合方法建模过程主要包括以下几个步骤：

（1）根据专家经验确定网络结构中的特征变量。

（2）在专家指导下建立条件独立的动态贝叶斯网络拓扑结构。

（3）咨询专家确定各节点的状态集。

（4）结合专家经验确定观测节点的先验概率和各个节点间条件概率分布。

（5）根据样本数据测试网络结构和参数的准确性，并优化网络结构和参数。

关于贝叶斯网络建模的结构和参数学习问题，目前已有较多成果，也产生了很多有效的网络模型学习方法，有兴趣的读者可查阅相关文献，本书不再针对这一内容展开介绍，仅给出贝叶斯网络建模流程，如图 5.5.4 所示。

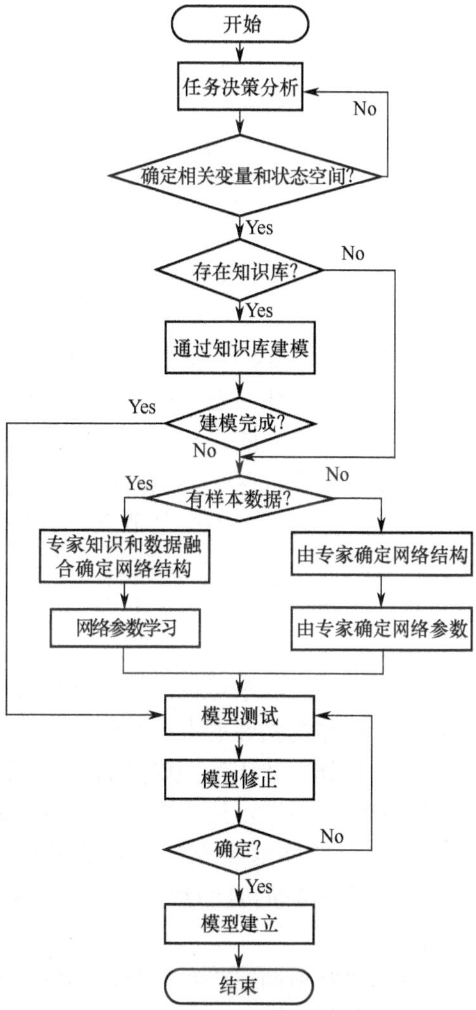

图 5.5.4　贝叶斯网络建模流程

贝叶斯网络的学习推理主要包括以下几个步骤。

（1）任务的决策分析。首先对任务进行分析和理解，明确目的和任务需求，在充分认识任务目标的基础上对任务需求和可行性进行展开分析。

（2）确定相关变量和状态空间。对任务进行分析后，分析变量并确定状态，要确定每个指标的集合。

（3）知识库。利用专家经验对研究问题进行详细地分析，并由专家根据经验确定一组描述问题的指标体系，该组指标体系既可以完整地反映问题，又能保证模型简单直观，便于计算。

（4）样本数据。对于本次的任务、状态，以及变量关系是否存在一个完备的知识库以供学习，是要了解的一个重要信息。

（5）模型测试与修正。根据已有的测试样本对现有的网络结构进行参数学习，以测试该网络是否符合实际情况，不断学习修正网络参数，直到网络参数符合要求。

5.5.2　动态贝叶斯网络

贝叶斯网络能够反映一系列变量之间的概率依赖关系，但没有考虑时间因素对变量的影响。例如，在修理故障设备时认为故障部分总是故障的，没有故障的部分则一直不会故障。我们根据已经观察到的证据或样本数据来推断设备的状态，而这个状态也是保持不变的，因此传统的贝叶斯网络可以看作是一类静态模型，但现实世界中许多问题都是时间相关的。

动态贝叶斯网络（Dynamic Bayesian Network，DBN）是沿时间轴变化的贝叶斯网络，它可以看作是应用贝叶斯统计的思想结合动态结构的模型，既考虑系统外部影响因素，又考虑系统内部间的相互关联，既能描述变量之间的概率依赖关系，又能描述这一系列变量随时间变化的情况，是贝叶斯网络在时间变化过程上的拓展，因此在处理时间相关问题上动态模型比一般静态模型更有效。

动态贝叶斯网络的基本思想如下：状态的改变过程可以被视为一系列“快照”，其中每个快照都描述了系统在某个特定时刻的状态。每个快照，或称为“时间片”，都包含了一个随机变量集合，其中部分变量是可观测的（一般称为证据变量或观测变量，是通过观测得到的数据），部分变量是不可观测的（一般称为状态变量或隐藏变量，是通过观测无法得到的数据）。状态变量反映了系统的真实状态，一般不能被直接观测，即使被观测也会引入噪声。时间片之间的时间间隔也取决于具体问题，这里假设一个固定的有限时间间隔，可以用整数对时间进行标记。

在给定问题中，确定了变量的集合后还需要确定变量间的概率依赖关系，但是全部时间片中的所有状态和证据变量都需要考虑进变量集合中，这使得变量集合可能变得无限大，而这又带来两个问题：①每个时间片中每个变量都需要有各不相同的条件概率表，所以动态贝叶斯网络模型可能需要指定极大量的条件概率表；②每个条件概率表可能涉及无穷多个父节点。

为了解决上述问题，需要对动态贝叶斯网络进行以下假设：①假设环境状态的变化是由一个稳态过程引起的，贝叶斯网络拓扑结构不随时间发生变化，即除去初始时刻，其余时刻的变量及其概率依存关系相同，只需要为每个时间片中的变量指定条件概率分布就可以了；②为了避免处理无穷多个父节点，需要假设贝叶斯网络满足马尔可夫条件，即当前状态只依赖先前有限个已出现的历史状态。马尔可夫过程有多种不同形式，其中最简单的是一阶马尔可夫过程，即当前时刻的状态只与相邻的前一状态有关，而与更早的状态无关。

因此，在动态贝叶斯网络中，可以假设一个时间片到下一个时间片是“精确复制”的，并且是一个一阶马尔可夫过程，所以每个变量的父节点或者在该变量本身所在的那个时间片中，或者在与之相邻的上一个时间片中。要构造一个动态贝叶斯网络，必须指定以下信息：状态的先验分布 $P(X_0)$、状态的转移模型 $P(X_{t+1}|X_t)$及观测模型 $P(E_t|X_t)$；同时为了指定状态转移模型和观测模型，还需要指定相继时间片之间，状态变量与证据变量之间连接关系的网络拓扑结构，即网络中变量之间的依赖关系。因为已经假设转移模型和观测模型都是稳态的，即对于所有的时间片 t 都相同，所以只要为除初始状态外的第一个时间片指定上述信息就可以了。

动态贝叶斯网络将贝叶斯网拓展到对时间演化的过程来进行表示，它将静态贝叶斯网络与时间信息相结合，加入前后时间片的状态转移概率，从而使模型能够考虑前一时间片对其后续事件的影响，提高了模型的健壮性。这里的“动态”指的是建模的系统是动态的，而不是指贝叶斯结构是动态变化的。

先对动态贝叶斯网络推理进行简单说明。将所有变量集合记为 $\boldsymbol{X}=(X_1,X_2,\cdots,X_n)$，令 $X_1^t,X_2^t,\cdots,X_n^t$ 表示变量在 t 时刻的状态。由上可知：

（1）随机过程满足马尔可夫假设，即 t+1 时刻的状态只受到 t 时刻状态的影响，$P(\boldsymbol{X}^{t+1}\mid \boldsymbol{X}^0, \boldsymbol{X}^1,\boldsymbol{X}^2,\cdots,\boldsymbol{X}^t)=P(\boldsymbol{X}^{t+1}\mid \boldsymbol{X}^t)$。

（2）随机过程是稳定的，即对所有 t，条件概率 $P(\boldsymbol{X}^{t+1}\mid \boldsymbol{X}^t)$ 都是相同的。

此时建立在随机过程时间轨迹上的联合概率分布的动态贝叶斯网络由两部分构成：先验网B_0，如图5.5.5（a）所示，即初始状态的概率分布；转移网 $B_{\rightarrow}$，如图5.5.5（b）所示，即定义在变量 $\boldsymbol{X}^t$ 与 $\boldsymbol{X}^{t+1}$ 上的转移概率。

二元组 $(B_0,B_{\rightarrow})$ 构成一个动态贝叶斯网模型如图 5.5.5（c）所示。

对任意时刻 t，$X^0, X^1, X^2, \cdots, X^t$ 的联合概率分布为

$$P(\boldsymbol{X}^0, \boldsymbol{X}^1, \boldsymbol{X}^2, \cdots, \boldsymbol{X}^t) = P(\boldsymbol{X}^0)\prod_{i=1}^{t} P(\boldsymbol{X}^t \mid \boldsymbol{X}^{t-1}) \tag{5.5.2}$$

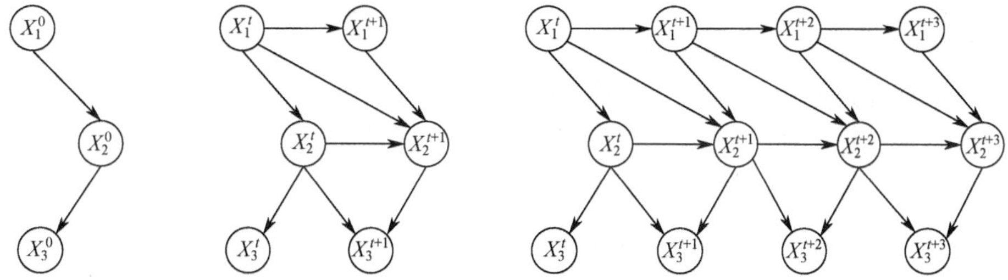

(a) 初始网络 B_0　(b) 转移网络 $B_{\rightarrow}$　(c) 按时间轴展开的动态贝叶斯网络

图 5.5.5　动态贝叶斯网络结构

动态贝叶斯网络是静态网络在时间序列上的拓展，初始网络代表网络的初始状态，转移网络反映动态贝叶斯网络中相邻时间片之间的前后依赖关系，相邻时刻变量之间转移概率的大小则反映了网络之间关系的大小。动态贝叶斯网络不仅具有静态贝叶斯网络的描述变量之间概率关系的功能，还能够对变量在时间序列上状态的演化过程进行描述，即它能够对实时动态问题进行建模分析。

静态贝叶斯网络的推理可以拓展到含 T 个时间片的动态贝叶斯网络。当观测值（或证据值）只有一种组合状态时，在此观测值下动态贝叶斯网络的推理算法为

$$\begin{aligned}&p(x_{11}, x_{12}, \cdots, x_{1n}, \cdots, x_{T1}, x_{T2}, \cdots, x_{Tn} \mid y_{11}, y_{12}, \cdots, y_{1m}, \cdots, y_{T1}, y_{T2}, \cdots, y_{Tm})\\ &= \frac{\prod\limits_{k,j} p(y_{kj} \mid pa(y_{kj}))\prod\limits_{k,i} p(x_{ki} \mid pa(x_{ki}))}{\sum\limits_{x_{11}, x_{12}, \cdots, x_{1n}, \cdots, x_{T1}, x_{T2}, \cdots, x_{Tn}} \prod\limits_{k,j} p(y_{kj} \mid pa(y_{kj}))\prod\limits_{k,i} p(x_{ki} \mid pa(x_{ki}))}\end{aligned} \tag{5.5.3}$$

式中，$k \in [1,T]$，$i \in [1,n]$，$j \in [1,m]$；x_{ki}, y_{kj} 的第 1 个下标表示第 k 个时间片，第 2 个下标分别表示该时间片下的第 i 个状态变量和第 j 个观测变量；$pa(x_{ki})$，$pa(y_{kj})$ 分别表示 x_{ki}，y_{kj} 的父节点集合。

但在动态贝叶斯网络中，一般情况下观测值的组合都不是唯一的，应根据概率原理对其进行加权，由此得到动态贝叶斯网络的推理算法为

$$\begin{aligned}&p(x_{11}, x_{12}, \cdots, x_{1n}, \cdots, x_{T1}, x_{T2}, \cdots, x_{Tn} \mid y_{11}, y_{12}, \cdots, y_{1m}, \cdots, y_{T1}, y_{T2}, \cdots, y_{Tm})\\ &= \sum_{y_{11}, y_{12}, \cdots, y_{1m}, \cdots, y_{T1}, y_{T2}, \cdots, y_{Tm}} \frac{\prod\limits_{k,j} p(y_{kj} = y_{kjs} \mid pa(y_{kj}))\prod\limits_{k,i} p(x_{ki} \mid pa(x_{ki}))}{\sum\limits_{x_{11}, x_{12}, \cdots, x_{1n}, \cdots, x_{T1}, x_{T2}, \cdots, x_{Tn}} \prod\limits_{k,j} p(y_{kj} = y_{kjs} \mid pa(y_{kj}))\prod\limits_{k,i} p(x_{ki} \mid pa(x_{ki}))} \cdot \prod_{k,j} p(y_{kj} = y_{kjs})\end{aligned} \tag{5.5.4}$$

式中，$k \in [1,T]$，$i \in [1,n]$，$j \in [1,m]$，$p(y_{kj} = y_{kjs})$ 表示第 k 个时间片里第 j 个观测节点 y_{kj} 处于状态 s 的概率。

5.5.3　威胁评估动态贝叶斯网络模型

在建立威胁评估动态贝叶斯网络模型时，首先要分析模型框架、确定网络拓扑结构和确

定威胁评估指标体系，然后将观测数据不断输入到网络中进行推理，更新威胁评估值，具体步骤如下：

（1）确定与威胁评估相关的变量，这些变量可描述威胁评估领域和每个指标的可能值。

（2）确定各威胁指标之间的关系，并构建贝叶斯网络拓扑结构。

（3）量化威胁评估指标之间的概率关系，确定各条件下的概率分布，得到条件概率表。

（4）输入观测数据，进行网络推理，得到威胁评估值。

基于动态贝叶斯网络的舰艇防空目标威胁评估过程如图 5.5.6 所示。

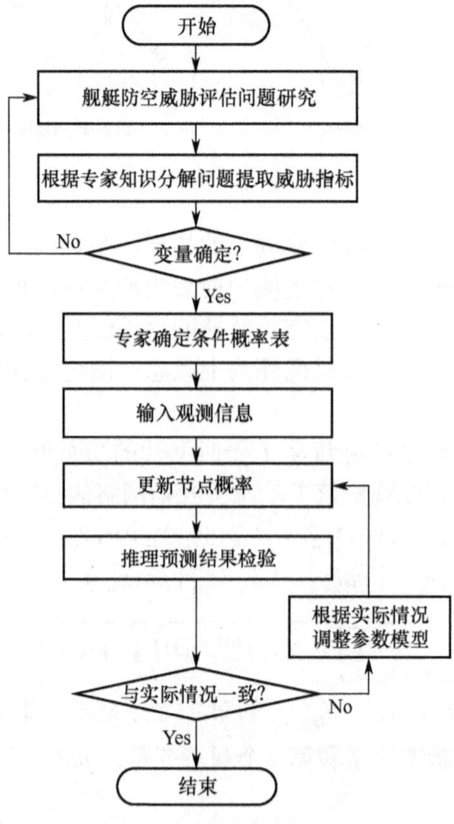

图 5.5.6　基于动态贝叶斯网络的舰艇防空目标威胁评估过程

1. 确定相关变量

在建立舰艇防空目标威胁评估指标时，可选取对目标威胁程度影响比较大的威胁指标作为相关变量，本节选取的典型影响因素包括目标威胁度、目标意图、毁伤能力、飞行高度、航路捷径、敌我应答识别、目标距离、目标类型、飞行加速度、飞行速度、雷达反射截面积等。

2. 确定网络拓扑结构

根据各威胁指标之间的关系，建立舰艇防空目标威胁评估转移网络如图 5.5.7 所示。该网络反映出两个时间片之间网络转移的情况和各参数之间的因果关系。

3. 确定条件概率表

依据专家经验知识，量化威胁评估指标之间的概率依赖关系，并确定各条件概率表。在威胁评估贝叶斯网络中，条件概率反映的是军事专家的经验知识，体现了现实问题中关联变量之间的因果关系，如速度较快的一般是反舰导弹或歼击机，雷达辐射截面积较小的一般是隐身飞机或导弹，这些信息在条件概率表中可以通过概率大小体现出来。此外，威胁评估贝叶斯网络中当前时刻威胁评估指标的概率还影响下一时刻威胁评估指标的条件概率。

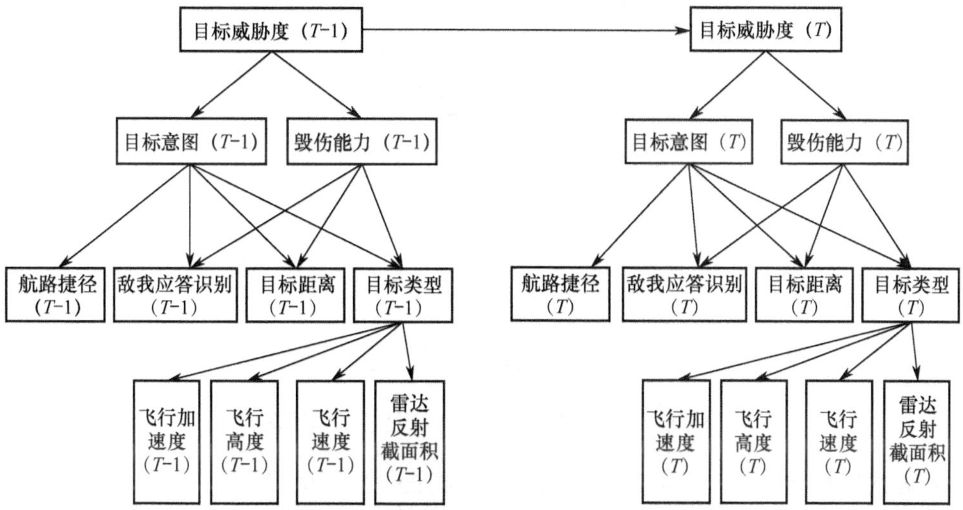

图 5.5.7　舰艇防空目标威胁评估转移网络

例如，根据当前时刻目标威胁度，确定下一时刻目标威胁度的转移概率如表 5.5.5 所示。

表 5.5.5　动态贝叶斯网络状态转移概率

目标威胁度（T）概率	目标威胁度（T+1）概率		
	高	中	低
高	0.7	0.15	0.15
中	0.35	0.4	0.25
低	0.15	0.35	0.5

假设目标意图分为攻击目标、侦察监视、辅助进攻和商业运输 4 种，毁伤能力分为强、中、弱 3 个等级。根据目标意图和毁伤能力可确定目标威胁度评估的条件概率如表 5.5.6 所示。

表 5.5.6　威胁度评估条件概率表

目标威胁度	目标意图				毁伤能力		
	攻击目标	侦察监视	辅助进攻	商业运输	强	中	弱
高	0.85	0.1	0.05	0	0.70	0.15	0.15
中	0.4	0.3	0.3	0	0.35	0.40	0.25
低	0.2	0.2	0.3	0.3	0.15	0.35	0.50

类似地，可依据专家经验确定其他条件概率。

4．推理评估

动态贝叶斯网络应用于威胁评估的基本推理流程如图 5.5.8 所示。

（1）初始化参数。对网络的状态和条件概率进行初始化。

（2）更新观测数据。当某一时刻检测到新的目标观测信息时，将观测信息输入到模型中。

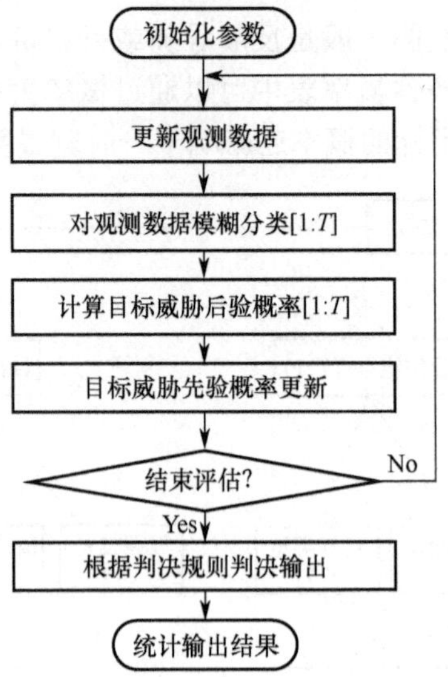

图 5.5.8　动态贝叶斯网络威胁评估的基本推理流程

（3）对数据模糊分类。根据数据的属性，对其进行隶属度分类。

（4）计算目标威胁后验概率。通过推理算法可以得到当前状态下目标的后验概率，进一步更新整个网络节点状态的概率分布，更新后的后验概率分布则作为下一时刻的推理依据。

（5）不断更新数据。通过不断迭代更新数据，得到最新一次的目标威胁程度。

（6）假设连续对目标进行 T 观察次，将观测数据输入模型，最后得到目标威胁评估结果。

5. 实例分析

【例 5.5.3】假定在某时刻，发现某不明目标（假定为目标一）向我方舰艇编队飞来，我方雷达对其进行连续跟踪，记录 8 个时刻的观测数据，利用动态贝叶斯网络对目标的威胁程度进行推理评估。

主要过程如下。

（1）选定参数，确定网络结构。如前所述，选取影响目标威胁程度比较重要的威胁指标作为网络参数，并建立舰艇防空目标威胁评估的动态贝叶斯网络如图 5.5.9 所示，其中每个指标后括号中为该指标的指代符号。

图 5.5.9 中模型各变量的状态集合为

目标威胁度（TH）={高威胁度（H_1）；中威胁度（M_1）；低威胁度（L_1）}。

目标意图（IN）={攻击目标（A_2）；侦察监视（S_2）；辅助进攻（P_2）；商业运输（C_2）}。

毁伤能力（DE）={毁伤能力强（S_3）；毁伤能力中（M_3）；毁伤能力弱（W_3）}。

飞行高度（H）={高空（H_4）；中空（M_4）；低空（L_4）；超低空（S_4）}。

航路捷径（P）={范围内（I_5）；边缘（B_5）；范围外（O_5）}。

敌我应答识别（A）={有应答（Y_6）；无应答（N_6）}。

距离（L）={远（F_7）；中（M_7）；近（N_7）}。

目标类型（ID）={导弹（M_8）；轰炸机，歼轰机，歼击机（B_8）；预警机，侦察机（S_8）；加油机，干扰机（J_8）；运输机，民用飞机（C_8）}。

飞行加速度（a）={一般（G_9）；中等（M_9）；明显（O_9）}。

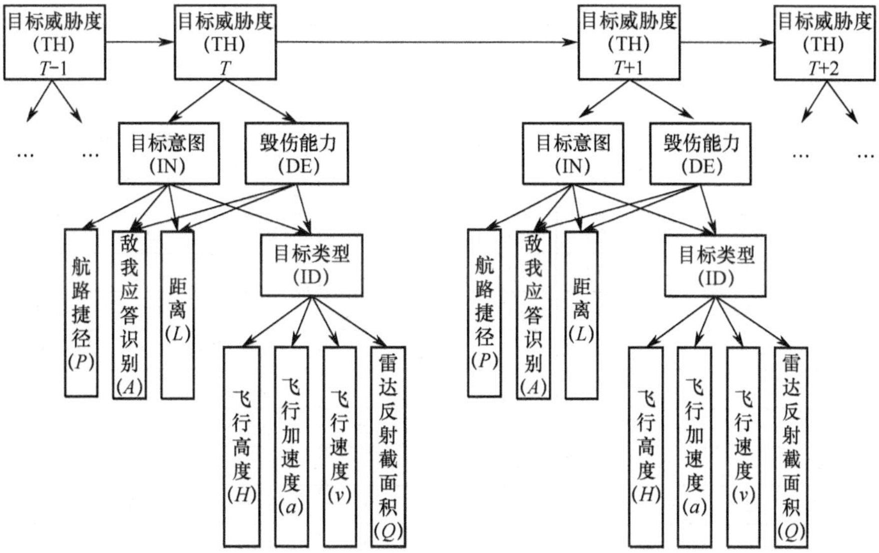

图 5.5.9　舰艇防空目标威胁评估的动态贝叶斯网络

飞行速度（v）={低速（L_{10}）；中速（M_{10}）；高速（H_{10}）；超高速（S_{10}）}。

雷达反射截面积（Q）={小（S_{11}）；中（M_{11}）；大（B_{11}）}。

（2）确定条件概率表。依据专家经验知识，得到图 5.5.9 中贝叶斯网络的条件概率表，如表 5.5.7～表 5.5.11 所示。

表 5.5.7　动态贝叶斯网络状态转移概率表（目标威胁度 TH）

时刻（T+1）/T	高威胁度（H_1）	中威胁度（M_1）	低威胁度（L_1）
H_1	0.70	0.15	0.15
M_1	0.35	0.40	0.25
L_1	0.15	0.35	0.50

表 5.5.8　威胁度评估（TH）条件概率表

目标威胁度（TH）	目标意图（IN）				毁伤能力（DE）		
	攻击目标（A_2）	侦察监视（S_2）	辅助进攻（P_2）	商业运输（C_2）	强（S_3）	中（M_3）	弱（W_3）
高威胁度（H_1）	0.85	0.1	0.05	0	0.70	0.15	0.15
中威胁度（M_1）	0.4	0.3	0.3	0	0.35	0.40	0.25
低威胁度（H_1）	0.2	0.2	0.3	0.3	0.15	0.35	0.50

表 5.5.9　目标意图（IN）评估条件概率表

目标意图（IN）	航路捷径（P）		
	范围内（I_5）	边缘（B_5）	范围外（O_5）
攻击目标（A_2）	0.8	0.15	0.05
侦察监视（S_2）	0.4	0.3	0.3
辅助进攻（P_2）	0.2	0.2	0.6
商业运输（C_2）	0.1	0.1	0.8

表 5.5.10　目标意图（IN）和毁伤能力（DE）联合条件概率表

目标意图（IN）	毁伤能力（DE）	敌我应答识别（A）		距离（L）			目标类型（ID）				
		有应答（Y_6）	有应答（N_6）	远（F_7）	中（M_7）	近（N_7）	导弹（M_8）	轰炸机、歼轰机、歼击机（B_8）	预警机、侦察机（S_8）	加油机、干扰机（J_8）	运输机、民用飞机（C_8）
攻击（A_2）	强（S_3）	0.02	0.98	0.2	0.3	0.5	0.55	0.25	0.1	0.1	0
攻击（A_2）	中（M_3）	0.05	0.95	0.5	0.3	0.2	0.3	0.4	0.1	0.2	0
攻击（A_2）	弱（W_3）	0.1	0.9	0.7	0.2	0.1	0.15	0.25	0.25	0.25	0.1
侦察（S_2）	强（S_3）	×	×	×	×	×	×	×	×	×	×
侦察（S_2）	中（M_3）	×	×	×	×	×	×	×	×	×	×
侦察（S_2）	弱（W_3）	0.2	0.8	0.65	0.25	0.1	0	0.2	0.55	0.25	0
辅助（P_2）	强（S_3）	×	×	×	×	×	×	×	×	×	×
辅助（P_2）	中（M_3）	0.1	0.9	0.5	0.3	0.2	0	0.15	0.35	0.6	0
辅助（$P2$）	弱（W_3）	0.2	0.8	0.65	0.25	0.1	0	0.2	0.3	0.5	0
商业（C_2）	强（S_3）	×	×	×	×	×	×	×	×	×	×
商业（C_2）	中（M_3）	×	×	×	×	×	×	×	×	×	×
商业（C_2）	弱（W_3）	×	×	×	×	×	×	×	×	×	×

注：表中×表示无该种组合的可能。

表 5.5.11　目标类型（ID）评估条件概率表

目标意图（IN）	飞行高度（H）				飞行加速度（a）		
	高空（H_4）	中空（M_4）	低空（L_4）	超低空（S_4）	一般（G_9）	中等（M_9）	明显（O_9）
导弹（M_8）	0	0.1	0.4	0.5	0.2	0.3	0.5
轰炸机、歼轰机、歼击机（B_8）	0.25	0.3	0.35	0.1	0.3	0.5	0.2
预警机、侦察机（S_8）	0.5	0.3	0.15	0.05	0.8	0.2	0
加油机、干扰机（J_8）	0.5	0.3	0.15	0.05	0.8	0.2	0
运输机、民用飞机（C_8）	0.6	0.25	0.1	0.05	0.9	0.1	0
目标意图（IN）	飞行速度（v）				雷达反射截面积（Q）		
	低速（L_{10}）	中速（M_{10}）	高速（H_{10}）	超高速（S_{10}）	小（S_{11}）	中（M_{11}）	大（B_{11}）
导弹（M_8）	0.1	0.2	0.3	0.4	0.7	0.2	0.1
轰炸机、歼轰机、歼击机（B_8）	0.2	0.3	0.4	0.1	0.5	0.3	0.2
预警机、侦察机（S_8）	0.4	0.4	0.2	0	0.2	0.4	0.4
加油机、干扰机（J_8）	0.3	0.5	0.2	0	0.2	0.4	0.4
运输机、民用飞机（C_8）	0.4	0.5	0.1	0	0.1	0.2	0.7

（3）推理评估。选定目标进行推理分析。战场环境信息源具有不确定性，输入贝叶斯网络模型的威胁指标观测值应该以概率表达的似然证据输入模型中。在所建立的威胁评估指标中，针对目标的观测数据部分是离散的，如敌我应答识别，部分数据是连续的，如速度、高度和加速度等。在用于贝叶斯网络推理时，应将连续数值的数据进行模糊离散化。可以用隶属度来表达某一证据属于某一特征的概率，计算隶属度时可利用非线性隶属函数，如 5.2 节

中的高斯型隶属函数，也可利用线性隶属函数，如三角形隶属函数。以三角形隶属函数为例计算航路捷径的隶属度，假定航路捷径模糊离散化的结果取值状态为 P ={in; border; out}，如图 5.5.10 所示，图中 x 轴表示航路捷径。

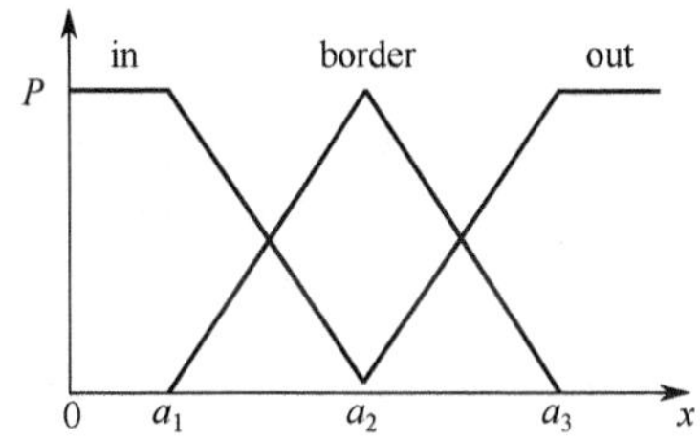

图 5.5.10　威胁因素模糊子集

定义航路捷径 P 的隶属度函数为

$$P_{\text{in}}(x)=\begin{cases}1, & x\leqslant a_1\\ \dfrac{a_2-x}{a_2-a_1}, & a_1<x\leqslant a_2\\ 0, & x>a_2\end{cases} \tag{5.5.5}$$

$$P_{\text{border}}(x)=\begin{cases}0, & x\leqslant a_1\\ \dfrac{x-a_2}{a_2-a_1}, & a_1<x\leqslant a_2\\ \dfrac{a_3-x}{a_3-a_2}, & a_2<x\leqslant a_3\\ 0, & x>a_3\end{cases} \tag{5.5.6}$$

$$P_{\text{out}}(x)=\begin{cases}0, & x\leqslant a_2\\ \dfrac{x-a_2}{a_3-a_2}, & a_2<x\leqslant a_3\\ 1, & x>a_3\end{cases} \tag{5.5.7}$$

对于不同的参数和取值范围，参数 a_1,a_2,a_3 应该选取不同的值。例如，对于航路捷径 P 取 a_1=15 千米，a_2=30 千米，a_3=50 千米。目标距离 L 也可类似地计算隶属度，此时可以选取 a_1=100 千米，a_2=200 千米，a_3=300 千米。

假设目标一观测信息模糊离散化后 8 个时刻的数据如表 5.5.12 和表 5.5.13 所示。

表 5.5.12　目标一的证据信息模糊概率（H, P, A, L）

T	飞行高度（H）	航路捷径（P）	敌我应答识别（A）	目标距离（L）
1	(0, 0.403, 0.597, 0)	(0, 0.425, 0.575)	(0, 1)	(0.786, 0.214, 0)
2	(0, 0.321, 0.679, 0)	(0, 0.209, 0.791)	(0, 1)	(0.635, 0.365, 0)
3	(0, 0.193, 0.807, 0)	(0.099, 0.901, 0)	(0, 1)	(0.412, 0.588, 0)
4	(0, 0, 0.765, 0.235)	(0.276, 0.724, 0)	(0, 1)	(0.232, 0.768, 0)
5	(0, 0, 0.610, 0.390)	(0.595, 0.405, 0)	(0, 1)	(0, 0.812, 0.188)
6	(0, 0, 0.438, 0.562)	(0.736, 0.264, 0)	(0, 1)	(0, 0.612, 0.388)
7	(0, 0, 0.325, 0.675)	(0.798, 0.202, 0)	(0, 1)	(0, 0.309, 0.691)
8	(0, 0, 0.296, 0.704)	(0.804, 0.196, 0)	(0,1)	(0, 0.103, 0.897)

表 5.5.13　目标一的证据信息模糊概率（*a*, *v*, *Q*）

T	飞行加速度（*a*）	飞行速度（*v*）	雷达反射面积（*Q*）
1	(0.406, 0.594, 0)	(0, 0, 0.683, 0.317)	(0.632, 0.368, 0)
2	(0.252, 0.748, 0)	(0, 0, 0.683, 0.317)	(0.709, 0.291, 0)
3	(0.252, 0.748, 0)	(0, 0, 0.421, 0.579)	(0.782, 0.218, 0)
4	(0.198, 0.802, 0)	(0, 0, 0.421, 0.579)	(0.698, 0.302, 0)
5	(0.198, 0.802, 0)	(0, 0, 0.421, 0.579)	(0.814, 0.186, 0)
6	(0.198, 0.802, 0)	(0, 0, 0.365, 0.635)	(0.715, 0.285, 0)
7	(0, 0.365, 0.635)	(0, 0, 0.252, 0.748)	(0.783, 0.217, 0)
8	(0, 0.391, 0.609)	(0, 0, 0.202, 0.798)	(0.801, 0.199, 0)

根据图 5.5.9 所示的目标威胁评估动态贝叶斯网络结构模型及相应的概率转移表，采用动态贝叶斯网络推理，可以进行舰艇编队防空作战的目标威胁评估。设定初始时刻无证据输入时目标威胁处于高、中、低的概率分别为 0.3、0.4、0.3，对于预估者，这是一个合理的假设，因为这反映了信息不完善导致对先验概率的评估不充分，所以可以认为各种情况的可能性均相近。

初始化网络后，该模型准备就绪，进入等待状态。当传感器在周期内收集到新的观测数据（证据信息）后，网络的叶节点信息便开始更新，随即触发该动态贝叶斯网络模型的推理，进而更新整个网络节点的概率分布，最终获得根节点状态的概率分布情况，从而完成对目标威胁等级的一次评估，得到的结果是根据目标这一段时间的状态变化得到的目标威胁等级。动态贝叶斯网络推理过程比较复杂，一般可以利用相关的专业软件来实现推理过程，如 Netica 软件（见本章附录）。

把上述观测证据输入目标防空威胁评估模型中，得到的仿真结果数据如表 5.5.14～表 5.5.17 所示。

表 5.5.14　T_1～T_8 时刻的威胁程度（TH）评估值

TH	T_1[0]	T_2[1]	T_3[2]	T_4[3]	T_5[4]
H	0.259350	0.288430	0.367700	0.636060	0.798850
M	0.404450	0.344440	0.329170	0.250340	0.149470
L	0.336200	0.367130	0.303130	0.113600	0.051680
TH	**T_6[5]**	**T_7[6]**	**T_8[7]**	**T_9[8]**	
H	0.891520	0.925370	0.939970	0.911440	
M	0.084539	0.059217	0.047400	0.062259	
L	0.023945	0.015409	0.012626	0.026304	

表 5.5.15　T_1～T_8 时刻的毁伤（DE）能力评估变化

DE	DE_1[0]	DE_2[1]	DE_3[2]	DE_4[3]	DE_5[4]
S	0.40902	0.35784	0.43673	0.64293	0.75783
M	0.30154	0.3121	0.29333	0.24818	0.19306
W	0.28944	0.33006	0.26994	0.10889	0.049111
DE	**DE_6[5]**	**DE_7[6]**	**DE_8[7]**	**DE_9[8]**	
S	0.85236	0.88499	0.92318	0.92698	
M	0.13069	0.10512	0.071878	0.06638	
W	0.016951	0.0098908	0.004945	0.006641	

表 5.5.16　T_1～T_8 时刻的目标意图（IN）评估变化

IN	$IN_1[0]$	$IN_2[1]$	$IN_3[2]$	$IN_4[3]$	$IN_5[4]$
A	0.44947	0.39893	0.39981	0.7791	0.86972
S	0.21451	0.19083	0.17973	0.12988	0.083436
P	0.23516	0.30543	0.30599	0.07629	0.040068
C	0.10086	0.10481	0.11447	0.014736	0.0067759
IN	$IN_6[5]$	$IN_7[6]$	$IN_8[7]$	$IN_9[8]$	
A	0.93605	0.95725	0.97148	0.96844	
S	0.044199	0.030702	0.02133	0.022491	
P	0.016832	0.010391	0.0058911	0.0063891	
C	0.002917	0.0016587	0.0012988	0.0026752	

表 5.5.17　T_1～T_8 时刻的目标类型（ID）评估变化

ID	$ID_1[0]$	$ID_2[1]$	$ID_3[2]$	$ID_4[3]$	$ID_5[4]$
M	0.24745	0.32318	0.3783	0.618	0.71501
B	0.23613	0.49013	0.49544	0.34115	0.25847
S	0.2046	0.080588	0.053348	0.018704	0.012108
J	0.24102	0.1029	0.070837	0.021514	0.014016
C	0.070804	0.003203	0.002072	0.000636	0.000388
ID	$ID_6[5]$	$ID_7[6]$	$ID_8[7]$	$ID_9[8]$	
M	0.78919	0.827	0.93788	0.94462	
B	0.19563	0.15938	0.060643	0.054155	
S	0.006997	0.006336	0.000698	0.000580	
J	0.007992	0.007137	0.000772	0.000637	
C	0.000191	0.000149	8.74e-06	8.05e-06	

评估指标和评估结果随时间变化关系如图 5.5.11～图 5.5.14 所示。

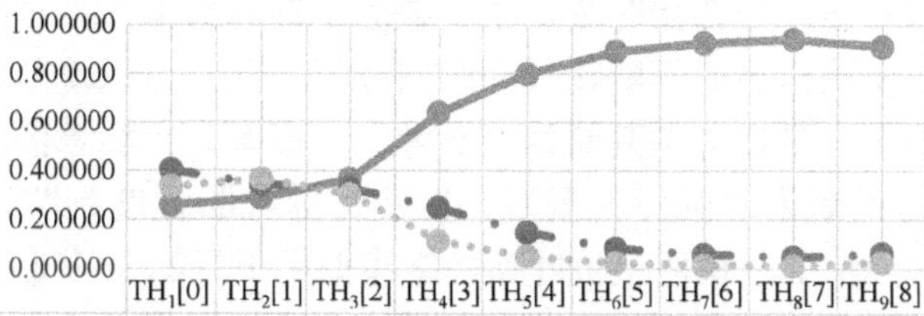

	$TH_1[0]$	$TH_2[1]$	$TH_3[2]$	$TH_4[3]$	$TH_5[4]$	$TH_6[5]$	$TH_7[6]$	$TH_8[7]$	$TH_9[8]$
H	0.2593	0.2884	0.3677	0.6360	0.7988	0.8915	0.9253	0.9399	0.9114
M	0.4044	0.3444	0.3291	0.2503	0.1494	0.0845	0.0592	0.0474	0.0622
L	0.3362	0.3671	0.3031	0.1136	0.0516	0.0239	0.0154	0.0126	0.0263

图 5.5.11　目标一威胁程度评估变化趋势

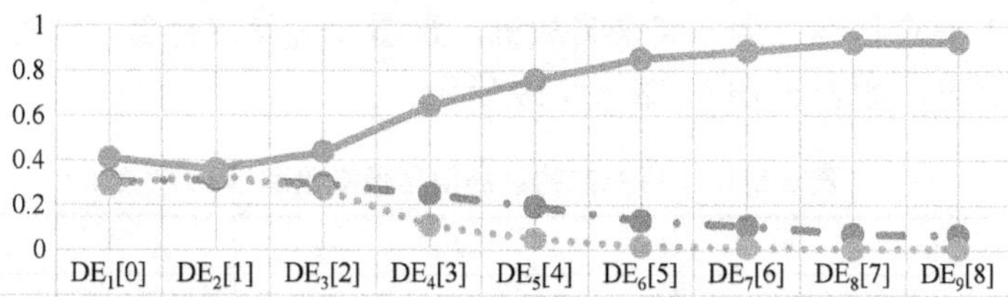

	$DE_1[0]$	$DE_2[1]$	$DE_3[2]$	$DE_4[3]$	$DE_5[4]$	$DE_6[5]$	$DE_7[6]$	$DE_8[7]$	$DE_9[8]$
S	0.40902	0.35784	0.43673	0.64293	0.75783	0.85236	0.88499	0.92318	0.92698
M	0.301540	0.312100	0.293330	0.248180	0.193060	0.130690	0.105120	0.071878	0.066380
W	0.28944	0.33006	0.26994	0.10889	0.049111	0.016951	0.009891	0.004945	0.006641

图 5.5.12　目标一毁伤能力评估变化趋势

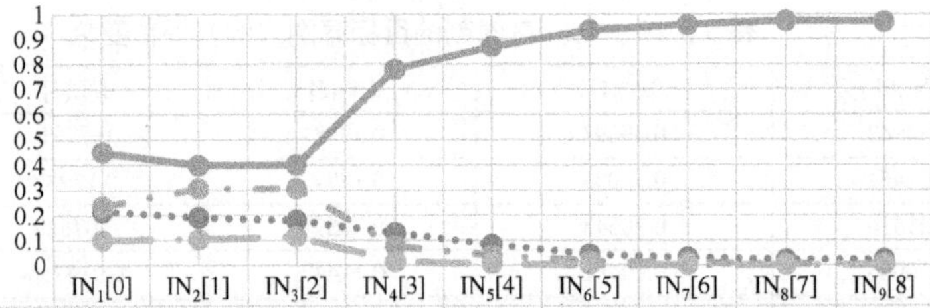

	$IN_1[0]$	$IN_2[1]$	$IN_3[2]$	$IN_4[3]$	$IN_5[4]$	$IN_6[5]$	$IN_7[6]$	$IN_8[7]$	$IN_9[8]$
A	0.44947	0.39893	0.39981	0.7791	0.86972	0.93605	0.95725	0.97148	0.96844
S	0.21451	0.19083	0.17973	0.12988	0.083436	0.044199	0.030702	0.02133	0.022491
P	0.23516	0.30543	0.30599	0.07629	0.040068	0.016832	0.010391	0.005891	0.006389
C	0.10086	0.10481	0.11447	0.014736	0.006776	0.002917	0.001659	0.001299	0.002675

图 5.5.13　目标一目标意图评估变化趋势

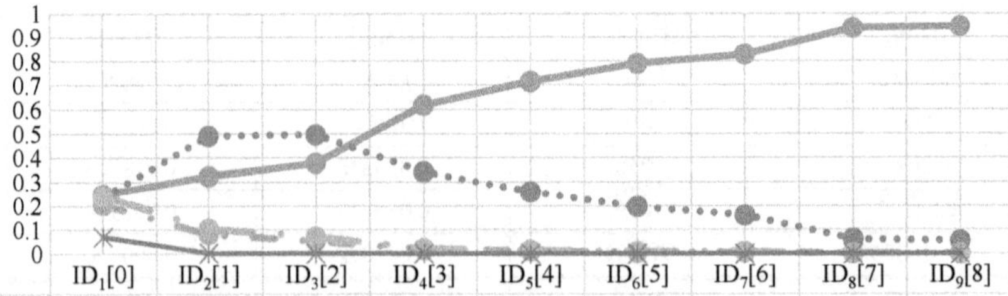

	$ID_1[0]$	$ID_2[1]$	$ID_3[2]$	$ID_4[3]$	$ID_5[4]$	$ID_6[5]$	$ID_7[6]$	$ID_8[7]$	$ID_9[8]$
M	0.24745	0.32318	0.3783	0.618	0.71501	0.78919	0.827	0.93788	0.94462
B	0.23613	0.49013	0.49544	0.34115	0.25847	0.19563	0.15938	0.060643	0.054155
S	0.2046	0.080588	0.053348	0.018704	0.012108	0.0069974	0.0063357	0.0006983	0.0005796
J	0.24102	0.1029	0.070837	0.021514	0.014016	0.0079915	0.0071374	0.0007715	0.0006367
C	0.070804	0.0032033	0.002072	0.0006357	0.0003877	0.0001906	0.0001485	8.74e-06	8.05e-06

图 5.5.14　目标一目标类型评估变化趋势

从仿真结果可以看出：在初始时刻，由于缺乏足够的数据，各项待评估指标的各属性值都较为接近；但随着观测信息的不断输入和时间片的转移，可以清楚地判明目标类型及威胁程度的大小。其结果是：目标类型判断为“导弹”的概率、目标意图判断为“攻击目标”的概率、目标毁伤能力判断为“强”的概率，以及目标威胁程度判断为“高”的概率逐渐增大。仿真结果符合实际情况，说明该贝叶斯网络模型用于目标一的威胁评估是有效的。

目标一的观测信息是连续且无缺失的，但动态贝叶斯网络对于证据缺失或证据存在错误的概率推理也是有效的，为了进一步说明问题，假定存在目标二、目标三和目标四需要进行威胁评估，其中目标二的观测数据量减少，目标三的观测数据有缺失，目标四的观测数据存在错误，分别用例 5.5.4～例 5.5.6 进行说明。

【例 5.5.4】假定目标二为一架来袭战机，意图攻击我方舰艇。针对目标二，每 2 个时间单位有一个观测值，如表 5.5.18～表 5.5.19 所示。

表 5.5.18　目标二的证据信息模糊概率（*H, P, A, L*）

T	*H*	*P*	*A*	*L*
2	(0, 0.831, 0.169, 0)	(0, 0.199, 0.801)	(0, 1)	(0.830, 0.170, 0)
4	(0, 0.420, 0.580, 0)	(0, 0.305, 0.695)	(0, 1)	(0.332, 0.668, 0)
6	(0, 0.392, 0.608, 0)	(0.156, 0.844, 0)	(0, 1)	(0, 0.211, 0.789)
8	(0, 0.404, 0.596, 0)	(0.303, 0.697, 0)	(0, 1)	(0, 0.453, 0.547)

表 5.5.19　目标二的证据信息模糊概率（a, v, Q）

T	a	v	Q
2	(0.252, 0.748, 0)	(0, 0.786, 0.214, 0)	(0, 0.586, 0.414)
4	(0.455, 0.545, 0)	(0, 0.335, 0.665, 0)	(0.734, 0.266, 0)
6	(0.677, 0.323, 0)	(0, 0.435, 0.565, 0)	(0.555, 0.445, 0)
8	(0.804, 0.196, 0)	(0, 0.536, 0.464, 0)	(0.436, 0.564, 0)

与例 5.5.3 类似，开展贝叶斯网络推理，得到目标二的威胁程度变化如图 5.5.15 所示。

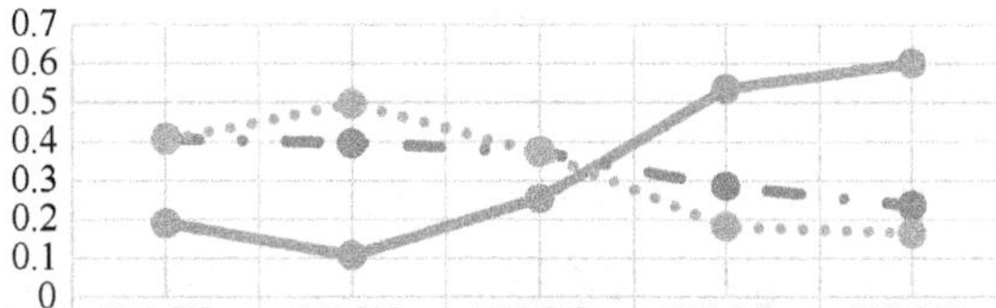

	$TH_1[0]$	$TH_2[2]$	$TH_3[4]$	$TH_4[6]$	$TH_5[8]$
H	0.18948	0.10678	0.25314	0.53534	0.6015
M	0.40768	0.39628	0.37403	0.28424	0.23504
L	0.40284	0.49694	0.37283	0.18042	0.16347

图 5.5.15　目标二威胁程度评估变化趋势

通过目标二的威胁程度可以看出，随着探测信息的不断完善，目标二的威胁程度判定为“高威胁度”。随着观测信息的不断输入，目标二的毁伤能力、目标意图和目标类型判断的变化趋势如图 5.5.16～图 5.5.18 所示。

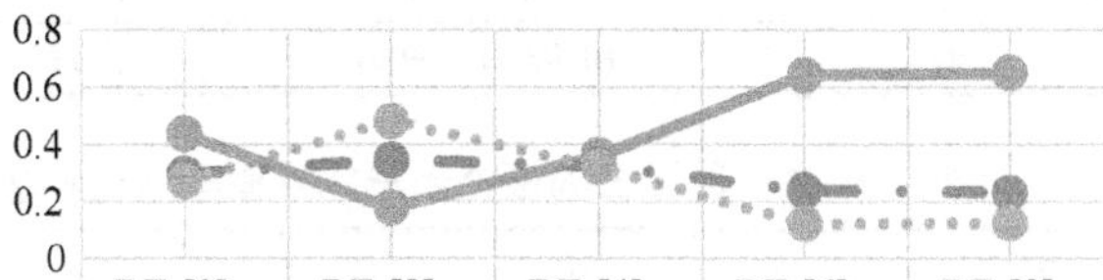

	$DE_1[0]$	$DE_2[2]$	$DE_3[4]$	$DE_4[6]$	$DE_5[8]$
S	0.435	0.17672	0.3585	0.64089	0.64717
M	0.295	0.34348	0.32357	0.23785	0.22918
W	0.27	0.4798	0.31793	0.12126	0.12365

图 5.5.16　目标二毁伤能力评估变化趋势

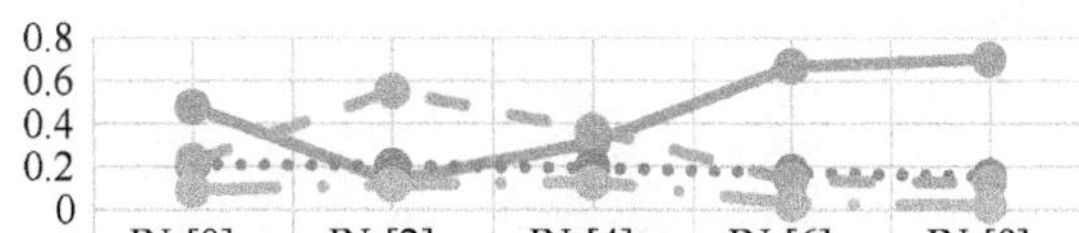

	$IN_1[0]$	$IN_2[2]$	$IN_3[4]$	$IN_4[6]$	$IN_5[8]$
A	0.475	0.1318	0.31153	0.66524	0.69856
S	0.21	0.20258	0.19394	0.17165	0.1545
P	0.225	0.55032	0.36705	0.1356	0.12587
C	0.09	0.1153	0.12749	0.02751	0.021059

图 5.5.17　目标二目标意图评估变化趋势

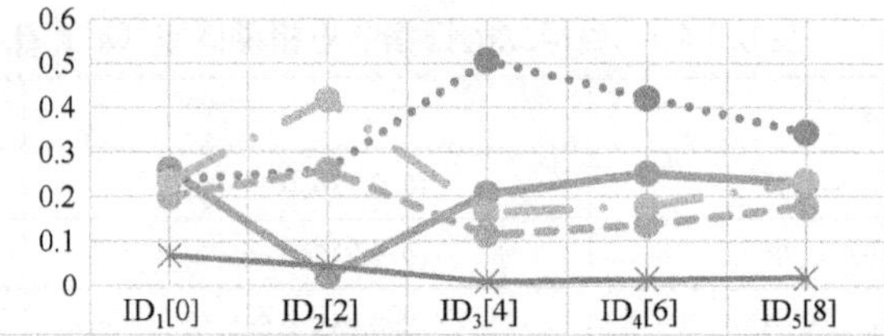

	$ID_1[0]$	$ID_2[2]$	$ID_3[4]$	$ID_4[6]$	$ID_5[8]$
M	0.26014	0.02145	0.20668	0.25164	0.22973
B	0.23792	0.25944	0.5064	0.42064	0.34251
S	0.19926	0.25946	0.11374	0.13565	0.17684
J	0.23472	0.41605	0.16406	0.17836	0.23369
C	0.06795	0.043607	0.0091297	0.013712	0.017226

图 5.5.18　目标二目标类型评估变化趋势

最终判断结果为：目标二的威胁程度判定为“高威胁度”，毁伤能力判定为“强”；目标类型判定为“歼击机”；目标意图判定为“攻击目标”。与之前假想的目标结果相同，说明虽然观测数据量相比目标一有所减少，但利用动态贝叶斯网络仍然可以得到可靠的评估结果。

【例 5.5.5】假定目标三是空中飞行高度较高的一类目标。舰艇平台传感器在部分时刻未有效观测到目标信息，造成部分数据缺失，如表 5.5.20～表 5.5.21 所示，表中“×”项表示缺失数据项。

表 5.5.20　目标三的证据信息模糊概率（*H, P, A, L*）

T	*H*	*P*	*A*	*L*
2	(0.666, 0.334, 0, 0)	(0, 0.209, 0.791)	(0,1)	(0.635, 0.365, 0)
4	(0.765, 0.235, 0, 0)	×	(0,1)	(0.232, 0.768, 0)
6	(0.784, 0.216, 0, 0)	(0, 0.139, 0.861)	(0,1)	×
8	(0.770, 0.230, 0, 0)	(0, 0.091, 0.909)	(0,1)	(0, 0.103, 0.897)

表 5.5.21　目标三的证据信息模糊概率（*a, v, Q*）

T	*a*	*v*	*Q*
2	(0.555, 0.445, 0)	(0.650, 0.350, 0, 0)	×
4	(0.670, 0.330, 0)	×	(0, 0.211, 0.789)
6	×	(0.866, 0.134, 0., 0)	×
8	(0.806, 0.194, 0)	×	(0, 0.105, 0.895)

同例 5.5.3 类似，开展贝叶斯网络推理，将目标三的观测数据输入威胁评估模型中，得到的威胁等级如图 5.5.19 所示。

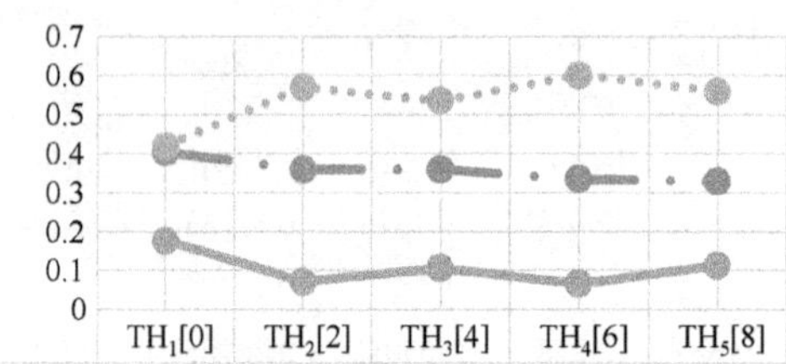

	$TH_1[0]$	$TH_2[2]$	$TH_3[4]$	$TH_4[6]$	$TH_5[8]$
H	0.17681	0.071011	0.10533	0.065792	0.11237
M	0.40377	0.35953	0.3595	0.33439	0.32879
L	0.41942	0.56946	0.53517	0.59982	0.55884

图 5.5.19　目标三威胁程度评估变化趋势

通过对该动态贝叶斯网络的舰艇防空目标威胁评估模型的推理，可以很清楚地看出，目标三的威胁程度为“低威胁度”。随着观测信息的不断输入，目标三的毁伤能力、目标意图和目标类型判断的变化趋势如图 5.5.20～图 5.5.22 所示。

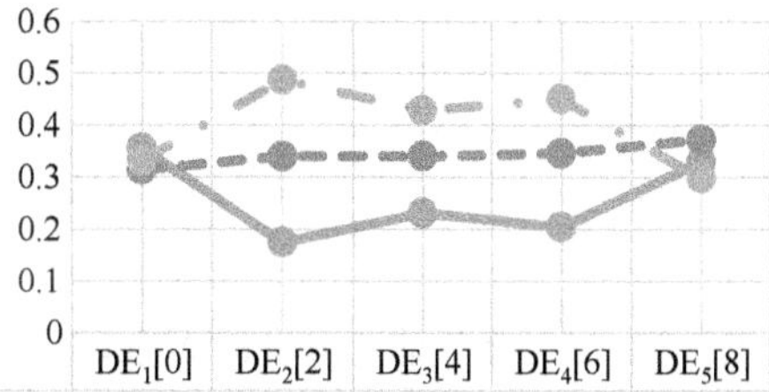

	$DE_1[0]$	$DE_2[2]$	$DE_3[4]$	$DE_4[6]$	$DE_5[8]$
S	0.3553	0.17396	0.23117	0.20443	0.32987
M	0.31386	0.33979	0.34041	0.34557	0.37229
W	0.33084	0.48625	0.42842	0.45	0.29784

图 5.5.20　目标三毁伤能力评估变化趋势

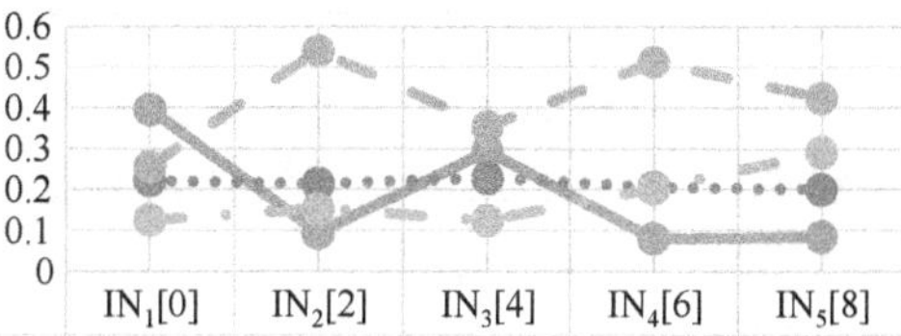

	$IN_1[0]$	$IN_2[2]$	$IN_3[4]$	$IN_4[6]$	$IN_5[8]$
A	0.39568	0.093686	0.29342	0.080464	0.085335
S	0.2227	0.21376	0.22857	0.20572	0.20075
P	0.2558	0.5397	0.35282	0.51187	0.42319
C	0.12583	0.15285	0.1252	0.20195	0.29072

图 5.5.21　目标三目标意图评估变化趋势

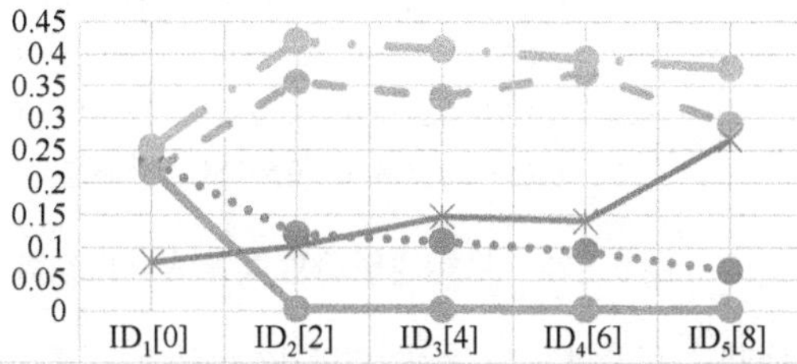

	$ID_1[0]$	$ID_2[2]$	$ID_3[4]$	$ID_4[6]$	$ID_5[8]$
M	0.22124	0.0036333	0.003805	0.0033433	0.0022247
B	0.23225	0.12018	0.10909	0.093923	0.063547
S	0.21569	0.35554	0.33234	0.36987	0.29001
J	0.25392	0.41931	0.40757	0.39223	0.37784
C	0.076891	0.10133	0.14719	0.14064	0.26638

图 5.5.22　目标三目标类型评估变化趋势

最终判断结果为：目标三的威胁程度判定为“低威胁度”，毁伤能力判定为“中”；目标类型判定为“加油机、干扰机”；攻击意图判定为“辅助进攻”。与假定目标结果大致相同。在观测证据缺失的情况下，贝叶斯网络给出的目标类型是辅助飞机的概率都较大，证明动态贝叶斯网络可以实现证据缺失情况下的推理。

【例 5.5.6】 假定目标四是具有电子干扰能力的来袭目标，可对舰艇平台传感器造成影响，使部分观测数据出现错误，如表 5.5.22～表 5.5.23 所示。

表 5.5.22　目标四的证据信息模糊概率（*H*, *P*, *A*, *L*）

T	*H*	*P*	*A*	*L*
2	(0.764, 0.236, 0, 0)	(0, 0.509, 0.491)	(0, 1)	(0.365, 0.635, 0)
4	(0.888, 0.112, 0, 0)	(0, 0.633, 0.367)	(0, 1)	(0.526, 0.474, 0)
6	(0.813, 0.187, 0, 0)	(0, 0.806, 0.194)	(0, 1)	(0.712, 0.288, 0)
8	(0.813, 0.187, 0, 0)	(0, 0.806, 0.194)	(1, 0)	(0.897, 0.103, 0)

表 5.5.23　目标四的证据信息模糊概率（*a*, *v*, *Q*）

T	*a*	*v*	*Q*
2	(0.814, 0.186, 0)	(0.335, 0.665, 0, 0)	(0.223, 0.777, 0)
4	(0.606, 0.394, 0)	(0.266, 0.734, 0, 0)	(0.403, 0.597, 0)
6	(0.888, 0.112, 0)	(0.154, 0.846, 0, 0)	(0.155, 0.845, 0)
8	(0.766, 0.234, 0)	(0.156, 0.844, 0, 0)	(0.951, 0.049, 0)

表中假定敌目标在 T_8 时刻，对舰艇平台传感器干扰导致敌我识别判定数据 A_8 在 T_8 时刻出现错误观测值，雷达反射截面积 Q 在 T_8 时刻出现错误观测值。

同样类似例 5.5.3，开展动态贝叶斯网络推理，将目标四的观测证据输入动态贝叶斯网络中，得到的威胁结果如图 5.5.23 所示。

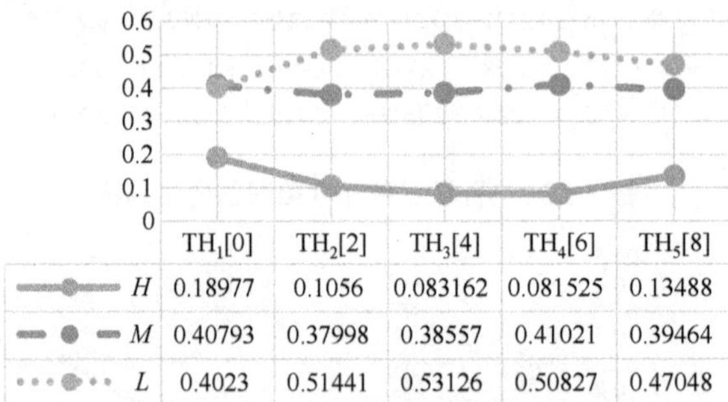

图 5.5.23　目标四威胁程度评估变化趋势

通过威胁评估变化趋势，可以判定目标四的威胁等级为“低威胁度”。随着观测信息的不断输入，目标四的毁伤能力、目标意图和目标类型判断的变化趋势如图 5.5.24～图 5.5.26 所示。

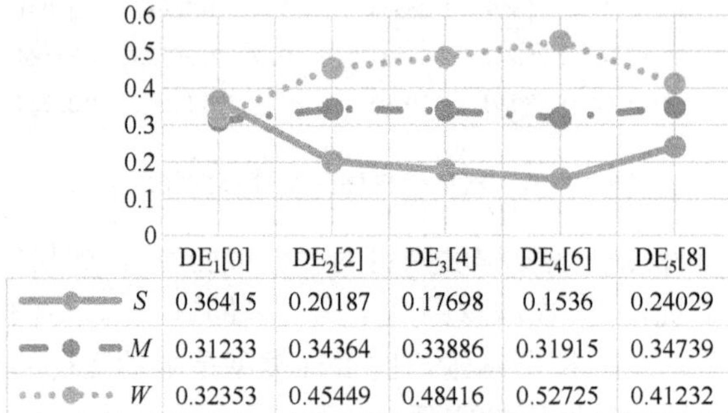

图 5.5.24　目标四毁伤能力评估变化趋势

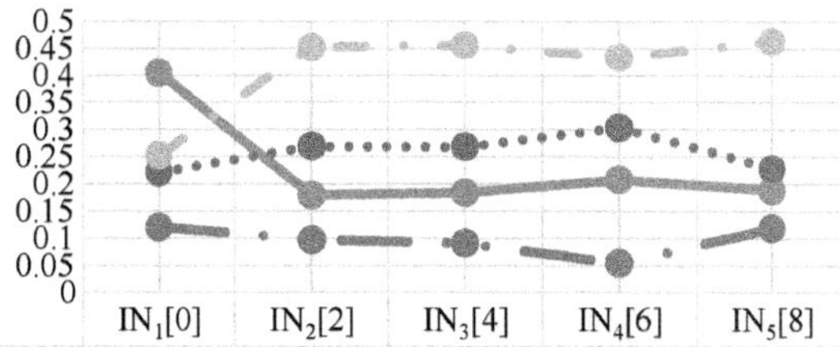

	$IN_1[0]$	$IN_2[2]$	$IN_3[4]$	$IN_4[6]$	$IN_5[8]$
A	0.40494	0.18014	0.18454	0.20828	0.18871
S	0.22182	0.26955	0.26826	0.30373	0.22876
P	0.25256	0.45272	0.45592	0.43313	0.46353
C	0.12069	0.097584	0.09128	0.054854	0.119

图 5.5.25　目标四目标意图评估变化趋势

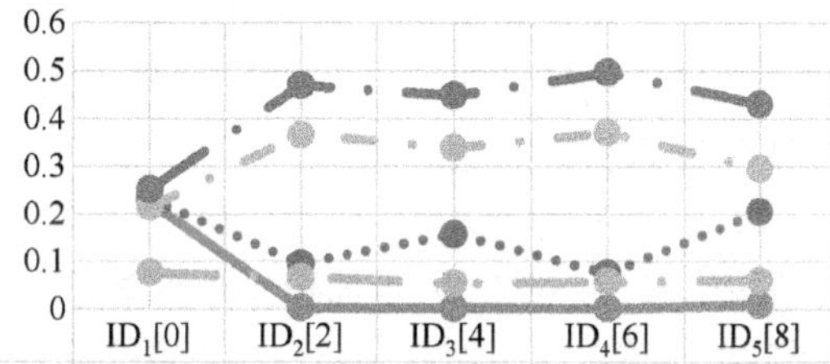

	$ID_1[0]$	$ID_2[2]$	$ID_3[4]$	$ID_4[6]$	$ID_5[8]$
M	0.22554	0.0031771	0.0027249	0.001777	0.0097349
B	0.23296	0.095093	0.15704	0.074804	0.2048
S	0.21385	0.36572	0.33884	0.36992	0.29502
J	0.25184	0.46921	0.44779	0.49591	0.42989
C	0.075814	0.066792	0.053611	0.057591	0.060558

图 5.5.26　目标四目标类型评估变化趋势

最终判断结果为：目标四的威胁程度判定为“低威胁度”，毁伤能力判定为“中”；目标类型判定为“加油机、干扰机”；目标意图判定为“辅助进攻”。与假定目标结果大致相同。在 T_8 时刻观测数据错误的情况下，动态贝叶斯网络威胁评估模型依然可以给出较为正确的判断，说明动态贝叶斯网络威胁评估模型在数据信息错误的情况下，仍然能够得到较准确的结果，有较好的容错性。

基于动态贝叶斯网络的仿真结果，将四组目标威胁等级进行对比排序，可以为防空作战指挥人员提供辅助参考依据，如图 5.5.27～图 5.5.28 所示。

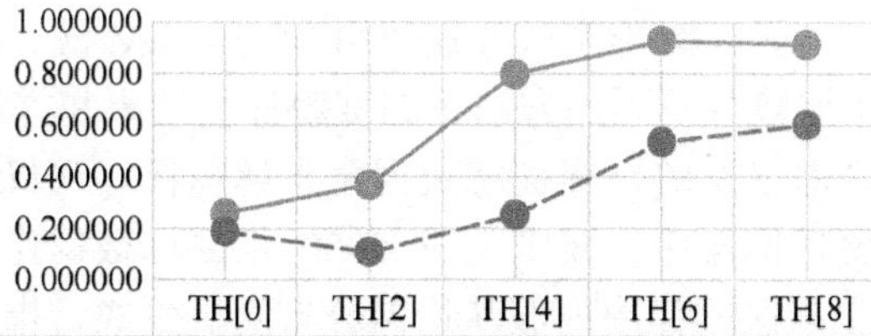

	TH[0]	TH[2]	TH[4]	TH[6]	TH[8]
H_1	0.259350	0.367700	0.798850	0.925370	0.911440
H_2	0.18948	0.10678	0.25314	0.53534	0.6015

图 5.5.27　高威胁度排序

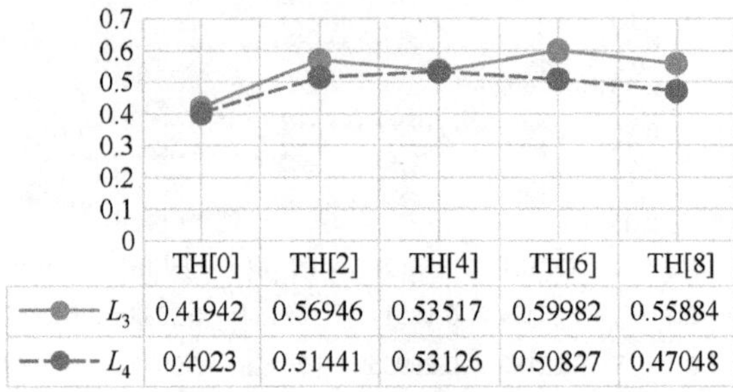

图 5.5.28 低威胁度排序

因此，在上述观测信息条件下，对四个目标威胁评估从高到低的排序为：目标一、目标二、目标三、目标四。

由上可见，动态贝叶斯网络可以在获得目标观测信息后，实现比较合理且有效的目标威胁评估，而且在数据缺失或错误的情况下，仍然可以综合推理出合理的结果，给决策者提供可靠的辅助决策，是一种有效的决策方法。

本节考虑的都是在已知贝叶斯网络结构、网络参数的情况下开展的网络推理，而实际中很多问题可能难以明确给出结构或参数，此时可以基于样本数据开展贝叶斯网络学习，由于篇幅所限，本节内容不对动态贝叶斯网络的学习展开介绍，有兴趣的读者可以参考相关文献进行学习。

本章实验 基于区间数排序和主客观组合赋权的目标威胁评估

设目标威胁评估考虑 6 项评估指标，各指标值均为区间数描述，指标特性如表 5.a.1 所示。

表 5.a.1 区间数描述的指标特性

指 标	下 限	上 限	单 调 性
指标 1	200	4000	负
指标 2	1000	1500	正
指标 3	0	1	正
指标 4	0	10	负
指标 5	50	600	正
指标 6	0	1	负

利用 MATLAB 软件随机生成目标数据进行威胁评估仿真计算，其中客观赋权法分别采用熵权法和主成分分析法，区间数排序法分别使用 M 法、LM 法、NSG 法和 LEFT 法。分别在静态与动态两种条件下比较分析不同方法下的威胁评估结果和方法性能差别。

静态条件是指利用之前已有的目标训练数据集求解指标客观权重，再利用该权重对实时获取的目标数据进行威胁评估排序。要求生成 5000 组目标数据作为训练样本集，其中，指标 1～指标 5 在下限与上限区间范围内服从均匀分布随机生成，指标 6 的前 2000 组数据在[0,0.4]范围内服从均匀分布随机生成，后 3000 组数据在[0.7,0.9]范围内服从均匀分布随机生成。要求仿真比较和分析不同方法下得到的目标威胁排序结果。

动态条件是指利用实时获取的目标数据边计算客观权重边实时进行威胁评估，即系统获取一定量（一定时间范围）的实时目标数据，根据目标数据给出目标属性的区间数，并不断根据最新的目标属性数据实时计算客观权重，以此对实时获取的目标数据进行威胁评估排序。要求如下：

（1）仿真比较和分析不同方法下得到的目标威胁排序结果。

（2）动态条件下数据和权重指标均不断更新，需要评价威胁评估方法的动态性能；采用客观权重计算耗时、排序计算耗时、威胁评估排序结果稳定性 3 个指标评价方法性能。其中，威胁评估排序结果稳定性通过一个序列的逆序数比例来衡量。

逆序数，即对于两个序列 $A=\{a_1,a_2,\cdots,a_n\}$ 和 $B=\{b_1,b_2,\cdots,b_n\}$，其元素相同但元素的顺序不同，将相邻元素逐个交换，使序列 A 与序列 B 顺序相同所需的交换次数 n_t。对于含有 n 个元素的序列，最大逆序数为 $n(n-1)/2$，因此逆序数比例 p_t 如式（5.a.1）所示。逆序数比例越低，两个序列的一致性越高，稳定性越好；逆序数比例越高，两个序列的差异性越高，稳定性越差。

$$p_t=\frac{n_t}{n(n-1)/2} \tag{5.a.1}$$

本章习题

5.1　简述目标威胁评估的概念？

5.2　简述目标威胁评估与数据融合的关系？

5.3　根据海上作战任务的不同，目标威胁评估可以分为哪几类？

5.4　如何划分目标威胁等级？

5.5　什么是目标威胁度？常用目标威胁度的评估指标有哪些？

5.6　舰艇单平台防空目标威胁评估与舰艇编队多平台防空目标威胁评估有哪些联系和区别？

5.7　假定由 3 条舰艇组成的编队如图 5.b.1 所示，其中平台权重排序为 $S_1>S_2>S_3$，T_1、T_2 和 T_3 3 批目标从不同方向来袭，考虑在平台权重条件下，以目标航路捷径为评估指标，利用单属性威胁评估法给出 3 批目标威胁程度的排序。

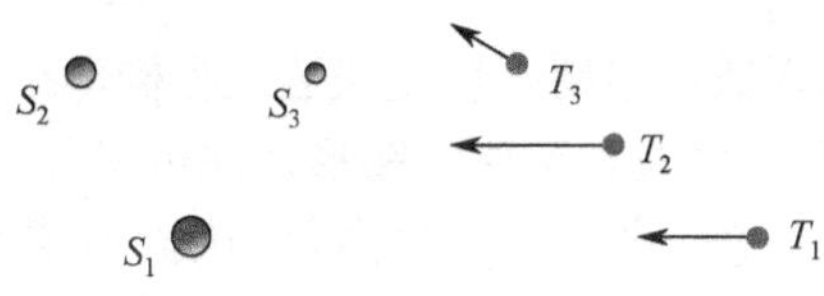

图 5.b.1　舰艇编队与来袭目标态势示意

5.8　常见的主观权重形式有哪些？主客观赋权法分别有哪些优缺点？简述常权和变权赋权法各自的适用特点。

5.9　T_1、T_2 和 T_3 3 批空中来袭目标的威胁评估指标值如表 5.b.1 所示；邀请 3 个指挥员 P_1、P_2 和 P_3 对指标权重进行打分，给出的指标权重如表 5.b.2 所示，3 个指挥员对该威胁评估领域的熟悉程度分别为“熟悉”“较熟悉”“非常熟悉”。试对 3 批目标进行威胁排序。

5.10　在基于区间数排序的威胁评估模型中，可以根据实际问题采用不同的区间数排序方法，除 5.4 节中介绍的 M 法、LM 法、NSG 法和 LEFT 法等排序方法外，还有多种确定性区间数排序和基于度的区间数排序方法，如 MOORE 法（左-右限法）、MW 法（中值-宽度法）是确定型排序法；可接受度法、可信度法等是基于度的排序方法。表 5.b.3 给出了其中 3 种排序法的基本规则，试利用给出的这 3 类排序方法，重新计算例 5.4.1。

表 5.b.1 目标威胁指标值

目标	T_{CPA}/秒	R_{CPA}/米	H/米	类　型
T_1	180	820	10000	战斗机
T_2	120	50	20	导弹
T_3	230	530	2000	电子战飞机

表 5.b.2 指标权重打分值

指挥员	T_{CPA}/秒	R_{CPA}/米	H/米	类　型
P_1	0.9	0.8	0.6	0.7
P_2	0.8	0.9	0.7	0.8
P_3	0.9	0.6	0.5	0.8

表 5.b.3 区间数排序的 3 种方法

方　法	排 序 关 系	成 立 条 件
MOORE 法（左-右限法）	$[a]<[b]$	$\overline{a}<\underline{b}$
	$[a]\leqslant_{LR}[b]$	$\underline{a}\leqslant\underline{b}$; $\overline{a}\leqslant\overline{b}$
	$[a]<_{LR}[b]$	$[a]\leqslant_{LR}[b]$; $[a]\neq[b]$
MW 法（中值-宽度法）	$[a]\leqslant_{MW}[b]$	$m([a])\leqslant m([b])$; $w([a])\geqslant w([b])$
	$[a]<_{MW}[b]$	$[a]\leqslant_{MW}[b]$; $[a]\neq[b]$
可接受度法	$A([a]<[b])=\dfrac{2(m([b]-m([a]))}{w([a])+w([b])}\begin{cases}=0, & m([b])=m([a])\\ >0,<1, & m([a])<m([b]);\ \overline{a}>\underline{b}\\ \geqslant 1, & m([a])<m([b]);\ \overline{a}\leqslant\underline{b}\end{cases}$	

5.11　利用 Netica 软件对例 5.5.3～例 5.5.6 中的 4 批目标实现基于动态贝叶斯网络的威胁排序。

本章附录　贝叶斯网络分析软件——Netica

Netica 是基于决策理论的、图形化的建模开发工具，是应用最广泛的贝叶斯网络分析软件，能够方便地进行贝叶斯网络拓扑建模，并能够进行先验概率的初始赋值及后验概率的计算，根据贝叶斯网络的有向无环拓扑结构，进行知识传递与积累，具有适用性强、可视化操作的特点。

Netica 能将贝叶斯网络编译成连接树，以便快速进行概率推理；可以从数据中学习概率关系，包括 EM 和梯度下降学习；生成表示质量图形，并可将其传输到其他文档中，包括 SVG 图形；允许通过公式输入概率关系，并具有大量内置的概率函数和其他数学函数库。方程可以是确定性或概率性的，也可以是离散变量或连续变量；提供对贝叶斯网络和影响图的简单图形编辑功能；可以为顺序决策问题找到最佳决策，即后期决策取决于早期决策的结果。

本章附录以例 5.5.2 为例，对 Netica 应用于建立贝叶斯网络模型和问题推理的步骤进行简单介绍，5.5 节中其他例题均可利用 Netica 软件进行实现和验证。

1．新建网络

（1）打开 Netica，可以发现功能栏中很多功能键都是灰色的，不可用。

（2）窗口左下角有对话框“Netica Messages”，其功能相当于记事本，会记录下在 Netica 中的操作过程。

（3）要进行贝叶斯网络分析，首先应建立一个网络（network）：可以通过菜单栏单击“File→New→Network”或用快捷键“Ctrl+N”来建立，也可以通过“File”菜单下面的

“New Net”快捷按钮新建一个网络。

（4）新建一个网络后，很多功能键都亮了；建议新建网络后就进行命名和保存以避免丢失。

2. 加入节点

（1）在 Netica 中，可以创建 3 类节点（node），分别是状态节点（nature node）、决策节点（decision node）和效用节点（utility node），它们对应的快捷按键形状不同，分别是黄色椭圆形，蓝色正方形和绿色六边形。其中，最常用的是状态节点，表示每个变量有几种状态，每个状态的概率分别是多少；决策节点和效用节点的操作读者可自行学习。

（2）单击状态节点按钮，可以发现鼠标指针变为椭圆形。再单击“Network”对话框，可以创建一个状态节点。要同时创建多个状态节点，可以双击状态节点按钮，然后创建想要的状态节点数量，再次单击可退出状态节点创建。

3. 建立因果关系

（1）单击或双击按钮可以添加一个或多个链接，形成节点间的因果关系。创建的方法是先单击父节点，然后单击子节点。Netica 会自动安排箭头的位置。

（2）以例 5.5.2 为例，添加 4 个状态节点及节点间的因果关系，如图 5.c.1 所示，其中系统默认按字母顺序给每个节点命名。

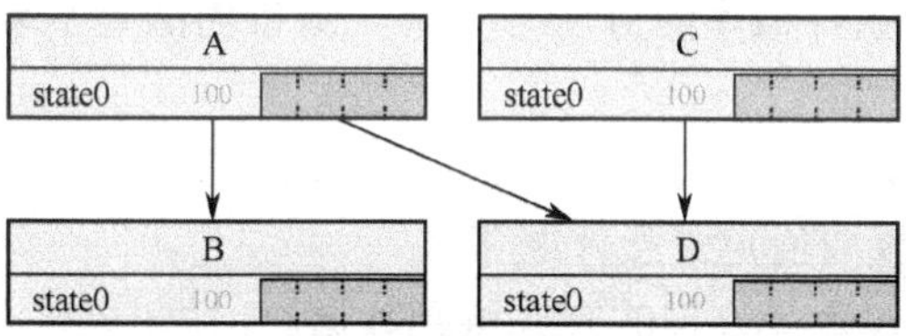

图 5.c.1　添加节点并创建节点间因果关系

4. 编辑节点信息

（1）Netcia 中的节点名称暂不支持中文，首位必须是字母，后面可以是字母、数字和下划线，但是不能出现其他符号，也不能有空格。

（2）以 A 节点为例，双击该节点，出现如图 5.c.2 所示的对话框，其中“Nature”表示状态节点，“Discrete”表示节点变量是离散型的还是连续型的，在此设定为离散型。

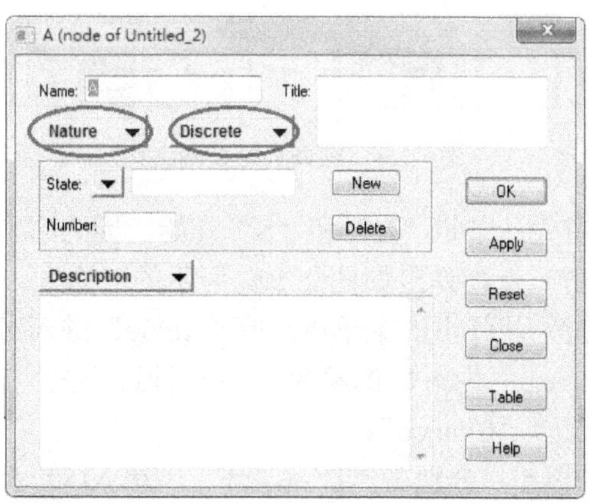

图 5.c.2　节点定义对话框

（3）在 Name 处可以重新命名，如输入“R”表示“昨夜下雨”；“State”下拉列表中保持了节点状态，该节点有两种状态，下雨用“T”表示，未下雨用“F”表示；此时在“State”右侧空格中填入“T”；再单击“New”按钮并在空格内填入“F”，单击“Apply”按钮，状态下拉列表中即存在了“T”和“F”两种状态；如果输入错误，可以利用“Delete”按钮删除；完成状态节点操作后单击“OK”按钮关闭对话框。

（4）完成 4 个节点操作后，网络图如图 5.c.3 所示。

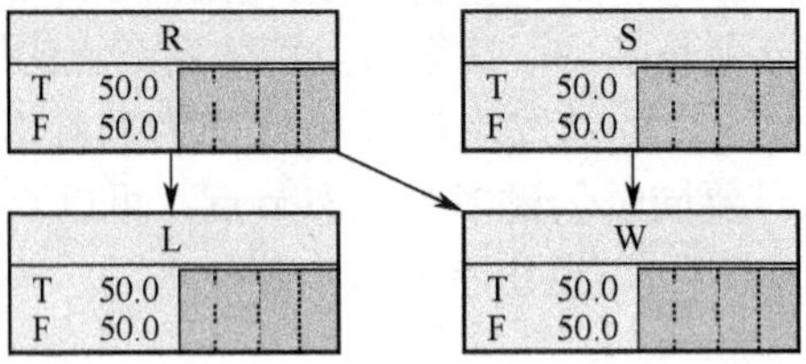

图 5.c.3　定义节点后的贝叶斯网络图

5．输入概率信息

（1）完成上述步骤后，已经建立了变量之间的因果关系，下一步是输入数据，也就是定义各变量之间的条件概率，其中父节点没有条件概率。

（2）在 Netica 中输入条件概率的方法有 3 种，最常用的是手动输入，本节主要介绍手动输入，因为尚没有数据。

（3）如果有数据，可以让 Netica 自主学习“learn”。但是这种方法需要有一个样本，让 Netica 根据每个样本的变量取值定义条件概率。

（4）此外，还可以通过定义方程的方式得到数据。

（5）在输入数据之前，首先要编译所建立的贝叶斯网络，方法是单击功能栏上的黄色闪电按钮，若它是灰色的则说明贝叶斯网络已经编译过了。

（6）单击之后可以发现原来灰色的节点已变为黑色，表示已经建立了各节点之间的因果关系。之前仅是图形，现在有了因果关系，如图 5.c.4 所示。

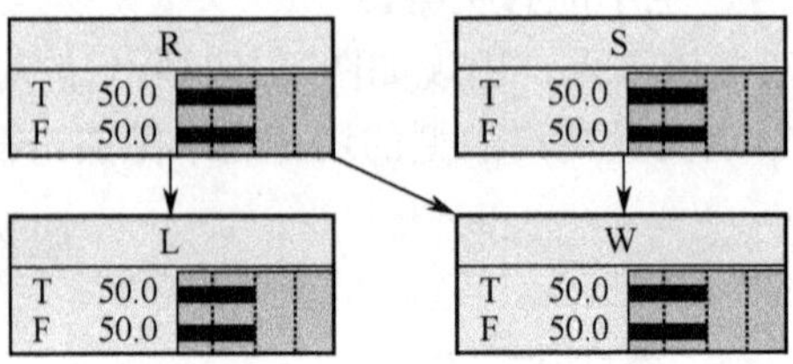

图 5.c.4　编译贝叶斯网络图

（7）输入条件概率，首先从节点“R”和“S”开始，因为它们没有父节点，主要定义其两种状态的概率，可以单击节点，弹出如图 5.c.5 所示的对话框，并单击“Table”按钮；或者选中节点后单击鼠标右键，从弹出的菜单中选择“Table”进入对话框。

（8）对话框中的“Chance”为对应的概率，另一种选择是“Deterministic”表示节点只有一种确定的状态，此处选择“Chance”。

（9）按照表 5.4.1 中的概率，分别在“T”和“F”下填入(50, 50)，表示两个事件发生的概率分别为 50%和 50%；然后单击“Apply”，再单击“OK”输入完毕；类似地定义“S”节点。

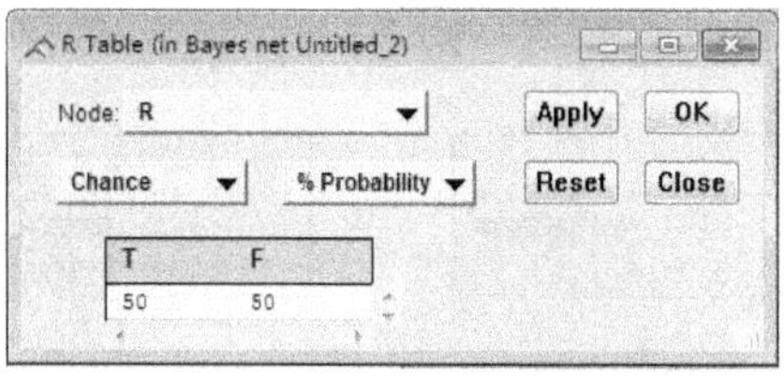

图 5.c.5　Table 对话框

（10）“L”和“W”节点存在父节点，需要定义更多的条件概率；“L”节点输入如图 5.c.6 所示；“W”节点输入如图 5.c.7 所示；注意每行的概率相加应为 1。

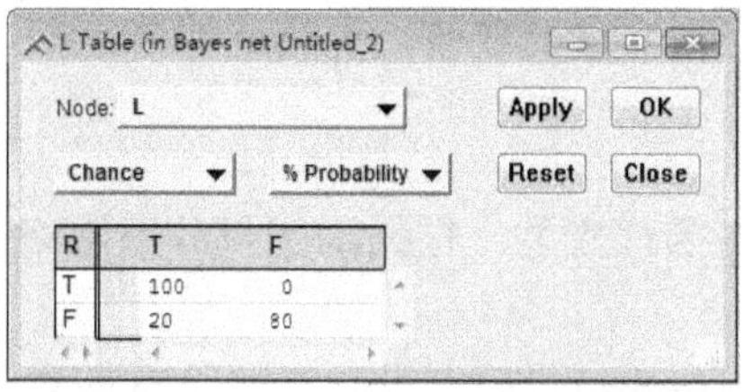

图 5.c.6　“L”节点条件概率输入

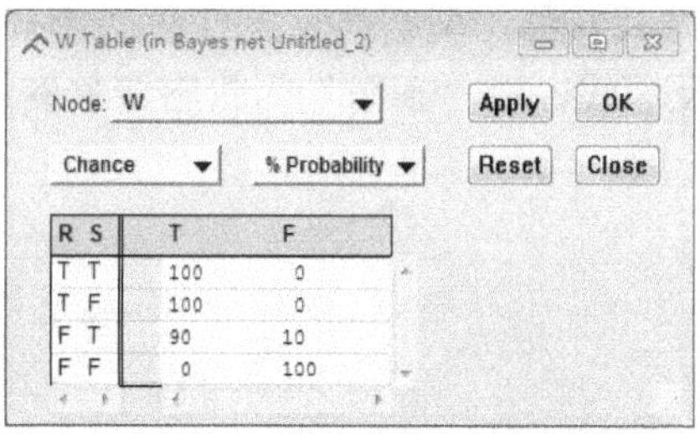

图 5.c.7　“W”节点条件概率输入

（11）输入时可以先输入“T”对应列的条件概率，然后单击“Apply”，会出现对话框，询问是否 Netica 填入缺失的概率项使其和为 1，单击“Yes”，软件自动补全剩余的条件概率。

（12）最后形成的贝叶斯网络如图 5.c.8 所示。

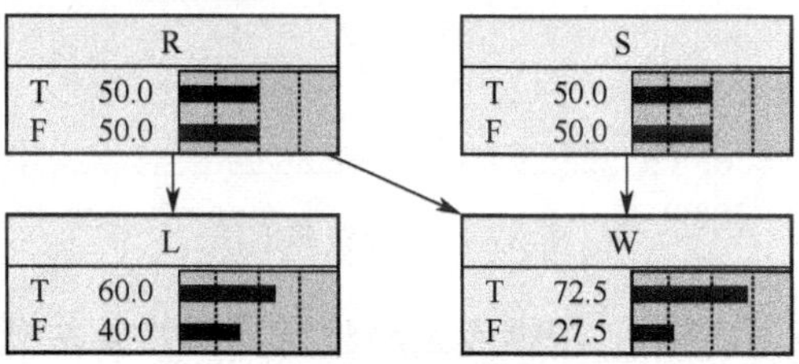

图 5.c.8　建立的贝叶斯网络图

6．统计推断

（1）输入证据。

（2）例如，已知邻居家和自己家的地面都是湿的，可以单击“L”节点中的“T”，此时“T”的概率变为 100%，节点变为灰色，表示当前为证据；类似地，单击“W”节点中的“T”，节点也变为灰色。

（3）此时，网络给出了在这两个证据信息下的“昨夜下雨”和“喷水器未关”两个事件发生的概率，与例 5.5.2 中给出的相同，如图 5.c.9 所示。

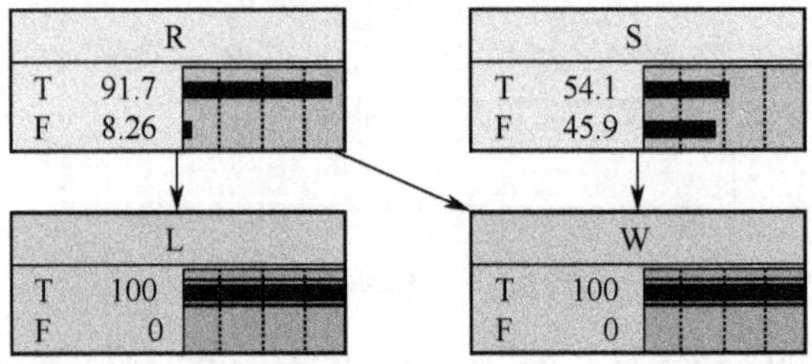

图 5.c.9　给定证据信息下的统计推断

（4）类似地，可以改变证据变量的取值，观察其他节点概率的变化。

7．动态贝叶斯网络

（1）创建动态贝叶斯网络推理模型。根据动态贝叶斯网络创建的图模型选择节点搭建推理模型。

（2）设置延迟线（Delay Links）。动态贝叶斯网络有两种不同的连接线：普通的黑色因果连接线和红色的闭环回路延迟线。如果节点间只是单纯的因果关系，一般只需要用普通的黑色因果连接线，如果涉及时间转移，就需要选择红色的闭环回路延迟线，如图 5.c.10 所示。由“下雨”构成的环路反馈线，以“下雨”为状态转移变量，要求该网络模型中每个节点按照时间展开的个数保持一致。

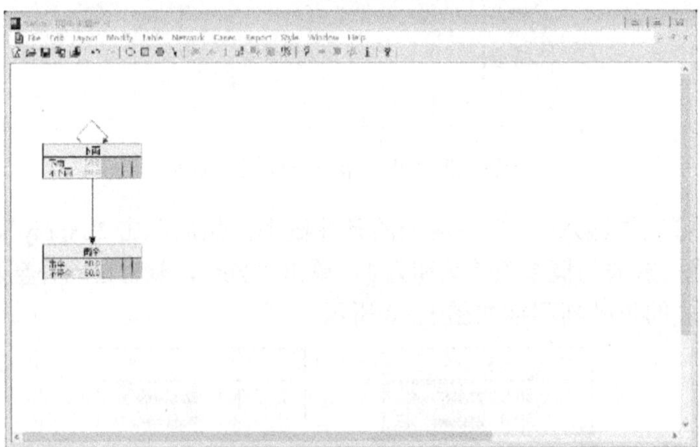

图 5.c.10　设置延迟线

（3）生成条件概率表（CPT）。根据专家经验设置初始条件概率表。闭环回路节点的条件概率表是节点相邻时刻的转移概率，虽然从形式上构成了有向环，但这符合动态贝叶斯网络定义的要求。各变量之间的条件概率是推理的重要基础。

（4）沿时间轴展开（Expand Time）。生成沿时间轴展开的推理模型，此时由于动态贝叶斯网络按时间片展开，宽度一般会超过现有窗口的宽度，因此须及时调整展开后的窗口大小，以便全部展示成功，如图 5.c.11 所示。

（5）编译运行。只要有时间延迟线的存在，动态贝叶斯网络就会包含有向环，时间延迟线通常被看成模型的反馈。编译时，模型沿时间轴展开，展开后不再出现有向环和时间延迟线。

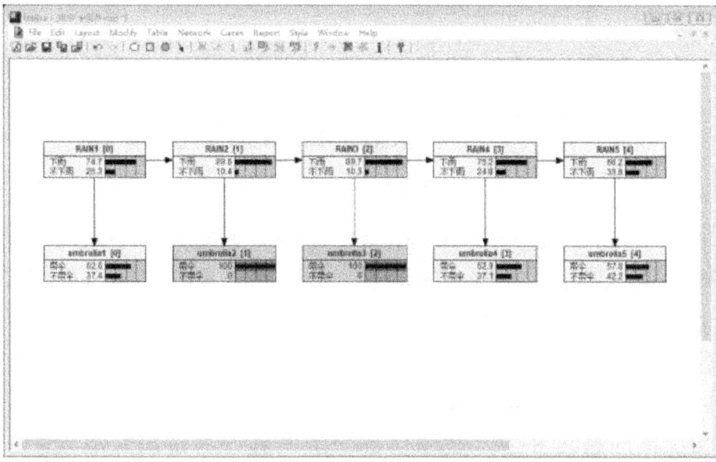

图 5.c.11　展开后的动态贝叶斯网络

第 6 章　武器目标分配模型

武器目标分配（Weapon Target Allocation，WTA）问题是军事运筹学研究的重要理论问题，也是作战指挥决策中迫切需要解决的现实问题，它主要研究防御作战过程中武器的最优配置，即根据来袭目标的特点（如数量、速度、威胁值等），结合我方武器资源的特点（如武器数量、作用区域、对目标的杀伤概率等），优化各类武器资源的配置以对抗来袭目标，使拦截之后来袭目标的总剩余威胁值最小，或使我方被保护资源的总生存概率最大。

在军事运筹和优化问题研究中，武器目标分配问题一直是研究热点之一：一方面问题自身具有复杂性，问题的求解只能在大量假设条件下进行，但人们总在追求对问题本质更精确的描述和更有效求解问题的方法；另一方面，现代军事系统，乃至现代战争系统都极大地依赖智能和高效武器的灵活运用，随着在战争中投入武器种类的增加，以及现代武器从研制到生产过程中所投入经费的空前增长，迫切需要武器在作战中得到合理有效的使用并充分发挥其效能，这些都需要以优化的武器目标分配策略为基础来保障。在作战过程中，当面临目标多种类、多批次、多方向到达的态势时，指挥员难以在有效的反应时间内制订出武器运用的优化方案，这就需要建立武器目标分配的模型算法并开发决策软件，从而在战时为指挥员提供快速有效的辅助决策。武器目标分配是舰载战术软件的重要内容。

武器目标分配问题可以分为静态武器目标分配（Static WTA，SWTA）和动态武器目标分配（Dynamic WTA，DWTA）。静态武器目标分配只按分配时刻的固定作战态势进行武器目标分配，所有目标和武器都是已知的，在某一时刻产生所有武器对所有目标的分配方案；动态武器目标分配是考虑分配过程中的动态随机因素，如上一阶段的打击效果或新目标到来等，在此基础上形成分配方案，实际的武器目标分配过程就是这样一个能够连续处理各类随机事件的动态过程。但动态武器目标分配中的每轮分配都需要求解静态武器目标分配问题，因此静态武器目标分配问题的建模和求解是动态武器目标分配的基础。

分配问题本质上是一类组合优化问题，所谓组合优化就是武器对目标分配的可行方案是由离散变量的不同取值组合而成的，这一问题具有以下特点。

（1）正确性：分配方案应满足武器运用的各类约束条件，包括时间、空间、武器能力、弹药数量等。

（2）优化性：要在所有可行方案中寻找优化方案。

（3）实时性：武器目标分配常见于对空防御作战中，反舰导弹等空中目标速度越来越快，留给防空决策的时间也越来越短，这对武器目标分配的实时性要求很高。

（4）动态性：分配是一个动态过程，在分配中要随时处理目标毁伤、新目标到来等随机事件，这些随机事件可能使既有分配方案发生变化，进一步提升了问题的难度。

（5）复杂性：当武器和目标数量比较大时，组合优化的可行方案成超指数增长，寻找最优解所需的计算时间也迅速增加，从而带来组合爆炸问题。

本章主要针对静态武器目标分配问题建立模型，并介绍常用的求解算法。

6.1　武器目标分配的非线性模型及求解

武器目标分配是一个典型的组合优化问题，而组合优化问题又是最优化问题中的一类。最优化问题要在某些约束条件或无约束条件下，确定某些变量的取值，使所选定的目标函数达到最优。针对武器目标分配问题建立模型，就是针对期望达到的对目标作战的最大效益，建立合适的优化目标函数，并确定分配的约束条件，使得约束条件下的分配方案可使目标函数达到最优值。在最优化问题中，如果目标函数和约束条件均为线性函数，那么称问题的模型为线性模型，否则称为非线性模型。

6.1.1　武器目标分配的模型参数

1. 武器目标分配目标函数的选择原则

在武器目标分配问题中，目标函数的选择原则一般有以下两类。

一是以我方对目标的作战效能为优化目标函数，用于以攻击敌方目标为主的战斗中。目标函数包括我方对目标的命中概率、毁伤概率，目标幸存概率，我方毁伤目标的数学期望，目标突防数的数学期望，敌方剩余威胁等。

二是以目标对我方的作战效能为优化目标函数，用于以防御为主的战斗中。目标函数包括目标对我方的毁伤概率、我方不被目标毁伤的概率、目标毁伤我方战斗单位数量的数学期望、我方不被毁伤的战斗单位数量的数学期望、我方剩余价值等。

上述两个优化目标函数是相关联的，在实际中可根据需要或掌握的信息来选择某一类目标函数进行建模。例如，在舰艇对空防御作战中，选择对目标的毁伤概率最大或幸存概率最小作为目标函数，与我方不被目标毁伤的概率相关，而若以后者为优化目标，则还需要分析我方在敌攻击条件下的易损性等信息，这类信息往往较少。本章主要以目标幸存概率或剩余价值最小为优化目标进行建模分析。

2. 武器目标分配模型参数

为建立武器目标分配模型，先假设蓝方有 B 种不同类型的武器，要进行合理的分配以迎战红方 R 种不同类型的目标，引入参数如表 6.1.1 所示，其中，$i=1,2,\cdots,B$，$j=1,2,\cdots,R$。

表 6.1.1　武器目标分配模型参数定义

参　数	定　义
B	蓝方武器的类型数量
R	红方目标的类型数量
B_i	蓝方第 i 型武器的数量
R_j	红方第 j 型目标的数量
A_{ij}	第 i 型蓝方武器分配给第 j 型红方目标的数量
P_{ij}	单位第 i 型蓝方武器对 j 型红方单一目标的毁伤概率
$q_{ij}=1-P_{ij}$	单位第 i 型蓝方武器攻击 j 型红方单一目标时红方目标的幸存概率
T_{ij_k}	第 i 型武器分配给 j 型红方目标中第 k 个目标的数量
P_{j_k}	在蓝方武器的攻击下，红方第 j 类目标中第 k 个目标的幸存概率
P_j	红方 j 型单一目标的平均幸存概率

续表

参　数	定　义
x_{ij}	蓝方 i 型武器分配给红方 j 型单一目标数量的算术平均值
W_j	第 j 型红方目标的平均价值

6.1.2 武器目标分配的非线性模型

在最优化问题中，如果目标函数和约束条件均为线性函数，那么称问题模型为线性模型，否则称为非线性模型。武器目标分配问题就是构造分配矩阵 $\boldsymbol{A}=\{A_{ij}\}$，使得

$$\sum_{j=1}^{R} A_{ij} \leqslant B_i\text{，}\quad i=1,2,\cdots,B$$

在表 6.1.1 定义的参数条件下，有

$$P_{j_k}=q_{1j}^{T_{1j_k}}\cdot q_{2j}^{T_{2j_k}}\cdots\cdots q_{Bj}^{T_{Bj_k}}=\prod_{i=1}^{B} q_{ij}^{T_{ij_k}} \tag{6.1.1}$$

式（6.1.1）的算术平均值为

$$P_j=\frac{1}{R_j}\sum_{k=1}^{R_j} P_{j_k}=\frac{1}{R_j}\sum_{k=1}^{R_j}\prod_{i=1}^{B}(q_{ij})^{T_{ij_k}} \tag{6.1.2}$$

由于式（6.1.2）是一个乘积的和式，这样在数学处理上往往会变得困难。为此可对式（6.1.2）作如下近似：

$$P_j=\prod_{i=1}^{B}(q_{ij})^{x_{ij}} \tag{6.1.3}$$

其中

$$x_{ij}=\frac{1}{R_j}\sum_{k=1}^{R_j} T_{ij_k} \tag{6.1.4}$$

近似的理由如下。

由式（6.1.3）和式（6.1.4）得

$$\begin{aligned}\prod_{i=1}^{B}(q_{ij})^{x_{ij}}&=\prod_{i=1}^{B}(q_{ij})^{\frac{1}{R_j}\sum_{k=1}^{R_j}T_{ij_k}}\\&=\left[\prod_{i=1}^{B}(q_{ij})^{\sum_{k=1}^{R_j}T_{ij_k}}\right]^{\frac{1}{R_j}}=\left[\prod_{i=1}^{B}\prod_{k=1}^{R_j}(q_{ij})^{T_{ij_k}}\right]^{\frac{1}{R_j}}\\&=\left[\prod_{k=1}^{R_j}\prod_{i=1}^{B}(q_{ij})^{T_{ij_k}}\right]^{\frac{1}{R_j}}=\left[\prod_{k=1}^{R_j}P_{j_k}\right]^{\frac{1}{R_j}}\end{aligned}$$

由几何-算术不等式

$$\left(\prod_{i=1}^{n}P_i\right)^{\frac{1}{n}}\leqslant\frac{1}{n}\sum_{i=1}^{n}P_i\text{，当 }P_i\text{ 相等时等号成立}$$

有

$$\prod_{i=1}^{B} q_{ij}^{x_{ij}} = \left[\prod_{k=1}^{R_j}\prod_{i=1}^{B}(q_{ij})^{T_{ijk}}\right]^{1/R_j} \leqslant \frac{1}{R_j}\sum_{k=1}^{R_j}\prod_{i=1}^{B} q_{ij}^{T_{ijk}} \tag{6.1.5}$$

式（6.1.5）表明，近似值 $\prod_{i=1}^{B} q_{ij}{}^{x_{ij}}$ 总是小于 j 型目标的实际幸存概率，但在实际问题中误差一般较小。

有了第 j 型目标幸存概率的一般关系式（6.1.3），便可以建立分配的优化目标函数。

由表 6.1.1 中定义，W_j 为第 j 型红方目标的平均价值，它可以根据费用、威胁值、风险或其他因素估计得到。交战中，蓝方考虑的是威胁的综合量度，即每个红方目标的价值与蓝方武器不能摧毁这种红方目标的概率之积的和，即取分配模型的目标函数为

$$\begin{aligned} T &= \sum_{j=1}^{R} W_j R_j P_j \\ &= \sum_{j=1}^{R} W_j R_j \prod_{i=1}^{B}(q_{ij})^{x_{ij}} \\ &= \sum_{j=1}^{R} W_j R_j \prod_{i=1}^{B}(1-P_{ij})^{x_{ij}} \end{aligned} \tag{6.1.6}$$

满足下列约束条件：

$$\begin{cases} \sum_{j=1}^{R} x_{ij} R_j \leqslant B_i,\ i=1,2,\cdots,B;\ j=1,2,\cdots,R \\ x_{ij} \geqslant 0,\ x_{ij}\text{为非负整数} \\ \sum_{j=1}^{R} R_j x_{ij} \leqslant B_i \end{cases} \tag{6.1.7}$$

武器目标的最优分配是使执行该分配方案的红方目标的剩余价值最小，这样，问题就转化为在式（6.1.7）的约束条件下，求分配方案 $X^* = \{x_{ij}^*\}$，使得式（6.1.6）达到最小值。

6.1.3　非线性模型求解的拉格朗日乘子法

武器目标分配属于组合优化问题，组合优化又属于最优化问题。最优化问题也称为规划问题，如果目标函数和约束条件均为线性函数，那么称为线性规划问题，否则称为非线性规划问题。最优化问题根据是否有约束条件，可以分为无约束问题和约束问题。若最优化问题决策变量的各分量只能取整数，则称为整数规划，在整数规划中若各决策变量分量只能取 0 或 1，则称为 0-1 整数规划问题。因此，本节介绍的武器目标分配是一类约束非线性整数规划问题，类似的组合优化问题还包括旅行商问题（Traveling Salesman Problem，TSP）、生产调度问题（Production Scheduling Problem，如 Flow-Shop、Job-Shop）、0-1 背包问题（Knapsack Problem）、装箱问题（Bin Packing Problem）、图着色问题（Graph Coloring Problem）、聚类问题（Clustering Problem）等。这类问题描述十分简单，且有很强的工程代表性，但最优化求解很困难，主要原因在于问题的计算复杂，而对于大规模问题往往对运算时间和存储空间有极高要求，即所谓的“组合爆炸”。但正是这些问题的代表性和复杂性，激起了人们对组合优化理论与算法的研究兴趣。

最优化问题的求解算法可以分为传统最优化方法和智能优化算法两类。传统最优化方法

主要是根据目标函数的解析性质，或者线性规划、整数规划等问题自身的特点，而发展出来的一些方法。智能优化算法则是针对遗传算法、粒子群优化等现代启发式优化算法而言的。

传统最优化方法可以根据所求解的问题进行分类，如表 6.1.2 所示。

表 6.1.2　传统最优化方法分类

<table>
<tr><th colspan="3">最优化问题</th><th>传统最优化方法</th></tr>
<tr><td colspan="3">无约束问题</td><td>最速下降法、牛顿法、共轭梯度法</td></tr>
<tr><td rowspan="4">约束问题</td><td colspan="2">非线性规划问题</td><td>罚函数法、障碍函数法、拉格朗日乘子法</td></tr>
<tr><td rowspan="3">线性规划问题</td><td>一般线性规划</td><td>图解法、单纯形法、两阶段法</td></tr>
<tr><td>整数线性规划</td><td>分支定界法、割平面法</td></tr>
<tr><td>0-1 整数线性规划</td><td>隐枚举法、匈牙利法</td></tr>
</table>

无约束问题的最优化方法主要包括最速下降法、牛顿法、共轭梯度法等，这些方法通常需要使用目标函数的导数，属于经典最优化方法。

非线性最优化问题在现实中更为常见，它比无约束最优化要难得多，常用的方法有罚函数法、障碍函数法、拉格朗日乘子法等。

线性规划问题在实际中有着非常重要的意义，其求解方法除上述约束问题的求解方法外，还针对其线性特点，提出了更为快速有效的方法，如图解法、单纯形法、两阶段法等。若规划问题中的变量部分或全部限定为整数时，则称为整数规划；整数线性规划问题常用求解方法有分支定界法、割平面法等；若变量是取值为 0 或 1 的 0-1 整数线性规划问题，则还有隐枚举法、匈牙利法等求解方法。

此外，动态规划方法也可以用于求解多阶段决策过程的线性或非线性规划问题，但需要结合具体问题设计算法。

非线性武器目标分配模型属于非线性规划问题，对此类分配问题的求解，通常有两种方法：一种是解析方法，如使用拉格朗日乘子法把武器的数量当作连续变量处理，所得到的结果一般为分数；另一种是将问题作为组合优化问题利用智能计算方法求解，求得的 x_{ij} 值为整数。解析方法通过确定性计算就可以得到分数形式的最优解，所得到的结果与整数最优解接近；智能组合优化方法需要进行解空间的搜索，适用于大规模分配情况下较快获得满意解而非最优解，但实际计算耗时及所得解与最优解的接近程度难以预测。本节介绍用解析方法中的拉格朗日乘子法对武器目标分配问题进行求解。

为计算简便，记 $\overline{W}_j = R_j W_j$，则式（6.1.6）变为

$$T = \sum_{j=1}^{R} \overline{W}_j \prod_{i=1}^{B} (1 - P_{ij})^{x_{ij}} \tag{6.1.8}$$

在求解之前，首先要通过变换，把不同类型的武器（$i = 1,2,\cdots,B$）对 j，$j = 1,2,\cdots,R$ 型目标的分配问题，转化为等效的单一类型武器对 j 型目标的分配问题，即把原模型转化为武器的等效分配模型，然后运用拉格朗日乘子法求取满足约束的解析解。

对式（6.1.8）有 $T = \sum_{j=1}^{R} \overline{W}_j \prod_{i=1}^{B} q_{ij}^{\ x_{ij}}$，在给定的 i 下，假设：

$$q_{ij} = (A_j)^{\rho_i} \tag{6.1.9}$$

式中，A_j 为第 j 型目标幸存概率的公共部分，代表 j 型目标的性质，是坚固程度等因素的一个测度，它可以根据某个概率 q_{ij} 来取值，如 $A_j = (q_{lj})^{1/\rho_l}, l \in (1, 2, \cdots, i, \cdots, B)$，也就是说在这里

把 A_j 作为基数，ρ_i 作为不同的指数，其大小取决于 i 型武器相对于 l 型武器的性能。

定义

$$\begin{cases} L_i = \rho_i / \rho_l \\ S_j = \sum_{i=1}^{B} L_i x_{ij} \end{cases} \tag{6.1.10}$$

式中，l 型武器就是等效变换的基准武器；L_i 表示一个 i 型武器等效于多少个 l 型武器；S_j 是分配给 j 型目标的等效 l 型武器数量。在上面的定义下有

$$\prod_{i=1}^{B}(q_{ij})^{x_{ij}} = \prod_{i=1}^{B}[(A_j)^{\rho_i}]^{x_{ij}} = \prod_{i=1}^{B}[(q_{l_j})^{\rho_i/\rho_l}]^{x_{ij}}$$

$$= \prod_{i=1}^{B}[(q_{lj})^{L_i}]^{x_{ij}} = (q_{l_j})^{S_j}$$

即

$$\prod_{i=1}^{B}(q_{ij})^{x_{ij}} = (q_{lj})^{S_j} \tag{6.1.11}$$

式（6.1.11）左端表示在各型武器的攻击下，j 型目标的幸存概率；右端表示在数量为 S_j 的 l 型武器攻击下，j 型目标的幸存概率。这两者的概率相等，意味着“等效”转换成功。

将式（6.1.11）代入式（6.1.8），有

$$T = \sum_{j=1}^{R} \overline{W}_j (q_{lj})^{S_j} \tag{6.1.12}$$

现在分析式（6.1.12）即优化目标函数的约束条件。由于

$$\sum_{j=1}^{R} R_j S_j = \sum_{j=1}^{R}\sum_{i=1}^{B} L_i x_{ij} R_j = \sum_{i=1}^{B} L_i \left(\sum_{j=1}^{R} x_{ij} R_j \right) \tag{6.1.13}$$

因此有 $\sum_{j=1}^{R} R_j x_{ij} \leqslant B_i$，为了更有利于减小目标的威胁程度，对该式取等号，即将所有的 i 型武器都分配出去，则式（6.1.13）变为

$$\sum_{j=1}^{R} R_j S_j = \sum_{i=1}^{B} L_i B_i = M \tag{6.1.14}$$

称 M 为 B_0 个武器在 l 型武器为基准下的等效武器数量，若 $L_i = 1$，$i = 1,2,\cdots,B$，则 $M = B_0$，这意味着各型武器完全相同。

经过上面的分析，使目标总价值最小的分配问题就转化为求 S_j，使得

$$\min_{S_j} T = \sum_{j=1}^{B} \overline{W}_j (q_{lj})^{S_j}$$

满足下列约束条件：

$$\begin{cases} (1) \sum_{j=1}^{R} R_j S_j = \sum_{i=1}^{B} L_i B_i = M \\ (2)\ S_j \geqslant 0 \quad j = 1,2,\cdots,R \end{cases} \tag{6.1.15}$$

首先讨论在不考虑式（6.1.15）中约束条件（2）的情况下分配问题的解法。

应用拉格朗日乘子法，可解得使 T 最小的 S_j^*，$j = 1,2,\cdots,R$ 为

$$S_j^* = \{\ln \overline{W}_j - \ln\lambda + \ln[\ln\ (1/q_{lj})]\} / \ln(1/q_{lj}) \tag{6.1.16}$$

其中
$$\ln\lambda = (\beta - M)/\gamma \tag{6.1.17}$$

而
$$\beta = \sum_{j=1}^{R} R_j\{\ln[\overline{W}_j \ln(1/q_{lj})]/\ln(1/q_{lj})\} \tag{6.1.18}$$

$$\gamma = \sum_{j=1}^{R} R_j[1/\ln(1/q_{lj})] \tag{6.1.19}$$

满足

$$\sum_{j=1}^{R} S_j^* R_j = M$$

再考虑式（6.1.15）中的约束条件（2）。若R类目标中有t种的分配数S_j^*，且$S_j^*<0$，则说明这些类别的目标或者价值很小，或者很难被击毁，或者两者兼有。如果出现这种情况，那么就放弃这些类别的目标，而对剩下的$R-t$类目标重复上面的求解过程，直到满足：

$$\sum_{j=1}^{R} S_j^* R_j = M\text{，且 } S_j^* \geqslant 0 \tag{6.1.20}$$

一旦得到了满足式（6.1.20）的S_j^*，第i型武器分配给单一j类目标的最佳武器数量可由下式确定：

$$x_{ij}^* = B_i S_j^* / M \tag{6.1.21}$$

由式（6.1.21）确定的$x_{ij}^* \geqslant 0$，且满足

$$\sum_{j=1}^{R} R_j x_{ij}^* = \sum_{j=1}^{R} R_j B_i S_j^* / M = B_i \sum_{j=1}^{R} R_j S_j^* / M$$
$$= B_i M / M = B_i$$

即满足原分配问题的约束条件。由式（6.1.21）决定的x_{ij}^*，$i=1,2,\cdots,B$，$j=1,2,\cdots,R$是使得式（6.1.12）极小的一组可行解。

在此分配下，目标威胁度的极小值为

$$T_{\min} = \lambda\gamma \tag{6.1.22}$$

【例 6.1.1】假设$R=20$，即共有 20 类不同的目标，$R_j=1$，$j=1,2,\cdots,20$，即每类目标的数量都为 1；$B=3$，即共有 3 种类型的不同武器，数量分别为$B_1=50$，$B_2=80$，$B_3=45$。武器对目标的毁伤概率及目标价值如表 6.1.3 所示。

取$l=1$，即以 1 型武器作为基准武器，有

$$L_1=1, L_2 \approx 1/4, L_3 \approx 1/3$$

这表明一个 1 型武器相当于 4 个 2 型武器，3 个 3 型武器。

表 6.1.3　目标价值及毁伤概率

目标序号j	目标价值W_j	1 型武器对目标的毁伤概率P_{1j}	P_{2j}	P_{3j}
1	1	0.08	0.02	0.03
2	2	0.03	0.01	0.01
3	3	0.32	0.09	0.12
4	4	0.68	0.25	0.32
5	5	0.83	0.36	0.45
6	6	0.81	0.34	0.43
7	7	0.52	0.17	0.22

续表

目标序号 j	目标价值 W_j	1 型武器对目标的毁伤概率 P_{1j}	P_{2j}	P_{3j}
8	8	0.55	0.18	0.23
9	9	0.07	0.02	0.02
10	10	0.31	0.09	0.12
11	11	0.32	0.09	0.12
12	12	0.44	0.14	0.18
13	13	0.02	0.01	0.01
14	14	0.91	0.45	0.55
15	15	0.34	0.10	0.13
16	16	0.09	0.02	0.03
17	17	0.88	0.41	0.51
18	18	0.85	0.38	0.47
19	19	0.33	0.10	0.12
20	20	0.31	0.09	0.12

以 1 型武器为基准的等效武器总数量为

$$M = 1\times 50+\frac{1}{4}\times 80+\frac{1}{3}\times 45=85\text{（个）}$$

按式（6.1.16）～式（6.1.19）进行第一次分配的结果如表 6.1.4 中的第 2 列所示，记为 $S_j^*(1)$。由于分配给价值为 1 和 2 目标的武器数量为负数，应放弃这些目标，然后对余下的 18 个目标进行再分配，结果如表 6.1.4 中的第 3 列所示，此时仍有负的分配数，再对余下的 17 个目标进行分配，结果如表 6.1.4 的第 4 列所示，无负值元素，分配结束。

表 6.1.4　武器的等效分配结果

W_j	$S_j^*(1)$	$S_j^*(2)$	$S_j^*(3)$
1	−9.95	0	0
2	−35.54	0	0
3	4.67	3.4	2.94
4	2.78	2.35	2.2
5	2.16	1.89	1.79
6	2.38	2.09	1.98
7	4.48	3.82	3.58
8	4.39	3.78	3.56
9	16.93	10.2	7.75
10	7.99	6.68	6.2
11	8.04	6.77	6.31
12	6.2	5.36	5.05
13	15.73	−8.46	0
14	2.15	1.94	1.87
15	8.39	7.21	6.78
16	21.91	16.73	14.84

续表

W_j	$S_j^*(1)$	$S_j^*(2)$	$S_j^*(3)$
17	2.47	2.24	2.16
18	2.73	2.48	2.38
19	9.2	7.98	7.54
20	9.86	8.54	8.07
210	$\sum S_j^*(1)=85$	$\sum S_j^*(2)=85$	$\sum S_j^*(3)=85$

再由式（6.1.21）求出分配给每个目标的各型武器最佳分配数，并进行整数化处理，使得各型武器的分配总数量和武器资源相等，结果如表 6.1.5 所示。

最后要说明的是，式（6.1.9）并非总是成立的，它的成立意味着武器的性质是相同的，尽管其性能可能相差很大。

上面的分配方法比较适用于炸弹类武器的目标分配问题，这时 A_j 仅是目标坚固度的函数，ρ_i 仅取决于弹头的功率当量和精度。

若不采用等效的分配方法，则解析方法将变得异常复杂，这里不再介绍。

表 6.1.5　各型武器对目标的分配数（整数化）

W_j	x_{1j}^*	x_{2j}^*	x_{3j}^*
1	0	0	0
2	0	0	0
3	2	3	2
4	1	2	1
5	1	2	1
6	1	2	1
7	2	3	2
8	2	3	2
9	5	7	4
10	4	6	3
11	4	6	3
12	3	5	3
13	0	0	0
14	1	2	1
15	4	6	4
16	9	14	8
17	1	2	1
18	1	2	1
19	4	7	4
20	5	8	4
210	50	80	45

6.1.4　非线性模型的动态规划解法

本部分将讨论分配问题的另一种解法——动态规划法，即求 x_{ij}，使得

$$\min T=\sum_{j=1}^{R}\overline{W}_j\prod_{i=1}^{B}q_{ij}^{x_{ij}}$$

满足约束条件：

（1）$x_{ij} \geqslant 0$；

（2）$\sum_{i=1}^{B} B_i = B_0$；

（3）$\sum_{j=1}^{R} x_{ij} R_j \leqslant B_i$。

这个问题等价于在式（6.1.7）的约束条件下，使得下式成立：

$$\begin{aligned}\min T = \min_{\text{all } x_{ij}} \sum_{j=1}^{R} \overline{W}_j \prod_{i=1}^{B} (q_{ij})^{x_{ij}} &= \min_{\{x_{i1}\}} \overline{W}_1 \prod_{i=1}^{B} (q_{i1})^{x_{i1}} + \cdots + \\ & \min_{\{x_{ij}\}} \overline{W}_j \prod_{i=1}^{B} (q_{ij})^{x_{ij}} + \cdots + \min_{\{x_{iR}\}} \overline{W}_R \prod_{i=1}^{B} (q_{iR})^{x_{iR}}\end{aligned} \tag{6.1.23}$$

求解分两步进行：

第一步，计算各类武器对第 j 类目标的条件分配。

第二步，求出无条件的最优分配方案。

这实际上是两个动态规划过程嵌套的解法，称为二步方法，具体过程如下。

1. 第一步动态规划

假设对各类目标的总分配已结束，这时分给第 j 类目标的总武器数量为 $x_j = \sum_{i=1}^{B} x_{ij} R_j$。

现在的问题是在 j 固定的情况下，确定 x_{ij} 的值，即每类武器分配给 j 类目标的数量。求最优分配 x_{ij} 的问题等价于在约束条件

$$0 \leqslant \sum_{i=1}^{B} x_{ij} R_j = x_j \leqslant B_0$$

下，使式（6.1.23）中的第 j 项达到最小，记为

$$n_B^j(x_j) = \min_{\{x_{1j}, x_{2j}, \cdots, x_{Bj}\}} \left[\overline{W}_j (q_{1j})^{x_{1j}} (q_{2j})^{x_{2j}} \ldots (q_{Bj})^{x_{Bj}} \right] \tag{6.1.24}$$

$$n_B^j(x_j) = \min_{\{x_{Bj}\}} \left[\overline{W}_j (q_{Bj})^{x_{Bj}} \cdot n_{B-1}^j (x_j - x_{Bj}) \right] \tag{6.1.25}$$

运用贝尔曼的动态规划原理，便可求出条件最优解：

$$x_{ij}^*(x_j),\ i = 1, 2, \cdots, B,\ 0 \leqslant x_j \leqslant B_0 \tag{6.1.26}$$

即 x_{ij}^* 为 x_j 的函数。

2. 第二步动态规划

第一步动态规划中只考虑了对付红方第 j 型目标的情况，并在此条件下给出了最优分配数。现在要考虑如何处理其他类红方目标的问题，即求出无条件的最优分配方案，这个问题也用动态规划的原理来解决。用 $g_R(x, B)$ 代表红方威胁的极小值，这个函数由下式给出：

$$g_R(x, B) = \min_{\{x_1, x_2, \cdots, x_R\}} [n_B^1(x_1) + n_B^2(x_2) + \cdots + n_B^R(x_R)] \tag{6.1.27}$$

其中，

$$\sum_{j=1}^{R} x_j = x \leqslant B_0 \tag{6.1.28}$$

为了求出最终的最优分配，对式（6.1.27）再一次运用贝尔曼的动态规划方法，这时方程变为

$$g_R(x,B)=\min_{x_R}[n_B^R(x_R)+g_{R-1}(x-x_R,B)] \tag{6.1.29}$$

因为武器的空闲必定会引起目标威胁度的增加，所以式（6.1.28）应取等号，变为

$$\sum_{j=1}^{R}x_j=x=B_0 \tag{6.1.30}$$

求得的对应最优解记为

$$(x_1^*,x_2^*,\cdots,x_j^*,\cdots,x_R^*)$$

代入式（6.1.26）便可得到最终的武器最优方案为

$$x_{ij}^*=x_{ij}(x_j^*),\ i=1,2,\cdots,B;\ j=1,2,\cdots,R \tag{6.1.31}$$

下面举例说明二步方法的应用。

【例 6.1.2】 用 10 枚同型导弹对付 3 批目标，其中目标 1 为航母，目标 2 为驱逐舰，目标 3 为护卫舰，3 批目标相对价值权重分别为$W_1=3$、$W_2=2$、$W_3=1$。目标采取分级防卫阵形，使得导弹对每个目标的命中概率分别为$P_{11}=0.1$、$P_{12}=0.05$、$P_{13}=0.20$。求导弹的最佳分配原则。

解： 第一步，计算第 j 类目标在不同类型武器攻击下的价值目标函数值。

因为武器为同型导弹，所以武器类型数为 1，即$i=1$；目标有 3 类，即$j=1, 2, 3$；每类目标数为 1，即$R_j=1$，且$\overline{W}_j=R_jW_j=W_j$。因此$x_{ij}=x_j$，且

$$n_B^j(x_j)=n_1^j(x_j)=\overline{W}_j(q_{1j})^{x_{1j}}=\overline{W}_j(q_{1j})^{x_j}$$

对$0\leqslant x_j\leqslant 10$，计算上式的函数值，结果如表 6.1.6 所示。

第二步，求分配数x_j^*，$j=1, 2, 3$。

（1）假设目标 1（航母）是唯一参加分配的目标，则其最小幸存值为$n_1^1(10)=1.04$。为了得到该值，需要的导弹数量为 10。

（2）当分配给航母的导弹数量$0\leqslant x\leqslant 10$时，其威胁的极小值为

$$g_1(x,1)=n_1^1(x),\ x=0,1,2,\cdots,10$$

结果如表 6.1.7 所示。

（3）假设目标 1 和目标 2 为参加分配的目标，即全部 10 枚导弹可以用来分配给这两个目标。因为$n_1^j(x_j)$为x_j的递减函数，所以全部导弹都应参加分配，这样只要检查下列各式的值，即

$$F(x_2)=n_1^2(x_2)+g_1(10-x_2,1),\ x_2=0,1,2,\cdots,10$$

计算结果如表 6.1.8 所示。

表 6.1.6　不同目标在不同类型武器攻击下的价值目标函数值

x	0	1	2	3	4	5	6	7	8	9	10
$n_1^1(x_1)$	3	2.70	2.43	2.187	1.968	1.771	1.594	1.434	1.29	1.162	1.04
$n_2^1(x_2)$	2	1.90	1.805	1.714	1.629	1.547	1.470	1.396	1.26	1.26	1.197
$n_3^1(x_3)$	1	0.80	0.640	0.512	0.410	0.327	0.262	0.200	0.134	0.134	0.107

表 6.1.7　分配给航母不同数量导弹时的威胁极小值

x	0	1	2	3	4	5	6	7	8	9	10
$g_1(x,t)$	3	2.7	2.43	2.187	1.968	1.771	1.594	1.434	1.291	1.162	1.04

表 6.1.8　分配给航母和驱逐舰不同数量导弹时的威胁极小值

x	0	1	2	3	4	5	6	7	8	9	10
$g_2(x,t)$	5	4.7	4.43	4.187	3.968	3.771	3.594	3.434	3.291	3.162	3.04

当 10 枚导弹都分配给目标 1（航母）和目标 2（驱逐舰）时，由表 6.1.8 知，其威胁的最小值为

$$g_2(10,1)=\min_{x_2}[n_1^2(x_2)+g_1(10-x_2,1)]=\min_{x_2}F(x_2)=3.04$$

（4）假设分配给目标 1 和目标 2 的导弹数量为 x，$0\leqslant x\leqslant 10$，则可以计算：

$$g_2(x,1)=\min_{x_2=0,1,2,\cdots,x}[n_1^2(x_2)+g_1(x-x_2,1)]$$

例如，当 $x=1$ 时，有

$$g_2(1,1)=\min_{x_2}[n_1^2(x_2)+g_1(1-x_2,1)]=\min_{x_2=0,1}\begin{bmatrix}n_1^2(0)+g_1(1,1)=4.7\\ n_1^2(1)+g_1(0,1)=4.9\end{bmatrix}=4.7$$

对应的分配方案为 $x_2=1$，$x_1=x-x_2=0$。

按类似上面介绍的方法，对 $x=0, 1, 2, \cdots, 10$ 计算结果如表 6.1.9 所示。

表 6.1.9　分配给航母和驱逐舰不同数量导弹时的威胁极小值和分配方案

x	0	1	2	3	4	5	6	7	8	9	10
$g_1(x_1,1)$	3	2.70	2.43	2.187	1.968	1.771	1.594	1.434	1.291	1.162	1.04
$g_2(x_1,1)$	5	4.7	4.43	4.187	3.968	3.771	3.594	3.434	3.291	3.162	3.04
x_1	0	1	2	3	4	5	6	7	8	9	10
x_2	0	0	0	0	0	0	0	0	0	0	0

由表 6.1.9 可知，将不同数量的导弹分配给航母和驱逐舰的威胁极小值，对应的分配方案是将所有导弹都分配给航母，而不分配给驱逐舰。

（5）计算：

$$g_3(x,1)=\min_{x_3=0,1,2,\cdots,10}[n_1^3(x_3)+g_2(x-x_3,1)]$$

因 10 枚导弹都参加分配，故 $x=10$，比较 $x_3=0,1,2,\cdots,10$ 时的下式：

$$n_1^3(x_3)+g_2(10-x_3,1)$$

结果为 $g_3(x=10,1)=\min\limits_{x_3=0,1,2,\cdots,10}[n_1^3(x_3)+g_2(10-x_3,1)]=3.931$，对应的最优分配方案为

$$x_1^*=8,x_2^*=0,x_3^*=2$$

即此时分配方案为 8 枚导弹射击航母，2 枚导弹射击护卫舰，对驱逐舰不射击。

6.2 武器目标分配的线性模型及求解

本节将介绍两种线性模型：使各类目标幸存概率按规定比例分布的线性模型和解除目标威胁次数最大的线性模型。

6.2.1 使各类目标幸存概率按规定比例分布的线性模型

对 $j=1,2,\cdots,R$ 类不同目标，假定希望它们最终的幸存概率按比例 $C_1:C_2:\cdots:C_R$ 分布，并在武器资源可用的范围内达到最小。若引入辅助变量 $\overline{Y}$，则此问题的数学描述为

$$\min\ \overline{Y}$$

满足下列约束条件：

$$\begin{cases}(1)\ \prod_{i=1}^{B}(q_{ij})^{x_{ij}}\leqslant C_j\overline{Y},\ j=1,2,\cdots,R\\(2)\ \sum_{j=1}^{R}R_jx_{ij}\leqslant B_i,\ i=1,2,\cdots,B\end{cases}\tag{6.2.1}$$

可以认为，此模型用带系数 C_j 的辅助变量 $\overline{Y}$，在可用武器资源的限制下，按规定的比例压缩各类目标的幸存概率。辅助变量 $\overline{Y}$ 可以认为是目标最终的剩余价值。

模型式（6.2.1）从形式上看是一个非线性模型，因为条件（1）不是变量 x_{ij} 的线性函数，为此可将此式两边取对数，有

$$\sum_{i=1}^{B}(\ln q_{ij})x_{ij}\leqslant\ln C_j+\ln\overline{Y},\ j=1,2,\cdots,R$$

令 $Y=\ln\overline{Y}$，由于对数函数是单调函数，因此 Y 极小相当于 $\overline{Y}$ 极小，这样便得到一个等价的线性规划模型（Linear Programming 模型，LP 模型）。

1. 简单的 LP 模型

该模型的目标函数为

$$\min\ Y$$

满足下列约束条件：

$$\begin{cases}(1)\ \sum_{j=1}^{R}(\ln q_{ij})x_{ij}-Y\leqslant\ln C_j;\quad j=1,2,\cdots,R\\(2)\ \sum_{j=1}^{R}R_jx_{ij}\leqslant B_i;\quad i=1,2,\cdots,B\end{cases}\tag{6.2.2}$$

得到 LP 模型后，可利用线性规划算法进行求解，典型的如单纯形法，此处不作介绍，读者可参考运筹学相关教材。

【例 6.2.1】 考虑 3 种类型武器对付 3 类不同目标的情形。已知：$R_1=10$，$R_2=16$，$R_3=21$，$B_1=20$，$B_2=25$，$B_3=28$，$q_{11}=0.20$，$q_{12}=0.17$，$q_{13}=0.25$，$q_{21}=0.30$，$q_{22}=0.29$，$q_{23}=0.34$，$q_{31}=0.45$，$q_{32}=0.46$，$q_{33}=0.49$。若希望 3 类目标的幸存概率比为 100∶94∶87，请建立简单的 LP 模型并给出分配方案。

解：简单 LP 模型为

$$\min\ Y$$

约束条件为

$$\begin{cases}(\ln 0.20)x_{11}+(\ln 0.30)x_{21}+(\ln 0.45)x_{31}-Y\leqslant \ln 100\\(\ln 0.17)x_{12}+(\ln 0.29)x_{22}+(\ln 0.46)x_{32}-Y\leqslant \ln 94\\(\ln 0.25)x_{13}+(\ln 0.34)x_{23}+(\ln 0.49)x_{33}-Y\leqslant \ln 87\\10x_{11}+16x_{12}+21x_{13}\leqslant 20\\10x_{21}+16x_{22}+21x_{23}\leqslant 25\\10x_{31}+16x_{32}+21x_{33}\leqslant 28\end{cases}$$

利用线性规划算法可得其解为

$$\begin{cases}x_{11}=0.429, & x_{12}=0.981, & x_{13}=0\\x_{21}=0, & x_{22}=0, & x_{23}=1.190\\x_{31}=1.234, & x_{32}=0, & x_{33}=0.745\end{cases}$$

x_{ij} 为第 i 型武器分配给第 j 型单位目标的平均数量，$R_j x_{ij}$ 是第 i 型武器分配给第 j 型目标的总数量，有

$$\begin{cases}R_1x_{11}=4.29, & R_2x_{12}=15.696, & R_3x_{13}=0\\R_1x_{21}=0, & R_2x_{22}=0, & R_3x_{23}=24.99\\R_1x_{31}=12.34, & R_2x_{32}=0, & R_3x_{33}=15.645\end{cases}$$

结果为分数，应取整，且使得 $\sum_{j=1}^{R} R_j x_{ij}\leqslant B_i$，最终得

$$\begin{cases}x_{11}^{*}=4, & x_{12}^{*}=16, & x_{13}^{*}=0\\x_{21}^{*}=0, & x_{22}^{*}=0, & x_{23}^{*}=25\\x_{31}^{*}=12, & x_{32}^{*}=0, & x_{33}^{*}=16\end{cases}$$

如果 x_{ij} 很大，这种经过取整的误差很小。我们可以用幸存概率的近似计算公式 $\prod_{i=1}^{B}(q_{ij})^{x_{ij}}$，计算出各类目标的幸存概率依次为 0.187、0.176、0.163，满足 $100:94:87$ 的比例关系。至于实际幸存概率，只有在同一类目标内的分配完成后才能计算，我们将在 6.2.2 节中讨论这种分配的最优方法。

2. 复杂的 LP 模型

在实际问题中，有时我们希望对目标的杀伤概率达到某种程度即可，如多层防御系统，这样就可以节约武器资源，以对付后来的目标。这个问题可以通过扩充简单的 LP 模型来描述，即引入更多辅助变量和“终止点”等附加条件来实现。

为了保证第 j 类目标的幸存概率不小于预先规定的终止点 q_j，我们应引入下面的限制条件：

$$\sum_{i=1}^{B}(\ln q_{ij})x_{ij}\geqslant \ln q_j \tag{6.2.3}$$

式中，j 属于我们希望附加限制的目标类。

但是，仅对简单 LP 模型增加这些附加限制还不够，在简单 LP 模型中引入约束条件：

$$\sum_{i=1}^{B}(\ln q_{ij})\,x_{ij}-Y\leqslant \ln C_j,\ j=1,2,\cdots,R$$

综合上式和式（6.2.3），可得

$$\ln q_j - \ln C_j \leqslant Y$$

换句话说，若对某类目标的杀伤概率已达到终止点，则Y就不能继续减小，规划到此时停止，而不管其他类目标的幸存概率是否已充分接近其终止点，而充分接近正是我们所希望的。

为弥补上述不足，可以引入更多辅助变量来代替Y，分别为$Y_1,Y_2,\cdots,Y_R$，则复杂的 LP 模型为

$$\min m_1Y_1 + m_2Y_2 + \cdots + m_RY_R$$

约束条件为

$$\begin{cases} (1)\ \sum_{i=1}^{B}(\ln q_{ij})x_{ij} - \sum_{l=1}^{j}Y_l \leqslant \ln C_j,\ j=1,2,\cdots,R \\ (2)\ \sum_{j=1}^{R}R_jx_{ij} \leqslant B_i,\ i=1,2,\cdots,B \\ (3)\ \sum_{i=1}^{B}(\ln q_{ij})x_{ij} \geqslant \ln q_j,\ j=1,2,\cdots,R \end{cases} \tag{6.2.4}$$

其中，不等式的编排次序应使得

$$C_1/q_1 \leqslant C_2/q_2 \leqslant \cdots \leqslant C_R/q_R$$

$m_1,m_2,\cdots,m_R$为适当选择的正数，使得

$$m_1 > m_2 > \cdots > m_R$$

如果m_1相对其他m_i选择得足够大，那么在达到第一个终止点前，Y_1将是Y_i中唯一数值减小的量。依据这一点，这等价于简单的 LP 模型。

但是，当达到第一个终止点后，Y_1不再减小。如果此时m_2相对余下的m_i足够大，那么在达到第二个终止点前，Y_2将是唯一减小的变量。后续重复该过程。

对参数序列m_i的选择通常是一件困难的事，但从实际应用的角度出发，只要m_i对m_{i+1}的倍数因子为 10 就已足够。

【例 6.2.2】考虑例 6.2.1 所述情形，希望每类目标的幸存概率不小于$q_j = 0.168$，$j=1,2,3$。

解：此时可建立复杂 LP 模型为

$$\min\ 9y_1 + 3y_2 + y_3$$

满足约束条件：

$$\begin{cases} (\ln 0.25)x_{13} + (\ln 0.34)x_{23} + (\ln 0.49)x_{33} - Y_1 \leqslant \ln 87 \\ (\ln 0.17)x_{12} + (\ln 0.29)x_{22} + (\ln 0.46)x_{32} - Y_1 - Y_2 \leqslant \ln 94 \\ (\ln 0.20)x_{11} + (\ln 0.30)x_{21} + (\ln 0.45)x_{31} - Y_1 - Y_2 - Y_3 \leqslant \ln 100 \\ 10x_{11} + 16x_{12} + 21x_{13} \leqslant 20 \\ 10x_{21} + 16x_{22} + 21x_{23} \leqslant 25 \\ 10x_{31} + 16x_{32} + 21x_{33} \leqslant 28 \\ (\ln 0.25)x_{13} + (\ln 0.34)x_{23} + (\ln 0.49)x_{33} \geqslant \ln 0.168 \\ (\ln 0.17)x_{12} + (\ln 0.29)x_{22} + (\ln 0.46)x_{32} \geqslant \ln 0.168 \\ (\ln 0.20)x_{11} + (\ln 0.30)x_{21} + (\ln 0.45)x_{31} \geqslant \ln 0.168 \end{cases}$$

此例中倍数因子为 3，已足够，解得

$$\begin{cases} x_{11}=0.401, & x_{12}=0.999, & x_{13}=0 \\ x_{21}=0, & x_{22}=0, & x_{23}=1.190 \\ x_{31}=1.331, & x_{32}=0, & x_{33}=0.699 \end{cases}$$

用目标幸存概率的计算方法，求得的各类目标的幸存概率依次为 0.181、0.171、0.168（例 6.2.1 中分别为 0.187、0.176、0.163）。与无终止点限制的例 6.2.1 相比，可以看出本例将分配给第 3 类目标的武器数减少，使得其幸存概率增加到 0.168，然后将这些武器分配给了第 1 类、第 2 类目标，使得它们的幸存概率按规定的比例减小。

3．复杂 LP 模型的替代形式

如果难以确定合适的 $m_1,m_2,\cdots,m_R$ 值，可用以下连续求解简单 LP 模型的方法来求得最优分配的解。

首先把问题表述为只增加一个附加约束条件的简单 LP 问题，该附加条件为

$$\sum_{i=1}^{B}(\ln q_{i1})x_{i1} \geqslant \ln q_1$$

式中，$C_1/q_1=\min\{C_j/q_j\}$。

在此基础上求解得到的分配结果，若使此约束满足绝对不等式，则没有达到终止点，此解就是原问题的解，因为 Y 可以一直减小。相反，若使约束条件的等式成立，则必须进一步在下面两个附加条件下求解简单 LP 模型：

$$\begin{cases} (\text{Ⅰ})\ \sum_{i=1}^{B}(\ln q_{i1})x_{i1}=\ln q_1 \\ (\text{Ⅱ})\ \sum_{i=1}^{B}(\ln q_{i2})x_{i2} \geqslant \ln q_2 \end{cases}$$

同时应解除约束条件：

$$\sum_{i=1}^{B}(\ln q_{i1})x_{i1}-Y \leqslant \ln C_1$$

连续不断地按上面的方式求解修正的简单 LP 模型，直到新增加的不等式约束条件被严格满足。若从未出现此情况，则说明武器系统的数量过剩，即满足“武器过剩”的条件。

4．“武器过剩”条件下的 LP 模型

若武器数量足够多，使得所有类目标的幸存概率都达到规定的终止点值，则称为“武器过剩”条件成立。在这种情况下，应该改变原来对武器进行分配的准则，而取使参加分配的武器总数量最小为准则，这时的 LP 模型为

$$\min\sum_{j=1}^{R}\sum_{i=1}^{B}d_iR_jx_{ij}$$

满足约束条件：

$$\begin{cases} (1)\ \sum_{j=1}^{R}R_jx_{ij} \leqslant B_i,\ i=1,2,\cdots,B \\ (2)\ \sum_{i=1}^{B}(\ln q_{ij})x_{ij} \leqslant \ln q_j,\ j=1,2,\cdots,R \end{cases} \tag{6.2.5}$$

式中，d_i 为正的权函数，表示我们对使用 i 型武器“喜好”程度的一个相对权。如果我们希

望参加分配的武器总数量最少，那么令 $d_i = 1$；如果我们希望使用的 i 型武器比 j 型武器多，那么有 $d_j > d_i$。

【例 6.2.3】条件同例 6.2.2，只是此处把终止点值提高到 0.25，此时，“武器过剩”条件成立。其 LP 模型为

$$\min 10(x_{11}+x_{21}+x_{31})+16(x_{12}+x_{22}+x_{32})+21(x_{13}+x_{23}+x_{33})$$

满足约束条件：

$$\begin{cases}10x_{11}+16x_{12}+21x_{13}\leqslant 20\\10x_{21}+16x_{22}+21x_{23}\leqslant 25\\10x_{31}+16x_{32}+21x_{33}\leqslant 28\\(\ln 0.20)x_{11}+(\ln 0.30)x_{21}+(\ln 0.45)x_{31}\leqslant \ln 0.25\\(\ln 0.17)x_{12}+(\ln 0.29)x_{22}+(\ln 0.46)x_{32}\leqslant \ln 0.25\\(\ln 0.25)x_{13}+(\ln 0.34)x_{23}+(\ln 0.49)x_{33}\leqslant \ln 0.25\end{cases}$$

计算结果为

$$\begin{cases}x_{11}=0.748, & x_{12}=0.782, & x_{13}=0\\x_{21}=0, & x_{22}=0, & x_{23}=1.190\\x_{31}=0.228, & x_{32}=0, & x_{33}=0.142\end{cases}$$

同样，可以用目标幸存概率的近似计算方法，求得每类目标的幸存概率都为 0.25，满足要求，而这时各型武器投入作战的数量分别为

$$\begin{cases}1\text{型：}10\times 0.748+16\times 0.782+21\times 0\approx 20\\2\text{型：}10\times 0+16\times 0+21\times 1.190\approx 25\\3\text{型：}10\times 0.228+16\times 0+21\times 0.142\approx 5\end{cases}$$

这说明所有的 1 型和 2 型武器都参加作战，而 3 型武器投入 5 个单位。这个分配结果是在分配准则为参加分配的武器总数量最少（$d_i = 1$）的条件下取得的。若 3 型武器的使用具有最高优先权，其次为 2 型武器和 1 型武器，则选 $d_1 = 100$，$d_2 = 10$，$d_3 = 1$ 建立目标函数，结果为

$$\begin{cases}x_{11}=0, & x_{12}=0.563, & x_{13}=0\\x_{21}=1.15, & x_{22}=0.313, & x_{23}=0.403\\x_{31}=0, & x_{32}=0, & x_{33}=1.333\end{cases}$$

在这种情况下，所有 2 型武器和 3 型武器都投入了战斗，而 1 型武器有 11 个是闲置的。

5. 其他约束条件

武器-目标分配线性规划模型的优点之一是可以根据运筹分析的要求增加相应的约束条件，而不需要抛开原模型的形式。

例如，分配给某一类目标的武器总数不得少于 l 个，则只需在原模型上附加条件

$$\sum_{i=1}^{B} x_{ij}R_j \geqslant l,\quad j=1,2,\cdots,R$$

又如，如果限制 i 型武器不能对 j 型目标实施攻击，只要 $q_{ij}=1$ 即可，而无须改变原模型的性质。

因此，我们可以根据分配问题的特殊要求来建立相应的模型约束条件，这里不再具体讨论。

6.2.2　解除目标威胁次数最大的线性模型

对 $i=1,2,\cdots,B$; $j=1,2,\cdots,R$，引入以下参数：

λ_{ij} 为蓝方用 i 型武器击毁红方 j 型单一目标所需的数量（或弹药发数、射击次数等）;

r_{ij} 为 i 型武器对付的 j 型目标数量。

所谓解除目标威胁次数最大的线性模型，就是在武器资源有限的条件下，求分配数 r_{ij}，使得

$$\max K$$

满足约束条件：

$$\begin{cases}(1)\ \begin{cases}K(\lambda_{11}r_{11}+\lambda_{12}r_{12}+\cdots+\lambda_{1R}r_{1R})\leqslant B_1\\K(\lambda_{21}r_{21}+\lambda_{22}r_{22}+\cdots+\lambda_{2R}r_{2R})\leqslant B_2\\\quad\vdots\\K(\lambda_{B1}r_{B1}+\lambda_{B2}r_{B2}+\cdots+\lambda_{BR}r_{BR})\leqslant B_B\end{cases}\\(2)\ \begin{cases}r_{11}+r_{21}+\ldots+r_{B1}=R_1\\r_{12}+r_{22}+\cdots+r_{B2}=R_2\\\quad\vdots\\r_{1R}+r_{2R}+\cdots+r_{BR}=R_R\end{cases}\\(3)\quad r_{ij}\geqslant 0;\ i=1,2,\cdots,B;\ j=1,2,\cdots,R\end{cases}\tag{6.2.6}$$

引入松弛变量 L_i，使得约束条件（6.2.6）中（1）的不等式转变为等式约束：

$$\begin{cases}K(\lambda_{11}r_{11}+\lambda_{12}r_{12}+\cdots+\lambda_{1R}r_{1R}+L_1)=B_1\\K(\lambda_{21}r_{21}+\lambda_{22}r_{12}+\cdots+\lambda_{2R}r_{2R}+L_2)=B_2\\\quad\vdots\\K(\lambda_{B1}r_{B1}+\lambda_{B2}r_{B2}+\cdots+\lambda_{BR}r_{BR}+L_B)=B_B\end{cases}$$

求 K 的极大值等价于 $1/K$ 的极小值，利用约束条件（6.2.6）中的（1）式，原问题等价于求分配数 r_{ij}，使得

$$\min\,(\lambda_{11}r_{11}+\lambda_{12}r_{12}+\cdots+\lambda_{1R}r_{1R}+L_1)/B_1$$

满足约束条件：

$$\begin{cases}(1)\ \begin{cases}B_1(\lambda_{21}r_{21}+\lambda_{22}r_{22}+\cdots+\lambda_{2R}r_{2R}+L_2)=B_2F(r,\lambda)\\B_1(\lambda_{31}r_{31}+\lambda_{32}r_{32}+\cdots+\lambda_{3R}r_{3R}+L_3)=B_3F(r,\lambda)\\\quad\vdots\\B_1(\lambda_{B1}r_{B1}+\lambda_{B2}r_{B2}+\cdots+\lambda_{BR}r_{BR}+L_B)=B_BF(r,\lambda)\\F(r,\ \lambda)=\lambda_{11}r_{11}+\lambda_{12}r_{12}+\cdots+\lambda_{1R}r_{1R}+L_1\end{cases}\\(2)\ \begin{cases}r_{11}+r_{21}+\cdots+r_{B1}=R_1\\r_{12}+r_{22}+\cdots+r_{B2}=R_2\\\quad\vdots\\r_{1R}+r_{2R}+\cdots+r_{BR}=R_R\end{cases}\\(3)\quad r_{ij}\geqslant 0;\ i=1,2,\cdots,B;\ j=1,2,\cdots,R\end{cases}\tag{6.2.7}$$

显然，这已经转化为典型的线性规划问题，不再讨论对其求解的过程。

6.3 同类目标中武器分配的线性整数规划模型

在本章前几节的讨论中，除特殊说明外，武器的分配是在不同类目标中进行的，也就是说至此我们知道了每类武器应分配给每类目标的数量。下一步的问题就是在同类目标中，对各单个目标分配武器，本节主要介绍一种解决此类分配问题的线性整数规划模型。

当然，如果分配给某类目标的武器总数小于此类目标中目标的个数，那么分配的最优方案非常简单，即每个目标的最多分配数为 1，但是如果总武器数量大于目标总数，分配将变得复杂。引入参数如表 6.3.1 所示。

表 6.3.1　对同类目标进行武器分配的模型参数定义

参　数	定　义
N	同类目标中目标的个数
L	允许分配给单一目标的最大武器数量
K	分配给此类目标的武器种数
b_j	分配给此类目标的 j 型武器的数量，$j=1,2,\cdots,K$
P_j	在单位 j 型武器的攻击下此类单一目标的幸存概率
$\overline{q}_i$	处在分配状态 i 的单一目标的幸存概率，$i=1,2,\cdots,A$
T_i	处在状态 i 的目标数量，$i=1,2,\cdots,A$

令 A 为单个目标可能分配方案的种数，即对于单个目标而言，为其从 K 类武器中最多分 L 个武器的方案共有 A 种，即

$$A=\sum_{i=0}^{L}C_{K+i-1}^{i}=\sum_{i=0}^{L}\binom{K+i-1}{i} \tag{6.3.1}$$

称每种分配方案对应一种分配状态。

$a_i=(a_{i1},a_{i2},\cdots,a_{ij},\cdots,a_{iK})$ 为对处于某种分配状态 i 的目标，各型武器分配给该目标的实际数量，$i=1,2,\cdots,A$，$j=1,2,\cdots,K$。

对处于状态 i 的 T_i 个目标，它们的分配相同，都是一个 K 维向量，即

$$\boldsymbol{a_i}=(a_{i1},a_{i2},\cdots,a_{iK})$$

这种目标对应的幸存概率为 $\overline{q}_i$。

【例 6.3.1】 $K=L=2$，$P_1=0.3$，$P_2=0.5$。分析目标可能的分配状态及对应的幸存概率。

解：

$$A=\sum_{i=0}^{2}\binom{2+i-1}{i}=\binom{1}{0}+\binom{2}{1}+\binom{3}{2}=6$$

故单个目标的 6 种分配状态为

$$\begin{cases}a_1=(0,0),\ a_2=(1,0),\ a_3=(0,1)\\ a_4=(2,0),\ a_5=(0,2),\ a_6=(1,1)\end{cases}$$

其中，分配状态 a_1 表示在两类武器中分配给目标的数量均为 0；a_4 表示只有第一类武器分配给目标数量 2，第二类武器未分配；a_6 表示两类武器分配给目标的数量均为 1。类似地，分析余下分配状态，总之使每个目标被分配的武器数量 L 不超过 2。

每种分配状态下目标对应的幸存概率为

$$\begin{cases}\overline{q}_1 = 0.3^0 \times 0.5^0 = 1, & \overline{q}_2 = 0.3^1 \times 0.5^0 = 0.3 \\ \overline{q}_3 = 0.3^0 \times 0.5^1 = 0.5, & \overline{q}_4 = 0.3^2 \times 0.5^0 = 0.09 \\ \overline{q}_5 = 0.3^0 \times 0.5^2 = 0.25, & \overline{q}_6 = 0.3^1 \times 0.5^1 = 0.15\end{cases}$$

接下来为同类目标中的武器目标分配问题建立模型。

在已知 A 和 $\overline{q}_i$ 的条件下，把在同类目标中的武器目标分配问题表述为使目标整体幸存概率极小的整数规划问题，即求解 T_i ，使得

$$\min \sum_{i=1}^{A} \overline{q}_i T_i$$

满足约束条件：

$$\begin{cases}(1)\ \sum_{i=1}^{A} T_i = N,\ T_i\text{为正整数} \\ (2)\ \sum_{i=1}^{A} a_{ij} T_i \leqslant b_j;\ j = 1,2,\cdots,K,\ T_i\text{为非负整数}\end{cases}$$

【例 6.3.2】 对例 6.3.1，如果 $N = 400$，$b_1 = 350$，$b_2 = 220$，则整数规划问题可建模为

$$\min\ T_1 + 0.3T_2 + 0.5T_3 + 0.09T_4 + 0.25T_5 + 0.15T_6$$

满足约束条件：

$$\begin{cases}(1)\ T_1 + T_2 + T_3 + T_4 + T_5 + T_6 = 400 \\ (2)\ 0T_1 + 1T_2 + 0T_3 + 2T_4 + 0T_5 + 1T_6 \leqslant 350 \\ \quad\ \ 0T_1 + 0T_2 + 1T_3 + 0T_4 + 2T_5 + 1T_6 \leqslant 220\end{cases}$$

式中，$T_1, T_2, T_3, T_4, T_5, T_6$ 为非负整数。

进一步，可以根据运筹要求修正上面的整数规划模型。例如，要求目标不能同时遭到两个以上类型武器的攻击，这时应把所有不满足这一要求的分配状态删除，再建立模型。在例 6.3.2 中，应删掉 $a_6 = (1,1)$ 这一分配状态，这时模型变为

$$\min\ T_1 + 0.3T_2 + 0.5T_3 + 0.09T_4 + 0.25T_5$$

约束条件为

$$\begin{cases}T_1 + T_2 + T_3 + T_4 + T_5 = 400 \\ 0T_1 + 1T_2 + 0T_3 + 2T_4 + 0T_5 \leqslant 350 \\ 0T_1 + 0T_2 + 1T_3 + 0T_4 + 2T_5 \leqslant 220\end{cases}$$

对于整数规划的求解，可采用分支定界法、割平面法等，有兴趣的读者可参考运筹学相关书籍，本书不再介绍。

6.4　武器对目标分配的 0-1 整数规划模型及求解

6.4.1　0-1 整数规划模型

式（6.1.6）～式（6.1.7）给出了多类武器对多类目标，且同类型武器或目标有多个时的武器目标分配模型。如果其他条件不变，但每类武器和每类目标均只有 1 个，此时优化目标函数为

$$\min T=\sum_{j=1}^{R}W_jR_j\prod_{i=1}^{B}(1-P_{ij})^{x_{ij}}=\sum_{j=1}^{R}W_j\prod_{i=1}^{B}(1-P_{ij})^{x_{ij}} \tag{6.4.1}$$

若所有武器都必须被分配且只能被分配一次，则问题的约束条件为

$$\begin{cases}(1)\ \sum_{j=1}^{R}x_{ij}=1,\ i=1,2,\cdots,B\\ (2)\ x_{ij}=\begin{cases}1, 第\,i\,个武器被分配给第\,j\,个目标\\ 0, 否则\end{cases}\end{cases} \tag{6.4.2}$$

由约束条件（2）可知，模型变量 x_{ij} 仅能取 0 或 1 两个值，此时式（6.4.1）变为

$$\min T=\sum_{j=1}^{R}W_j\prod_{i=1}^{B}(1-P_{ij})^{x_{ij}}=\sum_{j=1}^{R}W_j\prod_{i=1}^{B}(1-x_{ij}P_{ij}) \tag{6.4.3}$$

上面定义的武器目标分配模型属于非线性 0-1 整数规划模型，在此基础上，考虑投入战斗的武器数量与来袭目标数量相等，即 $B=R$，且武器和目标之间一一对应分配时，可以将上述模型作进一步简化。有下式成立：

$$\begin{aligned}\prod_{i=1}^{B}(1-P_{ij})^{x_{ij}}&=\prod_{i=1}^{B}(1-x_{ij}P_{ij})=1-x_{j1}P_{j1}-x_{j2}P_{j2}-\cdots-x_{jB}P_{jB}\\&=1-\sum_{i=1}^{B}x_{ij}P_{ij}\end{aligned}$$

此时分配问题成为线性 0-1 整数规划问题，模型为

$$\min T=\sum_{j=1}^{R}W_j\prod_{i=1}^{B}(1-x_{ij}P_{ij})=\sum_{j=1}^{R}W_j(1-\sum_{i=1}^{B}x_{ij}P_{ij})$$

等价于

$$\min -\sum_{j=1}^{R}W_j\sum_{i=1}^{B}x_{ij}P_{ij} \tag{6.4.4}$$

约束条件为

$$\begin{cases}(1)\ \sum_{i=1}^{B}x_{ij}=1\\ (2)\ \sum_{j=1}^{R}x_{ij}=1\end{cases} \tag{6.4.5}$$

式中，约束条件（1）表示每个目标仅被分配 1 型武器，约束条件（2）表示每型武器都被分配给 1 个目标。

6.4.2 武器目标分配的贪心求解算法

由表 6.1.2 可知，线性 0-1 整数规划问题求解的最优化方法包括隐枚举法、匈牙利法等，这些都是最优化问题中的经典处理方法，是使最优化问题获得最优方案的方法。但在实际问题中，有时寻求最优方案需要付出的时间太长或代价太大，或者问题本身只需要满意解而无须最优解，此时，还有一种非常简单、直接、快速的优化方法可以选择，它就是贪心算法。

贪心算法是指在对问题进行分步求解时，在每一步选择中都采取当前最优的选择，从而

希望能产生最好或最优结果的算法。利用贪心算法求解武器目标分配问题时，可以针对待分配武器的目标列表，按照从高威胁目标至低威胁目标的顺序，依次为每个目标分配当前可用的使该目标幸存价值最小的武器，直至武器分配完毕或目标分配完毕。下面以一个简单的武器目标一一对应分配的例子来进行说明。

【例 6.4.1】 舰艇用 4 型武器抗击来袭的 A、B、C、D 4 批目标。假定每型武器只能被分配给一批目标，各批目标被不同武器拦截的剩余威胁值如表 6.4.1 所示，为使拦截后目标的总剩余威胁值最小，试利用贪心算法进行武器目标分配。

表 6.4.1　不同武器拦截的剩余威胁值

武　器	目　标			
	A	B	C	D
1	**2**	7	11	6
2	4	5	**9**	8
3	3	**1**	10	4
4	5	9	8	**2**

解： 本例利用贪心算法依次为武器 1 至武器 4 选择合适的目标。

第一步，将武器 1 分配给目标 A，因为目标 A 的剩余威胁值为 2，是武器 1 所有分配方案中最优的，最能发挥武器 1 的作用；第二步，分配武器 2，因为最优方案目标 A 已经被分给武器 1，所以应在余下目标中选择剩余威胁值最小的，即目标 B；第三步，分配武器 3，将剩余目标中的最优方案分给目标 D；第四步，分配武器 4 给唯一的剩余目标 C。至此便完成了分配，得到了贪心算法下的分配方案为 1—A、2—B、3—D、4—C，对应的目标剩余威胁值为 19。

如果用最优化方法，如匈牙利法进行计算，可以发现，本例最优分配方案为 1—A、2—C、3—B、4—D，方案对应的目标总剩余威胁值仅为 14。利用贪心算法没有得到全局最优方案。

但有时利用贪心算法也可以获得最优方案，如互换表 6.4.1 中目标 A 和目标 D 的第一行数据，如表 6.4.2 所示利用贪心算法得到的分配方案对应目标值为 15，就是最优方案。

表 6.4.2　互换后的剩余威胁值

武　器	目　标			
	A	B	C	D
1	6	7	11	**2**
20	**4**	5	9	8
3	3	**1**	10	4
4	5	9	**8**	2

利用贪心算法得到的结果虽然不一定是问题最优解，但该算法具有简单快速的特点，尤其适用于动态分配问题，当待分配目标不断变化时，利用贪心算法能及时针对突然出现的高威胁来袭目标，选择最合适的武器进行拦截，因而在实际中应用较多。贪心算法不仅适用于求解线性整数规划问题，也适用于求解非线性整数规划问题。

6.5 武器目标分配的智能优化求解算法

智能优化算法是受人类智能、生物群体社会性或自然现象规律启发而产生的各类优化算法，如模仿自然界生物进化机制的遗传算法、模拟鸟群和鱼群群体行为的粒子群算法、模拟固体物质退火过程的模拟退火算法、模拟人类记忆过程的禁忌搜索算法、模拟神经网络行为特征的神经网络算法等，都可以用于解决各类优化问题。

智能优化算法有以下优点：算法实现简单，短短的代码就能解决复杂的优化问题；算法寻优往往具有并行特性，优化速度快、效率高；求解过程是收敛的，可以不断接近最优解；对模型依赖性小，不需要复杂的导数计算；几乎可以用于各类优化问题求解，适用面非常广。

智能优化算法有很多种，本节以其中最具代表性的遗传算法为例进行介绍，并将其用于求解武器目标分配问题。

6.5.1 遗传算法简介

遗传算法受达尔文的进化论启发而建立，它是一种模拟生物在自然环境中的遗传和进化过程而形成的自适应全局优化概率搜索算法。与传统优化算法相比，遗传算法的应用优势主要体现在两方面：一是难于用解析方法求解高度复杂的问题；二是解析求解算法时间复杂度太高，而问题本身并不追求最优解，获得满意解即可。遗传算法模拟生物进化中的复制、交换、变异等过程，并通过模拟自然选择压力的方式，推动问题解集向最优解方向移动。根据问题求解的时间或效果等约束条件，通过设置停止准则，可以在恰当的时候停止算法运行并输出到当前为止寻得的最优解，来满足问题求解需要，因而遗传算法具有相当程度的灵活性。

遗传算法由 John Holland 教授在 20 世纪 70 年代建立，经过大量的纯数值函数优化计算试验后，在 20 世纪 80 年代形成了算法的基本框架。1989 年，Goldberg 出版了专著 *Genetic Algorithm in Search, Optimization, and Machine Learning*，书中全面阐述了遗传算法的基本原理和应用，并系统总结了遗传算法的主要研究成果。从 20 世纪 80 年代开始，遗传算法和进化计算的研究得到了广泛和深入的发展，相关的国际学术会议在世界各地定期召开，也推动着遗传算法解决工程技术和社会生活中的大量实际问题。

6.5.2 遗传算法的生物学背景

遗传算法起源于生物进化与遗传原理在计算机科学中的运用，了解生物学范畴的进化、遗传概念，有助于快速理解遗传算法的运行机理。

生物学对进化的认识经历了宏观和微观两个阶段。在宏观阶段，达尔文创建了自然选择学说，该学说认为在特定的有限资源条件下，生物时刻处于选择压力之中。生物种群内部压力、种群间压力和环境压力促使不断淘汰劣势个体、保留优质个体。在进化过程中，父代和子代之间存在性状的遗传和变异。遗传是指父代和子代之间在性状上的相似性，变异则是指父代与子代之间，以及子代个体之间在性状上的差异性。遗传让子代能够继承父代的优良性状，而变异则可能让子代产生新的更适应环境的性状。生物种群内部的遗传与变异，以及生物种群面临的选择压力，三者共同作用，使生物种群向适应环境生存的方向发展进化。

20 世纪，生命科学领域对染色体和基因的研究，使人类对生物进化的认识进入微观层面。现代分子生物学研究显示，生物的外在性状是由生物细胞内染色体上的基因决定的。也就是说，细胞的细胞核中包含着遗传信息，这些信息存储在染色体中，染色体由基因组成，每个基因有其特定的位置，称为“基因座”，不同的基因组成代表了不同的生物性状，即生物的外在表型不同。遗传信息在物种中一代代繁衍，在繁衍过程中，双亲基因相结合，遗传信息得以共享，形成新的子代。在繁衍过程中，基因组合时也会发生一些“错误”，导致了遗传变异（Genetic Variation），这些“错误”有基因交叉（Crossover）、基因突变（Mutation）等。在自然选择的过程，适者生存（Survival of the Fittest）使得更适应环境的优势个体有更高的生存机会，而物竞天择（Struggle for Life）使得有利的变异逐渐被保留，而不利的则被拒绝。

进化的实质就是基因的交叉和突变创造出具有多样基因型和外在性状的种群，环境的选择压力再对种群进行筛选淘汰，保留具有适应环境的基因和性状的个体。种群内个体的遗传突变和环境对个体的筛选持续进行，最终带来种群的进化。

例如，人类从原始的类人猿演化而来，鸟的喙越变越尖、长颈鹿的脖子越来越长，都是进化的结果。在进化过程中，种群中的个体越来越适应环境，可以认为进化过程就是一个优化过程，优化的目标是使物种对环境的适应度最大，优化变量是种群中的个体，优化途径是基因变异、自然选择、优胜劣汰等。将遗传学概念转化到人工遗传算法概念，可以得到如表 6.5.1 所示的对照。

表 6.5.1　从自然遗传学到人工遗传算法的概念对照

遗传学概念	人工遗传算法概念
个体	要处理的基本对象、结构，即优化问题的一个可行解
种群	一组个体，即问题的一组可行解
染色体	个体的表现形式，即问题某个可行解的编码
基因	染色体中的某个元素，即编码中的某个元素
基因位	基因在染色体中的位置，即元素在编码中的位置
适应度	染色体的适配值，即某个可行解对应的目标函数值
选择	保留优化的可行解，淘汰差的可行解
交叉、变异	改变染色体基因，即改变可行解编码的某些元素
适者生存	随着可行解的逐渐优化，目标函数也逐渐优化

例如，要将 5 型不同的武器分配给 5 批不同的目标，假定每批目标只能分一型武器，每型武器也只能被分配给一批目标，要使目标最终剩余价值最小，这一优化问题的一个可行解的编码可以写成如下向量形式：

$$[3\quad 1\quad 4\quad 2\quad 5] \tag{6.5.1}$$

式中，编码中的位置表示基因位，编码中某一位上的元素即基因位上的基因，可以用基因位表示武器序号，基因表示目标序号，如上面的染色体就是一个可行解的编码，这个可行解是将武器 1 分配给目标 3，武器 2 分配给目标 1，依此类推，武器 5 分配给目标 5。

6.5.3　遗传算法流程及设计

遗传算法的基本流程如图 6.5.1 所示，包含编码、种群初始化、适应度评价、遗传算子设计、终止条件判断、遗传操作和解码等步骤。

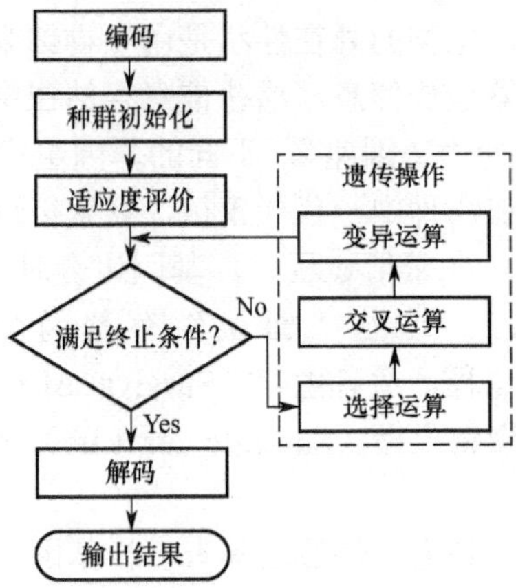

图 6.5.1　遗传算法的基本流程

1．编码

遗传算法不是对问题的实际决策变量进行直接操作，而是对可行解的个体编码进行操作。把一个问题的可行解从解空间转化到遗传算法能够进行操作处理的搜索空间的过程就是编码，通过编码实现的每个染色体都是问题的一个可行解。

根据问题的特点和决策变量的取值范围分类，常用的编码方法有二进制编码、浮点数编码、符号编码、序号编码、矩阵编码等。

1）二进制编码

二进制编码是遗传算法中最常用的一种编码方法。它具有编码解码过程简单易行、遗传算子操作简便易实现、符合最小字符编码原则等优点。

二进制编码的符号串长度与问题所要求的精度有关。若某一解集的取值范围为$[U_{\min},U_{\max}]$，采用长度为a的二进制编码符号串表示该参数，则可产生的编码有2^a种，编码精度为

$$\delta=\frac{U_{\max}-U_{\min}}{2^a-1} \tag{6.5.2}$$

编码长度越长，所对应的编码精度就越高。例如，某个决策变量x在实数区间$[0,3]$范围内取值，使用二进制编码形式，采用长度为 5 的位串表示该变量x，即从“00000”到“11111”，并将中间的取值映射到实数区间$[0,3]$。由于从整数上来看，5 位长度的二进制编码位串可以表示 0 到 31，所以对应$[0,3]$的区间，每个相邻值之间的阶跃值为$3/31\approx0.0968$，这就是所谓的编码精度。

2）浮点数编码

对于高维、连续优化问题，采用二进制编码会带来一些不便之处。由于从一个连续量离散化为一个二值量本身存在误差，算法很难求得精确解。要提高解的精度又必须加长编码串的长度，从而增加了编码的组合方式，造成解空间扩大，算法效率下降。同时，二进制编码也不利于反映所求问题的特定知识，对问题信息和知识的利用不充分也会阻碍算法效率的进一步提高。

为了解决二进制编码产生的问题，人们在解决一些数值优化问题尤其是高维、连续优化问题时采用浮点数编码方法。在浮点数编码方法中，每个个体的每个基因值用实数表示，个体编码的长度等于其决策变量的个数。因为此种方法采用决策变量的真实值，所以又称实值编码法或者真值编码法。

3）符号编码

符号编码是指组成个体编码串的码值无数值含义而仅有字符含义。这些符号可以是字符，也可以是数字。例如，对于旅行商问题，假设有 n 个城市分别记为 $C_1, C_2, \cdots, C_n$，则 $[C_1, C_2, \cdots, C_n]$可构成一个表示旅行路线的个体。符号编码的主要优点是便于在遗传算法中利用所求问题的专门知识及相关算法。

4）序号编码

序号编码是符号编码的一类，武器目标分配问题常可采用序号编码的方式，为便于后续进行算法设计说明，此处对序号编码作专门介绍。序号编码是将问题的可行解表达为一串连续的序号序列，序号编码的结果是这一序号序列的一个排列。例如，式（6.5.1）所示的 $[3\ \ 1\ \ 4\ \ 2\ \ 5]$就是一一对应武器目标分配问题的一个可行解，如果改变这一序列的排列，将得到问题的另一个可行解。

5）矩阵编码

矩阵编码是将一个编码串变成一个编码矩阵，从而使每个个体能包含更多的信息。矩阵编码只是改变了个体编码的形式，而不改变编码的规则。例如，式（6.5.1）所示的序号编码可以转化为如下矩阵编码，其中可用矩阵中的每行表示武器序号，每列表示目标序号。

$$[3\ \ 1\ \ 4\ \ 2\ \ 5] \to \begin{bmatrix} 0 & 0 & 1 & 0 & 0 \\ 1 & 0 & 0 & 0 & 0 \\ 0 & 0 & 0 & 1 & 0 \\ 0 & 1 & 0 & 0 & 0 \\ 0 & 0 & 0 & 0 & 1 \end{bmatrix} \tag{6.5.3}$$

矩阵编码增加了编码的复杂度，但能更好地处理问题的特点和约束条件。例如，很多时候武器和目标并非一一对应分配，这可能是由于武器和目标数量不同，也可能是因为一型武器可被分配给多批目标，或一批目标可被分配多型武器，此时问题的可行解不再能用序号编码来表征；有时武器目标分配还会存在一些特定约束条件，如拦截区域限制使得某型武器不能被分配给某些批次的目标，此时序号编码也不适用。矩阵编码包含更丰富的信息，可以用来处理上述约束，并使得每个矩阵编码的染色体都是问题的可行解。

2．种群初始化

种群初始化确定了种群的规模并产生初始种群。遗传算法并不是对单个个体进行遗传操作并在遗传编码空间寻优的，而是针对种群中众多个体同时进行的，这种隐并行性带来了较高的寻优效率。

基于选择的编码方式，按照设定的种群规模产生出相应数量的染色体，便形成了第一代种群，以此为起点一代代进化，直到按某种进化停止准则终止进化过程。

3．适应度评价

在进化理论中，生物学家采用适应度这一指标衡量个体对环境的适应程度。遗传算法中也采用适应度这一指标来度量群体中的个体可能达到（或接近）最优解的优良程度。适应度较高的个体具有较大概率遗传到下一代。评价个体适应度的函数称为适应度函数（Fitness Function）。

个体适应度评价一般有以下 3 步：

（1）对个体编码串进行解码，得到对应表现型，即一个问题的可行解。

（2）将个体表现型代入目标函数，得到对应个体的目标函数值。

（3）将目标函数值按一定的转换规则（适应度函数运算）求出个体适应度。

遗传算法涉及的最优化问题可分为求目标函数全局最大值或最小值两类。用 X 指代个体表现型（问题可行解），$f(X)$ 为目标函数值，$F(X)$ 为适应度函数值。从 $f(X)$ 到 $F(X)$ 的转换途径有以下两种。

求最大值问题，进行如下转换（$C_{\min}$ 为一个适当较小的数）：

$$F(X)=\begin{cases} f(X)+C_{\min}, f(X)+C_{\min}>0 \\ 0, f(X)+C_{\min}\leqslant 0 \end{cases} \tag{6.5.4}$$

求最小值问题，进行如下转换（$C_{\max}$ 为一个适当较大的数）：

$$F(X)=\begin{cases} C_{\max}-f(X), f(X)<C_{\max} \\ 0, f(X)\geqslant C_{\max} \end{cases} \tag{6.5.5}$$

武器目标分配问题的目标函数如下式，要使目标的总剩余价值最小，可以在目标函数的基础上，利用式（6.5.5）进行转换，其中 $C_{\max}$ 可以选为所有目标的原有总价值或威胁值。

$$\min T=\sum_{j=1}^{N}W_j\prod_{i=1}^{N}(1-x_{ij}P_{ij})$$

适应度对遗传算法的性能有着较大的影响。在遗传算法运行初期，群体中可能会有少数几个个体适应度相对较高，这几个个体也将在下一代群体中占有很高比例。如果群体规模较小，那么新的群体可能完全由这样少数几个个体组成，交叉算子无法让新的编码串组合出现，这将导致群体的多样性降低，从而使遗传算法发生早熟现象（早期收敛），得出的解更可能为局部最优解而非全局最优解。因此，在进化初期，就需要对适应度较高的个体进行控制，降低其适应度与其他个体适应度之间的差异程度，限制其复制数量，保持群体多样性。在遗传算法运行后期，群体中所有个体的适应度均将趋近最佳个体适应度，个体之间适应度差异较小，因此群体内个体均将以相似的概率遗传到下一代，使得进化过程变成随机选择而非适应度竞争。这将导致算法无法对重点区域进行搜索，影响算法的运行效率。因此，在进化后期，需要对个体之间的适应度差距进行适当放大，扩大最优个体适应度和次优个体适应度的差异，以提高个体之间的竞争性。

因为上述两种原因，我们需要在进化的不同阶段，对适应度进行适应度尺度变换（Fitness Scaling），即对适应度进行适当的扩大或缩小。常用的适应度尺度变换方法有线性尺度变换、乘幂尺度变换和指数尺度变换 3 种。

线性尺度变换公式为

$$F'=aF+b \tag{6.5.6}$$

式中，F 为原适应度；F' 为尺度变换后的新适应度；a、b 为尺度变换系数。

乘幂尺度变换公式为

$$F'=F^k \tag{6.5.7}$$

式中，指数 k 与求解的问题相关，并须在算法执行过程中不断调整修正以满足适应度的缩放要求。

指数尺度变换公式为

$$F'=\mathrm{e}^{-\beta F} \tag{6.5.8}$$

式中，系数 β 决定了选择的强制性，β 越小，原有适应度较高的个体与其他个体的新适应度差距越大，也就相应地增加了选择该个体的强制性。

4．遗传算子设计

遗传算子包括选择算子、交叉算子和变异算子，是遗传算法的关键设计内容，决定了算法的优化能力和优化效率。遗传算子设计应结合具体优化问题的特点展开，本节只介绍若干较为基本的算子设计方法，更多方法可以查阅相关文献。

1）选择算子（Selection Operator）

遗传算法中的选择算子又称复制算子。选择算子模仿生物进化中的优胜劣汰过程，将具有高适应度的个体遗传到下一代，并淘汰低适应度个体。在选择算子的运作过程中，个体遗传到下一代的概率与各自的适应度值存在正相关关系。

在对群体中的个体进行适应度评价的基础上，选择算子依据一定从种群中选择优胜的个体遗传到下一代。常用的选择算子有轮盘赌选择法、随机遍历抽样法、锦标赛选择法、精英保留策略等。

（1）轮盘赌选择法。轮盘赌选择法（Roulette Wheel Selection），又称比例选择法（Proportional Model）。在此选择法中个体被选中的概率取决于个体的适应度大小。设种群内个体数为M，个体i的适应度为F_i，P_i为个体i被选入子代的概率，则有

$$P_i = \frac{F_i}{\sum_{i=1}^{M} F_i} \tag{6.5.9}$$

例如，5 个个体的适应度分别是[6.82, 1.11, 8.48, 2.57, 3.08]，总适应度为 22.06，各个体适应度占比分别为[0.31, 0.05, 0.38, 0.12, 0.14]，适应度占比如图 6.5.2 所示。

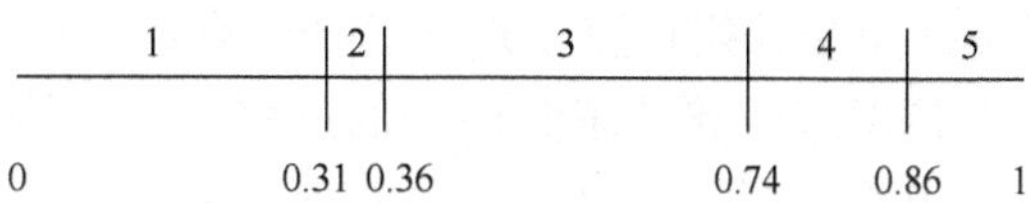

图 6.5.2　各个体适应度占比

轮盘赌选择如图 6.5.3 所示，图中的指针固定不动，分布有个体的圆盘可以自由转动。圆盘上单个个体占据的圆盘面积与其适应度占比相关。当圆盘旋转停止后，指针指向的个体便是被选中的个体。重复上述过程，直至选出构成子代所需的全部个体。

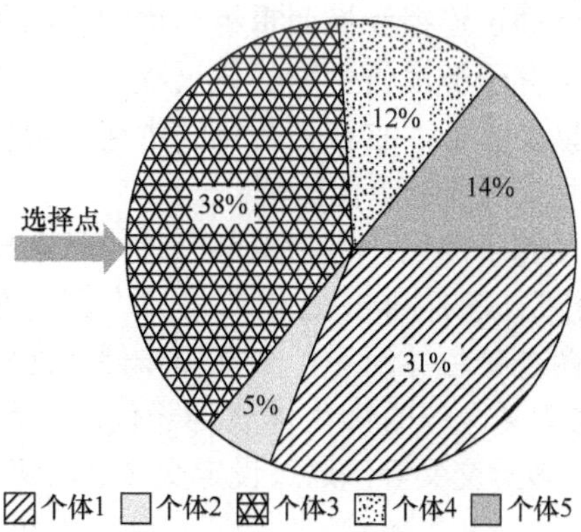

图 6.5.3　轮盘赌选择

（2）随机遍历抽样法。随机遍历抽样法（Stochastic Universal Sampling）是以轮盘赌选择法为基础的一种改进方法，其特点是只需要进行一次轮盘旋转。这种方法采用均匀分布且个数等于种群规模的旋转指针，等距离选择个体。设个体总适应度为F，要选择N个个体，只需要生成N个等间距的标记指针位置，即可选择出N个个体，具体步骤如下：

① 计算指针间距$D = F / N$；

② 随机生成起点指针位置$\text{Start} \in [0, D)$，即该指针位置处于区间$[0, D)$中；

③ 计算各指针的位置$\text{Pointers=Start} + iD$，其中$i = 0,1,2,\cdots,N-1$；

④ 根据各指针位置选出N个个体。

上面示例中 5 个个体的选择，利用随机遍历抽样法，按照以上步骤设定指针，可以按适应度占比一次选择出的 5 个个体，如图 6.5.4 所示。

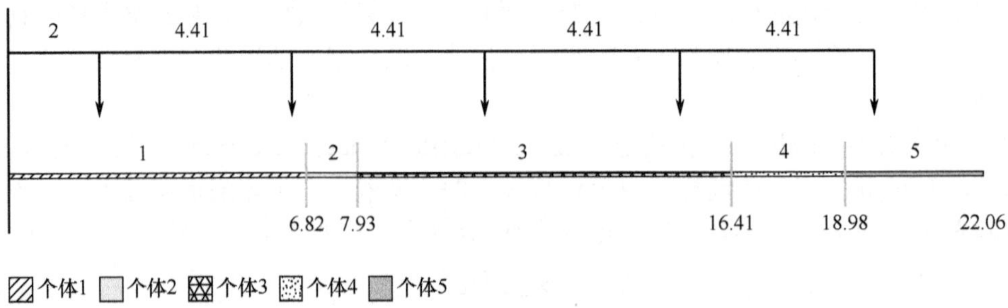

图 6.5.4　随机遍历抽样

（3）锦标赛选择法。锦标赛选择法（Tournament Selection）是指每次以相同的概率从种群中取出一定数量的个体，将其中适应度最高的一个复制到下一代中，再将选出的个体放回原种群，保持种群规模不变。重复该操作直至选出的个体满足要求。

（4）精英保留策略。在使用遗传算法求解问题的过程中，虽然随着群体的进化过程会产生越来越多的优良个体，但由于选择、交叉、变异等遗传操作存在随机性，当前群体中适应度最好的个体也有可能被破坏，这会导致群体的平均适应度降低，影响遗传算法的运行效率和收敛速度。为避免上述情况出现，可采用精英保留策略，即当前群体中适应度最高的若干个体直接被选中复制到下一代。精英保留策略保证了遗传算法的收敛。

2）交叉算子（Crossover Operator）

在自然界中，同源染色体通过连锁互换而重组，增加不同基因之间的组合方式，从而产生新的个体。遗传算法的交叉算子即模仿生物的该过程，以产生新的个体。交叉运算是遗传算法区别于其他进化算法的重要特征，它在遗传算法中起关键作用，双亲染色体通过交叉可能组合出更优秀的基因片段，从而找到更优的解。

（1）典型交叉算子。交叉算子的设计包括两部分：一是选出两个个体以一定的概率进行交叉操作，即在经历选择操作形成的种群中选出 2 个个体进行配对，常用的配对策略是随机配对，即在种群中随机找到两个染色体配对，交叉操作便在配对后的个体之间进行，称配对的个体为父代，由父代经过交叉操作的染色体成为子代；二是进行交叉操作，典型交叉算子，如单点交叉、两点交叉、多点交叉等，通过设定交叉点，两个父代个体在交叉点前后的部分基因进行交换。

① 单点交叉。单点交叉（One-Point Crossover）是在个体编码串中随机设定一个交叉

点，将该点前或该点后两个个体的部分基因片段进行互换，生成两个新个体。单点交叉操作如图 6.5.5 所示。

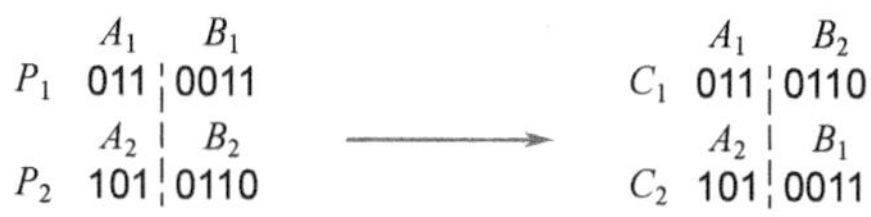

图 6.5.5　单点交叉操作

② 两点交叉。两点交叉（Two-Point Crossover）是在个体编码串中随机设置两个交叉点，再将部分基因片段互换，如图 6.5.6 所示。类似地，可以定义多点交叉。

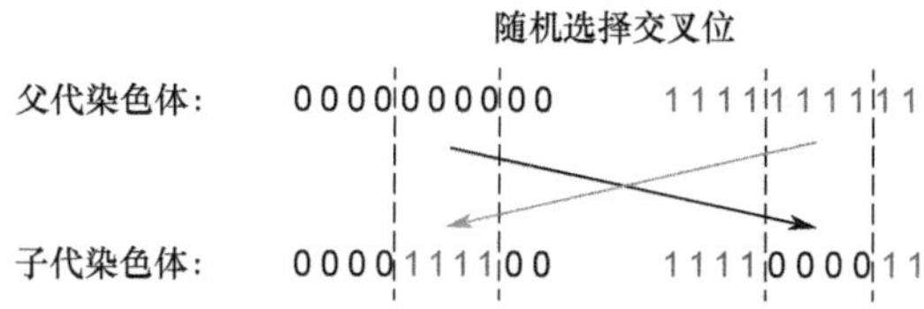

图 6.5.6　两点交叉操作

进行一次单点交叉操作只能改变搜索空间的一个参数，而两点交叉和多点交叉能表现出更好的搜索能力。但随着交叉点的增多，个体结构被破坏的可能性也逐渐增大，这样就很难有效保存较好的模式。

交叉概率的大小也直接影响遗传算法的性能。较大的交叉概率可提升遗传算法开辟新搜索区域的能力，但优良基因片段遭到破坏的可能性增大，若交叉概率太低，则遗传算法搜索可能陷入迟钝状态。一般建议的交叉概率取值范围是 0.4～0.99。交叉概率在进化过程中可以是固定值，也可以根据进化过程中的性能表现自适应地改变，如根据交叉匹配对的两个个体之间的广义介绍来决定交叉概率的大小，当距离很小时，交叉作用不明显，因而减小交叉操作，甚至不进行交叉；当距离较大时，则加大交叉概率，以产生新的个体，提高搜索效率。

（2）可行的设计方法。在设计交叉算子时需要注意，交叉之后的子代染色体通过解码，仍然应该是问题的可行解。在采用序号编码的武器目标分配问题中，染色体不能使用简单的两点交叉操作，否则子代染色体解码后成为问题的非法解，不再满足分配问题的约束条件。序号编码染色体的交叉算子需要在交叉操作中对编码串进行一些特殊处理，下面介绍几种可行的设计方法。

① 部分映射交叉（Partially-Mapped Crossover）。选取用于交叉操作的父代染色体，在染色体上随机选择两点，将两点间的子串作为映射段；交换双亲的两个子串产生原始后代；确定两映射段之间的映射关系，根据映射关系将后代合法化。

例如，父代染色体分别是（1 2 3 4 5 6 7 8）和（5 4 6 8 2 1 7 3），选择的交叉点在基因位 2、3 和 5、6 之间，交换相应片段得到（1 2 6 8 2 6 7 8）和（5 4 3 4 5 1 7 3），映射关系为（6 3），（8 4），（2 5），则利用映射关系修正染色体为（1 5 6 8 2 3 7 4）和（2 8 3 4 5 1 7 6）。

② 循环交叉（Cycle Crossover）。交叉后代的每位是从两个父代染色体的相应位继承而来的。以父代染色体（1 2 3 4 5 6 7 8）和（2 4 6 8 7 5 3 1）为例，将后代的第 1 位选为任意一个父代染色体的第 1 位，不妨选父串 1，则后代成为（1 * * * * * * *），但是一旦基因值选择了 1，该后代的第 8 位不能再选择 1 作为基因值，否则不合法，此时根据父代染色体可知

第 8 位的值只能选择为 8；相应地，后代第 4 位的值不能再为 8，只能为 4，而一旦选择了 4，后代的第 2 位不能再为 4，只能为 2，此时的后代基因即（1 2 * 4 * * * 8），当前所选的元素位置成为一个循环。剩下的基因位进行类似选择，最终可得到一个合法的后代染色体，如（1 2 6 4 7 5 3 8）。

③ 基于排序的交叉算子（Order-based Crossover）。在一个父串 a 中随机选择若干位，找到这些位中的元素值在另一个父串 b 中出现的位置，并将这些值按父串 a 中出现的顺序排序。

例如，父代染色体分别是（1 2 3 4 5 6 7 8）和（2 4 6 8 7 5 3 1），假设从父串 2 中选择第 2 位、第 3 位和第 6 位，相应的基因值分别为 4、6、5。这些基因值在父串 1 中的位置在 4～6 位。取父串 1 中除这几位之外的值形成后代（1 2 3 * * * 7 8），其中未确定的位按照父串 2 中的顺序形成子串（4 6 5）加入后代中，最终形成（1 2 3 4 6 5 7 8）。

交叉算子的设计需要根据染色体的编码方式来确定，上面介绍的交叉算子常用于二进制或序号编码染色体，有些与问题特点和约束条件结合较紧密的编码方式，还需要开展针对性、创造性的设计。

3）变异算子（Mutation operator）

在自然界中，染色体复制时会因为偶然因素产生复制差错，这将导致基因发生变异并产生新的性状。遗传算法中的变异算子，模仿自然界中生物的变异现象，将个体染色体编码串中的某些基因座上的基因值用其他等位基因替换掉，从而形成新的表现型个体。

变异算子的设计包括两部分：一是在经历选择和交叉操作后形成的种群中随机选择一个个体，以一定的概率对其进行变异操作；二是在变异操作中，随机设定基因座，按某种规则对基因座上的基因值进行变换。

（1）基本变异算子。变异算子中最简单常用的变异方法是基本变异算子，这种变异方法是以变异概率 P_m 随机指定某一位或某几位基因值作变异运算。对于二进制编码的个体，其编码字符集为$\{0,1\}$，变异操作就是将变异点上的基因取反值，即 0 变为 1，1 变为 0。例如，对于给定编码串 $s = a_1a_2a_3\cdots a_n$，对第 i 位进行变异的操作如下：

$$a_i' = \begin{cases} 1-a_i, & x_i \leqslant p_m \\ a_i, & x_i > p_m \end{cases}, \quad i \in \{1,2,3,\cdots,n\} \tag{6.5.10}$$

式中，$x_i \in [0,1]$ 是对应第 i 位基因位产生的均匀随机变量。新生成的染色体字符串为 $s = a_1a_2\cdots a_i'\cdots a_n$。

对于浮点数编码的个体，基本变异操作是将取值范围内的一个随机数替换原基因值。对于序号编码的个体，可以设计下面的变异算子，来保证经过变异操作的个体仍对应问题的可行解。

（2）移植变异（Displacement Mutation）算子。在父代中随机选取一个子串，将其移动插入另外一个随机位置，如父串（1 2 3 4 5 6 7 8）中选取子串（3 4 5），移植到原来的第 7 个基因位之后形成（1 2 6 7 3 4 5 8）。

（3）交换变异（Exchange Mutation）算子。在父串中随机选取两个基因位，将相应的值进行交换，如在父串（1 2 3 4 5 6 7 8）中选取第 3 个和第 5 个基因位，形成子代（1 2 5 4 3 6 7 8）。

（4）倒置变异（Inversion Mutation）算子。倒置变异与移植变异的区别是将被选子串倒置之后再插入，如在父串（1 2 3 4 5 6 7 8）中选取（3 4 5），移植到原来的第 7 个基因位之后形成（1 2 6 7 5 4 3 8）。

（5）扰序变异（Scramble Mutation）算子。在父串中随机选取一个子串，对其中的值进行扰序形成子代，如在（1 2 3 4 5 6 7 8）中选取（3 4 5），扰序之后形成后代（1 2 5 3 4 6 7 8）。

在遗传算法中，变异算子有两个重要作用，一是变异算子可改善遗传算法的局部搜索能力，并使其具备局部极值点的突跳能力，二是变异算子能够维持种群的多样性，防止出现早熟现象。

在遗传算子设计中，交叉算子因其具有全局搜索能力而作为主要算子，变异算子因其具有局部搜索能力而作为辅助算子，通过这一对相互配合又互相竞争的操作，遗传算法具备兼顾全局和局部的均衡搜索能力。

5. 停止准则设计

停止准则是设计遗传算法运行终止的条件。当算法结果满足终止条件时，结束遗传进程，输出最终结果。遗传算法的停止准则一般分为 3 类：

（1）当遗传代数到达指定的终止代数时停止，终止代数的取值根据问题的特点和种群的规模设定。

（2）当遗传进化达到要求的目标时停止，如当前最优解已满足优化要求。

（3）当遗传进化流程停滞或已经达到某种饱和现象时停止，如连续若干代最优个体的适应度，或种群中个体的平均适应度的差异小于某一阈值。

6. 约束条件的处理方法

遗传算法需要解决的实际问题往往都包含一定约束条件。因此，在算法运行时必须对约束条件进行处理。常用的处理约束条件的方法有搜索空间限定法、可行解变换法、惩罚函数法 3 种。

1）搜索空间限定法

该方法需要对遗传算法的搜索空间加以限制，使得搜索空间中的点和解空间内的点存在一一对应关系。搜索空间限定法可以通过编码方法来保证总是产生出现在解空间中对应可行解的染色体，也可以通过程序来保证。

前文利用矩阵编码染色体来处理武器目标分配中存在的若干约束条件，就是将遗传算法的编码空间限定为与可行解空间对应。

【例 6.5.1】在 4 型武器对 4 批目标的一对一分配中，由于武器发射区范围限制，因此武器 1 不能分配给目标 2，武器 3 不能分配给目标 4，试设计染色体编码方式，使得遗传编码的搜索空间限定为问题的可行解空间。

解：可设计染色体的矩阵编码方式如下。假定染色体矩阵中列表示武器类型，行表示目标批号，在满足武器使用的约束条件下，如下矩阵可以表示为武器对目标一一对应分配的一个可行解：

$$\boldsymbol{A}=\begin{bmatrix} 0 & -1 & 1 & 0 \\ 1 & 0 & 0 & 0 \\ 0 & 1 & 0 & -1 \\ 0 & 0 & 0 & 1 \end{bmatrix}$$

其中，矩阵 $\boldsymbol{A}$ 中每行、每列有且仅有一个元素为 1，表示将列对应的武器型号分配给行对应的目标批号，矩阵中元素为 0 表示武器目标未进行配对；其中，元素 $a_{12}=-1$，$a_{34}=-1$表示相应的武器和目标受问题约束条件不能进行配对，且在整个遗传进化过程中该处元素值始终保持为−1。

该编码方式使得搜索空间被限定在与问题的可行解空间对应的范围内，但针对此类编码染色体的遗传算子设计需要一些技巧，以保证遗传过程中种群个体的合法性。具体设计可见本章案例。

2）可行解变换法

可行解变换法的基本思想，是在个体基因型到表现型的变换中，增加使其满足约束条件的处理过程，即找出一种个体基因型和表现型之间的多对一的变换关系，使进化过程中所产生的个体总是可以通过该变换规则转化为解空间中满足约束条件的可行解。

3）惩罚函数法

该方法是对解空间内无对应可行解的个体在计算其适应度时除以一个惩罚函数，以降低该个体的适应度，降低该个体被遗传到子代的概率。惩罚函数对个体适应度的调整公式如下：

$$F'(X)=\begin{cases}F(X),\ X\text{满足约束条件}\\F(X)-P(X),\ X\text{不满足约束条件}\end{cases}\tag{6.5.11}$$

式中，$F(X)$为原适应度函数；$F'(X)$为考虑约束条件的新适应度；$P(X)$为惩罚函数。在惩罚函数法中，虽然非可行解个体会被降低适应度，但是仍有概率在种群中生存，对种群的整体质量和解的可行性产生影响。

7．遗传算法应用示例

本节以一个简单的二元函数最优化问题作为例子，模拟遗传算法的运行，说明遗传算法是如何应用的。更详细的求解带约束条件武器目标分配问题的遗传算法设计，可参见本章案例。

【例 6.5.2】函数最优化问题模型如式（6.5.12）所示，其中目标为求二元函数 x_1 和 x_2 平方和的最大值，决策变量 x_1 和 x_2 是在 0～7 之间取值的整数。试设计遗传算法求解该问题。

$$\begin{cases}\max f(x_1,x_2)=x_1^2+x_2^2\\\text{s.t. } x_1,x_2\in\{0,1,2,3,4,5,6,7\}\end{cases}\tag{6.5.12}$$

解：按照设计流程进行遗传算法设计。

（1）编码。由于两个自变量 x_1 和 x_2 是 0～7 之间的整数，可分别用 3 位无符号二进制整数来表示，并联结在一起，形成 6 位的二进制编码染色体，表示一个可行解。

例如，染色体[1 0 1 1 1 0]对应的问题解是 $X=[5,6]$。染色体和问题解之间可以通过编码和解码程序转换。

（2）种群初始化。为便于手工模拟，假设种群规模为 4。根据编码方式随机产生包含 4 个染色体的初始种群。

假定初始种群生成的 4 个染色体分别为 011101、101011、011100 和 111001；对应的问题解分别为 $X_1=[3,5]$，$X_2=[5,3]$，$X_3=[3,4]$，$X_4=[7,1]$。

（3）适应度计算。以式（6.5.12）中的目标函数作为适应度函数。将染色体对应的表现型，即问题的解代入适应度函数，可以得到种群中每个染色体的适应度，以及其占总适应度的比例。

初始种群中 4 个染色体的适应度分别为 $f_1=34$，$f_2=34$，$f_3=25$，$f_4=50$。种群中个体的总适应度为 $\sum_{i=1}^{4} f_i=143$，各个体的适应度占比分别为 24%、24%、17%、35%。

初始种群及其个体适应度占比如表 6.5.2 所示。

表 6.5.2　初始种群及个体适应度占比

个体编号	初始种群	x_1	x_2	$f_i(x_1,x_2)$	$f_i/\Sigma f_i$
1	011101	3	5	34	0.24
2	101011	5	3	34	0.24
3	011100	3	4	25	0.17
4	111001	7	1	50	0.35

（4）遗传算子设计。采用轮盘赌选择、随机单点交叉和随机单点变异 3 个简单的遗传算子。为便于手工模拟演示，假定交叉和变异概率均为 1。

从初始种群中，根据 4 个个体适应度占总适应度的比值，采用轮盘赌的方法按比例选择相应个体进入下一代种群。

随机单点交叉即对两个随机配对的父代染色体，在二进制串中随机选择一个交叉点，交换两个父代染色体交叉点前后的基因片段，生成新的子代染色体。交叉点一般选在两个基因位之间，如交叉点为 2 表示该交叉点为第 2 个和第 3 个基因位之间。

随机单点变异即对被选中的经过交叉操作的染色体，随机选择一个变异点，改变该点上的基因值，若原为 1，则变异为 0；若原为 0，则变异为 1。变异点一般选在基因位上。

假定初代种群中的个体，经历上述操作后，完成了一代遗传进化，成为第 1 代种群，如表 6.5.3 所示。

表 6.5.3　初代种群经过遗传算子操作的 1 代种群

选择次数	选择结果	配对交叉情况	交叉结果	变异点	变异结果	适应度
1	011101	1-2：2 3-4：4	011001	4	011101	34
2	111001		111101	5	111111	98
3	101011		101001	2	111001	50
4	111001		111011	6	111010	52

（5）停止准则。停止准则可以利用前文所述的原则开展设计，本例假定采用原则 2，当新种群中的最优适应度大于 90 时，遗传算法停止，并输出最优个体。

本例中，当前最优个体的适应度已经达到 98，满足停止条件，因此遗传算法停止，输出算法得到的最优个体 111111，解码可得对应的决策变量为优化结果 $X^*=[7,7]$，最优函数值为 98。

本例模拟演示了遗传算法对函数优化问题的求解过程，为简化模拟过程，种群经过一代遗传操作就找到了最优解。实际的函数最优化过程往往需要多次遗传进化，才能形成性状更优的染色体基因片段。在本例中，基因片段中包含的 1 越多，染色体对应的适应度越高。选择、交叉和变异 3 个遗传算子，就是为了使遗传进化过程中，逐渐有越来越多的优良基因片段出现在染色体中。

通过本节介绍的遗传算法的设计和实现可以看出，相比于传统最优化方法而言，遗传算法具有以下特点。

一是算法实现简单，通过编码、初始种群、适配值函数、遗传算子和停止准则的设计，就可以得到算法框架。

二是优化速度快，效率高。由于遗传算法初始种群包括多个染色体，寻优过程是多个染色体并行进化的，因而算法具有隐并行性，与传统寻优方法相比效率更高。

三是求解收敛，在遗传选择中采用精英保留策略，保证了解的收敛性。

四是对模型依赖性小，不需要对优化目标函数进行复杂的数学计算。

五是适应性广。无论是函数优化、组合优化，还是难以建立模型的优化问题，都可以求解。

因此，以遗传算法为代表的智能优化方法，有效满足了实际中复杂优化问题的求解需求，在实际中得到了较为广泛的应用。

本章小结

武器目标分配是作战指挥决策中的重要决策问题，也是最优化理论研究中的典型组合优化问题。本章对武器目标分配问题的描述模型，是经过了高度简化的静态模型，处理的是某一时刻确定状态下的分配问题。实际中的武器目标分配是连续动态地进行的，分配要根据任务的轻重缓急、武器的特点和能力，同时基于一定的作战规则来完成。

本章给出了武器目标分配的一般非线性模型，以及简化条件下的线性模型，介绍了可用于求解上述各类模型的一些传统最优化方法，也给出了能实现局部优化的贪心算法。最后以遗传算法为例，介绍了一类能求解带有特定约束条件武器目标分配问题的智能优化算法。

本章案例　可拦截性约束下武器目标分配问题的遗传算法求解

在本章的前几节中，武器目标分配模型的主要约束条件都是武器数量，因为这类约束条件便于建模，也便于算法处理。但在实际分配问题中，存在多种约束条件，其中较为常见的是武器对目标的可拦截性而产生的分配约束条件，但这类约束条件难以形成通用模型，因而难以利用一般最优化方法处理。

在武器对目标一一对应分配问题中，当部分武器对部分目标存在可拦截性约束条件时，武器与目标不能任意配对，即在可行解空间中存在。一般的处理方法是对一个目标从其可拦截武器集合中选择某个武器分配，从而产生局部优化解。本节利用遗传算法求解这类带有可拦截性约束条件的武器目标分配问题，实现在武器集合和目标集合之间的全局分配优化，同时满足武器对目标的可拦截性约束条件。

对该类问题求解的遗传算法设计也分为编码、种群初始化、适应度函数、遗传算子和停止准则 5 个部分的设计，为了处理可拦截性约束条件，本案例首先提出了一种带约束条件的二进制矩阵染色体编码方式，可拦截性约束条件通过禁止位编码入染色体，每个禁止位表示一个不满足约束条件的武器目标配对方案。针对这一编码方式，相应地设计一种对带约束条件二进制矩阵编码染色体的巡回变异操作，并基于该操作设计了对这种特殊编码方式的染色体的交叉和变异算子，分别称为单亲或双亲巡回交叉和巡回变异，这类遗传算子保证了每个初始可行的染色体在整个遗传进化过程中都对应问题的一个可行解。最后在遗传算法的框架下实现了这一算法，并利用它对带有可拦截性约束条件的武器目标分配问题求解进行仿真。

1．带约束二进制矩阵编码方法

在遗传算法设计中，编码方式是算法设计的基础，决定着其他各部分的设计和实现。

二进制编码是一种具有明显优越性的编码方法，因为根据模式理论，二进制字符串拥有的模式数量比 k 进制字符串多。但以往处理武器目标分配问题时，如果问题规模较大，那么二进制串染色体会因过长而影响优化效率，且它不能将实际问题中的各种约束条件考虑在内，一种解决方案就是将染色体编码为二进制的矩阵形式。相对向量型染色体而言，矩阵型染色体包含更多信息量，这使优化问题的定义和若干约束条件可以通过编码的形式在染色体中表示出来。本节提出了一种带禁止位的二进制矩阵型染色体编码方式。

以 3 个武器对 3 个目标的分配为例，一个染色体可表示为

$$\boldsymbol{A}=\begin{bmatrix}0 & -1 & 1\\ 1 & 0 & 0\\ 0 & 1 & 0\end{bmatrix}$$

它代表一种可行的分配方案，其中，列表示武器编号，行表示目标批号。矩阵中 i 行、j 列元素为 1，表示将分配第 j 型武器打击第 i 批目标。如果规定第 j 型武器不能打击第 i 批目标，那么将矩阵中对应位元素设为−1，且在遗传进化过程中，该位元素须始终保持为−1，称这样的位为禁止位。即矩阵中的元素

$$a_{ij}=\begin{cases}1,\text{ 将武器 } j \text{ 分配给目标 } i\\ 0,\text{ 武器 } j \text{ 未被分配给目标 } i\\ -1,\text{ 不满足空间约束，武器 } j \text{ 不能被分配给目标 } i\end{cases}$$

在这种编码方式下，染色体 A 表示的分配方案是将武器 1 分配给目标 2，将武器 2 分配给目标 3，将武器 3 分配给目标 1，而武器 2 和目标 1 不满足约束条件，不能配对。

由于武器目标是一一对应分配的，因此染色体矩阵中的每行每列有且仅有一个元素为 1。种群中所有染色体禁止位的个数和位置都相同。若可拦截性约束条件不改变，则禁止位在整个遗传进化过程中始终保持不变，否则可根据可拦截性约束条件的变化而动态改变禁止位的设置。

禁止位的作用不仅包括处理简单的可拦截性约束条件，还包括处理动态分配条件下的时间和资源约束条件。例如，某个武器被分配给了某个目标，在完成拦截之前不可被再次分配时，可以对武器对应的列和目标对应的行设置全禁止位，而不必对染色体矩阵进行降维处理，如

$$\boldsymbol{A}=\begin{bmatrix}1 & -1 & 0\\ -1 & -1 & -1\\ 0 & -1 & 1\end{bmatrix}$$

这种方式使得矩阵编码染色体的维数在动态问题求解过程中保持不变，并且不丢失既有优化信息，这对于降低算法复杂性、处理动态变化事件十分有利。

2．带约束二进制矩阵编码染色体的遗传算子设计

带约束二进制矩阵型染色体的表示能力虽强，但必须设计有效的遗传操作以实现对解空间的搜索，同时确保在整个进化过程中所产生的每个个体仍然满足问题的约束条件。

1）选择算子（Select Operator）

基于适应度按比例选择的轮盘赌选择算子对于带约束条件的矩阵型染色体仍然可用，同

时每代种群中保留若干精英个体，以保证最优个体质量不会降低，且每代总有优良个体作为交叉和变异父代。

2）巡回变换算子（Circle-Swap Operator）

带禁止位的二进制矩阵型染色体的交叉和变异操作是算法设计的重点，传统的用于向量型染色体的交叉和变异操作不再适用。普通的矩阵型染色体的交叉变异操作不能处理禁止位，因而也不能保证所产生的遗传后代是问题的合法解，需要对非法解进行处理，使其“合法化”。一般而言，对于产生的非法染色体常通过 3 种方法进行处理：一是丢弃非法解重新生成相同数量的合法解；二是在适配值函数中增加对非法解的惩罚值，以使其存活概率变小；三是引入修复机制修复非法染色体，但这些方法在处理带有禁止位的染色体时显然过于复杂且耗时。

针对带禁止位的二进制矩阵型染色体，本节设计一种巡回变换算子，以此为基础设计用于带约束条件二进制矩阵染色体的交叉和变异算子，分别称为巡回交叉和巡回变异。

巡回变换是给定矩阵中的某一位，在满足每行每列有且仅有一个元素 1，且保持所有禁止位不变的情况下，将该位的值与矩阵中其他位的值相交换，以改变该位的值，即将 0 变换为 1，或将 1 变换为 0。设巡回变换算子表示为$\boldsymbol{C}=\mathrm{CS}(\boldsymbol{P},x,y)$，其输入是一个染色体矩阵$\boldsymbol{P}$，以及其中某个元素所对应的行、列值$x$和$y$；要求$x$行$y$列对应元素的值只能为 0 或 1，不能为禁止位。输出是经过变换的染色体矩阵$\boldsymbol{C}$，$\boldsymbol{C}$与$\boldsymbol{P}$中的所有禁止位信息相同，且保持每行、列元素 1 的数量不改变，但$\boldsymbol{C}$中第x行y列元素的 0-1 值与$\boldsymbol{P}$阵中相同位置的 0-1 值相反。

巡回变换操作的流程如图 6.a.1 所示，图 6.a.2 是变换操作的一个示例，下面将通过示例对巡回变换算子的操作进行说明。

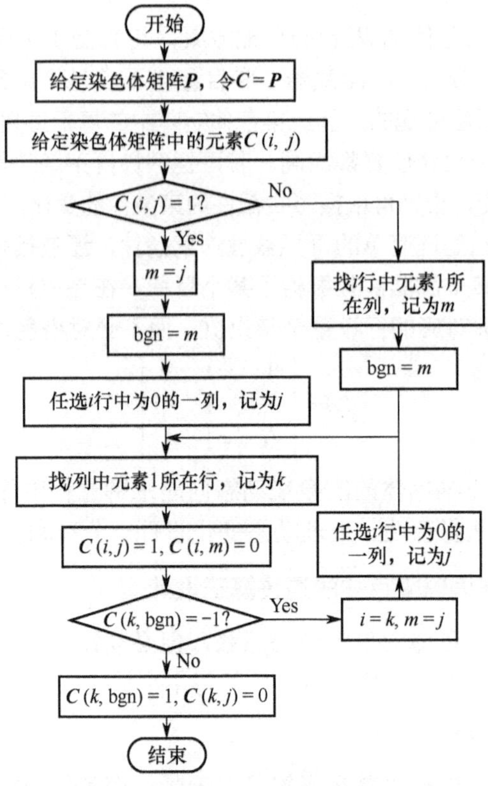

图 6.a.1　巡回变换算子操作流程

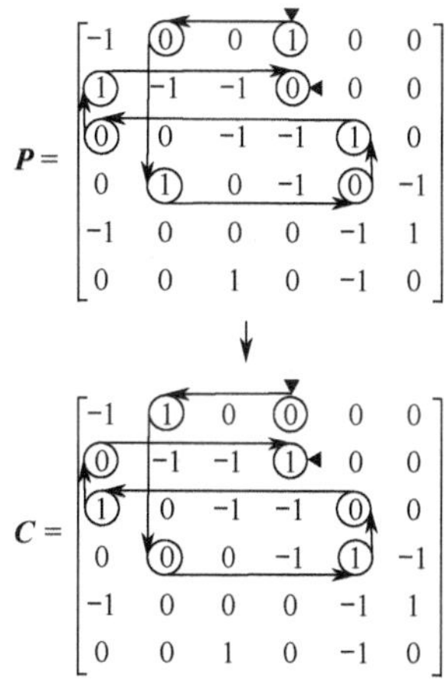

图 6.a.2　带约束条件二进制矩阵型染色体一次巡回变换操作

在图 6.a.2 中，假定变换操作从第 1 行第 4 列的元素 1 开始，该元素上方有一个三角形，表示起点。经过图中箭头所示的巡回路线，最终回到第 2 行第 4 列的元素 0，该元素右边有一个三角形，表示终点。在巡回路径中所经过的每个元素都用圆圈标出。巡回过程就是不断交换某行中选定的元素 0 和 1，直到最后终止元素和起始元素位于同一列，巡回变换结束。由图 6.a.1 中所示巡回变换的流程可得变换步骤为：

（1）从第 1 行第 4 列的元素 1 开始，记录该起始列 4，随机找该行中某个元素 0 所在列，假设为第 2 列。

（2）记录第 2 列中元素 1 所在行 4；将第 1 行中元素 1 和被选中的元素 0 互换。

（3）第 4 行第 4 列元素为−1，不能变动；此时任选第 4 行中某个元素 0 所在列，假设为第 5 列。

（4）第 5 列元素 1 所在的行是第 3 行；将第 4 行中元素 1 和被选中的元素 0 互换。

（5）第 3 行第 4 列元素为−1，不能变动；任选该行中某个元素 0 所在列，假设为第 1 列。

（6）第 1 列元素 1 所在的行是第 2 行，且第 2 行第 4 列的元素不为−1。

（7）将第 3 行中元素 1 和被选中的元素 0 互换；将第 2 行的元素 1 和被选中的元素 0 互换。

至此，完成了一次巡回变换，变换之后的矩阵中第 1 行第 4 列元素由 1 变为 0，并且保证了原有禁止位不变，每行每列元素 1 数量不变。

应说明的是，如果矩阵中禁止位过多，在巡回变换时，有可能最后找到某行（列），该行（列）中除了元素 1 或−1 之外，没有元素 0，或者矩阵中的巡回路径始终重复而无法找到变换方案，此时巡回变换无法继续，这样的一次巡回称为死巡回。如果出现死巡回，那么该次巡回无效，需要重新进行一次巡回操作。

存在全禁止位行列时，巡回变换操作不受影响。

一般情况下，染色体矩阵不一定是方阵，且每行每列不一定只有一个元素 1，但巡回变换同样可以处理这样的矩阵型染色体，且保持每行（列）元素 1 的个数不变。不过，当被选中的行（列）元素 1 的个数多于一个时，只随机选择其中的一个 1 元素。例如，将图 6.a.2 中的 6 阶方阵变换成 5 行 6 列的形式，且第 5 行包含 2 个元素 1，巡回变换操作的实现如图 6.a.3 所示。

可见，巡回变换算子不改变矩阵中元素 0 和元素 1 的个数，变换过程始终不涉及禁止位，因而可以用于更一般形式的二进制矩阵。

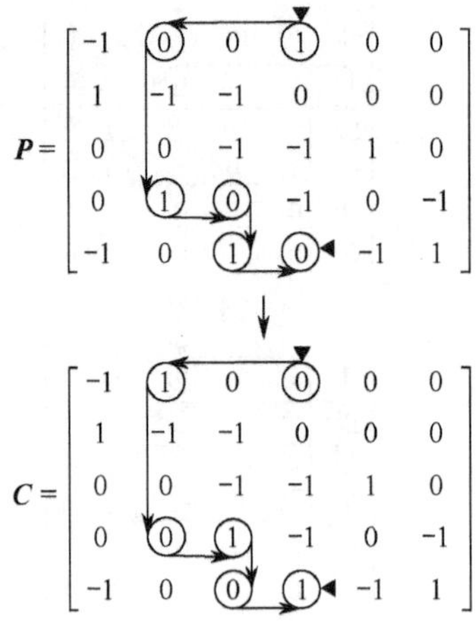

图 6.a.3 非方阵型矩阵染色体一次巡回变换操作

针对带约束二进制矩阵染色体的交叉和变异算子均基于巡回变换操作实现，称这样的交叉算子为巡回交叉，变异算子为巡回变异。

3）巡回变异算子（Circle-Swap Mutation Operator）

巡回变异算子比交叉算子设计简单，本节首先设计该算子。一次巡回变换就是一次巡回变异，它使父代染色体矩阵中某些元素 1 的位置发生了变化，这类似随机改变染色体中一些位的基因值，而保持了大部分位的基因值不变，从而实现了变异的功能。

巡回变异是随机找到某行中的元素 1 进行巡回变换。巡回变异算子的输入是父代染色体 $\boldsymbol{P}$，输出是变异后代 $\boldsymbol{C}$，算子的算法描述如算法 6.a.1 所示。

算法 6.a.1 巡回变异算子：*C*=CM(*P*)

- 随机选择染色体矩阵中非全禁止位的第 x 行；
- 找到 x 行中元素 1 所在的列，设在第 y 列；
- $\boldsymbol{C}=\mathrm{CM}(\boldsymbol{P},x,y)$；
- 返回变异后代染色体 $\boldsymbol{C}$。

变异算子开始时要选择一个非全禁止位的行。变异算子令某行中的元素 1 作为巡回变换的起点，但是也同样可以选择某个元素 0，但不能选择某禁止位所在的位置开始一次巡回变异。

4）巡回交叉算子（Circle-Swap Crossover Operator）

巡回交叉算子可分为单亲巡回交叉算子和双亲巡回交叉算子两种。

（1）单亲巡回交叉算子。单亲巡回交叉是在单个父代染色体上进行多次巡回变换，每次都随机选取一行，并找到该行中元素 1 所在列来起始变换操作。交叉算子中巡回变换的次数体现了继承染色体中原有模式信息和搜索新模式的一种折中，也是保留既得优化成果和继续搜索解空间的折中。若巡回变换次数少，则原有信息保留得多，否则对解空间的搜索更深入。

记单亲巡回交叉算子为SCX，其输入是单个父代染色体 $\boldsymbol{P}$ 和巡回交叉中所进行的巡回变换次数 n，其输出是单亲交叉后代 $\boldsymbol{C}$ 。SCX 算法的描述如算法 6.a.2 所示。

算法 6.a.2　单亲巡回交叉算子：$\boldsymbol{C}$=SCX($\boldsymbol{P}$, n)

- For i=1:n
  - 随机选择染色体矩阵中的非全禁止行的第 x 行；
  - 找到 x 行中元素 1 所在的列，设在第 y 列；
  - $\boldsymbol{C} = \text{SCX}(\boldsymbol{P}, x, y)$；
  - $\boldsymbol{P} = \boldsymbol{C}$；
- 返回交叉后代染色体 $\boldsymbol{C}$。

单亲巡回交叉算子和巡回变异算子都是在一个父代染色体上进行遗传操作，一次巡回交叉可视为多次巡回变异，因而在此基础上建立的遗传算法是一类基于变异的遗传算法（Mutation-based Genetic Algorithm），或称为单亲遗传算法（Partheno Genetic Algorithm），其特点就是所有遗传后代都是从单个父代中产生的。在遗传算法中，变异操作常作为交叉操作的辅助遗传进化手段，一般采用较大的交叉概率和较小的变异概率，但在进化策略（Evolutionary Strategies，ESs）和进化规划（Evolutionary Programming，EP）中变异算子却是主要的遗传算子。

一些研究和应用表明，在合适的种群规模下，设计良好的变异算子同样能使遗传算法具有较好的寻优性能，达到与交叉+变异的组合遗传操作相接近的效果，获得全局收敛效果，并且能使算法逃离局部极值的表现更好。此外，采用单亲巡回交叉算子可使算法的复杂性降低。

（2）双亲巡回交叉算子。双亲巡回交叉算子是采用两个父代染色体产生一个交叉后代。假设染色体是 M 行 M 列的方阵，记双亲巡回交叉算子为BCX，其输入为两个父代染色体 P_1 和 P_2，以及交叉点数 nxp；输出为交叉后代 $\boldsymbol{C}$。双亲交叉算子的描述如算法 6.a.3 所示。

算法 6.a.3　双亲巡回交叉算子：$\boldsymbol{C}$=BCX(P_1, P_2, nxp)

- 在 $(1, M)$ 之间随机产生 nxp 个交叉点数；
- 用 nxp+2 维向量 points 记录交叉点，points 第一个元素为 0，第 2 至 nxp+1 个元素为 nxp 个交叉点，第 nxp+2 个元素为 M；
- 建立子代染色体 $\boldsymbol{C}$，其中记录父代染色体中所有禁止位，其余元素在初始时为 0；
- 建立父代选择指针 p，p=0；　　　　　　*（确定当前从哪个父代继承信息）*
- 建立生成进度表 col_left，为 1 行 M 列元素为 0 的向量；*（记录当前哪些列已经被处理）*
- For i=1:nxp
  - 对 p 取反；
  - parent=P_{p+1}；
  - for j=points(i)+1：points(i+1)
    - if　parent 第 j 行不能找到元素 1
      - 找到该行对应的全禁止列 k，col_left(k)=1；
      - Continue；
    - else
      - 令 parent 第 j 行中元素 1 所在列为 k；
      - if col_left(k)==0；
        - $C(j,k)$=1；
        - col_left(k)=1；
      - else
        - if 能找到 col_left 中为 0 的一列 k，使 $C(j,k)$==0；

- $C(j,k)$=1;
- col_left(k)=1;
- else
  - 任选 col_left 中为 0 的一列 k；（*此时对应* $C(j,k)$*元素为禁止位*）
  - $C(j,k)$=1;
  - C=CS(C, j,k);（*巡回变换操作*）
  - $C(j,k)$=-1；
  - col_left(k）=1;
- 返回双亲交叉后代染色体 $\boldsymbol{C}$。

与用于向量型染色体的交叉算子类似，本节定义的用于带禁止位的矩阵型染色体的双亲巡回算子也可以选择不同的交叉点数，从而实现单点交叉、两点交叉或多点交叉的功能。这里交叉点指矩阵中相邻两行的间隔处。在交叉过程中，由于禁止位的存在，因此不能简单地将两个矩阵在交叉点处切断并重组，这样可能产生非法后代；当不满足约束条件时需要利用巡回变换操作保证子代的合法性。

利用图 6.a.4 中的示例对双亲交叉算子的操作过程进行说明。假设父代染色体分别为父代染色体 1，设为 $\boldsymbol{P}_1$；父代染色体 2，设为 $\boldsymbol{P}_2$。$\boldsymbol{P}_1$ 矩阵中元素 1 用圆圈标出，$\boldsymbol{P}_2$ 中元素 1 用方框标出。交叉点数量为 1，交叉位置在第 2 行和第 3 行之间。假设首先从 $\boldsymbol{P}_1$ 开始进行交叉，其操作步骤如下：

① 将第一个交叉点之前的，即第 1 行和第 2 行的 $\boldsymbol{P}_1$ 矩阵的元素 1 写入子代染色体 $\boldsymbol{C}$ 的相应位置，记录处理过的列数（第 1 列和第 4 列）。

② 从交叉点之后的第 3 行开始，找到 $\boldsymbol{P}_2$ 第 3 行中的元素 1，在未处理过的第 2 列，则将 $\boldsymbol{C}$ 中第 3 行第 2 列记为 1。

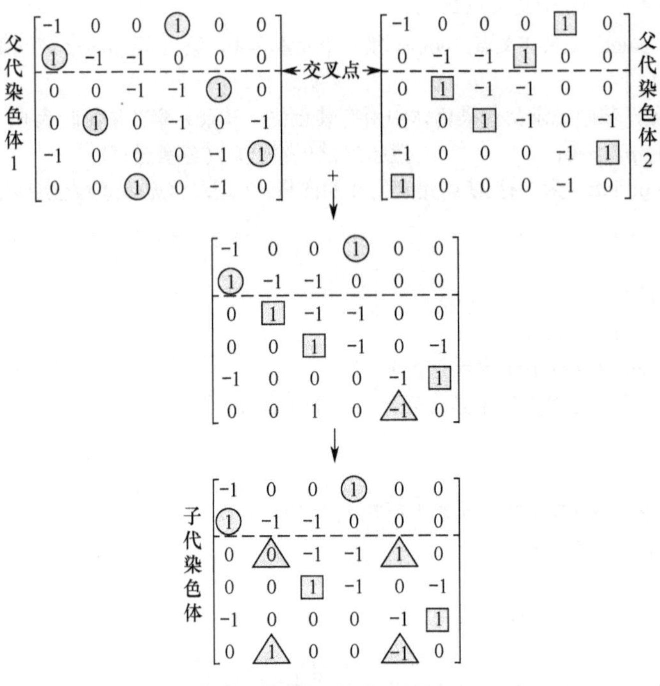

图 6.a.4　双亲巡回交叉算子

③ 类似地，$\boldsymbol{P}_2$ 第 4 行和第 5 行中的元素 1 分别在第 3 列和第 6 列，这两列均未处理，将 $\boldsymbol{C}$ 中第 4 行第 3 列、第 5 行第 6 列元素记为 1。

④ $\boldsymbol{P}_2$ 第 6 行元素 1 在第 1 列，该列已经处理过，则找到至今尚未处理的一列——第 5 列。因为 $\boldsymbol{C}$ 中第 6 行第 5 列元素为禁止位−1，所以首先将该位值更改为 1，接着以该位为起点起始一次巡回变换操作，图 6.a.4 中所示的巡回操作涉及的元素用三角形标出，完成巡回变换后将 $\boldsymbol{C}$ 中第 6 行第 5 列元素改回−1，则完成一次双亲交叉操作，交叉后代为染色体 $\boldsymbol{C}$。

在遗传算法设计中，可以选择采用单亲或双亲巡回交叉算子，与巡回变异算子一起实现对种群的遗传进化操作。它们使得在遗传进化过程中的每个染色体都是问题的一个合法解。

3. 算法流程设计

算法的框架与标准遗传算法的相同，其流程如图 6.a.5 所示。除编码和遗传算子设计外，算法中还需要考虑种群初始化、适配值评价函数和停止准则的设计。

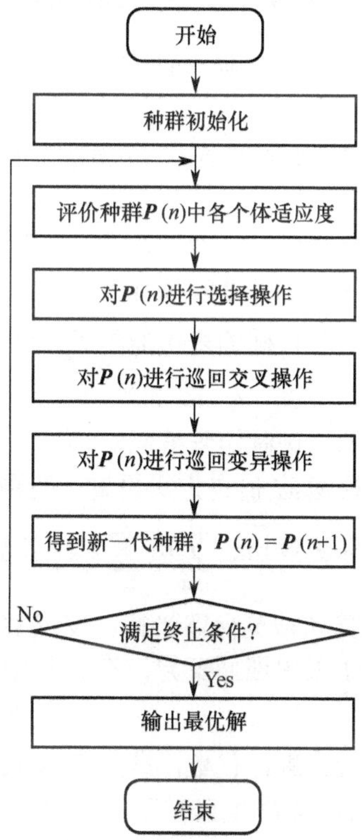

图 6.a.5　算法流程图

算法的初始种群由 N 个符合编码规则的染色体组成，其中每个染色体都是问题的一个可行解。种群中染色体的数量根据问题的规模和复杂性确定。

在设计适应度函数时，可以采用式（6.5.1）所规定的问题的优化目标函数，即拦截后目标的总剩余威胁值，结合式（6.6.5）进行求极小向求极大转换后，作为适应度评价函数。在实际算法处理时，也可以直接比较染色体对应目标函数的数值，认为数值更小的个体适应度更优。

算法的停止准则可以由下列准则组成：算法运行时间到达一个预先设定的上限；到达设

定的最大进化代数；连续若干代中最优个体适配值相对于上一代的改善幅度小于设定阈值。满足停止准则时算法停止。

本案例设计了一种用于求解可拦截性约束下的武器目标分配问题的遗传算法。算法将每个染色体编码为一个带约束二进制矩阵形式，矩阵中除用于表示分配决策的 0-1 二进制数外，还有一类禁止位标志“-1”，每个禁止位表示一对不满足空间约束的武器目标对，可拦截性约束条件通过禁止位的设置编入了染色体中。针对带约束二进制矩阵染色体设计了一种巡回变换操作，并基于它实现了单亲/双亲巡回交叉算子和巡回变异算子，这类遗传算子使得每个初始可行的染色体在整个遗传进化过程中都是合法的。

本章实验

实验 6.1　遗传算法求解存在可拦截性约束的武器目标分配问题

用遗传算法求解存在可拦截性约束的 M 个武器对 M 个目标的一一对应分配问题。

分配问题设置如下：

（1）对从 20 到 100 以步长 20 变化的 5 个 M 值进行仿真，对应规模从小到大的分配问题，并检验算法对问题的求解效率。

（2）不满足可拦截性条件的“武器目标对”在仿真中随机生成，数量不超过 $M/8$。

（3）目标的威胁值 W_j 在 1～100 之间随机均匀产生。

（4）满足可拦截性条件的武器对目标的杀伤概率 P_{ij} 在 0.2～0.95 之间随机均匀产生。

遗传算法设计要求如下：

（1）编码方式采用带约束位的二进制矩阵编码。

（2）种群中染色体的数量可根据 M 值自定义设置，可取为 M 值的倍数。

（3）适应度函数根据优化目标函数 $\max \sum_{j=1}^{M} W_j \sum_{i=1}^{M} x_{ij} P_{ij}$ 计算。

（4）选择算子采用轮盘赌选择和精英保留策略；交叉算子分别取单点巡回交叉、两点巡回交叉和单亲巡回交叉；变异算子采用巡回变异；在仿真中设置不同的交叉概率 P_c 和不同的变异概率 P_M。

（5）停止准则可设置为达到最大进化代数，或连续 N 代适应度变化小于某一阈值。

对每个 M 值的每次仿真，随机数产生器都采用相同的种子，以在相同的条件下比较遗传算法取不同参数对寻优结果的影响。

实验 6.2　贪心算法求解非线性武器目标分配问题

编制贪心算法求解例 6.1.1，将所得结果与例题中给出的最优解进行比较分析。

本章习题

6.1　什么是武器目标分配？

6.2　什么武器通道组织？

6.3　火力分配决策原则是什么？

6.4　火力分配按作战方向分几类？

6.5　现有 A、B、C 三种兵器，数量分别为 32 个、42 个、48 个，甲种战斗车若配备 A 兵器 2 个，B 兵器 2 个，C 兵器 4 个，其最大杀伤威力可达 95 个单位；乙种战斗车若配备 A 兵器 2 个，B 兵器 3 个，C 兵器 2 个，其最大杀伤威力可达 76 个单位。试问应如何决定甲、乙战斗车的数量使总杀伤威力达到最大？

6.6　三个基地 A_1、A_2、A_3 分别储备某种导弹 13 枚、12 枚、10 枚，准备打击目标 B_1、B_2、B_3、B_4。据分析，摧毁这些目标所需导弹数量分别为 6 枚、6 枚、15 枚、8 枚。各基地摧毁各目标每枚导弹所需费用如表 6.c.1 所示，试写出使费用最省的导弹分配模型，并求出最优方案。

表 6.c.1　各基地摧毁各目标每枚导弹所需费用　　单位：枚

基　地	目　标				
	B_1	B_2	B_3	B_4	储　量
A_1	13	10	5	3	13
A_2	2	4	5	9	12
A_3	16	12	1	2	10
需求数量	6	6	15	8	

6.7　飞机上武器和设备的合理配置问题：多用途飞机上应配有若干种武器设备，如机关炮、导弹、炸弹、火箭束、无线电干扰设备、轰炸瞄准具等。每种武器和设备都有一定重量和体积，要花费一定费用，并具有一定威力。如何配备飞机上的武器和设备，才能在满足飞机允许的重量、容积、费用等条件下，使飞机具有最大威力？

6.8　干扰机配置问题：设我干扰营有 J_1、J_2 两种类型的干扰机，各为 8 架和 10 架。我方可使用的阵地有 Z_1、Z_2、Z_3 三个，不同的干扰机在不同的阵地上对来袭敌机的压制概率不同，具体数据如表 6.c.2 所示，每个阵地上可容纳的干扰机数量有限。问如何配置这些干扰机才能使总干扰效果最好？

表 6.c.2　不同干扰机在不同阵地上对来袭敌机的压制概率

阵　地	容纳干扰机数/架	对敌机压制概率	
		J_1	J_2
Z_1	5	0.7	0.5
Z_2	5	0.9	0.7
Z_3	10	0.8	0.6

6.9　设我有两个火力单元待分配，来袭目标有 3 批，即 n=2，m=3；K_j=1，j=1, 2, 3。在当前确定航向上有：P_{11}=0.3，P_{12}=0.4，P_{13}=0.5，P_{21}=0.5，P_{22}=0.6，P_{23}=0.2，R_1=0.6，R_2=0.7，R_3=0.8。求最优火力分配方案。

6.10　在反空袭作战中，为了抗击敌方有护航战斗机掩护的机群，可以使用两种不同类型的歼击机进行截击。每架歼击机都装备有空-空导弹、火箭弹和机关炮 3 种武器，其数量如表 6.c.3 所示。根据敌机群的情况，歼击机为完成战斗任务至少需要使用 40 枚空-空导弹、100 枚火箭弹和 1000 枚炮弹。敌方抗击，会造成我方歼击机损伤，歼击机执行任务也有各种消耗，把有关消耗综合成战斗消耗，第一种歼击机的平均战斗消耗为每架 2 个单位，第二种歼击机为每架 5 个单位。

试研究：应派出两种歼击机各多少架，才能在保证完成战斗任务的条件下，使总战斗消耗最小。

表 6.c.3　各武器数量　　单位：枚

武器类型	机型	
	1	2
炮弹	200	50
火箭弹	4	20
空-空导弹	2	4

6.11　我方有 D_1、D_2、D_3、D_4 四个导弹阵地，同时射击 A_1、A_2、A_3、A_4 四架敌机，根据敌机来袭方向和阵地位置等，算得每个导弹阵地对各架敌机的击毁概率如表 6.c.4 所示。

表 6.c.4　每个导弹阵地对各架敌机的击毁概率

导弹阵地	敌机			
	A_1	A_2	A_3	A_4
D_1	0.6	0.9	0.4	0.6
D_2	0.8	0.6	0.8	0.6
D_3	0.4	0.8	0.6	0.8
D_4	0.6	0.9	0.8	0.2

试给每个导弹阵地分配一架敌机，给每架敌机分配一个导弹阵地，使对敌机的击毁概率最大。

第 7 章　武器射击策略优化模型

本章介绍一种确定最佳武器射击策略的方法。在战争中，有效使用武器十分重要，如在敌方导弹逼近舰艇时，如何运用反导火炮系统，是发现目标就射击好，还是等目标临近再射击效果更好？这些问题，不仅与武器运用的效能、目标的性质有关，还取决于武器系统载体的综合防御要求、武器与目标的对抗等。本章以“加了权”的目标幸存概率为指标来确定武器的最佳射击策略，而“权函数”则是对防御要求的抽象表征。

7.1　问题及数学描述

为便于分析，假定目标以等速 v 接近武器载体，并引入下列符号：

$R(s)$——距离 s 处武器的发射率，或距离 s 处武器单位距离上发射的次数；

$P_K(s)$——距离 s 处武器单发射击对目标的毁伤概率。

在目标等速接近的情况下，上面两个量是交战距离 s 的函数。

记 $\lambda(s)$ 为目标在距离 s 处时武器在单位距离内对目标的可变毁伤函数，有

$$\lambda(s)=R(s)\cdot P_K(s) \tag{7.1.1}$$

定义 $P_\lambda(s)$ 为目标在距离 s 上的幸存概率，那么当距离从 $s+\Delta s$ 减小到 s 时，目标幸存概率减小的关系为

$$P_\lambda(s)=P_\lambda(s+\Delta s)[1-\lambda(s)\cdot\Delta(s)] \tag{7.1.2}$$

即目标在距离 s 上幸存的概率，等于目标在 $s+\Delta s$ 距离上幸存的概率与在 Δs 内没有被击毁的事件概率的积。

对式（7.1.2）移项整理，有

$$\frac{P_\lambda(s+\Delta s)-P_\lambda(s)}{\Delta s}=P_\lambda(s+\Delta s)\cdot\lambda(s) \tag{7.1.3}$$

当 $\Delta s\to 0$ 时，得到：

$$P_\lambda'(s)=\lambda(s)\cdot P_\lambda(s) \tag{7.1.4}$$

对式（7.1.4）进行积分，并注意到 $P_\lambda(\infty)=1$，即目标在无穷远处幸存是必然事件，可以得到在离武器载体距离为 s 上的目标的幸存概率为

$$P_\lambda(s)=\exp\left[-\int_s^\infty\lambda(s)\mathrm{d}s\right] \tag{7.1.5}$$

因为 $\lambda(s)$ 为目标在距离 s 处单位距离上的毁伤函数，所以式（7.1.5）中指数部分的积分便是目标在距离 s 以前各交战距离上毁伤值的和（注意：s 之前的这一段交战距离是指目标从无穷远处到达距离 s 处，而不是从距离 s 处到达武器载体处），显然毁伤值的和 $\int_s^\infty\lambda(s)\mathrm{d}s$ 越大，目标在距离 s 上的幸存概率就越小，反之亦然。

单纯追求使目标最终幸存概率 $P_\lambda(s)$ 极小的射击策略是片面的，因为目标对武器载体的威胁程度不仅与目标的幸存概率有关，还与此时目标和武器载体的接近程度有关。一般说来，防御方并不希望近战，以免遭到太大的威胁，在确定武器射击策略的指标时应考虑这些因素。

为了将“避免近战”这一防御要求在射击策略中得到体现，一种可行的做法是引入正值的权函数 $g(s)$，它从 0 开始，随着交战距离的增加而增加到某个不变的极限。

例如，取下面形式的权函数：

$$g(s)=\begin{cases}s/s_L,\ s\leqslant s_L\\1,\ s>s_L\end{cases} \tag{7.1.6}$$

如图 7.1.1 所示。

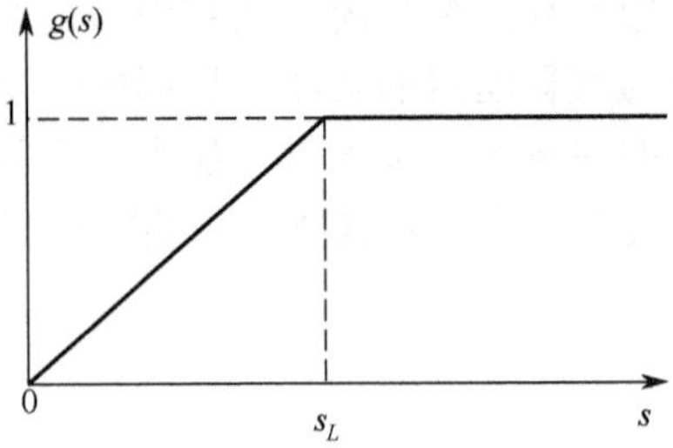

图 7.1.1　权函数

式（7.1.6）给出的权函数表明：武器载体认为，在目标从无穷远处慢慢接近到距离 s_L 之前，武器毁伤目标的价值即目标的实际价值；当目标在距离 s_L 之内时，它毁伤目标的价值与目标的距离成正比，即随目标距离的减小而减小。

加权后的毁伤值函数变为

$$M(s)=\int_s^{\infty}g(s)\lambda(s)\mathrm{d}s=\int_s^{\infty}g(s)R(s)P_K(s)\mathrm{d}s \tag{7.1.7}$$

事实上，式（7.1.7）中 $R(s)P_K(s)\mathrm{d}s$ 表示在 $(s,\ s+\Delta s)$ 区间对目标的毁伤值，乘以因子 $g(s)$，表示这一毁伤值在加权防御中的相对价值，那么式（7.1.7）则表示在距离 s 以前造成毁伤的总价值，或者称为“加了权”的总毁伤期望值。

所谓确定武器射击的最佳策略问题，现在转化为：求取 $R(s)$，在 $\int_s^{\infty}R(s)\mathrm{d}s\leqslant N$（$N$ 为武器弹药总量）的约束条件下，使武器射击取得最大的价值，即使

$$M(s)=\max\int_0^{\infty}g(s)R(s)P_K(s)\mathrm{d}s \tag{7.1.8}$$

当然，权函数还可以根据防御方所考虑的其他因素来进行设置，如设置较小的权重以避开目标来袭航路上的某段距离，或为目标航路上防御火力比较集中的一段距离设置较大的权重等。可见，权函数相比单一的权重值，可以体现出随某一变量而变化的优化要求，从而使一些主观或客观因素得到考虑。

7.2　单一武器的最佳射击策略

本节分两种情况讨论单一武器的射击策略问题，第一种情况假定 $R(s)$ 为常数，第二种情况假定 $R(s)$ 可以连续变化。

7.2.1　$R(s)$ 为常数时武器最佳射击策略的确定

目标等速接近武器载体，而武器只能等速发射，就属于这一情况。例如，当小口径火炮向靠近舰艇的导弹进行射击时，最佳射击策略便成为确定最佳开火距离的问题，即选择 s_0 使得

$$\max M(s)=\int_{s_0-\frac{N}{C}}^{s_0} g(s)P_K(s)\mathrm{d}s \tag{7.2.1}$$

式中，C 为发射率；N 为武器弹药总量，N/C 为武器可持续射击的距离。此时射击的最佳策略为从 s_0 开始射击直至武器弹药用尽，而此时求取最佳射击策略问题成为无约束条件优化问题。

下面的定理给出了求取 s_0 的方法。

定理 7.2.1　设 s^*满足 $h'(s^*)=\frac{\mathrm{d}g(s)P_K(s)}{\mathrm{d}s}\Big|_{s=s^*}=0$，若 $h'(s)$ 在 s^*两侧变号，且有 $\begin{cases}h'(s)>0, s<s^*\\ h'(s)<0, s>s^*\end{cases}$，则使得

$$g(s_0)P_K(s_0)-g\left(s_0-\frac{N}{C}\right)\cdot P_K\left(s_0-\frac{N}{C}\right)=0 \tag{7.2.2}$$

成立的 s_0 存在，这个 s_0 就是武器开火的最佳距离，且 $s_0-\frac{N}{C}<s^*<s_0$。

可以用图像对定理 7.2.1 进行说明，如图 7.2.1 所示，显然若 $h(s)$ 的极值存在，则总能使式（7.2.2）成立，并使积分式（7.2.1）极大。武器最佳开火的区间是 $h(s)$ 极值点的邻域，即有

$$s_0-N/C<s^*<s_0$$

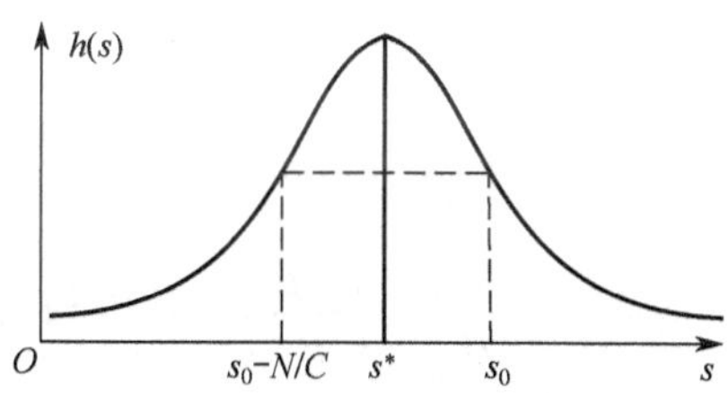

图 7.2.1　定理 7.2.1 的图像说明

【例 7.2.1】 已知武器单发毁伤目标的概率是距离的负指数函数，即 $P_K(s)=\mathrm{e}^{-\alpha s}$，权函数也选为负指数函数形式 $g(s)=1-\mathrm{e}^{-\beta s}$，武器的弹药总数为 N，射速为 C_1 枚/秒，目标的接近速度为 V 米/秒，求武器的最佳开火距离。

解： 由定理 7.2.1 知 $h(s)=g(s)P_K(s)=\mathrm{e}^{-\alpha s}(1-\mathrm{e}^{-\beta s})$，且武器的单位距离发射率为 $C=C_1/V$，因此有

$$h'(s)=\beta \mathrm{e}^{-(\alpha+\beta)s}-\alpha \mathrm{e}^{-\alpha s}(1-\mathrm{e}^{-\beta s})$$

令 $h'(s)=0$ 求得 $s^*=\frac{1}{\beta}\ln\left(\frac{\alpha+\beta}{\alpha}\right)$，且当 $s<s^*$时，$h'(s)>0$，$s>s^*$时，$h'(s)<0$。

所以最佳开火策略存在，由式（7.2.2）得

$$\mathrm{e}^{-\alpha s_0}(1-\mathrm{e}^{-\beta s_0})-\mathrm{e}^{-\alpha\left(s_0-\frac{N}{C}\right)}\left(1-\mathrm{e}^{-\left[\beta\left(s_0-\frac{N}{C}\right)\right]}\right)=0$$

求得

$$s_0=\frac{1}{\beta}\ln\left[\frac{1-\mathrm{e}^{(\alpha+\beta)\frac{N}{C}}}{1-\mathrm{e}^{\alpha\frac{N}{C}}}\right]$$

s_0即为武器最佳开火距离。当然，这是指初始的弹着距离，对本例而言，在不考虑弹药飞行时间差异的条件下，武器的最佳开火策略是在弹目相遇区间$\left(s_0-\dfrac{N}{C},\ s_0\right)$内把弹药全部发射完，而在其他区间一律不射击。

为了进一步说明例 7.2.1 的实际意义，为该例中参数赋具体数值，得到例 7.2.2。

【例 7.2.2】 已知武器单发毁伤目标的概率是距离的负指数函数，即$P_K(s)=\mathrm{e}^{-\alpha s}$，其中取$\alpha=0.0003$；权函数选为$g(s)=1-\mathrm{e}^{-\beta s}$，其中取$\beta=0.0006$；武器的弹药总数为$N=320$枚，射速为$C_1=100$枚/秒，目标的接近速度为$V=500$米/秒，求武器的最佳开火距离。

解： 首先绘制$P_K(s)$、$g(s)$和$h(s)=g(s)P_K(s)$的曲线，如图 7.2.2 所示。

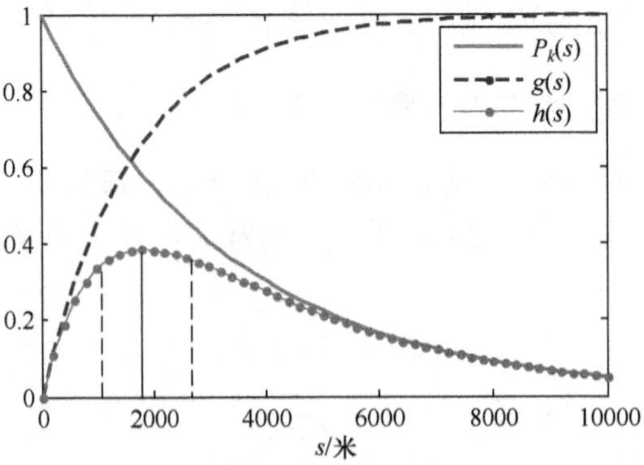

图 7.2.2　毁伤概率和权函数随距离的变化曲线

由例 7.2.1 可知，$h'(s)=0$时有$s^*=\dfrac{1}{\beta}\ln\left(\dfrac{\alpha+\beta}{\alpha}\right)$，代入相关参数可得$s^*=1831$。进一步，由图 7.2.2 可见，当$s<s^*$时，$h'(s)>0$，$s>s^*$时，$h'(s)<0$，满足最佳开火策略存在的条件。

武器的单位距离发射率为$C=C_1/V=0.2$，由式（7.2.2）可解得$s_0=2757$，$s_0-\dfrac{N}{C}=1157$，因此最佳开火策略为弹目相遇从 2757 米处开始，以不变的射速持续发射完所有的弹药。如果不考虑弹药的飞行时间差异，最后一枚弹药应与目标相遇在距离 1157 米处。注意：开火点和结束开火点相对于s^*值不一定是对称的，而是$h(s)$曲线在这一长度区间内相对横轴所包络的面积是最大的。

7.2.2　*R*(*s*) 连续变化时的最佳射击策略

在这种情况下，确定武器的最佳射击策略等价于解下面的变分问题：

$$M(s)=\int_0^{\infty}R(s)g(s)P_K(s)\mathrm{d}s \tag{7.2.3}$$

$$\int_0^{\infty}R(s)\mathrm{d}s\leqslant N \tag{7.2.4}$$

求$R(s)$，使得泛函式（7.2.3）极大化。

结论由定理 7.2.2 给出，证明略。

定理 7.2.2　若满足条件（1）（2），

$$（1）\ h'(s)=\frac{\mathrm{d}[g(s)\cdot P_K(s)]}{\mathrm{d}s}>0,\ s<s^*,\ h'(s^*)=0 \tag{7.2.5}$$

$$（2）\quad f(s)=\left\{\frac{P_K''(s)}{P_K'(s)}-2\frac{P_K'(s)}{P_K(s)}-\frac{g''(s)}{g'(s)}\right\}\frac{1}{P_K(s)}>0,\quad s>s^* \tag{7.2.6}$$

则武器的最佳射击策略具有下列形式：

$$R_0(s)=\begin{cases}0, & 0\leqslant s\leqslant s^*\\ f(s), & s^*<s<s_1\\ 0, & s_1\leqslant s\end{cases} \tag{7.2.7}$$

式（7.2.7）中的 s_1 由式（7.2.8）确定：

$$\int_{s^*}^{s_1} f(s)\mathrm{d}s=N \tag{7.2.8}$$

定理 7.2.2 表明武器的最佳开火区间是在 $h(s)$ 取得极值 s^* 点的右邻域内，即全部的弹药该在此点前发射出去，这一点与定理 7.2.1 是有区别的。

【例 7.2.3】 $P_K(s)$、$g(s)$、N 与例 7.2.1 相同，试确定 $R(s)$ 为连续变化时武器的最佳射击策略。

解： $h'(s)=\alpha \mathrm{e}^{-\alpha s}\left(-1+\mathrm{e}^{-\beta s}+\dfrac{\beta}{\alpha}\mathrm{e}^{-\beta s}\right)>0$，$s<s^*=\dfrac{1}{\beta}\left[\dfrac{\alpha+\beta}{\alpha}\right]$

$$P_K'(s)=-\alpha \mathrm{e}^{-\alpha s}$$

$$P_K''(s)=\alpha^2 \mathrm{e}^{-\alpha s}$$

$$g'(s)=\beta \mathrm{e}^{-\beta s}$$

$$g''(s)=-\beta^2 \mathrm{e}^{-\beta s}$$

由式（7.2.6）得

$$f(s)=(\alpha+\beta)\mathrm{e}^{\alpha s}>0,\quad s>s^*$$

故武器的最佳射击策略为

$$R_0(s)=\begin{cases}0, & 0\leqslant s\leqslant \dfrac{1}{\beta}\ln\left[\dfrac{\alpha+\beta}{\alpha}\right]\\ (\alpha+\beta)\mathrm{e}^{\alpha s}, & \dfrac{1}{\beta}\ln\left[\dfrac{\alpha+\beta}{\alpha}\right]<s\leqslant s_1\\ 0, & s_1<s\end{cases} \tag{7.2.9}$$

而根据 $\int_{s^*}^{s_1}(\alpha+\beta)\mathrm{e}^{\alpha s}\mathrm{d}s=N$

$$s_1=\frac{1}{\alpha}\ln\left[\frac{\alpha N}{\alpha+\beta}+\mathrm{e}^{\alpha s^*}\right] \tag{7.2.10}$$

式（7.2.9）、式（7.2.10）表明，武器的最佳射击策略是在区间 (s^*,s_1) 内，按正指数发射率的规律向目标发射弹药，即离目标越远，发射密度越大，而在其他距离上不射击。进一步可以计算例 7.2.1～例 7.2.3 的目标最终幸存概率 $P_\lambda(0)$ 及指标 $M(s)$，并进行比较，这些留给读者自行完成。

7.3 多种武器或组合武器的最佳射击策略

如果防御者用l种武器向目标进行射击，可以假定$P_{K_1}(s),P_{K_2}(s),\cdots,P_{K_l}(s)$为各种武器的命中毁伤函数，而$R_1(s),R_2(s),\cdots,R_l(s)$为各种武器的射击策略或射速分配数，则第$i$种武器对目标的毁伤率为

$$\lambda_i(s)=R_i(s)P_{ki}(s) \tag{7.3.1}$$

目标在距离s上的幸存概率为

$$P_\lambda(s)=P_\lambda(s+\Delta s)[1-\lambda_1(s)\Delta s-\lambda_2(s)\Delta s-\cdots-\lambda_l(s)\Delta s+o(\Delta s^2)] \tag{7.3.2}$$

式中，$o(\Delta s^2)$表示Δs两阶以上的无穷小量。

对式（7.3.2）移项整理得

$$\frac{P_\lambda(s+\Delta s)-P_\lambda(s)}{\Delta s}=P_\lambda(s+\Delta s)\left[\lambda_1(s)+\lambda_2(s)+\cdots+\lambda_l(s)+\frac{o(\Delta s^2)}{\Delta s}\right]$$

当$\Delta s\to 0$时，有

$$P_\lambda'(s)=[\lambda_1(s)+\lambda_2(s)+\cdots+\lambda_l(s)]P_\lambda(s) \tag{7.3.3}$$

注意到，$P_\lambda(\infty)=1$，解式（7.3.3），有

$$P_\lambda(s)=\exp\left\{-\int_s^\infty\sum_{i=1}^{l}\lambda_i(s)\mathrm{d}s\right\}=\exp\left\{-\sum_{i=1}^{l}\int_s^\infty\lambda_i(s)\mathrm{d}s\right\} \tag{7.3.4}$$

为目标在距离s上的幸存概率。

在引入权函数$g_i(s)$，$i=1,2,\cdots,l$的条件下，我们可以建立确定组合武器最佳射击策略的指标函数：

$$M(s)\big|_{s=0}=\sum_{i=1}^{l}\int_s^\infty g_i(s)\lambda_i(s)\mathrm{d}s=\sum_{i=1}^{l}\int_s^\infty g_i(s)R_i(s)P_{Ki}(s)\mathrm{d}s \tag{7.3.5}$$

并由其在满足$\int_s^\infty R_i(s)\leqslant N_i$的约束条件下求解各武器的最佳射击策略$R_{0i}$。

显然，如果各武器的射击是相互独立的，结论将是定理 7.2.1、定理 7.2.2 的直接推广，在此不作进一步讨论。

本章小结

本章在经过简化的条件下，讨论了某一指标下武器的最佳射击策略问题，目的是强调武器射击策略这一问题的重要性，同时引导读者认识分析射击最佳策略时应考虑的一些因素，其中“权函数”的引入对最佳射击策略的确定有十分重要的作用。

本章所考虑的射击最佳策略是理论模型，介绍的是一种射击策略的建模和求解的思路。实际中，影响武器发射时机的因素非常多，在解决实际问题时，还需要提炼影响射击策略的主要因素来进行分析求解。

本章案例　基于预定毁伤概率的悬浮式深弹拦截线布设策略

随着鱼雷技术的发展，现代潜射鱼雷对水面舰艇的威胁越来越大。由于声呐只能测定来袭鱼

雷的方位变化信息，而距离的测量误差较大，采取传统水下硬杀伤方式对抗鱼雷的效果不佳。为提升对来袭鱼雷的拦截概率，一种可行的方式是在鱼雷可能的航路上布设一条悬浮式深弹的“拦截线”，如俄罗斯的“蟒蛇”反鱼雷系统。

舰艇携带深弹数量有限，在达到既定毁伤概率的前提下，合理确定深弹布设密度成为有效拦截鱼雷的关键。如果通过布设线长与深弹毁伤半径比来确定布设数量，没有考虑布设和拦截过程中的相关误差，那么就无法建立布设参数与预定毁伤概率之间的关系。本案例通过构建最优中间函数，利用条件极值计算深弹均匀布设模型下的理论最优毁伤概率解析解，从而得到最优布设策略，这也是一类考虑实际因素求解优化射击策略的问题。

建立 l 坐标轴，使之垂直于鱼雷的期望航路，期望航路与坐标轴 l 相交于原点 O，如图 7.a.1 所示。

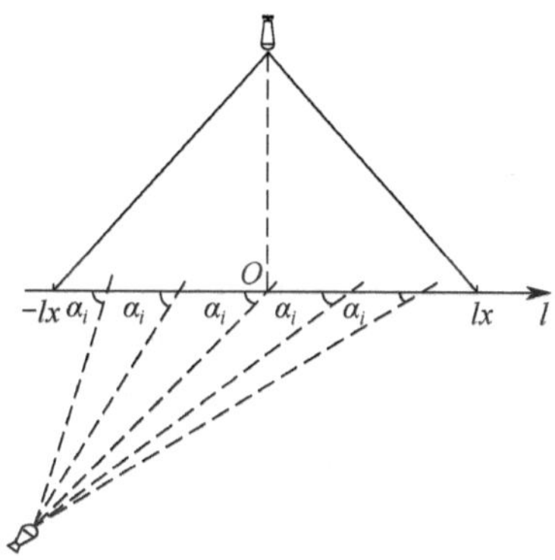

图 7.a.1　区域射击拦截鱼雷

鱼雷发射距离较远，且其定位精度有限，认为其在 $(-l_x,l_x)$ 区间内服从均匀分布，其中 l_x 为鱼雷航路最可能分布的区间半径。悬浮式深弹杀伤半径为 R_d，认为鱼雷在该杀伤半径内即可被毁伤。

火箭深弹在其射击坐标系上的距离和方向误差均方差分别为 σ_d、σ_β（概率误差分别为 E_d、E_β）；误差在 l 轴上的投影为

$$\begin{cases}E^2=E_\mathrm{d}^2\cdot\cos^2\alpha+E_\beta^2\cdot\sin^2\alpha\\ \sigma^2=\sigma_\mathrm{d}^2\cdot\cos^2\alpha+\sigma_\beta^2\cdot\sin^2\alpha\end{cases}\tag{7.a.1}$$

式中，α 为射向与拦截线 l 的夹角；$E=\sqrt{2}\rho\sigma$ 为概率误差，ρ=0.4769 为正态常数，其误差在 l 轴上服从正态分布，即

$$\varphi(x)=\frac{\rho}{\sqrt{\pi}E}\mathrm{e}^{-\rho^2\frac{\left(x-\xi_{x_i}\right)^2}{E^2}}\tag{7.a.2}$$

ξ_{x_i} 为第 i 枚深弹的瞄准点坐标。当鱼雷经过 l 轴坐标为 x_1 时，第 i 枚火箭深弹毁伤概率为

$$\int_{x_1-R_\mathrm{d}}^{x_1+R_\mathrm{d}}\varphi_i(x_2)\mathrm{d}x_2\tag{7.a.3}$$

式中，x_2 为第 i 枚火箭深弹实际的布设坐标。考虑所有鱼雷所有可能经过点，其毁伤概率为

$$\int_{-l_x}^{l_x}f(x_1)\int_{x_1-R_\mathrm{d}}^{x_1+R_\mathrm{d}}\varphi_i(x_2)\mathrm{d}x_1\mathrm{d}x_2\tag{7.a.4}$$

式中，$f(x)$ 为关于鱼雷经过拦截线某一位置的概率密度函数。鱼雷经过拦截线某一位置这一事件服从均匀分布，因此第 i 枚深弹对鱼雷的毁伤概率为

$$\frac{1}{2l_x}\int_{-l_x}^{l_x}\int_{x_1-R_d}^{x_1+R_d}\varphi_i(x_2)\mathrm{d}x_1\mathrm{d}x_2 \tag{7.a.5}$$

为减小计算量和求解难度，深弹采取均匀布设方式。每个提前点布置 1 枚深弹，由于每枚深弹的误差投影角 α_i 不同，因此每枚深弹在 l 轴服从不同概率误差的正态分布，概率误差为

$$E_i^2=E_{\mathrm{d}}^2\cdot\cos^2\alpha_i+E_{\beta}^2\cdot\sin^2\alpha_i \tag{7.a.6}$$

当鱼雷从 l 轴上 x_1 点经过时，其至少被 1 枚深弹所毁伤的条件概率为

$$P_{n,0}\left|(x=x_1)=1-\prod_{i=1}^{n}\left[1-p_i\left(\left|x_1-\xi_{x_i}\right|\right)\right]\right. \tag{7.a.7}$$

式中，$p_i(x_1)$ 为当系统误差为某一固定偏差值 x_1 时，第 i 枚深弹在此系统偏差下毁伤鱼雷的条件概率为

$$p_i(x_1)=\frac{\rho}{\sqrt{\pi}E_i}\int_{-R_d}^{R_d}\mathrm{e}^{-\rho^2\frac{(x_2-x_1)^2}{E_i^2}}\mathrm{d}x_2 \tag{7.a.8}$$

考虑鱼雷所有可能经过的位置，其毁伤概率为

$$\begin{aligned}P&=1-\int_{-l_x}^{l_x}f(x_1)\prod_{i=1}^{n}\left[1-p_i\left(\left|x_1-\xi_{x_i}\right|\right)\right]\mathrm{d}x_1\\&=1-\frac{1}{2l_x}\int_{-l_x}^{l_x}\prod_{i=1}^{n}\left[1-p_i\left(\left|x_1-\xi_{x_i}\right|\right)\right]\mathrm{d}x_1\end{aligned} \tag{7.a.9}$$

1. 最优毁伤概率求解

求解鱼雷被毁伤的最大概率，等同于求解鱼雷未被毁伤的最小概率：

$$P_{0,n}=\int_{-l_x}^{l_x}f(x_1)\prod_{i=1}^{n}\left[1-p_i\left(\left|x_1-\xi_{x_i}\right|\right)\right]\mathrm{d}x_1 \tag{7.a.10}$$

引入射弹散布密度函数：

$$U=-\sum_{i=1}^{n}\ln\left[1-p_i\left(\left|x_1-\xi_{x_i}\right|\right)\right] \tag{7.a.11}$$

鱼雷被毁伤概率变式为

$$P=1-\int_{-l_x}^{l_x}f(x_1)\mathrm{e}^{-U}\mathrm{d}x_1 \tag{7.a.12}$$

显然，U 在 $(-\infty,+\infty)$ 上的积分与瞄准点位置 ξ_{x_i} 无关，构造 τ：

$$\begin{aligned}\int_{-\infty}^{+\infty}U\mathrm{d}x&=-\sum_{i=1}^{n}\int_{-\infty}^{+\infty}\ln\left[1-p_i\left(\left|x-\xi_{x_i}\right|\right)\right]\mathrm{d}x\\&=-\sum_{i=1}^{n}\int_{-\infty}^{+\infty}\ln[1-p_i(x)]\,\mathrm{d}x\\&=\tau(R,n,\alpha_i)\end{aligned} \tag{7.a.13}$$

将式（7.a.13）作为等周条件，通过变分法求解最优 U 及对应的最优毁伤概率 P，此时目标函数变为

$$I=f(x)\mathrm{e}^{-U}+\lambda U \tag{7.a.14}$$

$f(x)$ 服从均匀分布，其在 $-l_x$、l_x 两点不连续，将其延拓为二阶连续函数以进行变分法求解，其延拓函数为

$$f^*(x)\begin{cases} f(x), & x\in[-l_x+\delta,l_x-\delta] \\ \varphi_1(x), & x\in[-l_x-\delta,-l_x+\delta] \\ \varphi_2(x), & x\in[l_x-\delta,l_x+\delta] \\ 0, & x\in(-\infty,-l_x-\delta]\cup[l_x+\delta,+\infty) \end{cases} \tag{7.a.15}$$

式中，$\varphi_1(x)\in C^2(-l_x-\delta,-l_x+\delta)$，且

$$\begin{cases} \lim\limits_{x^-\to -l_x-\delta}\varphi_1(x)=0 \\ \lim\limits_{x^+\to -l_x+\delta}\varphi_1(x)=\dfrac{1}{2l_x} \end{cases} \tag{7.a.16}$$

$\varphi_2(x)\in C^2(l_x-\delta,l_x+\delta)$，且

$$\begin{cases} \lim\limits_{x^-\to l_x-\delta}\varphi_2(x)=\dfrac{1}{2l_x} \\ \lim\limits_{x^+\to l_x+\delta}\varphi_2(x)=0 \end{cases} \tag{7.a.17}$$

因此有

$$\lim_{\delta\to 0}\int_{-l_x}^{l_x} f^*(x)\mathrm{e}^{-U}\mathrm{d}x=\int_{-l_x}^{l_x} f(x)\mathrm{e}^{-U}\mathrm{d}x \tag{7.a.18}$$

以 $f^*(x)$ 代替 $f(x)$ 得到 I^*，根据欧拉-拉格朗日条件，U 的最优值 U_0 应为

$$\frac{\partial I^*}{\partial U}-\frac{\mathrm{d}}{\mathrm{d}x}\cdot\frac{\partial I^*}{\partial U_x}=0 \tag{7.a.19}$$

的解，即 U_0 应使得

$$-f^*(x)\mathrm{e}^{-U_0}+\lambda=0 \tag{7.a.20}$$

代入式（7.a.13）

$$\int_{-\infty}^{+\infty}-\ln\left(\frac{\lambda}{f^*(x)}\right)\mathrm{d}x=\tau \tag{7.a.21}$$

因为当 $x\notin[-l_x,l_x]$ 时，射弹散布对于目标的毁伤无影响，因此式（7.a.21）变为

$$\int_{-l_x}^{l_x}-\ln\left(\frac{\lambda}{f(x)}\right)\mathrm{d}x=\tau \tag{7.a.22}$$

解得

$$\lambda=\frac{1}{2l_x}\mathrm{e}^{\left(-\frac{\tau}{2l_x}\right)} \tag{7.a.23}$$

代入式（7.a.20），有

$$U_0(x)=\begin{cases} \dfrac{\tau}{2l_x}, & x\in[-l_x,l_x] \\ 0, & x\notin[-l_x,l_x] \end{cases} \tag{7.a.24}$$

在 $x\in[-l_x,l_x]$，最优解同样满足：

$$-f(x)\mathrm{e}^{-U_0}+\lambda=0 \tag{7.a.25}$$

下面对 $U_0(x)$ 的最优性进行证明。

假设存在最优函数：

$$U_1(x)=U_0(x)+\eta(x) \tag{7.a.26}$$

使得 $P_1 = 1 - \int_{-l_x}^{l_x} f(x)\mathrm{e}^{-U_1}\mathrm{d}x$ 为更优。证明只有当 $\eta(x)=0$ 时，P_1 才最大。

显然，$U_1(x)$ 满足：

$$\begin{cases} U_1(x) \geqslant 0 \\ \int_{-\infty}^{+\infty} U_1(x)\mathrm{d}x = \tau \end{cases} \tag{7.a.27}$$

且有

$$\begin{aligned} \int_{-l_x}^{l_x} U_1(x)\mathrm{d}x &= \int_{-l_x}^{l_x} U_0(x)\mathrm{d}x + \int_{-l_x}^{l_x} \eta(x)\mathrm{d}x \\ &= \tau \Rightarrow \int_{-l_x}^{l_x} \eta(x)\mathrm{d}x = 0 \end{aligned} \tag{7.a.28}$$

证明式（7.a.20）最优，即证明

$$\begin{aligned} & P_0 - P_1 \leqslant 0 \\ & \Rightarrow \int_{-l_x}^{l_x} f(x)\mathrm{e}^{-U_0(x)}\mathrm{d}x - \int_{-l_x}^{l_x} f(x)\mathrm{e}^{-U_1(x)}\mathrm{d}x \leqslant 0 \\ & \Rightarrow \int_{-l_x}^{l_x} f(x)\mathrm{e}^{-U_0(x)}(1-\mathrm{e}^{-\eta(x)})\mathrm{d}x \leqslant 0 \end{aligned} \tag{7.a.29}$$

由基本不等式 $1-\mathrm{e}^{-x} \leqslant x$ 可知：

$$\int_{-l_x}^{l_x} f(x)\mathrm{e}^{-U_0(x)}(1-\mathrm{e}^{-\eta(x)})\mathrm{d}x \leqslant \int_{-l_x}^{l_x} f(x)\mathrm{e}^{-U_0(x)}\eta(x)\mathrm{d}x \tag{7.a.30}$$

因此

$$\int_{-l_x}^{l_x} f(x)\mathrm{e}^{-U_0(x)}\mathrm{d}x \leqslant \int_{-l_x}^{l_x} f(x)\eta(x)\mathrm{d}x = \frac{1}{2l_x}\int_{-l_x}^{l_x} \eta(x)\mathrm{d}x = 0 \tag{7.a.31}$$

即证明 $U_0(x)$ 是使 P_0 最大的函数。因此得到最优毁伤概率：

$$\begin{aligned} P_0(n) &= 1 - \int_{-l_x}^{l_x} f(x)\mathrm{e}^{-U_0}\mathrm{d}x \\ &= 1 - \mathrm{e}^{-\frac{\tau}{2l_x}} \end{aligned} \tag{7.a.32}$$

2．基于预定毁伤概率求解布设数量

当确定了毁伤概率 P_c、误差条件和配置方法，影响毁伤概率的只有深弹数量 n。传统方法通过拦截区间长度与杀伤半径的比值来确定布设深弹数量：

$$n = k\frac{l_x}{R} \tag{7.a.33}$$

式中，k 为比例系数。此方法不能考虑布设误差，也无法直接根据预设概率 P_c 求取布设弹数 n，只能通过逆向枚举计算求取符合概率 P_c 的布设深弹数量 n。

本案例利用基于预定毁伤概率的布设密度求解公式，将毁伤概率表示为关于布设深弹数量的函数 $P(n)$，布设深弹数量求解问题转化为优化问题：

$$\begin{cases} \mathrm{opt}\ J = \min n \\ \mathrm{s.t.} \quad \begin{cases} P(n) \geqslant P_\mathrm{c} \\ n \in \mathbb{N}^+ \end{cases} \end{cases} \tag{7.a.34}$$

对于深弹数量 n，引入序列 n_i，有

$$\begin{cases} n_1 = \phi(P_c) \\ n_{k+1} = \vartheta(n_k) \end{cases} \tag{7.a.35}$$

式中，$k \in \mathbb{N}^+$；$\phi(P_c)$ 为初值计算函数；$\vartheta(n_k)$ 为布设深弹数量计算迭代函数；迭代终止条件为 $|n_k - n_{k-1}| < 1$。首先通过初值函数 $\phi(P_c)$ 计算深弹数量初值 n_1，通过计算迭代函数 $\vartheta(n_k)$ 迭代，逼近真实值 n_∞。为了使迭代过程在满足终止条件时有 $P(n_k) \geqslant P_c$，需要使 $P(n_k) < P_c$ 时，有

$$\vartheta(n_k) - n_k > 1 \tag{7.a.36}$$

求解布设深弹数量，首先构建初值函数。为了减少运算复杂度，选取散布最大的提前点散布参数 $E_{\max}$ 作为所有提前点的散布参数。

构造 τ'、τ，满足：

$$\begin{cases} \tau' = \int_{-\infty}^{+\infty} \ln(1 - p_{\max}(x))\mathrm{d}x \\ \tau = -n\int_{-\infty}^{+\infty} \ln(1 - p_{\max}(x))\mathrm{d}x \end{cases} \tag{7.a.37}$$

由（7.a.37）式得

$$n = -2l_x \ln(1 - P_0) / \tau' \tag{7.a.38}$$

从而有

$$n_0 = \phi(P_c) = -2l_x \ln(1 - P_c) / \tau' \tag{7.a.39}$$

通过迭代法求解：

$$n_{k+1} = n_k + (P_c - P(n_k)) \Bigg/ \left(\frac{\mathrm{d}P(n_t)}{n_t} \bigg|_{n_t = n_k} \right) \tag{7.a.40}$$

式中，$P(n_k)$ 为 n 取 n_k 时，得到的优化后实际毁伤概率。由于 $n_k \in \mathbb{N}^+$，$\dfrac{\mathrm{d}P(n_t)}{n_t}$ 不存在。然而，当采用优化方法求解瞄准点配置时，总是使得 $P(n_k)$ 趋近于最优毁伤概率 $P(n_k)$，因此假设有

$$\begin{cases} P_0(n_k) \approx P(n_k) \\ \dfrac{\mathrm{d}P(n_t)}{n_t} \approx \dfrac{\mathrm{d}P_0(n_t)}{n_t} \end{cases} \tag{7.a.41}$$

结合式（7.a.40）可得

$$\begin{aligned} n_{k+1} &= \vartheta(n_k) \\ &= n_k + \left[(P_c - P(n_k)) \Bigg/ \left(\frac{\mathrm{d}P_0(n_t)}{n_t} \bigg|_{n_t = n_k} \right) \right] \end{aligned} \tag{7.a.42}$$

其中，

$$\frac{\mathrm{d}P_0(n_t)}{n_t} = \frac{\tau'}{2l_x} \mathrm{e}^{\left(-\frac{n_t \tau'}{2l_x}\right)} \tag{7.a.43}$$

3. 确定深弹拦截线

求预定毁伤概率下的布设深弹数量，需要计算拦截区间。根据实际作战使用情况和鱼雷航路张角确定鱼雷可能航路区间 $(-l_x, l_x)$，确定深弹布设方案。

在某一时刻 t_0 发出鱼雷报警信号，根据鱼雷与舰艇解相遇原理，满足

$$V_m \sin Q_m = V_{TL} \sin \varphi \tag{7.a.44}$$

式中，V_m 为目标舰艇速度；Q_m 为发现鱼雷的舷角；V_{TL} 为鱼雷运动速度；φ 为鱼雷攻击提前角。

最大提前角射击如图 7.a.2 所示，最小提前角射击如图 7.a.3 所示。

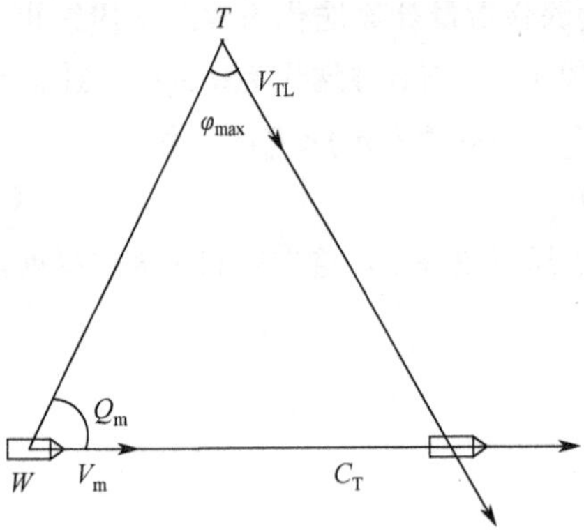

图 7.a.2　最大提前角射击

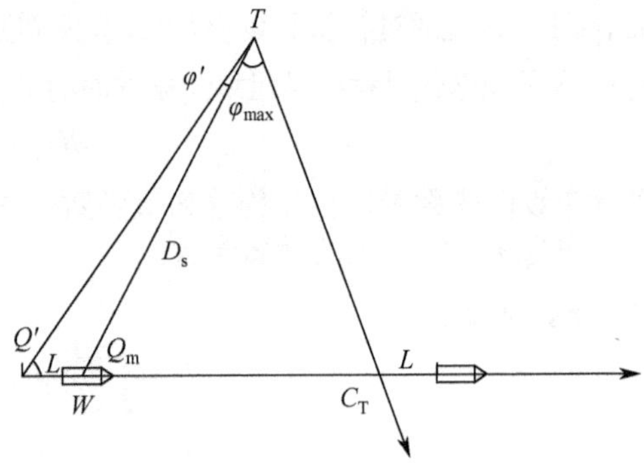

图 7.a.3　最小提前角射击

在同一攻击态势下，鱼雷攻击提前角与鱼雷种类有关：直航鱼雷攻击提前角最大，尾流制导鱼雷攻击提前角最小。当鱼雷为直航鱼雷时，根据式（7.a.44），其攻击提前角为

$$\begin{aligned}\varphi_{max} &= \arcsin\left(\frac{V_m}{V_{TL}}\sin Q_m\right) \\ &= \arcsin(m\sin Q_m)\end{aligned} \tag{7.a.45}$$

式中，$m = \dfrac{V_m}{V_{TL}}$。

当鱼雷为尾流制导鱼雷时，其攻击提前角使得鱼雷与舰艇尾流相遇并进入尾流。通常，尾流长度为

$$L(m) = 180V_m \text{（米/秒）} \tag{7.a.46}$$

$$\begin{aligned}&\frac{L}{\sin\varphi'} = \frac{D_s}{\sin(Q_m - \varphi')} \\ &\Rightarrow \varphi' = \operatorname{arccot}\left(\frac{D_s}{L\sin Q_m} + \cot Q_m\right)\end{aligned} \tag{7.a.47}$$

设 $Q_m - \varphi' = Q'$，有

$$\begin{cases}\sin Q' = \dfrac{D_s}{L}\sin\varphi' \\ \sin(\varphi' + \varphi_{min}) = m\sin Q'\end{cases} \Rightarrow \varphi_{min} = \arcsin\left(m\frac{D_s}{L}\sin\varphi'\right) - \varphi' \tag{7.a.48}$$

确定航路张角如图 7.a.4 所示。

当声呐通过被动方式探测到鱼雷 T 时，只能获取其方位信息，其距离信息依靠估计获取。声呐探测角误差为 σ，则鱼雷最可能存在区域为 $AA'BB'$。为覆盖鱼雷所有可能经过区域，在 A 点选取最小攻击提前角，在 B 点选取最大攻击提前角，则 γ 为鱼雷航向张角。

当鱼雷告警紧急时，必须在鱼雷到达深弹射击近界之前将拦截线布设完成。图 7.a.5 为紧急条件射击态势图。

t_0 时刻舰艇所处位置为 W_0，鱼雷位于 L_0，收到鱼雷报警信息。经过最短准备时间 t_{rmin} 后，舰艇于 W_1 处发射深弹，并进行机动规避，此时鱼雷位置为 L_1，深弹从发射到进入工作状态需要经历飞行时间 t_f 和水下准备时间 t_c。深弹布设完毕后鱼雷恰好到达 L_2。

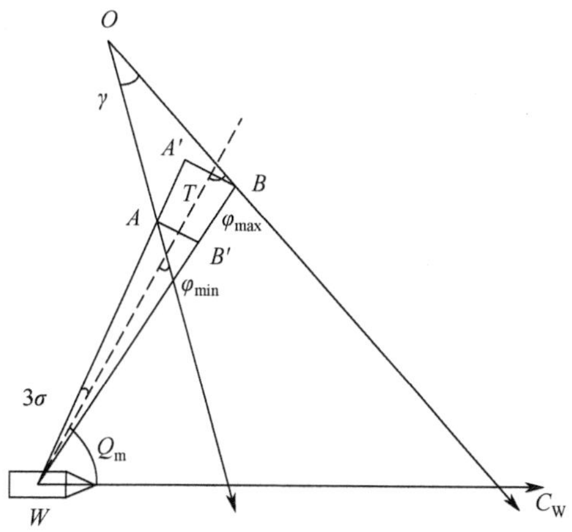

图 7.a.4　确定航路张角

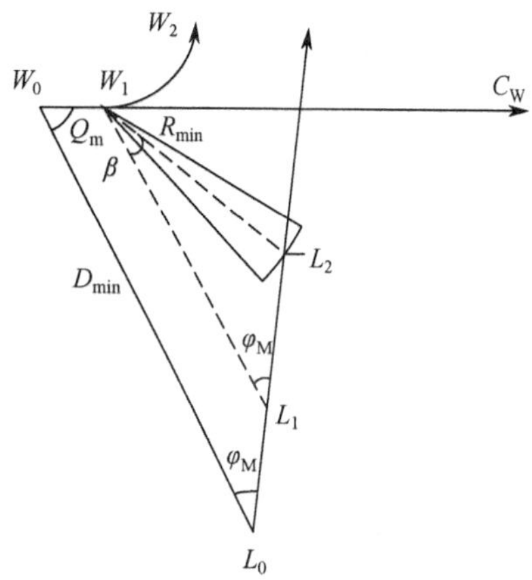

图 7.a.5　紧急条件射击态势图

根据深弹解相遇原理：

$$V_{TL}(t_f+t_c)\sin\varphi_M = R\sin\beta \Rightarrow \beta = \arcsin\left(\frac{1}{R}V_{TL}(t_f+t_c)\sin\varphi_M\right) \tag{7.a.49}$$

$$D_{min} = R\cos\beta + V_{TL}(t_f+t_c+t_{r\min})\cos\varphi_M + V_m\cos Q_m \tag{7.a.50}$$

式中，D_{min} 为最小发现距离。

由于情况紧急，因此需要从近点 C 选择最短的拦截线开始布设。已知发射深弹时舰艇位置 $W_1(V_w t_r,0)$，求取 C 点坐标：

$$\begin{cases} X_c = V_m t_r + R\cos(Q_m+3\sigma-\beta) \\ Y_c = R\sin(Q_m+3\sigma-\beta) \end{cases} \tag{7.a.51}$$

已知：

$$\begin{cases} X_A = D_{min}(1-K_{ds})\cos(Q_m+3\sigma) \\ Y_A = D_{min}(1-K_{ds})\sin(Q_m+3\sigma) \\ X_B = D_{min}(1+K_{ds})\cos(Q_m-3\sigma) \\ Y_B = D_{min}(1+K_{ds})\sin(Q_m-3\sigma) \end{cases} \tag{7.a.52}$$

式中，K_{ds} 为距离误差系数，$D\in[(1-K_{ds})D_s,(1+K_{ds})D_s]$。

紧急条件区域拦截如图 7.a.6 所示。

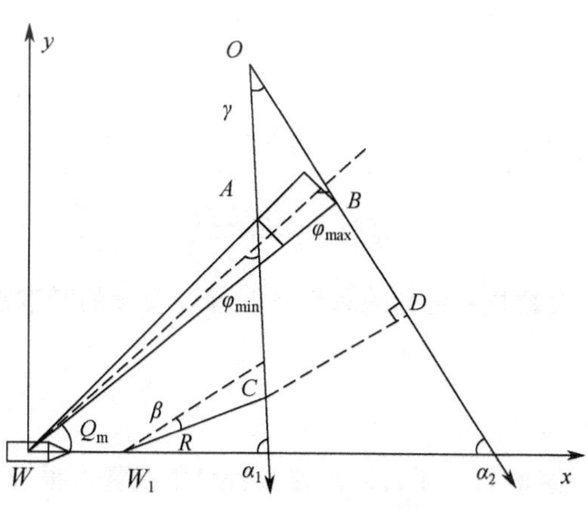

图 7.a.6　紧急条件区域拦截

由

$$\begin{cases} Y-Y_A=-\tan\alpha_1(X-X_A) \\ Y-Y_B=-\tan\alpha_2(X-X_B) \end{cases} \tag{7.a.53}$$

确定 O 点坐标 (X_O,Y_O)。由

$$\begin{cases} [(X_C-X_O)^2+(Y_C-Y_O)^2]\cos\gamma \\ =(X_D-X_O)^2+(Y_D-Y_O)^2 \\ \tan\left(\dfrac{\pi}{2}-\alpha_2\right)=\dfrac{Y_D-Y_C}{X_D-X_C} \end{cases} \tag{7.a.54}$$

$$\begin{cases} \gamma=\alpha_1-\alpha_2 \\ \alpha_1=[\pi-\varphi_{\min}-Q_{\mathrm{m}}] \\ \alpha_2=[\pi-\varphi_{\max}-Q_{\mathrm{m}}] \end{cases}$$

确定 D 点坐标 (X_D,Y_D)。

当鱼雷在深弹射程之外被发现时，将深弹布设于最大射程处。为最大范围覆盖鱼雷航向张角，选取拦截线垂直于航向张角的角平分线。

正常条件区域拦截如图 7.a.7 所示。

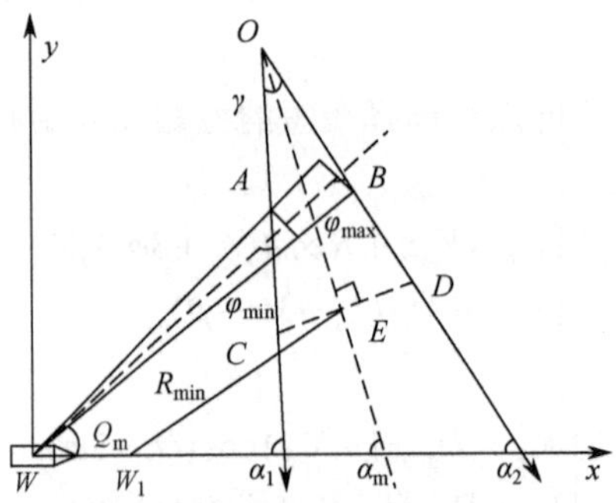

图 7.a.7　正常条件区域拦截

已知 $W_1(V_{\mathrm{w}}t_{\mathrm{r}},0)$，求取 $E(X_E,Y_E)$ 为布设基准点：

$$\begin{cases} (X_E-X_{W_1})^2+(Y_E-Y_{W_1})^2=R_{\max}^2 \\ Y_E+\tan\alpha_{\mathrm{m}}(X_E-X_O)-Y_O=0 \\ \alpha_{\mathrm{m}}=\alpha_2+\dfrac{\gamma}{2} \end{cases} \tag{7.a.55}$$

拦截线长度为

$$|CD|=2|OE|\tan\frac{\gamma}{2} \tag{7.a.56}$$

在拦截线长度 $2l_x$ 和布设数量 n 已知的条件下，深弹布设的瞄准点也得以确定——以间距为 $2l_x/n$ 均匀布设在拦截线上。

4．仿真计算

假设某舰艇以 30 节航速航行，于 t_0 时刻接收到鱼雷报警，报警信号来自左舷60°，估计距离 5 千米，声呐角误差 σ 为 0.02rad，距离误差系数 K_{ds} 为 0.02，估计鱼雷航速为 44 节。舰艇准

备利用深弹进行区域拦截射击，最快准备时间 t_{rmin} 为 20 秒，设深弹布设中心点的距离为 3000 米。根据式（7.a.55）、式（7.a.56），算得深弹布设中心点坐标 (2181,2337) 和拦截线长度 $2l_x = 1473$ 米，绘出深弹拦截态势图（见图 7.a.8）深弹毁伤半径 $R_d = 30$ 米，射击方向误差 $E_\beta = 30$ 米，距离误差 $E_d = 20$ 米，基于预定毁伤概率 $P_c = 0.6$ 对所需要发射弹数进行仿真计算，得到计算结果（见表 7.a.1）。

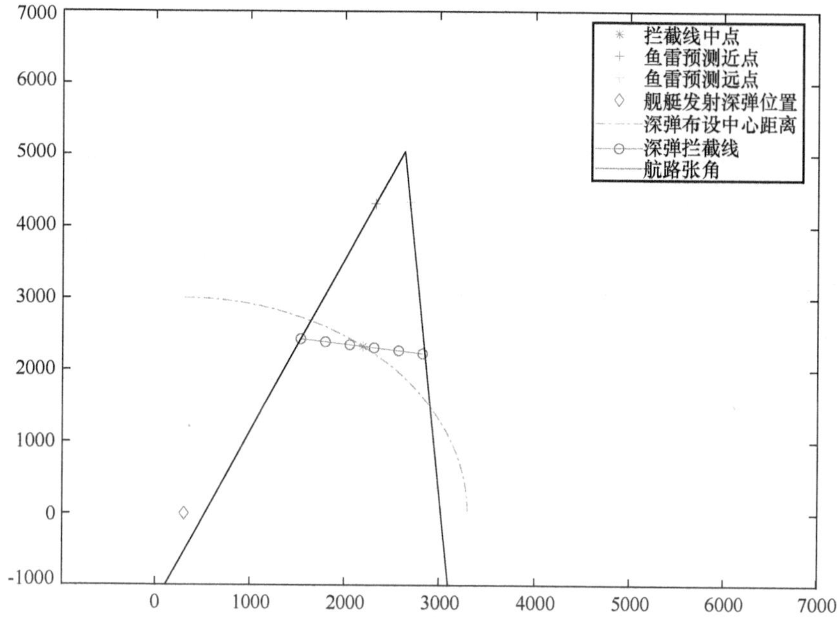

图 7.a.8　深弹区域拦截

表 7.a.1　算法计算结果比较

方　法	计 算 初 值	最 终 结 果	迭 代 次 数	验证毁伤概率	初值对应毁伤概率
预定概率法	18	18	1	0.6030	0.6030
传统方法	27			0.6030	0.7233

基于算例的想定条件，改变射击误差 E_β、$E_d(m)$，计算当射击误差 E_β、$E_d(m)$ 分别取较小值、适中值和较大值时，基于预定概率的方法和传统方法的计算结果（见表 7.a.2）。

表 7.a.2　不同射击误差条件计算结果比较

误差 E_β、E_d/米	预定概率法确定初值 （对应毁伤概率）	传统方法确定初值 （对应毁伤概率）	精确计算结果 （对应毁伤概率）	预定概率法初值 计算耗时
15、10	13（0.5240）	25（0.8127）	15（0.5939）	0.00501
30、20	18（0.6030）	25（0.7233）	18（0.6030）	0.00522
45、30	20（0.6064）	25（0.6869）	20（0.6064）	0.00532

改变声呐探测角误差 σ 和距离误差系数 K_{ds}，根据式（7.a.55）、式（7.a.56），计算出不同的布设基点和拦截线长度。基于不同拦截线长度，在 $E_\beta = 30$ 米、$E_d = 20$ 米的条件下，对比基于预定概率的方法确定初值与传统方法确定初值的精度（见表 7.a.3）。

通过仿真计算可知：

（1）通过表 7.a.1 对比，预定概率法能够直接基于预定毁伤概率得出与精确结果相近的计算初值。只需经过较少次数迭代，便可获得精确计算结果。传统方法无法根据预定毁伤概率计算深弹布设数量。

表 7.a.3 不同声呐精度下计算结果比较

声呐角误差 σ/rad	声呐距离误差 K_{ds}	拦截线长度/米	传统方法确定初值（对应毁伤概率）	预定概率法确定初值（对应毁伤概率）	精确迭代计算结果（对应毁伤概率）
0.005	0.005	1195	20（0.7147）	15（0.6164）	15（0.6164）
0.01	0.01	1287	22（0.7231）	16（0.6078）	16（0.6078）
0.02	0.02	1473	25（0.7223）	18（0.6030）	18（0.6030）

（2）通过表 7.a.2 对比，传统方法计算布设密度，一方面没有考虑预定毁伤概率，另一方面，没有考虑射击误差。这使得在不同射击误差下，传统方法确定的布设密度难以达到预期的毁伤效果。预定概率法保证初值精度的同时，计算耗时短，实用性强。

（3）由表 7.a.2、表 7.a.3 可以发现，预定概率法初值与精确计算结果误差不超过 2，因此为了节省计算时间，可以通过对初值计算进行修正，以获取近似计算结果。对式（7.a.39）进行修正：

$$n_0' = -2l_x \ln(1-P_c)/\tau' + 2 \tag{7.a.57}$$

式中，n_0' 为布设深弹数量的近似计算结果。

5．结论

深弹区域射击可以在有限的载弹条件下提升深弹对来袭鱼雷的毁伤效率，拦截尽可能多批次鱼雷的袭击，提升舰艇生存概率。本案例中，基于毁伤概率要求，考虑深弹射击误差，给出了布设拦截线的深弹射击最优策略，有效计算出了深弹配置数量和配置点。

本章习题

7.1　在舰艇防御作战过程中，为了获得较好的防御效果，防御方需要主要考虑哪些因素？

7.2　在射击策略求解中引入权函数的目的是什么？

7.3　假定一枚反舰导弹袭击舰艇平台，平台上装备有防空武器，可实施拦截。已知武器的单发毁伤概率是距离的负指数函数，即 $P_K(S)=\mathrm{e}^{-0.03S}$，与距离相关的射击价值函数为负指数函数形式：$g(S)=1-\mathrm{e}^{-0.06S}$。但反舰导弹在其来袭过程中，距离舰艇平台 20～25 千米处有一段水平机动段，且反导武器在射击后 0～1 千米的初始飞行段不可控，武器使用时应尽量避免与来袭导弹在这两个飞行段中相遇。请写出考虑综合因素的射击权函数；为了实现最大的射击价值，武器单发射击的最佳距离是多少？

7.4　假定一枚反舰导弹以 400 米/秒的速度袭击舰艇平台，平台上装备有防空武器，可实施拦截。已知武器的单发毁伤概率是距离（单位为千米）的负指数函数，即 $P_K(S)=\mathrm{e}^{-0.03S}$，与距离相关的射击价值函数为负指数函数形式：$g(S)=1-\mathrm{e}^{-0.06S}$。但反舰导弹在来袭过程中 20～28 千米处有一段水平机动段，且反导武器在射击后 0～3 千米的初始飞行段不可控，武器使用时应尽量避免与来袭导弹在这两个飞行段中相遇。设武器的弹药总数是 10 枚，射速是 0.4 枚/秒。请写出考虑综合因素的射击权函数；为了实现最大的射击价值，武器射击的最佳策略是什么？

7.5　计算例 7.2.2 中的目标最终幸存概率 $P_\lambda(s)$ 和毁伤目标的价值函数 $M(s)$。

第 8 章　海上防空作战排队模型

本章讨论利用排队模型对海上防空作战系统进行建模和分析评估。首先介绍排队论的一些基础知识，作为后续问题求解的基础。

8.1　排队论基础

排队论（Queuing Theory）又称为随机服务系统理论，是研究系统随机聚散现象和随机服务系统工作过程的数学理论和方法，属于运筹学的一个分支，可以用于分析生产生活、军事等各领域中由于资源有限而引起的排队或拥挤现象，该方法通过对服务对象到来及服务时间的统计，得出系统评价指标的统计规律，并以此为基础进行服务系统的改进，提高服务系统的效率和服务质量，同时使服务机构的经济性指标得到优化。本节主要介绍排队系统的组成、模型表示、评价指标等，为利用排队论分析海上作战过程中若干排队问题奠定了基础。

1．排队系统的组成

如图 8.1.1 所示，排队系统包括 3 个组成部分：输入过程、排队规则和服务机构。

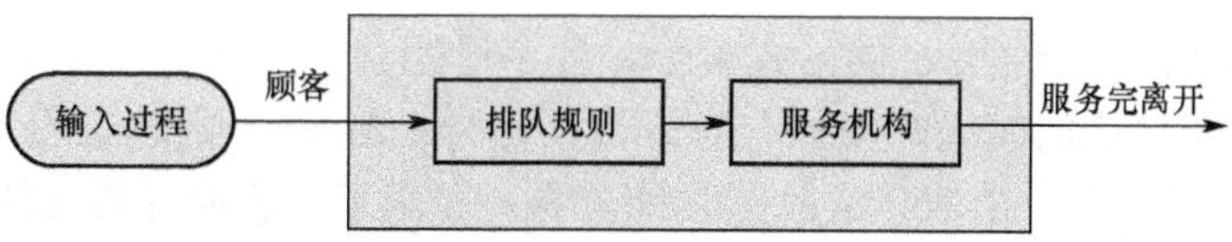

图 8.1.1　排队系统组成

1）输入过程

输入过程考察的是顾客源数、顾客到来方式和顾客到达排队系统的规律。顾客源数量主要分为有限型和无限型两类。顾客到来方式主要分为单个顾客到来和群顾客到来两类。顾客到达排队系统的规律，可以用一定时间内顾客到达数量，或前后两个顾客相继到达的时间间隔来描述，一般分为确定型和随机型两种。确定型时间间隔是指顾客按确定的间隔时间依次到达系统；随机型时间间隔则是在时间 t 内顾客到达数量 $n(t)$ 服从一定的随机分布，如服从泊松（Poisson）分布到达的顾客流在时间 t 内到达 n 个顾客的概率为

$$P_n(t)=\frac{\mathrm{e}^{-\lambda t}(\lambda t)^n}{n!},\ n=0,1,2,\cdots \tag{8.1.1}$$

或两顾客相继到达的时间间隔 T 服从负指数分布，即

$$P(T\leqslant t)=1-\mathrm{e}^{-\lambda t} \tag{8.1.2}$$

式中，λ 为单位时间顾客到达数量的数学期望，称为平均到达率，$1/\lambda$ 为平均间隔时间。排队论中讨论的输入过程以随机型输入为主。

2）排队规则

顾客进入排队系统后，要服从一定的排队规则。排队规则分为等待制、损失制和混合制

3 种。等待制：当顾客到达时，所有服务机构都被占用，顾客排队等候。损失制：顾客到来后看到服务机构没有空闲则立即离去。混合制：若顾客在排队系统中等待的时间或空间有限，超过相应的时间或空间则顾客必须离开系统。

3）服务机构

服务机构描述服务台的数量和服务方式等。

服务台的数量可以是一个或多个。多个服务台的工作方式包括单阶段并行工作、多阶段串行工作及多阶段混合工作。单阶段并行工作表示每个服务台为顾客提供相同服务，顾客只需要选择一个服务台即可获得所需服务，如超市收银台；多阶段串行工作表示每个服务台为顾客提供不同的服务，顾客需要由多个服务台依次提供服务才能满足需求，如工件作业流水线；多阶段混合工作则是上述两种工作方式的组合。

服务台的服务时间也分为确定型和随机型两种，确定型即对每个顾客的服务时间相同，随机型则是服务时间 v 服从一定的随机分布，如服务时间服从负指数分布时，有

$$P(v \leqslant t) = 1 - \mathrm{e}^{-\mu t} \tag{8.1.3}$$

式中，μ 为平均服务率，$1/\mu$ 为平均服务时间。

在等待制和混合制排队系统中，服务台还要遵循一定的为顾客服务的顺序，可以是先到先服务（First Come First Serviced，FCFS）、后到先服务（Last Come First Serviced，LCFS）、随机服务（Random Selection for Service，RSS）及有优先权服务（Priority）等。

2．排队系统的模型表示

排队论模型常用 $X/Y/Z/A/B/C$ 的形式表示，各字母的含义如下。

X——顾客相继到达的间隔时间的分布。常用符号：M 表示到达过程为泊松分布或负指数分布；D 表示定长输入；E_k 表示 k 阶爱尔朗分布；G 表示一般相互独立的随机分布。

Y——服务时间分布，所用符号与表示顾客到达时间间隔的分布相同。

Z——服务台数量，1 表示单个服务台，s，$s>1$ 表示多个服务台。

A——排队系统容量限制，或称等待空间容量；假设系统有 K 个等待位，若 $K=0$ 表示系统不允许等待，一旦顾客到来时服务台没有空闲，顾客立即离开，此时系统为损失制排队系统。若 $K=\infty$，表示排队系统无等待数量限制，为等待制系统；若 $0<K<\infty$，系统为混合制系统。一般默认 $K=\infty$。

B——顾客源数量，分为有限型和无限型两种，一般默认为 ∞，表示顾客源数量为无限型。

C——服务规则，常用符号：FCFS 表示先到先服务；LCFS 表示后到先服务；RSS 表示随机服务；PR（Priority）表示有优先权服务。一般默认为 FCFS，即先到先服务规则。

例如，某排队问题模型为 $M/M/1$，表示该排队系统中顾客到达时间间隔为负指数分布（泊松流），服务时间为负指数分布；有 1 个服务台，系统等待空间容量无限（等待制），顾客源数量为无限型，采用先到先服务的服务规则。

3．排队系统的评价指标

一个排队系统的运行效率和服务质量，要从顾客和服务机构两个角度来衡量。从顾客角度来说，等待时间或逗留时间越短越好，因而希望服务台数量尽可能多；从服务机构角度来说，增加服务台数量意味着提高服务成本，也可能导致浪费，但服务台数量少了，又不能达

到预期的服务目的，会损失顾客。因此，常用以下指标从不同方面来评价排队系统。

L_s——服务队长，正在接受服务的顾客数量。

L_q——排队队长，在队列中等待的顾客数量。

L——总队长，$L=L_s+L_q$，系统中的顾客总数。

W_s——服务时间，顾客接受服务消耗的时间。

W_q——等待时间，顾客在队列中等待的时间。

$W=W_s+W_q$——总时间，顾客在排队系统中总共逗留的时间。

忙期——服务台相邻两次空闲的时间间隔。

ρ——服务强度，服务台服务时间占总时间的比例。

稳态——排队系统运行充分长时间后，初始状态的影响基本消失，系统状态不再随时间变化，达到统计上的平衡。

此外，还有其他的排队系统指标是根据具体问题和研究目的来确定的，将在本章后续内容中结合具体排队模型进行分析和计算。

8.2 不考虑目标等待时间的单防线防空系统

考虑由多个同类舰空武器组成的单防线防空系统，每个武器在同一时间内只能射击一个目标，目标在发射区内的飞行时间与防空武器可靠地击毁目标所需的时间大致相等，即目标到来时若有空闲武器则被射击，若无空闲武器则没有足够时间完成对目标的拦截，目标将突防。因此，本节主要分析不考虑目标等待时间的单防线防空系统，要解决的问题如下。

（1）估计防空系统能击落的空中目标数的数学期望。

（2）从防空效能的角度出发，对防空武器的主要战术技术功能作出评价。

（3）估计能突破防空系统完成战斗任务的空中目标数的数学期望。

（4）估计来袭武器突破防空系统的可能性。

（5）根据所需达到的防空效能，在防空武器具有给定的战术技术性能的基础上，确定单防线防空系统的组成。

8.2.1 单防线防空系统排队模型

为单防线防空系统拦截来袭目标的问题建立排队模型。假定来袭空中目标为顾客，武器系统为服务台（由假定可知，单个武器一次仅射击一批目标，因此单个武器即一个服务台），武器向目标发射可认为是提供服务，若目标被杀伤则服务结束。

1. 输入过程

（1）在敌方目标来袭中，虽然目标编队与编队之间、个体与个体之间保持确定的距离，但是实际上这种间距总是存在随机误差。

（2）在防空火力的抗击下，以编队形式来袭的目标编队队形可能遭到破坏。

（3）若空中目标从多个方向同时对舰艇进行攻击，则整个来袭目标流将接近泊松流。

综上所述，可认为顾客按参数为 λ 的泊松流到达。设 $X(\Delta t)$ 为在 Δt 时间内进入武器系统火力发射区的空袭目标的随机数，则有

① $X(0)=0$。

② $\{X(t), t\geqslant 0\}$ 具有独立增量，即对任取的 n 个时刻，$0<t_1<t_2<\cdots<t_n$，随机变量 $X(t_1)-X(0), X(t_2)-X(t_1), \cdots, X(t_n)-X(t_{n-1})$ 是相互独立的。

③ $\{X(t), t\geqslant 0\}$ 具有平稳增量，即对 $t\geqslant 0$、$\Delta t\geqslant 0$，在 Δt 时间内有 k 个目标进入武器系统发射区这一事件出现的概率为

$$P(X(t+\Delta t)-X(t)=k)=\frac{(\lambda\Delta t)^k}{k!}\mathrm{e}^{-\lambda\Delta t}, k=0,1,2,\cdots \tag{8.2.1}$$

式中，λ，$\lambda>0$ 为常数，表示在单位时间内到达目标的平均数。

在上述定义中，②表示到达过程具有无后效性，即在不相交的时间区间内到达的目标数是相互独立的；③表示在 Δt 时间内到达的目标数只与时间区间的长度有关，而与起点无关，且服从泊松分布。

可以证明（证明过程略），目标到来服从参数为 λ，$\lambda>0$ 的泊松流与相邻两目标到达的时间间隔服从同参数 λ 的负指数分布是等价的，因此排队系统输入中相邻目标到达时间间隔服从参数为 λ 的负指数分布，即

$$P(T\leqslant t)=1-\mathrm{e}^{-\lambda t}$$

式中，λ 与泊松流同参数，$1/\lambda$ 为相邻两目标到达的平均时间间隔。

事实上，泊松流为最简单流，最简单流是最难被防空系统抗击的。将目标流视为最简单流，就是把防空系统置于最困难的条件下来估计其效率。

2．排队规则

假设每个目标一旦进入防空区，若有空闲武器则目标立即遭到武器的射击，若无空闲武器，则由前假定可知，目标在发射区内的逗留时间与防空武器可靠地击毁目标所需的时间大致相等，所以无空闲武器时目标将突防。分析中将不考虑目标的还击。

因此，该防空系统为损失制系统。

3．服务机构

防空系统由 n 个同类单通道防空武器组成，该系统为多服务台并联系统。

假设防空武器进行一次射击后立即观察射击结果，若目标被击毁，则武器即刻转向其他目标；若未被击毁，则继续向这个目标进行射击，直至其被击毁或离开火力发射区。假定防空武器对一个目标的随机射击时间 t_r 服从参数为 μ 的负指数分布，即

$$P(v\leqslant t)=1-\mathrm{e}^{-\mu t} \tag{8.2.2}$$

式中，μ 可取为平均服务时间的倒数，其意义是对一批目标的平均拦截速度。

该排队系统的模型可表示为 $M/M/n$。

8.2.2 系统基本事件概率分析

基本事件是排队系统中发生的最简单的事件，并且基本事件的发生会使排队系统的状态发生改变。在单防线防空排队系统中，有两个基本事件：一是有一个空袭目标进入武器系统发射区；二是有一个防空武器单元完成射击。下面分析，在 Δt 时间内，两个基本事件发生的概率。

e^{-at} 在一个小的时间段 Δt 上展开成级数形式有

$$e^{-a\Delta t} \approx 1 - a\Delta t + \frac{a^2}{2!}(\Delta t)^2 - \cdots + \frac{(-1)^n a^n}{n!}(\Delta t)^n + \cdots$$

若$\Delta t \to 0$，则含有$(\Delta t)^2$项与其后各项为高阶无穷小，记为$o(\Delta t)$，即

$$e^{-a\Delta t} = 1 - a\Delta t + o(\Delta t) \tag{8.2.3}$$

1．目标到达事件概率分析

由式（8.2.1）可知，在Δt时间内，没有目标、有一个目标和有两个以上目标进入武器系统发射区的概率可近似写为

$$\begin{cases} P(X_{\Delta t} = 0) = e^{-\lambda\Delta t} \approx 1 - \lambda\Delta t + o(\Delta t) \\ P(X_{\Delta t} = 1) = \lambda\Delta t \cdot e^{-\lambda\Delta t} \approx \lambda\Delta t + o(\Delta t) \\ P(X_{\Delta t} \geqslant 2) = (\lambda\Delta t)^2 \cdot e^{-\lambda\Delta t} / 2 = o(\Delta t) \end{cases} \tag{8.2.4}$$

式中，将$P(X(t+\Delta t) - X(t) = k)$简写为$P(X_{\Delta t} = k)$的形式。

2．武器完成射击事件概率分析

由式（8.2.2）可知，在Δt时间内，没有武器单元完成射击、有一个武器单元完成射击，以及有k，$k \geqslant 2$个武器单元完成射击的概率分别为

$$\begin{cases} P(t_r > \Delta t) = e^{-\mu\Delta t} \approx 1 - \mu\Delta t + o(\Delta t) \\ P(t_r < \Delta t) = 1 - e^{-\mu\Delta t} \approx \mu\Delta t + o(\Delta t) \\ \underbrace{P(t_r < \Delta t) \cdots P(t_r < \Delta t)}_{k个} = o(\Delta t) \end{cases} \tag{8.2.5}$$

类似地，还可以计算出在Δt时间内，有目标进入发射区和有武器单元完成射击的基本事件中，同时有两个以上不同基本事件发生的概率，在$\Delta t \to 0$时都是Δt的高阶无穷小$o(\Delta t)$。

8.2.3　单防线防空系统分析

将t时刻处于各武器发射区内目标的随机数量k取为排队系统的状态，记为A_k，$k = 0,1,2,\cdots,n$。根据基本假设可知，有n，$n \geqslant 1$个武器单元的防空系统可能出现的状态有以下 3 个：

（1）A_0表示防空系统中没有目标，所有武器单元都不射击。

（2）A_k表示$k = 1,2,\cdots,n-1$，n个火力单元中有k个正在射击。

（3）A_n表示所有n个火力单元都在射击。

因为该排队系统为损失制系统，所以没有$k > n$的状态。用$P_i(t)$，$i = 0,1,2,\cdots,n$表示时刻t系统处于上述各状态的概率。

1．系统处于状态A_0的概率

在$t + \Delta t$时刻，系统处于状态A_0的概率可以表示为下列两个互不相容事件的概率之和。

（1）在t时刻系统处于状态A_0，发射区内没有目标存在，且在Δt时间内没有新目标出现，由式（8.2.4）可知该事件的概率为

$$P_0(t)[1 - \lambda\Delta t + o(\Delta t)] = P_0(t)(1 - \lambda\Delta t) + o(\Delta t) \tag{8.2.6}$$

（2）在t时刻系统处于状态A_1，有一个火力单元正在射击发射区内的唯一目标，在Δt时间内结束射击，且没有新目标出现，由式（8.2.4）和式（8.2.5）可知该事件的概率为

$$P_1(t)[\mu\Delta t+o(\Delta t)][1-\lambda\Delta t+o(\Delta t)]=P_1(t)\mu\Delta t+o(\Delta t) \tag{8.2.7}$$

因此，在 $t+\Delta t$ 时刻处于状态 A_0 的概率为

$$P_0(t+\Delta t)=P_0(t)(1-\lambda\Delta t)+P_1(t)\mu\Delta t+o(\Delta t) \tag{8.2.8}$$

移项，并用 Δt 除等式两端，同时令 $\Delta t\to 0$，可得

$$P_0'(t)=-\lambda P_0(t)+\mu P_1(t) \tag{8.2.9}$$

注意：系统状态的变化是基本事件的发生引起的，若基本事件未发生，则不会改变系统状态。

2．系统处于状态 A_k，$1\leqslant k\leqslant n-1$ 的概率

在 $t+\Delta t$ 时刻，系统处于状态 A_k，$1\leqslant k\leqslant n-1$ 的概率可以表示为下列 3 个互不相容事件的概率之和。

（1）在 t 时刻系统处于状态 A_k，在 Δt 时间内没有新目标出现，且 k 个武器单元没有一个结束射击，该事件的概率为

$$P_k(t)[1-\lambda\Delta t+o(\Delta t)][1-\mu\Delta t+o(\Delta t)]^k=P_k(t)[1-\lambda\Delta t+o(\Delta t)][1-k\mu\Delta t+o(\Delta t)] \tag{8.2.10}$$

（2）在 t 时刻系统处于状态 A_{k+1}，在 Δt 时间内有一个武器单元结束射击，且没有新目标出现，该事件的概率为

$$P_{k+1}(t)[1-\lambda\Delta t+o(\Delta t)]\cdot C_{k+1}^1[\mu\Delta t+o(\Delta t)] \tag{8.2.11}$$

（3）在 t 时刻系统处于状态 A_{k-1}，在 Δt 时间内没有一个武器单元结束射击，但有一个新目标出现在发射区内，该事件的概率为

$$P_{k-1}(t)[\lambda\Delta t+o(\Delta t)][1-\mu\Delta t+o(\Delta t)]^{k-1}=P_{k-1}(t)[\lambda\Delta t+o(\Delta t)][1-(k-1)\mu\Delta t+o(\Delta t)] \tag{8.2.12}$$

因此，在 $t+\Delta t$ 时刻处于状态 A_k 的概率由式（8.2.10）～式（8.2.12）相加并作同上处理，可得

$$P_k'(t)=-(\lambda+k\mu)P_k(t)+\lambda P_{k-1}(t)+(k+1)\mu P_{k+1}(t),\ 1\leqslant k\leqslant n-1 \tag{8.2.13}$$

3．系统处于状态 A_n 的概率

在 $t+\Delta t$ 时刻，系统处于状态 A_n 的概率可以表示为下列两个互不相容事件的概率之和。

（1）在 t 时刻系统处于状态 A_n，在 Δt 时间内 n 个武器单元没有一个结束射击，该事件的概率为

$$P_n(t)[1-\mu\Delta t+o(\Delta t)]^n=P_n(t)[1-n\mu\Delta t+o(\Delta t)] \tag{8.2.14}$$

此时，因为没有空闲武器，所以不管是否有新目标到来，均不改变系统状态。

（2）在 t 时刻系统处于状态 A_{n-1}，在 Δt 时间内没有武器单元结束射击，但有一个新目标出现在发射区内，该事件的概率为

$$P_{n-1}(t)[\lambda\Delta t+o(\Delta t)][1-(n-1)\mu\Delta t+o(\Delta t)] \tag{8.2.15}$$

同上处理，可得

$$P_n'(t)=-n\mu P_n(t)+\lambda P_{n-1}(t) \tag{8.2.16}$$

由式（8.2.9）、式（8.2.13）和式（8.2.16）组成的方程组称为爱尔朗方程组。首先写出方程组的状态方程：

$$\begin{bmatrix} P_0'(t) \\ P_1'(t) \\ P_2'(t) \\ \vdots \\ P_n'(t) \end{bmatrix} = \begin{bmatrix} -\lambda & \mu & 0 & 0 & \cdots & 0 & 0 \\ \lambda & -(\lambda+\mu) & 2\mu & 0 & \cdots & 0 & 0 \\ 0 & \lambda & -(\lambda+2\mu) & 3\mu & \cdots & 0 & 0 \\ & & \vdots & & & & \\ 0 & 0 & 0 & 0 & \cdots & \lambda & -n\mu \end{bmatrix} \begin{bmatrix} P_0(t) \\ P_1(t) \\ P_2(t) \\ \vdots \\ P_n(t) \end{bmatrix} \tag{8.2.17}$$

即为

$$\boldsymbol{P}'(t) = \boldsymbol{A} \cdot \boldsymbol{P}(t) \tag{8.2.18}$$

其中，

$$\boldsymbol{P}'(t) = [P_0'(t)\ P_1'(t)\ P_2'(t) \cdots P_n'(t)]^{\mathrm{T}}$$

$$\boldsymbol{A} = \begin{bmatrix} -\lambda & \mu & & & & \\ \lambda & -(\lambda+\mu) & 2\mu & & 0 & \\ & \lambda & -(\lambda+2\mu) & 3\mu & & \\ & & \lambda & -(\lambda+3\mu) & 4\mu & \\ & 0 & & \ddots & \ddots & \ddots & n\mu \\ & & & & \ddots & \lambda & -n\mu \end{bmatrix}$$

$$\boldsymbol{P}(t) = [P_0(t)\ P_1(t)\ P_2(t) \cdots P_n(t)]^{\mathrm{T}}$$

下面用状态空间法求爱尔朗方程组的稳态解。

初始条件的选择需满足：

$$\sum_{i=1}^{n} P_i(0) = 1$$

一种取法为 $P_i(0) = \dfrac{1}{n}$，$i = 1, 2, \cdots, n$。初值的取法不影响计算得到的稳态解。

令 $\boldsymbol{P}'(t) = 0$，即 $t \to \infty$ 时的情形，有

$$\begin{cases} -\lambda P_0 + \mu P_1 = 0 \\ \lambda P_0 - (\lambda+\mu)P_1 + 2\mu P_2 = 0 \\ \qquad \cdots \\ -(\lambda + k\mu)P_k + \lambda P_{k-1} + (k+1)\mu P_{k+1} = 0 \\ \qquad \cdots \\ -n\mu P_n + \lambda P_{n-1} = 0 \end{cases} \tag{8.2.19}$$

式（8.2.19）的建立也可直接由有限状态生灭过程的状态转移强度图得到，如图 8.2.1 所示。

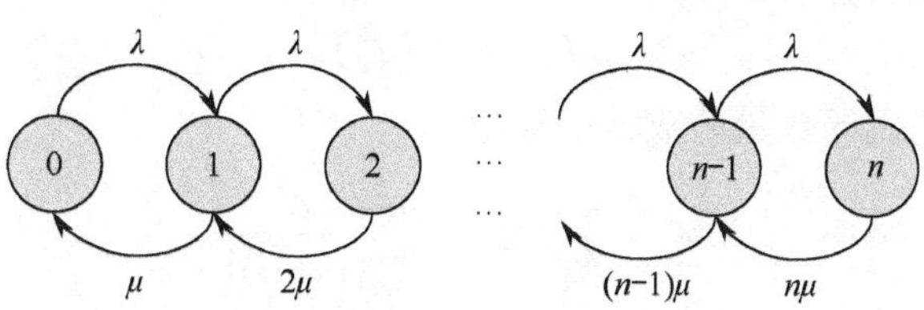

图 8.2.1　有限状态生灭过程的状态转移强度图

对式（8.2.19）进行迭代求解，令 $\lambda/\mu=\alpha$，可得 $P_k=\dfrac{\alpha^k}{k!}\cdot P_0$，由于 $\sum_{i=0}^{n}P_i=1$，因此有 $P_0\sum_{k=0}^{n}\dfrac{\alpha^k}{k!}=1$，即

$$P_0=\frac{1}{\sum_{k=0}^{n}\frac{\alpha^k}{k!}} \tag{8.2.20}$$

$$P_k=\frac{\alpha^k}{k!}\cdot\frac{1}{\sum_{k=0}^{n}\frac{\alpha^k}{k!}} \tag{8.2.21}$$

式（8.2.21）为系统在稳态情况下 n 个武器中有 k 个正在射击的概率，其中

$$\alpha=\frac{\lambda}{\mu}=\frac{1}{\frac{1}{\lambda}}\cdot\frac{1}{\mu}$$

其含义为在一个武器射击一个目标所需的平均时间内进入防空区的平均目标数量，λ 为单位时间内进入防空系统的平均目标数量，μ 为单位时间内平均射击的目标数量。

利用所得到的系统处于不同状态的概率，可以计算出防空排队系统的效率，也是系统的作战效能指标。

（1）防空系统中所有武器正在进行射击的概率是防空系统的一个重要性能指标，可以将它视为目标突防的概率，即

$$P_n=\frac{\alpha^n/n!}{\sum_{k=0}^{n}\alpha^k/k!} \tag{8.2.22}$$

式（8.2.22）是在服务时间服从负指数分布的条件下推导的。另外，也可证明对任意分布的服务时间，式（8.2.22）仍然成立。

（2）目标遭到射击的概率为

$$P=1-P_n \tag{8.2.23}$$

（3）目标被击毁的概率为

$$P_{\mathrm{d}}=PQ \tag{8.2.24}$$

式中，Q 为目标在射击的条件下，被击毁的条件概率。

（4）被击毁目标数量的数学期望为

$$M_{\mathrm{d}}=N\cdot P_{\mathrm{d}} \tag{8.2.25}$$

式中，N 为目标总数。

（5）突防目标数量的数学期望为

$$M_{\mathrm{e}}=N(1-P_{\mathrm{d}}) \tag{8.2.26}$$

（6）已用于射击的武器数量的数学期望为

$$M_{\omega}=\sum_{k=0}^{n}kP_k=P_0\sum_{k=0}^{n}\frac{a^k}{(k-1)!} \tag{8.2.27}$$

（7）用于射击的武器的百分数为

$$\Delta T\% = M_{\omega} / n \tag{8.2.28}$$

式中，n 为武器的总数。

关于式（8.2.25）～式（8.2.27）的精度须作如下说明：这组公式是在稳定状态下得到的，因此其精度取决于空袭时间。用统计试验法得到的计算结果表明：当 $t_{空} > 2\times 1/\mu$，即空袭的持续时间为一个武器对一个目标的平均射击时间的 2 倍以上时，在实际应用中可以应用上面得出的公式，射击过程的非平稳性对计算结果影响不大，根据 λ/μ 的不同，误差在 5%～10%范围内变化。

【例 8.2.1】 评估一个防空系统的效率。假设飞机空袭的平均强度为 $\lambda = 4$ 架/分钟，防空区内配置有 6 个防空武器（$n = 6$），每个武器对一个目标的平均射击时间为 $t = 0.5$ 分钟，来袭飞机 $N = 24$ 架，设每个武器每次射击时间内平均击毁目标的概率为 $Q = 0.7$，试估计此防空排队系统的效率。

解：假设来袭敌机流为泊松流，由题意知参数 $\mu = 1/t = 2$，因此

$$\alpha = \lambda / \mu = 4/2 = 2$$

$P_k / P_0 = a^k / k!$ 的计算结果如表 8.2.1 所示。由表 8.2.1 可求得防空系统的下列指标。

表 8.2.1　例 8.2.1 的计算中间值

进行射击的武器数量/个	P_k/P_0	P_k	kP_k
0	1	0.136	0
1	2	0.272	0.272
2	2	0.272	0.544
3	1.333	0.181	0.543
4	0.666	0.091	0.363
5	0.267	0.036	0.183
6	0.088	0.012	0.012
Σ	7.356	1	1.917

目标的突防概率为

$$P_n = P_{k=6} = 0.012$$

目标遭到射击的概率为

$$P = 1 - P_n = 0.988$$

目标被击落的概率为

$$P_{\mathrm{d}} = PQ = 0.988 \times 0.7 \approx 0.7$$

可见，在当前目标来袭密度情况下，防空武器性能（平均射击时间为 0.5 分钟）和配置（6 个武器）可对约 99%的目标实施拦截，具有较高的防空作战能力；每架次目标仅有 1 次被拦截的机会，武器对目标的毁伤概率若能进一步提高，则能获得更好的抗空袭作战效能。

该批次来袭目标中，遭到射击的目标数量的数学期望为

$$M_{\mathrm{F}} = NP = 24 \times 0.988 \approx 24 \text{ 架}$$

被击落的目标数量的数学期望为

$$M_{\rm d} = NP_{\rm d} = 24 \times 0.7 = 16.8 \text{架}$$

突防敌机数量的数学期望为

$$M_{\rm e} = N(1-P_{\rm d}) = 24 \times (1-0.7) = 7.2 \text{架}$$

抗空袭期间参加射击武器数量的期望值为$M_{\omega} = \sum_{k=0}^{6} kP_k = 1.975$个

这就是说，空袭期间每个武器平均以$\Delta T\% = M_{\omega} / n = 1.975 / 6 \approx 33\%$的时间用于射击，其余时间可以用来装弹和等待其他目标。

空袭持续的时间为$T = N / \lambda = 24 / 4 = 6$分钟。

抗空袭期间每个武器平均射击的目标数量为$n_I = \dfrac{N}{6} = \dfrac{24}{6} = 4$架。

每个武器对一个目标的平均射击时间为 0.5 分钟，大约有 6−4×0.5=4 分钟的时间可用于装弹和等待其他目标。

8.3 不考虑目标等待时间的多防线防空系统

本节针对多道防线防空系统排队模型开展系统分析，是 8.2 节情况的推广，同样假设不考虑目标在各道防线上的飞行等待时间，即系统为消失制排队系统。

8.3.1 同类武器组成的多防线防空系统

设防线的配置方式如图 8.3.1 所示。

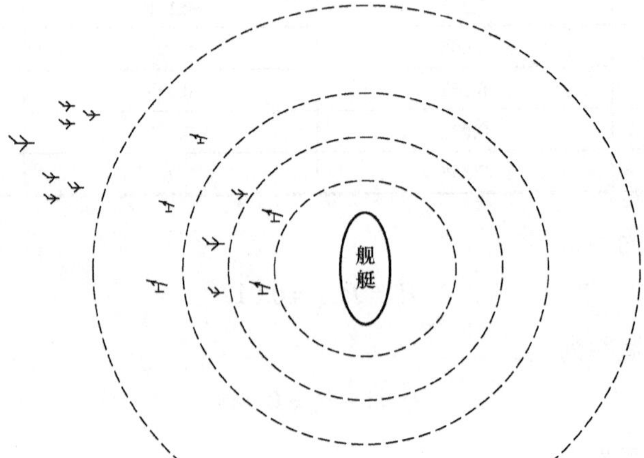

图 8.3.1　防线的配置方式

假设各道防线上配置的武器数为n_j，$j = 1,2,\cdots,I$，敌机只有突破各道防线才能进入被保卫舰艇上空。

现在讨论这种防空排队系统的效率。假设目标来袭规律服从参数为λ的泊松流。每个武器在同一时间内只能射击一个目标，并且不考虑敌方的还击火力，若第一道防线上的武器都在射击，则后来的敌机将突破这道防线。若目标在防线上的逗留时间很短（相当于损失制排队系统），则目标突破第一道防线的概率可按式（8.2.22）计算：

$$P_{n_1}=\frac{a^{n_1}/n_1!}{\sum_{k=0}^{n_1}\frac{a^k}{k!}}$$

式中，n_1 为第一道防线的武器数量，依此类推，n_I 为第 I 道防线上的武器数量。

只有第一道、第二道防线的所有武器都已在射击的情况下，后来的敌机才能突破第二道防线，因此敌机突破第二道防线的概率为

$$P_{n_1+n_2}=\frac{a^{n_1+n_2}/(n_1+n_2)!}{\sum_{k=0}^{n_1+n_2}a^k/k!}$$

类似地，敌机突破 i 道防线，进入被保卫舰艇上空的概率为

$$P_{n_1+n_2+\cdots+n_I}=\frac{\dfrac{a^{n_1+n_2+\cdots+n_I}}{(n_1+n_2+\cdots+n_I)!}}{\sum_{k=0}^{n_1+n_2+\cdots+n_I}\dfrac{a^k}{k!}}$$

【例 8.3.1】假设某舰防空系统由三道防线组成，$n_1=2$，$n_2=3$，$n_3=1$，不同防线上武器均为同类武器，对目标的射击时间服从参数 $\mu=1$ 架/分钟的负指数分布，来袭敌机流的强度 $\lambda=2$ 架/分钟，在武器对目标射击的条件下击毁目标的概率 $Q=1$。试估计防空排队系统的效率。

解：敌机突破第一道防线的概率为

$$P_{n_1}=\frac{2^2/2!}{\left(1+2+\frac{2^2}{2!}\right)}=0.4$$

敌机突破整个防空系统的概率为

$$P_{n_1+n_2+n_3}=\frac{2^6/6!}{\sum_{k=0}^{6}2^K/K!}\approx 0.001$$

由上可知，如果参加空袭的敌目标有 1000 批，那么平均只有一批能突破防空系统。

可见，在损失制防空排队系统中，在多道防线上配置同类武器与在单道防线上配置同类武器并没有本质区别。

8.3.2　异类武器组成的多防线防空系统

以配有两道防线的防空系统为例，分析由异类武器组成的多道防线防空系统的效率。这里介绍的数学方法可用于解决基于武器性能选择武器最优配置方案的问题。

本节仅考虑较为简单的防空系统配置。假设条件如下。

两道防线上均仅有一个防空武器，两道防线上防空武器不同。

来袭敌空中目标流服从强度为 λ 的泊松流，第一道和第二道防线的武器射击时间分别服从参数为 μ_1 和 μ_2 的负指数分布，在抗击空袭中，防空系统可能的状态只有 4 种，即

A_{00}——第一道、第二道防线的武器均不射击。

A_{10}——第一道防线的武器正在射击，而第二道防线的武器不射击。

A_{01}——第一道防线的武器不射击，第二道防线的武器正在射击。

A_{11}——两道防线的武器均在射击。

目标到来后，首先进入第一道防线。若第一道防线上的武器正在射击，则后到来的目标不遭到第一道防线的射击而直接进入第二道防线的武器的发射区内（不考虑目标等待射击时间）；若目标遭到第一道防线上武器的射击，则目标将被击毁（不考虑目标遭到射击而未被击毁的情况）；若第二道防线上的武器已在射击前一个目标，则后到来的目标就将突破防空区。

将防空系统处于各状态的概率分别记为 P_{00}、P_{10}、P_{01} 和 P_{11}，由系统的状态转移图（见图 8.3.2）可以直接写出系统所处状态概率的微分方程：

$$\begin{cases} P_{00}'(t) = -P_{00}(t)\lambda + P_{01}(t)\mu_2 + P_{10}(t)\mu_1 \\ P_{01}'(t) = -P_{01}(t)(\lambda + \mu_2) + P_{11}(t)\mu_1 \\ P_{10}'(t) = -P_{10}(t)(\lambda + \mu_1) + P_{00}(t)\lambda + P_{11}(t)\mu_2 \\ P_{11}'(t) = P_{01}(t)\lambda + P_{10}(t)\lambda - P_{11}(t)(\mu_1 + \mu_2) \end{cases} \tag{8.3.1}$$

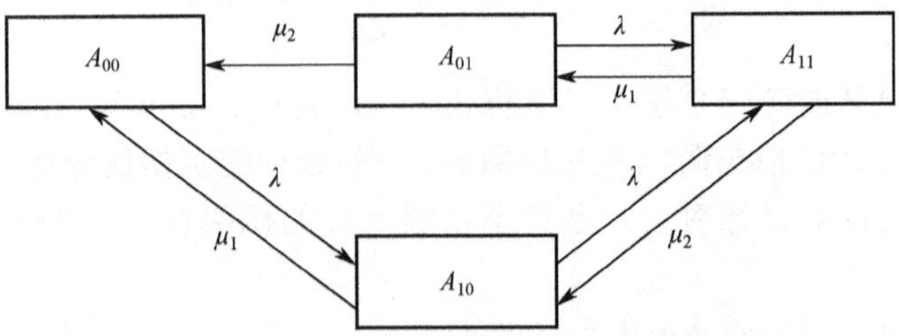

图 8.3.2　两道防线异类武器防空系统状态转移图

当 $t \to \infty$ 时，$P_{ij}(t) \to P_{ij}$ 为一个常数，$P_{ij}'(0) = 0$，从而可得出下列代数方程组：

$$\begin{cases} P_{00}\lambda = \mu_1 P_{10} + \mu_2 P_{01} \\ P_{01}(\lambda + \mu_2) = P_{11}\mu_1 \\ P_{10}(\lambda + \mu_1) = \lambda P_{00} + P_{11}\mu_2 \\ P_{11}(\mu_1 + \mu_2) = \lambda P_{01} + \lambda P_{10} \end{cases} \tag{8.3.2}$$

从这组方程可以解出：

（1）目标突破防空系统的概率为

$$P_{11} = \frac{\lambda^2}{\lambda^2 + \lambda(\mu_1 + \mu_2) + \dfrac{\mu_1 \mu_2}{\lambda + \mu_2}(2\lambda + \mu_1 + \mu_2)} \tag{8.3.3}$$

（2）两道防线上的武器都不射击的概率为

$$P_{00} = \frac{\mu_1 \mu_2 (2\lambda + \mu_1 + \mu_2)}{\lambda^2 (\lambda + \mu_2)} P_{11} \tag{8.3.4}$$

由方程组（8.3.2）还可以求出防空系统处于其他状态的概率。由式（8.3.3）、式（8.3.4）可以计算防空系统的概率。

【例 8.3.2】假定武器 A 对空中目标的抗击效率为 $\mu_1 = 2$ 架/分钟，武器 B 对空中目标抗击效率为 $\mu_2 = 4$ 架/分钟，空中目标来袭规律服从泊松流，参数为 $\lambda = 2$ 架/分钟。试计算，当第一道防线配置武器 A，第二道防线配置武器 B 时，目标的突防概率为多少？若将两道防线上的武器交换，目标的突防概率又为多少？

解：当武器 A 在第一道防线，武器 B 在第二道防线时，由式（8.3.3）可知

$$P_{11}=\frac{\lambda^2}{\lambda^2+\lambda(\mu_1+\mu_2)+\dfrac{\mu_1\mu_2}{\lambda+\mu_2}(2\lambda+\mu_1+\mu_2)}=\frac{2^2}{2^2+2\times(2+4)+\dfrac{2\times 4}{2+4}\times(2\times 2+2+4)}\approx 0.136$$

若将两道防线的武器交换配置，同样可由式（8.3.3）计算得 $P_{11}=0.111$。

由此可见，在各道防线适当地配置武器，可以提高防空系统的效率。根据式（8.3.3），要减小敌目标的突防概率，应将高效能武器放在靠前的防线。

8.4　作战指挥控制系统

本节讨论由传感器和指挥控制系统组成的作战指挥控制系统的排队模型与系统效率分析问题。

8.4.1　作战指挥控制系统排队模型

具有一定技术性能的传感器能发现防卫区域内的目标，它的发现能力可用单位时间内平均可录取的目标数量 μ_1 表示。显然，从发现一个目标到发现另一个目标的时间间隔是一个随机变量。

传感器将录取到的目标数据立即送入指挥控制系统，经过数据处理后进行火力分配和射击，指挥控制系统的处理能力有限，处理每批目标数据所需的时间是一个服从负指数分布的随机变量，假定单位时间内指挥控制系统平均可以处理 μ_2 个目标的数据。

又假设进入防区内的目标构成参数为 λ 的泊松流，且逗留时间很短，与发现目标、数据处理及开火射击所需的时间大致相等，可以将这个复杂的系统近似看成损失制排队系统。

8.4.2　作战指挥控制系统效率分析

用下列符号表示作战指挥控制系统的各种可能状态：

A_{00}——传感器系统与指挥控制系统都空闲。

A_{10}——传感器系统正在录取已被发现的目标的数据，指挥控制系统空闲。

A_{01}——传感器系统空闲，而指挥控制系统正一边处理数据一边指挥射击。

A_{11}——两个系统都在工作。

各状态的概率用 P_{00}、P_{10}、P_{01}、P_{11} 表示，系统状态转移图如图 8.4.1 所示。

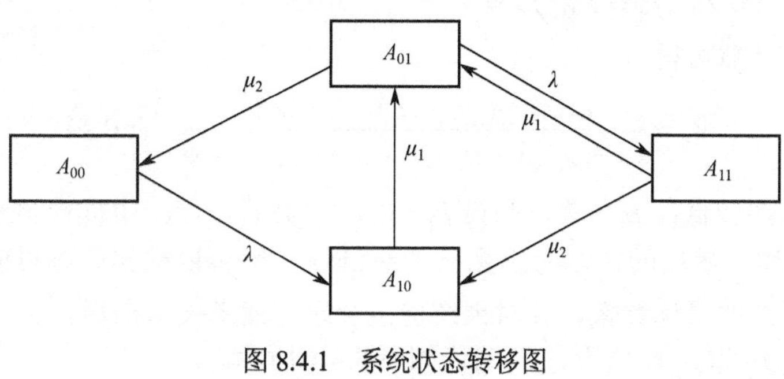

图 8.4.1　系统状态转移图

由图 8.4.1 可以直接写出系统所处各状态概率的微分方程：

$$\begin{cases} P_{00}'(t) = -\lambda P_{00}(t) + \mu_2 P_{01}(t) \\ P_{01}'(t) = -\lambda P_{01}(t) + \mu_1 P_{10}(t) - \mu_2 P_{01}(t) + \mu_1 P_{11}(t) \\ P_{10}'(t) = -\mu_1 P_{10}(t) + \lambda P_{00}(t) + \mu_2 P_{11}(t) \\ P_{11}'(t) = -(\mu_1 + \mu_2) P_{11}(t) + \lambda P_{01}(t) \end{cases} \tag{8.4.1}$$

当 $t \to \infty$ 时，$P_{ij}(t) \to P_{ij}$ 为一个常数，$P_{ij}'(t) = 0$，得到稳定方程组：

$$\begin{cases} \lambda P_{00} = \mu_2 P_{01} \\ (\lambda + \mu_2) P_{01} = \mu_1 P_{10} + \mu_1 P_{11} \\ \mu_1 P_{10} = \lambda P_{00} + \mu_2 P_{11} \\ (\mu_1 + \mu_2) P_{11} = \lambda P_{01} \end{cases} \tag{8.4.2}$$

解方程组（8.4.2），可求出作战指挥控制系统处于各种状态的概率：

$$\begin{cases} P_{00} = \dfrac{\mu_1 \mu_2}{(\mu_2 + \lambda)(\mu_1 + \lambda)} \\ P_{10} = \dfrac{\lambda \mu_2 (\mu_1 + \mu_2 + \lambda)}{(\mu_1 + \mu_2)(\mu_2 + \lambda)(\mu_1 + \lambda)} \\ P_{01} = \dfrac{\lambda \mu_1}{(\mu_2 + \lambda)(\mu_1 + \lambda)} \\ P_{11} = \dfrac{\mu_1 \lambda^2}{(\mu_1 + \lambda)(\mu_2 + \lambda)(\mu_1 + \mu_2)} \end{cases} \tag{8.4.3}$$

因此，作战指挥控制系统效率指标如下。

（1）目标遭到射击的概率为

$$P_{\mathrm{d}} = \mu_2 (P_{01} + P_{11}) \Delta t / (\lambda \Delta t) = \frac{\mu_2 \mu_1 (\lambda + \mu_1 + \mu_2)}{(\lambda + \mu_1)(\lambda + \mu_2)(\mu_1 + \mu_2)} \tag{8.4.4}$$

式中，$\mu_2 (P_{01} + P_{11}) \Delta t$ 为 Δt 时间内被射击的目标数，$\lambda \Delta t$ 为 Δt 时间内进入系统的目标数量。目标遭到射击的效率即可反映作战指挥系统的效率。

（2）假定目标遭到射击即被摧毁，则目标不被射击而完成战斗任务的概率为

$$P_{\mathrm{e}} = 1 - P_{\mathrm{d}} \tag{8.4.5}$$

【例 8.4.1】某作战指挥控制系统单位时间内可发现 2 批目标（$\lambda = 2$），传感器系统单位时间内可录取 2 批目标的数据，即 $\mu_1 = 2$，指控系统单位时间内平均可处理 4 批目标的数据，即 $\mu_2 = 4$。试求在该作战指挥控制系统作用下目标遭到射击的概率。

解：由题意知 $\lambda = 2$，$\mu_1 = 2$，$\mu_2 = 4$。

由式（8.4.4）计算可得

$$P_{\mathrm{d}} = \frac{\mu_2 \mu_1 (\lambda + \mu_1 + \mu_2)}{(\lambda + \mu_1)(\lambda + \mu_2)(\mu_1 + \mu_2)} = \frac{8(2 + 2 + 4)}{4 \cdot 6 \cdot 6} \approx 0.44$$

若指控系统效率较低，$\mu_2 = 2$，则得 $P_{\mathrm{d}} = 0.38$。显然，作战指挥控制系统的效率 P_{d} 是随参数 μ_1 和 μ_2 的增加而增加的，若考虑系统的经济性，则可以根据目标可能达到的情况，确定作战指挥控制系统的最优参数，并对系统提出合理的战术技术指标。

在不同的 λ、μ_1 和 μ_2 取值下，P_{d} 的值如表 8.4.1 所示。

表 8.4.1　在不同的 λ、μ_1 和 μ_2 取值下 P_d 的值

$\lambda=2$	μ_1	2	4	6	10	14	18	22	26	30
	μ_2	2	4	6	10	14	18	22	26	30
	P_d	0.3750	0.5556	0.6563	0.7639	0.8203	0.8550	0.8785	0.8954	0.9082
$\lambda=4$	μ_1	2	4	6	10	14	18	22	26	30
	μ_2	2	4	6	10	14	18	22	26	30
	P_d	0.2222	0.3750	0.4800	0.6122	0.6914	0.7438	0.7811	0.8089	0.8304

8.5　考虑目标等待时间的防空系统

前面几节建立的排队模型都是不考虑目标在发射区内逗留时间的条件下建立的损失制排队模型。实际上，防空武器发射区纵深较大，如果来袭目标飞越这个纵深所需要的时间大于武器系统射击目标所需要的时间，那么即使来袭目标到达时所有防空火力单元都在射击先前的目标，只要在来袭目标飞离发射区之前有一个火力单元结束了射击，就仍然可以向该来袭目标射击。此时可以对防空系统建立有限等待时间的排队模型。

8.5.1　防空系统状态分析与排队模型

假定目标在发射区内的逗留时间是一个随机变量，且服从参数为 γ 的负指数分布，其概率密度为

$$h(t)=\gamma e^{-\gamma t} \tag{8.5.1}$$

式中，$\gamma=\dfrac{1}{t_\alpha}$，$t_\alpha$ 为目标在发射区逗留的平均时间。

实际上，目标逗留时间可能不服从指数分布，然而统计试验法所做的大量计算表明，逗留时间无论服从何种分布律，并不影响服务过程稳态解的主要特征，如目标的消失概率、接受服务的顾客数量的数学期望等。

对每批目标的射击时间同样也是随机变量，假设它服从参数为 μ 的负指数分布，防空系统一旦发现目标，就立即开火射击，直到目标被击毁后，又立即转移到其他被发现的目标；若攻击方正在射击原先已发现的目标，则后发现的目标逗留一段时间后若始终未被射击将自动消失，这样的防空系统可视为有限等待时间的排队系统，假设系统有 n 个武器，则系统的可能状态为

A_i——有 i 个武器在射击，$i=0,1,2,\cdots,n$。

A_{n+s}——所有的 n 个武器都在射击，此时还有 s 个在发射区逗留但未遭到射击的目标，$s\geqslant 1$。

对该系统的状态概率分析可参考 8.2.3 节中不考虑等待时间的排队系统，二者的主要区别在于对 A_{n+i}，$i=0,1,2,\cdots$ 等状态的概率分析，具体分析过程请读者自己思考给出。

通过分析各状态概率，可得到考虑目标等待时间的防空系统状态变化的微分差分方程组为

$$\begin{cases}P_0'(t)=-\lambda P_0(t)+\mu P_1(t)\\ P_k'(t)=-(\lambda+k\mu)P_k(t)+\lambda P_{k-1}(t)+(k+1)\mu P_{k+1}(t),\ 1\leqslant k\leqslant n-1\\ P_n'(t)=-(\lambda+n\mu)P_n(t)+\lambda P_{n-1}(t)+(n\mu+\gamma)P_{n+1}(t)\\ P_{n+s}'(t)=-(\lambda+n\mu+s\gamma)P_{n+s}(t)+\lambda P_{n+s-1}(t)+[n\mu+(s+1)\gamma]P_{n+s+1}(t),\ s=1,2,\cdots\end{cases} \tag{8.5.2}$$

该服务过程为可列无限状态的生灭过程，其系统状态转移图如图 8.5.1 所示。8.2 节中给出了不考虑目标等待时间的排队系统的状态转移强度图，即图 8.2.1，其服务过程为可列有限状态的生灭过程。有关生灭过程的定义及定理见本章附录。

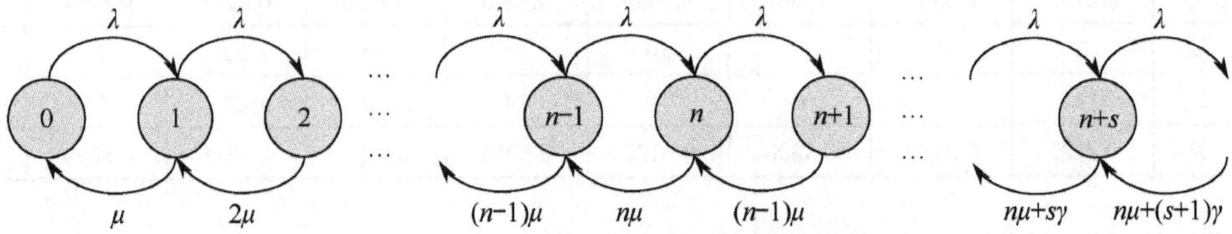

图 8.5.1 考虑目标等待时间的防空系统状态转移图

下面求解系统稳态下处于各种可能状态的概率。令

$$\lambda_i = \lambda,\ i = 0,1,2,\cdots \tag{8.5.3}$$

$$\mu_i = \begin{cases} i\mu,\ i = 1,2,\cdots,n \\ n\mu + (i-n)\gamma\ ,\ i = n+1, n+2,\cdots \end{cases} \tag{8.5.4}$$

由 λ, μ, γ 的物理意义可知，$\lambda_i < \mu_{i+1}$，因此该无限状态生灭过程满足极限定理条件

$$1 + \sum_{j=1}^{\infty} \frac{\lambda_0 \lambda_1 \cdots \lambda_{j-1}}{\mu_1 \mu_2 \cdots \mu_j} < \infty\ \text{（收敛）}$$

及

$$\frac{1}{\lambda_0} + \sum_{j=1}^{\infty} \left(\frac{\lambda_0 \lambda_1 \cdots \lambda_{j-1}}{\mu_1 \mu_2 \cdots \mu_j} \right)^{-1} \cdot \frac{1}{\lambda_j} = \infty\ \text{（发散）}$$

则 P_j，$j = 0,1,2,\cdots$ 存在，与初始条件无关，且 $P_j > 0$，$\sum\limits_{j=0}^{\infty} P_j = 1$，即 P_j，$j = 0,1,2,\cdots$ 为平稳分布。

又可得该无限状态生灭过程满足其微分差分方程组解的存在条件为

$$\sum_{j=1}^{\infty} \left(\frac{1}{\lambda_j} + \frac{\mu_j}{\lambda_j \lambda_{j-1}} + \cdots + \frac{\mu_j \mu_{j-1} \cdots \mu_1}{\lambda_j \lambda_{j-1} \cdots \lambda_0} \right) = \infty$$

且 $P_j(t) \geqslant 0$，$\sum\limits_{j=0}^{\infty} P_j(t) \leqslant 1$，则对于任意初始条件，式（8.5.2）的解存在且唯一。

式（8.5.2）两端在 $t \to \infty$ 时极限存在，且左端极限为 0，可得到其平衡方程为

$$\begin{cases} 0 = -\lambda P_0 + \mu P_1 \\ 0 = -(\lambda + k\mu)P_k + \lambda P_{k-1} + (k+1)\mu P_{k+1},\ 1 \leqslant k \leqslant n-1 \\ 0 = -(\lambda + n\mu)P_n + \lambda P_{n-1} + (n\mu + \gamma)P_{n+1} \\ 0 = -(\lambda + n\mu + s\gamma)P_{n+s} + \lambda P_{n+s-1} + [n\mu + (s+1)\gamma]P_{n+s+1},\ s = 1,2,\cdots \end{cases} \tag{8.5.5}$$

再结合 $\sum\limits_{j=0}^{\infty} P_j = 1$，可得

$$P_j = \left(\frac{\lambda_0 \lambda_1 \cdots \lambda_{j-1}}{\mu_1 \mu_2 \cdots \mu_j} \right) P_0 \tag{8.5.6}$$

即

$$\begin{cases} P_1 = \left(\dfrac{\lambda}{\mu}\right) / 1! \cdot P_0 \\ P_2 = \left(\dfrac{\lambda}{\mu}\right)^2 / 2! \cdot P_0 \\ \quad \cdots \\ P_n = \left(\dfrac{\lambda}{\mu}\right)^n / n! \cdot P_0 \\ P_{n+1} = \left(\dfrac{\lambda}{\mu}\right)^n / n! \cdot \dfrac{\lambda}{n\mu + \gamma} \cdot P_0 \\ \quad \cdots \\ P_{n+s} = \left(\dfrac{\lambda}{\mu}\right)^n / n! \cdot \dfrac{\lambda^s}{(n\mu+\gamma)(n\mu+2\gamma)\cdots(n\mu+s\gamma)} \cdot P_0 \end{cases} \tag{8.5.7}$$

其中，

$$P_0 = \frac{1}{1 + \sum_{j=1}^{\infty} \dfrac{\lambda_0 \lambda_1 \cdots \lambda_{j-1}}{\mu_1 \mu_2 \cdots \mu_j}} \tag{8.5.8}$$

至此可计算出系统处于各种作战状态的概率。

8.5.2　防空系统效率分析

防空系统效率可以用对目标的拦截概率作为评价指标。拦截概率 P_L 可表示为

$$P_L = P_S \cdot P_H \tag{8.5.9}$$

式中，P_S 为目标遭到射击的概率；P_H 为目标遭到射击条件下被毁伤的概率。

式（8.5.7）给出了系统处于各种状态的概率 P_j，$j = 0,1,2,\cdots$，由此可计算出防空系统的平均等待队长，即火力发射区内未遭到射击目标的平均数量为

$$L_Q = \sum_{i=1}^{\infty} i \cdot P_{n+i} \tag{8.5.10}$$

由于 γ 是目标在发射区内平均逗留时间的倒数，λ 是单位时间内到达的平均目标数量，因此在单位时间内，未遭到射击飞离发射区的目标数量 N_γ 和遭到射击的目标数量 N_μ 可分别写为

$$N_\gamma = \gamma L_Q \tag{8.5.11}$$

$$N_\mu = \lambda - \gamma L_Q \tag{8.5.12}$$

因此，空袭目标遭到射击的概率为

$$P_H = \frac{\lambda - \gamma L_Q}{\lambda} = 1 - \frac{\gamma L_Q}{\lambda} = 1 - \frac{\gamma}{\lambda} \sum_{i=1}^{\infty} i \cdot P_{n+i} \tag{8.5.13}$$

空袭目标可能遭到 $i = 1,2,\cdots,I_{\max}$ 次射击而被击毁，击毁概率的期望值为

$$P_H = \frac{1}{I_{\max}} \sum_{i=1}^{I_{\max}} (1 - P_k)^{i-1} \cdot P_k \tag{8.5.14}$$

式中，$I_{\max}$ 为目标飞越火力单元发射区能遭到的最大射击数量。

因此，防空系统对目标的拦截概率为

$$P_{\mathrm{L}}=P_{\mathrm{S}}\cdot P_{\mathrm{H}}=\frac{1}{I_{\max}}\cdot\left(1-\frac{\gamma}{\lambda}\sum_{i=1}^{\infty}i\cdot P_{n+i}\right)\cdot\left[\sum_{i=1}^{I_{\max}}(1-P_k)^{i-1}\cdot P_k\right] \tag{8.5.15}$$

该值即可作为防空系统效率的评价指标。

8.6 防空系统抗击目标群空袭效率分析

随着空袭战法的不断发展，目标集群攻击已成为一种重要的空袭形式。多个目标以集群方式来袭，会使防空系统的任务负荷激增，从而增加空袭成功的概率。分析防空系统对抗集群目标的效率，是将防空系统置于十分不利的情况下分析，所得到的评估指标更加丰富，评估结果更加全面，对于优化防空系统的能力和提升防空作战效果具有十分重要的意义。下面分两种情况讨论防空系统的效率。

8.6.1 目标在发射区内逗留时间很短

如下假设。

（1）敌机群一批批地进入防空区时构成强度为 λ 的泊松流，机群中的飞机数为 m 架。

（2）防空武器对每架敌机的射击时间为随机变量，服从参数为 μ 的负指数分布。

（3）防空武器随机选择目标。

（4）不考虑敌方的火力对抗。

（5）防空系统由 n 个武器组成（$n>m$），目标一旦进入防空区，若有空闲武器则立刻遭到射击，因为目标在发射区内的逗留时间很短，且与射击所需的时间大致相同，所以当所有武器已在射击时，后来到的目标将不遭到射击直接突破防空系统。

防空系统所处的状态记为 A_i，$i=0,1,2,\cdots,n$，表示有 i 个武器正在射击，系统在 t 时刻处于状态 A_i 的概率用 $P_i(t)$ 表示，现推导它们的微分方程组。

在 $t+\Delta t$ 时刻系统处于状态 A_0 的概率为下列两个互不相容的事件概率之和：

（1）在 t 时刻所有武器均不射击，而在时间间隔 Δt 内未出现新的目标群。

（2）在 t 时刻有 1 个武器射击，而在 Δt 时间内这个武器结束了射击，且这期间未出现新的敌机群，由 8.2.3 节可知，该状态下概率的一阶微分方程可表示为

$$P_0'(t)=-\lambda P_0(t)+\mu P_1(t) \tag{8.6.1}$$

在 $t+\Delta t$ 时刻系统处于状态 A_k，$0<k<m$ 的概率为下列两个互不相容事件概率之和：

（1）在 t 时刻，防空系统处在状态 A_k，而在 Δt 时间内已开火的武器仍未结束射击，这时未出现新的敌机群。

（2）在 t 时刻，防空系统处在状态 A_{k+1}，在 Δt 时间内未出现新的敌机群，但有 1 个武器结束了对目标的射击，因此可得

$$P_k'(t)=-(\lambda+k\mu)P_k(t)+(k+1)\mu P_{k+1}(t) \tag{8.6.2}$$

在 $t+\Delta t$ 时刻系统处于状态 A_k，$m\leqslant k<n$ 时，还应在式（8.6.2）的基础上添加一个事件的概率，即在时刻 t 防空系统处在状态 A_{k-m}，在 Δt 时间内已开火的武器均未结束射击，但出现了一个新的目标群，这时可得

$$P_k'(t)=-(\lambda+k\mu)P_k(t)+(k+1)\mu P_{k+1}(t)+\lambda P_{k-m}(t) \tag{8.6.3}$$

在 $t+\Delta t$ 时刻系统处于状态 A_n 的概率为下列两个互不相容的事件（组）的概率之和：

（1）在 t 时刻系统处在状态 A_n，在 Δt 时间内，所有武器均未结束射击。

（2）在 t 时刻防空系统处于下列状态之一，即 A_{n-m}，A_{n-m+1}，…，A_{n-1}，在 Δt 时间内已开火的武器均未结束射击，但出现了一个新的目标群，因此可得

$$P_n'(t)=-n\mu P_n(t)+\lambda P_{n-m}(t)+\lambda P_{n-m+1}(t)+\cdots+\lambda P_{n-1}(t) \tag{8.6.4}$$

于是得到系统状态的下列方程组：

$$\begin{cases}P_0'(t)=-\lambda P_0(t)+\mu P_1(t) \\ \quad\cdots \\ P_k'(t)=-(\lambda+k\mu)P_k(t)+(k+1)\mu P_{k+1}(t), & 0<k<m \\ P_k'(t)=-(\lambda+k\mu)P_k(t)+(k+1)\mu P_{k+1}(t)+\lambda P_{k-m}(t), & m\leqslant k<n \\ \quad\cdots \\ P_n'(t)=-n\mu P_n(t)+\lambda P_{n-m}(t)+\lambda P_{n-m+1}(t)+\cdots+\lambda P_{n-1}(t)\end{cases} \tag{8.6.5}$$

令 $t\to\infty$ 时，$P_k(t)\to P_k$ 为一个常数，$P_k'(t)=0$，则上述微分方程组就变成下面的代数方程组：

$$\begin{cases}\alpha P_0=P_1 \\ (1+\alpha)P_1=2P_2 \\ \quad\cdots \\ (k+\alpha)P_k=(k+1)P_{k+1}, & 0<k<m \\ (k+\alpha)P_k=(k+1)P_{k+1}+\alpha P_{k-m}, & m\leqslant k<n \\ \quad\cdots \\ nP_n=\alpha P_{n-m}+\alpha P_{n-m+1}+\cdots+\alpha P_{n-1}\end{cases} \tag{8.6.6}$$

式中，$\alpha=\lambda/\mu$。由条件 $\sum_{k=0}^{n}P_k=1$，方程组（8.6.6）的解可写为

$$P_k=f_k(\alpha)P_0$$

则

$$\sum_{k=0}^{n}P_k=P_0\sum_{k=0}^{n}f_k(\alpha)=1$$

$$P_0=\frac{1}{\sum_{k=0}^{n}f_k(\alpha)} \tag{8.6.7}$$

式中，$\sum_{k=0}^{n}f_k(\alpha)$ 可根据方程组（8.6.6）求得。

【例 8.6.1】 假设某舰艇防空系统由 4 个同类防空武器组成（$n=4$），敌方以机群形式对此舰艇进行打击，机群来袭密度 $\lambda=4$，机群中的飞机数量 $m=2$，防空武器对目标的射击率为 $\mu=1/t_n=2$ 架/分钟，试估计该防空系统的效率。

解：

由题意知 $\alpha=\lambda/\mu=2$，$m=2$，求得下列递推公式：

$$\begin{cases} P_1 = \alpha P_0 = 2P_0 \\ P_2 = \dfrac{1}{2}(\alpha+1)P_1 = 3P_0 \\ P_3 = \dfrac{1}{3}[(\alpha+2)P_2 - \alpha P_0] = \dfrac{10}{3}P_0 \\ P_4 = \dfrac{1}{4}[(\alpha+3)P_3 - \alpha P_1] = \dfrac{19}{6}P_0 \end{cases}$$

由 $\sum_{k=0}^{4} P_k = \dfrac{25}{2}P_0 = 1$，求出 $P_0 = \dfrac{2}{25}$。

于是目标突防的概率为

$$P_e = P_4 = \frac{19}{75} \approx 0.25$$

若目标不以群目标的形式来袭，即当 $m=1$ 时，$P_e = \dfrac{\alpha^4}{4!} / \sum_{k=0}^{4} \dfrac{\alpha^k}{k!} = 0.095$。

可见，目标群空袭的方法在突防概率上优于单目标依次空袭的方法。

8.6.2 目标在发射区内逗留时间较长

本节讨论的情况是目标在防空杀伤区逗留的时间不能忽略，且服从参数为 γ 的指数分布律，其他假设与 8.6.1 节相同。

显然，这相当于有限等待时间的排队问题，若仍用 n 代表系统中防空武器的数量，m 代表机群中的目标数，则防空系统所有可能的状态如下：

A_i——有 i 个武器在射击，$i = 0,1,2,\cdots,n$。

A_{n+s}——所有武器都在射击，这时还有 s 个目标进入防空区但未遭到射击，$s = 1,2,\cdots$。

防空系统处在各状态的概率用 $P_i(t)$，$i = 1,2,\cdots$ 和 $P_{\alpha+s}(t)$ 表示。现推导各状态概率的微分方程。

本节与 8.6.1 节中模型的区别在于 A_n 和 A_{n+s} 两种状态，因此对 A_0、A_k，可以直接利用 8.6.1 节中的结果，即

$$\begin{cases} P_0'(t) = -\lambda P_0(t) + \mu P_1(t) \\ \qquad\cdots \\ P_k'(t) = -(\lambda + k\mu)P_k(t) + (k+1)\mu P_{k+1}(t), \quad 0 < k < m \\ P_k'(t) = -(\lambda + k\mu)P_k(t) + (k+1)\mu P_{k+1}(t) + \lambda P_{k-m}(t), \quad m \leqslant k < n \end{cases} \tag{8.6.8}$$

在 $t + \Delta t$ 时刻系统处于状态 A_n 的概率为下列 3 个互不相容事件概率之和：

（1）在 t 时刻防空系统处于状态 A_n，而在 Δt 时间内未出现新的目标群，这时已开火的武器仍未结束射击。

（2）在 t 时刻防空系统处在状态 A_{n-m}，Δt 时间内出现了一个新的目标群，这时已开火的武器均未结束对原来目标的射击。

（3）在 t 时刻防空系统处在状态 A_{n+1}，在其后的 Δt 时间内未出现新的目标群，或者 1 个武器结束了射击，或者有 1 架飞机突破了防空系统，因此有

$$P_n'(t) = -(\lambda + n\mu)P_n(t) + \lambda P_{n-m}(t) + (n\mu + \gamma)P_{n+1}(t)$$

系统处在 A_{n+s}，$s \geqslant 1$ 状态的概率为下面 3 个互不相容事件概率之和：

（1）在 t 时刻防空系统处于状态 A_{n+s}，Δt 时间内未出现新的目标群，各个武器均在继续射击原来的目标。

（2）在 t 时刻防空系统处于状态 A_{n+s-m}，而在 Δt 时间内出现了一个新的目标群，这时所有武器仍在射击原来的目标。

（3）在 t 时刻防空系统处于状态 A_{n+s+1}，而在 Δt 时间内未出现新的目标群，这时 1 架飞机自动突防或 1 个武器结束了射击。

由此可得

$$P'_{n+s}(t)=\lambda P_{n+s-m}(t)-P_{n+s}(t)(\lambda+n\mu+s\gamma)+P_{n+s+1}(t)[n\mu+(s+1)\gamma] \tag{8.6.9}$$

稳态代数方程为

$$\begin{cases}\lambda P_0=\mu P_1\\(\lambda+\mu)P_1=2\mu P_2\\\qquad\cdots\\(\lambda+k\mu)P_k=(k+1)\mu P_{k+1}, & 0<k<m\\(\lambda+k\mu)P_k=(k+1)\mu P_{k+1}+\lambda P_{k-m}, & m\leqslant k<n\\\qquad\qquad\cdots\\(\lambda+n\mu)P_n=(n\mu+\gamma)P_{n+1}+\lambda P_{n-m}\\(\lambda+n\mu+s\gamma)P_{n+s}=[n\mu+(s+1)\gamma]P_{n+s+1}+\lambda P_{n+s-m}, & s\geqslant 1\end{cases} \tag{8.6.10}$$

令 $\alpha=\lambda/\mu$，$\beta=\gamma/\mu$，则方程组（8.6.10）可写为

$$\begin{cases}\alpha P_0=P_1\\(\alpha+1)P_1=2P_2\\\qquad\cdots\\(\alpha+k)P_k=(k+1)P_{k+1}, & 0<k<m\\(\alpha+k)P_k=(k+1)P_{k+1}+\alpha P_{k-m}, & m\leqslant k<n\\\qquad\qquad\cdots\\(\alpha+n)P_n=(n+\beta)P_{n+1}+\alpha P_{n-m}\\(\alpha+\beta s+n)P_{n+s}=[n+(s+1)\beta]P_{n+s+1}+\alpha P_{n+s-m}, & s\geqslant 1\end{cases} \tag{8.6.11}$$

方程组（8.6.11）的解可写为

$$P_k=f_k(\alpha,\beta,m)P_0$$

由 $\sum\limits_{k=0}^{\infty}P_k=1$ 求得

$$P_0=\frac{1}{\sum\limits_{k=0}^{\infty}f_k(\alpha,\beta,m)} \tag{8.6.12}$$

式中，$\sum\limits_{k=0}^{\infty}f_k(\alpha,\beta,m)$ 可通过方程组（8.6.11）解出。

逗留于防空区而未遭到射击的目标的平均数量为

$$\overline{S}(\alpha,\beta,m)=\sum_{s=1}^{\infty}sP_{n+s} \tag{8.6.13}$$

敌机突破防空区的概率为

$$P_e = \frac{\gamma \sum_{s=1}^{\infty} s P_{n+s}}{\lambda m} \tag{8.6.14}$$

本章小结

排队现象在军事系统中较为常见，本章主要以防空系统抗击空中目标来袭为例，介绍了运用排队论的方法来建立系统模型并分析评价系统效率的思路。在本章的讨论中，假设了目标不还击，武器系统始终处于可用状态，虽然该假设与实际情况有一定差距，但是相关评价指标对于系统分析和优化是很有意义的。

本章案例

案例 8.1　舰载激光武器反无人机集群作战效能评估

近年来，随着智能技术的发展，作战样式也随之更新。从近几次局部战争来看，无人机集群作战成了一种重要的作战样式和手段。利用无人机集群完成一些人工难以完成，或者代价较大的任务，成为战争获胜的关键因素。相应地，如何有效反制具有“低、慢、小、多”等特点的无人机集群目标，已成为军事领域的研究热点。

应对无人机集群目标有软硬杀伤两类手段，其中能对目标实现硬摧毁，且具有攻击速度快、转向灵活、精确打击和不受电磁干扰等优点的激光武器被认为是对抗无人机集群的有效手段。

本案例假定无人机集群对舰艇实施攻击，舰艇对来袭无人机进行侦察探测，由于自身探测能力和敌无人机每批次来袭情况不同，每批次发现敌无人机的数量和距离都有差别，舰艇对无人机使用舰载激光武器进行打击，当激光武器对无人机照射的累积能量大于无人机防辐照性能时，武器以一定概率完成对无人机的一次射击毁伤，激光武器使用一段时间后，需要给自身充能，待充能完毕方可继续使用。

首先分析无人机集群来袭模式，建立无人机集群来袭的目标流模型；其次，基于对目标的毁伤机理，建立激光武器对无人机目标的毁伤时间模型；最后，在此基础上建立激光武器对无人机集群目标拦截的排队模型，在不同态势下分析不同的目标来袭模式、强度，不同激光武器能力，以及对激光武器拦截无人机集群效能的定量影响。

1. 无人机集群目标流建模

采用空中集群模式作战的无人机一般执行的是对海面或地面目标进行侦察探测或察打一体等作战任务。为了建立无人机集群目标流模型，首先应分析集群来袭模式。

根据集群方式、战术特点和任务目标，可将来袭的无人机集群分为集中来袭、连续来袭和随机来袭 3 种作战模式。集中来袭是在短时间内密集到来多架次无人机；连续来袭是多批次、每批多架次无人机按一定时间间隔来袭；随机来袭是多架次无人机在空域内游猎侦察。在探测方面，集群无人机目标一般具有“低、慢、小”目标的特点，早期难以被雷达等探测跟踪传感器捕获，更多的是通过光电跟踪设备发现，由于光电跟踪的相关特点，集群目标往往在发现距离附近以随机数量的目标或目标群形式被发现。因此，可根据上述无人机集群到达的随机性和一定的规律性建立集群目标流模型。

假设各批次无人机到达激光武器作用区的时间间隔 T 为具有独立同分布 $f(t)$的随机变量，分别用以下分布函数来描述在不同来袭模式下无人机集群目标到达的时间间隔。

1）均匀分布

在集中来袭模式下，集群中的无人机目标以较短的时间间隔近似等速度地来袭，设无人机到达防空区的时间间隔服从如下均匀分布：

$$f(t)=\begin{cases}\dfrac{1}{b-a}, & a<t<b\\ 0, & \text{其他}\end{cases} \tag{8.a1.1}$$

式中，a 和 b 分别为目标到达时间间隔的上限和下限。

2）对数正态分布

在连续来袭模式下，无人机集群目标可能组织为多批次，每批次按一定时间间隔来袭，此时当每批次无人机起飞时间相同，但飞行时间受导航、控制等多种误差影响时，到达时间间隔则可认为服从如下对数正态分布：

$$f(t)=\begin{cases}\dfrac{1}{\sqrt{2\pi}t\sigma}\exp\dfrac{(\ln t-\mu)^2}{2\sigma^2}, & t>0\\ 0, & t\leqslant 0\end{cases} \tag{8.a1.2}$$

式中，μ 和 σ 分别为对数正态分布的期望和均方差。

3）负指数分布

在随机来袭模式下，无人机集群中的目标随机到来，此时泊松流可以较好地描述目标流的过程特性，即每架无人机到达的时间间隔服从负指数分布

$$f(t)=\begin{cases}\lambda\exp(-\lambda t), & t>0\\ 0, & t\leqslant 0\end{cases} \tag{8.a1.3}$$

式中，λ 为单位时间内无人机的到达数量，即到达率，反映无人机的来袭强度。

上述 3 种分布可用于描述不同态势下单架或编组无人机的到达间隔，进一步考虑在光电跟踪方式下，单次发现并稳定跟踪目标数量具有一定不确定性，设该数量在区间[1, N]服从均匀分布：

$$f(n)=\begin{cases}\dfrac{1}{N-1}, & 1\leqslant n\leqslant N\\ 0, & \text{其他}\end{cases} \tag{8.a1.4}$$

式中，N 为单次发现并可稳定跟踪无人机数量的最大值。

2. 激光武器对目标毁伤时间建模

激光武器对目标的毁伤主要通过发射激光束辐照目标来实现，当辐照能量达到目标毁伤的能量阈值时，目标被毁伤。激光武器毁伤目标的机理较为复杂，不但在不同的气象条件下有不同的大气传输特性，而且不同的目标材料和激光也存在不同的相互作用，产生不同的响应和毁伤。假定已完成目标毁伤点计算和稳定地跟瞄，在此基础上以计算所需毁伤时间为目的，考虑主要影响因素，建立激光对目标毁伤的评估模型。

假定e_{th}为激光通过辐照毁伤无人机的能量密度阈值；I为高能激光对无人机目标表面的辐照度；t_f为激光束持续辐照时间。根据热平衡方程可知，无人机遭受有效毁伤应满足以下条件：

$$I \cdot t_f \geqslant e_{th} \tag{8.a1.5}$$

激光武器以激光束照射目标瞄准点，在瞄准点上的激光辐照度分析较为复杂，与激光功率、发射系统中反射镜直径、波长、传输距离、大气传输特性等因素有关。设激光束在瞄准点上形成圆形光斑的面积为S，半径为r，r不仅与激光传输过程中形成的发散角θ和传输距离L有关，还与激光武器实际射击诸元与理论射击诸元之间的偏差有关，光斑半径为

$$r = \theta \cdot L + \Delta r \tag{8.a1.6}$$

式中，θ为发散角，与激光波长λ_m成正比，与发射镜直径D成反比，有$\theta = 1.22\lambda_m / D$；$\Delta r$为光斑半径偏差，与真实激光束指向角（由高低角和方位角合成），以及理论激光束指向角之间的偏差有关，当指向角偏差为γ时，由于该角度偏差很小，因此一般可认为垂直入射条件下辐照距离L处目标的光斑半径误差为$L\gamma$。

因此，光斑面积为

$$S = \pi r^2 = \pi\left(\frac{1.22\lambda_m L}{D} + L\gamma\right)^2 \tag{8.a1.7}$$

当激光能量分布近似为高斯分布时，在垂直入射条件下激光瞄准点对应光斑的辐照度可表示为

$$I = \frac{\eta_1 \cdot \eta_2 \cdot P_0}{S} \tag{8.a1.8}$$

式中，P_0为发射激光束功率；η_1为发散系数，取值范围为 84%～98%，具体数值根据光束特性和激光器的光学系统来确定；η_2为激光在大气传输距离为L时受到大气折射和吸收等导致的能量衰减率，可记为

$$\eta_2 = (1-\alpha)^L \tag{8.a1.9}$$

式中，α为激光束的大气衰减系数，其取值范围受地区和气候影响。

由式（8.a1.5）～式（8.a1.9）可知，激光武器毁伤无人机目标所需持续辐照时间t_f可通过下式求解得到：

$$\int_0^{t_f} \frac{\eta_1 \cdot (1-\alpha)^{L(t)} \cdot P_0}{\pi\left(\frac{1.22\lambda_m L(t)}{D} + \gamma L(t)\right)^2} \mathrm{d}t = e_{th} \tag{8.a1.10}$$

式中，$L(t)$为持续照射目标过程中t时刻目标的距离。

3．激光武器拦截无人机集群排队模型与仿真

1）系统排队模型

将来袭无人机集群视为顾客流，将激光武器视为服务台，建立排队模型，分析不同情况下激光武器拦截无人机集群的效能及兵力需求。

首先作如下假设：

（1）防空系统由m部激光武器组成，每部激光武器对无人机的拦截区远近界相同，并且均在工作时长T_0后需准备时长T_1以继续投入作战。

（2）单部激光武器在同一时刻仅拦截一架无人机，拦截所需时间根据激光武器性能和目

标距离由式（8.a1.10）给出。

（3）进入防区的无人机一经发现即可完成稳定的跟踪瞄准，每架无人机仅由一部激光武器实施拦截。

（4）无人机进入防区后，若有激光武器处于可用时间（空闲且处于可工作时间），且满足武器拦截时间要求，则实施拦截；若无可用激光武器，则继续飞行，直至有可用武器实施拦截，或者飞出拦截近界实现突防为止。

因此，可为该问题建立如下排队模型。

（1）输入过程：顾客数有限，每次发现目标的时间间隔按照不同模式分别服从式（8.a1.1）～式（8.a1.3）所描述的某种分布，每次发现的目标数量服从式（8.a1.4）的分布。

（2）排队规则为先到先服务，并且为逗留时间有限的混合制排队。

（3）服务机制为单队列多服务台并联方式，单服务台每次仅为单个顾客提供服务，服务时间服从相互独立的随机分布，由式（8.a1.10）给出。

为评估激光武器反制无人机集群目标流的效能，采用目标突防概率和武器服务强度作为排队系统效率的评价指标，其中武器服务强度为单个激光武器用于拦截目标的时间和准备时间之和占总时间的比值。

2）仿真计算与结果分析

（1）激光武器对目标毁伤时间仿真。

首先结合式（8.a1.10），对激光武器毁伤目标时间随目标距离和激光功率变化的情况进行仿真。假定发射激光波长为 1.06 微米，发散系数为 0.84，大气衰减系数为 0.35，激光通过辐照毁伤无人机的能量密度阈值为0.4×10^{-6}焦耳每平方米，发散镜直径为 0.3 米，光斑半径偏差为 0.3 米。激光束功率从 0.2 兆瓦到 1 兆瓦变化，目标距离从 1 千米到 6 千米变化时，激光武器毁伤目标所需辐照时间如图 8.a1.1 所示。

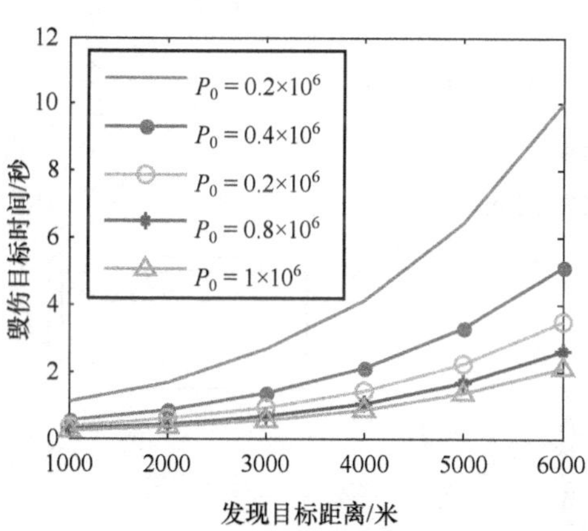

图 8.a1.1　毁伤目标时间随目标距离和激光束功率变化关系

图 8.a1.1 的仿真结果表明了激光武器毁伤目标时间随发现目标距离和武器功率之间的一般关系，即距离越近、功率越大，毁伤时间越短，利用这一模型模拟武器毁伤目标时间合理有效。式（8.a1.10）给出的毁伤时间模型是在一定简化条件下仅考虑主要影响因素所得到的模型，在实际问题中可根据武器、目标、环境等因素对模型参数进行修正。

（2）目标突防概率与武器数量关系仿真。

考虑无人机集群目标以不同模式和不同强度来袭时，无人机突防概率与激光武器数量之间的关系。假定集群分别采用集中来袭、连续来袭或随机来袭模式来袭，集群中无人机目标的来袭时间间隔分别服从均匀分布、对数正态分布和负指数分布，每次发现（到达）的无人机目标数量在 1 至 3 架间服从均匀分布；发现目标的初始距离服从均值为 2000 米，均方差为 500 米的正态分布，无人机速度为 20 米/每秒；假定目标一经发现即能保持对其实现稳定跟踪，且一发现目标时若有武器空闲，且无人机临空时间满足武器一次毁伤时间要求即实施对目标的拦截，激光武器一次拦截对无人机的毁伤概率为 0.7；一次拦截后若未成功则空闲武器在满足拦截时间要求的条件下可继续对目标实施拦截；激光武器功率为 0.2 兆瓦，每拦截目标 50 秒后，需间隔 100 秒时间以完成武器准备工作。

我们分别在较高来袭强度、中等来袭强度、较低来袭强度下进行仿真。其中，较高强度的集中来袭模式下相邻无人机到达时间间隔服从(5, 15)秒内的均匀分布，连续来袭模式下时间间隔服从期望值为 10、均方差为 10 的对数正态分布，随机突袭模式下时间间隔服从参数为 1/10 的负指数分布；中等强度时，相应参数分别设均匀分布为(15, 25)、对数正态分布为(20, 10)、负指数分布参数为 1/20；较低强度时，相应参数分别设均匀分布为(25, 35)、对数正态分布为(30, 10)、负指数分布为 1/30。对稳态情况下目标突防概率的仿真结果如图 8.a1.2 和表 8.a1.1 所示。

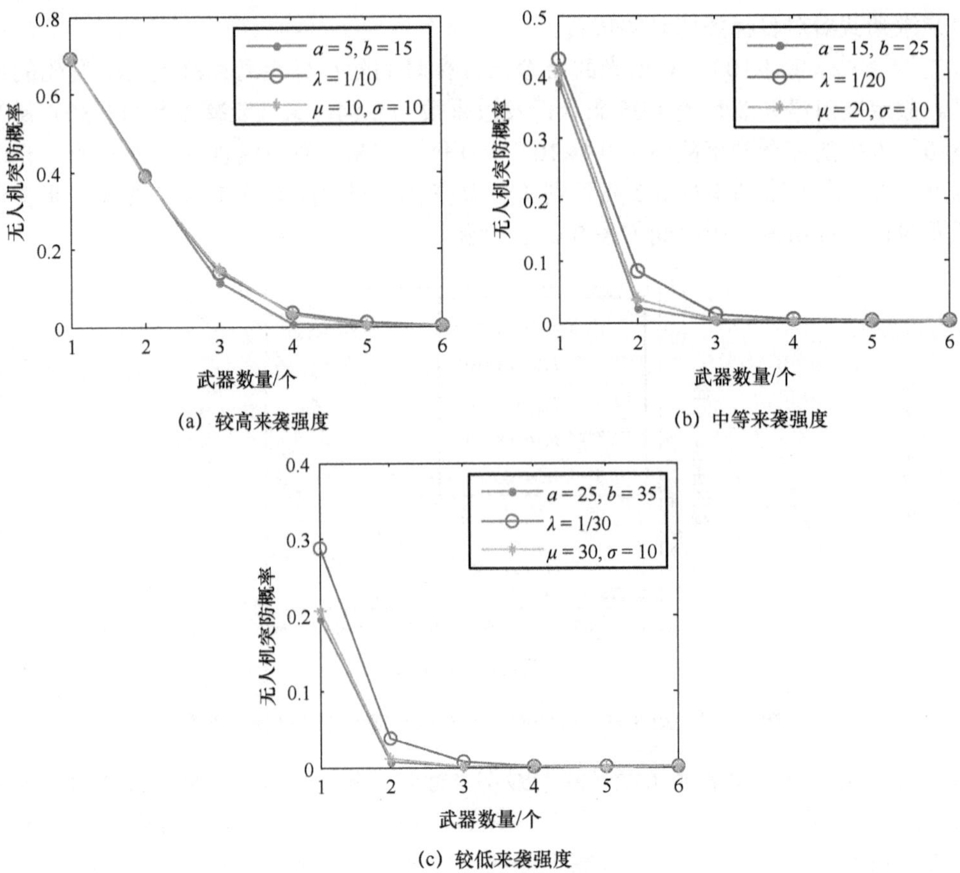

(a) 较高来袭强度　　(b) 中等来袭强度

(c) 较低来袭强度

图 8.a1.2　无人机突防概率随武器数量变化关系

表 8.a1.1　不同武器数量和来袭强度下的无人机集群目标突防概率

来袭强度		武器数量/个					
		N=1	*N*=2	*N*=3	*N*=4	*N*=5	*N*=6
较高	集中来袭模式	0.6894	0.3924	0.1129	0.0057	0.0008	0.0001
	连续来袭模式	0.6926	0.3844	0.1480	0.0298	0.0041	0.0013
	随机来袭模式	0.6893	0.3911	0.1383	0.0347	0.0091	0.0014
中等	集中来袭模式	0.3887	0.0218	0.0024	0.0001	0.0000	0.0000
	连续来袭模式	0.4092	0.0367	0.0037	0.0006	0.0000	0.0000
	随机来袭模式	0.4287	0.0828	0.0127	0.0028	0.0006	0.0001
较低	集中来袭模式	0.1948	0.0075	0.0011	0.0001	0.0000	0.0000
	连续来袭模式	0.2042	0.0112	0.0017	0.0004	0.0000	0.0000
	随机来袭模式	0.2872	0.0383	0.0071	0.0013	0.0002	0.0001

由图 8.a1.2 和表 8.a1.1 的仿真结果可得出如下结论。

① 在相同来袭强度下，不同来袭模式下无人机目标最终突防概率差异不显著，但采用随机来袭模式的无人机集群在几乎各来袭强度下都获得了最高的突防概率，可见随机来袭模式的无人机集群在防空作战中较难应对。在后续仿真中均针对随机来袭模式开展仿真分析。

② 随着激光武器数量的增加，无人机突防概率逐渐下降，但继续增加武器数量所获得的拦截效能提升程度明显降低，如图 8.a1.2（a）中激光武器数量从 4 个增加到 6 个，突防概率最高仅下降了 0.03；在图 8.a1.2（b）和图 8.a1.2（c）中，武器数量从 3 个提升到 6 个，突防概率最高下降不足 0.003。可见，应根据可能面临的无人机集群目标强度，结合激光武器性能和期望的拦截效能，合理确定配置的武器数量。例如，在仿真给定的激光武器性能条件下，对到达时间间隔服从参数为 $\lambda = 0.1$ 的负指数分布的较高强度来袭的无人机集群目标，要达到 90%以上的拦截概率，由表 8.a1.1 可知须配置 2 个激光武器。

③ 激光武器性能对无人机集群突防概率影响仿真。进一步分析在 2 个激光武器、不同来袭强度下，无人机突防概率随激光武器功率变化情况，结果如图 8.a1.3（a）所示；假定武器每连续工作 50 秒，须间隔一段时间完成武器准备工作，在 2 个激光武器、不同来袭强度下，武器准备时间从 50 秒到 500 秒条件下突防概率的变化关系如图 8.a1.3（b）所示；无人机来袭间隔服从 $\lambda = 0.2$ 的负指数分布，即较高强度来袭条件下，武器对目标毁伤概率从 0.1 至 0.9 变化条件下，目标突防概率情况如图 8.a1.3（c）所示。

由图 8.a1.3 可知，激光武器功率对拦截效果影响较大，在仿真假设条件下要对较高强度来袭的无人机集群达到 90%拦截概率，激光武器功率至少应达到 0.4 兆瓦；武器有效投入使用的时间同样影响拦截效果，可持续使用时间越长、间断准备时间越短，对目标拦截效果越好；单次射击条件下武器对目标毁伤概率越高，拦截效果越好。

通过以上仿真可知：

（1）可以利用 3 种分布描述不同集群模式下无人机目标流，其中随机来袭模式的无人机集群相对较难防御。

（2）建立排队模型来评估激光武器对无人机集群的拦截效果是有效的，在模型中可以综合考虑无人机集群目标来袭特点和强度、激光武器的性能和数量，以及武器作战运用方式等因素，较为全面和合理地评估激光武器反无人机集群的作战效能。

（3）利用所建立的排队模型，可以进一步获得在给定的来袭目标特点和要达到的作战效能指标条件下的武器数量、性能等配置方案，为实际作战运用提供支撑。

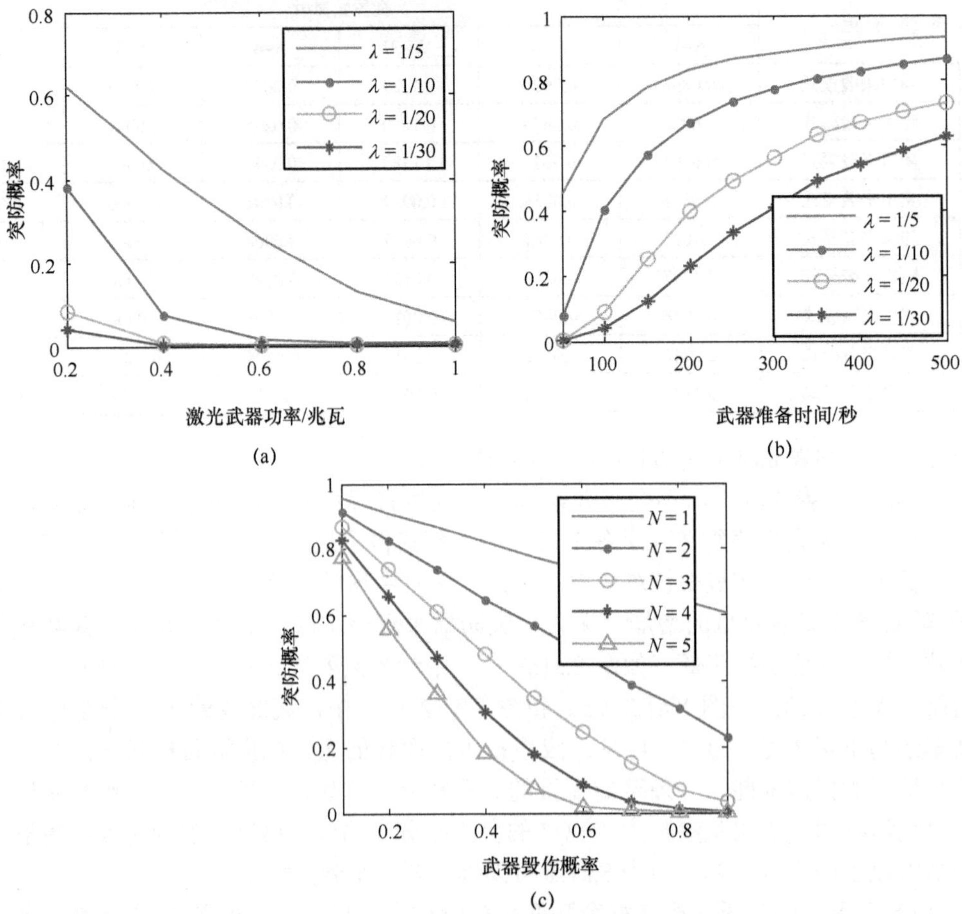

图 8.a1.3　突防概率随武器性能变化的关系

4．结论

激光武器被认为是反无人机集群作战的有效手段。本案例建立了不同来袭模式下的无人机集群目标流模型和激光武器对无人机目标的毁伤时间模型，进而在此基础上建立激光武器反无人机集群的排队模型，通过仿真分析了防空效能的主要影响因素。结果表明，在给定条件下可以通过建立排队模型评估激光武器反无人机集群的效能指标，或者分析给定作战效能指标下的合理的武器配置方案。

案例 8.2　异类武器多防线防空系统排队模型与分析

本章介绍了几类防空排队模型。首先，在不考虑目标等待时间的条件下，分析了单防线同类武器防空系统、多防线同类武器防空系统和两道防线异类单武器防空系统的效率；其次，在考虑目标等待时间的条件下，分析了防空系统效率；最后，在不考虑目标等待时间的条件下，分析了抗击群目标的防空系统效率。虽然针对这几类系统的排队模型考虑的因素越来越丰富，但是与实际防空系统相比，模型还存在一些与实际不相符的假设，可以进一步放宽假设条件，在以下几个方面进行拓展。

（1）根据大型水面舰艇及其编队的防空配置，应考虑多防线异类武器数量大于 1 的情况。

（2）外层防线配置中远程防空武器，发射区纵深较大，对目标可能有多次拦截机会，而内层防线配置近程防御武器，纵深较短，一般仅有 1 次拦截机会，因此内层防线为损失制排队系统，而外层防线应为有限等待时间的混合制排队系统。

（3）武器对目标的毁伤概率 Q 不应设为 1，而应小于 1，此时目标突防进入下一道防线有两种可能，一是目标未遭到拦截而突防，二是目标遭到拦截但未被毁伤而突防。

本案例考虑上述 3 种情况，以两道防线异类多武器防空系统为例，分析防空系统的效率。

假设空中来袭目标服从参数为 λ_1 的泊松分布；第一道防线配置相同的中远程防空武器 n_1 个，武器对目标的射击时间服从参数为 μ_1 的负指数分布，对目标射击条件下的毁伤概率为 P_{k_1}，目标在防线内的逗留时间服从参数为 γ 的负指数分布，γ 可取为目标在武器发射区内平均逗留时间的倒数。对于有限等待时间的混合制排队系统，可以得到系统各状态概率的表达式如下：

$$P_0 = \left(\sum_{i=0}^{n_1} \frac{\alpha_1^i}{n_1!} + \sum_{i=n_1+1}^{\infty} \frac{\alpha_1^i}{n_1^i} \right)^{-1}$$

$$\alpha_1 = \frac{\lambda_1}{\mu_1}$$

$$P_k = \begin{cases} \dfrac{\alpha_1^k}{k!} P_0, \ k = 0,1,2,\cdots,n_1 \\ \dfrac{\alpha_1^k}{k!n_1^{k-n_1}} P_0, \ k = n_1+1, n_1+2, \cdots \end{cases}$$

目标未接受服务离开的概率记为 P_{left}，可以给出 P_{left} 的表达式，其中 L_{Q} 为等待服务的队长。

$$P_{\text{left}} = \frac{\gamma}{\lambda_1} L_{\text{Q}} = \frac{\beta_1}{\alpha_1} L_{\text{Q}}$$

$$\beta_1 = \frac{\gamma}{\mu_1}$$

$$L_{\text{Q}} = \sum_{s=1}^{\infty} s \cdot P_{n_1+s}$$

因此，目标对第一道防线的突防概率为目标未遭到射击而突防的概率 P_{L_1} 和目标遭到射击但未被击毁而突防的概率 $(1-P_{L_1})(1-P_{k_1})$ 之和（假定对目标仅射击一次），即

$$P_{\text{tf1}} = P_{L_1} + (1-P_{L_1})(1-P_{k_1})$$

对于第二道防线，设有 n_2 个近程防空武器，武器对目标的射击时间服从参数为 μ_2 的负指数分布，射击条件下的毁伤概率为 P_{k_2}，系统为损失制排队系统。

由于进入第一道防线的目标强度为 λ_1，而经过第一道防线后突防的目标变成来袭强度为 λ_2 的泊松流，λ_2 是 λ_1 与第一道防线目标突防概率的乘积；第二道防线目标未遭到射击而突防的概率为 P_{L_2}，它是防线上所有 n_2 个武器都被占用、目标未遭到射击的概率 P_{L_2}，与目标被射击但未被毁伤的概率 $(1-P_{L_2})(1-P_{k_2})$ 之和。

$$P_0' = \left(\sum_{i=0}^{n_2} \frac{\alpha_2^i}{n_2!} \right)^{-1}$$

$$\alpha_2 = \frac{\lambda_2}{\mu_2}$$

$$\lambda_2 = \lambda_1 \cdot P_{\text{tf1}}$$

$$P_k = \frac{\alpha_2^k}{k!} \cdot P_0' \quad k = 0,1,2\cdots,n_2$$

$$P_{L_2} = P_{n_2} = \frac{\alpha_2^{n_2}}{n_2!} P_0'$$

$$P_{\text{tf2}} = P_{L_2} + (1 - P_{L_2})(1 - P_{k_2})$$

因此，目标总的突防概率就是P_{tf2}，若来袭目标总数为N，则突防目标数N_{tf}为来袭目标数乘以两道防线突防概率之积，即

$$N_{\text{tf}} = N \cdot P_{\text{tf1}} \cdot P_{\text{tf2}}$$

本章实验　舰载激光武器反无人机集群作战效能仿真

针对本章激光武器反无人机集群作战案例，假定激光武器射击目标相关参数如下。

```
dr=0.3;                      %光斑半径误差量，单位为米
P0=0.2*10^6;                 %激光功率，兆瓦级，设置为 0.2 兆瓦
Attenuation1=0.84;           %发散系数
Attenuation2=0.35;           %大气衰减系数
Diameter=0.3;                %发射镜直径
WaveLength=1.06*10^-6;       %激光波长，1.06 微米
eth=0.4*10^6;                %激光毁伤目标能量密度阈值，40 焦耳每平方厘米
```

假设蓝方初始配置 2 个激光武器，红方每批次来袭无人机的数量在[1, 3]内服从均匀分布，来袭时间间隔服从参数为 10 的负指数分布，来袭速度为 20 米每秒，蓝方探测系统发现目标距离范围为 2000 米，发现红方无人机时，无人机分布存在一定的误差，可将发现目标距离假定为均值为 2000 米、标准差为 500 米的正态分布，蓝方激光武器对红方无人机射击毁伤概率为 0.7，激光武器可连续拦截目标为 10 秒，之后需要进入 100 秒准备时间以完成充能等工作。假设武器射击准则：武器首先选择距离最近单位进行射击，当武器对目标进行射击时，若剩余射击时间不够对该目标进行射击，则直接将武器设定为充能状态。

根据以上条件，试编程以实现激光武器反无人机集群作战效能评估模型，并仿真计算蓝方激光武器需要配备多少个时，才能使红方来袭无人机突防概率小于 0.1。

对本实验提供以下 MATLAB 程序供参考。

1．激光武器射击时间建模

```
function [T_destroy] = sjsj（D_now）
%此函数应用于发现目标的距离与毁伤时间的运算
%输出为毁伤时间，输入为进行射击时目标的距离
D_now;     %目标当前距离，单位为米
tv=20;       %目标运动速度，单位为米每秒
T_sim=12;     %仿真计算时间，必须比求解出的激光武器对目标持续照射时间长
T_step=0.01;          %仿真计算时间步长
```

```
    T_destroy=0;             %毁伤目标所需时间
    t=0:T_step:T_sim;        %仿真总步数
    N_step=length(t);

    Distance=zeros(1,N_step);            %目标距离矩阵，循环计算当前目标距离
    dr=0.3;                              %光斑半径误差量，单位为米
    P0=0.2*10^6;                         %激光功率，兆瓦级，设置为 0.2 兆瓦
    Attenuation1=0.84;                   %发散系数
    Attenuation2=0.35;                   %大气衰减系数
    energy1=zeros(1,N_step);             %激光照射目标累计能量
    Diameter=0.3;                        %发射镜直径
    WaveLength=1.06*10^-6;               %激光波长，1.06 微米
    eth=0.4*10^6;                        %激光毁伤目标能量密度阈值，40 焦耳每平方厘米，即
                                         0.4×10^-6 焦耳每平方米
    S=0;                                 %光斑面积
    energy2=0;                           %激光照射目标毁伤阈值
    denergy=0;                           %累计能量与能量阈值之差

    dE=0;
    j=0;
    for i=1:N_step
        Distance(:,i)=D_now-tv*i*T_step;     %每次循环中计算目标实际距离
        f=Attenuation1*(1-Attenuation2)^((Distance(:,i)/1000))*P0*T_step;
        if i>1
           energy1(:,i)=energy1(:,i-1)+f;        %0 到当前时间段累积能量 E
        end

        S=pi*(1.22*WaveLength/Diameter*Distance(:,i)+dr)^2;      %激光光斑大小，考虑误差对光斑
                                                                  面积的影响
        energy2=eth*S;                   %毁伤目标激光能量阈值 e_th
        denergy(:,i)=abs(energy1(:,i)-energy2);

        if i==1
            dE=denergy(:,i);
            j=i;
        elseif (energy1(:,i)-energy1(:,i-1))<=dE
            dE=denergy(:,i);
            j=i;
        else (energy1(:,i)-energy1(:,i-1))>dE;
            break;
        end
    end
    T_destroy=j*T_step;
End
```

2．激光武器反无人机集群作战效能评估模型

激光武器反无人机集群作战效能评估程序流程图如图 8.b.1 所示。

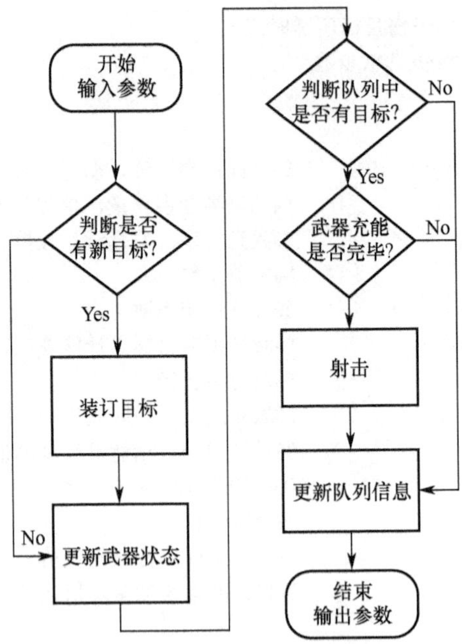

图 8.b.1　效能评估流程图

参考程序如下。

```
n=3; %每批次来袭时无人机的数量最大值
N=4; %激光武器数量
Q=0.7; %毁伤概率
%st=exprnd (30,1,n*10000) ; %激光武器射击时长（负指数分布）
% st=normrnd (30,5,1,n*10000) ; %激光武器射击时长（正态分布）
duomb=0;
mb=normrnd (2000,500,1, (n+duomb) *10000) ; %设定目标位置距离，单位为米（正态分布）
m=randperm ((n+duomb) *10000, (n+duomb) *10000) ; %产生不重复随机整数
v=20; %无人机速度，单位为米每秒
tf=0; %无人机突防数
tcs=[]; %用于装订射击排队队列（距离）
tct=[]; %用于装订发现目标批时间
tc=exprnd (10,1,10000) ;    %发现目标时间间隔（负指数分布）
% tc=lognrnd (a,b,1,10000) ;   %发现目标时间间隔（对数正态分布）
% tc=unifrnd (a,b,1,10000) ; %发现目标时间间隔（均匀分布）
cost=zeros (1,N) ; %记录激光武器工作结束时刻
dj=zeros (1,N) ; %记录武器打击目标的距离
j=1; %用于选取目标批次
j1=0; %目标的数量

pd=[]; %武器射击完毕后，无人机是否突防判断矩阵
sjpc=10; %武器充能完毕之后，可以进行射击的总时间
cnsj=100; %武器充能时间，单位为秒
cnzt=zeros (1, N) ; %充能状态，以此决定武器是否进行充能，0 为无须充能
gz=zeros (1, N) ; %武器工作的时间
pc=zeros (1, N) ; %批次
```

```
fw=zeros (1, N) ; %服务强度

tct (1) =tc (1) ;
for i =2:10000
    tct (i) =tct (i-1) +tc (i) ; %第 i 批无人机到达时刻
end

for i=1:n*200000 %以时间秒循环，每秒进行一次循环

    if (j<=10000) %还会有新的目标批到来
        if (tct (j) <i) %有新的目标到来，装订目标
            for n1=1:randperm (n,1) +duomb   %装订一批目标
                j1=j1+1; %更新目标数量
                r1=length (tcs) ; %队列长度
                tcs (r1+1) =mb (m (j1)) ; %装订新发现目标的距离
            end
            j=j+1; %发现目标批数+1
        end
    end

    a=find (tcs<=0) ; %找出临空目标
    tf=tf+length (a) ; %目标无法拦截
    tcs (a) =[]; %删除临空目标

    for wq=1:N
        if (cost (wq) <i) %射击结束
            if (dj (wq) >0)   %武器完成射击
                dj (wq) =dj (wq) -v*sjsj (dj (wq)) ; %打击矩阵中的距离随着射击结束
                                                   而减少
                if (rand (1) >Q) %目标未能毁伤
                    r1=length (tcs) ; %队列长度
                    tcs (r1+1) =dj (wq) ; %将目标放回队列中
                    dj (wq) =0; %将武器状态设置为 0（闲）
                else
                    dj (wq) =0; %将武器状态设置为 0（闲）
                end      %目标已经毁伤
            elseif (dj (wq) <0) %武器完成充能
                dj (wq) =0;
            end
            if (cnzt (wq) ==1)
                cost (wq) =cost (wq) +cnsj; %武器开始充能
                dj (wq) =-1; %武器此时无法进行射击
                cnzt (wq) =0; %将充能状态置为 0，即不需要充能
                gz (wq) =gz (wq) +cnsj;
            end
        end
    end
```

```
    for wq=1:N
        if (~isempty (tcs)) %队列中有目标时，再进行武器射击判断
            if (dj (wq) ==0) %武器为空闲
                sort (tcs) ; %对容量中无人机位置进行升序排序，保证射击时都是对
                        第一个目标射击（距离最近）
                pd=tcs; %将目标距离矩阵赋值给判断矩阵进行打击距离判断
                for k=1:length (pd)
                    pd (k) =pd (k) -v*sjsj (pd (k)) ;
                    if (pd (k) <=0) ; %射击时间不够
                        tf=tf+1;
                    else
                        break
                    end
                end         %需要判断我方打击完毕时，目标是否过顶
                tcs (:, (1:k-1)) =[]; %删除无法完成射击的目标

                if ((pc (wq) +sjsj (tcs (1))) <sjpc) ; %射击时间够
                    dj (wq) =tcs (1) ; %将目标参数装入另一个矩阵
                    tcs (1) =[]; %删除被打击的目标
                    cost (wq) =i+sjsj (dj (wq)) ; %修改武器结束射击时间
                    gz (wq) =gz (wq) +sjsj (dj (wq)) ; %武器射击时间累积
                    pc (wq) =pc (wq) +sjsj (dj (wq)) ; %武器射击时间
                else
                    pc (wq) =0; %重置可射击的时间
                    cnzt (wq) =1; %武器射击完毕之后需要进行充能
                end%需要判断我方打击时，武器是否够时间
            end         %若武器此时不空闲，则继续武器现有的状态
        end  %无目标则不进行装订
    end

    tcs=tcs-v*1; %目标距离随着循环时间缩短（循环时间为 1s）

    if (j==10001&&isempty (tcs) &&sum (dj) ==0)
        break
    end
end

for i1=1:N
    fw (i1) =gz (i1) /cost (i1) ;
end

Pn=tf/j1
```

由仿真计算得知，当激光武器数量为 5 时，红方无人机突防概率小于 0.1。

本章习题

8.1　单防线防空系统效率分析问题。设飞机空袭的平均强度为$\lambda=4$架/分钟，防空区内配置武器有两种方案。第一种是配置 6 个W_1型防空武器（$n_1=6$个），每个该类型武器对每架次目标的平均射击时间为$t_1=0.5$分钟，每次射击时间内平均击毁目标的概率为$Q=0.7$；第二种配置方案是配置 4 个W_2型防空武器（$n_2=4$个），每个该类型武器对每架次目标的平均射击时间为$t_2=0.4$分钟，每次射击时间内平均击毁目标的概率为$Q=0.8$，试从对目标拦截效能最优的角度，评估并优选防空系统的配置方案。

8.2　假设某舰的防空系统由 3 道防线组成，每道防线上的武器数量分别为$n_1=2$个，$n_2=3$个，$n_3=1$个。所有防线上的武器都属于同类，并且对目标的射击时间服从参数为$\mu=1$架/分钟的指数分布，武器对目标射击条件下毁伤目标的概率为$Q=0.7$；来袭敌机流的强度为$\lambda=2$架/分钟。试分析该防空系统的防空效率。

8.3　已知某防空系统由两道防线组成，每道防线上的武器不同且数量均为 1 个，第一道防线上的武器对目标的射击时间服从参数为$\mu_1=2$架/分钟的负指数分布，对目标射击条件下毁伤目标的概率为$Q_1=0.8$；第二道防线武器对目标射击时间服从参数为$\mu_2=4$架/分钟的负指数分布，对目标的射击毁伤概率为$Q_2=0.7$。来袭目标的强度服从参数为$\lambda=2$架/分钟的泊松流。试绘制防空系统的状态转移图，并分析目标对该防空系统的突防概率。若交换两道防线的武器配置，再分析目标对该防空系统的突防概率。

8.4　某火控系统单位时间内可发现 2 个目标（$\lambda=2$），传感器系统单位时间内可录取 2 个目标的数据，指挥仪则平均可处理 4 个目标的数据，即$\mu_1=2$，$\mu_2=4$。试求系统的效率及目标遭到射击的概率。

8.5　设保卫某设施的某个防空系统由两道防线组成，每道防线上配置的防空武器不同。第一道防线上配置有 3 个同类防空武器（$n_1=3$个），该防线武器对目标的射击率为$\mu_1=2$架/分钟；第二道防线上配置有 2 个同类防空武器（$n_2=2$个），该防线武器对目标的射击率为$\mu_2=1$架/分钟。敌方目标以集群方式对此设施进行空袭，空袭有 3 种方案：第一种是空袭密度为$\lambda=4$架/分钟，机群中的飞机数量为$m=2$架；第二种是空袭密度为$\lambda=2$架/分钟，机群中的飞机数量为$m=4$架；第三种是空袭密度为$\lambda=1$架/分钟，机群中飞机数量为$m=8$架。假定每道防线上都不考虑目标的等待时间，试分析哪种空袭方式下目标突防概率最大。若交换两道防线的武器配置，不同空袭方式下的目标突防概率如何变化？

本章附录　生灭过程

定义 8.c.1　假设某系统具有状态集$E=\{0,1,2,\cdots,K\}$。令$N(t)$表示在t时刻系统所处的状态，且有

$$\begin{aligned}p_{i,i+1}(\Delta t)&=P\{N(t+\Delta t)=i+1|_{N(t)=i}\}\\&=\lambda_i\Delta t+o(\Delta t),\quad i=0,1,2,\cdots,K-1\end{aligned}\tag{8.c.1}$$

$$\begin{aligned}p_{i,i-1}(\Delta t)&=P\{N(t+\Delta t)=i-1|_{N(t)=i}\}\\&=\mu_i\Delta t+o(\Delta t),\quad i=1,2,\cdots,K\end{aligned}\tag{8.c.2}$$

$$\begin{aligned} p_{ij}(\Delta t) &= P\{N(t+\Delta t)=j\,|_{N(t)=i}\} \\ &= o(\Delta t),\quad |i-j|\geqslant 2 \end{aligned} \tag{8.c.3}$$

式中，$\lambda_i>0, i=0,1,\cdots,K-1$，$\mu_i>0, i=1,2,\cdots,K$ 均为常数，称随机过程 $\{N(t), t\geqslant 0\}$ 为有限状态 $E=\{0,1,2,\cdots,K\}$ 上的生灭过程，其状态转移图如图 8.c.1 所示。

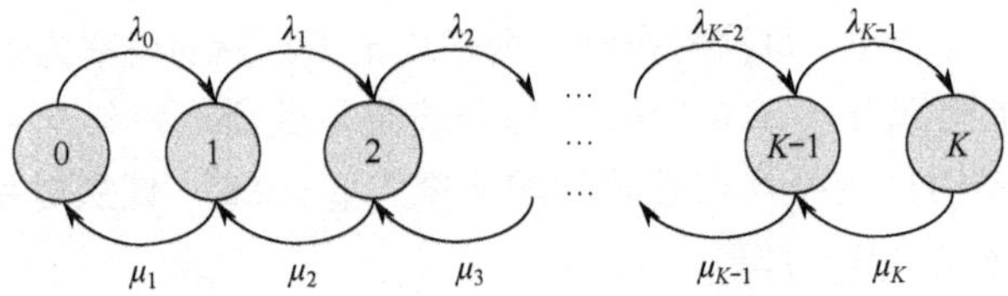

图 8.c.1　有限状态生灭过程状态转移图

当系统状态为可列无限状态 $E=\{0,1,2,\cdots\}$ 时，称为无限状态的生灭过程，其状态转移图如图 8.c.2 所示。

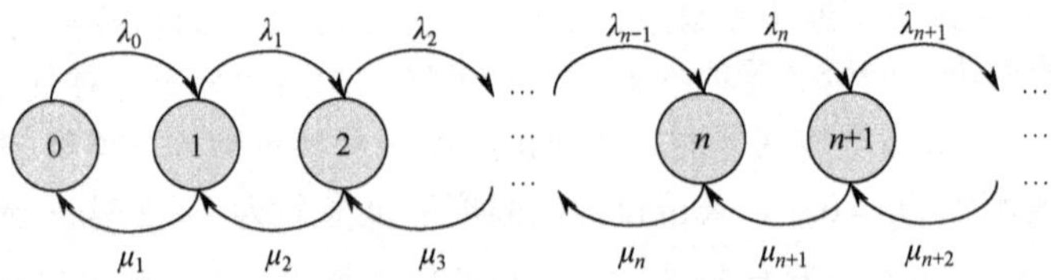

图 8.c.2　无限状态生灭过程状态转移图

令

$$p_j(t)=P\{N(t)=j\},\quad j\in E$$

由全概率公式，有

$$\begin{aligned} p_j(t+\Delta t) &= \sum_{i\in E} P\{N(t+\Delta t)=j\,|_{N(t)=i}\}\cdot p_i(t) = \sum_{i\in E} p_i(t)\cdot p_{ij}(\Delta t) \\ &= p_j(t)[1-\lambda_j\Delta t-\mu_j\Delta t+o(\Delta t)]+p_{j-1}(t)[\lambda_{j-1}\Delta t+o(\Delta t)]+ \\ &\quad p_{j+1}(t)[\mu_{j+1}\Delta t+o(\Delta t)]+\sum_{|i-j|\geqslant 2} p_i(t)\cdot o(\Delta t) \\ &= p_j(t)[1-\lambda_j\Delta t-\mu_j\Delta t]+\lambda_{j-1}p_{j-1}(t)\Delta t+\mu_{j+1}p_{j+1}(t)\Delta t+o(\Delta t) \end{aligned}$$

于是

$$\frac{p_j(t+\Delta t)-p_j(t)}{\Delta t}=\lambda_{j-1}p_{j-1}(t)-(\lambda_j+\mu_j)p_j(t)+\mu_{j+1}p_{j+1}(t)+\frac{o(\Delta t)}{\Delta t}$$

令 $\Delta t\to 0^+$，得生灭过程的微分差分方程如下。

（1）当 $E=\{0,1,2,\cdots,K\}$ 时，有

$$\begin{cases} p_0'(t)=-\lambda_0 p_0(t)+\mu_1 p_1(t) \\ p_j'(t)=\lambda_{j-1}p_{j-1}(t)-(\lambda_j+\mu_j)p_j(t)+\mu_{j+1}p_{j+1}(t), j=1,2,\cdots,K-1 \\ p_K'(t)=\lambda_{K-1}p_{K-1}(t)-\mu_K p_K(t) \end{cases} \tag{8.c.4}$$

（2）当 $E=\{0,1,2,\cdots,n\}$ 时，有

$$\begin{cases} p_0'(t)=-\lambda_0 p_0(t)+\mu_1 p_1(t) \\ p_j'(t)=\lambda_{j-1}p_{j-1}(t)-(\lambda_j+\mu_j)p_j(t)+\mu_{j+1}p_{j+1}(t), j=1,2,\cdots \end{cases} \tag{8.c.5}$$

定理 8.c.1 （生灭过程微分差分方程组解的存在性）

（1）对有限状态 $E=\{0,1,2,\cdots,K\}$ 的生灭过程，若满足 $p_j(t)\geqslant 0$， $\sum_{j=0}^{K}p_j(t)\leqslant 1$，则对任意给定的初始条件，式（8.c.4）的解存在且唯一，有

$$p_j(t)\geqslant 0,\ \ \sum_{j=0}^{K}p_j(t)=1,\ t\geqslant 0$$

（2）对可列无限状态 $E=\{0,1,2,\cdots,n\}$ 的生灭过程，若

$$\sum_{n=1}^{\infty}\left(\frac{1}{\lambda_n}+\frac{\mu_n}{\lambda_n\lambda_{n-1}}+\cdots+\frac{\mu_n\mu_{n-1}\cdots\mu_2}{\lambda_n\lambda_{n-1}\cdots\lambda_2\lambda_1}\right)=\infty \tag{8.c.6}$$

而且满足 $p_j(t)\geqslant 0$， $\sum_{j=0}^{\infty}p_j(t)\leqslant 1$，则对任意给定的初始条件，式（8.c.5）的解存在且唯一，有 $p_j(t)\geqslant 0$， $\sum_{j=0}^{\infty}p_j(t)=1$， $t\geqslant 0$。

定理 8.c.2 （极限定理）令 $p_j=\lim\limits_{t\to\infty}p_j(t)$， $j\in E$。

（1）对有限状态 $E=\{0,1,2,\cdots,K\}$ 的生灭过程，$\{p_j,j=0,1,\cdots,K\}$ 存在，与初始条件无关，且 $p_j>0$， $\sum_{j=0}^{K}p_j=1$，即 $\{p_j,j=0,1,\cdots,K\}$ 为平稳分布。

（2）对可列无限状态 $E=\{0,1,2,\cdots,n,\cdots\}$ 的生灭过程，若有条件

$$1+\sum_{j=1}^{\infty}\frac{\lambda_0\lambda_1\cdots\lambda_{j-1}}{\mu_1\mu_2\cdots\mu_j}<\infty\ \ \text{（收敛）} \tag{8.c.7}$$

及

$$\frac{1}{\lambda_0}+\sum_{j=1}^{\infty}\left(\frac{\lambda_0\lambda_1\cdots\lambda_{j-1}}{\mu_1\mu_2\cdots\mu_j}\right)^{-1}\cdot\frac{1}{\lambda_j}=\infty\ \ \text{（发散）} \tag{8.c.8}$$

成立，则 $\{p_j,j=0,1,2,\cdots\}$ 存在，与初始条件无关，且 $p_j>0$， $\sum_{j=0}^{\infty}p_j=1$，即 $\{p_j,j=0,1,2,\cdots\}$ 为平稳分布。

定理 8.c.3 在 $p_j=\lim\limits_{t\to\infty}p_j(t)$ 存在的条件下， $j\in E$，有 $\lim\limits_{t\to\infty}p_j'(t)=0$， $j\in E$。

这样，在 $\{p_j,j\in E\}$ 存在的条件下，令 $t\to\infty$，得如下平衡方程。

（1）对 $E=\{0,1,2,\cdots,K\}$，有

$$\begin{cases}\lambda_0p_0=\mu_1p_1\\(\lambda_j+\mu_j)p_j=\lambda_{j-1}p_{j-1}+\mu_{j+1}p_{j+1},\ j=1,2,\cdots,K-1\\\lambda_{K-1}p_{K-1}=\mu_Kp_K\end{cases} \tag{8.c.9}$$

结合 $\sum_{j=0}^{K}p_j=1$，可解得

$$p_j=\left(\frac{\lambda_0\lambda_1\cdots\lambda_{j-1}}{\mu_1\mu_2\cdots\mu_j}\right)p_0,\ j=1,2,\cdots,K \tag{8.c.10}$$

式中，$p_0 = 1\Big/\left[1+\sum_{j=1}^{K}\frac{\lambda_0\lambda_1\cdots\lambda_{j-1}}{\mu_1\mu_2\cdots\mu_j}\right]$。

特别地，当 $\lambda_0=\lambda_1=\cdots=\lambda_{K-1}=\lambda$ 且 $\mu_1=\mu_2=\cdots=\mu_K=\mu$ 时，有

$$\begin{cases} p_j=\left(\dfrac{\lambda}{\mu}\right)^j p_0 \\ p_0=1/\sum\limits_{j=0}^{K}\left(\dfrac{\lambda}{\mu}\right)^j \end{cases}, j=1,2,\cdots,K \tag{8.c.11}$$

（2）对 $E=\{0,1,2,\cdots,n,\cdots\}$，有

$$\begin{cases} \lambda_0 p_0=\mu_1 p_1 \\ (\lambda_j+\mu_j)p_j=\lambda_{j-1}p_{j-1}+\mu_{j+1}p_{j+1}, j=1,2,\cdots \end{cases} \tag{8.c.12}$$

再结合 $\sum_{j=0}^{\infty}p_j=1$，可得

$$p_j=\left(\frac{\lambda_0\lambda_1\cdots\lambda_{j-1}}{\mu_1\mu_2\cdots\mu_j}\right)p_0 \tag{8.c.13}$$

式中，$p_0 = 1\Big/\left[1+\sum_{j=1}^{\infty}\frac{\lambda_0\lambda_1\cdots\lambda_{j-1}}{\mu_1\mu_2\cdots\mu_j}\right]$。

特别地，当 $\lambda_0=\lambda_1=\cdots=\lambda$，$\mu_1=\mu_2=\cdots=\mu$ 时，只要 $\frac{\lambda}{\mu}<1$，则 $\{p_j, j=0,1,2,\cdots\}$ 存在，且

$$p_j=\left(1-\frac{\lambda}{\mu}\right)\left(\frac{\lambda}{\mu}\right)^j, j=0,1,2,\cdots \tag{8.c.14}$$